DIE

MAGDEBURGER FRAGEN.

HERAUSGEGEBEN

VON

DR. J. FR. BEHREND.

BERLIN,

VERLAG VON I. GUTTENTAG.

1865.

Vorwort.

Die Magdeburger Fragen gehören einem Quellenkreise an, welchem namentlich durch die Bemühungen von Stobbe, Wasserschleben und Laband in neuerer Zeit mehrfache Beachtung zu Theil geworden ist. Es ist dabei als ein Uebelstand empfunden worden, dass wir von der genannten, für die Entwicklung des Deutschen Rechts nicht unwichtigen Sammlung nur unzulängliche Texte besitzen. Der Zweck der vorliegenden Arbeit, diesem Uebelstande abzuhelfen, wird deshalb keiner besonderen Rechtfertigung bedürfen. Ueber den zu Grunde gelegten Apparat, über die Art der Benutzung desselben, sowie über die Einrichtung der Ausgabe selbst ist in der Einleitung Rechenschaft gegeben. Ebendaselbst ist dasjenige zusammengestellt, was sich über die Entstehung der Magdeburger Fragen und über ihre Beziehungen zu den verschiedenen Parallelsammlungen ermitteln liess. Ein Verzeichniss der gebrauchten Abkürzungen, soweit dieselben nicht ohnehin verständlich sind, ferner einige Nachträge und Berichtigungen finden sich am Schluss des Werkes.

Es verbleibt mir hier noch die angenehme Pflicht, der Förderungen zu gedenken, die mir im Verlauf meiner Arbeit von verschiedenen Seiten zu Theil geworden sind. Namentlich habe ich in dieser Hinsicht die Besitzer der benutzten Handschriften zu erwähnen, welche — sowohl Behörden wie Privatpersonen — mir dieselben, zum Theil auf längere Zeit, bereitwilligst zur Benutzung überlassen haben. Ebenso hat Herr Geh. Rath Homeyer mir die in seinem Besitz befindliche Abschrift der Zwickauer Hds. (D. Rb. 738) zu Gebote gestellt. Ausserdem bin ich besonders den Herren Professoren Stobbe und Jaffé, meinem Freunde Herrn Dr. Strehlke, sowie Herrn Dr. Steffenhagen zu Königsberg i. Pr. für Rath und Belehrung vielfach zu Dank verbunden.

Möge es hiernach meiner Arbeit vergönnt sein, eine, wenn auch kleine, Lücke in der Quellenkunde des Deutschen Rechtes auszufüllen.

Berlin, den 6. December 1864.

Einleitung.

Inhalt: § 1. Verzeichniss der benutzten Texte. — § 2. Die Parallelsammlungen der Magdeburger Fragen. — § 3. Die Entstehung der Magdeb. Fr. — § 4. Die Texte der Magdeb. Fr. in ihrem Verhältniss zu einander. Einrichtung der gegenwärtigen Ausgabe.

§ 1.

Es folgt hier zunächst eine Zusammenstellung der benutzten Texte. Die in der Ausgabe für dieselben gebrauchten Bezeichnungen sind in Parenthese [ ] beigefügt; bei den Nummern 1, 4 und 10, welche zwei hierher gehörige Sammlungen enthalten, bezieht sich das erste Zeichen auf die unter *a*, das zweite auf die unter *b* genannte Sammlung.

1.

[*B**, *B*] Berlin K. Bibl. *MS. Boruss. f.* 240. *Homeyer D. Rb.* 60; *Wasserschleben Sammlung D. Rqu.* I S. XIV fgg. und S. 121—124; *Steffenhagen catal. cod. bibl. Regim. No. CLXI.* — 15 Jahrh. Von dem Inhalt der Hds. gehören hierher: *a*, die Bl. 127*b*—131 befindlichen 21 Schöffensprüche, welche weder numerirt noch rubricirt sind. Eine Uebersicht bei *Wasserschleben* S. XVI**. *b*, Die Bl. 148*b* bis 208*a* befindliche Sammlung aus zwei Büchern von je 100 Distinctionen. Jedem Buch geht ein Register vorauf. *Alhie hebet zich an das register des ersten buchis Meydeburgeschis rechtis. — Das register des anderen buchis.* Die Distinctionen sind zwar numerirt, aber ohne Rubriken.

2.

[*K*] Berlin Ebdas. *MS. Germ. f.* 810. Wahrscheinlich identisch mit *Homeyer* 358. (*Stobbe* in Zts. f. Rechtsgesch. Bd. II S. 175). Pap., 16 Jahrh., fol., einspaltig, mitteld. Ist verheftet. Gegenwärtig Bl. 70—181 *Magdeburgische Urtell*, die Magdeburger

Fragen bis I. 3. 5 zu Ende der Frage, darauf folgt die Antwort zu II. 2. 4 und dann II. 2. 5—II. 2. 19 zu den Worten *adir wer dem richter das weder geben szal adir*, demnächst die Antwort zu I. 3. 5 und I. 3. 6—II. 2. 4 zu Ende der Frage. Im Ganzen 192 Distinctionen. Eintheilung in Bücher und Artikel. Die einzelnen Distinctionen waren ursprünglich weder gezählt noch numerirt; von späterer Hand sind Inhaltsüberschriften, doch nicht die gewöhnlichen und am Rande nach der jetzigen fehlerhaften Reihenfolge bis II. 2. 19 fortlaufende Nummern (75) beigefügt. Kein Register.

3.

[*Da*] Danzig Stadtbibl. *Jurispr.* XVIII. *C* 48. *Homeyer* 138. *Steffenhagen* CLXI. *Stobbe* a. a. O. S. 175. 15 Jahrh. Bl. 3*b* bis 24: 141 Schöffensprüche, der letzte unvollständig, mit voraufgehendem Register über 203 Nummern. Keine Rubriken.

4.

[*Db*, *D*β] Danzig Ebdas. *Jurispr.* XVIII *C* 47. *Homeyer* 139. 16 Jahrh., fol., einspaltig, mitteldeutsch. Enthält zwei hierher gehörige Sammlungen. *a*, Bl. 156—195*b*: *hie erfolgen sich gescholdene orteil unnd geteidingete sachen*, darauf 93 Distinctionen mit voraufgehendem Register, wovon *dist.* 1—90 den Magdeburger Fragen angehören, *dist.* 91—93 über zwei Kulmische Rechtssachen (die letzte von 1423) berichten. Ueberschrift: *Distinccio I* u. s. w., aber keine Inhaltsangaben. *b*, Hierauf folgt ohne Unterbrechung Bl. 195*b*—234 eine Sammlung von Urtheilen, meist gleichfalls in den Magd. Fragen, grossen Theils auch in der vorhergehenden Sammlung enthalten. Ueberschriften mit Inhaltsangaben (nicht den gewöhnlichen), nur die den Magd. Fr. III. 1. 5, 6 entsprechenden Stellen haben statt dessen die Ueberschrift *Distinccio 5, 6*. Die einzelnen Urtheile waren ursprünglich ungezählt, von späterer Hand sind sie am Rande numerirt. Kein Register.[1]

---

1) Von Bl. 254 an folgen noch verschiedene Sätze, meist aus dem Ssp. und dem Magdeb. Recht, die hier nicht weiter interessiren. Ihres Inhaltes wegen verdient die folgende Stelle bemerkt zu werden, welche sich Bl. 257*b* befindet: *Von Deutzenn unnd von Preussenn. Were es das ein Preusse mit einem Deutzenn icht zu thun hette unnd einer den andern wundte, so haben die eldesten zu Brandenburg funden vor ein recht, mit welchem rechte der Deutze dem Preusen entginge, mit solchem rechte solde auch der Preuse dem Deutzen entgehen. Idoch das der Deutze bei seinem rechte bleibe unnd einen (seinen?) tagk behalde, auch magk der kompthur oder der pfleger beide dem Deutzen und dem Preussen den tag legen zu seinem gerichte, wo er hin wil. Sundern wehr es, das sich Deucze unter einander wundten, das soll man richten im dorffe oder sunst, do es geschehn ist.*

5.

Danzig Ebdas. XVIII *C. f.* 8. *Homeyer* 140. 16 oder 17 Jahrhundert. Titelblatt: *Supplementum juris Saxonici.* Bl. 1 bis 159*a* Magd. Fragen lateinisch bis III. 9. 3; es fehlen nur I. 2. 27 und 28. Die Uebersetzung giebt nur den Inhalt der Antworten wieder; Proben s. in Beilage I der gegenwärtigen Ausgabe. — Bl. 159*b*—168 *Reliqua noni capituli*, folgen gleichfalls in lateinischer Uebertragung die in der Augsburger Ausgabe und bei Zobel sich anschliessenden Urtheile: *Item es ist ein man von rittersart* bis *Etzlich sagen das meines vaters bruders sun (Patrui vel avunculi filius et sororis nepos vel neptis eodem cognationis gradu concurrunt parique passu ambulant).* — Bl. 169—184 *Scabinorum Lipsensium nostri temporis sententiae quaedam.*

6.

[*Dr*] Dresden K. Bibl. *M.* 34*b*. *Homeyer* 172. Vgl. *Gottschalk Analecta cod. Dresd. quo jus Magd. ac scabin. sentt. med. aevo latae continentur Dresd.* 1824. *Wasserschleben* S. XI *fgg.* und S. 80—120, *Laband* Magd. Br. Schöffenr. S. XX.

7

[*E*] Elbing Stadtarchiv 18. *Homeyer* 182. *ca.* 1461. Bl. 134*b*—213*b* Magdeburger Fragen bis III. 10. 2 mit voraufgehendem Register. Zählung nach Büchern, Kapiteln, Unterscheiden (*die irste underscheit* u. s. w.). Rothe Inhaltsüberschriften für die einzelnen Distinctionen.

8.

[*W*] Giessen, Professor Wasserschleben (im April 1859 aus der Bibl. des weil. Kommerzienraths Oelsner zu Breslau erworben), Papier, 15 Jahrh., fol., einspaltig, mitteldeutsch. Bl. 1—66 Magdeburger Fragen bis III. 10. 2 mit voraufgehendem Register. Zählung nach Büchern, Kapiteln, Distinctionen, letztere mit rothen Inhaltsüberschriften. Am Ende von Bl. 66 *Mgr. iohannes frauenberg notarius Gorliczennsis.* Bl. 67*b* über das Wergeld der Thiere und über das Schwerdtzichen nach Ssp. III. 51 und Verm. Ssp. IV. 34, 35. 1. Bl. 68—102 Urtheile und Gutachten auf Anfragen aus Görlitz aus der zweiten Hälfte des 15. Jahrh. (die datirten sind aus den Jahren 1461—1468), von denen einige bereits bei *Neumann* Magd. Weisth. abgedruckt sind. Die Hds. stimmt ihrem Inhalt nach ganz zu der von *Lauhn* beschriebenen,

welche von *Homeyer* (258) als verschollen bezeichnet wird. (vgl. *Stobbe* a. a. O. S. 176.)

9.

[*Ra*] Königsberg K. Archiv 434. *Steffenhagen* CLVII. *Stobbe* a. a. O. 15 Jahrhundert. Bl. 1—176*a* Magdeburger Fragen mit vorangehendem Register, von welchem jedoch das erste Blatt bis auf einen kleinen Streifen fehlt und auch das zweite defect ist. Eintheilung nach Büchern, Kapiteln und Artikeln mit Inhaltsüberschriften.

10.

[*Rb*, *Rβ*] Königsberg Ebdas. 31. *Homeyer* 361, *Steffenhagen* CLXI. (*Stobbe* a. a. O. 176.) Hierher gehören: a, Bl. 68*b*—121*b* zwei Bücher Magdeburgischer Rechtssprüche unter dem Titel: *Meydeburgissche fragen.* Am Ende des zweiten Buches: *hirnoch hebit sich an das register des dritten buches in deme czu bekennen ist der sibben czal also man vornemen wirt unde volgit,* darauf die von *Steffenhagen* nachgewiesenen Stücke aus dem Rechtsbuch nach Distinctionen. b, Bl. 143*a* -162*b* 64 Rechtssprüche unter der Ueberschrift: *disse nochgeschrebenen sachen sint von den herren von Thorn in Meideburg gefroget und bericht.*

11.

[*Rw*] Königsberg Wallenrodtische Bibl. 1. *Homeyer* 366, *Steffenhagen* CLXXV. 16. Jahrh. Bl 119*a*—105*a dis sein etzlich ortel, so ein rath der stadt Thorn sich etwann bey den scheppenn von Magdeburg befraget und ferner recht dorauff zu sprechen belernt haben.* Folgen 70 Rechtssprüche mit Inhaltsüberschriften.

12.

[*La*] Leipzig Stadtrathsbibl. *Rep.* IV. *f.* 2 *Homeyer* 384. ca. 1466. (Bl. 129 a. E. der Sächs. Distinctionen: *Explicit liber distinccionum per Michaelem Kranach sub anno domini millesi*^o^ *quadrigentesimo LXVI* etc.) Bl. 135—152 Magdeburger Fragen bis III. 10. 2. Die Capitel und Distinctionen werden nicht gezählt, sind aber mit Inhaltsüberschriften versehen. Am Schluss: *Hie hat disz buch eyn* (!) *Got uns zcu syme reich sende. Amen.*

13.

[*Lb*] Leipzig Ebdas. *Rep.* IV. *f.* 3. *Homeyer* 385. Ende des 15 Jahrh. Bl. 151—225 Magdeburger Fragen bis III. 9. 3 mit voraufgehendem Register. Zählung nach Büchern, Capiteln,

Distinctionen. Die einzelnen Distinctionen haben Inhaltsüberschriften. Am E. von III. 9. 3 *Explicit liber tercius*, darauf ohne weitere Unterbrechung (Bl. 225, 226) die bei *Zobel* folgenden Urtheile *Item es ist ein man von rittersart* bis *Item das man anerstorben gudt*, dann mit rother Schrift *Nu wir disse frogen zcu ende haben bracht* u. s. w. (s. Anm. 1 zu III. 10 der gegenw. Ausg.)

14.

[*Lc*] Leipzig Ebdas. *Rep.* II. *f.* 20. *Homeyer* 382. ca. 1483. Bl. 185—255 Magdeburger Fragen in derselben Gestalt wie in der vorigen Hds. Bl. 255—257 folgen in unmittelbarem Anschluss an III. 9. 3 die oben erwähnten Urtheile und darauf gleichfalls mit rother Schrift *Nu wir* u. s. w. Aus dem sonstigen Inhalt dieser Hds. ist hervorzuheben, dass sich Bl. 315—317 das in der *Zobel*schen Ausgabe des Ssp. (von 1535 Bl. XX Anh.) *Von Wette und Busse* überschriebene Urtheil befindet.

15.

[*Th*] Thorn. K. Gymnasium *R* IV 5. *Pertz* Archiv B. 11 S. 685: 15. Jahrh., Pap., 4., einspaltig. Auf den inneren Seiten des Einbandes zwei Holzschnitte: das jüngste Gericht und Christus am Kreuz mit Maria und Johannes. Um die Hds. selbst sind zwei Pergamentblätter geschlagen, das erste ein Stück aus einem Missal, das letzte ein Fragment eines hebräischen Bussgebets aus dem 14. oder 15. Jahrh. enthaltend. Die Hds. selbst enthält Bl. 1 Rechtssatz über die Bestandtheile der Gerade. Bl. 2—102*a* Magdeburger Urtheile in 230 Nummern; das voraufgeschickte Register bis Bl. 14*a* reichend, geht nur bis No. 224. Keine Rubriken. Am Schluss: *Nu hot buch eyn ende etc.* (!) *Nu hot das buch eyn ende, her petir der hot böse lenden, her lewfft bey den wenden, zo wirfft man em etwas in dy hende, zo wyrfft her is yn den munt zo ist is em vor das bywyr gesunt.* Bl. 102*a*—103*a* *Von dem juden eyde.* Bl. 103*a*—104*b* *das ist die ochte. So klage ich gote von hymmele, meynem herren dem könige, meynen herren den rotmannen, meynen herren den scheppen, euch herre richter, wen yr eyn gewaldig und recht richter zeyt, deme recht lip ist unde unrecht leyt ist, obir* 4. *B* *wer en hawzet adir hofet was seyn broch sey. So findet man her müsse dorumme leyden, was ym der scheppe czu rechte teylet.* Bl. 104*b*—163 Sächs. Distinctionen III. 17. 1—47 bei den Worten *in egiptyn land* (*Ortloff* S. 178 Z. 317) und IV I. 1—IV. 17. 17.

16.

[*Z*] **Zwickau Rathsarchiv**, *Homeyer* 737, 738. Pap., ca. 1468, fol., zweispaltig, mitteld. Bl. 1—296 Leipziger Schöffensprüche. Bl. 299—347*a* Magdeburger Fragen bis III. 10. 2. Kapitel und Distinctionen sind ungezählt aber mit Inhaltsüberschriften versehen. Kein Register. Schluss: *Hy das buch had eyn ende Got uns zcu seynem reich sende so sey wir behut vor der helle brende. Amen.* — Am E. von 347*a* *Magdeburgische Recht Spruche volgen*, darauf Bl. 347*b*—405 die von *Homeyer* unter No. 737 angezeigten Urtheile. — Bl. 407—426 Richtsteig Lehnrechts. — Bl. 426*b*—430 einige Leipziger Urtheile.

Ausser diesen Handschriften sind bei der nachfolgenden Ausgabe von gedruckten Texten benutzt worden:

17.

[*A*] Der Text der Magdeburger Fragen in der Augsburger Ausgabe des Sachsenspiegels von 1517. s. *Homeyer* Ssp. I. (3. Ausg.) S. 70 No. 16.

18.

[*Zo*] Desgleichen in der *Zobel*schen Ausgabe von 1535. *Homeyer* a. a. O. No. 20. Diese beiden Ausgaben enthalten die Magd. Fr. bis III. 9. 3, erstere mit voraufgehendem, letztere mit nachfolgendem Register, darauf schliessen sich unmittelbar mehrere Urtheile und Rechtssätze an, die nicht zu den Magdeburger Fragen gehören und welche nur noch in No. 5 und theilweise in No. 13 und 14 an dieser Stelle stehen.

19.

[*S*] Die Sammlung, welche *Böhme* aus dem *Codex Bregensis* (*Homeyer* 161) in den Diplom. Beytr. zur Untersuchung der Schlesischen Rechte und Geschichte. Berlin 1770—1775 Bd. V. S. 60 und 61 und Bd. VI. S. 90—157 veröffentlicht hat. Vgl. dazu *Laband* Magd. Bresl. Schöffenr. S. XVIII fgg.

20.

[*C*] Der alte Kulm nach der Ausgabe von *Leman*, Berlin 1838. Die Ausgabe des Magdeburg Breslauer Schöffenrechts von *Laband*, welche erst während des (lange verzögerten) Druckes der gegenwärtigen Ausgabe erschienen ist, konnte leider nur noch für die Beilagen benutzt werden.

21.

[*P*] Die s. g. *Pölman*schen Distinctionen. *Stobbe* Gesch. der d. R. qu. I S. 427 fgg. Benutzt ist hier die Ausg. von 1576.

§ 2.

Die vorstehend aufgeführten Texte lassen sich insofern in zwei Klassen scheiden, als die Nummern 2, 5, 7, 8, 9, 12, 13, 14, 16, 17 und 18 die Magdeburger Fragen selbst, die Nummern 1, 3, 4, 6, 10, 11, 15, 19, 20, 21 dagegen andere Sammlungen enthalten. Es sollen hier zuvörderst von den Texten der zweiten Klasse diejenigen näher erörtert werden, aus welchen sich über die Entstehung der Magdeburger Fragen Aufschluss gewinnen lässt. Dabei wird es vornehmlich darauf ankommen, Ort und Zeit der Entstehung dieser Sammlungen zu ermitteln, sowie das Verhältniss, in welchem sie unter einander stehen, festzustellen.

1.

Auszugehen ist dabei von No. 19 [*S*], der von Böhme abgedruckten Sammlung des s. g. *Codex Bregensis*. Nach der neuerdings von Laband angestellten Untersuchung[2] ist der hierher gehörige Theil dieser Hds. in vier Abschnitte zu zerlegen, zu deren erstem Böhme V p. 60, 61 und VI. p. 90 bis 97 al. 1 gehört, während zu dem zweiten p. 97 al. 2 bis p. 126 al. 4, zu dem dritten p. 127 al. 1 bis p. 129 al. 3., zu dem vierten endlich p. 130 bis zum Schluss zu rechnen ist. Diese Eintheilung zunächst auf der äusserlichen Beschaffenheit der Hds. beruhend, erscheint auch, was Laband gleichfalls bereits andeutet, aus inneren Gründen als gerechtfertigt. Zwar kann man geneigt sein, den ersten Abschnitt wiederum in mehrere Theile zu zerlegen, da mit der Ueberschrift bei Böhme VI. p. 60 *hie hebin sich an ekawffte orteil* u. s. w. eine neue Folge von Urtheilen zu beginnen scheint.[3] Dagegen kennzeichnet sich der zweite Abschnitt als ein einheitliches Ganze schon vermöge der gleichförmigen Gestalt, in welcher die einzelnen Rechtssätze daselbst mitgetheilt werden.[4] Die Zusammengehörigkeit der Bestandtheile des vierten

---

2) Magd. Bresl. Schöffenr. S. XVI fgg. 3) Soviel ich nach einer oberflächlichen Besichtigung der Hds. zu urtheilen vermag beginnt hier auch die Hand eines anderen Schreibers. 4) Die Bestandtheile des ersten Abschnittes von VI *p.* 90 an sowie die des dritten haben meist die Form von Frage und Antwort, während in der zweiten Sammlung mit Ausnahme des, wie es scheint, ursprünglich nicht dazu gehörigen letzten Stückes (126. 4) diese Form gar nicht vorkommt. Zum grössten Theil enthält dieselbe abstracte Rechtssätze; von den unterlaufenden Schöffenurtheilen wird immer nur die Entscheidung, nicht auch die Anfrage mitgetheilt.

Abschnittes wird später erwiesen werden und der dazwischen liegende dritte ist eine Parallelsammlung zu einem Theile der bereits in dem ersten enthaltenen Urtheile.

Die Schreiber unserer Hds. haben nun diese vier Abschnitte nicht selbst compilirt, sondern es haben ihnen dieselben in ihren wesentlichen Bestandtheilen bereits fertig zusammengestellt vorgelegen. Der Beweis hierfür liegt für die ersten drei Abschnitte darin, dass die Compilation derselben, wie unten darzuthun, bereits längere Zeit vor ihrer Einverleibung in den *Codex Bregensis* statt gehabt hat. Bezüglich des vierten Abschnittes ist dieser Beweis in dem Umstande zu finden, dass wesentlich übereinstimmende Sammlungen noch anderen Hdss. zu Grunde gelegen haben, bei denen gleichwohl an ein Abstammungsverhältniss von *S* nicht zu denken ist.[5]

Demnach sind mindestens vier Sammlungen, welche theils aus Urtheilen, theils aus Rechtssätzen, processualischen Formeln u. dgl. bestanden haben, die Quellen von *S* gewesen. Als der Entstehungsort sämmtlicher vier Sammlungen ist mit grosser Wahrscheinlichkeit Breslau anzusehen. Hinsichtlich des ersten Abschnittes hat dies Laband erwiesen.[6] Dagegen hat sich derselbe in Betreff des zweiten und vierten (der dritte, der, wie erwähnt, nur eine Wiederholung von Bestandtheilen des ersten enthält, kann ausser Betracht bleiben), wenigstens ausdrücklich, nicht ausgesprochen und es erübrigt deshalb, die Beweisführung in dieser Beziehung zu vervollständigen. Dabei ist darauf aufmerksam zu machen, dass bereits Stobbe mehrfache Beziehungen auf Breslau durch den ganzen Inhalt von *S* nachgewiesen hat.[7]

a) Der zweite Abschnitt findet sich fast ganz in dem Magdeburg Breslauer Schöffenrecht wieder,[8] und da dieses letztere unzweifelhaft in Breslau entstanden ist, so wird für denselben schon aus diesem Grunde die gleiche Abstammung anzunehmen sein. Ausserdem kommen gerade in diesem Abschnitt die meisten Hinweisungen auf Breslau vor. Dahin gehören nachstehende schon von Stobbe hervorgehobene Stellen: die aus dem Magdeburg-Breslauer Recht von 1261 § 71 und von 1295 § 6, 7 entlehnten *S* 125. 5 und 124. 2; die Sätze, welche nach der Notiz von

5) Ganz homogen ist jedoch dieser vierte Abschnitt nicht. Es ist vielmehr zu unterscheiden zwischen einem festen Kern von Schöffenurtheilen, von denen das im Text Gesagte gilt, und anderen Bestandtheilen, welche darunter eingestreut sind und die aus besonderen Compilationen herzurühren scheinen. Dahin gehören z. B. die Stücke, in denen Stellen wiederholt werden, die bereits in früheren Sammlungen vorkommen. Das Nähere vgl. unten Anm. 15 und 50. 6) a. a. O. S. XVIII. 7) Zts. für D. R. Bd. XVII. S. 412 fgg. 8) *Laband* S. XIX.

Stenzel in der von Breslau nach Glogau ergangenen Rechtsmittheilung aus dem Jahr 1314 enthalten sind;[9] (S 115, 116 und 121, 122) ferner die mit einem Magdeburg Breslauer Weisthum übereinstimmende S 119. 8. Diesen Stellen können noch folgende hinzugefügt werden: S 111 1 scheint auf die Abschaffung des echten Vogtdinges zu gehen, welche auf Ansuchen der Breslauer Bürgerschaft durch ein Privileg des Königs Johann im Jahre 1327 erfolgt ist[10]; 112. 5 enthält ein für Breslau ertheiltes Magdeburger Urtheil von ca. 1324[11]; der 120. 1 erwähnte Heynemann ist nachweislich ein Breslauer Schöffe und Rathmann aus dem Anfang des 14. Jahrhunderts[12]; 126. 1 ist, wie eine Vergleichung mit den entsprechenden Stellen aus dem Breslauer Schöffenrecht IV 2. 36 (Kulm IV 78) und den Magdeburger Fragen lehrt, mit Rücksicht auf die Verordnung des Königs Johann von 1339 über das Erbrecht der Enkel interpolirt.[13] Ferner möchten hieher noch S 116. 8 und 117 8 zu rechnen sein, in welchen hinsichtlich der begabten Ehefrau und der ausgeradeten Kinder zwischen Stadt und Land unterschieden wird. Auch diese Stellen passen am Besten auf Breslau, sie deuten auf die Verschiedenheiten des ehelichen Güterrechtes hin, welches in der *civitas* und dem *districtus Wratislaviensis* in Geltung gewesen ist.[14]

b) In dem vierten Abschnitt sind, abgesehn von den Stellen, welche Bestandtheile früherer Abschnitte wiederholen[15], offenbare Beziehungen auf Breslau nur selten. Ich vermag in dieser Richtung allein anzuführen: S 139. 5, 6 – Sätze, welche aus dem Magdeb. Breslauer Recht von 1295 § 12 und 15 entnommen sind;[16] ferner S 130. 2 bis 132. 1 und 156. 3 bis 157. 1 Das an ersterer Stelle genannte Wetkowitz ist ein Dorf im Breslauer District[17] und Nicolaus von Freyberg, der S 156. 3 erwähnt wird, kommt zu Anfang des 15. Jahrhunderts unter den Breslauer Rathmännern vor.[18] Diese Stellen, gering an Zahl, werden doch hinreichen, um wahrscheinlich zu machen, dass auch die Compilation der dem vierten Abschnitt zu Grunde liegenden Sammlung in Breslau stattgefunden hat, besonders wenn man hinzunimmt, dass allem Anschein nach unsere Hds. in einer Tochterstadt Breslaus niedergeschrieben worden ist.[19] Ein Be-

9) *Tzschoppe und Stenzel* Urkundensammlung S. 493. 10) *Klose* Von Breslau II. 1 S. 118. 11) M. Br Schöffenr. II. 2. 24 und dazu die Bemerkung von *Laband*. 12) *Laband* S. XLII. 13) s. dieselbe bei *Gaupp* Schles. Landr. S. 94. 14) vgl. *Gaupp* a. a. O. S. 124 fgg. 15) Diese Stellen sind vollständig nachgewiesen bei *Laband* S. 217. Vgl. jedoch oben Anm. 5. 16) *Stobbe* a. a. O. S. 412. 17) *Klose* II. 2. S. 445. 18) ebd. II. 1. S. 329. 19) *Böhme*, der bekanntlich diese Hds. früher besessen und ihr auch zuerst die Bezeichnung *Cod. Breg.*

denken hiergegen könnte daraus hergeleitet werden, dass mehrere Bestandtheile dieses Abschnittes sich zugleich in No. 11 [*Rw*] und No. 10 [*R*β] vorfinden, obwohl die beiden letzteren Sammlungen nach ihrer Ueberschrift nur Urtheile enthalten sollen, welche von Thorn aus in Magdeburg erfragt sind. Auf dieses Bedenken, welches übrigens auch für die nachstehend unter 3 und 4 zu besprechenden Sammlungen Platz greift, da die betreffenden Stücke sämmtlich oder theilweise in denselben ebenfalls enthalten sind, wird bei der Erörterung von *Rw* und *R*β zurückzukommen sein. — Ein anderes Bedenken ist bereits von Stobbe hervorgehoben, dass nämlich einzelne Urtheile des vierten Abschnittes von *S* auf Krakau hinweisen. Namentlich wird in *S* 136. 1 Krakau geradezu als die Stadt bezeichnet, auf deren Anfrage das Urtheil ergeht (*in ewir gerichte . . . czu krokaw*).[20] Stobbe hat aber auch schon bemerkt, dass bei den lebhaften Beziehungen, die zwischen Schlesien und Polen obgewaltet haben, eine Verpflanzung derartiger Bestandtheile in Schlesiche Handschriften nicht auffallend gefunden werden darf. Ein weiteres Beispiel hierfür bietet die Mittheilung Laband's[21], wonach in der Hds. der Bresl. Centralbibl. II Fol. 8a Stellen, welche übereinstimmend in dem zweiten Abschnitt von *S*, dem alten Kulm und der Compilation von *Dr* vorkommen, mit einem von Magdeburg nach Krakau ergangenen Urtheilsbrief in Verbindung gebracht zu sein scheinen.

Was die Zeit der Entstehung anlangt, so ist bereits oben bemerkt, dass die Zusammenstellung der ersten drei Sammlungen eine nicht unbeträchtliche Zeit früher erfolgt sein muss, ehe deren Eintragung in unsere Hds. stattgefunden hat. Der *Codex Bregensis* kann nicht vor 1390 geschrieben sein, da er gleich zu Anfang eine Urkunde aus diesem Jahre enthält.[22] Dagegen sprechen wenigstens überwiegende Wahrscheinlichkeitsgründe dafür, dass jene drei Sammlungen bereits um die Mitte des 14. Jahrhunderts vollendet worden sind.

Laband hat sich auch hier darauf beschränkt, die erste Sammlung zu bestimmen, für welche er die Zeit zwischen 1331 und 1337 annimmt. Diese Bestimmung ist zwar nicht ganz

---

gegeben hat, lässt es allerdings zweifelhaft, ob sie in Brieg oder in Liegnitz geschrieben worden ist (Diplom. Beitr. I. S. 34). Aber selbst im letzteren Falle würde, obwohl Liegnitz nicht immer Tochterstadt von Breslau gewesen ist, doch die Verbindung mit Breslau sehr nahe liegen. 20) Andere Stellen, in denen Krakau erwähnt wird, sind *S* 140. 5 und 152. 2, vgl. *Stobbe* a. a. O. S. 414. 21) a. a. O. S. XIII. 22) *Homeyer* D. Rechtsb. No. 161.

sicher, da er sich hierbei allein auf *S* 94. 3 stützt und da, wie er selbst zugiebt, das von ihm in Anwendung gebrachte Kriterium, dass nämlich nach jener Stelle in Glogau zu gleicher Zeit ein König und ein Herzog geherrscht haben müssen, eben so gut auch auf die Jahre 1344 bis 1361 passt[23] Allein die wenigen Stellen, welchen noch sonst eine Zeitbestimmung entnommen werden kann, untersützen seine Annahme. *S* 91. 2 fordert für den Vertheidigungsbeweis bei Klagen nach todter Hand den Eid selbsiebend und steht demnach in Widerspruch mit dem Privileg von 1337, welches diesen Eid für Breslau abgeschafft hat[24]. Es hätte für den Compilator, der sonst die abweichenden Bestimmungen des in Breslau geltenden Partikularrechtes nicht unberücksichtigt gelassen hat, nahe gelegen, diesen Widerspruch anzumerken[25] Da er dies nicht gethan hat, so wird die Vermuthung gerechtfertigt, dass ihm jenes Privileg selbst noch unbekannt gewesen ist, dass also die Aufnahme der obigen Stelle in unsere Sammlung bereits vor 1337 stattgefunden hat. Damit stimmt auch der *S* 94. 5 mitgetheilte Rechtssatz insofern überein, als er das Bestehen des Vogtdinges vorauszusetzen scheint, welches, wie bereits erwähnt, ebenfalls im Jahre 1337 aufgehoben worden ist.

Dass die zweite Sammlung erst nach 1339 zusammengestellt sein kann, folgt aus der oben bereits besprochenen *S* 126. 1. Dies ist jedoch die einzige Stelle, die eine Hinweisung auf eine so späte Zeit enthält. Im Gegensatz zu derselben stehen andere Stellen, welche aus früherer Zeit herrühren. So enthalten *S* 112. 4 und 113. 1 zwei von 1321 und 1322 datirte Schöffensprüche; *S* 112. 5 ist ein im Jahre 1324 von Herzog Heinrich VI. bestätigtes Magdeburger Urtheil[26]; *S* 120. 1 kann nach der Person des daselbst erwähnten Heinemann spätestens aus derselben Zeit stammen[27] und *S* 119. 6, welche die Ernennung von Vormündern für unzulässig erklärt, scheint gleichfalls vor 1339 aufgenommen zu sein, da in diesem Jahre den Breslauern gestattet worden ist, Vormünder für ihre minderjährigen Kinder zu erwählen[28] Aus diesen Daten ergiebt sich als wahrscheinliches Resultat, dass die Compilation, welche dem zweiten Abschnitt

---

23) a. a. O. S. XVIII und das. Anm. 22. 24) *Klose* Von Breslau II. 1, S. 118; *Laband* zum M. Br. Schöffenr. III. 2. 26. 25) Vgl. z. B. *S* (V) 61. 6. wo die Differenzen des Breslauer Rechts ausdrücklich hervorgehoben sind 26) *Laband* zum Magd. Bresl. Schöffenr. II. 2. 24. 27) Die Daten über denselben s. bei *Laband* S. XLII. 28) *Klose* Von Breslau II. 1 S. 122.

von *S* zu Grunde liegt, bereits vor 1339 begonnen, aber erst kurz nach 1339 zu Ende geführt worden ist.

Für die Entstehungszeit der dritten Sammlung muss auch hier auf das in Betreff der ersten Gesagte verwiesen werden.

Der vierte Abschnitt enthält in *S* 150. 5 den Spruch eines Officials, der das Datum 1385 trägt. Die zu Grunde liegende Compilation kann daher keinenfalls früher vollendet sein.

Nach der Aufgabe, die oben gestellt wurde, würden hier noch die Beziehungen des *Codex Bregensis* zu den übrigen in Frage kommenden Compilationen zu erörtern sein. Diese Beziehungen können jedoch erst im Folgenden näher nachgewiesen werden.

2.

Zum grössten Theil ebenfalls Breslauer Ursprungs ist der alte Kulm, oben No. 20 [*C*]. Es wird sich unten zeigen, dass es für uns erforderlich ist, den Kulm selbst zu berücksichtigen, und dass es nicht genügt, blos die Quelle desselben, das Magdeburg-Breslauer Schöffenrecht in Betracht zu ziehen. Hinsichtlich der Abstammung des alten Kulm von dem Breslauer Schöffenrecht kann hier auf die Untersuchungen von Laband verwiesen werden[29], aus denen für unsere Zwecke Folgendes hervorzuheben ist:

a) das Schöffenrecht ist gegen die Mitte des 14. Jahrhunderts in Breslau entstanden.

b) Von Breslau ist dasselbe nach Preussen übertragen und hier — auch noch im 14. Jahrhundert — durch einige Zusätze vermehrt worden.

c) Auch in Breslau sind dem Schöffenrecht später noch Zusätze beigefügt worden und zwar zum Theil erst, nachdem die Verpflanzung nach Preussen bereits stattgefunden hatte, so dass die Mehrzahl dieser Breslauer Zusätze sich im alten Kulm nicht vorfindet.

d) Zu den Quellen des Schöffenrechts gehören Rechts- und Urtheilssammlungen, welche zur Zeit der Redaction desselben in Breslau bereits vorhanden waren. In vielen Stücken treffen dieselben mit denjenigen Sammlungen zusammen, die als Quellen von *S* anzusehen sind. Eine nähere Nachweisung der übereinstimmenden Stellen giebt Laband in der Zusammenstellung C (S. 215—217). Aus derselben geht hervor, dass die dritte Samm-

29) a. a. O. S. XXI fgg.

lung von *S* sich ganz in dem Schöffenrecht wiederfindet. Von der zweiten fehlen nur wenige Sätze; auch von der ersten ist ein grosser, von der vierten dagegen nur der geringste Theil in dem Schöffenrecht nachzuweisen. Die Zusätze späterer Hand zu dem Schöffenrecht sowie die dem alten Kulm eigenthümlichen Stücke haben in *S* keine Parallelstellen. Ein direktes Abstammungsverhältniss ist nicht anzunehmen.

3.

Als nahe verwandt mit *S* erweist sich ferner No. 6 [*Dr*]. Diese Verwandtschaft tritt in den Nachweisungen von Wasserschleben[30] nicht genügend hervor, da derselbe die betreffenden

---

30) Samml. d. Rqu. I S. 80—120. In der Hds sind die einzelnen Stücke nicht numerirt; ich bin deshalb bei der Zählung derselben *Wasserschleben* gefolgt; obwohl ich gestehen muss, dass mir das Princip, nach welchem er häufig mehrere Urtheile unter einer Nummer zusammenfasst, nicht ersichtlich geworden ist. — Einer Berichtigung und Ergänzung bedürfen seine Angaben über den Inhalt in folgenden Punkten: *Dr* 18 ist gleich *C* III. 115; *Dr* 19 = *C.* I. 7; *Dr* 96 = *B* I. 90 (*Wasserschleben* S. 122) mit folgendem Eingang: Wie man die erbin twingen mag vatir schult zcu gelden. Vortmeir ab eyn erbeling seynes toden vatir schult nicht geldin wolde adir ab seyne erbin des nicht wollen bestaten, mochte man ym seyn erbe ader eygen mit gerichte beseczen unde vorclagen vor die schult und wie lange man doruff clagin sulle das man is gewynne und wie man das erbe beseczen sal. H. sp. w. e. r. Der schultis adir seyn fronebote *u. s. w.* — In *Dr* 118 folgt auf I. 17 1 noch *C* II. 44; *Dr* 164 = M. Fr. I. 3. 11. *Dr* 190 schaltet nach M. Fr. I. 12. 2 ein: Abir vortmeir Eyner clagit zcu dem andern noch todir hant, wie das des mannes (!), den her beclagte, zeynem vater gelt schuldig bleben were und clagitte umb die helffte und stalte drey clagen noch todir hant, die gewere geschach, do antworte der beclagte man frogende: sintdemmal das her clagit noch todir hant, ab her mir icht ynnerunge thun sulle. Do frogte her, wie; do wart geteilet: selb sebinde mit erhafftigen leuten. Do frogte der beclagitte man abir vorbas: sintdemmal das die ynnerunge geteylit were dem cleger selbsebinde, wenne her ym die thun sulle. Do wart ym geteilit, her salde is thun von stadin an. Do frogitte der clegir, ab her seynen lengisten tag dorczu gehabin mochte. Do wart geteylet: neyn, her salde is zcu hant von stadin an thun. Do frogete der cleger, ab her mochte geyn noch leuten, die ym die ynnerunge hulfen thun. Do sprochin die scheppin is ist vorgeschrebin. — *Dr* 195 hat den in Anm. 24 zu M. Fr. I. 3. 3 mitgetheilten Zusatz. In *Dr* 211 steht erst das von *Wasserschleben* ausführlich wiedergegebene Urtheil, dann M. Fr. I. 8. 11 und I. 7. 6. *Dr* 233 ist vollständig = *C* II. 44.

Ich lasse hier noch die für uns nicht unwichtige lat. Urkunde aus *Dr* 208 folgen. Dieselbe ist bereits von *Gottschalk* mitgetheilt, doch mit einzelnen Ungenauigkeiten, auch dürfte seine Abhandlung nicht allgemein zugänglich sein. Parallelstellen sind *Th* 226 und *Wasserschl.* V 71, nur ist in der letzteren grade die hier folgende Urkunde fortgelassen. Die wichtigeren Varianten aus *Th* füge ich in Parenthese bei. Notum sit quibus expedit universis quod anno domini MCCCLXXIIII (*Th* LXXV) feria sexta ante dominicam letare Jerusalem judicium fuit (*Th fh.* bannitum) per advocatum Schon Heyncz et per septem scabinos submissos scilicet Henkonem Knosp, Clementem de Alba Ecclesia, Pyczen, Hanckonem Kranch, Ydeszkonem Vogilgesang, Peczkonem Fremd et Petrum Fochsczagil (*Th* scilicet Hanckonem brant Paschkonem Vogilgesang etc). Coram quo judicio honorabilis Nicolaus Edlingi boni animi sui deliberacione prehabita domum suam cum fundo arte acialem una cum braxatorio lapideo adjacentem situm (*Th* adjacente sito) in platea Sancti Floriani quam nunc Sabaczko (*Th* Sobacko) inhabitat prout in suis ante et retro circumferencialibus in

Stellen aus *S* nur zum geringsten Theil anführt. Die nachfolgende Tabelle, bei welcher *Dr* der Vergleichung zu Grunde gelegt ist, giebt eine vollständige Uebersicht der Parallelstellen sowohl aus dem Codex Bregensis wie aus dem alten Kulm.

Tabelle I.

Dr	Cod. Breg.	Kulm	Dr	Cod. Breg.	Kulm
1	92. 1. 2	III 44. 45	28	115. 4	II. 24
2	92. 3. 4	III. 46. 47	29, 30		
3	93. 1, 2	III. 48	31	143. 3. 4	
4	93. 3. 4	III. 49	31b—32b		
5	93. 5, 6	III. 50. 51	32c	143. 5	
6	93. 7. 8	III. 52. 53	32d, 33		
7	94 1. 2	III. 54. 55	34	143. 6	
8	94. 3, 4	III 56, 57	35. 36		
	127 4		37	144. 1	
9	121. 6	I. 20	38	144. 2. 3	
10	109. 3	I 13	39a	144. 4. 5	
	115. 6		39b		
11	119. 6	IV. 104	40	144. 6	
	139. 1		41—47		
12	(V) 60. 6	IV. 3	48	144 7	
13	(V) 61. 1	IV 4	49—58		
	139. 2		59	145. 3	
14	(V) 61. 2	IV. 5	60—64a		
	139. 3		64b	135. 2	
15	(V) 60. 5	IV. 55	65	135. 3	
	139. 4		66	135. 4	
16		IV. 76	67	134. 9	
17	139. 5	IV. 72		135 1	
18	139. 6	III 115	68		
19	113. 2	I. 7	69	145. 4	
20	109 3	I 13	70, 71		
	115. 6		72	145. 1	
21	116. 1	I. 21	73a		
22	116. 2	I. 4	73b	(V) 61. 3	IV. 6
23	116. 3	I. 2		145. 2	
24	117 3	I. 11	74		IV 85
25	117. 4	I 18	75	91 3	IV 86
26	117. 5	I. 19		129. 3	
27	117. 6	I. 17	76	145 5. 6	
	118 7	I. 3	77	145 7	
	120 1	I. 16	78	145 8	

signis distinguuntur pro XL marcis grossorum Nicolao Stephani filiastro honorabilis viri domini Nicolai, altariste et prebendarii Sancti Johannis baptiste ecclesie Kathedralis Cracoviensis vero vendicionis tytulo jure hereditario tenendam et per ipsum Nicolaum Stephani et ejus legittimos successores ad habendam vendidit et libere resignavit, hujus modi tamen condicionibus interjectis quod dictus Nicolaus Edlingi dictam domum debet possidere pro quatuor marcis grossorum census nomine annuatim, cujus census medietas (!) videlicet II marcas ad festum pasce et reliquas II marcas ad festum Sancti Michaelis Stephano et suis legittimis successoribus solvere tenebitur, omni detraccione penitus procul mota; habebit et idem Nicolaus Edlingi reemendi domum eandem pro dictis XL marcis super uno predictorum festorum et non alio ipsius anni tempore, cum sibi expediens videbitur aut poterit habere, facultatem. In cujus rei testimonium et cet.

Dr	Cod. Breg.	Kulm
79—82		
83	133. 3, 4	
84	133. 5, 6 134. 1, 2	
85—87a		
87b—d	134. 3—7	
88	134. 8	
89—92		
93	146. 4 147. 1	
94		
95	147. 2	
96—107		
108	141. 4, 5	
109	141. 2, 3	
110—113		
114	138. 4	
115—118a		
118b		II. 44
119	121. 2 140. 2	III. 25
120	121. 3	III. 43
121	121. 5 140. 3	V. 1
122	122. 1	III. 102
123	122. 2	III. 103a
124	122. 4 140. 4	III. 103b
125	153. 4, 5	
126, 127		
128	154. 4 155. 1—3	
129	155. 4	
130—136		
137	151. 2, 3	
138—145		
146	142. 1, 2	
147	142. 3, 4	
148	143. 1, 2	
149, 150		
151	146. 1, 2	
152	146. 3	
153	131. 2, 3	
154	131. 4 132. 1	
155—157		
158	132. 2, 3	
159	132. 4, 5	
160, 161		
162	135. 5 136. 1	
163	147. 5, 6	
164	147. 7	

Dr	Cod. Breg.	Kulm
165		
166	137. 3, 4	
167	137. 5 138. 1	
168—173		
174	153. 6 154. 1	
175	154. 2, 3	
176, 177		
178	133. 1, 2	
179—190		
191	136. 2, 3	
192	148. 2—4	
193	149. 1, 2	
194		
195	147. 3, 4	
196		
197	137. 1, 2	
198, 199		
200	149. 3, 4	
201	150. 1, 2	
202		
203	152. 2 153. 1	
204	153. 2, 3	
205		
206	156. 3 157. 1	
207—225		
226	117. 7	I. 12
227	118. 1	IV. 102
228	118. 2	IV. 103
229	116. 7	III. 139
230	116. 8 139. 7	IV. 38
231	118. 5	III. 100
232	118. 6	III. 101
233	121. 1 119. 1	II. 42 III. 95
234	111. 3 140. 1	II. 77
235	119. 3	II. 43
236a	119. 8	II. 88
236b		II. 44
237	122. 3	II. 5
238—242		
243	150. 5, 6	
244		
245	140. 5 141. 1	
246	151. 6 152. 1	
247		

Es geht aus dieser Tabelle hervor, dass der vierte Abschnitt des Codex Bregensis bei Weitem die meisten Parallelstellen für *Dr* enthält. Bedeutend geringer ist in *Dr* die Zahl der Stellen,

welche mit der ersten und zweiten Sammlung des Cod. Breg. zusammenstimmen und von den Stücken, die zugleich in der ersten und dritten Sammlung von *S* vorhanden sind, kommen in *Dr* nur zwei vor (*Dr* 8, 75).

Unter den Bestandtheilen, welche der Compilation von *Dr* im Vergleich zu *S* eigenthümlich sind, lässt sich für einige mit ziemlicher Sicherheit eine bestimmte örtliche Beziehung darthun. Auf Breslauer Quellen sind zurückzuführen drei Stellen, die sich zwar nicht in *S*, wohl aber in dem Magdeburg-Breslauer Schöffenrecht vorfinden, nämlich *Dr* 74 = Magd. Br Schöffenr. IV 2. 43; *Dr* 118*b* und 236, beide = M. Br. Schöffenr. II. 2. 28. Ferner gehört dahin *Dr* 112, da diese Stelle nach einer uns anderweit aufbehaltenen Nachricht die Eidesformel für die Breslauer Schöffen enthält. Sie findet sich nämlich auch in der Hds. der Central Bibl. zu Breslau II f. 8a (fol. 429) und ist daselbst überschrieben: *der scheppenn eyd tzu der bangk tzu Breslaw.*

Mehrere Stücke verweisen auf Krakau. In *Dr* 239[31] wird diese Abstammung durch die daselbst mitgetheilte Urkunde ausdrücklich bezeugt. Dass auch *Dr* 205 und 208 hierher zu rechnen sind, lehrt eine Vergleichung der an diesen Stellen vorkommenden Personennamen mit *Th* 206, 200 und 44[32] (*Beil* II. *zu M. Fr* I. 3. 19; I. 4. 8 und *Beil.* III). In *Dr* 242 wird der Official zu Krakau erwähnt. *Dr* 202 bezieht sich offenbar auf die vorhergehende No. 162, welche mit *S* 135. 5 bis 136. 1 identisch ist; von letzterer Stelle aber ist schon oben bemerkt, dass die Anfrage aus Krakau herrühre. Nicht gut anders als auf Krakau kann ferner *Dr* 118 bezogen werden, die Königin und der König, deren daselbst und zwar in dieser Reihenfolge Erwähnung geschieht, sind die Königin Hedwig und deren Gemahl Wladislaw II. (Jagiello). Endlich deutet in *Dr* 173 das sich Ziehen auf des Königs Hof in Magdeburgischem Recht unzweifelhaft auf das im Jahre 1365 im Schloss zu Krakau errichtete Hofgericht nach Magdeburger Recht[33]

---

31) Von den nachstehend hervorgehobenen Stücken aus *Dr* stehen 239, 242 u. 202 in extenso bei *Wasserschleben*, die Urkunde aus *Dr* 208 in der vor. Anm., in Betreff der übrigen vgl. die entsprechenden Stellen der M. Fr. 32) Vgl. auch die Urkunde in *Rzyszczewski et Muczkowski* Cod. dipl. Pol. III. No. 146 S. 299: Noverint tam presentes quam futuri quibus expedit universis quod sub anno domini 1367 feria sexta proxima ante dominicam Invocavit judicium fuit bannitum per advocatum Jacusszium Kmel et per septem scabinos submissos videlicet Nicolaum Scolczil Nicolaum Besen Johannem Lucznina Johannem Englusszii Ticzconem Crutanefleisch Nicolaum Grocop et Hankonem Kranch. Coram quo judicio circumspectus vir Hermannus Craucz personaliter constitutus brascatorium suum lapideum *et rell.* 33) libros juris Maydeburgensis ordinavimus et in

Nach dem Vorstehenden darf wohl als erwiesen angenommen werden, dass Bestandtheile sowohl Breslauer wie Krakauer Ursprungs in *Dr* übergegangen sind. Es ist nun schon oben hervorgehoben worden, dass zuweilen Magdeburger Urtheile, die für Krakau bestimmt waren, sich in Breslauer Sammlungen vorfinden. Unbedenklich darf man annehmen, dass auch umgekehrt Breslauer Sammlungen und Urtheile, die nach Breslau ergangen waren, abschriftlich nach Krakau gelangt sind, da Krakau zwar nicht eine eigentliche Tochterstadt von Breslau gewesen aber doch schon in seiner Locationsurkunde auf das Breslauer Recht hingewiesen worden ist[34] Danach bleibt es zweifelhaft, in welcher von diesen beiden Städten die Entstehung unserer Sammlung zu suchen ist.[35] Für das Wahrscheinlichere möchte ich es allerdings halten, Krakau als den Entstehungsort anzusehen. Und zwar auf Grund von *Dr* 115 (Wasserschleben p. 93). Der Schluss dieser Stelle, auf welche schon Gottschalk aufmerksam gemacht hat, lautet: *dis wart brocht von Magdeburg mit den andern artikeln die sich alzo anheben.* Die Fassung dieses Satzes, der offenbar eine Bemerkung des Compilators selbst enthält, lässt darauf schliessen, dass letzterer sich an dem Ort befunden hat, von welchem aus das unmittelbar vorhergehende sowie die zunächst folgenden Urtheile eingeholt worden sind. Die hierher gehörigen Urtheile scheinen nun aber bis zu *Dr* 118*a* einschliesslich zu reichen, denn mit 118*b* beginnt eine neue Reihe Schlesischen Ursprungs, welche in dem Cod. Breg. und dem Breslauer Schöffenrecht Parallelstellen hat. *Dr* 118*a* ist bereits oben wegen seines Inhalts für Krakau in Anspruch genommen; wenn daher die hier aufgestellten Voraussetzungen zutreffend sind, so wird das Gleiche für die ganze Sammlung gelten müssen[36]

---

thesauro nostro Cracoviensi deposuimus in eodemque castro nostro Cracoviensi constituimus jus supremum Theutonicale provinciale vice et loco juris Maydeburgensis. *Helcel prawa polsk pomn p.* 209. Von diesem *judicium provinciale*, welches die höhere Instanz für die Untergerichte bildete, war noch eine Berufung an das eigentliche Hofgericht, *ad tribunal et solium nostrae Majestatis* zulässig. Vgl. auch die Urk. vom 18. August 1399 bei *Rzyszczewski et Muczkowski* I No. 150 p. 268. 34) eo jure eam locamus quo et Wratislaviensis civitas est locata ut non quid ibi fit sed quod ad Magdeburgensis civitatis jus et formam fieri debeat advertatur Privileg von 1257 bei *Bischoff* Oesterr. Stadtr. S. 56. 35) Die Möglichkeit eines dritten Entstehungsortes bleibt allerdings nicht ausgeschlossen. Es fehlt dafür aber an jedem Anhaltspuncte. 36) Es bleibt hier noch ein Bedenken hervorzuheben, für welches ich keine genügende Lösung anzugeben vermag. Bereits in der Verordnung von 1365 (oben Anm. 33) war jeder Rechtszug nach Magdeburg untersagt worden; die hier angeführten Urtheile ebenso wie die bei der Erörterung von *Th* zu erwähnenden rühren gleichwohl aus

Die Zeit der Entstehung von *Dr* fällt in das Ende des 14. Jahrhunderts. -- Die Urkunde in *Dr* 208 datirt von 1374, der Spruch des Officials in *Dr* 243, wie die Parallelstelle im *S* zeigt, von 1385 und *Dr* 118*a* kann frühestens aus dem Jahr 1386 stammen, da erst in diesem Jahre die Vermählung der Königin Hedwig mit Wladislaw, dem bisherigen Grossherzog von Litthauen, und die damit verbundene Erhöhung des letzteren zur Königswürde stattfand.

Es bleibt noch das Verhältniss zu bestimmen, in welchem *Dr* zu den früheren Sammlungen steht. Dass der Compilator das Bresl. Schöffenrecht vor Augen gehabt habe, ist schon deswegen nicht anzunehmen, weil aus der systematischen Verarbeitung dieses Rechtsbuches nicht leicht eine so unsystematische Zusammenstellung, wie sie *Dr* darbietet, entstehen konnte. Die drei ersten Abschnitte des Codex Bregensis sind in *Dr* durch eine verhältnissmässig zu geringe Zahl von Parallelstellen vertreten, als dass man aus denselben auf eine direkte Abstammung schliessen könnte; gegen eine solche spricht überdies die veränderte Reihenfolge, welche zwar in Einzelnheiten zusammentrifft, deren häufiges Abspringen aber in diesem Falle ganz unerklärlich sein würde. Der letztere Grund ist ebenso auch gegen die Annahme eines Abstammungsverhältnisses von dem vierten Abschnitt des Codex Bregensis geltend zu machen. Hinsichtlich dieses vierten Abschnittes kommt ausserdem noch hinzu, dass *Dr* in einigen Fällen die Urtheile und namentlich die denselben zu Grunde liegenden Anfragen in viel ausführlicherer Fassung mittheilt als *S*, dessen Sätze zuweilen bis zur Unverständlichkeit verkürzt sind (vgl. z. B. *S* 134. 1, 4, 9; 136. 2; 157. 1)[37].

Das Resultat, welches sich hiernach ergiebt, ist ein ähnliches wie dasjenige, zu welchem wir bereits für das Breslauer Schöffenrecht gelangt sind. Dass auch bei der Compilation von *Dr* Breslauer Sammlungen benutzt worden sind und dass dieselben mit den Sammlungen, welche dem Schöffenrecht und dem Codex Bregensis zu Grunde gelegen haben, verwandt gewesen sein

---

einer späteren Zeit her. Welche Verhältnisse hierbei wirksam gewesen sein mögen, würde sich nur dann feststellen lassen, wenn wir eine *historia juris Saxonici Magdeburgensis in Polonia* besässen, wie solche von *G. S. Bandtkie* in den *Miscell. Cracov. nova fasc.* I (1829) p. 96 als demnächst erscheinend angekündigt worden ist. Leider ist dieselbe jedoch, soviel ich weiss, nie veröffentlicht worden. 37) Es kommt aber auch umgekehrt vor, dass *Dr* abbreviirt ist, wo der Cod. Breg. den Rechtsfall vollständig mittheilt, vgl. z. B. *Dr* 200 (*Beil.* II. *zu M. Fr.* I. 6. 2) mit *S* 194. 3. Man kann demnach auch nicht etwa eine Abstammung des Cod. Breg. von *Dr* annehmen.

müssen, ist unzweifelhaft; den Grad dieser Verwandtschaft vermögen wir jedoch nicht zu bestimmen.

4.

Eine Parallelsammlung zu *Dr* enthält *Th.* Die Uebereinstimmung wird durch Tabelle II*a* anschaulich gemacht.

Tabelle IIa.

Th	Dr	Th	Dr	Th	Dr	Th	Dr
1	108	56—58	36	121, 122	84	181	
2	109	59	37	123	85	182	169
3	142	60	38	124	86	183, 184	170
4	143	61, 62	39	125	87	185—187	171
5	144	63	30	126	81	188	172, 173
6	110	64. 65	31	127—129	87	189	174
7	111	66, 67	31b	130	88	190	175
8· 12	112	68—72	32	131	76	191, 192	128
13, 14	97	73, 74	33	132	77	193	176
15	98a	75, 76	40	133	78	194	177
16	98b	77	41	134, 135	79	195a	
1 18	99	78	42	136	80	195b	137
19	145	79, 80	43	137—140	82	196	138
20	179	81	44	141, 142	153	197	202
21		82, 83	45	143	154	198	178
22	99	84	46	144	155	199	203
23	100	85	47	145—147	156, 157	200	
24	101	86. 87	48	148	158	201	204
25	102	88	49	149	159	202	125
26	180	89	50	150	160	203	126
27	112	90	51	151	161	204	127
28	113	91	52	152, 153	162	205	
29		92	53	154	191	206	
30	244	93	54	155—157	192	207	205
31	181	94	55	158	193	208	136
32	182	95	56	159	199	209	135
33		96	57	160	200	210	139
34	183	97	69	161—163	201	211	206
35	184	98	70	164	117	212	207
36	185	99	71	165		213	211
37	186	100	72	166	196	214	130, 211
38, 39	187	101	73	167	197	215, 216	131
40	188	102	58	168	194	217	132
41	189	103	59	169 }	{ 115	218	133
42	190	104	74	170 }	{ 198	219	134
43	146	105	75	171	115	220	140
44		106, 107	60	172	116	221	64b
45	147	108	96	173	195	222	118
46	148	109	89	174	{ 163	223	73
47	149	110—112	90		{ 195	224	211
48	150	113	91	175	164	225	
49 }	151	114, 115	92	176	114	226	208
50 }		116	93	177	165	227	
51	152	117 118	94	178	166	228	242
52	34	119	95	179	167	229	209
53—55	35	120	83	180	168	230	82

(Der leichteren Uebersicht wegen füge ich hier in Tabelle IIb eine Zusammenstellung hinzu, bei welcher die Vergleichung der beiden Hdss. auf *Dr* zurückgeführt ist.)

Tabelle IIb.

Dr	Th	Dr	Th	Dr	Th	Dr	Th
1—29		78	133	127	204	172 173	188
30	63	79	134. 135	128	191. 192	174	189
31	64. 65	80	136	129		175	190
31b	66 67	81	126	130	214	176	193
32	68—72	82	137-140	131	215. 216	177	194
33	73. 74		230	132	217	178	198
34	52	83	120	133	218	179	20
35	53—55	84	121. 122	134	219	180	26
36	56—58	85	123	135	209	181	31
37	59	86	124	136	208	182	32
38	60	87	125	137	195b	183	34
39	61. 62		127-129	138	196	184	35
40	75. 76	88	130	139	210	185	36
41	77	89	109	140	220	186	37
42	78	90	110—112	141		187	38. 39
43	79. 80	91	113	142	3	188	40
44	81	92	114. 115	143	4	189	41
45	82. 83	93	116	144	5	190	42
46	84	94	117. 118	145	19	191	154
47	85	95	119	146	43	192	155—157
48	86. 87	96	108	147	45	193	158
49	88	97	13. 14	148	46	194	168
50	89	98a	15	149	47	195	173 174
51	90	98b	16	150	48	196	166
52	91	99	17. 18. 22	151	49. 50	197	167
53	92	100	23	152	51	198	170
54	93	101	24	153	141. 142	199	159
55	94	102	25	154	143	200	160
56	95	103—107		155	144	201	161—163
57	96	108	1	156	145—147	202	197
58	102	109	2	157		203	199
59	103	110	6	158	148	204	201
60	106. 107	111	7	159	149	205	207
61—64a		112	8—12. 27	160	150	206	211
64b	221	113	28	161	151	207	212
65—68		114	176	162	152. 153	208	226
69	97	115	171	163	174	209	229
70	98	115b	169	164	175	210	
71	99	115c	170	165	177	211	224
72	100	116	172	166	178		213. 214
73	101. 223	117	164	167	179	212—241	
74	104	118	222	168	180	242	228
75	105	119—124		169	182	243	
76	131	125	202	170	183. 184	244	30
77	132	126	203	171	185—187	245—247	•

Nur wenige Bestandtheile von *Th* kommen hiernach nicht zugleich in *Dr* vor. Dies sind *Th* 21, 29, 33, 44, 165, 181, 195*a*, 200, 205, 206, 225, 227. Von denselben ist *Th* 29 = *S* 141. 6,

und *Th* 181 = *S* 138. 2, 3; die übrigen sind in keiner der bisherigen Sammlungen nachweisbar[38]

Grösser ist die Zahl der Stücke aus *Dr*, für welche *Th* keine entsprechenden Stellen aufweist. Dahin gehören *Dr* 1—29, 61 - 64a, 65—68, 103—107, 119—124, 129, 141, 210, 212—241, 243, 245—247 Vergleicht man zu diesen Stellen die Tabelle I, so ergiebt sich, dass der grösste Theil derselben in einem der ersten drei Abschnitte des Codex Bregensis und in dem Breslauer Schöffenrecht vorhanden ist. Aus diesen Sammlungen können in der ganzen Compilation von *Th* nur drei Parallelstellen nachgewiesen werden (*Th* 104, 105, 223).

Die einzige Sammlung, welche ausser *Dr* eine grössere Zahl von Parallelstellen für *Th* darbietet, ist der vierte Abschnitt des Codex Bregensis. Wenn nun oben wahrscheinlich gemacht worden ist, dass die diesem Abschnitt zu Grunde liegenden Sammlung in Breslau entstanden ist, so wird es als ebenso wahrscheinlich gelten müssen, dass auch von dem Compilator von *Th*, direkt oder indirekt, Breslauer Sammlungen benutzt worden sind[39] Dass derselbe gleichzeitig Krakauer Bestandtheile in seine Zusammenstellung mit aufgenommen hat, erhellt, wenn man die in dieser Hinsicht bei der Erörterung von *Dr* gemachten Bemerkungen auf die Tabelle II anwendet. Die Annahme, dass Krakau der Entstehungsort sei, liegt bei dieser Sammlung noch näher als bei der vorigen. Denn von den Stücken, welche *Th* vor *Dr* voraus hat, lassen die meisten den Krakauer Ursprung nicht verkennen. Namentlich ergiebt sich dies klar für *Th* 44, 165, 200, 206, 225, 227 aus den in diesen Urtheilen vorkommenden Urkunden und Eigennamen[40]

Die Entstehungszeit von *Th* wird ebenfalls um den Ausgang des 14 oder in dem ersten Beginn des 15. Jahrhunderts zu suchen sein. Von den Stellen, welche in dieser Hinsicht für *Dr* als massgebend angesehen worden sind, kommen *Dr* 243 und 118 auch in *Th* vor. Ausserdem enthalten *Th* 200, 44 und 206[40a]

---

38) Man sehe *Th* 21, 29, 33, 44, 181, 225 und 227 in *Beil.* III; *Th* 165, 195*a*, 200, 205, 206 zu M Fr II. 9. 1 III. 8. 3 a. E.; I. 4. 8; I. 4 5; I. 3. 19. 39) Die Stelle in der *Nicolaus Freyberg* erwähnt wird, kommt auch in *Th* vor (*M. Fr* I. 6. 5) oben S. IX 40) Hinsichtlich der letzteren ist das der gegenwärtigen Ausgabe beigefügte Register zu vergleichen, s. auch die oben in Anm 32 mitgetheilte Urkunde, in welcher mehrere derselben gleichfalls vorkommen. Die Stadt *czu dem Newen Czansze* ist Nowy Sandecz, ein *Ioannes Froling* wird als advocatus feudalis daselbst *a.* 1402 erwähnt, s. *Invent. omnium ac sing. priv. quae in archivo Cracov. cont. Lut. Par* 1862. *p.* 197. Wie Herr *Dr Strehlke* mir mittheilt, besitzt auch das hiesige K Geh. Staatsarchiv mehrere Urkunden des Deutschen Gerichts zu Neu Sandec. 40a) vgl oben Anm. 38.

Urkunden aus den Jahren 1367, 1392 und 1385 und die in *Th* 227 mitgetheilte Urkunde des Herzogs Wladislaw von Oppoeln muss aus der Zeit von 1390—1401 herrühren, da derselbe von 1368—1401 regiert hat[41] und hier von einem Ereigniss gesprochen wird, welches sich 22 Jahr früher während seiner Herrschaft zugetragen hat.

Ein Abstammungsverhältniss zu den vorhergehend besprochenen Sammlungen ist auch hier nicht anzunehmen. Die ersten drei Abschnitte des Cod. Breg. und des Bresl. Schöffenrechtes haben, wie bemerkt, fast gar keine Berührungspuncte mit *Th* und in Bezug auf den vierten Abschnitt von *S* treffen die bei *Dr* geltend gemachten Gründe zu. Ebenso wenig stehen *Dr* und *Th* unter einander in einem solchen Verhältniss. Dies ergiebt sich unwiderleglich daraus, dass an einzelnen Stellen *Dr*, an anderen dagegen *Th* Spuren einer Ueberarbeitung erkennen lässt, welche in der correspondirenden Sammlung noch nicht vorhanden sind. Als ein Beispiel der ersten Art möge *Th* 194, 195*a* angeführt werden (*M. Fr.* III. 8. 3). Dem Schöffenurtheil in *Th* 194 entspricht *Dr* 177, dagegen ist der Zusatz, welchen *Th* 195*a* enthält und der offenbar durch eine zu allgemein gehaltene Anfrage veranlasst war, in *Dr* als unerheblich fortgelassen. Ferner ist in *Th* zuweilen der ursprüngliche Eingang zu der Anfrage beibehalten, während er in *Dr* fehlt oder durch ein kurzes Bindewort ersetzt ist.[41a] Andererseits vgl. z. B. *Th* 168—180 (*Beil.* II. *zu M. Fr.* I. 2. 1), woselbst die drei dem Inhalt nach zusammengehörigen Sätze bereits wie in den Magd. Fr., sich unmittelbar an einander anschliessen, während sie in *Dr* noch ganz disparat stehen. Wir müssen uns demnach auch hier wieder mit dem Ergebniss begnügen, welches wir für die obigen Sammlungen gewonnen haben.

5.

Die Nummern 10a [*R*3] und 11 [*Rw*] enthalten zwei Sammlungen von Urtheilen, die, wie schon hervorgehoben, nach ihrer Ueberschrift zu schliessen, durch den Rath der Stadt Thorn in Magdeburg erfragt sind. *Rw* zählt 70, *R*3 65 Nummern, die nachfolgende Zusammenstellung lässt erkennen, in wie weit die beiden Sammlungen mit einander zusammenstimmen.

---

41) *Idzikowski* Gesch. der Stadt Oppeln S. 75. 41a) *Beil.* II. zu Magd. Fr. II. 7. 1; III. 7. 2.

Tabelle IIIa.

Rw	Rβ	Rw	Rβ	Rw	Rβ	Rw	Rβ	Rw	Rβ
1—13		24		35	21	45	35	56	47
14	1	25	11	36	22	46	36	57	48
15	2	26	12	37	23—26	47	38	58	49
16	3	27	13	38	27	48	37	59	50
17	4	28	14		41	49	39	60	51
18	5	29	15	39	29	50	40	61	52
19	6	30	16	40	30	51	42	62	53
20	7	31	17	41	31	52	43	63	54
21	8	32	18	42	32	53	44	64	55
22	9	33	19	43	33	54	45	65	56
23	10	34	20	44	34	55	46		57—65

Es fehlen sonach in *Rβ* von *Rw* die Urtheile 1 bis 13, 24, 66 bis 70. Dagegen kommt *Rw* 38 zweimal in *Rβ* vor. — *Rβ* 28 und 57 bis 65 sind in *Rw* nicht vorhanden (*Rβ* 57 ist das von Steffenhagen mitgetheilte Schreiben der Magdeburger über Klenkok).

Uns interessiren hier besonders die Stücke, welche beiden Sammlungen gemeinschaftlich sind, da — mit Ausnahme von *Rw* 24 — nur solche in den Magdeburger Fragen Eingang gefunden haben. Auch in diesen übereinstimmenden Bestandtheilen differiren aber die beiden Hdss. von einander, denn während *Rw* meist den vollständigen Inhalt der Urtheilsbriefe mittheilt, wird in *Rβ* die Anfrage häufig nur in abgekürzter Form wiedergegeben[42] Obwohl daher jene Hds. nicht von *Rβ* abstammen kann, so ist *Rβ* doch unzweifelhaft in früherer Zeit niedergeschrieben als *Rw*, deren Sprache bereits dem 16. Jahrhundert angepasst ist. Es folgt daraus, dass keine der beiden Hdss. auch nur hinsichtlich der Compilation als ursprünglich anzusehen ist; beide haben — und zwar unabhängig von einander — aus einer dritten, gegenwärtig verloren gegangenen Sammlung geschöpft.

Der Inhalt der Urtheile bezieht sich grossen Theils ausdrücklich auf Thorn[43] und man ist deshalb wohl berechtigt, im Einklang mit den Ueberschriften von *Rw* und *Rβ* diese Stadt als den Entstehungsort der unseren beiden Sammlungen zu Grunde liegenden Compilation anzunehmen. Zu weit scheinen jedoch jene Ueberschriften zu gehen, wenn sie sämmtlichen einzelnen Bestandtheilen von *Rw* und *Rβ* ohne Unterschied eine Beziehung auf Thorn geben wollen. Es ist schon oben bemerklich gemacht, dass sich ein Theil der in *Rw* und *Rβ* vorkommenden

42) Vgl. z. B. *Beil.* II. zu M. Fr. I. 1. 7; I. 2. 17, 21, 22. 43) *Beil.* II. zu M. Fr. I. 1. 6, 7, 11, 22, 23; I. 2. 17, 20, 21, 22; III. 1. 11.

Urtheile auch in den vorstehend zu 1 und zu 3 und 4 erörterten Sammlungen vorfindet. Diese Urtheile sind ausserdem noch in der kleinen Sammlung enthalten, welche in No. 1a [*B**] der im § 1 aufgezählten Hdss. mitgetheilt wird, wie sich aus Tabelle IIIb näher ergiebt.

Tabelle IIIb.

B*	Rw	Rβ	S	Dr	Th
1	52	43		86	124
2	53	44		87	125
3	54	45		81	126
4	55	46	134 3		127
5	56	47	134. 4. 5	} 87	128
6	57	48	134. 6, 7		129
7	58	49	134. 8	88	130
8	59	50	133. 3. 4	83	120
9	60	51	133. 5, 6	} 84	121
10	61	52	134 1. 2		122

Die vorstehenden Urtheile behandeln fast alle die rechtliche Stellung der Unehelichen, nur zwei von ihnen betreffen andere Materien[44]. Ihre Zusammenstellung ist vielleicht durch ein besonderes practisches Bedürfniss veranlasst worden. Da sie sämmtlich in *Dr* und *Th* und zum grössten Theil auch im Codex Bregensis vorkommen, so ist es sehr wahrscheinlich, dass sie ursprünglich für Schlesien bestimmt waren und dass sie von dem Compilator unserer Sammlung aus einer ähnlichen Abschrift wie *B** ohne Rücksicht auf ihren Ursprung aufgenommen worden sind.[44a] Diese zehn Urtheile sind übrigens die einzigen, welche ausser in *Rw* und *Rβ* auch noch in einer der früher besprochenen Sammlungen vorkommen.

Soweit die *Rw* und *Rβ* gemeinschaftlichen Urtheile datirt sind, rühren sie aus der zweiten Hälfte des 14. Jahrhunderts her. *Rw* 37 (*Beil.* II. *zu Magd. Fr* I. 1. 11) ist von 1363, *Rw* 19 (*Beil.* II. *zu Magd. Fr* I. 2. 21) von 1379, *Rw* 63 und *Rβ* 55 oder *Rw* 64 (*Magd. Fr* I. 2. 26 und I. 7. 22) von 1383. Danach wird der übereinstimmende Theil dieser beiden Sammlungen nicht viel vor 1400 compilirt sein.

---

44) *B** 4 (M. Fr. I. 2. 25) behandelt den Anspruch der Herrschaft auf erbloses Gut, eine Frage, die mit der Lehre von den Unehelichen in enger Verbindung steht. Weniger ersichtlich ist dagegen der Zusammenhang von *B** 7 (M. Fr. III. 8. 2) mit dem obigen Gegenstand. 44a) Die Wahrscheinlichkeit, dass diese Urtheile ursprünglich einer besonderen Sammlung angehört haben, ergiebt sich auch daraus, dass mit einer einzigen Ausnahme (*B** 3 = M. Fr. I. 14. 1) keines derselben in die Compilation von *B* übergegangen ist, vgl. unten Anm. 50.

6.

Die Nummern 1*b* [*B*], 3 [*Da*], 10*a* [*Rb*] enthalten ein und dieselbe Sammlung. In *B* und *Rb* ist dieselbe in zwei Bücher getheilt, während *Da* eine solche Abtheilung nicht kennt, sondern die einzelnen Stücke in ununterbrochner Zählung fortführt[45] Die Bucheintheilung scheint erst später hinzugekommen zu sein, denn die ganze Sammlung trägt ein durchaus unsystematisches Gepräge und weder in *B* noch in *Rb* lässt sich für jene Scheidung ein anderes Motiv wahrnehmen, als dass dadurch zwei dem äusserlichen Umfang nach ziemlich gleiche Hälften hergestellt werden. Möglicherweise besitzen wir in *Da* das Original der vorliegenden Compilation, doch ist uns diese Handschrift nur in fragmentarischer Gestalt überliefert Von den beiden anderen verdient *B* entschieden den Vorzug, da sie in der Regel die correcteren Lesarten hat, während *Rb* häufig corrumpirt ist. Deshalb ist auch *B* in der Ausgabe selbst als hauptsächlichster Vertreter der gegenwärtigen Sammlung benutzt und bei der nachstehenden Erörterung zu Grunde gelegt worden.

Was die einzelnen Bestandtheile der Compilation betrifft, so ergiebt die Tabelle IV, in wie weit sich dieselben in den bereits besprochenen Sammlungen nachweisen lassen.

Tabelle IV.

B	S	C	Dr	Th	B	S	C	Dr	Th
I. 1	131.2—4 132. 1		153 154	141—143	I 20	140. 5 141. 1		245	
2			155	144	21	141. 4, 5		108	1
3			156, 157	145—147	22	141 2, 3		109	2
4	132. 4, 5		159	149	22b			142	3
5			160	150	23			143	4
6			161	151	24			144	5
7			68		25			110	6
8	134. 9		67		26			111	7
	135. 1				27—30			112	8—12
9	135. 2		64	221	31			97	13, 14
10	135 3		65		32			98	15
11	135 4		66		33			98b	16
12	135. 5		162	152	34			99	17
	136. 1			153	35				18
13	136. 2, 3		191	154	36			102	25
14			196	166	37			99	22
15	137 1, 2		197	167	38			100	23
16	137 5		167	179	39			180	26
	138. 1				40			112	27
17			165	177	41			113	28
18	138 4		114	176	42			244	30
19					43			181	31

45) Einige andere, weniger bedeutende Unterschiede s. bei *Steffenhagen* a. a O.

B	S	C	Dr	Th
I. 44			182	32
45			183	34
46			184	35
47			185	36
48			186	37
49			187	38, 39
50			190	42
51	142. 1, 2		146	43
52	142. 3, 4		147	45
53	143. 1, 2		148	46
54			149	47
55			30	63
56	143. 3 143. 4		31	64, 65
57			31b	66. 67
58			{32	68. 69
59				70
60	143. 5			71
61			33	73, 74
62	143. 6		34	52
63			35	53
64				54, 55
65			}36	56, 57
66				58
67	144. 2. 3		38	60
68	144. 4, 5		{39	61
69				62
70	144. 6		40	75, 76
71			42	78
72			{43	79
73				80
74			44	81
75			}45	82
76				83
77			46	84
78			47	85
79			50	89
80			51	90
81			52	91
82			53	92
83			54	93
84			55	94
85			56	95
86			57	96
87			70	98
88			71	99
89	145. 1		72	100
90			96	108
91			60	106, 107
92	(V) 61. 3 145. 2	IV. 6	73	223
93		IV.85	74	104
94	91. 3 129. 3	IV.86	{75	{105
95	91. 3	IV.87		
96			73	101
97			58	102
98	145. 3		59	103
99	145. 4		69	97
100	145. 5, 6		76	131

B	S	C	Dr	Th
II. 1	145. 7		77	132
2	145. 8		78	133
3			}79	134
4				135
5			80	136
6			{81	126
7			82	137
8				138
9				139
10				140 232
11			89	109
12			90	110—112
13			91	113
14			}92	114
15				115
16			107	
17				
18				
19				
20			115	171
21			49	88
22	146. 1, 2		151	49, 50
23	146. 3		152	51
24	146. 4 147. 1		93	116
25			}94	}117
26				118
27	147. 2		95	119
28			115,194, 198	168—170
29			116	172
30	147. 3, 4		195	173
31	147. 5, 6		163 195a. E.	174
32	147. 7 148. 1		164	175
33 34	148.2—4		192	155—157
35	149. 1, 2		193	158
36			199	159
37	149. 3, 4		200	160
38	150. 1, 2		201	161—163
39			117	164
40	150. 3, 4			
41			172	188
42	150. 5, 6		243	
43			118	222
44			207	212
45			177	194, 195
46	151. 2, 3		137	
47			188	196
48				
49	151. 4, 5			
50	151. 6 152. 1		246	
51	153. 2, 3		204	201
52	153. 4, 5		125	202
53			126	203
54			127	204

B	S	C	Dr	Th	B	S	C	Dr	Th
II. 55				205	II. 77			132	217
56			169	182	78			133	218
57	153. 6		174	189	79			134	219
	154. 1				80			140	220
58	154. 2, 3		175	190	81				
59	154. 4		128	191, 192	82				
	155. 1				83				
60	155. 2, 3				84				
61			171	185—187	85				
62			173	188	86				
63	155. 4		129		87				
64	156. 1, 2				88				
65				165	89				
66				200	90				
67	156. 3		206	211	91				
	157. 1				92			189	41
68			141		93			101	24
69			135	209	94	144. 1		37	59
70			139	210	95			41	77
71				206	96	126. 1	IV 78		
72			205	207	97	125. 2	IV. 80		
73			136	208	98	125. 1	IV. 81		
74			211	213	99		V. 12		
75			130	214	100		V. 20,		
76			131	215, 216			10, 11		

Aus dieser Tabelle geht Folgendes hervor:

a, Von dem vierten Abschnitt des Codex Bregensis findet sich der grössere Theil in *B* wieder. Die Uebereinstimmung erstreckt sich nicht nur auf den Inhalt sondern auch auf die Reihenfolge der einzelnen Sätze, denn die Parallelstellen folgen sich von *S* 131. 2 bis zum Schluss des Cod. Breg. — abgesehen von zwei kleinen Abweichungen[46] — in *B* genau in derselben Ordnung wie in *S*.

b, Die übrigen Abschnitte von *S* haben in *B* nur wenige Parallelstellen (*B* I. 92, 94, 95; II. 96—98). Wie in *Dr* sind dies immer Stellen, die zugleich in das Magdeburg Breslauer Schöffenrecht und in den alten Kulm übergegangen sind. Ein Stück kommt allein in dem Schöffenrecht, und nicht auch in dem Codex Bregensis vor (*B* I. 93). Ausserdem stehen am Schluss von *B* zwei Stellen aus dem alten Kulm (*B* II. 99, 100), welche diesem Rechtsbuch erst in Preussen hinzugefügt sind, darunter enthält die eine Sätze, die aus dem Schwabenspiegel entlehnt sind (*B* II. 100).

c, Nicht unbeträchtlich ist die Zahl der Parallelstellen aus *Dr* und *Th*. Darunter sind sowohl solche, die in diesen beiden Sammlungen gemeinschaftlich vorkommen, wie auch solche, die

46) *B* I. 22 und II. 94.

einer von ihnen eigenthümlich sind. Zum Theil sind diese Parallelstellen unzweifelhaft Krakauer Ursprungs[47].

d, Drei Stellen von *B* stimmen mit *Rw* und *Rβ*[48]. Davon gehören zwei mit Sicherheit nach Thorn (*B* II. 82, 83), eine dagegen zu denen, welche oben als wahrscheinlich aus Schlesien stammend bezeichnet worden sind (*B* II. 6).

e, Ausserdem hat *B* noch eine Anzahl von Stellen, welche sich in keiner der bisherigen Sammlungen nachweisen lassen. Es kann hier vorweg bemerkt werden, dass dieselben sämmtlich in unserer Ausgabe der Magdeburger Fragen wiederkehren, zum Theil in der Texthandschrift selbst, zum Theil wenigstens in anderen Handschriften.

Ueber das Verhältniss von *B* zu den vorhergehenden Sammlungen ist zu bemerken:

Die Uebereinstimmung zwischen *B* und dem vierten Abschnitt von *S* sogar rücksichtlich der Reihenfolge der einzelnen Urtheile lässt sich nur unter der Voraussetzung erklären, dass eine identische Sammlung den beiden Compilationen zu Grunde gelegen hat[49]. Da dieser Parallelismus sich fast durch den ganzen vierten Abschnitt des Codex Bregensis hindurchzieht, so wird damit zugleich erwiesen, was oben bei der Besprechung von *S* behauptet worden ist, dass den Schreibern der letztgedachten Hds. auch der vierte Abschnitt bereits in seinen wesentlichen Bestandtheilen fertig zusammengestellt vorgelegen haben muss[50].

Der alte Kulm scheint direct benutzt zu sein. Die beiden Stellen am Ende des zweiten Buchs können nicht gut aus einer anderen Quelle herstammen. Es ist anzunehmen, dass auch die

---

47) Die vielen gemeinschaftlichen Stellen sind aus der obigen Tabelle leicht zu ersehen. Ausschliesslich in *Dr* kommen z. B. vor *B* II. 16. 68; nur in *Th B* II. 55, 65, 66, 71. Die drei letzteren Stellen sind nach den früheren Ermittelungen entschieden Krakauer Ursprungs, ebenso z. B. *B* I. 12; II. 43, 62. 48) *B* II 6 = *Rw* 54 (M. Fr. I. 14, 1); *B* II. 82 = *Rw* 20 (M. Fr. I. 1. 7); *B* II. 83 = *Rw* 36 (M. Fr. I. 1. 6). 49) An ein gegenseitiges Abstammungsverhältniss ist auch hier nicht zu denken. Dies ergiebt sich abgesehen von anderen Gründen wieder (wie bei *Dr*) daraus, dass zuweilen *B*, zuweilen der Cod. Breg. den vollständigeren Text hat. Ersteres ist z. B. der Fall in *B* I 13 (M. Fr. III. 7. 1). verglichen mit *S* 136 2, letzteres in *B* I. 12 (M. Fr. I. 3. 17) verglichen mit *S* 135. 5, 136. 1. 50) Wie die Tabelle IV darthut. sind bei Weitem nicht alle Stücke aus dem vierten Abschnitt des Cod. Breg. in die Compilation von *B* übergegangen Unter den fehlenden befinden sich die Stellen. welche Bestandtheile früherer Sammlungen wiederholen (*Laband* S. 217) sowie fast alle vorstehend in der Tabelle IIIb aufgeführten. Es wird auch dadurch wahrscheinlich, was bereits oben angenommen ist, dass diese Stellen aus einer anderen Compilation als der Ueberrest des vierten Abschnittes in den Cod. Breg. aufgenommen sind. Vgl. Anm. 5, 15, 44a dieser Einl.

Stellen, welche gleichzeitig mit dem Breslauer Schöffenrecht concordiren, aus derselben Quelle geflossen sind.

Die Quelle, aus welcher die Krakauer Bestandtheile herstammen, lässt sich nicht mehr ermitteln. Sie fällt weder mit *Dr* noch mit *Th* vollständig zusammen, da, wie erwähnt, aus jeder der beiden Sammlungen Stücke übergegangen sind, welche in der anderen nicht vorhanden sind.

Ebenso wenig kann festgestellt werden, ob die beiden Stücke, welche auf Thorn hinweisen, aus derselben Quelle entnommen sind, aus welcher *Rw* und *Rβ* herzuleiten sind. – Ein bestimmter Entstehungsort ist für die vorliegende Compilation nicht nachzuweisen, doch lässt sich mit Sicherheit annehmen, dass dieselbe, wie Wasserschleben bereits bemerkt hat, in dem Preussischen Ordensgebiet zusammengestellt worden ist. Dafür spricht nicht nur die Benutzung des alten Kulm sondern auch die Stellung der betreffenden Sätze am Schluss der ganzen Sammlung sowie ferner der Umstand, dass die drei Handschriften, welche diese Sammlung überliefern, sämmtlich nach Preussen gehören.

Der Zeit nach kann *B* ebenso wie der vierte Abschnitt des Codex Bregensis und wie *Dr* und *Th* nicht vor dem Ende des 14. Jahrhunderts entstanden sein, denn *Dr* 243 und 118a sowie *Th* 200 und 206, aus welchen sich oben diese Bestimmung ergeben hat, sind auch hier vorhanden (*B* II. 42, 43, 66, 71). Andererseits lassen sich Spuren einer späteren Entstehungszeit nicht auffinden.

Wir haben nunmehr die im Eingang dieses §. aufgeführten Parallelsammlungen zu den Magdeburger Fragen bis auf No. 4*a* und *b* [*Db*, *Dβ*] und No. 21 [*P*] sämmtlich erörtert. Diese letztgenannten Sammlungen können einstweilen ausser Betracht bleiben, da, wie sich später zeigen wird, bei der Zusammenstellung derselben die Magdeburger Fragen wahrscheinlich nicht nur bereits vorhanden gewesen sondern auch mitbenutzt worden sind.

Soweit sich für die besprochenen Compilationen ein bestimmter Entstehungsort ermitteln oder wahrscheinlich machen lässt, ist derselbe den obigen Nachweisungen zufolge in einer der drei Städte Breslau, Krakau oder Thorn zu suchen.

Diese Städte gehörten im 14. Jahrhundert zu den vornehmsten Tochterstädten des Magdeburger Rechts überhaupt, jedenfalls überragten sie in Schlesien, Polen und Preussen längere

Zeit hindurch alle anderen an politischem Ansehn wie durch die Bedeutung ihres Handels und ihrer gewerblichen Thätigkeit[51]. Alle drei standen sie in directer Verbindung mit Magdeburg, aber auch unter einander in lebhaftestem Verkehr. Auch ohne besondere Bestätigung würde es danach glaublich sein, dass in jeder dieser drei Städte schon frühzeitig Zusammenstellungen von Magdeburger Urtheilen und andere Sammlungen des Magdeburger Rechts angelegt worden sind, sowie dass solche Sammlungen sich alsbald von der einen Stadt zur anderen verbreitet und dort eine willkommene Ergänzung des bereits vorhandenen Materials geliefert haben.

Unsere Hdss. bieten hierfür die urkundlichen Beläge. Wenn sich auch in den seltensten Fällen ein direktes Abstammungsverhältniss ermitteln lässt, so stellen sie doch ausser Zweifel, dass Schlesische Sammlungen nach Polen und Preussen gelangt sind und ebenso dass Zusammenstellungen Krakauer Ursprungs ihren Weg nach Breslau und Thorn gefunden haben.

Mit Ausnahme von dem Breslauer Schöffenrecht und den ersten drei Abschnitten des Codex Bregensis rühren alle besprochenen Sammlungen aus der letzten Zeit des 14. Jahrhunderts her. Es war dies die Zeit, in welcher die fremden Rechte sich allmählig Bahn zu brechen begannen: die Blüthe des Magdeburger Rechts war vorbei, das Ansehn des Magdeburger Schöffenstuhls selbst bereits im Sinken. Um so erklärlicher aber scheint das Bestreben, die bisherige Rechtsprechung in vielfachen Compilationen zusammen zu halten, da ja überhaupt die Sammlungen des vorhandenen Stoffes häufiger zu werden pflegen, in dem Masse als die Rechtsbildung an eigener Productionskraft einbüsst.

---

§ 3.

Es ist jetzt das Verhältniss zu untersuchen, in welchem die Magdeburger Fragen zu den im § 2 besprochenen Sammlungen stehen. Zur besseren Veranschaulichung muss auch hier eine Tabelle vorangeschickt werden, bei welcher zugleich die im vorigen Paragraphen noch unerörtert gelassenen Compilationen *Db*, *Dβ* und *P* Berücksichtigung finden sollen.

---

51) Ueber die hervorragende Stellung von Thorn im 15. Jahrh. und die von dort ausgehenden Strassen nach Schlesien, Polen und Ungarn vgl. *Hirsch* Handelsgesch. von Danzig S. 30, 180, 189.

Tabelle V.

Magd. Fr.	Cod. Breg.	Kulm	Dr	Th	Rw	B	Db	Dβ	P
I. 1. 1			196	166		I. 14	1		IV. 6. 11
2			142	3		I. 22b	2		
3			110	6		I. 25	3		
4			57	96		I. 86	4		
5		II. 14							IV. 6. 17
6					36	II. 83		72	VIII. 1. 23
7					20	II. 82			VIII. 5. 2
8			42	78		I. 71			VIII. 7. 9
9			43	79		I. 72	5		
10			56	95		I. 85	6		
11	116 1 121. 6	I. 20, 21	9		37				VIII. 5. 1, 3, 4
12			112	12		I. 30			VIII. 5. 5
13	135. 4		66			I. 11	7		VIII. 1. 20
14	134. 9 135. 1		67			I. 8	8		VIII. 3. 6
15	135. 2		64	221		I. 9			VIII. 1. 21
16			30	63		I. 55	9	42	
17	143. 3		31	64		I. 56	10		
18			46	84		I. 77		74	VIII 1. 26
19			68			I. 7			VIII. 3. 3
20	135. 3		65			I. 10			VIII. 3. 5
21			44	81		I. 74	11		
22					30				IX. 2. 5
23					34			99	IX. 2. 8, 10
24	113. 1 117. 4, 6 126. 3	I. 15, 17. 18							VIII. 2. 2, 4, 6
25	92. 3, 4	III. 46, 47	2						
26	93. 5, 6	III. 50, 51	5						
27	94. 3, 4 127. 1	III. 54—57	7, 8					74	VIII. 2. 7
28					45				IX. 1. 2
2 1			115, 194, 198	168-170		II. 28			IV. 2. 8 IV. 6. 12
2			155	144		I. 2			VI. 1. 3
3a			112	8		I. 27			
3			112	9		I. 27			IV. 3. 10
4			112	10		I. 28			
5	148. 2, 3		192	155, 156		II. 33	12	15	
6	153. 6 154. 1		174	189		II. 57	13		
7			180	26		I. 39	14		
8			112	27		I. 40			
9						I. 19	15		
10			113	28		I. 41	16		
11			244	30		I. 42	17		
12			126	203		II. 53		20	IV. 15. 13
13	141. 2, 3		109	2		I. 22	18		
14			100	23		I. 38			
15	149. 1, 2		193	158		II. 35			VI. 2. 6
16					16, 18				IV. 2. 14 IV. 6. 26
17					14, 15			76	IV. 6. 27 IX. 2. 6
18					24			76	IV. 3. 9
19		II. 15							IV. 2. 11

Magd. Fr.	Cod. Breg.	Kulm	Dr	Th	Rw	B	Db	Dβ	P
I. 2. 20					40		19		
21					19, 29		19		IX. 2. 2
22					21		20		
23					22		21		III. 1 4
24					44. 50			77	III. 1. 7. 4
25	134. 3		87	127	55		22		II. 5. 1
26					63		23		III. 1. 5
27					39			77	IV. 2. 13
28	107. 2	III. 96						77	
3. 1			112	11		I. 29			IV. 6 28
2			79	134		II. 3			IV. 6. 4
3	147. 3, 4		195	173		II. 30	24		IV. 6. 3
4	150. 3, 4					II. 40	25		IV. 6. 18
5			172	188		II 41			IV. 6. 19
6	147. 5, 6		163	174		II. 31			IV. 6. 20
			195a F.						
7			186	37		I. 48	26		
8	137. 1, 2		197	167		I. 15			IV. 6. 25
9			144	5		I. 24			IV. 6. 14
10			183	34		I. 45		77	
11	147. 7		164	175		II. 32			IV. 6. 22
	148. 1								
12			97	13.		I 31		41	IV. 6. 8
				14					
13	144. 2, 3		38	60		I. 67	27		IV. 6. 6
14		II 16							IV. 6. 5
15		II. 13							IV. 2. 15
									IV. 6 6, 21
16			71	99		I. 88		1	IV. 6. 15
17	135. 5		162	152.		I. 12			IV. 15. 14.
	136. 1			153					15
18			135	209		II. 69		28	IV. 6. 23
19				206		II. 71	86	30	
4. 1			98b	16		I. 33		40	
2			99	17		I. 34		40	
3			99	18		I. 35			IV. 7. 4
4			45	83		I. 76		78	
5				205		II. 55	28		
6			127	204		II 54	29		
7			173	188		II 62		79	
8				200		II. 66		25	
9		V 12				II. 99	30		
10					33		31		IV. 7. 1
5. 1					31			80	
2	132. 4, 5		159	149		I. 4			IV. 13. 15
3			160	150		I. 5			IV. 13. 20
4	137. 5		167	179		I. 16	32		
	138. 1								
5	148. 4		192	157		II. 34			IV. 13. 11
6. 1			187	38.		I. 49	33		IV 6 24
				39					
2	149. 3, 4		200	160		II. 37			II. 1. 19
3	156. 1, 2					II. 64		23	II. 1. 15
4						II. 88	34		II. 1. 17
5	156. 3		206	211		II. 67		26	
	157. 1								
6			131	215.		II 76	35		V. 14. 7
				216					
7			132	217		II. 77		32	V. 14. 8

Magd. Fr.	Cod. Breg.	Kulm	Dr	Th	Rw	B	Db	Dß	P
I 6. 8			51	90		I. 80	36		
9	100. 5	IV 94					37		II. 1. 21
	108. 3								V 14. 4
10	121. 4	II. 87						81	
7 1			31b	66,		I. 57			I. 8. 7
				67					
2		IV 85	74	104		I. 93		3, 82	
3	(V). 61. 3	IV 6	73	223		I. 92			I. 13. 9
	145. 2								
4	91. 3	IV 86	75	105		I. 94			II. 4. 2
	120. 3								
5	91. 3	IV 87	75	105		I. 95		83	
6			211	214		II. 74		84	II. 4. 3
7			140	220		II. 80	38	33	
8						II. 91			
9						II. 85		34	I. 8. 21
10			35	54,		I. 64	39		I. 13. 8
				55					
11			189	41		II. 92		85	
12			101	24		II. 92		86	
13	144. 1		37	59		II. 94			I. 8. 16
14			41	77		II. 95		87	I. 8. 10
15	126. 1	IV 78				II. 96			I. 8. 8
16	125. 2	IV 80				II. 97			I. 8. 11
17	125. 1	IV 81				II. 98			I. 8. 12
18		II. 41						88	I. 8. 13
19		IV 83, 84							I. 10. 20
20		IV 92					40		
21					51		41		
22					64		42		I. 8. 15
23	92. 1, 2	III. 44, 45	1				43		
8. 1	131. 2, 3		153	141,		I. 1			I. 14. 9
				142					
2	131. 4		154	143		I. 1			I. 14. 10
	132. 1								
3			161	151		I. 6	44		
4			143	4		I. 23			I. 14. 11
5			70	98		I. 87			I. 14. 12, 13
6			82	138		II. 8			I. 14. 6
7			82	140		II. 10			I. 14. 14, 21
				230					V 4. 10
8	150. 1, 2	IV 104	201	161		II. 38			I. 14. 4
				163					
9			82	139		II. 9			I. 14. 15
									V 4. 8
10	101. 5	IV 105,							I. 14. 7
	118. 1	101, 102							V 4. 9
11			211	213		II. 74	45		
9. 1			32	68,		I. 58			I. 15. 1
				69					
2	153. 2, 3		204	201		II. 51		19	I. 15. 8
3	145. 1		72	100		I. 89			
4						II. 84			I. 19. 2
5	146. 1, 2		151	49,		II. 22	46		
				50					
6			165	177		I. 17	47		
10 1			184	35		I. 46			I. 22. 4
11 1	146. 3		152	51		II. 23		13	IX. 11. 17
2						II. 48		17	

Magd. Fr.	Cod. Breg.	Kulm	Dr	Th	Rw	B	Db	Dβ	P
I. 11. 3			141			II. 68		27	
4			205	207		II. 72	48	31	IX. 11. 10
12. 1			181	31		I. 43			II. 2. 4
2			190	42		I. 50			II. 2. 6
3	145. 4		69	97		I. 99	49		II. 2. 2
4						II. 18	50	10	
5	151. 4, 5					II. 49	51		
6		IV. 32, 33					52		
7						II. 89		36	
8	101. 3	IV. 88—90						36	II 3. 1—3
13. 1			117	164		II. 39			V. 12. 12
14. 1			81	126	54	II. 6		7	IV. 14. 16
2	133. 3, 4		83	120	59		53		I. 17. 13
3	134. 1, 2		84	122	61				I. 17. 12
3a	133. 5, 6		84	121	60				
4			87	125	53		55		
5			86	124	52		54		
6	134. 4, 5		87	128	56				I. 17. 1
7	134. 6, 7		87	129	57			90	IV. 12. 16
8		IV. 96						91	II. 5. 7
9		IV. 97						92	
15. 1	135. 5		162	152,		I. 12			IV. 15. 14.
	136. 1			153					15
2			36	58		I. 66			IV. 15. 6
3			55	94		I. 84			IV. 15. 19
4			49	88		II. 21		12	IV. 15. 18
5	153. 4, 5		125	202		II. 52	56		
6	104. 5	III. 99							IV. 15. 16
7	140. 5		245			I. 20	57		
	141. 1								
16. 1	144. 4, 5		39	61		I. 68			IV. 12. 8
2			39	62		I 69		35	IV. 12. 12
3						II. 81			
3a						II 90	58		VI. 18. 4
4	143. 4		31	65		I. 56			IV. 12. 5
5			94	117		II 25			IV. 8. 8
6	93. 1, 2	III. 48	3						
17. 1			118	222		II. 43	59		
2			45	82		I. 75	60		
18. 1	(V) 60 2	II. 86						93	VI. 19. 1
19. 1			53	92		I. 82	61		II. 10. 6
2			54	93		I. 83			II. 10. 7
20. 1			52	91		I 81			VI. 25. 4
21. 1		V. 20, 10, 11				II. 100			II. 8. 4.
									5–8
2		V. 21					62		II. 8. 9
II. 1. 1	145. 5, 6		76	131		I 100	63		II. 7. 16
2	145. 7		77	132		II. 1	64		II. 7. 17
3						II. 87		37	II. 7. 15
4					46		65		II. 7. 14
5							66		II. 7. 13
6							67		II. 7. 10
2. 1			91	113		II. 13			V. 1. 12
2			92	114		II. 14			V. 1. 8
3			92	115		II. 15	68		
3a						II. 19		11	
4			115	171		II. 20	69		V. 1. 10
5			182	32		I. 44	70		
6			32	70		I. 59			IX. 8. 4

Magd. Fr.	Cod. Breg.	Kulm	Dr	Th	Rw	B	Db	Dβ	P
II. 2 7	143. 5		32	71		I. 60		94	
8			35	53		I. 63	72		
9			50	89		I. 79			
9a	143. 6		34	52		I. 62			V. 3. 10
10			73	101		I. 96	87	4	
11	145. 3		59	103		I. 98			V. 2. 13
12			82	137		II. 7			V. 4. 7
12a			90	110-112		II. 13		6	
13						II. 17		9, 99	
14			116	172		II 29		14, 95	V. 2. 6
15	154. 4. 155. 1		128	191, 192		II. 59	73		
16	155. 2, 3		128	191, 192		II. 60			V. 5. 8
17			139	210		II. 70	74	29	
18			136	208		II. 73		96	V. 5. 6
19			133	218		II 78	75		
20	145. 8		78	133		II. 2			V. 1. 4
21	115. 2	III. 76						97	IV. 15. 17
22			138	196		II. 47		98	V. 2. 14
3. 1	151. 2, 3		137	195		II. 46	76		V. 4. 5
2	142. 1, 2		146	43		I. 51	77		
3			60	106, 107		I. 91	78		V. 4. 6
4. 1			35	53		I. 63	72		
2			79	135		II. 4	79		
5. 1			156, 157	145-147		I. 3			V. 1. 13
2									V. 1. 17
3									V. 1. 17
6. 1		V. 13					80		IV. 6. 9
1a	100. 3	III. 60						38	
7. 1			102	25		I. 36	81		
8. 1			43	80		I. 73		99	VI. 24. 8
9 1				165		II. 65		24	
10. 1			130	214		II. 75			
III. 1. 1	141. 4, 5		108	1		I. 21		44	VI. 2. 4
2			99	22		I. 37		45	VI. 2. 1
3	146. 4 147. 1		93	116		II. 24		46	VI. 3. 1
4			199	159		II. 36		47	VI. 1. 17
5			207	212		II. 44	82	48	VI. 3. 2
6			36	56, 57		I. 65		49	VI. 5. 4
7	154. 2, 3		175	190		II. 58		21	VI. 3. 4
8	95. 4. 5	III. 26						58	VI. 5. 7
9	98. 1 108. 5	III. 27						59	VI. 5. 9
10	90. 1 108. 4	III. 29						60	VI. 3. 14
11					38			61	
12	91. 2	III. 67						62	V. 4. 1
13		III. 38b, c						63	VI. 2. 11
2. 1			89	109		II. 11		64	VI. 7. 4
3. 1			149	47		I. 54		65	IV. 8. 7
2			33	73, 74		I. 61		66	IV. 8. 3
3			94	118		II. 26		67	IV. 8. 4

Magd. Fr.	Cod. Breg.	Kulm	Dr	Th	Rw	B	Db	Dβ	P
III. 3. 4	147. 2		95	119		II. 27	83	67	IV. 8. 5
5			185	36		I. 47		68	IV. 8. 6
III. 4. 1	138. 4		114	176		I. 18		69	
4. 2	142. 3, 4		147	45		I 52		70	
4. 3	143 1, 2		148	46		I 53		48	
5. 1			107			II. 16		8, 50	VI. 13. 12
6. 1	150. 5, 6		243			II. 42		49	II. 6. 6
2								50	II. 6. 6
3		V. 22						50	
7. 1	136. 2, 3		191	154		I. 13	84		
2	144. 6		40	75, 76		I. 70		51	
3			134	219		II. 79		51	
4	93. 7. 8	III. 52, 53	6					52	
8. 1			47	85		I. 78		53	
2	134. 8		88	130	58		85	54	
3			177	194. 195		II. 45		16, 55	VI. 3. 3
9. 1			80	136		II. 5		56	VI. 28. 1
2			169	182		II. 56		57	
3	155. 4		129			II. 63		71	VI. 29. 1
10. 1						II. 86	89		
2						II. 86	90		

Mit Hülfe dieser Tabelle lassen sich die Quellen, welche bei Abfassung der Magdeburger Fragen zu Grunde gelegen haben, fast vollständig nachweisen. Es zeigt sich, dass nur fünf Stellen der Magdeburger Fragen II. 1. 5, 6; II. 5. 2, 3; III. 6. 2 in keiner bisherigen Sammlung vorkommen, während alle übrigen bereits in einer oder mehreren derselben vorhanden sind. Drei von diesen Sammlungen hat nun der Redactor der Magdeburger Fragen unmittelbar vor Augen gehabt und aus ihnen den gesammten Inhalt seiner Compilation mit alleiniger Ausnahme der obigen fünf Stellen geschöpft. Dies sind: die Compilation von *B*, der alte Kulm und diejenige Sammlung, welche uns in den Handschriften *Rw* und *Rβ* überliefert ist.

Der Beweis hierfür ist zunächst dem allgemeinen Verhältniss zu entnehmen, in welchem die Magdeb. Fr. zu den im § 2. besprochenen Sammlungen stehen. Die Magdeb. Fr. beruhen auf einer durchgreifenden systematischen Anordnung. Dies ist bei den früheren Sammlungen, wenn man von dem Breslauer Schöffenrecht und dem aus ihm hervorgegangenen alten Kulm absieht, keineswegs der Fall. Zuweilen tritt allerdings auch hier das Bestreben hervor, sachlich Zusammengehöriges an einander zu reihen, allein ein bestimmter Plan, der das gesammte Rechtsgebiet umfasst und von welchem die ganze Arbeit beherrscht wird, ist unter den früheren Zusammenstellungen nur in den

genannten beiden Rechtsbüchern sichtbar. Diese unterscheiden sich aber von den Magdeb. Fr. eben dadurch, dass sie Rechtsbücher im eigentlichen Sinne sind und desshalb ihren Inhalt meist in die Gestalt abstracter Rechtssätze kleiden; die Form von Urtheilen ist nur selten beibehalten und mag häufig auch da verwischt sein, wo wirkliche Urtheile zu Grunde liegen. Im Gegensatz hierzu legen die Magdeburger Fragen grade darauf Gewicht, Magdeburger Schöffenurtheile als solche mitzutheilen, ja sie gehen hierin so weit, dass zuweilen einzelnen Bestandtheilen die Gestalt eines Urtheils gegeben wird, obwohl in der That kein solches vorliegt.

Die Magdeburger Fragen sind also die erste uns bekannte Sammlung, in welcher die Rechtsprechung des Magdeburger Schöffenstuhls nach einem bestimmten System zusammengestellt wird. Ueber das befolgte System selbst wird nachher zu sprechen sein; hier ist daraus nur die Folgerung zu entnehmen, dass diese systematische Arbeit wohl aus den vorher erörterten unsystematischen abgeleitet sein kann, dass dagegen der umgekehrte Fall nicht gut denkbar ist.

Noch eine andere Annahme ist abzuweisen. Stobbe[52] lässt es dahin gestellt, ob die Magdeburger Fragen nicht vielleicht in Magdeburg selbst entstanden sind. Unter dieser Voraussetzung könnte man es als möglich ansehn, dass dem Compilator die Originale der auszugsweise mitgetheilten Urtheilsbriefe vorgelegen haben oder dass er vielleicht Urtheilsbücher, die in Magdeburg vorhanden waren, benutzt hat. Allein aus verschiedenen Gründen lässt sich darthun, dass es unmöglich ist, jenen Entstehungsort anzunehmen. Schon der ganze Zweck der Arbeit, wie er in der Vorrede ausgesprochen ist, würde hierzu nicht recht passen. Das Bedürfniss, eine Sammlung zu besitzen, darauf ein Jeder nach Magdeburgischem Recht bauen und seine Grundfeste legen könne, wird sich eher an allen anderen Orten als in Magdeburg selbst geäussert haben. Auch würde ein Magdeburger kaum, wie ebenfalls in der Vorrede geschieht, seine eignen Schöffen *die werdin hern scheppen von Magdeburg* genannt haben. Ferner sind, wie schon erwähnt, in den Magdeb. Fr. mehrere Bestandtheile enthalten, die fälschlich als Schöffenurtheile bezeichnet werden und deren Aufnahme gewiss nicht in Magdeburg stattgefunden hat. So sind Magdeb. Fr. I 21. 1, 2; III. 6. 3

52) a. a. O. S. 421.

Stellen aus dem alten Kulm, die dieser wieder aus dem Schwabenspiegel entlehnt hat. Weder der Schwabenspiegel noch der alte Kulm haben aber, soviel bekannt, jemals in Magdeburg Verbreitung gehabt und jedenfalls würde man diese Stellen hier nicht als Schöffenurtheile ausgegeben haben. Magdeb. Fr. III. 6. 1 enthält den bereits mehrfach erwähnten Bescheid eines Officials über das Begräbniss eines Selbstmörders auf die Anfrage von Schöffen und Rathmännern. Die Parallelsammlungen *Dr* und *S* beginnen die Antwort demgemäss auch ganz richtig: *hiruff wart her (der official) eyns mit den meistern des rechtes* nur *B* und die Handschriften der Magdeb. Fr. schalten irrthümlich die Einleitungsworte ein: *hiruff sprechin wir scheppin zcu Magdeburg recht.* Auch diesen Irrthum würde sich ein Magdeburger, dem die in Betracht kommenden Verhältnisse aus eigener Anschauung bekannt sein mussten, nicht haben zu Schulden kommen lassen. *B* zeigt zugleich die Quelle, aus welcher derselbe geflossen ist. Ebenso ist es ganz unrichtig, wenn die in Magdeb. Fr. I. 11. 1 erwähnte Gewohnheit in Betreff der Bestellung der Morgengabe nach Magdeburg verlegt wird (*sal man wissen das man zcu Magdeburg nicht pflegit morgengobe vor gerichte zcu gebin*); die richtige Lesart hat auch hier wieder *Dr* (*das man hie nicht phlegit*) und wenn der Compilator missverständlich *zcu Magdeburg* statt *hie* gesetzt hat, so wird dadurch gleichfalls auf einen anderen Entstehungsort als auf Magdeburg hingewiesen. Auch in diesem Falle ist übrigens *B* die Fehlerquelle.

Die angeführten Beispiele werden hinreichen, um zu zeigen, dass die Magdeb. Fr. nicht in Magdeburg entstanden sein können. Dann aber bleibt nur die Möglichkeit übrig, dass sie ihren Inhalt wenigstens zum grössten Theil aus anderen Sammelwerken geschöpft haben, denn die verschiedenen Distinctionen führen nach ihren örtlichen Beziehungen theilweise auf Schlesien, theilweise auf Polen und auf Preussen zurück und die Vereinigung solcher Bestandtheile zu einem Ganzen kann -- wenigstens an einem anderen Orte als in Magdeburg selbst — nur durch die Benutzung ähnlicher Sammlungen wie die im § 2. erörterten herbeigeführt worden sein.

Dass aber grade die drei erwähnten Sammlungen benutzt worden sind, ergiebt sich leicht aus einer Betrachtung der mitgetheilten Tabelle. Die Compilation von *B* findet sich fast vollständig in den Magdeb. Fr. wieder, und zwar bildet sie bei Weitem den grössten Theil von dem Inhalt derselben. Die ver-

hältnissmässig geringe Zahl von Stellen, welche nicht mit *B* correspondiren, steht in den Magdeburger Fragen fast immer gegen das Ende der einzelnen Capitel, während zu Anfang derselben meist eine längere Reihe von Parallelstellen aus der genannten Sammlung auf einander zu folgen pflegt. Dies führt von selbst auf die Vermuthung, dass der Redactor der Magdeburger Fragen bei der Abfassung seiner Arbeit von *B* ausgegangen und immer erst nach einer umfänglichen und planmässigen Benutzung dieser Compilation dazu geschritten ist, noch andere Hülfsmittel zu Rathe zu ziehen.

Eine weitere Bestätigung hierfür gewährt die auffallende Uebereinstimmung der Lesarten der Magdeburger Fragen mit denen von *B*, selbst wo dieselben offenbar fehlerhaft sind. Zwei derartige Beispiele sind schon angeführt; von ähnlichen Fällen mögen hier noch die Urkunden in Magdeb. Fr. I. 3. 19 und I. 4. 8 hervorgehoben werden, in welchen die Eigennamen mit denselben, zum Theil unrichtigen Anfangsbuchstaben angedeutet werden, wie in *B*[53].

Unsere Sammlung stellt sich also als eine systematisch geordnete und vermehrte Recension von *B* dar. Daraus erklärt sich zugleich, dass der Titel „Magdeburger Fragen" beiden Compilationen beigelegt[54], ja vielleicht von dieser auf jene übertragen worden ist. — Die Stellen, welche nicht auf *B* zurückzuführen sind, kommen (mit Ausnahme der oben bezeichneten fünf Distinctionen) sämmtlich entweder im alten Kulm oder in *Rw* vor. Zum Theil sind sie daneben allerdings auch noch in anderen Sammlungen (*S*, *Dr*, *Th*) vorhanden; es ist indess nicht anzunehmen, dass diese letzteren direkt benutzt worden sind. Denn keine einzige Stelle der Magdeburger Fragen findet sich in einer dieser Sammlungen ausschliesslich vor, wogegen der umgekehrte Fall, dass die Parallelstellen allein im alten Kulm oder in *Rw* nachweisbar sind, nicht selten ist. Dazu kommt, dass der alte Kulm und *Rw*, ebenso wie *B*, in Preussen entstanden sind, während *S*, *Dr* und *Th* in anderen Gegenden ihren Ursprung haben. Für die unmittelbare Herleitung aus dem alten Kulm spricht insbesondere noch die Fassung mehrerer Stellen. So z. B. ist Magd. Fr. I. 1. 27 ein Auszug aus *C* III. 54—57. Zwei ganz verschiedene Fälle sind hier, weil sie im Kulm unmittelbar auf einander folgen, in eine Distinction zusammen-

53) vgl. *Beil.* II. zu den angeff. Stellen. 54) § 1 No. 10 dieser Einl., s. auch *Hanow Jus Culm. ex ult. rev.* Vorr. § 26.

gedrängt. Magd. Fr. I. 6. 9 erweist sich als eine schlechte Bearbeitung von *C* IV. 94; der Gegensatz von *eyn man adir gesuistirde* wird erst verständlich durch eine Vergleichung des Kulm. Man sehe ferner Magd. Fr. I. 7. 20 und *C* IV. 92; Magd. Fr. I. 15. 6 und *C* III. 99; Magd. Fr. II. 6. 1 und *C* V. 13; Magd. Fr. III. 1. 8 und *C* III. 26. — Dass auch Abweichungen in den Lesarten, Auslassungen und Zusätze vorkommen, ist natürlich; dieselben sind aber sämmtlich nicht der Art, um die vorstehende Annahme unwahrscheinlich zu machen[55].

Das Resultat ist mithin, dass bis auf jene fünf Distinctionen, die zur Zeit auf keine bestimmte Quelle zurückgeführt werden können, den Magdeburger Fragen ausschliesslich Preussische Sammlungen zu Grunde liegen. Die alte Ueberlieferung[56], wonach die Magd. Fragen selbst gleichfalls in Preussen entstanden sind, ist demnach gewiss begründet. Auch für die Zeit der Entstehung ergeben diese Quellen einen Anhaltspunkt insofern, als danach unsere Compilation nicht vor 1386 abgefasst sein kann[57].

Es ist bereits erwähnt, dass die drei Sammlungen *Db*, *Dβ* und *P* (§ 1 No. 4, 21) anscheinend unter Mitbenutzung der Magd. Fr. entstanden sind. Für *Db* und *Dβ* folgt dies ohne Weiteres aus der Tabelle V. Die Uebereinstimmung in der Reihenfolge der einzelnen Bestandtheile, welche bei *Db* fast durchgängig, bei *Dβ* wenigstens theilweise vorhanden ist, lässt sich auf keine andere Weise erklären. Beide Sammlungen sind übrigens ziemlich flüchtig zusammengestellte Arbeiten, die wahrscheinlich im 16. Jahrhundert, und zwar ebenfalls in Preussen angefertigt sind. Zweifelhafter ist die Sache bei den s. g. Pölman'schen Distinctionen[58]. Stobbe meint, dass in denselben eine von den Magdeb. Fr. unabhängige, wenn auch mit ihnen verwandte Sammlung benutzt sei, und dies ist allerdings möglich, da wir

---

55) Wie in der Compilation von *B*, so finden sich auch in den M. Fr. solche Stellen, die nur direct aus dem alten Kulm und nicht aus dem Bresl. Schöffenrecht entnommen sein können (M. Fr. I. 21. 2; II. 6. 1; III. 6. 3). Hierdurch wird ausser Zweifel gestellt, dass bei Abfassung der M. Fr. das Preussische Rechtsbuch selbst und nicht etwa seine Schlesische Quelle benutzt worden ist. 56) *Stobbe* a. a. O. S 421; *Wasserschleben* Princ. der Succ. ordn. S. 54. 57) M. Fr. I. 17. 1 = *Dr* 118, oben S. XVI. Andere Zeitbestimmungen, welche auf die M. Fr. passen s. ebdas. und S. XXI. 58) Die Parallelstellen sind bereits zum grössten Theil von *Ortloff* Samml. D. Rechtsqu. I. p. L mitgetheilt. Einzelne Berichtigungen s. in der gegenw. Ausg. 59) Gesch. der D. Rechtsqu. I. S. 428. Uebrigens erweisen sich die meisten der von *Stobbe* hervorgehobenen Abweichungen als unrichtige Lesarten des *Zobel'schen* Textes.

gewiss nicht von allen derartigen Sammlungen Kenntniss haben, welche im 14. und 15. Jahrhundert in Preussen und in den Nachbarländern in Umlauf waren. Allein aus den von Stobbe angeführten Beispielen braucht eine solche Folgerung nicht gezogen zu werden, denn Walter, der Compilator der Distinctionen steht hinsichtlich der Benutzung der ihm zu Gebote stehenden Quellen bereits auf einem ziemlich freien Standpunkt; er verkürzt, ändert ab, macht Zusätze, wie dies für seinen Zweck am Besten zu passen scheint. Wenn daher Abweichungen dieser Art von dem Text der Magd. Fr. vorkommen, so ist daraus noch nicht nothwendig auf eine andere Quelle zu schliessen. Eine Wahrscheinlichkeit aber für die Benutzung der Magd. Fr. dürfte darin zu finden sein, dass die fünf Stücke, welche abgesehen von *Db* und *Dβ* in keiner anderen bisherigen Sammlung vorhanden sind, sich sämmtlich in *P* wiederfinden[60].

Nimmt man hiernach an, dass dem Verfasser von *P* die Magd. Fr. mit als Quelle gedient haben, so müssen diese zwischen 1386 und 1402 entstanden sein, da nach den Ermittelungen von Stobbe die Abfassung der Pölmanschen Distinctionen in das letztgenannte Jahr fällt[61].

Wir müssen hier noch auf zwei Punkte zurückkommen: auf die schon erwähnte systematische Anordnung der Magdeb. Fr. und auf den Inhalt der einzelnen Bestandtheile als solcher.

Das System, welches in den Magdeb. Fr. befolgt ist, giebt sich äusserlich durch die Eintheilung in drei Bücher kund, von denen (nach unserer Ausgabe) das erste in 21; das zweite und dritte in je 10 Capitel zerfallen. Den einzelnen Capiteln sind besondere Rechtsmaterien zugewiesen und unter diesen Rubriken die darauf Bezug habenden Urtheile nach Distinctionen geordnet. Die Zusammenstellung der einzelnen Materien ist, besonders im ersten Buch, nicht frei von Willkührlichkeiten, doch lässt sich trotz dessen eine gewisse Planmässigkeit nicht verkennen. Das erste Buch beginnt mit den städtischen und Gerichtsobrigkeiten (Cap. 1 bis 3: Rath, Richter, Schöffen), daran schliessen sich vermöge einer nahe liegenden sachlichen Anknüpfung Cap. 4

60) M. Fr. II. 1. 5, 6 = *P* II. 7. 13, 10; II. 5. 2, 3 = *P* V. 17; III 6. 2 = *P* II. 6. 5. Mit Recht macht *Wasserschleben* Succ. ordn. S. 54* darauf aufmerksam, dass der Verf. der Distinctionen selbst unter seinen Quellen *der werden herren scheppin von Maydeborg breve u. vrogin* anführt. 61) a. a. O., *Homeyer* Deutsche Rechtsb. S. 36.

und 5 vom Urtheilsschelten und den Vorsprechern. Darauf wird der Uebergang zu den gerichtlichen Handlungen gemacht, welche, wie wir sagen würden, das Sachenrecht betreffen, und zwar handelt Cap. 6 von der Ansprache auf Erbe und Gut, Cap. 11 und 12 von der Morgengabe und anderen Vergabungen; Cap. 13 vom Anfang, Cap. 14 von Prädialservituten und daraus hervorgehenden Ansprüchen; Cap. 20 von der Wegnahme fremder Sachen wegen Spielschuld. – Zwischen die genannten Capitel sind zum Theil andere eingeschaltet, welche in loserer Verbindung mit dieser Anordnung stehen. So giebt das Cap. 6, da es von der Ansprache auf Erbe handelt, Veranlassung im Cap. 7 Erbfolge und Erbschaftserwerb anzureihen. In leicht erklärlicher Ideenverbindung führen die Erbfälle einerseits auf die Vormundschaften und auf die Fragen über Alter, Geburt und Status der Kinder (Cap. 8, 9); andrerseits auf die Erbunfähigkeit der Gemönchten (Cap. 10). – Cap. 14 (Uneheliche) steht in Zusammenhang mit der Lehre von den Vergabungen, und mit diesem wieder Cap. 16 und 17 (Meineidige, Rechtlose). Ziemlich vereinzelt erscheinen Cap. 15, 18 und 21, für deren Stellung ein innerlicher Grund in der That kaum aufzufinden sein möchte.

Das zweite Buch handelt vom Schuldrecht und von der Besatzung. Cap. 1 betrifft die Zinsschulden und deren Einforderung, Cap. 2 Klage und Besatzung wegen Schuld überhaupt, Cap. 3 den Beweis von Schulden nach todter Hand (Innerung); Cap. 4 die Ueberantwortung des Schuldners zur Personalhaft des Gläubigers, Cap. 5 das Gastrecht; Cap. 6 den Verzug bei der Zahlung, Cap. 7 das Rechtsverhältniss der getreuen Hand, Cap. 8 die Schuld wegen garer Kost; Cap. 9 Gewährsleistung, Cap. 10 die Verpflichtung des Beklagten, auf Schuldklagen mit Ja oder Nein zu antworten.

Das dritte Buch endlich enthält die strafrechtlichen Bestandtheile. Cap. 1 Wunden und Todtschläge, Cap. 2 Diebstahl, Cap. 3 und 4 betrifft processualische Fragen über gebundene Tage und handhafte That; Cap. 5 Wegelagerung, Cap. 6 Selbstmörder, Cap. 7 Ehebruch, Cap. 8 Ueberführung Geächteter, Cap. 9 Unzulässigkeit von Zwangsmitteln (Folter, Gefängniss) zur Erlangung von Geständnissen oder sonstigen Willenserklärungen.

Gewissermassen als ein Anhang des ganzen Werkes schliesst sich daran das zehnte Cap. des dritten Buches, welches von den Urtheilsgebühren der Magdeburger Schöffen handelt.

Dass dies System in mehr als einer Hinsicht mangelhaft ist und dass es namentlich der Uebersichtlichkeit entbehrt, braucht hier nicht näher nachgewiesen zu werden. Im Allgemeinen ist bei demselben vorwiegend auf die gerichtliche Geltendmachung der verschiedenen Ansprüche und auf den Ordo judiciorum Rücksicht genommen, wie dies nach der Natur des zusammengestellten Stoffes auch unvermeidlich war. Die einzelnen Distinctionen sind in der Regel ihrem Hauptinhalt nach unter passende Rubriken gebracht, obwohl auch hier zuweilen Ungehörigkeiten vorkommen[62]. Zweimal finden sich Wiederholungen desselben Urtheils an verschiedenen Stellen (M. Fr. I. 3. 17 = I. 15. 1; II. 2. 8 = II. 4. 1).

Was den Inhalt der einzelnen Distinctionen als solchen betrifft, so ist bereits bemerkt, dass dieselben, wenn auch nicht direct, so doch ihrem ersten Ursprung nach zum Theil auf Breslauer und Krakauer Quellen zurückzuführen sind. Die örtlichen Beziehungen, welche im § 2 bei der Erörterung der Parallelsammlungen nachgewiesen sind, betreffen meist solche Bestandtheile, welche auch in die Magd. Fr. Eingang gefunden haben und es darf deshalb hier auf jene Nachweisungen Bezug genommen werden.

Ebenso ist schon hervorgehoben, dass den Magdeb. Fr. zuweilen nicht wirkliche Schöffenurtheile zu Grunde liegen. Einzelne Beispiele der Art sind bereits angeführt; es gehört dahin namentlich noch eine grosse Zahl von denjenigen Stellen, welche aus dem alten Kulm entlehnt sind. In vielen dieser Fälle hat erst der Compilator der M. Fr. dem überkommenen Rechtssatz die Form von Frage und Antwort gegeben[63]. Stobbe, der jene Beobachtung gleichfalls gemacht hat[64], beruft sich zum Theil auf andere Stellen. Grade bei den meisten der von ihm hervorgehobenen Beispiele halte ich indess eine solche Annahme für

---

62) Vgl. z. B M. Fr. II. 6. 1; III 6. 3; III. 7. 4. Als eine gewissermassen nothwendige Folge des Systems ist es dagegen anzusehen, wenn zuweilen Schöffensprüche, die ursprünglich in demselben Urtheilsbrief vereinigt waren, aus einander gerissen und an verschiedenen Stellen untergebracht sind, z. B M. Fr. I. 8. 11 und I. 7. 6. Andere Beispiele bei *Stobbe* Zts f. d. R. Bd. 17 S. 416 63) Man vergleiche mit den entsprechenden Stellen aus dem alten Kulm: M. Fr. I. 1. 5; 2. 28; 3. 15; 6. 9. 10; 7. 18, 20; 14. 8. 9; 15. 6; 18. 1; II. 2. 21; 6. 1*a*; III. 1. 8—10, 12; 6. 3. Manche dieser Stellen sind ursprünglich Schöffenurtheile gewesen, sie haben daher in den M. Fr. nur ihren wahren Character wieder erhalten, z. B. M. Fr. I. 2. 28; I. 6. 9; III. 1. 8. — In einigen Fällen schmelzen, wie ebenfalls schon bemerkt, die M. Fr. mehrere Stücke, zuweilen sogar aus verschiedenen Quellen in ein Urtheil zusammen, s. z. B. M. Fr. I. 1. 24, 27; 8. 10; 21. 2. 64) a. a. O. S. 417 fgg.

bedenklich; namentlich geht er m. E. entschieden zu weit, wenn er aus der blossen Aehnlichkeit einzelner Stellen mit Bestimmungen des Magdeb.-Breslauer und Görlitzer Rechts oder des Sachsenspiegels auf eine directe Herleitung aus diesen Quellen schliessen will[65].

§ 4.

Es verbleibt uns noch die Aufgabe, zu erörtern, in welchem Verhältniss die verschiedenen Texte der Magdeb. Fr. zu einander stehen. Der bei der gegenwärtigen Ausgabe zu Grunde gelegte Plan wird sich alsdann ziemlich von selbst ergeben.

Den Magdeb. Fr. ist eine ausgedehntere handschriftliche Vervielfältigung zu Theil geworden als allen übrigen Sammlungen Magdeburgischer Urtheile; ein Beweis, dass sie vermöge der Art ihrer Zusammenstellung dem vorhandenen Bedürfniss vorzugsweise entsprochen haben müssen. Die Verbreitung, welche sie erlangt haben, ist über den örtlichen Bereich ihrer Entstehung weit hinausgegangen. Von den acht zur Zeit bekannten Hdss. gehören zwei nach Preussen, § 1 No. 7 [*E*] Elbing und No. 9 [*Ka*] Königsberg; zwei nach Görlitz, No. 8 [*W*] und No. 2 [*K*] und vier nach Sachsen, No. 12, 13, 14 [*Labc*] Leipzig und No. 16 [*Z*] Zwickau. Von diesen Hdss. sind vier mit einem Datum versehen *E* 1461, *La* 1466, *Z* 1468, *Lc* 1483. Unter den nicht datirten scheint *Ka* die früheste zu sein. Nach den Schriftzügen zu urtheilen, die hier den einzigen Anhaltspunkt darbieten, möchte diese Hds. um 1450 geschrieben sein. *W* rührt nach der Subscription von der Hand des Johannes Frauenberg her zur Zeit, als er noch Stadtschreiber von Görlitz (*notarius civitatis*) war. Dies passt etwa auf 1469 (Neumann Gesch. von Görlitz S. 200)[66]. *Lb* stimmt so sehr mit *Lc* überein, dass sie wahrscheinlich ebenso wie diese letztere in den Ausgang des 15. Jahrh. gehört. Dass

65) Von den Stellen, die *Stobbe* in dieser Richtung sonst noch anführt, erledigen sich I. 7. 14 und 17 dadurch, dass die (übrigens auch anderwärts vorkommende) Verweisung auf das Sächs. Landrecht in denselben erst ein Zusatz späterer Hdss. ist, unten S. XLVI. Alle übrigen Stellen kommen wesentlich in der gleichen Fassung bereits in früheren Compilationen vor, so dass die „Einkleidung" in die Form eines Schöffenurtheils, in sofern sie überhaupt stattgefunden hat, hier keinenfalls dem Urheber der M. Fr. zuzuschreiben ist. Bemerkt sei hier noch, dass M. Fr. I. 1. 10 nicht, wie *Stobbe* annimmt, mit dem Magdeb. Kulmer Schöffenbrief von 1338 identisch ist, sondern dass auch hier nur eine dem Inhalt nach ähnliche Stelle vorliegt. 66) Dazu stimmen auch die in der Hds. sonst noch enthaltenen Magdeb. Görlitzer Urtheile, unter denen die datirten aus den Jahren 1461—1468 sind.

K erst aus dem 16. Jahrh. stammt, ergiebt sich nicht nur aus der Schrift sondern auch aus dem übrigen Inhalt derselben[67].

Reicht mithin keine der vorhandenen Hdss. über die Mitte des 15. Jahrh. hinaus, so haben wir auch in keiner derselben das Original unserer Sammlung zu vermuthen, da, wie oben gezeigt, die Magdeb. Fr. bereits gegen Ende des 14. oder spätestens zu Anfang des 15. Jahrh. compilirt worden sind. — Eine eigentliche Classification der verschiedenen Hdss. ist bei den im Ganzen geringfügigen Abweichungen derselben nicht wohl zulässig; der einzige, allenfalls durchgreifende Unterschied, dass *E*, *W*, *Ra*, *Lb* und *Lc* dem Text ein Inhaltsverzeichniss voraufschicken, während in *K*, *La* und *Z* ein solches fehlt[68], characterisirt dieselben nicht genügend. Zweckmässiger lassen sich einzelne Gruppen zusammenstellen, insofern mehrere Texte in näherer Beziehung zu einander als zu den übrigen stehen. In dieser Hinsicht ist Folgendes zu bemerken:

1) Zusammengehörig sind zunächst No. 12 [*La*] und No. 16 [*Z*]. Das Epiphonem und die ganze äussere Gestalt stimmen in beiden Hdss. überein und die Lesarten sind bis auf ganz unbedeutende Abweichungen überall gleichlautend. Es ist deshalb wohl möglich, dass diese beiden Hdss. entweder von demselben Schreiber herrühren oder dass *Z* als die spätere von *La* abgeschrieben ist. *La* hat in der Regel den besseren und correcteren Text, wie sie überhaupt unter allen Hdss. hinsichtlich der Sorgfalt und Deutlichkeit ihrer Schrift ausgezeichnet ist.

2) Diesen beiden Hdss. am Nächsten steht No. 8 [*W*], die von Johannes Frauenberg geschriebene Görlitzer Hds., doch unterscheidet sich dieselbe nicht nur durch die Eigenthümlichkeit mancher Lesarten[69], sondern auch durch das Vorhandensein des Registers. Namentlich der letzte Umstand ergiebt, dass sie nicht

---

67) Bl. 37 steht z. B. eine Sentenz von Luther, Caspar Kreuziger und Melanchthon in Ehesachen Frantz Zulzdorff und der Wittwe zu Lübeck aus dem J. 1542. 68) Bemerkenswerth ist, dass dieses Inhaltsverzeichniss zum Theil Bestandtheile nachweist, die im Text selbst verloren gegangen sind, z. B. I. 3. 11, findet sich nur in *E* und *Ra*, kommt dagegen im Register auch in den anderen Hdss. vor; I. 5. 4, 5 steht in *W* nur im Register, nicht im Text; ebenso verhält es sich mit III. 10. 1, 2 in *Lbc*; I. 16. 3: die im Reg. an dieser Stelle angezeigte Distinction haben nur *ERa* (s. unsere Ausg. I. 16. 3a), in allen übrigen Hdss. steht dafür eine andere, deren das Reg. nicht Erwähnung thut; ähnlich II. 6. 1 und 1*a* (*Ra*). Daraus geht hervor, dass auch das Inhaltsverzeichniss in den verschiedenen Hdss. auf einen gemeinsamen Ursprung zurückzuführen und nicht etwa, wie man sonst wohl annehmen könnte, in jeder besonders zusammengestellt worden ist. 69) Vgl. z. B. I. 3. 18 (25); I. 16. 3 (16); II. 5. 1 (2. 9); III. 3. 2 (7, 12) u. m. dgl.

direct von *La* oder *Z* abstammen kann — Unmittelbar von *W* ist dagegen No. 2 [*K*] herzuleiten, wie aus der Uebereinstimmung der letzteren mit *W* in fast allen, auch den fehlerhaften Lesarten klar hervorgeht. Die Besonderheit von *K* besteht allein in gewissen erläuternden Zusätzen und Amplificationen einzelner Ausdrücke, welche den Character von Glossemen an sich tragen[70].

3) No. 13 und 14 [*Lb* und *Lc*] fallen ganz zusammen. Kleine Varianten sind allerdings vorhanden, aber immer nur solche, wie sie in jeder Abschrift vorzukommen pflegen. Entweder hat daher eine von ihnen ihren Text aus der anderen geschöpft oder sie haben beide dieselbe Hd. benutzt[71]. Die Eigenthümlichkeit dieser beiden Hdss. beruht vornehmlich auf zwei Punkten. *a*) Die die Erbfolge betreffenden Distinctionen I. 7. 8, 11, 14, 17 enthalten nicht nur, wie in den übrigen Hdss. die Entscheidung nach Magdeburger Recht sondern auch eine Verweisung auf die abweichenden Grundsätze des Sachsenspiegels. *b)* Das zehnte Capitel des dritten Buches nach unserer Ausgabe, welches in sämmtlichen übrigen Hdss. vorhanden ist, fehlt hier; an dessen Stelle stehen die im § 1 näher bezeichneten Bestandtheile.

4) Die beiden Preussischen Hdss. No. 7 [*E*] und No. 9 [*Ra*] zeichnen sich gemeinschaftlich dadurch aus, dass: *a)* sie allein die Distinction I. 3. 11 mittheilen; *b)* dass sie an Stelle von I. 16. 3 die Dist. I. 16. 3*a* haben In beiden Beziehungen stehen sie unzweifelhaft dem Original näher als die übrigen Texte (oben Anm. 68).

Aus *E* ist sonst noch hervorzuheben, dass diese Hds. allein die Dist. II. 2. 8 und 9 vollständig enthält. Dieselben sind in *Ra* gar nicht vorhanden und in allen übrigen Hdss. in der Weise verstümmelt, dass von der ersten die Anfrage, von der zweiten die Antwort fortgelassen ist.

Ra hat unter allen Hdss. die meisten eigenthümlichen Bestandtheile. Eingeschaltet werden daselbst die Distinctionen I. 2. 3*a*; I. 10. 1a; II. 1. 2*a*; II. 2. 2*a* und II. 2. 12*a*. Ferner steht hier I. 14. 3*a* statt I. 14. 3, II. 2. 9*a* statt II. 2. 8 und 9; II. 6. 1*a* statt II. 6. 1. Die letzte Aenderung befindet sich im Einklang mit der Ueberschrift des betreffenden Capitels, da die gewöhnlich hier eingerückte Distinction zu der Rubrik *von vorezihunge umb schuld* nicht passt.

---

70) z. B I. 1. 5 (3. 16); 2. 5 (7) 3. 7 (9, 11): 7. 23 (1); 9. 3 (3. 5); 9. 4 (17) II. 2. 9 (4, 7). Zuweilen begegnet es dem Schreiber auch, dass er den Text missversteht, so I. 9. 6 (11). 71) Welche von diesen Hdss. die ältere ist, bin ich nicht im Stande zu entscheiden. Einzelne besonders auffallende Fehler sind beiden gemeinsam z. B. I. 2. 9 (4); I. 3. 19 (8).

Mit Ausnahme von I. 10. 1*a* und II 1. 2*a* sind alle zusätzlichen und abweichenden Bestandtheile von *Ra* bereits in der Compilation von *B* vorhanden; die beiden eben genannten sind aus unbekannten Quellen geschöpft. Am Schluss von I. 10 1*a* findet sich eine abbreviirte Verweisung auf eine andere Stelle, die ich jedoch nicht zu deuten vermag[72].

5) Die Drucke, durch welche die Magdeb. Fr. bisher veröffentlicht worden sind, hat Homeyer vollständig nachgewiesen[73]. Die *Editio princeps* derselben ist die Augsburger Ausgabe des Sachsenspiegels von 1517. Von da sind sie in die Strasburger Ausgabe von 1517, in die Leipziger von 1528 und demnächst in die erste Zobelsche von 1535 übergegangen. Aus der Vorrede zu dieser letzteren geht hervor, dass Zobel sich nicht ohne Bedenken zur Aufnahme unserer Sammlung entschlossen hat. Er hält die „Distinctionen" (so nennt er unsere Sammlung) allerdings nicht für ganz so unpraktisch wie den Richtsteig Land- und Lehnrechts, denen er bereits anderweit *„gute underricht und anweisunge"* substituirt hat, spricht aber doch die Absicht aus, auch an ihrer Stelle in den nächsten Ausgaben eine für den praktischen Gebrauch mehr geeignete Sammlung zu setzen oder das betreffende Material in einem eignen Buche zu sammeln[74]. Diese Absicht ist jedoch nicht zur Ausführung gekommen[75]; vielmehr sind die

72) Weniger erheblich, weil eher auf Zufälligkeiten beruhend, sind die Fälle, in denen eine Dist. ohne Ersatz fortgelassen oder in der Reihenfolge verändert ist, vgl. für *Ra* die Anm. zu I. 1 5, 6; 2. 23, 24; 3. 8, 9; 5. 4; 7. 21, 22; 8. 9—11; 14. 4, 5; 16. 1; III. 8. 1; für *E* I. 1. 26, 27; II. 7. 1; III. Cap. 5 u. 6. 73) Des Sachsenspiegels erster Theil 3. Ausg. Einl. Cap. VI. 8. 70 fgg. No. 16 bis 18, 20—23, 24 (?), 25—28, 30. 74) Ich lasse den betr. characteristischen Passus der Vorr. hier wörtlich folgen: „Weiter und nach dem hievor bei dem Sachsenspiegel bald nach ausgange der dreier Bücher etliche Vrteil der Schöpffen zu Magdeburg in Distinctiones geteilt, auch der Richtsteig uber Landt und Lehenrecht gedrückt, welches beides nicht vil zu ytziger Zeit in übung und offtmals sonderlich der Richtsteig den yenigen, so des Richtbrauchs unerfaren, die Zeit und vleis mit lesen darüber vorgeblich hinbracht, Also auch das zu viel malen an die drücker gelanget, sie solten und möchten hinforder ym umbdrücken solliches alles wol aussen lassen. Derwegen ist auff diesmal solcher Richtsteig gar nach oder ausgelassen Dieweil aber dannoch in den Distinctionibus viel guter Vrteil, die sich dem jtzigen brauch vorgleichen und noch geübt oder braucht werden, befunden, hat man mit Rathe der Hochvorstendigen dieselbigen Distinctiones widder aufs newe gedrückt — — — — Wil man hoffen, zum wenigsten sollen doch dieselben (die Practiker) davon gefallen und gutte genüge haben, das man an stat des ungebrauchlichen so nützlich und nottürfftig underricht und anweisunge gesetzt und drücken lassen Und sollen sich gewislich vorsehen, das man zum nechsten Druck ann stat der Distinction auch dergleichen — thun will, ob sichs auch in mitler weil zutragen und gelegenheit sein würde, solte man wol ein sonderlich Buch über die und dergleichen materien allein vorsammeln und zu richten". 75) Von anderer Seite scheinen allerdings derartige Zusammenstellungen erfolgt zu sein. *Hanow* in der Vorrede zum *Jus Culm.* § 44 Note *a* erwähnt, dass sich die Glosse des hochdeutschen Kulm zuweilen auf neue Magdeb. Fr.

Magdeb. Fr. in den nachfolgenden Ausgaben bis zum J. 1614 immer wieder mit abgedruckt und dadurch allgemein zugänglich geworden, was wir im rechtsgeschichtlichen Interesse gewiss nicht bedauern dürfen.

Von all diesen Ausgaben beruht allein die Augsburger auf einer Handschrift; die weitere Verbreitung hat lediglich durch Abdruck stattgefunden. Wie eine Vergleichung mit den Varianten unseres Textes lehrt, stimmt die Augsburger Ausgabe fast ganz genau mit *Lb* und *Lc* überein, namentlich finden sich die oben hervorgehobenen Eigenthümlichkeiten der genannten beiden Hdss. auch hier wieder; nur ist den Anhängen des dritten Buches in den gedruckten Ausgaben noch ein weiteres Supplement, bestehend aus Sippzahlregeln hinzugefügt. Die Hdss. *Lbc*, mit denen demnach die Drucke zusammenzustellen sind, gehören nun ohnehin nicht zu den besten; in den gedachten Ausgaben, besonders in den Zobelschen ist der Text überdiess nicht nur durch vielfache Druckfehler, sondern auch durch die Manier verunstaltet, die überlieferte Sprech- und Schreibweise der des 16. Jahrhunderts anzupassen, so dass nicht selten offenbar corrumpirte oder auch ganz unverständliche Stellen vorkommen, bei denen man in den meisten Fällen kaum zu sagen vermag, ob die Schuld den Setzer, den Herausgeber oder die Hds. trifft.

6) Die lateinische Bearbeitung der Magdeburger Fragen, welche uns in einer Danziger Hds. aufbehalten ist (§ 1 No. 5), schliesst sich, wie schon aus den Nachweisungen im § 1 hervorgeht, ganz den gedruckten Texten an. Hiernach sowie nach der Zeit ihrer Entstehung kann nicht bezweifelt werden, dass dem Verfasser derselben bereits gedruckte Ausgaben vorgelegen haben. Eine Bestätigung hierfür ist auch darin zu erblicken, dass die Bearbeitung sich selbst *Additamentum juris Saxonici* betitelt, denn eine Vereinigung der Magdeb. Fr. mit dem Sächsischen Landrecht, worauf dieser Titel hindeutet, findet sich, soviel bekannt, eben nur in den gedruckten Ausgaben. Eine Ausbeute für die Texteskritik gewährt diese Bearbeitung nicht; sie ist übrigens keine wörtliche Uebersetzung, sondern beschränkt sich darauf, den wesentlichen Inhalt der Antworten kurz wiederzugeben.

---

beruft, die noch nicht gedruckt sind oder die mit der Zeit in Druck gehen mögen. — Ich bemerke bei dieser Gelegenheit, dass nach einer Mittheilung des Herrn *Dr. Steffenhagen* der ungenannte Verf. der handschriftlich erhaltenen Vorrede zum alten Kulm gegen Ende derselben mehrere Stücke aus den Magdeb. Fr. in *extenso* anführt, nämlich I. 3. 2; I. 3. 3; I. 1. 10.

Der Plan unserer Ausgabe kann kurz dargelegt werden.

Zum Grundtext ist *La* genommen worden. Sie ist, wie schon erwähnt, die correcteste unter allen Hdss. der Magdeb. Fr. Dem Alter nach geht ihr zwar *E* und wahrscheinlich auch *Ra* voran; beide sind aber bei Weitem fehlerhafter und flüchtiger geschrieben; *Ra* eignet sich überdiess wegen seiner vielen, oben hervorgehobenen Eigenthümlichkeiten nicht zur Grundlage. *La* ist nun fast überall wörtlich wiedergegeben; Abweichungen sind nur da vorgenommen, wo sie mir ganz unbedenklich erschienen und alsdann stets durch cursive Schrift angedeutet. Die Interpunctionen sind von mir hinzugefügt. Ein zu spät bemerktes Versehen ist es, dass auch die Ueberschriften der einzelnen Distinctionen, obwohl dieselben in der Hds. des Grundtextes mitgetheilt werden, in der Ausgabe cursiv gedruckt sind. Zu den Varianten sind besonders *Z*, *W*, *Lb*, *E* und *Ra* benutzt, von *K* sind meist nur die glossenartigen Zusätze und die sonst von *W* abweichenden Lesarten angegeben; die übrigen Texte sind nur ausnahmsweise berücksichtigt. Diejenigen Bestandtheile, welche nicht im Grundtexte sondern nur in anderen Hdss. vorkommen, sind gleichfalls mit Cursiven und zwar so eingefügt, dass dadurch die Zählung der ursprünglichen Distinctionen nicht verändert wird. Nur bei I. 3. 11 und II. 2. 8 und 9 ist in letzterer Beziehung eine Ausnahme gemacht; da hier die Auslassungen des Grundtextes auf einem offenbaren Irrthum beruhen, so ist diesen beiden Stücken eine fortlaufende Nummer gegeben[76]. Das Inhaltsverzeichniss, welches bekanntlich in *La* fehlt, ist aus *W* entnommen; die Varianten ergeben sich aus *E*, *Ba*, *Lb* und *Lc*.

Von der lateinischen Bearbeitung der Danziger Hds. habe ich mich begnügt, eine Probe in Beilage I mitzutheilen. In ausgedehnter Weise sind dagegen die Parallelsammlungen herangezogen[77]; namentlich sind die Redactionen derselben, welche von denen der M. Fr. erheblich abweichen, ausführlich mitgetheilt, da dieselben einen wesentlichen Beitrag zur Entstehungsgeschichte der M. Fr. liefern. Dies ist entweder in den Noten zu den einzelnen Distinctionen geschehen, oder wenn daselbst der Raum

---

76) Von I. 3. 11 und II. 2. 9 ab zählen daher auch die Distinctionen der betreffenden Capitel unserer Ausgabe eine Nummer weiter als die bisherigen Texte. Im Uebrigen stimmen (abgesehn vom zehnten Capitel des dritten Buches) der Bestand und die Reihenfolge unserer Ausgabe ganz mit den früheren Drucken überein. 77) Einzelne dieser Sammlungen stimmen der Regel nach zusammen. Dahin gehören *Dr* und *Th* (oben S. XIX); *Rw* und *Rβ* (S. XXII); *B*, *Rb* und *Da* (S. XXV). Von denselben wird deshalb im Falle gleichlautender Lesarten gewöhnlich nur die erste Hds. ausdrücklich benannt.

nicht ausreichend erschien, in Beilage II. Endlich sind in der dritten Beilage noch diejenigen Bestandtheile von *Th* abgedruckt, welche weder in der correspondirenden Sammlung von *Dr* noch in den M. Fr. Platz gefunden haben. Die extravagirenden Bestandtheile auch der übrigen Hdss. mitzutheilen, wie ursprünglich beabsichtigt war, würde schon des Raumes wegen zu weit geführt haben.

Bei den einzelnen Distinctionen der M. Fr. ist auf die entsprechenden Stellen der Parallelsammlungen verwiesen[78]. Ausserdem sind daselbst auch solche Stellen angeführt, deren Vergleichung ihres Inhaltes wegen von Interesse erscheint. Bei Auswahl der letzteren, welche durch den Zusatz *Vgl.* hervorgehoben werden, ist vornehmlich auf das Magdeburger Recht Bedacht genommen worden; man wird es gerechtfertigt finden, dass hierbei namentlich auch die Urkundensammlung von Tzschoppe und Stenzel nicht übergangen ist.

Schliesslich sind der Ausgabe noch einige Anhänge beigegeben, welche zur Erläuterung und Orientirung beitragen sollen. Dahin gehört:

1) Das Glossar. Dasselbe stellt sich die Aufgabe, den Wortschatz sowie den sachlichen Inhalt unserer Quellen in alphabetischer Ordnung zur Anschauung zu bringen. Bei Anfertigung desselben sind ausser den Wörterbüchern von Müller, Wackernagel und Grimm das Glossar von Haltaus sowie die Homeyerschen Arbeiten durchweg benutzt. Dieselben sind daher überall zu vergleichen, auch wo sie nicht ausdrücklich angeführt werden.

2) Das Register der Eigennamen. Zum Theil war es mir möglich, das anderweite Vorkommen der einzelnen Namen urkundlich nachzuweisen. Die betreffenden Stellen sind namentlich dem Codex diplomaticus Poloniae von Rzyszczewski u. Muczkowski entnommen.

3) Die Zusammenstellung der in unserer Ausgabe vorkommenden Zeit- und Kalenderbestimmungen. Hierbei sind natürlich nur ausdrückliche Angaben, nicht blosse indirecte Hinweisungen berücksichtigt. Die Kalenderbestimmungen sind auf unsere Datirungsweise zurückgeführt.

---

78) Dieselben sind oben in der Tabelle V neben einander zusammengestellt. Von *B*, *Rb* und *Da* ist auch in der Ausg. immer nur die erste citirt, die betreffenden Stellen der anderen beiden Hdss. lassen sich mit Hülfe der synoptischen Tabelle bei *Steffenhagen* leicht ermitteln.

DIE MAGDEBURGER FRAGEN.

Inhaltsregister.

Hir in desem buche welle wir sagen etczliche fragen der[1] werdin herren scheppen zcu Magdeborgk[1]. Und ist geteylt yn drei teyl. Das irste buch sagit von dem rothe, was sie zcu richten haben und sy angehorit unde von richter und scheppen, orteil[2], vorsprechen, erbe an zcu sprechen.

1. Ab dy rotmanne macht haben scheppffen zcu kysen von rechte.
2. Wer schepffen kysen unde abesetczen moge.
3. Von rechte zcu holen, wo unde wy.
4. Ab[3] dy rothmanne orteil vorkewffen mogen.
5. Item von den selben.
6. Ab der roth macht hot, eynen burgher yn den torm zcu legen.
7. Ab der roth weyn, methe, bir hot zcu setczen von rechte.
8. Wer obir falschen speyszekawff, elen, mosz sal richten.
9. Ab der roth vorweiste lewthe awsz[4] der stat widder eyn moge nemen.
10. Von[3] willekore satczunghe[5].
11. Item von dem selben.
12. Wer dy witczigisten seyn[6].
13. Ab eyn rothman den roth meldit[7].
14. Ab sich eyn rothman widir den roth setczt und hilfft seynen frunden.
15. Wer sich zcu hofe libet yn der stad schaden, was seyne busze ist.
16. Von vorlewckentem gutte.
17. Von vorswegenem gutte.

1) der — Magd.] *f. E.* 2) *f. E.* 3) *In Lbc diese und die fg. Di. unter einer No.* 4) a. d. st.] *f. E.* 5) *E* czu setczen. 6) *E* gesein mogen; *Lbc* heissen ader (und) sien. 7) *E fh.* der vorswegin sein sal.

18. Was[8] das hochste recht ist.

19. Von missehandelunge des rothis.

20. Ab ymand den roth logen stroffit, was[9] seyne busze ist[9].

21. Ab eyme hals ader hand vorteilt worde, was der roth an seyme gutthe hat.

22. Wer dy gemeyne vorantworten sal, ab sie beclagt[10] worden.

23. Ab eyn burgher den andern led, was seyne busze ist.

24. Was vor eyme rothe geschit, ab das crafft und macht hod.

25. Ab eyn man dewbe bekente[11] vor eyme rothe, wy sy das halden mogen.

26. Von gestolnem hewe[12] vor deme rothe bekant und[13] vorlibet.

27. Ab sich eyn man umb ungerichte dem rothe gibt in gnode.

28. Wer[14] handffeste awszleghen sal, ap zcweyffel dor an ist[14].

Capitulum secundum libri primi[15].

1. Wy unde in welchen worten der richter seyn ding sal hegen, unde wy vil scheppffen dorzcu seyn muszen.

2. Wer gewunthe lewthe sal besehen.

3. Von des richters gewette, ab her das mit unrechte neme.

4. Was der richter richten mag ane dy scheppffen.

5. Von clage obir den richter, ab her nicht richten wil.

6. In was sachen des richters bekentnisz crafft und macht hot.

7. Ab eyn erbfoyt burger narunghe thuen[16] mag gleich eyme burger.

8. Ab eyn undir richter burgher recht moge treiben gleich andern.

9. Was crafft das hod, wo der richter mit ungeswornen[17] schepffen richtit.

10. Ab eyn erbgerichte off frawen alzo uff manne moge komen.

11. Ab schultisse und foyte[18] zcu lehen recht gehoren.

12. Ab gesworne lewthe eynen obirczewgen mogen ungerichtes.

13. Wy man umbsessene lewthe bekommern moge in der stad gerichte.

14. Wer enelender lewthe ungerichte sulle clagen und fordern.

8) *diese No. f. E.* 9) was — ist] *f. E.* 10) *ELbc* geladen wirth. 11) *Lbc* louckente. 12) *E* gute. 13) u. v.] *f. E.* 14) wer — ist] *E* von hantfesten uslegen. 15) *ELbc fh.* In desem artickel welle wir sagen von deme richtere und sime ampte was wo und wie her richten mag. 16) *E* triben. 17) Lb geswornen. 18) schulthissie; voythie.

15. Ab der richter eyde genemen moge von dem antworter umb[19] wunden.

16. Umb was sachen man den richter adir schopffen mag abesetczen.

17. An welcher stad der richter seyn ding sal hegen und dingen.

18. Von des richters hochste gewette, das her irwirbit.

19. Ab der richter und schepfen ymande pflichtig seyn zcu beyten mit dem gehegeten dinge.

20. Ab der landrichter dy burgher in seyn gerichte moge geladen.

21. Worumb[20] her eynen[21] geladen mag.

22. Wy eyn dorff herre ungerichte sal richten, das bynnen seyner grenitcz geschit, ane den landrichter.

23. Wy eyn man richten sal, der seyn gut hod mit allem notcze unde rechte.

24. Was[22] eyn man richten mag bynnen seynem gerichte und gnode thuen den lewthen an iren brochen.

25. Wy sich das gerichte nicht kan vorsweygen an gutte, das an dy konigliche gewalt fellit.

26. Was eyn man richten mag, der seyn gut hot mit allin rechte obir hals unde hand zcu richten.

27. Ab der richter sachen richtet ane den burggrofen, dy em vorboten seyn, was seyne busze ist.

28. Ab[20] sich zcwene ungeweyte schuler wunden, wer das sal richten.

Capitulum tertium libri primi.

Hye wellen wir sagen von der scheppin ammechte und von yrer missehandelunge[23] vil guter vrogen[24], die sie angehoren.

1. Wy[25] der schepffen eid sal lawthen.

2. Ab schepfen des beschreben rechtis gebreuchen sullen adir noch irem synne orteil vinden.

3. Ab dy scheppffen orteil obir der stad willekore mogen vinden adir noch beschrebenem rechte.

4. Ab scheppen durch ires ammechtes wille icht haben sullen.

5. Ab scheppffen iren besundern schreiber haben moghen zcu[26] irem ammechte.

6. Ab[25] die schepffin mit dem schreibir teil nemen sullen von scheppffen brife.

---

19) umb w.] *f. E.* 20) *diese No. f. Lbc.* 21) *E* en. 22) *diese u. die fg. No. f. E.* 23) *E* vrogin und von. 24) *E* handelunge. 25) *diese No. f. Lc.* 26) zcu i. a.] *f. E.*

7. Ab ein scheppe sich der bang enczagen[27] moge durch seynis selbis vorsewmenisz wille.

8. Ab man den scheppen meister yn den torm worffe, ab dy andern dy weile in[28] gerichte siczen sullen.

9. Ab eyn scheppe unvorboth zcu gerichte sulle komen.

10. Ab schepfen eyn orteil loszen holen, wer dy kost sal gelden.

11. Item[29] von dem selbigen.

12. Wy dy schepfen beschulden orteil sullen beschreiben lossen unde anders nymand.

13. Ab dy schepfen orteil mogen fristen.

14. Wy langhe dy schepfen eyme seynir sachen schuldig seyn zcu gedencken.

15. Ab man cynen[30] schepfen uff der bang beclagen mag ungeladen.

16. Was[31] dy schepffen von inweysunghe erbe unde guttes sullen nemen.

17. Ab schepfen bekentnisz crafft hod under der stad ingesegil in der stad selbis sache.

18. Von wedirsproche eynes scheppen brieffes.

19. Von[31] wedirsproche eynes scheppen brieffis.

Capitulum quartum libri primi.

In deszim articulo wellen wir sagen dese[32] frogen von orteil vinden, unde wie man orteil sal schelden mancherhande stocke.

1. Wy unde yn was worten man orteil schelden mag.

2. Was der bestanden ist, der orteil unrecht stroffit ader schild.

3. Wer beschulden orteil bekostigen sulle.

4. Ab man des koniges orteil geschelden moge, unde wo hyn her sich zcihen sal.

5. Von eyme geschulden orteil, unde wy dy sache geteidinget[33] ist.

6. Wy man dy koste in furdern sal, wer vellig wirt am orteil.

7. Von der schepffen busze umb eyn geschulden orteil.

8. Von eyme geschulden orteil, in was worten dy sache geteydinget ist..

9. Von geschuldenem orteil eynir gefristen clage von[34] den schepfen.

10. Wer orteil schelden unde nicht schelden sal noch en mag.

---

27) entczegen, vortezeigen. 28) *Lc fh* den thoren. 29) It. v. ds] *f. Ra; bei E mit der fg. Di. unter einer No.; Lc fh.* eadem distinctione. 30) *Lb fh.* man ader. 31) *diese No. f. Lb.* 32) d. fr.] *f. E.* 33) *Lbc* gedinget 34) v. d. sch.] *f. Lb; Lc hat diese Worte als Anfang der fg. No.*

Capitulum quintum libri primi.

In deszin vrogen wollen wir sagen von der vorsprechin amechte, wer eyn vorspreche gesein moge und nicht gesein.

1. Wer vorspreche mag geseyn und[35] nicht geseyn.
2. Von vorsprechen lon, unde was rechtes sy haben, so sy nymme vorsprechen wellen geseyn.
3. Ab der vronebothe der lewthe wort moge sprechen gleich andern lewthen.
4. Von misschandelunge des fronebothen, was dy busze ist.
5. Ab eyn vorspreche eynis mannis sache vormutwillet adir vorsewmit durch[36] gobe adir durch geldis willen.

Capitulum sextum libri primi.

In deszen vrogen wolle wir sagen von erbe und gutes ansproche, wie das dar[37] kompt.

1. Von ansproche erbis und guttes, unde dem antworter weren seyne handfesten vorbrand unde spreche, das gut were em gegeben, wy man das beweiszen sal.
2. Von ansproche eynir mawir, dy eyn man jor und tag hat[38] besessen
3. Ab eyme[37a] jor und tag[38] vorsewmet erbe und gut mag angesprechen unde zcu kegenwertig ist.
4. Ab sich eyn man adir frawe obir jor unde tag an erbe adir an varender habe vorsewmen moge, das sie an irstorben ist.
5. Von clage umb erbe unde gut, das eyn man in geweren hot.
6. Ab eynir eyn erbe vorkoufftc und das vorbrente, e wenne is yeme off gereichet worde, wes der schade ist.
7. Ab eyn man erbe kewffte[39], das em unde seyme weibe unde[40] kyndern namhafftig gereicht ist, ab der man das erbe vorkoffen moghe ane der ingeschrebenen personen wille.
8. Von[41] vorsatcztem erbe, wer dy gewere dor an hod.
9. Ab eyn man eyn erbe vorkewffte unde em der koff beruete, wy man en twynghen[42] zcu halden.
10. Wy der obirste herre seyne undirsessene lewte mag beclagen.

Capitulum septimum libri primi.

In[43] desen nochvolgenden vrogen wolle wir sagen von angefelle und von anirstorbenem gute, wie die weyse ist, das man sich darczu czihin sal mit rechte.

35) u. n. g.] *f. E.* 36) *E* umb gobe w. 37) *Lc* er. 37a) einer. 38) hat — tag] *f. Lbc.* 39) *Lb* vorkoufft. 40) u. k.] *f. E.* 41) *diese und die fg. No. in Lbc so zusammengezogen* V. v. e vorkoufft und in dem kouffe berurt wy man en *u. s. w.* (!) 42) *ERa fh.* mag den kouff; *Lbc fh.* mag. 43) *ERa* Nw w. w. s. wie ein kint erbit und v. a. der sippen wie sich das irfolgit mit r. von geborth czu geborth.

1. Wy eyn kind gut erbit uff dy mutter unde[44] nicht uff dy geswister[44].

2. Wy man sich zcu anirstorbenem gutthe[45] zcihen sal, unde wy lange sich eynir mag vorswegen.

3. Von[46] vorwyssunghe anirstorbenes erbis.

4. Von beweiszunghe anirstorbenis erbis.

5. Wy man anirstorben erbe sal beweiszen[47].

6. Wy lange man der erbelinghe mit erem anirstorben erbe sal beten adir gut, dy auszwendig des landes seyn.

7. Wy[48] eyn kint erbe teyl nympt an seinir mutter stad[49].

8. Eyn kind stirbit und lest eynen halben bruder und seyner swester son, wer der nehiste ist.

9. Wy eynis stummes kyndis gut erbit unde uff wehen.

10. Wy eynir den andern zcu teilunge mag brenghen[50].

11. Halb[51] bruder adir swester son, welchir erbe gelobst[52] ist.

12. Halber bruder son unde swester son, welchir der nehiste ist.

13. Wy kyndis kynd erbe nympd yn des eldir vater gute.

14. Eyn kynd stirbit unde lesset seynen eldir vater und seynis vater bruder, wer der nehiste ist.

15. Eyn man lessit seynis sonis kind unde eynen bruder, wer der nehiste ist.

16. Eyn[53] kind lessit seynis vater halbe bruder unde seynis vater ganeze bruder, wer der nehiste ist.

17. Eyn kind leest seynis vaters halbe bruder unde seynis vater ganeze bruder[54], unde wer der nehiste ist.

18. Eyn kind lest seyns vater bruder unde seyner swester son, welchir ist der nehiste.

19. Von inbrengunghe guttes in schichtunge.

20. Eyn kind hot gelossen eynen[55] halben bruder unde eyner ganczen[56] swester kind, wer der nehiste ist.

21. Ab[57] schichtunge macht hot, dy von den frunden geschiet.

22. Eyn kind hot gelossen eynir halben swester kynd unde seynir mutter bruder kynd, welchs das nehiste ist.

23. Von guttis inbrengunghe unde sunderunge unde erbeteils[58] ansproche.

---

44) unde — gesw.] *f. E.* 45) *E* erbe. 46) *diese No. f. E*; *Ra* wie sich kinder teilen mogin mit irem gute; *Lbc* vorweyssunge, vorweisung. 47) *ERaLbc* vorwiszen, vorweisen 48) *Ra schaltet ein* von vormundeschaft czweyunge wer der nehiste ist (vgl. Anm. 66). 49) *Lbc* gute. 50) *ERa* twingen. 51) *E* ab h. br. a. sw. s. wer der nehste ist. 52) *Ra* geloh; *Lb* globit; *Lc* der neste ist und globet. 53) *diese No. f. Lbc.* 54) *ERaLbc fh.* kint. 55) e. h. br.] *f. Lc.* 56) *Lbc* halben sw. k. und seyner muter bruder k. welchs d. n. i. 57) *Ra hat diese No. nach der fg.* 58) *Lbc* orteils.

Capitulum octavum libri primi.

Hie wolle wir sagen von vormundeschafft unmundiger kinder, wye[59] sie die vormunde vorstenn sullen.

1. Wy[60] vormunde vorstehen sullen unmundige kinder[59] an erem guthe.
2. Ab eyn vormunde der kynder gut[61] mag vorkewffen unde ires vater schulde zcu[62] beczalen.
3. Wy der vormunde der kynder gut ierlich[63] berechen sal.
4. Wy[64] der vormunde der kynder gut, das sy anirstorben ist, vorkowffen moghe.
5. Von berechenunge unmundigher kynder gut.
6. Wy sich eyn man weigern moge vormunde zcu seyn.
7. Ab man unmundiger kynder gut besetczen moghe.
8. Ap[65] eyn man seynen kyndern bey lebendem leibe vormunde kysen moghe.
9. Ab man unmundige kynder zcu der antwort getwingen moge.
10. Wy[64] man eynen zcu der vormundeschafft twingen unde nicht twingen mag.
11. Von[66] czweiunghe umb vormundeschafft, wer der nehiste ist.

Capitulum nonum libri primi.

Hie welle wir sagen von der kinder alder und wie man daz beweist und sust andere artikel, dy dy kinder antreten.

1. Wy ald eyn kind seyn sal, das man obir is moge gerichten.
2. Wy eyn kynd beweisen sal, das is zcu seynen iaren komen ist.
3. Wy man eynis kyndis leben beczewgen moghe noch seynes vater tode.
4. Ab man eyn kind beschelden mag, das[67] yn XXXVI wochen ist geborn.
5. Von kynden, dy yn gevatterschafft[68] sein geboren.
6. Wy der vater seynen son mag awszgeczihen umb ungerichte.

Capitulum decimum primi libri.

Hie welle wir sagen von monchen und geistlichen lewten, ab dye erbeteil mogen nemen.

Ab monche und begebene lewthe allir ordene erbeteil mogen nemen adir nicht[69].

---

59) wye — kynder] *f. Lc.* 60) *E* was macht ein v. haben sal an seiner unmundigen k. g. 61) *E* erbe. 62) *f. ERaLbc.* 63) *f. Lbc.* 64) *in Lbc diese No. nach der fg.* 65) *diese No f. Lc.* 66) *diese No. f. Ra* (vgl. Anm. 48). 67) *Lb fh.* es. 68) vatterschafft. 69) *Ra schaltet über dem Text ein* Ab Johanniter ader ander begebene herin erbeteil mogin nemen.

Capitulum undecimum primi libri.

Hie[70] wolle wir sagen von morgengabe mancherley stocke[71].

1. Von[72] morgengobe beweysunghe.
2. Von frawen morgengobe.
3. Von morgengobe[73].
4. Von morgengobe beczalunge[74].

Capitulum duodecimum libri primi.

Hie welle wir seteczen und sagen von gobe, was man vorgebin und nicht vorgebin magk.

1. Wy eyn man seyn erbe und gut vorgeben mag.
2. Was guttes man ym sichbetthe vorgeben mag.
3. Was[75] guttes eyn man vorgeben mag bey seynem lebenden leibe.
4. Von gobe noch eynis mannis tode.
5. Von frawen gobe vor gerichte.
6. Von frawen gobe mit underscheit.
7. Von frawen gobe an[76] gaulde.
8. Von gute zcu bekommern[77].

Capitulum XIII libri primi.

Hie welle wir sagin von anfange[78].

Von anefanghe eynis pferdis, wy man deme volgen sulle unde wy ferre.

Capitulum XIIII libri primi.

Hie welle wir sagen von mancherhande unelicher gebort, wie die nicht mag erbin.

1. Ab ein unelich adir rechteloz man erbe ader gut mag vorkowffen ane dy herschafft.
2. Was rechtis eyn elich[79] weib an ires unelichen mannis gutte hod.
3. Von kyndern, dy awswendig der e geborn seyn.
4. Ap[80] eyn elich man mit eyme unelichen weibe bekyndet, was rechtis dy an seyme gutthe haben.
5. Ap eyn elich[81] weip eynen unelichen man nympt, ab dy kynder ir gut moghen genemen.
6. Ab eyn elich man eyne[82] besliffe bey seynis eweibis leben

70) *Lbc* was man zcu m. vorgeben mag m. st. 71) *E fh.* und artickel. 72) *E* wie man m. bewisen sal. 73) *E fh.* die czweveldig ist geschen. 74) *Lbc* beezugunge. 75) *E* wie vil. 76) *RaLc* an gelde; *Lb* umb gelt; *E* von fr. hulffe zcu thun das sie eynen man neme. 77) *E fh.* erbe und gutis. 78) *ERa fh.* eynis pferdis. 79) *E* unelich. 80) *diese No. f. E; in Ra nach der fg.* 81) *E* unelich. 82) eyne — genemen] *dafür E* eyme seyne amye neme czu der e noch s. w. t.

unde noch seynis weibis tode dy ameye[83] neme unde sich mit der bekindet, ab dy ir gut mogen genemen[82].

7. Ab eyn unelich man unde seyne kynder irhal[84] unde wandil sullen haben gleich elichen lewthen.

8 Uff wehen kebis kyndir gut irstirbit.

9. Ab geehete kynder von dem bobiste mit den elichen erbeteil mogen nemen.

Capitulum XV libri primi.

Hye welle wir sagen von geczugnisz und geczewgen, wy und wer geczewgen mag.

1. Ab schepffen bekentnisz under eynir stad ingesegil crafft hot yn der stad sachen.

2. Von gemyten lewthen umb lon[84a], ab man dy vorwerffen[85] moge.

3. Ap man eynen getwingen mag zcu geczewghe[86].

4. Ap keyn geczewgnisz obir gehegit ding mag geseyn[87].

5. Ab der richter iczlichen geczewg besundern vorhorn moge, e sy geczewghen.

6. Wy[88] gehegit ding ungerichte sal geczewgen.

7. Ab offenbare schriffte macht[89] haben yn wertlichen gerichte.

Capitulum XVI hujus primi libri.

Hie welle wir sagen von meyneide und von eiden zcu sweren, wy man des eynnen obirwinden sal.

1. Ab man eyde dirlossen mag durch got ane den richter.

2. Wy offte sich eyner irholen mag[90], ab her gehyndert worde an eyden.

3. Von eyden aws der bangk[91] gegeben vor[92] gerichte unde nicht bericht mag werden.

4. Wy man eynen meyneden sal obirwynden.

5. Von eyden in gebunden tagen.

6. Ap[93] eynir meynede swerit unde das bekennet, was seyne busze ist.

Capitulum XVII libri primi.

Hie wolle wyr sagen von rechtloszin lewtin.

1. Ap eyn man seyn weib irsluge yn zcorne, wy der seyn recht mag widdir irkrigen, unde[94] wer rechtelosz ist, hostu hy vor yn[95] dem ersten articulo von den unelichen[94].

---

83) *f Lbc.* 84) irhal, erholunge, holunge. 84a) *E* gelt. 85) *Ra* vorwesin. 86) *E* czugene. 87) *E* gein. 88) *Ra schaltet ein:* Ab gesworne lute eynen man obirczugin mogen (vgl. Anm. 148). 89) macht — ger.] *E* also instrument krafft hat. 90) *E fh.* ane dez holunge. 91) *ERaLbc* hant. 92) v. g.] *f. E.* 93) *Lbc fh.* man ader weip. 94) unde — uncl.] *f. E.* 95) yn d. e. a.] *f. Lbc.*

2. Ab[96] eyn vorteilt man ledig worde gelossen, was rechtes der haben sal.

Capitulum XVIII primi libri.

Hye welle wir sagen von berichtunge und sachen, die ausz der hand gegebin werden.

Wy langhe berichtis lewthe eyne sache under haben sullen zcu[97] berichten.

Capitulum XIX primi libri.

Hye welle wir sagen von heymelichkeyt unde von trawften.

1. Von[98] schechten unde von heymelikeit adir scheyshewsir zcu sencken, wy ferre dy von dem reyne sullen steen, wo man anheben sal, ab zcwene eyne mawir[99] haben.

2. Von trawffen und wassersege[100] ansproche.

Capitulum XX libri primi.

Hye welle wyr sagen umme eynnen artikel von spilrechte.

Ab[1] eyn man den andern von spelis wegen icht genemen moge unde en darumb spannen unde bynden.

Capitulum XXI primi libri.

Hie welle wir sagen von czolle unde geleyte.

1. Von vorvarnem zcolle, was[2] des busze ist.

2. Von[3] geleyte. Ab eyn herre eynen geleytet, ab[4] her en schadelosz sulle halden.

Incipit liber secundus, Capitulum primum.

In desem andern buche wolle wir sagen von schult und besaczunge unde von andern stoken, dy sich in rechte schult czihen, also[5] von czinse.

1. Ab man x margk mag awszgeben zcu zcinsze jerlich umb eyne.

2. Ab eyn kowff eynis eygens uff eynen widderkawff gesteen moge.

3. Von[6] leibrenthe zcweyer leibe, wy das von eyme uff den andern fellit, unde der nicht yn schichtunge darff brengen, unde wy man dy sal vorschossen.

4. Wy man erbeczinsz beweyszin sulle noch rechte; eynir[7]

---

96) *diese No. f. Lbc.* 97) zcu ber.] *f. E; Lbc* richten. 98) *ERa* V. sch. u. h. wie man die seteczen sal. 99) *Lb fh.* mittenander. 100) *Lbc* sege; *E* wassergenge. 1) *ERa* ab e. m von sp. w. eyme andirn das seyne neme; *das andere f.* 2) was — ist] *E* und gutte. 3) *f. E.* 4) *E* wie. 5) a. v. cz] *f. E.* 6) *Ra schaltet ein* Vir Vrogen von czinse uff eynen wedirkouff. 7) eynir — haben] *dafür E* dar eyne czwetracht umb ist.

spricht, her sey abe zcu lozen; der ander spricht, is sey erbe zcinsz, unde beyde keyne beweysunghe haben[7].

5. Item von dem selben.

6. Wy man den zcinsz fordern sal.

Capitulum II libri secundi.

Hie welle wir sagen von schult und besatczunge und dirforderunge[8] gutis.

1. Von besatczunghe vir personen off eynis mannis gut, wer der irste besitczer bleibe[9].

2. Wy man eynen abetronnigen man vorbotthen sal, uff des gut gesprochen ist.

3. Von besatczunge gutes eynis abewesenden mannes, wy man das irclagen[10] sal.

4. Von[11] irclagetem gutte ansproche.

5. Von[12] besatczunge erbe geldis.

6. Ab man eynen erbeling getwingen mag, erbe zcu vorkewffen durch seynis vatirs schuld wille.

7. Ap man morgengobe adir vordynet lon e sulle gelden wenne schuld.

8. Von[13] beweysunge vorguldenir schuld.

9. Von gutis besatczunge umb schuld.

10. Wy eyne frawe vorgoldene schuld beweyszen sulle und[14] mit weme.

11. Ap man eyn kynd anspricht umb[15] gelt adir umb schult[15] noch seynis vatirs tode.

12. Von[16] bekanther schuld, wy langhe man der beyten sulle.

13. Von bekanter schuld, dor vor eynir seyn erbe setczit.

14. Item von bekanter schuld.

15. Von[17] pfand setczen vor bekante schuld.

16. Von bekanther schuld unvorczogen.

17. Wer gefangene lewthe umb schuld bekostigen sulle.

18. Wy man nymandis ane gerichte mag off gehalden umb schuld.

19. Ab eyne frawe eynen man anspricht umb gelt mit geczewghe, wy her entgehen sulle.

---

8) *E* dirfarunge. 9) *E* ist und blibit. 10) *Lc* richten. 11) *Ra schaltet ein* wy man eynen man eynwizen sal umb irclagete schuld und wenne. 12) *E fh.* irclaiter. 13) *E schaltet ein* ab ein gast deme andern wurde mit der hant geantwert, wie her en behalden sulle und wo; *Ra hat statt der im Text befindlichen No.* von pfandes rechte von bekanter scholt. 14) u. m. w.] *f. E.* 15) umb — schult] *f. E.* 16) *ERa schalten ein* von clage umb schulde noch eynes mannes tode; *Ra noch ausserdem* von clage umb schult mit geczuge. 17) *diese No. f. Lbc.*

20. Eyne[18] frawe ist nehir zcu entgehen mit eres eynes hand, wen das sy ymand mag obirczewghen.

Capitulum III libri secundi.

Hye welle wir sagen von ynnerunge umme schult, wie man die thun sal noch toder hand.

1. Innerunge[19] sal man thuen noch toder hand selbsebende, is sey frawe adir man.

2. Wy der clager umb schuld noch toder hand ynnerunghe thuen sal[20].

Capitulum IV libri secundi.

Hie wellen wir sagen von lewten, dy mit der hand vor schuld geantwort werden, wy man dy halden sal.

1. Ab eyn gast dem andern mit der hand geantwort wirt, wo hyn[21] her en behalden sulle, unde wy ferre eyn gast gesessen sulle seyn.

2. Ab eynir eynen gehen lisz uff seyne trawe, ab en ouch bey[22] des eyn ander anclagen mochte.

Capitulum V libri secundi.

Hie wellen wir sagen von gestin unde auch von gastrecht, und wer eyn gast mag geseyn.

1. Von wegefertiger geste clage adir burgher, dy bethefart faren.

2. Wer eyn wilder gast geheyszen[23] ader geseyn moge.

3. Welcher gast yn eyner stad wonhafftig ist, der sal[24] recht geben unde nemen gleich eyme gesessene burgher.

Capitulum VI libri secundi.

Hie welle wir sagen, ab ein man schaden gefurdern moge von[25] vorczihunge umb schuld.

1. Von antwort umb schuld[26] von vorczogener schuld.

Capitulum VII libri secundi.

Hye wollen wir sagen von gelde, das zcu trawer hant gegebin ist, wy man darumme clagen sal.

Von clage umb geld, das eyme zcu behalden ist gegeben[27].

Capitulum VIII libri secundi.

Hye wollen wir sagen von[28] jarkost.

Wenne man gar kost beczalen sal.

---

18) *E* wie e. fr. n. i. 19) *E* wie frawin ad. m. inr. th. s. n. t. h. 20) *ERaLbc fh.* von inrunge umb alle sachin noch todir hanth wie man die thuen sal. 21) hyn] *f.* 22) bynnen. 23) geh. ad.] *f. E.* 24) *E* wie der r. g. u. n. sal. 25) *E* umb vorcz. s. sch. 26) *ELc* schaden; *Lb* sch. und schaden. 27) *E fh.* czu getrawer hant; *Lbc* gethan ad. geg. 28) *E* wen man gare kost geldin sal.

Capitulum IX libri secundi.

Hie welle wir sagen von clage umb ercz.

Ab eyn man den andern beclagit umb eyne schicht[29] ercz, eyn[30] geschulden orteil.

Capitulum X libri secundi.

Hie welle wir sagen, wie man eynnen twingen mag mit rechte, das her neyn adir yo musz sprechen czu eynir clage.

Von clage umb missehandelunghe, ab der antworter neyn adir jo dorczu sagen sulle.

Incipit liber tertius, Capitulum I.

Dis[31] buch sagit von mancher hande ungerichte also todslege.

1. Was[32] sache man clagen unde nicht clagen mus umb ungerichte, unde wehen der richter dorczu moge twinghen.
2. Wy wunden, blutronst[33], blo, brawn kampwirdig werden.
3. Von clage uff eynen abewesinden umb ungerichte, ab man den zcu hand sal echten.
4. Wy man obirnachtige clage[34] umb todslege adir wunden richten sal.
5. Von clage umb todslege unde wunden in frischer tad.
6. Von clage umb folleist, ab eynir der bekenne, wy man das richten sulle.
7. Von clage umb eynen todslag, der in hanthafftiger tad nicht begriffen ist, unde der cleger slechtis claget, wy der antworter is entgehen sulle.
8. Von vorrethnis eyns todslagis, wy der unschuldig moge werden.
9. Ab eyne frawe eynen man umb vorrethenis beclagit.
10. Wy man unbesehen todslag[35] richten sal.
11. Ab man zcwene man umb eynen[36] todslag richten sal ader moge.
12. Was tode hand ist unde heiszet.
13. Von furderunge eynis todslagis, wer dy besserunge sal haben.

Capitulum II libri tertii.

Hie welle wir sagen von clage umb dewbe in hanthaffter tat.

Von clage umb dewbe, den der richter nicht hot gesehen yn

---

29) schacht. 30) *Lbc* und umb eyn. 31) *E* Hyr in deszem dritten buche wolle wir sagen was sache man clayn mus umb unger. u. wene d. r. dorczu m. tw. 32) *E* wie man eynen czu eyner clage eyns ungerichtis twingen mag. 33) bl. blo br.] *E* blut und blo. 34) *E* umb o. cl. also. 35) *E* unbesende totslege. 36) e. t.] *E* totslege.

hanthaffter tad, unde der claget, dy burde sey em mit gewalt off[37] gebunden.

Capitulum III libri tertii.

Hie welle wir sagen, was man in gebundin tagen richten unde nicht richten moge.

1. Ab man eynen fredebrecher in gebundenen taghen[38] echten moge.
2. Ab man gelobte eyde yn gebunden tagen leisten moghe, unde was gebunden tage heiszen.
3. Ab man umb ungerichte dingen moge yn gebunden tagen.
4. Ab man yn gebunden tagen moge pfand off byten und erbe uff reichen.
5. Wehen gebundene tage beschirmen unde nicht beschirmen.

Capitulum IV libri tertii.

Hye wellen wir sagen, von hanthaffter tat, was dy bedewtit[39].

1. Was hanthaffte tat sey in allem ungerichte.
2. Wy man eynen fredebrecher richten sal.
3. Von eynliteziger clage[40] yn hanthaffter tad.

Capitulum[41] V libri tertii.

Hie wolle wir sagen von wegelogen, wie man das sal richten.

Ab eyn man des andern wegelogit[42] mit eyme swerthe, wy man daz sal richten[43].

Capitulum VI libri tertii.

Hie wellen wir sagen von den, dy sich selbist hengen adir toten, ab dy herschafft an erem gute icht haben.

1. Von den, dy sich selbir henghen adir toten, wy man daz[44] sal richten.
2. Ab eynir ungerichtes[45] halben seynen leib vorlewst adir sich selbir totet, wer seyn gut sal haben.
3. Ab eyner eyns andern gut vorwircken moghe.

Capitulum VII libri tertii.

Hie welle wir sagen von ebroch, wie man das sal richten.

1. Von clage umb ebroch, unde wer das sal richten.
2. Ab eyn elich man adir weib yn ebroch begriffen wirt, wy man das sal richten.
3. Von clage umb ebroch, ab eyner bey eyner[46] begriffen wirt.

---

37) *E fh.* den hals. 38) *Lbe fh.* richten ader. 39) *E fh.* und heiszet. 40) cl. in] *f. E.* 41) *In E dies und das fg. Cap. in umgekehrter Ordn.* 42) wegelage tut. 43) *Lb fh.* und uber in clagen. 44) *E* die. 45) *E* von ger. 46) *E fh.* dyrnen.

4. Von falschen pfennighen sloen, ab eynir dorumb wirt beclagit und bekennit adir[47] lewkent.

Capitulum VIII libri tertii.

Hye wolle wir sagen von echtern.

1. Ab[48] man eynen echter yn eyme andern gerichte obirwinden mag.

2. Ab man eynen zcu hant echten sal umb totslege ader nicht.

3. Ab eyn echter begriffen worde, ab man en[49] der tad zcu hant sal obirczewgen.

Capitulum IX libri tertii.

Hye welle wir sagen von gefangen lewten, wie man die peyniget.

1. Ap man gefangene lewthe peynigen moghe umb missetat bekennen unde[50] zcu offenbaren.

2. Von gefengnisz eynis mannis durch vorwandelunge seyner rede.

3. Von gelubde yn gefengnisz gethon.

Capitulum X libri tertii.

Nw wir dese Magdeborgische froge zcu[51] haben bracht, so welle wir zcu eynir beslissunge desis buches sagen, was man vor eyn orteil und froge pflegit zcu gebin den scheppen.

1. Was eyn orteil kost adir vroge zcu Magdeburg, eyne gancze rechinschafft.

2. Was[52] man gibt vor eyne offene vroge[53] adir geslossene vroge, das man sich dornoch moge richten, wer do zcu schaffen hot.

---

47) ad. 1] *f.* *E.* 48) *diese No. f. Ra* (vgl. Anm. 88). 49) *E fh.* in. 50) u. zcu o] *f.* *E.* 51) *die anderen fh.* endc. 52) *Lbc* und was (*mit der vor. No. verbunden*). 53) *Lbc* eyn offen ader beslossen orteil.

Vorrede.

[1] Hye hebin sich an in dessem[2] buche eczliche vrogen der werdin hern[3] scheppin von Magdeburg, also sy dy von yn vor eyn recht beschreben han gegebin, noch dem mol als sy[4] iczlich stucke besundirn sint gefroget, dy sy von irre wiszen kunst[5] so gar meisterlich han entscheiden brifflich undir irrem ingesegil, das eyn iczlich man vrilich[6] noch Magdeburgk rechte doruff mag buwin unde syne gruntfeste legen. Und disz buch ist geteilet in dry teil. Das erste saget von dem rate, was sie zcu richten haben unde sy angehoret[7], unde von richter, scheppin, orteil, vorsprechen, erbe an zcu sprechen unde von anirstorbenem gute, von vormundeschafft, kinder[8] alder[9], monche erbin, morgengobe, von gobe, anefang unde von unelicher gebort. Das ander buch saget von *scholt*[10] unde besaczcunge[11]. Das dritte buch sagit von ungerichte also umme totslege[12].

1) *Lb hat vorher mit rother Schrift:* Nu hebin sich in dissem ersten buche hirnach volgit etliche fragen der werden hern scheppen zcu Magd. 2) *Lb fh.* ersthen. 3) *W fh.* unde. 4) *W fh.* umb. 5) *WK* von iren wissen und k. 6) *E* wol vrolich; *W* freylich. 7) *E* angehoren. 8) *E* v. vorm. der kinder. 9) *f. E.* 10) *LaZ* solt; *die anderen Hdss. wie im Text.* 11) *Ra fh.* gutes. 12) *ERa fh.* und wunden; *K fh.* dewbe handhaffter tat wegelogen echten etc.

ERSTES BUCH.

Erstes Kapitel.

Distinction I.

B I. 14; Dr 196; Th 166; Db 1; P IV. 6. 11. — [Beil. II.]

Vgl. M. Goldb. Ia § 9; M. Br. 1261 § 1; M. Görl. Einl. § 1; Weichb. 11, 42 § 1; Glosse Weichb. 16 (v. Dan. S. 252 Z. 9); Mühler 1, 2, 78; C I. 1, II. 1; Glog. Rb. 352, 353; P. VIII. 1. 1–6; Gaupp Schl. 272. 1; Tschoppe u. Stenzel XCI Schweidnitz 1293 § 1 (420); C Ratibor 1299 (439): ut singulis annis ... alii quinque consules et septem scabini ... per consules ... sagaciter eligantur; CXXV Schweidnitz 1328 § 1, 2 (519) und dye vunf Ratlute die sullen kysen nuwe Scheppin: CXLIV Landeshut 1334. § 1 (537); CLXVII Hainau 1353 (570) confirmavimus ipsis nostris consulibus in H ... hanc graciam ... quod singulis annis ... eligere possunt et debent alios consules ... et eciam scabinos: CLXXXI M. Weisth. für Schweidnitz 1363 (588); CXCVI Görlitz 1391 (610) ... das derselbe Rath furthine ... alsso daz gewonlich ist Burgermeister Scheppin u. gancz Rath ... seczen kisen und schicken mogen u. sollen.

Ab dy ratmanne macht habin, scheppin zcu kisen von rechte.

Von gutir alden gewonheit haben dy radmanne eczlicher stete jerlich scheppin zcu kiszen, alleyn[1] yn das recht wedir ist, das sy[2] nicht macht habin scheppin zcu kyszen[3] zcu eyme jare sunder zcu langen gecziten noch dy[4] abe zcu seczin noch irem willen[4]. Der jerlichen scheppen kore[5] sy nicht abe lossen, sundir sy kyszen sy unde wellen von yn, das sy orteil unde recht[6], wen sy nicht en wissen, am rate suchen sullen. Ab nu dy scheppin, die do jerlich von dem rate gekorn unde bestetigit werden[7].

Hiruff sprechen wir scheppin zcu Magdeburg vor eyn recht: Do der heilige keyser[8] an das rich zcu Rome quam unde sich

1) alleyn — kyszen] *f. LbcA.* 2) *K fh.* von rechtes wegen. 3) *W* das sy n. m. h. sy zcu k. alz sein sch. zcu k. 4) dy — willen] *f. E;* item w] *f. Db* 5) *EDb* der j. sch. keinen abeczulossin; *K* sunder der j. sch. k. dy noch rechte ane sache nicht were abczulossen unde ab nu von gutter gewonheit dy rothmanne yerliche sch. kysen u. wellen. 6) *W fh.* vinden; *K* dasz von en orteyle u. r. sal funden werden was sie denne n. enw. ab sie das am r. s. unde frogen sullen; *B* das sie o. vinden u. r. u. wes. 7) *So bricht die Frage ab in LaZRaB; E* gek. werdin best. sein; *W fh.* rechte und wore schepfen sein adir nicht; *Lb fh.* mogen rechter orteil sprechen; *Db fh.* stette bleibenn mögenn. 8) *W fh.* Otto; *K fh.* Otte Fryderich; *B lässt eine Lücke.*

annam, wy her dy lute uff[9] gensit[10] der elbe gelegin[11], die do uncristen woren, zcu deme glouben[12] brechte, doruff bevestent[13] her unszer[14] stat zcu Magdeburg unde saczte eynen erczbischoff zcu geistlichem gerichte[15] unde[16] auch eynen richtstul zcu wertlichem gerichte[16]. Dy sulden dy hoeste stule syn der lande, die her becristigen[17] mochte. Das thet her mit des heiligen[18] babistes unde mit der fursten[19] rathe unde wille unde saczte ratmanne zcu kysen zcu jaren[20] unde scheppin zcu lengir[21] czyt. Dy swuren[22] do unde sweren noch alle jar, wenne sy nuwe kiszen, der stat recht[23], ere und vromen zcu bewaren[24], so sy allirbest konnen adir mogen, mit der wiczigisten[25] lute rate[26]. Und scheppin[27] dorumb zcu lenger czit, uff das das recht deste fester[28] blebe unde ingedechtnisze[29] in der irvarunge[30] des rechtes queme unde bestunde[31]. Nu haben dy fursten unde herren sedirmols ire stete unde undirsessene zcu Magdeburg rechte uszgesaczt[32]; ouch haben eczliche lute bey[33] irre herschafft irworben unde gewillekort also das eczlige mit allir wise ir recht wolden haben noch unser[34] stat Magdeburg recht[35]. So[36] habin in eczlichen steten[37] behalden, jerliche richter[38] unde scheppin noch irre bequemlicheit zcu kysen. Wedir sulche gute gewonheit rede[39] wir nicht. Wen nach rechte scheppin scheppin kysen solden[40] unde nicht dy ratmanne, doch besten alde gute gewonheit by dem rechte wol unde[41] machen eyn recht in lenger cziet[42]. Haben denn die ratmanne von[43] langen gecziten das gehalden, das man nicht anders gedencken mag, von vorhengnisze irre obirsten herschafft[44] jerlich scheppin zcu kysen, so mogen dy scheppin uff der bang siczen zcu dingen[45] unde orteil zcu vinden. Von rechtis wegen.

---

9) l. uff] *f. EDb.* 10) jene halbin. 11) *K* das her d. l. dy do yens. d. e. gelegen worden und woneten. 12) cristenglawben. 13) *K fh.* und bawte. 14) *KP* die 15) *ERaBDa* rechte; *Db* richter. 16) unde — ger.] *f. ZLb.* 17) *W* bekostigen; *RaP* bekreftigen; *B* becrestigen; *Rb* bevestigen. 18) *W fh.* vaters des. 19) *W* koerfürsten. 20) *Da* czu eyneme iare. 21) langer. 22) *LabZ* sweren; *die anderen Hdss. wie im Text.* 23) rechte. 24) *K* czu werben unde iren schaden nach irem besten vermogen zcu bew. 25) *Lb* allerweysten; *Lc* weisten. 26) *E fh.* und vulborth. 27) u. sch.] *f.* E; *K* und dorumb so worden dy sch. ouch gekoren zcu l. cz. 28) d. f.] *W* veste. 29) *die anderen Hdss. schreiben* in gedechtnisze. 30) *Rab* irwarung. 31) *Z* quemen u. bestunden. 32) *Db* angesaczt. 33) *Lb* die. 34) *K* der. 35) *f. EDb.* 36) *Lb* sy. 37) *E* nu h. etczliche lute vor eyn recht b.; *LcBP* eczliche stete; *K* szo h. sie ouch in e. st. b. dy macht. 38) *Rb* recht. 39) *E* habe. 40) *W* die sch. ander sch. k. s.; *E* die sch. czu k., so k. sch. sch; *Db* der richter die sch. k. solde; *in Lb nur einmal* sch. 41) *EDb* u. mogin ir r. in l. cz. habin. 42) *W* uff lange cz. 43) *Lc* vor. 44) *Lbc* uberhersch. 45) *B* dinge.

Distinction 2.

B I 22b; Dr 142; Th 3; Db 2.

Vgl. I. 2. 16; I. 3. 9; Weichb. (Zob.) 100; Glosse Weichb. 16 (v. Dan. 251. 6); das unächte Priv. K. Ottos des Rothen das. (v. Dan. 230. 5–9); S. 116. 4; C. II. 1; Tschoppe und Stenzel CLXXXI. M. Weisth. für Schweidnitz 1363 (587); Homeyer Extr. 35.

Wer scheppin kysen unde ab gesеczen moge.

Ab dy ratmanne scheppin kysen mogen und dor czu twingen lange wyle adir korcze adir wy lange zcu siczczen, adir ab dy ratmanne scheppin twingen mogen zcu andern ammechten mit iren[1] cyden, dy wyle[2] her der[3] scheppin ammecht vorsumen[4] mochte, adir scheppin durch sulches ammechtes wille abeseczen moge, adir[5] wer sy kysen adir abegeseczen moge, adir[6] was recht sye[5].

Hiruff spreche wir scheppin zcu Magdeburg vor eyn recht: Stirbet der scheppin[7] eyner, so sullen die andern scheppin, dy[8] zcu der scheppin[9] banck unde zcu dem rechte[10] bestetigit sint unde gesworn habin, ander[11] scheppin zcu sich[12] kysen und nicht dy ratmanne. Ouch[13] sullen dy ratmanne umb anders ammechtes wille noch keyn[14] man sunder[15] redeliche sache dy[16] scheppin abeseczen. Mer werdin[17] scheppin von den ratmannen zcu ammecht in[18] der stat[19] nucze unde ere unde vromen gesaczt, des ammechtis[20] mogen scheppin uben[21] unde vorsten *un*schedelich[22] iren cyden, dy sy zcu der scheppin bang habin getan.

Distinction 3.

B I. 25; Dr 110; Th 6; Db 3.

Vgl. Tschoppe u. Stenzel LXXXVI Goldberg 1292 (416). CXXXI Brieg 1327 (515) ouch unserm andir Undirtan mit czuteylen ebeclichen ymmirme; CXLIV Landeshut 1321 § 8 (538); CXCVII Neumarkt 1392 § 4 (612).

Von rechte zcu holen[1] unde wy.

[2]Ab stete, merkte adir[3] dorffer[4], dy[5] in Meydeburgische rechte legen, beschulden[6] ortel mit willen ires erbherren, her sy geistlich adir wertlichen, zcu uns[7] holen mogen adir was recht sey.

[Di. 2.] 1) *ERabBDabr* andirn. 2) *Dr fh.* der scheppe ammecht phlichtig ist. do. 3) *Da fh.* andern. 4) *Z* vorsynnen; *Dr* mitte zewmen. 5) ad — sye] *f. Th* 6) ad. w. r. s.] *f. EDr.* 7) *Z* bischoppin. 8) *RabBDabr fh.* vor. 9) *f. Dab.* 10) *Da* gerichte. 11) *Db* cynen andern. 12) zcu s] *f. E; WDr* czu en; *B fh.* czu. 13) o. s. d. r.] *f. E.* 14) *EDr* keynen. 15) s r. s.] *f. Lb.* 16) *E* hat d. sch. abeczus. 17) *Db fh.* die rathmanne oder. 18) *f. RabBDar* 19) *ERaBDa fh.* czu; *Dr* zcu erem n. u. zcu fr. 20) *ERa* das ampt. 21) *ERbDa* werbin; *Lb* ebin v.; *B* wol v.; *Dr* oven u. v.; *Th* haben u. v. 22) *La allein liest* schedelich.

[Di. 3.] 1) *LbcEWRa fh.* wo. 2) *BDaRb hat vorher:* ab ummebezessen bescholden orteil in der stat holen mogen. 3) *Dr fh.* umbsessene. 4) *Da* in dorfeien. 5) *BDa* adir dy. 6) *Ra* beschuldigen ader beschulden; *BDarRb fh.* ader nmbeschulden; *Th* bescheyden ader umbescheyden. 7) *K fh.* zcu Magdeburg.

Hiruff sprechen wir scheppin zcu Magdeburg vor eyn recht: Stete, merckte, dorffir, dy undir uwir[8] stat gerichte gelegin[9] sint, mogen recht zcu uch wol holen. Wolde ouch keyn herre[10] geistlich adir wertlich synen undirsessen dirlouben, das sy uwer stadrecht mete[11] gebruchen wolden, den mogit ir ouch uwer recht[12] mete teilen. Abir[13] ane der herren wille, den[14] ire[15] stete gelegin sint, mogit ir nicht orteil mete teilen[16].

Distinction 4.

B I 86; Dr 57; Th. 96; Db. 4.

Vgl. unten I. 1. 5; I. 3. 4, 10, 11; III. 10. 1, 2; M. St. II. 1 bis 6; ferner Rw 38 (Beil. II zu III. 1. 11); Weichb. 12 § 3 und man sal den scepen ire recht geven — dazu Glosse (v. Dan. 236. 17 fgg.); Weichb. (Zob.) 100; Tschoppe u. Stenzel CXXVIII Liegnitz 1326 (512) jure nostro Wratislaviensi quod ... peculio multo comparavimus et labore .. tandem optento eodem jure ac denuo cum multis expensis reducto ac reformato; CLXXX Magd. an Schweidnitz 1363 (587) nostro tamen sallario, quod nobis non pro juris sentencia que vendi non debet sed pro labore super ea habito ab aliis civitatibus dari consuevit, semper salvo, cum nemo stipendiis propriis teneatur militare.

Ab dy ratmanne orteil vorkouffen moge.

Ab dy ratmanne ortel, do man sy umb froget unde[1] betet, uswendigen umbsessen vorkouffen mogen.

Hiruff spreche wir scheppin zcu Magdeburg recht: Ratmanne sullen keyn ortel uszgebin uszwendig irre stad[2]. Ouch[3] sullen sy noch keyn man orteil vorkouffen. Abir in den steten, dy zcu wigbilde rechte[4] siczen, do scheppin syn, dy do rechtis pflegin uszczugebin[5], ist gesaczt durch das, das lute rechtis komen[6] konnen[7] unde gefordert werden[8], das man scheppin eyn wenig gibit zcu dinste durch sorgfeldigkeit wille, dy sy habin muszen zcu der konde[9] uff das recht unde zcu leszene[10] unde zcu schribene unde durch vorsumenisz[11], das dy scheppin an iris selbis werke[12] sich vorsumen muszen. Das muszen dy scheppin wol nemen, das doruff gesaczt ist. Von rechtis wegin. Datum sub nostro sigillo[13].

[Di. 3.] 8) *E* in ewerem. 9) *Dr* legen synt mogelich r. zcu e. zcu h. 10) *Dr fh.* her were. 11) *f. Dr.* 12) *Z* uwirs stadrechtis; *Dr* ewir statr. 13) abir — teilen] *f. DrTh.* 14) *EWRabBDab* under den. 15) *EDb* die. 16) *B* geben.

[Di. 4.] 1) fr. u.] *f. ERabBDabr.* 2) *B fh.* recht. 3) *E* noch s. keynem manne. 4) *B* czu rechtem wigb. 5) *E* ist g. uszczug. 6) *ZWLbDabRb* bekomen; *B* recht bekennen; *Dr* zcu ende k. 7) *f. W.* 8) *W* u. recht g. wirt. 9) *B* czu thun kunt; *DaRb* czu denken; *Dr* czu gedenckin; *K* dy sie h. czu d. k. unde mussen haben czu der erforschunge des rechten. 10) *Ra* losinde; *Rb* leren; *Dbr* losenne; *Th* besteende. 11) *E* durch irer v. willen unde. 12) *Lb* werbe; *W fh.* unde narunghe. 13) *D. s. n. s.*] *f. ELbDr.*

Distinction 5.

C II. 14; P IV. 6. 17.
Vgl. die vor. Di.

Item von denselben.

Euwer[1] wisheit uns hat gebeten, das wir euch geben recht, wer[2] recht vorkouffen moge, wo lute eyner sache rechtis gerne dirfolgen wolden umme ire pfenninge.

Hiruff spreche wir scheppin zcu Magdeburg recht: Keyn man sal recht vorkouffen[3], sunder dorch das, das dy lute rechtis zcu ende kommen[4] und gefordert werden[5], so ist in den steten[6] gesaczt, das man den scheppin[7] eyn wenig gibit zcu dinste durch sorgfeldigkeit willen, dy sy habin muszen zcu dencken[8] uff das recht und[9] zcu leszen unde zcu schriben[9] unde durch vorsumenisz, das dy scheppin ires selbis werg[10] vorsumen muszen. Werden denne dy scheppin in eyner stat des rechtis[11] gefroget, wissen sy des rechten[12] nicht unde nemen der sachwalden gelt zcu der kust[13], das rechtis[14] zcu holen, also[15] zcu Crokaw[16] unde zcu Breszlaw sete ist[15], unde bedencken sich dy scheppin dornoch dez rechtis[17] unde gebin den sachwalden das recht ungeholit, sy sullen den luten ir gelt wider geben. Holen[18] sie abir das recht, welchir denne fellig wirt, der vorlust syn gelt, unde der gerecht wirt, der nymet das syne wider. Von rechtis wegen.

Distinction 6.

B II. 83; Rw 36; Rß 22; Dß 72; P VIII. 1. 23. — [Beil. II.]

Vgl. unten I. 1. 9. 10. 11. 19; M. St. XIII. 1; ferner: S 117. 3; C I. 14; P VIII. 1. 25; Glog. Rb. 354, 628; Wasserschl. V. 73.

Ab[1] der rad macht hat, eynen burger in den thorm zcu legen.

Ab der rat dy gewalt[2] hat, *das sy*[3] eynen burger besessen[4] unde beerbit, der ungehorsam were, in den thorm mogen[5] legen unde czuchtigen zcu irem willen sunder[6] den burggreven unde[7] wedir usz loszen.

[Di. 5.] 1) *In Ra mit der vor. Di. verbunden.* 2) *E* ab wir: *W* ader r. vork., wo yr recht gerne dirfolgen weldit, sal man euch dy umbsust geben adir umb ewer pfennighe vorkewffen. 3) *WK fh.* wen das were unczemelichen; *K fh.* syndt das recht allis eyne gesateztc ordenunge von gothe ist den lewthen czu einer richtunge unde schickunge gesatezt unde gegeben; *P* Ein m s. r. v. umb des willen das d. l 4) *W* bekomen; *E* czu rechte k. 5) *W fh.* yn den rechten. 6) *K fh.* unde gemeynicklich czu Magd. 7) *K* den stetten unde nemlich den sch. aldo. 8) gedencken; *K* czu d. unde czu trachten; *C* tzu lesene und tzu ged. 9) und — schriben] *f. C.* 10) *W fh.* und narunge 11) d. r.] *f. W.* 12) *f. ERaC* 13) kost. 14) *RaZLb* des rechtis; *EWCA* recht; *RaC fh.* domete. 15) also — ist] *f. C.* 16) Cr. u.] *f. LbA; K* Gorlicz unde yn vil stetten. 17) d. r.] *E* recht. 18) *Z* haben; *von hier bis zu Ende f. E, dafür* nnd anders nicht synt sy ken dem richter bestanden.

[Di. 6.] 1) *diese Di. f. Ra.* 2) *Lb* macht; *E* m. ad. g. 3) *nach dem Sinn; f. in allen Hdss.* 4) gesessin. 5) *E* czu l. 6) *Dβ* ane wissen des b. 7) *W* u. ab sy en wedir haben macht auszzcul. ader nicht.

Hiruff sprechin wir scheppin zcu Magdeburg recht: Seczet sich eyn burger wedir eynen rad, dy [8] Magdeburgisch recht haben, den mag man dorumb vorbotten vor den rat unde vorbiten [9] ym by eyner pfenning busze adir by wichen usz der stat eyn jar, mynner adir mer, das [10] her sulchen frevil losze [11] mit den worten unde sey yn gehorsam glich andern mitteburgern [12]. Wil hers boben [13] das nicht lassen [14], so lyde her dy busze, dy doruff gesaczt ist noch irre [15] kore [16]. Den mogen sy wedir in ire stat nemen und bedorffen des burggreven [17] wille noch wisszen dor zcu nicht. Von rechtis wegin.

Distinction 7.

B II. 82; Rw 20; Rβ 7; P VIII. 5. 2.

Vgl. I. 1. 8; ferner S 117. 7; C I. 6, 10, 12; P VIII. 7. 3–6; VIII. 8; VIII. 9; VIII. 11; Tschoppe u. Stenzel LXVIII Breslau 1277 (391) civibus nostris . . . damus ommimodam facultatem . . . ut . . . in omnibus victualibus liberaliter habeant formam metam et valorem . . . per consules . . annis singulis per singulos statuendam et eo quo jure statuerint permanendam; CXXV Schweidnitz 1328 § 8 (520).

Ab der rat wyn, mete, bir hat zcu seczen von rechte.

Ab der burgermeister und eyn rad eyner stat, dy [1] Magdeburgisch recht habin [2], allirhande spisekouff und getrencke also bier, mete unde weyn zcu nucze der gemeyne mit der wiczigisten rate jerlich [3] seczen mogen, wenne sich das gebort, sunder [4] zcu thun unde wisszen ires burggreven adir nicht.

Hiruff sprechen wir scheppin zcu Magdeburg recht: Nochdemmole das dy stat unde der rat bestetigit sind mit Magdeburgischem rechte, so mogen und sullen dy ratmanne wyn, mete, bier unde ander spisekouff noch der czit mit der wiczigisten rate wol seczen [5] sunder zcu [6] thun unde wisszen [7] ires [8] burggreven [9]. Von rechtis wegin.

Distinction 8.

B I. 71; Dr 42; Th 78; P VIII. 7. 9.

Vgl. die vor. Di., ferner Neum. Opp. § 15; M. Br. 1261 § 2, 6; M. Görl. § 1, 2; Weichb. 21 § 1; 42 § 5; dazu Glosse (v. Dan. 265. 52); Mühler § 2, 4; Glog. Rb. 350; S. 120. 6; C I. 6, 9, 11; P VIII. 7. 7. 8; Gaupp Schl. 273. 3; Neumann 34; Tschoppe u. Stenzel XCI Schweidnitz 1293 § 3, 4, 22 (420, 422); CXXV Brieg u. Grottkau 1324 § 8—10 (506); CXXXV Schweidnitz 1328 § 9 (520); — Berlin Rmitth.: Modium falsum, pondus non equum, ulnam injustam prohibemus. Is autem qui hoc falso sub se habito convictus fuerit consulum sentencie subjacebit in pena et satisfactione consulibus XXXVI sol. persolvens.

[Di. 6.] 8) *W* der do M. recht hot. 9) *EB* gebieten. 10) das — losze] *Rb* durch s. vrebel. 11) *B* losen wil; *P* büsse. 12) burgern. 13) *W* abir. 14) *E* haben; *Lb* thun; *Rb* thun unde l. 15) *P* rechter. 16) wilkore. 17) *Lb* herren.

[Di. 7.] 1) *B f.h.* nicht. 2) *B f.h.* unde halden. 3) *K f.h.* moesz doreczu. 4) *Z* s. zcu thun ane w.; *E* ane w.; *LbB* s. th. u. w.; *W* ab das der burggr. sal wissen *Rb* czu th. u. czu lassen sunder eres b. w. 5) s. s. zcu] *f. Rb.* 6) *f. LbW.* 7) *ZRb* lassen; *E* czu w. 8) *Z* ane i. b. wissen. 9) *Lb* herren.

Wer obir falschen spiszekouff[1], *elen, mose sal richten.*

Ab eyn man adir wib beschuldigit worden umb[2] sachen, dy do spisekouff, wogen, mose, elen unde gewichte an gehoren, ab dy sache dy radmanne adir der schultis[3] zeu richten habe.

Hiruff sprechin wir scheppin zeu Magdeburg recht: Allen[4] falschen kouff unde unredelichen spisekouff, unrechte[5] wogen unde mose und ellen sullen richten dy radmanne unde nicht der scholtis[6]. Von rechtis wegin.

Distinction 9.

B I. 72; Dr 43; Th 79; Db 5.

Vgl. I. 1. 6; Ssp. II. 13 § 3; M. Br. 1261 § 5; M. Görl. 1304 § 2; Weichb. 21 § 2; 11: dazu Glosse (v. Dan. 358. 191); Mähler § 3; Glog. Rb. 351; Dr 225; S 117. 3; C I. 10, 11; P VIII. 4. 25; VIII. 7. 4, 9; VIII. 8; VIII. 9. 3; VIII. 11. 1; VIII 13. 1. 2. 20; Berlin Rmitth.: qui falsa et nequam emptione seu vendicione promeruerit sedere in sede que dicitur scupstol arbitrio consulum et judicio eorum subjacebit; Homeyer Extr. 15.

Ab der rat vorweiste[1] *lute usz der stat wedir yn mogen nemen.*

Ab eyn man rechtelos[2] unde anruchtig worde[3] umb dy vorgenanten sachen[4], ab denne dy radmanne[5] ym syn burgerrecht[6] unde gemeynschafft der gemeyne wedir mogen geben.

Hiruff sprechin wir scheppin zeu Magdeburg recht: Anruchtigen[7] unde rechtelozen luten, dy ir[8] recht vorloren haben andirs wenn[9] umb dy vorgenanten[10] sachen also[11] unrechte mose, ellen unde spiszekouff, das[12] is den radmannen wissentlich ist, den sullen sy keyn[13] gemeyndeschafft[14] noch burgirrecht wedir gebin. Von rechtis wegin.

Distinction 10.

B I. 85; Dr 56; Th 95; Db 6.

Vgl. die Allegate zu I. 1. 11.

Von[1] *willekore*[2] *saczunge.*

Ab dy radmanne eyner stat wilkore mogen seczen unde[3] machen[4] zeu[5] der stat nueze mit wissenschafft irre[6] gemeyne

---

[Di. 8.] 1) *Z fh.* wagen. 2) *Th* umme sache der speysek. adir umme wogen ader m. ad e. falschheyt ab dy sache. 3) *Dr* richter; *K* den sch. angehore adir wer doruber zeu r. h. 4) *Lb* alleyne; *B* alle unredeliche zache spisek. 5) *Z* ungerechte. 6) *Dr* richter; *Rb* dy scheppen ader schultissen

[Di. 9.] 1) *W* ausgeweyszte. 2) *EDb* ab e. r. m. (m. r.) beruchtiget w. 3) *f. Ra; Dr fh.* sunder. 4) *E fh.* also wyn, mete etc. 5) der rath. 6) *Dr* ab d. d. r. dem s. recht u. seyne gemeynde w. m. g. 7) *Edb* beruchtigeten. 8) *E* ire. 9) a. w. | *f. B.* 10) *Z* vorgangen. 11) also — spisek. | *f. Dr.* 12) *BRb* das ist d. r. w. 13) *E* keynerhande. 14) *W* g. lossen haben noch im das b. r. nicht w. g.; *DrTh* gemeynde ad. b. r.

[Di. 10.] 1) *E* ab die rathmanne willekor setezin mogin. 2) *Lb fh.* und auch von 3) s. u.] *f. Dr.* 4) *W* noch en; *K* dy noch en zeu halden. 5) *Lb* nach. 6) eyner; der.

ane[7] wissen unde[8] zcu[9] thun des[10] borggreven adir ires obirsten herren.

Hiruff sprechen wir scheppin zcu Magdeburg recht: Dy borger[11] mogen wol[12] willekore seczen mit irre wiczigisten[13] burger rate zcu der stad nucze[14] ane ires[13] obirsten herren wissen[15] unde willen[16], also das dy wedir das gemeyne[17] beschrebene[18] recht nicht syn[19], by[20] pfenning busszen adir by andern getwange[21] adir nicht by hals noch hant[20]. Von rechtis wegin.

Distinction 11.

Dr 9; S 116. 1 und 121. 6; C I. 20, 21; Rw 37; Rß 23—26; P VIII. 5. 1, 3, 4. — [Beil. II.] Vgl. über das Recht zu Willkühren I. 1. 6; I. 1. 10; III. 7. 1; ferner M. Goldb. 1188 § 9; M. Br. 1261 § 3; M. Görl. § 1; Weichb. 42 § 2; dazu Glosse (v. Dan. 356. 5); Mühler § 2; dess. Sch. 2; 18; C I. 8; Gaupp Schl. 273. 1; Tschoppe u. Stenzel CXXII Ratibor 1318 (501); CXXXIV Schweidnitz 1328 (518); CXLIV Landeshut 1334 § 1 (537). CLIV M. Weisth. für Görl. (553; Neumann 1); CLXIV Strehlen 1349 (566) CLXVII; Hainau 1353 (570) — Berlin Rmith.: consules habent et statuere et sculteti pace firmari debent et muniri quicquid civitati expediat sub juramento faciendum. — Fälscher vgl. I. 1. 9 und die Allegate daselbst.

Item von demselbin.

Eüwir[1] froge ist umme recht in sulchen worten: Eyne stad, dy do Magdeburgisch recht hat, was willekore sy seczen mogen unde abelegen zcu fromen unde zcu nucze der stad noch bequemekeit irer burger ane des burggreven zcu thun[2] unde[3] by was busze.

Hiruff spreche wir scheppin zcu Magdeburg recht: Wo eyne[4] stat Magdeburgisch recht hat, do mogen[4] dy ratlute der stad mit der wiczigisten[5] rate willekore seczen ane des borggreven volbort[6], so das dy willekore deme borggreven an syme rechte nicht schedelich sy unde das beschrebene recht nicht enkrencke. Abir sy mogen willekore seczen by busze, also[7] wer der stat gebot obirtrete, das her keyn burger me syn sulle adir sulle wichen usz der stat eyn jar adir czwey adir me adir czu[8] gebin czen mark. Ouch mogen sy dornoch dy willekore[9] mit der wiczigisten rate abelegen adir wandiln noch irre bequemekeit ane volbort[6] des borggreven mit rechte[10]. Ouch mogen sie öberige[11] hochvart irrer burger, manne, frouwen, knechte, meide wol seczen[12]

[Di. 10] 7) *W* unde das zcu th. ane w. des b. 8) *Dr* u. geleub. 9) *f. Lb.* 10) d. b. a.] *f. Dr.* 11) *BDar* radmanne. 12) *Lb fh* widder. 13) wicz. — ires] *f. Rb.* 14) *EDr fh.* und fromen. 15) *Lb* rathe u. wissen. 16) *Dr* volwort; *Th* yowort ader folgewort. 17) *f. Db.* 18) schrebin, geschrebene. 19) *B* thuen. 20) by — hant] *f. DrTh.* 21) *Ra* betwange.

[Di. 11.] 1) *In Ra mit der vor. Di. verbunden.* 2) *E* wissen; *W* w. u. zcu th.; *Lb* th. u. w. 3) u. by w. b.] *f. Ra.* 4) eyne — mogen] *f. LbcA.* 5) *E fh.* manne. 6) *K* yoworth; *E* ane v. d. b. an s. r. unschedelich. 7) *Z* ader. 8) *f. E.* 9) *K fh.* unde saczunge. 10) *Z* rathe. 11) *E* uff obriger h. 12) *W* heyssen abelegen.

unde willekore doruff machen[13] mit der wiezigesten rate by pfenning busze adir by andirn getwange, dy an hals adir an hant nicht engehen, ane volbort des borggreven Was[14] geistlich recht antrit und[15] wertlich recht[16] nicht[17] ruret[18], do mogen sy nicht willekure uff seczen[19], also obir[20] erbe[21] an czu sprechen adir[22] von wibe zcu fordern adir von ee[23] zcu storen[24], nicht[25] by busze leibes adir gledis[26] sundir by pfenning busze adir by wichen usz der stat adir des glichen ane volbort des borggreven. Ouch mogen sie willekore[27] seczen uff geste, dy iren kouffmanschacz tryben in der burger schaden. Ouch mogen sy vorbyten valschen kouffschacz unde busze doruff seczen, also wichen usz der stat adir by x mark, mynner[28] adir mer, adir[29] nicht[30] leibe unde glede, me wenne das beschrebene[31] recht usz wiset, das man[32] velscher richten sal sunder volbort des borggreven mit rechte. Ouch was dy borger[33] unde radmanne gelobin mit eyner gemeynen volbort[34] uff ire burger adir was[35] man[36] teydinget adir spricht in eyme siczczenden[37] rate, das sal man halden by dem gelobde, das sy doruff gesaczt haben. Unde das mogen sie richten in siczczendem ratstule[38] unde halden uff ire burger mit irem eyde unde andirs nirgent. Das spreche wir scheppin zcu[39] Magdeburg desen leczten artikel[39] vor eyne burkor[40] *und*[41] *nicht vor eyn recht, und wenn sy denne burkor*[41] fordirn zcu *iren*[42] *burgern* doran hat dy herschafft[43] nicht, unde gebricht eyn man kegen der[44] burkor, das man gelobit zcu dem gebuer[45] dinge, das sullin dy radmanne fordirn von der stad[46] unde bedorffen do keynes andirn richters[47] zcu.

Distinction 12.

B I. 30; Dr 112; Th 12; P VIII. 5. 5.

[Di. 11.] 13) *Lb* setezen. 14) *E* ane was. 15) u. — ruret] *f. E* 16) r n] *f. Lc.* 17) *f. LbA.* 18) *W* anruret. 19) *Ra fh.* abir obir dy ding dy wertlich recht antretin mogin sy wylkore uff seezin. 20) *K fh.* pfaffen. 21) *in W ausgestrichen, darüber steht* hure. 22) *ad. — fordern*] *K* adir von sachen dy dy ee antreten. 23) *Ra* ume (?); *EW* unee; *P* unrecht 24) *K fh.* unde scheyden adir der gleich das yn geistlich gerichte gehoret. 25) *K* wol mogen sie sulche ding vorbitten unde bey gelt busse stroffen ader bey weichen a d. st. 26) *E* geldis. 27) *Ra* wylle. 28) *K* mynner abir nicht. 29) *W* unde nicht sullen sy gebust werden am l. noch an den geleden. 30) *E und die meisten Hdss fh.* bey. 31) geschrebene. 32) *Lb fh.* uber; *Lc fh.* uff. 33) b. u.] *f. DrSC.* 34) *DrSC* wilkor. 35) *E* was teydinge man spricht. 36) *DrSC fh.* vor in. 37) *Ra* vollen. 38) *Lb* rathe; *DrSC* stule. 39) zcu — art] *f. DrSC.* 40) burgerkor; *E* willekor; *Lb* burgkor; *K* pawer ader burgk (*mit Ausnahme von K werden diese Lesarten beibehalten*). 41) und — burk.] *f. La.* 42) *so RaDrSC; die anderen* irem burggreven. 43) *DrS* der herczoge; *C* richter (foyt) noch der schultheysse. 44) *S* den burgirn. 45) buer d., burger d. 46) *E fh.* weyne. 47) *W* rochten; *Lb* rechten; *Lc* rechtis.

Wer dy wiczigisten syn[1].

Wer dy wiczigisten syn adir heisen mogen.

Hiruff sprechen wir scheppin zcu Magdeburg recht: Dy[2] meist wissen unde rechtis[3] gebruchen noch redelicheit so sy beste[4] kunnen adir mogen, gote zcu eren, en selbin unde[5] allen luten zcu vromen, noch deme also got geboten hat unde[6] dy heilige cristenheit gesaczt hat[6], sulche lute mogen dy wiczigisten heisszen unde syn. Von rechtis wegen.

Distinction 13.

B I. 11; Dr 66; S 135. 4; Db 7; P VIII. 1. 20.
Vgl. den Eid in der Glosse Weichb. 42 (v. Dan. 355. 14); Wasserschl. IV. 111.

Ab eyn radmann[1] *den rad meldet.*

Ab eyn radman[2] adir eyn ander meteburger[3], der zcu deme rate geruffen wurde, den rad meldete, der vorswegin solde syn, was der dorumb bestanden sulle syn, unde ab her das loucken wolde, wy her das obirwunden sulle werden, adir ab her das entgehen moge unde wy.

Hiruff spreche wir scheppin zcu Magdeburg recht: Meldet eyn gesworen radmann[4] der stad heymlicheit[5] und rat, der ym vorboten ist, unde bekennet des vor[6] eyme siczcenden rote, so hat her synen eyd gebrochen[7]. Meldit abir eyn gemeyne burger der stat heymlicheit[5] adir[8] rat, do her zcu geruffen ist, unde bekennet des[6], so sal her das vorbuszen by der gemeynen stat kore[9] dry[10] windischer marg, das sint XXXVI schillinge. Von rechtis wegin.

Distinction 14.

B I. 8; Dr 67; S 134. 9; 135. 1; Db 8; P VIII. 3. 6.
Vgl. Wasserschl. IV. 16, 21.

Ab sich eyn radmann[1] *wedir den rat seczet unde hilffet synen frunden.*

Ab[2] eyn rad[3] das[4] jar zcu dem rate gesworen unde gekoren in sulchir geschicht[5] syme frunde by lege unde deme rote abe-

---

[Di. 12.] 1) *Lb fh.* und heyssen. 2) *W* das dy dy am allir clugisten seyn und allir meyste r. gebr.; *Lc* dy m. w. gebr. rechtis ader konnenn gote zcu e.; *Rb* die die meiste weisheit u. r. gebr. 3) *f. Dr.* 4) *E* rechte. 5) u. a. l.] *f. Lb.* 6) unde — hat] *f. E.*

[Di. 13.] 1) *Lbc* man. 2) *Lc* man. 3) *Ra* burger. 4) *Lb* man ader eyn mitburger der doreczu geruffen wirt. 5) *DrS* heymelichen r. 6) vor — bekennet des] *f. E.* 7) *RabBDabrSP fh.* unde ist meyneydig geworden unde ist unwirdig me den rot czu besiczczende. 8) ad. r.] *f. Rb.* 9) *E* k busse dreier w. m. 10) dry — schill.] *f. Lb.*

[Di. 14.] 1) *W* rath 2) *der Eingang lautet in Dr* Vort meir ab eyn man eyn radman were und gesworn und seyner frunde eyner adir meir wurde zcu krige mit dem rate und dem rechte und trete abe dem rate, do her zcu gesworn hette und seynen frunden zcu hulffe lyffe mit gewopinter h. 3) *ERaB* rathman; *W* man. 4) *W* der d. j. czu d. r. gesw. u. komen ist ader gek.; *Rb* der im j. czu d. r. gesw. hat u. geboren. 5) *E* schicht; *K* solchen geschicht; *Rb* sammenunge.

trete[6] unde deme rechte, do her czu gesworen hette, unde queme syme frunde zcu hulffe mit gewopinter hant unde mit gerufte weder den rat unde weder das recht, do her zcu gesworen hatte, was der dorumb lyden sulle adir bestanden sey[7] von rechtis wegin.

Hiruff sprechen wir scheppin zcu Magdeburg recht: Were eyn gesworen[8] radmann[9] uff deme[10] radhusze unde geschege denne unrechte sammenunge[11] wedir den gemeynen rad, unde trete denne der den[12] ratmannen abe unde[12a] legete synen frunden zcu kegen dem rat wedir recht[13], der sal das vorbuszen mit der gemeynen stat kore[14] unde hat den rat vorworcht[15] unde ist des nicht me wirdig zcu[16] besiczen. Von rechtis wegin.

Distinction 15.

B I. 9; Dr 64; Th 221; S 135. 2; P VIII. 1. 21.
Vgl. Wasserschl. IV. 21c.

Wer[1] sich zcu hove libet in der stat schaden, was syne busze ist.

Ab sich eyn radmann, scheppe, meteburger adir eyn gemeyne man[2] zcu hove[3] libete adir[4] hilde unde das schickete adir[5] irworbe, das der stat[6] recht adir hantfesten gebrochen worden von gewaldiger hant[7], was syn[8] broch were.

Hiruff sprechen wir scheppin zcu Magdeburg recht: Welch burger[9] sich zcu hove[10] libete und schuffe[11], das[12] der stad recht adir hantfesten gebrochen worden[13], bekennet her des, so hat her syn[14] burmal[15] vorloren unde[16] an dem rate gebrochen, wy sy das mit ym halden wöllen. Were abir das eyn gesworen radmann, der das schickete[17] unde bekente denne das vor deme siczczenden rate, so hette der synen eid[18] gebrochen unde were[19] meyneidig worden unde hette den rad vorworcht[20] unde syne[21] gemeynde adir burmal vorloren[22], unde sulde an der stat gnade sten, wy sy das mit ym halden wolden. Vorsachit abir das ymand, den sulde man lossen unschuldig werden, also recht ist.

[Di. 14.] 6) *BRb* abeleghe. 7) a. b. s] *f. Lb.* 8) *f. BRbP.* 9) *S fh.* bey den andirn rothmannen. 10) *Rb fh.* gemeynen. 11) *P* versammlung. 12) d. r] *Lb* ratman. 12a) *S* bey seynen frund k. d. r. 13) *P* etwas. 14) *E fh.* busse. 15) *Dr* vorbaren; *S* dem rothe vorbusset; *P* veracht. 16) zcu b.] *f. S.*

[Di. 15.] 1) *E hat als Ueberschrift* Ab sich eyner czu h. libete unde der st. ergeste domete worbe. 2) *Dr fh.* wer her were. 3) *Da* czu houfe liefen. 4) ad. h.] *f. E.* 5) ad. irw.] *f. Dr.* 6) *Dr fh.* beschrebin. 7) *Dr fh.* adir koniglicher gewalt. 8) *E* seyne busze dorumb sie; *W* seinis brochis busze. 9) *B* man. 10) *Da* houfe; *P* hone; *S fh.* helt und. 11) *DrS* schickte. 12) *Th* das her der st. r. brechende würde. 13) *DrS fh* den mogen die radmanne dorumb schuldigen (beclagin). 14) *Z* synen. 15) *E* borgerrecht; *W fh.* ader burgerr; *Rb* bermoll. 16) *DrS* u. steyt an d. r. wie. 17) *W fh* unde czu wege brechte. 18) *B* rath; *Th fh.* vorloren und. 19) *Lb fh.* nymant gut und. 20) *P* veracht. 21) syne — burm.] *LbBP* sien buermal (*P fh.* das ist sein bürgerr.); *WE* s. (*E* sein) g. a. borgirrecht; *K* s. gemeynschafft u. s. burgerr. 22) *S fh.* und den roth vorwirckit.

Distinction 16.

B I. 55; Dr 30; Th 63; Db 9; Dβ 42. — [Beil. II.]
Vgl. Mühler Sch. 48; Neumann 49, 50.

Von vorloyckentem gute.

Eyn[1] burger, der do sweret uff den heiligen vor den ratmannen, das her recht[2] alle sy̆n gut[3] vorschoszet habe noch der stad willekore, der man stirbet, unde mer gutes noch syme tode funden wirt, denne her hath vorschosset mer denne eyns by syme eyde, ab das vorlouckente gut dy ratmanne nemen sullen adir des toden mannes erbelinge, adir[4] ab dy erbelinge des vorlouckenten gutis vorsachen vor deme rate[5], wer das gut haben sulle von rechtis wegin.

Hiruff sprechen wir scheppin zcu Magdeburg recht: Nemen ratmanne[6] eynes mannes eyd, das her syn gut noch der stad willekor vorschosset habe[7], des gutis sullen sich dy ratmanne nicht undirwinden noch nemen, sunder des sullen syne nehisten erbelinge habin[8]. Hetten ouch die erbelinge vor gerichte adir vor deme rate des vorlouckenten gutis vorczegin[9], so mus das den radmannen bliben, also das vorwillekort ist, unde das sullen dy ratmanne an der stat nucz wenden[10]. Von rechtis wegin.

Distinction 17.

B I. 56; Dr 31; Th 64; S. 143. 3; Db 10.
Vgl. Gaupp Schl. 275. 1; Neumann 74.

Von vorswegenem[1] gute.

Ab vorsworen[2] gut funden worde by eyme, dy wile her lebete, wy man das halden sulle.

Hiruff sprechen wir scheppin zcu Magdeburg recht: Wirt by eynes mannes leibe[3] unde leben[4] undir ym me[5] funden, wenne her by[6] syme eyde vorschosset hat, unde bekennet der man des gutes, das is syn ist, so ist der man meyneydig unde hat syn burmal[7], das[8] ist syn[7] burgerrecht, vorloren unde[9] sal rechtelosz syn, das[10] ist anruchtig.

Distinction 18.

B I. 77; Dr 46; Th 84; Dβ 74. P VIII. 1. 26.
Vgl. I. 2. 18; Ssp. III. 64 § 4, 8; M. Goldb. Ia § 10, 17; Halle Neum. § 6, 35; Neum. Opp.

[Di. 16.] 1) *die Frage f. Dβ.* 2) *f. ERb; Lb* vorrecht; *A* nicht. 3) *Lb* s. g. habe und vorsch. 4) ad. — erbel.] *f. Lb.* 5) *Rb* richter. 6) *K fh.* uff. 7) *Dβ fh.* und nicht aller vorschost. 8) *Lb* nemen. 9) vorczogen; vorczehin. 10) *Lb fh.* und keren.

[Di. 17.] 1) *E* vorswigunge. 2) *LbEDbW* vorswegin. 3) l. u] *f. DrS.* 4) *EDb fahren fort* vorswegin (*Db fh.* oder vorschwohren) gut gefunden meir wenne. 5) *DrS fh.* gutes. 6) b. s. e.] *f. ERb.* 7) burm. — syn] *f. EWDbS.* 8) das — burgerr.] *f. Dr.* 9) *W* u. ist anruchtig d. i. rechtel. 10) d. i. a.] *f. DbrTh.*

§ 5; M. Br. 1261 § 2, 6, 8, 10; M. Görl. § 1, 5; Weichb. 11 § 2; 18 § 4; 21 § 2; 42 § 5, 15; 43 § 5; Mühler 2, 4, 7; Glog. Rb. 183, 350; S 109. 2; C I. 6; II. 25; Wasserschl. IV. 79; Culm. Handf. 6; Tschoppe u. Stenzel IV Löwenberg 1217 (278); LVII Breslau 1261 (364); Homeyer Extr. 56.

Was das hogeste recht ist.

Ab sich eyn man vor deme borggreven adir[1] vor gerichte adir vor deme rate vorpflichtigit eyner sachen by deme hogesten rechte unde des nicht enheldet, was der man dorumb bestanden sey.

Hiruff sprechen wir scheppen zcu Magdeburg recht: Vorpflichtigit sich eyn[2] man adir suszt ymand vor deme borggreven by syme hogesten rechte unde heldet des nicht, so ist der dirfallen[3] LX schillinge. Geschit is vor eyme siczczenden rate, so ist das hogeste recht XXXVI[4] schillinge, das[5] sint dry windische marg[5] der[6] gemeynen stat[7] kore. Geschit is abir vor deme scholtissen, so ist das syn gewette VIII[8] schillinge, ab is geschit in slechten sachen[9].

Distinction 19.

B I. 7; Dr 68; P VIII. 3. 3.

Vgl. Ssp. III. 45 § 1; M. Goldb. Ia § 10; Neum. Opp. § 16; M. Br. 1261 § 3. 4; M. Görl. § 1; Weichb. 42 § 3. 4; Mühler 2; C I. 7. 13; S 109. 3; P VIII. 3. 1; Glog. Rb. 364; Wasserschl. IV. 16, 85; Berlin Rmitth. Et nota quod si consules . . .; Tschoppe u. Stenzel CXIV Löwenberg 1311 § 1 (489); CXXV Brieg 1324 § 27 (508); CXXXV Schweidnitz 1328 § 10 (520).

Von missehandelunge des ratis.

Von[1] missehandelunge radmanne[2], was syne busze ist, die her dorumb lyden sal.

Hiruff sprechin wir scheppin zcu Magdeburgk recht: Missehandelt ymand radmanne mit scheltworten adir kampf anbutet adir swert uff sie[3] czuet adir andir wofen, do[4] sy in der stat gewerb[5] gesant syn, der sal yn das vorbuszen eyme iczlichen mit driszig schillinge, ab sy den man vor[6] gerichte dorumb beschuldigen, unde yener, der beschuldiget wirt, des vor[7] gerichte bekennet. Ouch mogen die andern, dy in den gecziten ratmanne sint, den dorumb beschuldigen, das her yn das[8] in smoheit getan habe. Bekennet her is denn, so sal her[9] iczlichen ratmannen, dy yn beschuldigen, ouch xxx schillinge gebin[10] unde deme richter

---

[Di. 18.] 1) *f. Dr.* 2) e. m. a. s.] *f. Dr.* 3) vorvallen; bestanden. 4) *Rb* XXX. 5) das — marg] *f. Dr.* 6) *E* nach der. 7) *E* stete. 8) *RaB fh.* das sint; *Rb* so sint is VIII sch. das ist s. g. 8) *Dβ* IIII gutte. 9) *E* clagin.

[Di. 19.] 1) *In Dr nur die Antw.* 2) *Lb* des ratmannes unde. 3) *f. Da.* 4) *Dr* die. 5) *B* werb; *Da* gewer wo. 6) *E* an. 7) v. g.] *f. W.* 8) d. in] *BRb* in die sm. 9) *Lb* eyme i. r. 10) *Dr fh.* zcu busse.

so manch gewette also manche busze. Bekennet her des nicht, so mag her des unschuldig werden, also recht ist. Unde gebiten denne dy ratmanne umb sulche geschicht[11] eyn gemeyne gebot[12], das eyn yderman zcu dem rathusze komen sal, unde vorsiczet denne das gebot ymand, der sal der[13] stat das vorbuszen mit der gemeynen stat kore[14], das sint dry windische margk, dy machen[15] XXXVI schillinge[16] genge unde gebe, is en sy denne, das dy ratmanne mit der wiczigisten burger rate ander willekor[17] und byware[18] doruff[19] gesaczt haben unde dy offinbar gekundigit. Machit ouch ymandes sammenunge adir[20] ungerichte wedir den rat mit harnische adir mit gewere, der sal das vorbuszen by sulcher busze, als doruff gesaczt ist. Ist abir by groszer[21] busze das nicht vorboten, so sal man dy unrechte sammenunge vorbuszen mit der gemeynen[22] stat kore busze[23], also vorgeschreben steyt.

Distinction 20.

B I. 10; Dr. 65; S 135. 3; P VIII. 3. 5.
Vgl. Wasserschl. IV. 21b; 85.

Ab ymand den rat lögen straffet, was syne busze ist.

Ab eyner lögen[1] stroffte den rat unde spreche, das man deme rate nicht glouben solde, unde das geschege[2] in[3] keginwertigkeit[4] der herschafft adir erbherren[5], was der dorumb bestanden sey, unde ab her is loucken wolde, wy eyn rat das uff yn brengen solde, adir wy her sich entschuldigen solde.

Hiruff sprechen wir scheppin zcu Magdeburg recht: Logen stroffet ymand den rad busszen[6] deme siczenden ratstule, den mogen dy ratmanne dorumb beschuldigen vor gerichte. Bekennet her denne des, so sal her is iczlichem[7] ratmanne vorbuszen mit XXX[8] schillinge. Vorsachit abir ymand des, der mag is unschuldig werdin mit geczuge adir[9] ane geczuge, nochdeme her angeclagit wirt mit[10] rechte.

Distinction 21.

B I. 74; Dr 44; Th 81; Db 11.

[Di. 19.] 11) *Rab* schult. 12) *Pfh.* zu thun. 13) d st] *f. Lb.* 14) willekore. 15) dy m.] *Dr* adir. 16) *Rb fh.* pfenninge. 17) *Dr* wille und bare. 18) u. byw] *f. LbE; W* beywort; *B* bywort; *Da* beware. 19) *B* dur ober. 20) ad. u.] *f Dr.* 21) *Dr* sulchir. 22) *f. E; W* gemeyne. 23) *f. Dr; P* k ader b.

[Di. 20.] 1) *f. BRb.* 2) u. d. g] *f. Dr.* 3) *Dr* yn eynes erbh. kegenw. 4) *Da* kewertekeit. 5) *E* erbarer h 6) *P* auff. 7) i. r.] *f. Lb.* 8) *P* 26. 9) a. a. g.] *f.* K. 10) noch; von.

Ab eyme hals adir hant vorteilet wurde[1], *was der rat an*[2] *syme gute hat.*

Ab[3] eyn könig[4] adir eyn ander obirster[4] herre eyme[5] syner undirsessen[6] vor synen[7] mannen[8] leib, hant adir gut vorteilten, ab der selbe man kegin dem[9] rate icht bestanden were.

Hiruff sprechen wir scheppin zcu Magdeburg recht: Vorteilt der konig adir andir keyn herre[10] syme undirsessen[11] mit rechte leib, hant adir gut, dorumb ist der man kegin der stat noch kegin den ratmannen nicht vorfallen[12], is en sy denne, das der rat mit rechte kegen dem manne besundern was gefordirn mag. Von rechtis wegin.

Distinction 22.

Rw 30; Rβ 16; P IX. 2. 5. — [Beil. II.]
Vgl. Wasserschl. V. 80, 92; Neumann 43; Mühler Sch. 47.

Wer die gemeyne vorantwortten sal, ab sie geladen worden.

Ab man eyne stat unde[1] dy gancze gemeynde lude in eyn uszwendig gerichte, das wertlichen were, ab dy burger unde[2] dy gancze gemeynde iczlicher besunder gesten[3] sulle, unde[4] wer dy sal vorantwortten unde wy.

Hiruff spreche wir scheppin zcu Magdeburg recht: Beschuldiget man eyne stat gemeynlich arm unde rich in eynem uszwendigen gerichte adir bynnenwendigen[5] gerichte vor dem lantvoite, scholtissen adir vor irem[6] borggreven, so mag der stat burgermeister eynen adir czwene zcu ym nemen usz dem rote, der das jar gekorn ist, unde sal vor dy gemeynde der burger antwortten uff gewyn unde uff vorlust der sachen, do man sy umb beschuldiget. Dy ander ratmanne unde burger gemeynlich sullen deme burgermeister unde den andern synen kumpanen volle macht gebin. So bedurffen sy alle besundern[7] zcu[8] antworten von[9] rechte nicht komen. Das diz recht ist, habe wir unser ingesigel[10].

[Di. 21.] 1) *Lb fh.* unde. 2) *Z* zcu. 3) *In Th lautet die Frage* Abir vortmehe ap der k. ad. e. a o. h seyme burger vor ettliche vorschulte zache als vor obilhandelunge seynis names und mit erem bedochtim rate em vorteylte hant leyp ad. g. ab auch d. s. m. k. der stat und d. r. von den vorgenantin zachin icht ichtis b. sey. 4) k. — ob. | *f. E.* 5) *Dr* seynen burger. 6) *Lc* widersachen. 7) *WLb* seynis mannis; *Rb* adir seynem manne. 8) *Dr fh.* und mit erem bedochten rate. 9) *Dr* der stad und den radmannen. 10) *Dr* erbherre; *Th* hewptherre. 11) *Dr* burger. 12) *Db fh.* mit busse.

[Di. 22.] 1) *ZLb* ader. 2) *E* alle adir. 3) *E* antwerten. 4) *E* ader. 5) *Z* ynnewendigk *W* bey eyme inwendigen. 6) v. i | *f. E.* 7) *Lb* miteynander. 8) *ERa Lb* zcu der antwert. 9) *Lb* vor: *E* und. 10) *Einige fh.* etc.

Distinction 23.

Rw 34; Bβ 20; Dβ 99; P IX. 2. 8. 10. — [Beil. II.]
Vgl. Ssp. III. 87. § 1, 2; M. Br. 1295 § 23; M. Görl. 62; Weichb. 105; Weichb. (Zob.) 28; dazu Glosse (v. Dan. 319. 13) Mühler N. 11; ders. Sch. 34. 11; Glog. Rb. 396; S 119. 9; C II. 39.

Ab eyn burger den andern ledt, was syne busze ist.

Ab eyn burger den andern ledt yn [1] eyn ander gerichte und [2] brenget den zcu schaden [2] unde vorsmehit synes selbis richter [3], wy [4] das varen sal von rechte.

Hiruff sprechen wir scheppin zcu Magdeburg recht: Siczen czwene man in eyme gerichte, ledt eyner den andern in eyn uszwendig gerichte unde brengit den zcu schaden, der sal deme richtere syn [5] gewette gebin, unde den her in schaden brocht hath, syne busze, unde sal yn von [6] dem schaden ledigen unde brengen, unde her mag den wedir [7] dorumme in wigbilde rechte, adir wo her yn [8] gehaben mag, beclagen. Was ym denne [9] in dem gerichte, do her yn [10] ynne beclagit [11] hat [9], funden wirt vor eyn recht, do mus her ym an losen genugen. Ledt ouch eyn geistlich geordent [12] man eynen burger usz der stat zcu [13] unrechte yn eyn ander gerichte, den mag man dorumb beschuldigen vor [14] syme obirsten geistlichen herren ader richter. Was ym do funden wirt zcu rechte, das her dorumb lyden sal, do musz ym der ouch doran laszen genugen. Von rechtis wegin.

Distinction 24.

S 113. 1; 117. 4, 6; 126. 3; C I. 15, 17, 18; P VIII. 2. 2, 4, 6.
Vgl. Weichb. 42 § 6; Weichb. (Zob.) 98; dazu Glosse (v. Dan. 414. 1); C I. 16, 19; S 112. 1; 117. 5; 120. 1; P VIII 1. 24; VIII. 2. 1, 3; Glog. Rb. 360—362; Mühler N. 3; ders. Sch. 4, 20; Wasserschl. IV. 111, 173, 174; V 92; Neumann 77; Tschoppe u. Stenzel CXXV. Brieg 1324 § 33 (509).

Was vor eyme rate geschit, ab das crafft unde macht hat.

Ab lute komen von guten willen vor eynen siczenden rat, unde eyner gelobit, dem andern eyne summe geldis uff eynen nemelichen tag zcu gebin, adir vorloben sich ander sachen, welchirhande die gesyn mogen, stete zcu halden, *und* [1] *eyner des gebrech wirt,* unde des bruches [2] sich ymand czuhet an eynen siczenden rat, ab das crafft unde macht hat, unde wy sich das sal irfolgen.

Hiruff sprechen wir scheppin zcu Magdeburg recht: Kumpt

[Di. 23.] 1) yn — ger] *f. Z.* 2) u. — sch.] *f. Dβ.* 3) *E* gerichte. 4) *Zfh.* er; *K* was hiruff recht sey. 5) *f. E.* 6) *Lb* vor den sch. legen; *AZo* vor d. sch. logen und bretigen! 7) *f. E.* 8) *EDβ* en inne beclait hat. 9) denne — hat] *f. E.* 10) *f. Lb.* 11) *Lb* geclaget. 12) *f. K; P* e. geord. m. oder welcherley geistligkeit er sey. 13) *Dβ* umme ungericht. 14) *E* und was im gefunden w. vor s. o. g. h. a. r. was her dorumb l. s.

[Di. 24.] 1) und — wirt] *f. LabZ, ergänzt aus E; Ra* und des bruch werden; *W* unde wirt von en gebrochen; *K* unde wirt das an en broch. 2) *f. ERa.*

eyner adir czwene vor eynen siczenden rat[3], unde vorloben sich eynes gelobdes adir eyner rede vor yn. ist das denselbin ratmannen so wissentlich, das[4] sy is uff dy, dy das vor yn gelobit han, halden[5] *wollen*[6] mit[7] iren[8] eyden, das sint dy ratmanne nehir zcu behalden[9], wenne[10] yene geweygern mogen. Wellen abir dy ratmanne das nicht uff sy behalden[11], so[12] mogen yene das weigern unde entgehen mit irem rechte[13]. Unde was dy radmanne bekennen. das vor yn gescheln ist, unde yn wissentlich ist, do endurffen sye keyne eyde me zcu thun, wenne also sy vor zcur stat gesworen haben. Beczuget[14] ouch eyn man[15] keyner[16] dinge an den rat, dy in deme geledenen[17] jore gesessen haben, den[18] sullen dy ander, dy in dem keginwortigen jare siczen, vorbotten. Unde was der alde rat vor deme nuwen[19] bekennet, das sal der nuwe[19] gesten[20]. Unde mag man der alden radmanne nicht gar gehaben, ist ir das meiste teyl do, so ist ir genug.

Distinction 25.

Dr 2; S 92. 3. 4; C III. 46, 47. — [Beil. II]

Vgl. Weichb. 42 § 6; Weichb. (Zob.) 98. dazu Glosse (v. Dan. 414, 1); Mühler N. 3; ders. Sch. 4. 8; Glog. Rb. 360—363; P VIII. 1. 24.

Ab eyn man dube bekente vor eyme rate, wy sy das halden[1] mogen.

Ersamen, wisen[2] frunden[3]. Geschreben ir uns habit in uwirn briven in sulchen worten: Dy radmanne, dy dyz iar vor uns gesessen habin, han eynen unsern burger vor gerichte beschuldiget, wy das her vor eyme vollen rate bekant hette, das her synes hern, dez koniges, schaffer[4] gewest were unde hette dry sparbuchsszen[6] gemacht, der hette her czwu behalden unde syme herren dy[5] dritte gegebin.

Hiruff sprechen wir scheppin zcu Magdeburg recht: Do der man vor eyme vollen rate bekante der dryen buchsen[6], das her ir czwu behalden hette, do was is dube. Do mochtit ir[7] obir yn[8] habin gerichtet. Beschuldiget yn nu der alde rat adir der

---

[Di. 24.] 3) *S fh.* unsir stad; *C fh.* in u. st. gerichte. 4) *C* das sy dar uf sehen dy das vor yn gelybet unde geloubit h. 5) *W* behalden. 6) *La* weldet: *die anderen wie oben.* 7) *W* uff eren eyd. 8) *SC* eren rechte. 9) *SC fh.* mit eren rechten (*C* mehrem rechte), uff die die das vor in gloubit und gered (*C* gelybet und gelobit) habin wenne iene die das gloubet und gered habin gew. m. 10) *Lb fh* is. 11) *EC* halden. 12) *C (im Text)* sy. 13) *hier enden S. 113. 2 und C I. 15: S fh.* nach gotis geburt tausint jar drei hundirt jar an dem XXII jare des andirn tagis noch Ste Nicolaws tage des heiligen bischoffes. 14) geczuget. 15) *C* ratman. 16) *W* etzlichir; *Lb* kein mit; *LcAZo* kegen mehir. 17) *EW* vorgangen; *C* an den vorgangenen jaren gewest sint. 18) *C* dy. 19) *S* den jungen; der junge. 20) *W fh.* unde glewben; *E* bestetigen; *P* bestehen.

[Di. 25.] 1) *Lb* behalden. 2) *Lb fh.* besundern gute. 3) *f E.* 4) scheffer. 5) dy dr.] *Lb* eyne 6) bussen. 7) *Z* mochte man. 8) *Dr* dorobir

nuwe[9], unde bekennet her des[10], das geht ym an den leip. Vorsachit her is, so wirt her das unschuldig[11] uff den heiligen, also recht ist, unde der alde rat mag nu[12] nicht uff yn geczugen, dorumb das sy nu in deme rate nicht siczczen[13].

Distinction 26.

Dr 5; S 93. 5, 6; C III. 50, 51. — [Beil. II.]
Vgl. die Allegate zur vor. Di.

Von gestolnem hauwe[1] vor[2] deme rate bekant unde vorlibet.

Eyn man wart beschuldigit[3] mit synen knechten unde hovemanne[4] umb hauw, das sy genomen hetten uff eyner wesen. Do vorbant sich der man vor deme rate, bekente[5] der[5a] hovemann[6] und[7] syne knechte, das her sy[8] hette heisszen nemen, her wolde synes halses bestanden[9] syn. Dy bekanten[10] das, unde dorumme wart her gebannen[11] von der kirchen, der[12] das houw zcu gehorte[13], und besserte der dy dube.

Hiruff sprechen wir scheppen zcu Magdeburg recht: Do[14] sich der man[15] vorwillekorte[16], und uff yn bekant wart vor deme rate, do was her obirwunden, und man mochte obir yn gerichtet[17] haben, dy wile das sy in dem rate woren. Nu her abir von yn[18] gekomen ist unde sy in dem rate nu nicht syn, wil der alde rat adir der nuwe yn dorumme beschuldigen, vorsachit her is, so mag her is unschuldig werden uff den heiligen. Bekennet her is abir[19], so get is ym an den halz, und[20] mag obir yn richten.

Distinction 27.

Dr 7, 8; S 94. 1, 2; 127. 1; C III. 54—57; Dβ 74; P VIII. 2. 7. — [Beil. II.]
Vgl. I. 1. 6, 9, 11, 15; M. Goldb. 1188 § 9; M. Goldb. Ia § 10; M. Br. 1261 § 2—6; M. Görl. § 1, 2; Weichb. 21 § 2; 42 § 5; 44; Mühler 2—4; Glog. Rb. 357—359; Dr 10; C I. 13; S 109. 3; 115. 6; Wasserschl. IV. 21, 21c.

Ab sich eyn man umme ungerichte deme rate gibit in gnade.

Ab sich[1] eyn man umme[2] ungerichte, das her begangen hette[3] an dube, valschis, meyneide, wucher unde der glich, bekente vor eyme rate unde sich der[4] stucke in ir genade gebe,

---

[Di. 25.] 9) *ERaDrSC fh.* vor gerichte. 10) *DrSC fh.* das her vor dem vollen rathe bekant hette. 11) *Ra* des bescholdiget. 12) nu nicht] *Ra* noch nch. 13) *DrSC* sind.

[Di. 26.] 1) haw; hoy; hew. 2) *E* das v. d. r. b. ist und vorwillekort seynen hals vor deme rate. 3) *E fh.* vor deme rate. 4) *E* von eyme hovem.; *Ra* hawemann. 5) *Lb* bekenten s. kn. 5a) d. h. u.] *f. Lb.* 6) *E* hoyman. 7) n. s. kn.] *f. E, dafür fh.* des nicht. 8) *Ra fh.* das hew. 9) *Lb* vorfallen. 10) *E* der bekante. 11) *Lc* vorbannen. 12) *Lb* dem. 13) *E* was. 14) *E hat hier die zur fg. Di. gehörige Antw. und dort die hier passende.* 15) *E fh.* vor eyme fullin rate; *Ra fh.* des. 16) *K* vorwillete. 17) *Z* gerichte. 18) *E* dem rate; *K fh* also wegk. 19) *K fh.* uff eyn newes. 20) *W fh.* man.

[Di. 27.] 1) *f. Dβ.* 2) *f. Ra.* 3) *E* das beg. were. 4) *W fh.* sachen ader.

was her dorumb bestanden were, addir wy man das richten sulle, adir wy dy gnade syn sulle von rechtis wegin.

Hiruff sprechen wir scheppen zcu Magdeburg recht: Der[5] rat hat dy bruche zcu richten, ab her bekennet, das her sich in des rates genade gegebin hat. Das stet zcu[6] deme rate, und[7] sy mogen dy busze von ym nemen dovon[8] und dy mynren und meren, do[9] haben sy macht zcu[10]. Bekennet her is nicht und ist her von[11] uch kommen, so mag her syn[12] unschuldig werden uff den heiligen, wen der rat hat dy macht[13], zcu richten, was in siezczenden rate bekant wirt. Laszen sy abir eynen von yn komen ungefangen sunder burgis hant, so ist her is neher zcu entgehende, wenne das sy yn des ungerichtis obirwinden[14] mogen. Von rechtis weyn. Beschuldiget auch der[15] rat der[16] burger ykeynen[17] umb bruche, dy her gethan hath wedir den rat, unde gibet her sich des in ire gnade, und[18] nemen sie yn zcu[19] gnoden[18], so mogen sy ym[20] gnade thun, unde was dar abe[21] gefellet, do hath dy herschafft nicht an, noch ist yn[22] dorumb nichtis bestanden. Wil ouch dy herschafft den man dorumb beschuldigen, das sal sy thun vor syme richter, do sal her yn umme antwortten, und sy sullen nemen von ym das recht noch scheppin orteile. Und gnade[23] heisset, das der rat mynre mag[24] nemen mit des sachwalden wille, denne syne bruche zcu sagen[25], wen manch man gnade thun mag ane dy herschafft. Von rechtis weyn. Das dis recht ist, beczuge wir mit[26] unserm ingesegil.

Distinction 28.

Rw 45; Rβ 35; P IX. 1. 2. — [Beil. II.]

Vgl. Dr 239 obir hantfesten ewirs hern des koniges geburt uns keyn recht zcu sprechen und die Allegate zu I. 3 3.

Wer hantfesten uszlegen sal, ab czwyfel daran[1] ist.

Wer hantfesten uszlegen unde beduten sulle, wo czweiunge[2] doran ist czwuschen den herren und iren undirsessen, ab das sullen thun juristen adir legisten adir der herre selbir, wer das thun sal von rechte.

Hiruff sprechen wir scheppen zcu Magdeburg recht: Juristen

[Di. 27.] 5) *vgl. Anm. 14 zur vor. Di.* 6) *Lb* an. 7) und — dovon] *Lb* wie u. was b. sie von om n. wollen. 8) *f. W*; *Dβ* dovor. 9) *Lb* das. 10) *Lb fh.* thun. 11) *Lc* vor. 12) *f. Lb*; *E* is. 13) *E* nicht. 14) *ERa* obirczugen; *ERaWLb fh.* und uff en brengin. 15) *Lb fh.* man ader der. 16) *ERa* irer. 17) *WLb* ir keynen. 18) und — gn.] *f. E.* 19) *Lb* in ire. 20) *f. RaWLb.* 21) *W* do von. 22) *f. Z.* 23) *Dβ* u. nach gnadenn ist. 24) *E* wil; *W* item gn. h. das so man wenyger nympt. 25) *W fh.* ader vorschuld haben; *Dβ fh.* das mag her thun. 26) m. u. i.] *f. Lb.*

[Di. 28.] 1) *Lb* doryhne. 2) czweyfel.

noch legisten[3] sullen der herren brive[4], dy sy iren undirseezen gebin, nicht beduten[5] noch uszlegen, is en sy denne, das dy herren unde dy undirsessen lute[6] an beyden seyten sich[7] des voreynen unde *mit willekore*[8] dy brive unde hantfeste vor sy legen. Wan[9] geschit czwyvel den[10] herren unde iren[11] undirsossen an briffen zcu entslisen[12] adir zcu beduten[13], dy dy herren gegeben han, so sal man, umb sulchen czwyfel zcu entslisen[14], vor den obirsten[15] richter kommen, der[16] dem herren unde ouch den undersessen glich gemeyne und gliche gunst[17] richter *sey*[18].

Zweites Kapitel.

In deszem articulo wolle wir sagen von deme richter unde syme ammechte, was wo unde wy[1] her richten[2] mag.

Distinction 1.

B II. 28; Dr 115, 194, 198; Th 168—170; P IV. 2. 8; IV. 6. 12. — [Beil. II.]

Vgl. Ssp. I. 59 § 2; Richtst. 1 § 2; Berl. Stadtb. 85, 90; M. Goldb. Ia § 9; M. Görl. 110; Weichb. 18, dazu Glosse (v. Dan. 249 fgg. und Homeyer Richtst. S. 399); P IV. 2. 7; Tschoppe u. Stenzel CII Bresl. Weisth. für Glogau 1302 § 7 (445).

Wy unde in welchen wortten der richter syn ding sal hegen, unde wy vil scheppen dor[1] *syn muszen.*

Wy[2] unde mit welchen worten man[3] ding hegen sal, das is geheget sy noch Magdeburgischem[4] rechte, unde wy vil gesworen[5] scheppin dor[1] syn muszen czum mynsten[6], das[7] yr nicht mynner mogen syn, durch dy der richter moge richten eyne iczliche sache, adir ab ir zcu eyner sachen me muszen syn denne zcu der andern und wy vil czum mynsten[8], unde[7] wenne eyn richter *czu*[9] usz gelegeter dingstat kumpt, zcu welchir stunde

---

[Di. 28.] 3) *Efh.* ader der here selbist. 4) *E* hantfeste. 5) *Rw* deuten. 6) *f. WLb.* 7) sich — willek.] *Lb* dorumb bitten unde. 8) m. w.] *so Rawβ; LaE* willekoren; *ZW* vorwillekoren; *EW fh.* unde. 9) *Rwβ* mer. 10) *W* der h. u. irer. 11) *Rw* den undersessenenn leutenn. 12) *W* offenbaren; *Rw* entschlichtenn. 13) *Rw* deutenn; *W fh.* unde zcu vorsteen thuen. 14) *W fh.* unde czu underricht werden. 15) *Rw* obernn. 16) *Rw* die. 17) *f. Lb*; *Rw* gunstig; *ERa* gl. gunstig eyn; *W* eyn gl. gunstiger. 18) *LaZ* syn.

1) *Lb* wenn. 2) *E fh.* sal und.

[Di. 1.] 1) *LbERa* dorczu. 2) *Rb* Nu vornym wy. 3) *Lb* der richter sien. 4) *f. Lb.* 5) *f. Lb.* 6) *W* allirwenigisten. 7) das yr — mynsten unde] *f. E.* 8) *BDa* meisten. 9) *so nur Ra; La* usz gel.; *Z* usz gehegete; *E* uslegid; *WBDa* off gel. (geleyte); *K* uff gelegener; *Lb* uff gehegete; *Rb* uff gleiche.

adir czyt[10] denne[11] dy scheppin siczen sullen, deme richter ding zcu hegen, unde wy lange sy dorynne siczen muszen von rechtis wegin.

Hiruff sprechen wir scheppin zcu Magdeburg recht: Wenne der dingtag ist kommen, so sal der richter mit den scheppin zcu ymmisczyt[12] sich seczen uff dy bangk unde vrogen eynen undir den scheppen, ab is dinge[13] czyt sy. So sal der scheppe das vinden zcu orteil, das is dinge czit sey. So vroge der richter den selbin scheppin adir eynen andern[14], ab her eyn ding hegen moge. So vindet der scheppe, her moge is wol thun, noch dem mole[15] das her richter sey[16]. So froge her vort, was her vorbiten sulle unde[17] was her irlouben sulle[17]. So vindet der scheppe[17], dez[18] dingis[19] obirlast[20] unde unlust[21] des gerichtis. So sal der richter denne sprechen: also mir czu rechte gefunden ist, so hege ich eyn ding unde vorbitte, was ich czu rechte vorbiten sal, unde irloube, das eyn iczlicher syn recht wol fordern[22] mag[23] mit bescheidenheit noch[24] dem rechte. So ist das ding gehegit. So sal denne des richters bote dem volke vorkundigen, das der richter mit den scheppen eyn[25] ding gehegit habe, das eyn iczlicher syn ding[26] fordern moge czuchtigliche mit bescheidenheit. Von rechtis wegin.

Uff das, wy vil der scheppin syn sullen zcum mynsten, mit den eyn richter eyne iczliche sache[27] richten moge. Hiruff sprechen wir scheppen zcu Magdeburg recht: Der scheppin sullen zcum mynsten dry syn, eyner, der orteil vinde, unde czwene, dy do czu[28] fulge[29] gebin. Mit den mag der richter dingen, ab her me scheppin nicht gehaben en mag. Von rechtis wegin.

Item welche czyt unde wy lange dy scheppin siczen sullen, spreche wir scheppin zcu Magdeburg recht: Dy scheppen sullen siczen czu rechte[30] von[31] der czyt an bey[32] des tagis lichte. Von rechtis wegin.

Distinction 2.

B I. 2; Dr 155; Th 144; P VI. 1. 3.

Vgl. III. 1. 2, 10; Ssp. I. 63 § 1; I. 68 § 2. 4; Richtst. 37. 38; M. Br. 1261 § 39; M. Görl. 66, Weichb. 94; dazu Glosse (v. Dau. 402. 54; Homeyer Richtst. S. 404); S 106. 5; Wasserschl. IV. 25b. 199; Neumann 15. 39, 46.

[Di. 1.] 10) *Rb fh.* adir dy czeit. 11) *E* wenne; *f. W.* 12) imsceziet; ymmenis cz.; *DrTh* mete morgens cz.; czu y.] *f. Rb.* 13) *f. B.* 14) *Th fh.* off der bank. 15) n. d. m. — sey] *f. Lb.* 16) *E fh.* adir schulcze. 17) unde — sulle] *f. LbEWBDaRb;* u. — scheppe] *f. Dr.* 18) d. d.] *Dr* dingslissen. 19) *Lb* richters. 20) *Dr* overbrost. 21) unlost; *P* vollust. 22) *ELb* volfurdern; *Rb* seyn wort wol volfuren. 23) *E* sal adir. 24) n. d. r.] *K* des richters. 25) *Dr* seyn. 26) *EBRabDr* recht. 27) *K fh.* czu dinge. 28) do czu] *Rb* orteile. 29) *Lb fh.* thun und 30) czu r.] *f. ERb.* 31) *W* vor. 32) *LbB* bis; *Rb* bis d. t. l. ist.

Wer gewunte lute sal besehen.

Wer geslagene luthe adir gewunte[1] besehen[2] sulle, ab das thun sulle der richter adir dy scheppin adir wunderczte[3], ab[4] dy wunden kampwirdig syn, und das mogen geczugen[5].

Hiruff sprechen wir scheppin zcu Magdeburg recht: Der richter der mag totslege[6] unde wunden wol[7] besehen, ab[8] ym dy not geclagit wirt. Dornoch sal yn[9] der vronebote losen besehen von czwen scheppin, dy in gehegetem dinge ir geczugnisz thun und bekennen der worheit, ab is geczug trage adir nicht[8]. Abir[10] in eczlichen steten sint wunderczte[11], dy[12] dorczu sweren jerlichen, das sy dy wunden recht kysen und[13] besehen uff iren eyd[14].

Distinction 3a.

B I. 27; Dr 112; Th. 8.
Vgl. S 119. 3; C II. 43.

Von[1] des richters gewette, ab her das mit unrechte neme.

Ab der richter umme sulche sachin adir umme andir sachin moge syne gewette genemen, wenne sy im von den scheppin noch[2] nicht irteilt werden.

Hiruf spreche wer scheppe czu Magdeburg vor eyn recht: Vorloret[3] ymand gewette kegin[4] deme richtir bussin gehegittim dinge, das gewette mag her nemen, ab man im das gebin wil, unde wil man ym das mit willen nicht gebin, so mag der richter yenen ding phlichtig machin unde in gehegittem dinge noch scheppin orteil sin gewette irfordern. Vorsachet abir yenre der sachin, dorumme her wettehaft sulle sin, so mag der mit syner unscholt do von komen. Von rechtis wegen.

Distinction 3.

B I. 27; Dr 112; Th 9; P IV. 3. 10.

Von des richters gewette, ab her daz mit unrechte neme.

Ab der richter wette mit unrechte neme, was her dorumme bestanden sey.

Hiruff sprechen wir scheppen zcu Magdeburg recht: Nympt der richter von ymande wette zcu unrechte adir thut[1] her ymande

---

[Di. 2.] 1) *Dr* gehawene wunden. 2) *Dr* schawen ader b. 3) *Dr* der arczt. 4) ab — gecz.] *f. Dr.* 5) *E* beczugin; *BDa* thun; *Rb* wer das m. gethun. 6) t. u.] *f. Th.* 7) *Dr* kysen und. 8) ab — ad. nicht] *f. Dr Th.* 9) *f. Lb.* 10) *Th* aber yn den stetin der wunden arczt. 11) *BDa* erczte. 12) *Dr fh.* lessit man. 13) k. u.] *f. B; Rb* bes. u. beczugen. 14) *Dr Th fh.* mochte denne der rychtir dornoch richten (*Th* nichten orteyl frogen) von rechtis wegen.

[Di. 3a.] 1) *von Ra eingeschaltet, mit der fg. Di. eine No. bildend.* 2) *f. Dr.* 3) *Dr* vorschuldet. 4) *B* vor.

[Di. 3.] 1) *Rb* czeyet.

unrecht, der[2] mag man yn vor[3] synem hoern[4] richter[5] umb beclagen[6], der sal obir yn richten. Von rechtis wegin. Das[7] ist der borggreve.

Distinction 4.

B I. 28; Dr 112; Th 10.

Vgl. M. Br. 1261 § 11; 1295 § 3; M. Görl. 7, 44; Weichb. 45 § 2; Mühler 9; Glog. Rb. 569 Dr 111, 240; C II. 28, 35; P IV. 2. 5.

Was der richter richten mag ane dy scheppin.

Was der richter[1] zcu richten habe[2] und wy[3] ane dy scheppen.

Hiruff sprechen wir scheppen zcu Magdeburg recht: Der richter mag alle tage wol richten[4] ane dy scheppin umb[7] gelt adir umb ander[5] slechte sachen in[6] slechter clage[7]. Von rechtis wegin.

Distinction 5.

B II. 33; Dr 192; Th 155, 156; S 148. 2. 3; Db 12; Dβ 15. — [Beil. II.]

Vgl. Ssp. II 13 § 8; III. 87. § 3; M. Görl. 111; Weichb. 19, 20; Mühler 73, 74; dess Sch. 37. Glog. Rb. 571; C II. 53; P IV. 2. 12; Wasserschl. V. 66.

Von claye obir den richter, ab her nicht richten wil.

Ab der richter vor syme obir richter[1] beschuldigt[2] wurde, das her[3] rechtes weigerte, unde das bekennet, was syne busze ist.

Hiruff sprechen wir scheppin zcu Magdeburg recht: Wirt der gesworne richter vor syme obir[4] richter beschuldigit, das her von mutwillen[5] dy sache ungericht habe gelossen, bekennet her des, so[6] hat her wedir synen eid getan unde[7] wedir recht und hat das gerichte vorlorn unde sal keyn richter me syn unde sal dem[8] obir[9] richter syn gewette geben. Von rechtis wegen.

Distinction 6.

B II. 57; Dr 174; Th 189; S 153. 6. 154. 1; Db 13.

Vgl. S 104. 1; C II. 47; Glog. Rb 610; Mühler Sch. 42.

[Di. 3.] 2) *f. Ra; Z* denn; *W* dorumme; *B* do. 3) *Lb fh.* seyne busse und von 4) *W* hoen; *Lb* obern; *DrTh* obirsten. 5) *Th* rechtherren. 6) Ra clagen 7) d. i. d. b.] *f. RaDrTh.*

[Di. 4.] 1) *E fh.* mag richten adir. 2) *Lb* mag haben. 3) *K fh.* und das thut. 4) *K fh.* unde recht helffen. 5) *f. Dr.* 6) in s. cl.] *Dr* und clage. 7) umb — cl.] *K* umb gelth zcu kommern adir von geldis schuld vor gerichte laden und heyschen adir umb ander schlechte sachen alzo hyndern vorsperren und der gleich.

[Di. 5.] 1) *BRb* obirsten. 2) *Da* vorschuldiget. 3) *Db fh.* sich. 4) *BDbS* obersten; *Rb* erbrichter. 5) v. m.] *Dβ* mit willen. 6) *Dr* so ist er anruchtig u. hat. 7) u w. r.] *f. Rb.* 8) dem — syn] *f. EDb.* 9) *f. B.*

In was sachen des richters bekentnisz crafft unde macht hat.

Ab eyne vrouwe zcu deme[1] scholtissen[2] queme unde clagete, das ir czinsman entrunnen were, und bete[3] gerichtes[4], dez ginge her mit ir in das husz zcu[5] des czinszmannes huszfrouwe; dy spreche, sy hette ir nicht gelobit. Des vorsperte[6] her ir or gemach bisz czu gehegetem dinge. Undir dez worde dez entronnen mannes wip zcu rote, das[7] sy der andern frauwen seczte ire cleyder zcu pfande vor deme richter. Dor noch quemen sy beyde vor[8] gehegit ding, do spreche dy pfant usseczerynne[9], sy hette das pfant gesaczt[10] czu ires mannes zcukumfft unde czoge sich des an[11] den richter. Dy ander spreche, sy hat mir das pfant gesaczt vor mynen czinsz[12]. Der richter bekente, sy hette is gesaczt bisz czu iris mannes czukumfft. Ab nu des richters bekentnisze in sulchin adir in ander sachen, dy also[13] vor[14] ym geschen ane[15] dy[16] scheppin, is sey in[17] pfendunge adir in[17] vorbitunge, bund und crafft[18] haben moge, adir ab man das vor gehegetem dinge wedir sprechen moge.

Hiruff sprechen wir scheppin zcu Magdeburg recht: Vorbytunge, dy der gesworne richter[19] thut von rechtis halbin, adir vorsperrunge[20] gutes und pfendunge unde vorreichnisse[21] unde globde, dy man vor ym[22] thut, wenne[23] gehegit ding czu kumpt, hat alles bund[24] und crafft. Dorumb wy der richter[19] bekennet by syme eyde, das dy frauwe ire cleyder vorpfendet habe, also[25] sal man[26] das richten. Von rechtis wegen.

Distinction 7.

B I. 39; Dr 180; Th 26; Db 14. — [Beil. II.]

Vgl. Glosse Weichb. (v. Dan. 367. 3); Tschoppe u. Stenzel CXIV Löwenberg 1311 § 6, 7 (489); CXXV Brieg 1324 § 16 (507); CXXXV Schweidnitz 1328 § 46 (525).

Ab eyn erbvoyt burger narunge thun[1] mag glich eyme burger.

Ab eyn erbvoyt[2] in steten eynen undir[3] richter hette von syner wegen, der der bussen[4] genosse[5] unde das gerichte sesze, unde der erbvoyt dy erbvoyteie vormitte[6] unde wolde[7] alle

[Di. 6.] 1) *f.* E. 2) *DrS* voyte *u. s. w.*; *BRb* den scheppen. 3) *Ra* gert bete; *Db* begerete. 4) *DrS* rechtis. 5) *Rb* mit. 6) *E* vorspreche. 7) *DrS* u. saczte d. a. fr. i. cl. 8) *EDb fh.* gerichte und vor; *Lb fh.* den richter in. 9) *Dr* vorseczerynne; *S* seczerynne. 10) vorsaczt; *Ra fh.* bis. 11) *Rb* czu dem. 12) *Rb* hawscz. 13) *f. Dr.* 14) v. ym] *f. EDb; B* von im. 15) *Rb* bis an. 16) *Lb* des sch. willen. 17) *f. E*; *Rb* an. 18) *E* cr. u. macht; *B* bund cr. u. m. 19) *S* foyt; *B* man; *Rb* manne thun. 20) *EBDb* vorsprechunge. 21) *E* vorrichtnisse; *Lb* vorreichunge; *B* vorrichtunge; *Rb* rechenisse; *Dr* brothnisz. 22) *f. Lb.* 23) *E* bis das; *Dr* wenne die yn g. d. zcu komen. 24) *EDb* cr. u. macht; *B* bund u. cr. 25) *Lb* also m. d. r. mag. 26) *f. W.*

[Di. 7.] 1) *E* haben. 2) *Da* erbrichter. 3) *Rb* andirn. 4) *Rb* leute. 5) *B* genozen. 6) *ERaWLbBRbDab* vordinte. 7) *BDa* wolden.

recht[8] thun glich eyme ingesessin burger, also bier schencken, gewant snyden[9] etc., ab dy stat unde gemeynde ym das geweren mochte[10].

Hiruff sprechen wir scheppen zcu Magdeburg recht: Eyn burger[11], der gerichte und voyteie[12] hat in uwir[13] stat, mag wol gewand snyden unde bier schencken unde ander narunge triben, der mag man ym nicht geweren, dorumb das her das gerichte hat, mer her mag sulcher handelunge unde narunge gebruchen[14] gelich andern mitteburgern[15], ab her recht unde pflege do von[16] thut, also do recht ist und gewonlich[17].

Distinction 8.

B I. 40; Dr 112; Th 27.

Ab eyn undirrichter burgerrecht moge triben glich andern[1].

Ab eyn konig adir eyn ander herre adir eyn erbvoyt, der dy voyteie hette in eyner stat, unde dy voyteie vormitte eyme[2], der[3] do nicht[4] meteburger were, ab der miter[5] eynen andern seczte an syne stat, der dy[6] do hilde von syner wegen, ab der myter[7], adir den her gesaczt hath in der stat, mochte schencken unde gewand snyden unde andir abintuyr pflegen glich andern meteburgern[8].

Hiruff sprechen wir scheppen zcu Magdeburg recht: Man mag nicht gerichte noch voyteie, do[9] man undir konigis banne[10] dinget, vormyten, wen der vorlehente[11] richter, der den ban[12] entpfangen hat, sal selbir richten unde mag das nicht eyme andern bevelen. Und wer nicht burger ist, der mag nicht schencken noch gewand snyden noch[13] ebintuyer pflegen in der stat glich andern burgern, und das mogen[14] dy radmanne[15] weren unde vorbiten. Von rechtis wegen.

Distinction 9.

B I. 19; Db 15.
Vgl. Wasserschl. IV. 22.

[Di. 7.] 8) *E* gerecht. 9) *K fh.* mit wolle wachs ader gewant kewffen unde vorkewffen. 10) *E fh.* adir was recht ist. 11) *Rb fh.* eyn kruger. 12) *Dr fh.* erlich. 13) *EDb* eyner. 14) *Rb* treyben unde gebr. unde handelen. 15) *Dr* burgern. 16) *Th* doran. 17) *EDb* gewonheit.

[Di. 8.] 1) *E fh.* burgern. 2) *f. Da.* 3) *Z* der nicht burgerrecht hette ader mitteb. w. 4) *f. Th*; *Dr* der mitteb. w. yn der stad ader nicht mitteb. w. 5) *f. E.* 6) *EBRbDaβ fh.* voythie. 7) m. a.] *f. E*; *W* gemyte. 8) *B* burgern. 9) *Ra* der; *Dβ* die. 10) *Rb fh* sitzet oder. 11) *Z* verlente; *LbB* belente; *Da* bekente; *Dβ* leenleutte; *Rb* wer der berichte lente r. ist. 12) *Da* voen; *Rb* bank. 13) *K fh.* handtyrunge unde. 14) *W fh* und sollen. 15) *Dr fh.* von der stad wegen.

Was crafft[1] *das hat, wo der richter mit ungesworner scheppen richtet.*

Euwir vroge ist also: Wenne der richter unde dy scheppen zcu dinge siczen und[2] das ding nicht hegin und keyn ding von alders vormols gehegit haben, sunder also mit *un*gehegetem[3] dinge gedinget, gerichtet, geczuget habin, und ouch der richter zcu deme gerichte nicht gesworen hat, und denne sulchis gerichtes geczugnisze geschyt in gebunden tagen[4] czwischen czwen meteburgern[5] umme varnde gut, dy nicht wegefertig sint, ab[6] sulchis dingis geczugnisz unde gerichte bestehen moge glicher weyz, also der richter czu deme gerichte[7] gesworen hette, unde das ding gehegit[8] were, was[9] recht hir umme sey.

Hiruff sprechen wir scheppin zcu Magdeburg vor eyn recht: Ist das dy alde gewonheit des gerichtes gewandelt[10] yn eyn besser recht, dennoch[11] sal daz[12] macht[13] haben, das vormols in den gecziten gerichtet was, alleyne[14] das der gewonlicher richter zcum rechte nicht gesworen hatte, und sulchir gerichter[15] sachen[16] mus man in gebunden tagen wol bekennen unde dy warheyt doran czugen[17].

Distinction 10.

B I. 41; Dr 113; Th 28; Db 16.
Vgl. I. 7. 18; Dr 241; S 112. 5; C II. 40, 41.

Ab[1] *eyn erbgerichte uff frouwe als uff man moge kommen.*

Eyn man ist gestorben, der hatte eyne scholtisse[2] gekoufft, dy leid in Magdeburgischem recht, also das her dinst deme konige in herverten schuldig ist. Der hot gelosen sone[3] unde tochter unde syn elich wip. Der kinder[4] ist eyns tot[5], nu spricht dy muter des[6] kindes teil an[7] an der schultissye, is[8] sy an sye gestorben[9]. Do[10] weder sprechen der[11] kinder frunde, sy habe nicht recht dorczu, dorumme das dy scholtissie deme konige *dinst*pflichtig[12] sie.

Hiruff sprechen wir scheppin zcu Magdeburg recht:[13] Schol-

[Di. 9.] 1) *Lb fh.* und macht. 2) und — hegin] *f. E.* 3) *LaZ* gehegetem. 4) g. t.] *LbcAZo* gebunge. 5) *EDb* burgern. 6) *EDb fh.* sich. 7) *EDb* rechte. 8) *Rb* beheget. 9) *K* ab das tawg ader nicht ad. w. r. hyrynne sey. 10) *EBDabRb fh.* wirt, worde, gewürde. 11) *W* dornoch. 12) *BDabRb fh.* recht. 13) *W* recht. 14) *W* wie wol. 15) *E* berichter; *B* gerechter. 16) *K* sachen geschen in g. t. der mus man wol b. 17) *WB* beczewgen; *Db* darzu bekennen ader zeugenn.

[Di. 10.] 1) *Lc* Was krafft das hat ab. 2) schulthissie, scholtis ammet. 3) s. u.] *Dr* eyne 4) *f. W.* 5) *EDb* torecht. 6) *Rb* d. k. t. an d. sch. ist sye ang. 7) *f. Lb.* 8) *f. Lb.* 9) *Lb* ersturben. 10) *B* die. 11) *Lb* die k. ader ire fr.; *LcAZ* die k. unnd der k. fr. 12) *so ERa; LaZWBDar* dingpfl.; *Lb* dinstbar. 13) *B schaltet hier ein (aus der fg. Di.)* Schulthis ampt und voythie ampt die heren leen sint leengut unde horen czu lehenrecht.

tissie unde gerichte, dy eyn man erblichen koufft adir hat, dy erbin allein uff mannes namen und[14] nicht uff frouwen namen[14], wenne frouwen sullen nicht richter syn. Dorumb hath dy muter an der scholtissie nicht. Von rechtis wegin.

Distinction 11.

B I. 42; Dr 244; Th 30; Db 17.
Vgl. Ssp. III. 52 § 2. 3; S. Lehnr. 71 § 2—5.

Ab scholtissie unde voytige zcu lehnrecht gehoren[1].

Ab scholtissie[2] und voytige[3], dy man erblichen[4] koufft unde dinst scholdig syn deme konige adir[5] deme erbherren unde in Magdeburgischem recht legen[6], lehenrecht geheissen syn[7] mogen.

Hiruff sprechen wir scheppen zcu Magdeburg recht: Scholtissie ammecht und voytige ammecht[8], dy[9] do herren lyhen, syn lehengut und horen zcu lehenrechte. Von rechtis wegin[10].

Distinction 12.

B II. 53; Dr 126; Th 203; Dβ 20; P IV. 15. 13.
Vgl. I. 1. 24; Glog. Rb. 610, 611; Neumann 44; Glosse Weichb. 73 (v. Dan. 394. 32).

Ab gesworne lute eynen obirczugen mogen ungerichtes.

Ab eyn ungerichte geschege totslagis[1] adir kampfirwunden, unde das eyn[2] radmann adir scheppe adir des rotes[3] gesworner[4] adir[5] der richter gesehen hette adir der vronebote adir der stat dyner, unde der vredebrecher in hanthafftier tat[5a] vor gerichte brocht worde, unde der cleger en obirczugen wolde mit sulchen egenanten czugen, ab is nu doran genug sy, das dy vorgenanten czugen[6] mit irem eyde geczugen[7], den sy czu irem ammechte[8] gesworen haben, adir ab sy eynen andern[9] dor czu sweren sullen, adir was recht ist.

Hiruff sprechen wir scheppen zcu Magdeburg recht: Was bynnen[10] gerichte geschit vor richter unde vor scheppin, das mogen sy czugen[11] by iren eyden, dy sy zcu deme gerichte ge-

---

[Di. 10.] 14) und — namen] *f. EDb.*

[Di. 11.] 1) *Lb fh.* nach rechte; *E fh.* adir nicht. 2) *so EBDabrTh; LabZW* ab man. 3) voteye; voythie; *E fh.* czu lenrechte. 4) *Z* erlichen. 5) *Lb* und obir. 6) *Lb* gelegen sin; *f. B.* 7) *Lb* lehen geh. m. ader sien; *EW* l. r. geh. m.; *Rab* l. r. (*Rb* recht) geh. und geseyn m.; *BDar* heissen unde seyn. 8) *f. EDb.* 9) *Dr* die do h. l. seyn lehnrecht v. r. w.; *Th* dy do undern h. dinste legen dy sullen heyssen l. g. und gehoren czu l. r. 10) *Db fh.* und ist kaiser wigbilde recht.

[Di. 12.] 1) *E* an t.; *B* totslag. 2) *Lb* eyme. 3) d. r.] *Rb* richters; *Dr* ir; *Th* wer. 4) g. a. d. r.] *B* gesworen richter. 5) a. d. r.] *f. B.* 5a) *Rb fh.* begriffen unde. 6) *Dβ* personen. 7) *f. W; Dr* behalden. 8) *Lb fh.* entpfangen und 9) *RabW fh.* eyd; *K fh.* newen. 10) *E* vor. 11) *W* beczewgen.

sworen haben. Wil[12] abir der richter[13], dy scheppin, der vronebote, dy[14] radmanne adir dy stat dyner, sy[15] haben ir ammecht vorlossen adir nicht, icht geczugen[16] sullen[17], das sy bussen gerichte gesehn haben, do muszen sy besunder eyde czu thun als[18] ander luthe. Von rechtis wegen.

Distinction 13.

B I. 22; Dr 109; Th 2; S 141. 2, 3; Db 18.
Vgl. Ssp. I. 60 § 3; III. 79 § 3; Glog. Rb. 395; Tschoppe u. Stenzel CCVI Glatz 1500 (625).

Wy man umbsessene[1] luthe bekummern moge in der stat gerichte.

Ab geste adir umbsessen[1a] weren undir geistlichen adir wertlichen richtern[2] adir bischoven unde ouch *juden*[3], dy zcu uns recht fordern, ab[4] sie unsern burgern[5] adir andern[6] gesten nicht czu hant antwortten sullen umb gelt, umb ungerichte adir was sachen[7] das were, ab sy zcu uns wedir[8] beschuldiget werden, was recht sy.

Hiruff sprechen wir scheppin zcu Magdeburg recht: Geste adir umbsessen[8a], dy leyen[9] sint adir juden[10], dy vor uwerm gerichte recht fordern, sullen do selbist antworten, ab[11] das mit rechten orteilen wirt irworben[12]. Von rechtis wegen.

Distinction 14.

B I. 38; Dr 100; Th 23; Wasserschl. V. 69.
Vgl. III. 1. 1; Ssp. III. 53 § 2; Glosse Weichb. 46 (v. Dan. 365. 1).

Wer enelender[1] lute ungerichte sulle clagen unde vordern[2].

Ab eyner ungerichte thut an enelenden luten, manne adir frouwen, ab das der richter fordirn moge adir eyn ander man bisz[3] uff[4] nehesten durch got, adir ab man yn der selben forderunge den[5] vorvesten moge ane des nestin keginwortigkeit[6], was recht sey.

Hiruff sprechen wir scheppin zcu Magdeburg recht: Der

[Di. 12.] 12) *DrTh* wellen. 13) *E* der r. die rathm. ad. die sch. ad. der st. d. ad. d. vr. 14) *Z fh.* eyn. 15) *W* ab dy ir a. vorl. h. adir wil der richter das sie nicht gecz. sullen ane eyd was sy awswendig ger. ges. h. 16) *E* icht czugin das sullen sie bussin deme geheygeten dinge u. ger. 17) *f. DrTh.* 18) a. a. l.] *f. W.*

[Di. 13.] 1) *E* unbeseszene l. 1a) *W* dy ungesessen weren. 2) *EB* gerichte; *Da* richte. 3) *so S, die anderen* undir den; den; u. uns. 4) *Lb* also unser burger ader ander gesten. 5) *f. EDb.* 6) *f. S.* 7) *Lb* schaden. 8) *f. EDb.* 8a) umbsessene l., ungesessene l. 9) lyen, lewen; *BDa* gelegen; *Rb* dy gelegen seyn under den. 10) *BDa* in deme; *Th* geistlichen. 11) *Lb fh.* man. 12) *Db* gefordert w. oder erw.; *DrThS.* zcugebrocht w.

[Di. 14.] 1) *LbE* elender *u. s. w.* 2) *Lb fh.* von rechte. 3) *B* bas. 4) *LbERabWB fh.* den 5) *W fh.* fredebrechir. 6) *E fh.* adir; — w. r. s.] *f. Lb.*

richter mag ungerichte, das[7] enelenden luten[8] geschyt, clagen[9] glicherweyz, als ir swertmog thun mochte, ab her zcu[10] keginwortig[11] were. Von rechtis wegin.

Distinction 15.

B II. 35; Dr 193; Th 158; S 149. 1. 2; P VI. 2. 6. Wasserschl. V. 69.
Vgl. III. 1. 1. 9, 13; S 103. 4; C II. 89; P VI. 2. 3.

Ab der richter eide genemen moge von dem antwerter umme[1] wunden

Wenne[2] der richter hat gefordert ungerichte[3] enelender lute, also umb totslag, totslagis[4] volleist, kampferwunden adir desglich, das do frouwen an iren mannen unde[5] kindern an iren frunden[6] geschen ist[5], unde der beschuldigete man bestet[7] vor gerichte sich zcu vorantwertten[8], unde undir[9] deme[10] eyde syner unschult[11] gefunden worde czu leisten, ab nu[12] der richter dy eyde nemen musze, adir ab her[13] sulchen fredebrecher[14] vorhengen unde irlouben moge, sich mit ym czu vorrichtenne, adir ab her umb ungerichte eyde nemen musze, und das ander mit *sune*[15] mog gelossen, und wer czu deme sunegelde[16] recht habe, das von der sune[17] adir von der vorrichtunge gefallen mochte von rechtis wegin.

Hiruft sprechen wir scheppin zcu Magdeburg recht: Vordert der richter noch rechte enelender lute totslag adir[18] ander lute totslag, dy nicht swertmoge en haben[18], irstet[19] denne der antwertter also, das ym eyde syner unschult geteylet werden, dy eyde sal der richter nemen. Volfordert[20] abir der richter dy sache, unde kumpt keyn swertmog bynnen jare und tage, der sich zcu der clage czihe mit rechte, so mag der richter redeliche sune[21] nemen unde das keren an synen nucz. Queme abir nochmols jenis[22] swertmog, den echte not gehyndert hette, dy her bewyste, als recht ist, deme sulde der richter das sune[23] gelt

---

[Di. 14.] 7) *B fh.* an. 8) *f. Lb.* 9) *B* anclagen. 10) *Lb* dorczu; *f. ZB.* 11) *E* czukumfftig.

[Di. 15.] 1) u. w.] *f. E.* 2) In *DrThS lautet die Frage:* Auch habit ir gefrogit wenne (*S* ab) d. r. enel. l. totsl. adir kamphertige w. ad. des gl. v. und der antworter gesteyt und eyde gefunden werden s. u. ab der (*ThS fh.* rychtir) die eyde nemen musse und ab her sunen moge dorumb (*S* dy dorumme moge nemen) adir weme das gelt gebore. 3) *Da* vor gerichte el. l. clage. 4) *f. EBRb.* 5) an — ist] *Lb* an i. m. gesch ad. k. ad fr. mochte. 6) *Lb fh.* ader maghen. 7) steet, gesteet. 8) *Da* antwerten; *W* entschuldigen u. v. 9) *Z* widdir; *K* unde do funden w. den eyd zcu l. 10) *B* seyme. 11) *BDa* bier schult; *Rb* bey schult. 12) *E* von im. 13) *E* man. 14) *Rb* vredebroch. 15) *LaRaDa* syme; *f. Z; E* das andere die eyde mit seyme willen m. g.; *B* zunen mag lossen; *Rb* mit seyme gelde mag czu lossen. 16) *ERaDa* czu (*Da fh.* deme) syme g.; *Rb* czu d. seyme g 17) *Ra* syme. 18) a. a. l. t.] *f. EDr;* ad. — enh.] *f. Rb.* 19) *E* ist; *WDrS* gesteet; *B* stet. 20) *BDa* vordert. 21) *RaDa* syme. 22) *Ra* sym jenis; *Da* sin einis; *S* yndirt eyn. 23) *Ra* syne; *B* seyn.

wedir gebin[24]. Frouwen noch tochter des irslagen mannes haben[25] zcu der clage sulcher[26] sachen keyne forderunge. Von rechtis wegen.

Distinction 16.

Rw 16, 18; Rβ 3, 5; P IV. 2. 14; IV. 6. 26. — [Beil. II.]
Vgl. I. 1. 2; I. 2. 5, 27.

Umb was sachen man den richter adir scheppin mag abeseczen.

Euwir[1] frage ist umb recht, umb was sachen dy herschafft adir der borggreve den geswornen schultis, voyt adir richter von syme ammechte moge seczen, ab her syne ungunst uff yn wurffe, adir eynen scheppin von der bangk[2].

Hiruff sprechen wir scheppin zcu Magdeburg recht: Dy herschafft noch der borggreve mag den geswornen richter nicht abeseczen noch synem mutwillen[3], sunder her[4] mag ym scholt gebin unde yn beschuldigen in synes selbis borggreven dinge[5], do mus her[6] ym der[7] schult[8] antworten. Mag her yn do keyner[9] untat obirwinden noch scheppin orteil, dovon her schalbar[10] adir rechteloz sey, so sal man yn abeseczen. Der glich mag man eynen gesworen scheppen von[11] der bang nicht vorwisen[12], is en sey denne, das her untat begangen habe, do von her schalbar[10] adir rechteloz were worden, als umb dube, roup, meyneyde unde der glich, unde[13] missetat vor gerichte[14] were obirwunden, unde andirs nicht. Von rechtis wegen.

Distinction 17.

Rw 14, 15; Rβ 1, 2; Dβ 76; P IV. 6. 27, IX. 2. 6. — [Beil. II.]
Vgl. Ssp. III. 61 § 1; M. Br. 1261 § 12; 1295 § 3; M. Görl. 7, 44; Weichb. 11 § 2, 45 § 1; Mühler 9; dess Sch. 7 c; C II. 10.

An welcher stat der richter syn ding hegen[1] unde dingen sal.

Ab der borggreve richter unde scheppin twingen unde gebiten mag, das sy ym eyn ding hegin uff der borg[2], wenne her wil, umb sachen zcu[3] richten, dy bynnen der stat geschen, was recht[4] sy.

[Di. 15.] 24) *DrS fh.* des totslagis. 25) *B* haben nicht recht zcu sulcher cl noch vord. 26) s. s.] *f. Rb; Th* und zcu sulchen sachen.

[Di. 16.] 1) *In E lautet die Frage* E. vr. i. umb w. s. man den richter ad. scheppen mag abesetczen von s. a. ab die hersch. seine ung. uff en w. adir wie. 2) *WK fh.* wolde haben (*K fh.* abegesaczt) 3) *K* eigen willen 4) *f. W.* 5) *K* in seynem burggr. dinge. 6) *f. ERa.* 7) *W* off dy. 8) *ERa* schultis. 9) *Lb fh.* schult noch. 10) *LcK* schawar. 11) *f. W.* 12) *E* wisen. 13) *ERa fh.* der; *W fh.* wer. 14) v. g.] *Ra* ungerichte.

[Di. 17.] 1) h. — sal] *f. W.* 2) *E* bang. 3) *f. Lb.* 4) *E* was im r. ist dorumb.

Hiruff sprechen wir scheppin zcu Magdeburg recht: Der borggreve[5] *sal*[6] *zcu* rechter czit[7] unde in rechter dingestat bynnen[8] der stat muer, do das gemeyne[9] dinghuz ist, mit deme scholtis unde scheppin syn ding hegen, unde do richten, also recht ist. Ouch[10] sint dy scheppen deme burggreven[10] nicht pflichtig[11], orteil czu vinden bussen der stat mer[12] denne in rechter dingestat unde andirs wo nyrne. Von rechtis wegen.

Distinction 18.

Rw 24; Dβ 76; P IV. 3. 9. — [Beil. II.]
Vgl. I. 1. 18; ferner z. B. Mühler Sch. 12.

Von des richters hogeste gewette, das[1] her irwirbet.

Euwir vroge ist umme recht: *Ein*[2] scholtis in dorffern adir in steten, der den dritten pfenning hat von deme gerichte, was syn hogister broch ist, den[3] her irwerben mag an deme gerichte von rechte.

Hiruff sprechen wir scheppin zcu Magdeburg recht: Wo eyn scholtis richter ist bynnen wigbilde rechte in dorffern adir in stetin, do der burggreve das obirste gerichte hat, unde der scholtis das nedirste und den dritten pfenning an dem grosten bruche[4], der scholtis irwirbet do czweyirley bruche[5] von rechte. Syn[6] hogester bruch, den her gewynnet in eczlichen sachen, das ist eyn wergelt, das XVIII pfunt[7] genge unde gebe ist in dem gerichte. So gewynnet her in eczlichin sachen gewette; eyn gewette sint VIII schillinge, das gehorit zcu den cleinen bruchen unde nicht zcu dem hogesten[8] bruche. Von rechtis wegen.

Distinction 19.

C II. 15; P IV. 2. 11.

Ab der richter unde scheppin ymande pflichtig sint zcu beyten[1] mit[2] deme[3] geheyetem dinge.

Der richter unde scheppin[3a] dingen des morgens, als[4] gewonlich[5] ist, und dingen so lange, bisz das nymme zcu dingen ist. Nu kommet eyner unde bittet, das man ym lengir sicze, her

---

[Di. 17.] 5) *Dβ* scholcz oder richter. 6) *hier schalten alle Hdss. (mit Ausnahme von Rwβ) ein:* sin ding. 7) *E fh.* hegin uff der bang. 8) *W* bey. 9) *Lb fh.* ding ist und das gemeyne. 10) Ouch — borggr.] *f. E.* 11) *f. E.* 12) *ERaW* mure.

[Di. 18.] 1) *E* wie her das; *Ra* der irw. 2) *LaZW* In; *Lb* eyne. 3) *K* dovon. 4) den grosten bruchen. 5) *E* gebrüche; *Lb fh.* sien. 6) *E* eyn; *K* an dem hochsten bruche der sachen do gew. her do eyn werg. 7) *Dβ* phennig. 8) *E* grostin; *Lb* den cleynen hochsten bruchen.

[Di. 19.] 1) *Z* bitten *u. s. w.* 2) *E* in. 3) *Lb fh.* gerichte ader mit. 3a) *C fh.* sullen. 4) *E* wen is. 5) *Lc fh.* und recht; *C* gewonheit.

moge synes vorsprechen noch syner geczuge nicht gehaben. So bittet[6] der ander umb recht, wen nymme zcu dingeh ist[7].

Hiruff sprechen wir scheppin zcu Magdeburg recht: Wenne der richter synes[8] dinges begunst hat so sullen ym dy scheppin siczen unde orteil vinden, dy wile ymand do ist unde[9] sachen czu werben[10] hat eyner noch dem andern. Aber der richter noch dy scheppin sint nymande pflichtig zcu beyten[11] der[12], dy nicht do[13] sint, sunder wer do gewest ist, der genyse syn, wer nicht do ist gewest, der entgelde syn. Von rechtis wegen.

Distinction 20.

Rw 40; Rβ 30; Db 19. — [Beil. II.]
Vgl. Ssp. III. 25 § 2; M. St. VII; Mühler Sch. 19; Glog. Rb 624; Gaupp Schl. 271. 1; Neumann 25, 43; Tschoppe u. Stenzel CII Glogau 1302 § 1 (444).

Ab der landrichter dy burger in syn gerichte geladen moge.

Ab der landrichter umme ungerichte eynen burger in syn gerichte moge laden.

Hiruff sprechen wir scheppen zcu Magdeburg recht: Alle ungerichte sal man erst clagen unde richten in dem gerichte[2], do dy bruche geschen[3], ab man do gerichte[4] bekommen mag. Unde[5] was in eyner[6] strosse adir grenicze adir gerichte geschyt, das mag der lantrichter in syn gerichte nicht czihen.

Distinction 21.

Rw 19, 29; Rβ 6, 15; Db 19; P IX. 2. 2. — [Beil. II.]
Vgl. I. 1. 23; ferner Ssp. III. 25 § 2; 33 § 4; Richtst. 46 § 4; 23 § 4; Mühler Sch. 19, 44; S 109. 5; Gaupp Schl. 271. 1; Homeyer Extr. 20.

Worumb[1] her[2] eynen[3] laden mag.

Item[4] von deme selben.

Hiruff sprechen wir scheppen zcu Magdeburg recht: Keyn landrichter mag keynen burger busse der stat[5] laden, her en

---

[Di. 19.] 6) vroget. 7) *E fh.* zo sint die scheppin uff lichtig (? pflichtig) nicht lenger czu sitczen; *W fh.* unde is scy an der zceit. 8) *C fh.* gerichtes und. 9) *K* umb sache zcu w. h. unde zcu schaffen hot vor dem dinge eyner n. d. a. 10) w. h.] *C* vordyrne ist und vordirn wil. 11) *E* beten; *Ra* byten; *K fh.* unde harren. 12) *W* noch den; *C* der do n. en ist. 13) *E. fh.* kegenwertig.

[Di. 20.] 1) in s. g.] *f. Db.* 2) *Lb* den gerichten. 3) *E fh.* ist; *W* der broch geschiet; *Rwβ* do das geschicht. 4) *ELb* gerichtis; *Rwβ* rechtes. 5) *Rwβ* dorumb mag der lanndtr. der sache unnd unger. inn sein ger. n. zihenn das inn euer stadt gerichte unnd grenntze gescheenn ist v. r. w. 6) *Db* ewer.

[Di. 21.] 1) *Db verbindet diese No. mit der vor. durch die Worte* auch spreche wir vor ein r. 2) *W* der lantrichter. 3) *E* en. 4) *E* worumb cyn lantrichter einen burgir ladin mag; *W* ab der lantr. e. b. vor seyn recht geladen m. 5) *Db fh.* gerichte.

habe do denne erbe und[6] eygen adir gut, wen wil her keynen burger beschuldigen, das sal her thun vor dez burgers[7] rechte bynnen der stat, do her burger ist, in[8] rechter dingestat.

Distinction 22.

Rw 21; Rβ 8; Db 20. — [Beil. II.]
Vgl. Gaupp Schl. 198. 361.

Wy eyn dorff herre ungerichte sal richten, das bynne syner greniczen[1] geschit, ane den lantrichter[2].

Eyn man hath eyn dorff zcu allem nucze und rechte, in dem dorffe schege ungerichte bynnen des dorffes czunen in der strossze vor deme krüge[3] adir vor eyme andern husze adir in dem wege bynnen[4] des dorffes greniczc Ab das ungerichte des dorffes herre icht billich[5] richten sulle wenne[6] der[7] lantrichter.

Hiruff sprechen wir scheppen zcu Magdeburg recht: Hat eyn man eyn dorff mit allem rechte und nucze, geschit eyn[8] ungerichte bynnen des dorffes czunen in strosszen vor deme kruge adir vor eyme andern husze adir in deme wege bynnen[4] des dorffes greniczen, das ungerichte sal richten der man, des das dorff ist mit allem rechte, unde der lantrichter sal das nicht richten noch Magdeburgischem rechte[9].

Distinction 23.

Rw 22; Rβ 9; Db 21; P III. 1. 4.

Wy[1] eyn man richten sal, der syn gut hat mit allem nutcze unde rechte[2].

Vil[3] lute[4] habin dorffer und hove mit allem rechte und nucze[5], zcu richten obir hals unde hant bynnen iren greniczen, ab ungerichte dorynne von wunden adir von totslegen adir sust ungerichte geschege. Ab dy lute, dy das gerichte haben, gnade mogen thun an den bruchen, dy dy lute han gethan, adir nicht, adir was[6] recht dorumme *sey*[7], wen dy obirste herschafft[8] des landes spricht, das dy lute keyne gnade thun mogen ane iren orlob.

Hiruff sprechen wir scheppin zcu Magdeburg recht: Haben

[Di. 21.] 6) *Ra* adir eigen gut. 7) *E* burggreben. 8) *Db fh.* und zu.

[Di. 22.] 1) *W* bey seinen greniczen. 2) *W* richter. 3) *WK fh.* ader cretschman (*K* kreczschem). 4) bey. 5) *E* mogelich; *Db* mögelicher. 6) *W* ader icht. 7) *Ra fh.* gemeyne. 8) *Db* eynem. 9) n. M. r.] *Db* von rechte.

[Di. 23.] 1) *Diese u die fg. Di. stehen in Ra in umgekehrter Reihenfolge.* 2) *Rw fh.* und ob ehr den leutenn gnade thüen moge. 3) *Rw hat vorher noch:* Fortmer habenn unns die vonn Thornn berichtet unnd gefraget; *Rβ hat als Frage nur:* Ap sulche leute yn eren dorferen gnade thun mogen. 4) *Rw fh.* sitzenn zum Colmischenn Rechte und habenn. 5) *Rw fh.* zu Colmischem Rechte. 6) *f. Z.* 7) *f. LaZ.* 8) *E* dy obirhirsch.; *Rw* die herrn vonn lannde sprechenn.

dy luthe dorffer unde hove[9] mit allem rechte unde nucze, geschit dorynne eyn ungerichte[10] von wunden[11] adir von totslegen in irem gerichte, dy mogen wol gnade thun den luten an den bruchen mit des clegers volleist[12] und willen, und sy bedorffen noch Magdeburgischem[13] rechte der herren orlob dorczu nicht. Von rechtis wegen.

Distinction 24.

Rw 44, 50; Rβ 34, 40; Dβ 77; P III. 1. 7, 4. — [Beil. II.]

Was[1] *eyn man richten mag bynne syme*[1a] *gerichte unde gnade thun den luten an iren bruchen*[2].

Eyn man hat gut adir dorffer adir eyn[3] gerichte von syme obirsten herren, zcu richten alle bruche groz unde cleyn, dy do geschen bynnen dez gutes adir gerichtes greniczen in allen enden. Der obirste herre spreche, der man hette keyne gnade zcu thun in dem gerichte ane dy herschafft[4], wen[5] keyne gnade in den briven obir das gut und gerichte gegebin stunde, sunder gerichtes[6] bekente her ym, zcu richten obir alle bruche noch lut synes brives. Der man spreche: herre[7], myne vorfarn unde ich han is von uwern vorfarn ane ansproche unde hindernisz besessen bisz her unde haben genade getan den luten an[7a] allen bruchen mit der cleger wille[8]. Der herre antworte, der man hette yo keyne gnade zcu thun[9]. Der man spreche: herre, dy gnade ist mir in[10] mynen briven nicht vorboten, ir bekennet mir des gerichtes noch lut myner brive, habe ich denne das gerichte zcu richten, so habe ich ouch[11] gutlich[12] zcu thun den luten, dy do brechen[13]. Und der man spreche: was sal dy gnade syn, der ich nicht[14] zcu thun habe.[15] Du hast wol gehort, was ich[16] sage[17]. Ab nu der man, der das gerichte hat, den luten gnade thun moge an totslegen, an wunden, lemden, volleist[18], vestenunge[19], beyczocht[20] und an allen andern ungerichten unde

---

[Di. 23.] 9) *E* haben; *Ra fh.* zu Colmischem rechte unnd. 10) *Rβ* do eyn geschichte. 11) *E fh.* lemden. 12) *Db.* volbort. 13) *f. Lb.*

[Di. 24.] 1) *vgl. die vor. Di. Anm.* 1. 1a) *f. E.* 2) *E fh.* ane die hirsch. 3) d. ad. — e.] *f. EDβ.* 4) *Z* ane der hersch. wille ader wissen; *K fh.* unde ane en. 5) *E* wen k. gn. zcu thun in dem ger. obir das gut in dem brieffe geschreben stunde. 6) *Lb* gnade. 7) h. m. v.] *E* her meinte czu volfarende. 7a) an a. br.] *f. Ra.* 8) *E* willekor. 9) *K fh.* ab is seyne vorfarn hetten vorhangen, her wolde is abir nicht thun noch gestaten. 10) *W* an. 11) *K fh.* das das dornoch folget unde. 12) *Lb* gnade. 13) *E* gebrochin habin. 14) *Z fh.* thun sal adir. 15) *EW fh.* der herre sprcche. 16) *EDβ fh.* dir. 17) *K fh.* ich gan dirs nicht, dy herschafft solde billicher gnode thun wen dw. 18) *E* vulleisten. 19) *Lb* vorvestunge; *f. EDβ.* 20) *Lbc* beycseicht; *f. EDβ*; *W* an der zcuchtegunge; *K* an den csuchtigen.

brochen, dy do geschen mochten in deme gerichte, nichtis nicht uszgenomen, und[21] was gnade sey.

Hiruff sprechen wir scheppen zcu Magdeburg recht: Noch dem mole das gerichte unde broche von deme gerichte gevallende, groz unde cleyne, des mannis sint, so mag der man den luten[22] an den bruchen wol gnade thun, also das is deme cleger nicht schedelich sey an syme rechte, unde der man bedarff der herschafft volbort[23] dorczu nicht, unde gnade heisset das, das der man von den luten mynre mag nemen, denne ire bruche zcu sagen adir gebrochen haben. Von rechtis wegen.

Distinction 25.

B* 4; Dr 87; Th 127; S 134. 3; Rw 55; Rβ 46; Db 22; P II. 5. 1. Vgl. Ssp. 1. 29.

Wy[1] sich das gerichte nicht kan vorswigen an gute, das an dy konigliche gewalt fellit.

Storbe[2] gut an dy herschafft[3], das sy nicht enwuste, ab sich dy herschafft vorswygen mag[4] iar unde tag.

Hiruff sprechen wir scheppin zcu Magdeburg recht: Der richter[5] unde dy herschafft mag sich[6] an irem anirstorben erbe[7] nicht vorswygen, dy wile das gut vor gerichte nicht vorgeben wirt, unde dy gift[8] iar unde tag beste[9] an rechte wedirsproche.

Distinction 26.

Rw 63; Rβ 54; Db 23; P III. 1. 5.

Was eyn man richten mag, der syn gut hat mit allem rechte[1], obir[2] hals unde hant czu richten.

Eyn man hette lehengut undir syme herren, do her ym dinst von pflichtig[3] were glich rittern unde knechten, unde eyne hantfeste darobir. Do spreche her[4], das her zcu richten hette bynnen des gutes grenicze obir hals unde hant noch Magdeburgischem[5] rechte. Uff deme gute worde eyn dip[6] gefangen unde vorteilet[7] noch scheppin[8] orteil czu deme galgen. Nu ist czwyfel, ab deme keyne gnade geschen mochte von bete adir gunst wegen, das man

[Di. 24.] 21) und — sey] *f. Z.* 22) d. l.] *f. Ra.* 23) *f. Lb; K fh.* unde lawbe.

[Di. 25.] 1) *Rw* ob sich die herschafft ader der richter ann angestorbenenn gute vorschweigenn moge. 2) irsturbe. 3) *E* konigliche gewalt. 4) *ERawβ fh.* obir; *Lb fh.* bynnen. 5) *Lb fh.* und die scheppen. 6) *f. Ra.* 7) *ERa* anirstorbenen gutern (gute); *B*Rwβ* angestorbenem gute. 8) *EDb* gutere; *Ra* das is; *SRw* gobe. 9) *E* bestein; *Db* vorstehen.

[Di. 26] 1) *Z* gute. 2) obir — richten] *f. E.* 3) *Ra* pfl. von ist ad. w.; *Rβ* von ding pfl. 4) *E* der spreche das das der; *Rwβ* die spr. 5) *f. RaDb.* 6) e. d.] *ERaDb* eyner. 7) *Rwβ* vororteilt. 8) *Db fh.* gesprochenem.

ym das swert gebe [9] adir des galgens zcu male [10] dirlise, ab dy gnade zcu thun hat der belente man adir der obirste herre [11], von deme her das gut hat.

Hiruff sprechen wir scheppin zcu Magdeburg recht: Alle vryheit unde gerichte, dy der obirste herre des [12] gutes uff [13] deme gute, ab her is in synen weren lediglichen [14] hat, noch dem rechte [15] haben mochte, al sulche macht, vryheit unde rechtikeit sal der man, der das in lediglichen [16] weren hat, ouch uff deme gute haben, recht unde gnade [17] zcu thun. Von rechtis wegen [18].

Distinction 27.

Rw 39; Rβ 29; Dβ 77; P IV. 2. 13. — [Beil. II.]

Ab der richter sachen richtet ane den borggreven, dy ym vorboten sint, was [1] syne busze ist.

Ab eyn gekorn richter *sachin* [2] richtet dy *im* [3] nicht *geboren* [4] zcu richten, was [5] dorumme [6] her sey bestanden, ab her das wirt obirwunden adir bekennet.

Hiruff sprechen wir scheppin zcu Magdeburg recht: Irret der scholtis der bruder sammenunge an ire rechtikeit unde [7] gerichte [8], adir vorlesset her [9] eyde und sachen, der her mit rechte nicht vorlassen [10] sal noch lute der hantvesten des [11] landis, adir richtet [12] sachen, dy ym nicht geboren zcu richten, dorumme mag yn der borggreve nicht abeseczen, abir man mag yn vor deme borggreven dorumme beclagen. Bekennet her is, adir wirt is mit rechte uff yn brocht [13] adir bewiset, so ist das [14] vorlaszen sulchir eide unde richten [15] machteloz, unde sal das mit wette unde mit busze [16] wedir thun, also das her deme cleger syne busze gebe czuvor und nach der busze dem borggreven syn gewette. Von rechtis wegen [17].

Distinction 28.

S 107. 2; C III. 96; Dβ 77.
Vgl. M. St. I; Glog. Rb. 283.

[Di. 26.] 9) *K fh.* unde en enthewpte. 10) *K fh.* unde gar. 11) *Db* richter. 12) d. g.] *f. E.* 13) u. d. g.] *f. Lb.* 14) *LbRβ* ledelichen *u. s. w.*; *Rw* leidlichenn. 15) *Z* richter. 16) *Rw* ledlichenn. 17) *W* recht u. redelich; *Db* rechte gnade. 18) *Rw fh.* anno 1383.

[Di. 27.] 1) was — ist] *f. E.* 2) *LabZW* scheppin. 3) *f. LaZW.* 4) *LaZW* gekoren; *EDβ* geboten sint. 5) was — best.] *f. Lb.* 6) *Z* das. 7) *E* vor. 8) ger. ad.] *f. Dβ.* 9) *Rw* ir. 10) *E* gelaszin. 11) d. l.] *f. Rwβ.* 12) *f. Z.* 13) br. a.] *f. Rwβ.* 14) *E* das richten u. d. eyde vorl.; *W* der vorl. s. e. und richtet. 15) *Lb* gerichte. 16) *Lc fh.* gebin und. 17) *Rwβ fh.* anders mag in der burggrave nicht beschatzen; *Rβ fh.* datum sub nostro sigillo.

Ab sich czwene ungeweyte schuler[1] wunden, wer das sal richten.

Ab eyn schuler den andern wundet, und beyde ungeweyete schuler syn, wer das sal richten.

Hiruff sprechen wir scheppin zcu Magdeburg recht: Wyl[2] eyn ungeweyeter leye, der[3] eyn schuler ist[4], gewundet[3] von eyme andern ungeweyeten[5] schuler[6], eyne[7] kampferwunde clagen[8], das sullen sy thun vor[9] eynem wertlichen richter unde nicht vor geistlichem gerichte unde der wertliche[10] richter sal das richten, also[11] recht ist. Von rechtis wegen[12].

Drittes Kapitel.

In dessem articulo wolle wir sagen von der scheppin ammechte und von irre missehandelunge[1] vil gutir vrogen, dy sy[2] angehoren.

Distinction 1.

B I. 29; Dr 112; Th 11; P IV. 6. 28.
Vgl. P IV. 6. 2; Tschoppe u. Stenzel CLXXXI Magd. Weisth. für Schweidnitz 1363 (588).

Wy der scheppin eyd sal[1] luten.

Wenne scheppin gekoren werden zcu deme scheppin ammechte[2], wy der eyd sulle syn[3] von worten zcu worten.

Hiruff sprechen wir scheppin zcu Magdeburg recht: Scheppin sullen sweren alsus: zcu dem gerichte, do ir czu gekoren[4] sint, das[5] ir dem richter, der stat unde luten[6] recht orteil vinden wollet[7], unde den scheppin stul noch Magdeburgischem[8] rechte vorstan, als ir rechtis[9] kunnit adir wisset unde[10] des volge habet, unde das durch keyne sache lossit, das uch got so helffe und dy[11] heiligen.

[Di. 28.] 1) *f. W, dafür fh* undir eynander. 2) *RaLb* wirt; *S* Wundet e. u. sch. einen andern u. sch. adir ein leien einer campf w. das sullen die vordirn. 3) der — gew.] *C* adir schuler dy gew. werden. 4) *E fh.* und; *D*ʒ wirdt. 5) *f. Lb.* 6) *Ra fh.* und. 7) eynir. 8) *C fh* clagen sy myt der wunden; clagen — thun] *Lb* das sullen sie clagen. 9) *SC* vor w. gerichte. 10) *f. SC.* 11) *Z* als das. 12) *Ra fügt hier I. 5. 4 hinzu.*

1) *E fh.* und von. 2) *Lb fh.* also auch.

[Di. 1.] 1) *Lb* eyde sullen. 2) *Lb fh.* unde. 3) *E* luten. 4) *W* gesworen. 5) *Lb* do wollet ir. 6) *P fh.* arm und reich. 7) *f. Lb.* 8) *f. Lb.* 9) *E* allir rechtist; *BDa* rechte. 10) unde — habet] *f. W.* 11) *K* alle.

Distinction 2.

B II. 3; Dr 79; Th 134; P IV. 6. 4.
Vgl. Glosse Weichb. 14 (v. Dan. 244. 2) C V. 66 § 1 (Schwsp. 97).

Ab scheppin des beschrebin [1] rechtis gebruchen sullen adir noch [2] yrem synne orteil vinden.

Ab icht gebreche in wichbilde rechte [3], und man der glich [4] funde in lehinrechte adir [5] lantrechte, ab man [6] vor recht geben sulle adir moge [7] in wicpilde recht, adir [8] was recht sey.

Hiruff sprechen wir scheppen zcu Magdeburg recht: Alle schrifft syn den luten geschreben unde gegeben zcu wissentschafft [9] unde zcu lere. Hirumb wer eyn scheppe ist unde gesworen hat zcu dem rechte, der mag noch syner [10] redelicheit [11] synes besten synnes unde noch wissenheit [12] der schriffte unde des rechten orteil vinden uff synen eid. Wirt denne dy volge doran [13] sunder wedirsprochen [14], so hat das orteil macht. Wirt abir das orteil gestroffet, so mus man das [15] czihen czu rechter czocht [16] in hoer dingestat. Was denne leczt in deme hoesten stule vor recht [17] funden wirt unde gegeben, das sal man nemen unde halden [18]. Von rechtis wegen.

Distinction 3.

B II. 80; Dr 195; Th 173; S 147. 3, 4; Db 24; P IV. 6. 3.
Vgl. Wasserschl. IV, 2 obir der stat willekor gebort uns kein recht zcu sprechen; das. V. 7, 31, 43; Neumann 50; Glosse Weichb. 14 (v. Dan. 246. 13).

Ab dy scheppen [1] boben der stat willekoren mogen vinden adir noch beschrebenem rechte.

Ab [2] dy radmanne mit der gemeyne [3] ynnerunge [4] der stat czu nucze willekor seczen [5] adir vormols gesaczt haben, das [6] gemeyne beschrebene [14] recht were, adir ist is [7] ouch, das [8] sogetane willekore mit [9] des konigis adir mit der obirsten herren wissen [10] unde willen [11], brive unde ingesegil bestetigit were, unde [12] dy

---

[Di. 2.] 1) *W* geschreben. 2) *Lb* nach synnen richten und auch. 3) *f. ERb.* 4) d. gl.] *B* das. 5) ad. l.] *f. W.* 6) *E* mans; *W* man daz. 7) *E fh.* nemen; *RaBDa fh.* unde n.; *Rb* g. s. ad. n. 8) ad — sey] *f. Rb.* 9) *Dr* wissenheyt; *Th* weysheyt. 10) *B* der; *Rb* der mag seyne r. s. b. s. gebrauchen. 11) *W fh.* noch. 12) *Rb* weisheite. 13) dorczu. 14) wedirsproche. 15) *Dr* sich des. 16) *Rb* rechtem czoge. 17) v. r.] *f. W*; *Lb* man v. r. findet ader gef. w. 18) *E* behalden; *Ra* heldin u. gebin; u. h.] *f. Rb.*

[Di. 3.] 1) *Ewige fh.* orteil 2) *In Dr lautet die Frage:* Vorbas frogit ir ab die ratm. m. d. g. willek. zeczczen adir mit d. k. ad. ob. h. briffe willekor gemacht und vorsegilt worden ab die scheppin noch den willekorn adir noch beschrebenem rechte orteil vinden sullen ader wie man das halden sulle. 3) *BRb* m. d. g. in meynunge d. st. 4) *f. EDbS.* 5) *E fh.* mogin. 6) *RabDaS* die (*Rb* das) weder das g. b. r. 7) *f. S.* 8) *S* ab. 9) m. d. k. ad.] *f. Lb.* 10) w. u] *f. B.* 11) *f. Lb.* 12) unde — czu vinden] *f. S.*

sache, dorobir dy willekor gesaczt ist, von clegern unde von antwerttern vor[13] gerichte geclagit unde getrebin worde zcu vinden[12], ab dy scheppin denne noch dem beschribenen[14] gemeynen rechte wedir[15] dy willekor orteil[16] vinden unde sprechen muszen adir sullen[17], adir wy man das halden[18] sulle von rechtis wegen.

Item[19] ab dy ratmanne mit der gemeynen willekor[20] adir mit des konigis adir mit ires obirsten herren brive willekor[21] machten unde besegilt[22] werden, ab nu dy scheppin noch der willekor adir noch dem beschrebenen rechte orteil vinden sullen, adir[23] wy man das halden sulle[19].

Hiruff sprechen wir scheppen zcu Magdeburg recht: Dy scheppin sullen orteil vinden noch beschrebenem rechte unde nicht noch den willekoren. Von rechtis wegen[24].

Distinction 4.

B II. 40; S 150. 3, 4; Db 25; P IV. 6. 18.
Vgl. Glosse Weichb. 16 (v. Dan. 252. 3; 253. 9).

Ab scheppin durch ires ammechtis willen icht haben sullen.

Ab[1] scheppin schreiben, wy das sy wenig nuczes von deme ammecht hetten[2], ab sy dorumme keyne fryunge haben mogen[3].

Hiruff sprechen wir scheppin zcu Magdeburg recht: Dy[4] von Magdeburg schriben das, das sy dorumb[5] nicht kunnen sagen, wen[4] wer sich in den[6] steten *eczlicher*[7] sachen[8] annympt[9], wenne her dorczu geheischen und gekoren wirt, der mus erbeit unde sorge haben, das her das ammecht wol und getruwlich[10] vorste, wen sy[11] welden unde gunden *is*[12] allen luten wol, das sy vil vromen unde nuczes[13] dovon hetten[14].

Distinction 5.

B II. 41; Dr 172; Th 188; P IV. 6. 19.

[Di. 3.] 13) v. g.] *f. Db.* 14) geschreben. 15) *S* adir noch willekor. 16) *f. S.* 17) *ERab fh.* adir ab sie die bestetigete willekor von rechte haldin mussin adir sullin. 18) *W* holen. 19) Item — sulle] *f. DbrS.* 20) *E* kore. 21) *E* willekor brieffe. 22) *Rb* bestetiget. 23) ad. sulle] *f. Rb.* 24) *Dr fh.* Ouch habit ir uns geschrebin wie ewir statschriber nympt ut supra (*bezieht sich, wie es scheint, auf I. 3. 6.*).

[Di. 4] 1) *S* Ab dy scheppin icht vorteyls alzo an geschosse habin mogin durch erbit wille eris ammechtis. Lybin frunde Ir habit uns in ewern brifen lossin vorstehin das ir wenig nutczes habit von ewrim amecht des scheppin stulis, dorczu künnen wir nicht czu sagin, wenne wer sich *u. s. w.* 2) *K fh.* unde sorgen unde ires selbes erbeit unde narunge vorseumten 3) *Rb fh.* ader nicht. 4) dy — wen] *f. Lb.* 5) *EW* dovon. 6) *f. Z.* 7) *La* erzlicher; *Z* elicher; *W* etczlicher; *E* erbarlichin; *RabLbS* erlicher; *B* in den zachen erlich ann. 8) *S fh.* undirwyndet und. 9) *K* ader ammacht hot. 10) *Rb* erlich. 11) *Lb* wir; *S* wir w. euch wol gunnen das ir v. fr. u. n. d. hettit. 12) *LaZ* en is. 13) *K fh.* mit eren. 14) *Rb fh.* unde haben mochten.

Ab scheppin iren besundern schriber haben mogen zcu irem amechte.

Ab[1] scheppin iren besundern schriber zcu gerichte unde zcu scheppin ammechte noch irem willen unde bequemekeit ires ammechtis habin sullen adir mogen, ab yn der statschriber nicht me bequeme were.

Hiruff sprechen wir scheppin zcu Magdeburg recht: Is ist vor unszern gecziten geschen, das wir unde dy[2] radmanne in[3] unszer stat mittenander schriber hatten, dy uns dinst[4] teten zcu dangke beydenthalben[5]. Is ist ouch vor gewest unde[6] noch, das wir besundere schriber habin. Do von gebort uns nicht recht zcu sagen, wenne[7] von diner halden[7a] stet an der lute[8] willekor, das mogit ir haldin, wy is uch bequeme[9] ist.

Distinction 6.

B II. 31; Dr 163 und 195 a. E.; Th 174; S 147. 5, 6; P IV. 6. 20.

Ab dy scheppin mit dem schriber teil nemen sullen[1] von scheppin briffen.

*Ab[2] eyn statschriber von eyner sache yn[3] zcu merkene[4] neme[5] eynen groschen[6] unde von eyme brive, den her schribet unde besegilt[7], vier[8] groschen[9] neme, ab her das gelt alleyne sulle behalden, adir ab ir[10] umb uwir[10] mûhe und[10a] erbeit, dy brive zcu horende, teil von deme gelde sullen[11] nemen, adir wy ir[12] das zcu[13] Magdeburg haldet[14].

Hiruff sprechen wir scheppin zcu Magdeburg recht: Was eyn[14a] statschriber vor syne erbeit noch guter gewonheit genomen[15] hat addir nympt, das ist syn, dy wile her do vor erbeit. Do enhabit ir nicht an[16] von rechte, unde wir haldin das mit unsern schribern zcu[17] Magdeburg also[18], das wir yn also vil geben unde nemen loszen[19], das[19a] sy *uns dinen*[20], dy wile

[Di. 5.] 1) *Die Frage f. ganz DrTh.* 2) *Rb* unser. 3) *E* und. 4) *f. Ra; B* unser dinge. 5) *E* bey dinckhalbin. 6) *B* noch deme wir ouch sunderliche schr. h.; *Rb* noch deme so h. w. sund. schr. 7) *E* wend noch altir gewonheit und der l. willek. mogit ir das h. 7a) *ZLc* halben; *K.* v. d. oder schreibere zcu h.; *BRb* von dinere halde (*Rb* halben) wir stete wilk. und andere lute das m. i. h.; *P* denn die vorzuhalten. 8) *Dr fh.* freye. 9) *Rb* allir bequemist.

[Di. 6.] 1) *f. E.* *) *vgl. I. 3. 3, Anm. 24.* 2) *DrS* Auch habit ir uns geschrebin wie ewir stadtschr. nympt e. gr. e. s. czu m. u. IIII gr. v. e. br. . . . 3) *f. B.* 4) *W* schreiben. 5) *Lb* nemen mag. 6) *B* eyn geldt. 7) vorsigelt. 8) *W* drey. 9) *B* gelt; *K fh.* ader der gleichen. 10) *E* wir; unsir. 10a) u. e.] *f. S.* 11) *RaWBDarS* sullit. 12) *ERaBDarS* wir. 13) *E* nach Meideborgischem rechte. 14) haldin; haldin sullin (*vgl. Anm. 12.*); *S fh.* mit unsirm stadtschreyber; *K fh.* das losset uns wissen und wasz recht sey. 14a) *S* ewir. 15) g. h. a.] f. E. 16) *B* von. 17) czu M.] *f. DrS.* 18) *f. B.* 19) *Lb fh.* und. 19a) d. sy] *f. AZo.* 20) *so nur E;* u. d.] *f. LabZW;* dienen] *f. RaBDa; Rb* das sy uns dy weile bequ. s. u. sy. o. d. l. g. dynen; *DrThS* das sie uns (*ThS fh.* dy weyle sye uns) bequemelich sint und en des lustet gerne dynen und erbitten.

sy uns bequeme syn, unde sy ouch dez lustet, gerne zcu[21] erbeyten.

Distinction 7.

B I. 48; Dr 186; Th 37; Db 26. — [Beil. II.]

Ab[1] eyn scheppe sich der bang entczagen[2] moge dorch synes selbis vorsumenisz wille[3].

Ab eyn scheppe addir radman sich selbir abegeseczen[4] moge durch vorsumenisze syner narunge wille[5], dy sy bussen landis suchen mussen unde eczliche bynnen der stat unde des scheppin ammecht keynen nucz noch genisz haben, was recht sy.

Hiruff sprechen wir scheppen zcu Magdeburg recht: Nympt ymand[6] an sich scheppin ammecht adir radmanne uff synen eyd, also das her dorczu sweret uff eyne[7] czyt, wenne denne die czit umme kumpt[8], so ist her denne des ammechtis loz[9]. Sweret abir ymand zcu der scheppen[9a] bangk sundir cziet, der mag sich selbir nicht abegeseczen umb syner narunge wille, wenne[10] eyn scheppe mag mit[10a] willen dorch notdorfft[11] syner narunge ussczihen, doch also, das[12] bestendig unde volgen[13] sal syn der[14] ortel, dy dy andern scheppen[15] in gehegetem dinge thun[16]. Worde ouch eyn scheppe also alt adir krang, das her den scheppin stul unde ammecht nicht mer vorsten[17] mochte, adir andir ehaffte[18] not hinderte[19] adir syn geschefte also worde und[20] sich also vorlife[21], das her sich[22] durch[23] not wille muste syne not[24] wonunge wandeln in eyne ander stat zcu wonende unde zcu bleybende, so mochte her sich abeseczen[25] unde man sulde yn denne sulches ammechtis obirheben[26]. Von rechtis wegen.

[Di. 6.] 21) *f. ERaBDa.*

[Di. 7.] 1) *E* Ab sich e. sch. selbir moge abesetczin. 2) *Lb* vorczeigen. 3) *Lb fh.* ader abesetzen. 4) *Z* angesetzen. 5) *f. EDb.* 6) *f. Lb.* 7) *ELbRb* seyne. 8) *E* geet. 9) *K fh.* ab is em nicht zcu thun ist. 9a) *f. Rb.* 10) *Lb* w. e. sch. mag sich durch s. nar. wille durch notd. wol uszcz.; *Lc* w. e. sch m. nach s. nar. wille d. n. u.; *Dr* w. e. sch. m. durch not wille s. n. beweilen auswenig czyen; *Th* w e. sch. m. d. notd. wille s. n. ader durch nocz s. n. w. en wenig auszcyhen. 10a) m. w.] *RabBDa* bewilen; by wilen. 11) *K* d. not auscz. yn seyn gewerbe durch s. n. willen ab her kauff schlagit ader ander narunge vor hot doch also. 12) *LbWK fh.* er; *K fh.* dy weile. 13) *E* volgeende; *K* eyne volge; *Dr* volgnis; *Th* das her auch beystendig und folgunge habe d. o. 14) *EDb* das o. das. 15) *E* sprechin und; *Dr fh.* die weile vinden und was sie. 16) *W fh.* worden; *K fh.* sullen. 17) *W* vorwezen. 18) echte, rechte. 19) *DrTh* irrte. 20) u. s. d. a. v.] *f. Dr.* 21) *E* vorwarloste. 22) *f. ERabBDbrTh.* 23) *K* umb seyner narunge ader besserunge seyner won. wolde w. in e. a. st. 24) *f. EWBDrTh;* n. w.] *Rb* narunge. 25) *Rb* sych abeczyen u. setczen. 26) *Dr fh.* und irlossen; *Th* ob. lossen; *K fh.* u. losz lossen.

Distinction 8.

B I. 15; Dr 197; Th 167; S 137. 1, 2; P IV. 6. 25.

Ab[1] *man den scheppen meister in den thorm worffe, ab dy andern dy wile in gerichte siczen sullen.*

Ab dy radmanne eynen scheppen vingen[1a], der der andern scheppen wort spreche, unde der scheppe mit den andern scheppen allen sich czu rechte bote[2] sprechende: liben herren, wir biten uch, das ir unsern kumpan und uns by rechte losset; hot her mit rede[3] gebrochen, das wolle wir gerne buszen[4], also recht ist; unde sy yn doch dor obir gefangen legeten und seczten, ab denne die andirn scheppin vort sullen siczen zcu dinge ader nicht, wy sich das dirfolgen sulle[5].

Hiruff sprechen wir scheppen zcu Magdeburg recht: Ist der scheppen dry adir me, so mogen sy unde sullen czu dinge siczen, als[6] sy der richter dorczu heischet, unde mogen is dorumme nicht gelassen, ab ir kumpan in gefenckenisze kommen ist. Hette ouch der scheppe andirs nicht gethan kegin deme rate, wenne das her der scheppen[7] wort geret hette, unde beten[8], das man sy[9] by rechte lisze, dorumme sal man *yn*[10] in gefengnisze nicht seczen. Von rechtis wegin.

Distinction 9.

B I. 24; Dr 144; Th 5; P IV 6. 14.

Ab[1] *eyn scheppe unvorbot zcu gerichte sulle komen*[2].

Eyn scheppe, der czu dem rechte unde[3] zcu der bang gesworen hat, ab der an eyme rechten dingetage und wenne das not ist, eyn ding czu hegen, pflichtig sey, czu kommen unvorbot, adir ab man yn vorbotten sulle und wy, und ab her[4] nicht komen wolde, ab her dorumme vorbussen[5] sulle, wy vil unde wenne[6].

Hiruff sprechen wir scheppin zcu Magdeburg recht: Eyn gesworen scheppe sal zcu usz gelegetem dinge kommen unvorbot. Vorbot[7] abir der richter selbir[8] adir mit synem vroneboten keynen[9] scheppen zcu synem echten dinge, kumpt her nicht unde lesset das von mutwillen[10], so mag der richter syn gewette uff

---

[Di. 8.] 1) *Ra hat diese Di. nach der fg.* 1a) *Da* kysen. 2) *E* irbothen; *S* berufte. 3) *E* rechte. 4) *RabBDa* besseren; *E* b. u. beszirn. 5) *Dr fh.* uff eyn ende. 6) *E* und ab; *WBDarS* ab. 7) *S* ewir. 8) *Z* bötin; *E* botin; S betet. 9) *S* euch. 10) *f. LaRa.*

[Di. 9.] 1) *vgl. die vor. Di., Anm. 1.* 2) *Lb fh.* und zcu der dingestat. 3) u. — bang] *f. BDr.* 4) *Dr fh.* noch der vorbotunge. 5) *E* bussin. 6) *RaWBDa* weme; *Rb* wenig; *Dr* adir was; *Th fh.* dorczu recht sey. 7) *Lb* abir ap on d. r. s. vorbot; *E fh.* in. 8) s. a.] *f. E;* adir] *f. B.* 9) k sch.] *f. Lb.* 10) *B* mutwillens.

yn gewynnen, das sint VIII[10a] schillinge. Lisse her abir ymand das czu schaden, der mochte den scheppin dorumme beschuldigen. Bekennet her, das her is mit frevil[11] gelassen[12] habe, so hat her wider sinen eid getan, den her czu der bang gesworn hat, und were rechteloz unde mochte keyn scheppe mer werdin unde[13] sulde yenem synen schaden[14] gelden. Spreche her abir, das yn ehaffte[15] not gehindert[16] hette, und bewiste das noch rechte[17], so blebe der scheppe des[18] ane schaden[19].

Distinction 10.

B I. 45; Dr 183; Th 34; Dß 77.
Vgl. I. 1. 5; I. 3. 11, 13; M. St. XXII. 3; XXIII.

Ab scheppin eyn orteil lasszen holin[1], wer dy kost sal gelden.

Wenne[2] scheppin eyn unbeschulden[3] orteil lossen holen, dez sy nicht[4] enwissen adir eyns syn, wer das gelt dorczu schuldig ist zcu legin[4a], scheppin[5], cleger adir antworter, adir wer is gebin sulle von rechtis wegin.

Hiruff sprechen wir scheppin zcu Magdeburg recht: Wissen scheppin eynis orteils nicht unde sprechen das by irem eyde, das sy das nicht vinden konnen, so mag der richter das holen lassen, do sich das gebort. Welchir denne der sache vellig[6] wirt, is sey cleger adir antwertter, der[7] sal das orteil geldin, adir cleger *und*[8] antwortter[7] sullen[9] das mit willekor beyde gliche legin[10]. Von rechtis wegin.

Distinction 11.

B II. 32; Dr 164; Th 175; S 147. 7, 148. 1; P IV. 6. 22.
Vgl. die vor. Di., ferner Glosse Weichb. 14 (v. Dan. 246. 21); Glog. Rb. 460.

Item von[1] dem selbin.*

Ab[2] scheppin ortel, den sy nicht enwissin adir nicht sicher[2a] seyn, gefrogit[3] habin unde geczugit mit unserm gelde, recht[4] czu wissen, unde dornoch vor gerichte quemen cleger adir[4a] antworter,

---

[Di. 9.] 10a) *Rb* IIII. 11) vorebil; vrebele; *Dr* ym mit fr. zcu schadin gel. h.; *Th* em mit zcu forwarlozen zachen gel. h. 12) *E* vorsessin; *Rb* gethon h. u. gel. 13) u. — gelden] *f. Lb.* 14) *W fh.* wedir. 15) *Z* crhaffte; *E* erhafftige. 16) *P* geirret. 17) *Dr* alz r. ist. 18) *Rb fh.* dinges ader sache. 19) *P* wandel.

[Di. 10.] 1) *Lb fh.* und. 2) *E fh.* sich. 3) *Z* unbeschuldigen. 4) *Dr fh.* konnen adir. 4a) *Rb* dor czu vorleyen. 5) *f. W.* 6) *Da* nedervellik. 7) der — antw.] *f. DrRb.* 8) *LaZWBDa* adir. 9) *K* dy sullen dorvor m. w. unde gutte willen b. gl. ir geld dar legen. 10) *DrTh* und gelden.

[Di. 11.] *) *Diese Di. haben von den Hdss. der Magd. Fr. nur ERa, ausserdem BDaRbDrThSP, der hier mitgetheilte Text ist aus Ra.* 1) *E* Von dem vorgesprochenen capittel eyn glichnisse. 2) *S* Vortmer von sch. o. der wir nicht enw. noch s. s. 2a) *B* schire seyn gefr. u. haben gecz. 3) *E* gebrocht. 4) *S* uff r. 4a) *BS* und.

burger adir[5] *geste und froge umb das recht, ab wir von*[5a] *dem, der do vellig wirt*[5a], *unsere usgegebene geld umme das recht adir orteil wedir nemen mogin, unde ouch wenne*[5b] *das orteil geholit sey umb das gemeyne stad gelt, was hirumbe recht sey.*

Hiruff spreche wir scheppin czu Magdeburg vor eyn recht: Orteil, dy dy scheppin von[6] *ires selbis weyn*[6] *dorch wissendis*[7] *willen des richten*[8] *holen lassen, dorumb bedarff her*[9] *euch hernochmols nymand geld wedir gebin, wenne was yr yn gerichte dorch*[10] *recht*[11] *gefrogit werdet, zo siet ir des pflichtig czu findene, was ir wisset, me wes ir nicht enwisset, das recht sullet ir lossen holen uff des clegers und entwortirs koste, ab sy is von euch begern, unde dy sullen deme richter vorgewissen, welchir undir en vellik wirt der sache, das der dy koste gelde. Von rechtis wegen.*

Distinction 12.

B I. 31; Dr 97; Th 13, 14; Dβ 41; P IV. 6. 8.

Gestrafte Urtheile vgl. I. 4. 3. — Sprechen auf die Schöffen: II. 6; M. St. X 4; XXVIII; M. Goldb. Ia § 17; M. Br. 1261 § 32; 1295 § 13; M. Görl. 52; Weichb. 49; Mühler 35; Glog. Rb. 458, 459, 466; Wasserschl. IV. 85; C II. 2, 3. — Ueberführung durch die Rathmänner: I. 1. 24, 26.

Wy dy scheppin beschulden orteil sullen beschriben laszen unde andirs nymande[1].

Noch fruntlichem grusze, ist das uwer vroge umme recht: Do das orteil geschulden wart, das man clage unde antwortte beschriben sulde, do sprach Johannes[2] **vorspreche, man sulde dy clage usz syme munde beschriben. Do sprochen dy scheppin: man sulde sy**[3] **beschriben**[4] **usz unsirm**[5] **munde, als wir gehort habin. Do sprach Johannes vorspreche: noch Magdeburgischem rechte das**[6] **ich sal sagen unde uz myme munde geschriben**[7] **werdin. Do sagit her syne clage unde doran her velit**[8], **doran undirweisten on dy scheppin, das her ym lisz genugen unde hissen dy scheppin den antwortter ouch syne antwort**[9] **sagen zcu beschriben**[10]. **Doruff derselbe antwortter zcu den scheppin:**[11] **ir habit myne antwort wol gehort, ich kan es abir andirweit**[12]

[Di. 11.] 5) *E* und. 5a) von — wirt] *B* von den selbigen; *Da* von den do selbiges wirt. 5b) *B* weme. 6) von — wegen] *DrTh* mit gutem willen; *S* mit mutbotes. 7) wissen; *Th* wissenheyt. 8) rechtis; *S* richters. 9) *f. E*; *B* man ouch hir noch moles nicht gelt w. g.; *Da* man ouch noch mit nymande g. w. g.; *DrTh* do darff nochmols nymant ymande icht (*Th* awch icht) umb w. g.; *S* der darff nochmolis euch nymand w. g. 10) d. r.] *f. S.* 11) *Th fh.* gefordirt ader.

[Di. 12.] 1) *Lb fh.* von rechte. 2) *E* N.; *Dβ* des clegers *u. s. w.* 3) *Dβ fh.* besser. 4) *Da* schriben. 5) *LbB* orem (erem). 6) *Rb fh.* ist; *B* das ich sagen zal us m. m. 7) beschreben. 8) *E* u. warth doran vellig; *B* veelte; *Da* vellet; *Rb* vellig wart. 9) *B* zache. 10) *Lb* schreiben u. doruff ds. sprach; *E* dor. antwerte ds. den sch. 11) *Z* zcu dem sch. *f. LbB.* 12) *K* a. wort; *Dβ* a. andtwordt.

nicht gesagen[13], als ich sie vor geredt han, sundir ir habit gesworen zcum rechte[14]; ich gebe is[15] uff uwirn eid, was ir gehort hat, das ir daz also lot beschriben; das gloube ich euch wol, das ir nicht andirs thut, wenne also[16] recht ist. Des lissen dy scheppin beschriben syne antwort.[17] *Do*[18] *nu dy clage und antwort* beydir seyt beschriben wart, do lissen is die scheppin lesen vor yn[19] unde vrogeten[20] beide teil, ab das also geschen were. Do sprochen sy beyder seyt: uns genugit wol[21]. Noch deme so ging dez egenanten Johannes vorspreche bussen gerichte[22] an der strossen unde sprach offinberlich:[23] dy scheppin han unrecht getan, sy haben eyme teile me zcu gelegit wenne dem andirn, unde habin sich vormundeschafft undirwunden dez andirn teiles und usz irem munde lossen beschriben dy antwort, dy kegen Johanne[24] gewest ist, dy sulden sy beschrebin haben[25] usz des antworters munde. Unde bekante dornoch der selbe vorspreche[26] vor eyme siczenden rate, do her dorumb angeret wart, das her dy rede czumole geret hette, als vorgeschriben stet. Dorumme bitte[27] wir uns zcu undirwisen, ab dy scheppin mit rechte clage unde antwort lossen beschriben, als[28] sy vor yn geschen ist, adir[29] der cleger unde der antworter[30], unde was der vorgenante vorspreche umme sulche bekante[31] hinderrede unde obilhandelunge[31a] vorvallen sey, adir[32] was recht sey.

Hiruff sprechen wir scheppin zcu Magdeburg recht: Werden orteil in gerichte getroffet, dy sache sal der richter mit wissentschafft[33] der scheppin beschreben senden[34] unde sich rechtis[35] dorumme dirfrogen. Von rechtis wegin.

Czu[36] deme andirn artikel spreche wir eyn recht: Hat der vorspreche uff uch scheppin gesprochen, ir habit unrecht getan unde eyme teile me zcu geleget wenne deme andirn, umb dy wort moget ir yn dingpflichtig machen und yn dorumb beschuldigen. Bekennet her denne der wort[37], so hat her uch scheppin allin[38], dy czu der czyt uff der bang sossen, missehandilt und

---

[Di. 12.] 13) *B* so reden. 14) zcum rechten; czu rechten; czu rechte. 15) *W fh.* uch. 16) *E* das. 17) *W fh.* unde ouch dy. 18) *aus Z; f. LaRa; EWLbBRb* do die sache (do dy; und do es; do die antw.; do is) beschr. w. von b. s. (b s.) 19) vor yn] *f. E.* 20) *E* von beyden teylen; *W* vr. sie uff beiden teilen. 21) *Lb* noch; *E* ouch; *RabDa* noch wol. 22) *W* b. g. u. sprach an d. str. do her ging. 23) *f. W.* 24) *Lb* Johannis antwert. 25) *Z fh.* lassen. 26) *Lb fh.* der wort. 27) *Rb* hette wir uns lossen undirw. 28) *Rb* alzo hir vor yn beschreben ist; *Dβ* als sie vore geschriebenn stehett. 29) adir — antworter] *E* beide vom cl. u. antw. 30) *W fh* das thun sulden 31) *Lb fh.* schult und. 31a) *Ra* obirhandelnnge. 32) ad. w. r. s.] *f. E.* 33) *Dr* wissenheit. 34) *f. Lb; Rb* vorschreyben lossen; *Dβ fh.* lassen. 35) *Dr* orteils. 36) *E* czum andern mole: *B* czu den anderen artikelen. 37) *B* antwort. 38) *E* alle.

sal eyme iczlichen der scheppin vorbussen mit XXX schillinge unde deme[39] richter so manch gewette gebin[40], also[41] manche busze her gibit. Vorsachit her is abir, so mag her des unschuldig werden[42], is en sy denne, das dy radmanne alle das uff yn halden wellen, also recht ist, das her dy wort in siczendem[42a] rate bekant habe, denne so mochte her keyne unschult do vor thun unde sulde denne den ratmannen das ouch vorbussen mit dren windischen marcken, das sint XXXVI[43] schillinge und deme richter abir[44] so manch[45] gewette geben. Von rechtis wegen.

Distinction 13.

B I. 67; Dr 38; Th 60; S 144. 2, 3; Db 27; P IV. 6. 6.
Vgl. I. 1. 5; I. 3. 10, 11; Ssp. II. 12 § 7; Richtst. 48; C II. 8; V. 66 (Schwsp 97); Glog. Rb. 465.

Ab[1] dy scheppin orteil mogen fristen.

Ab richter unde[2] scheppin orteil[3] vorczihen mogen und[4] fristen usz eyme dinge in das andere ane willen des clegers[5], adir[6] ab is eynes willen were[6] unde des andern nicht, wy lange und wy offte[7] das geschen mochte[8].

Hiruff sprechen wir scheppin zcu Magdeburg recht: Wissen scheppen eynis orteils nicht adir sint sy des nicht eyns, so mogen sy das orteil vristen[9] in das ander, in das dritte ding; denne sullen sy das orteil inbrengen[10] adir holen laszen, do sich das gebort, ab sy is nicht vinden kunnen; nicht lenger sullen sy das vorczihen. Von rechtis wegen.

Distinction 14.

C II. 16; P IV. 6. 5.
Vgl. I. 3. 16; C II. 50; Mühler N. 15.

Wy lange dy scheppin eyme syner sachen schuldig syn czu gedencken.

Eyn man kumpt in gehegit ding unde beseczt syne sache[1] unde clage mit den scheppin, wy lange in[2] dy[3] schuldig sint, syner sachen zcu gedencken[4].

Hiruff sprechen wir scheppin zcu Magdeburg recht: Dy scheppin sint nicht pflichtig, ymandis sache zcu gedencken, is en sy denne, das ymand syne sache beschriben lasse in gerichte

---

[Di. 12.] 39) *W* *fh.* gerichte adir. 40) *Da* gebort. 41) also — gibit] *f.* *Dβ*. 42) *Dβ* *fh.* auff den heyligen. 42a) *Rb* besitczenden. 43) *Rb* LX. 44) *f.* *Lb.* 45) so manch] *Ra* also vil; *Dr* eyn; *Dβ* also m. wette, also m. busse.

[Di. 13.] 1) *diese Di. f. WK.* 2) *f. BDa.* 3) *f. EDb.* 4) u. fr.] *DrS* ader vorschyben; *Th fh.* des sye nicht enwissen. 5) *DrS fh.* adir des beclageten mannes. 6) adir — were] *f. Lc.* 7) *f. DaRb.* 8) *DrThS fh.* adir sal mit rechte. 9) *S* vorczyen. 10) *Z* eyn brechen; *S* lossin brengin

[Di. 14.] 1) s. u.] *f. Lb.* 2) im. 3) *Lb fh.* scheppin. 4) *K* bedencken.

unde den scheppin[5] recht[6] dovon gebe[7]. Der geschrebenen[8] sachen[9] sint dy scheppen pflichtig zcu gedencken unde sullen das[10] bekennen in gerichte, wen man is von yn[11] begert unde heischet. Von rechtis wegin.

Distinction 15.

C II. 13; P IV. 2. 15; IV. 6. 6, 21.

Vgl. I. 3. 9; Glog. Rb 173; Ssp. III. 52 § 3; Weichb. 20; dazu Glosse (v. Dan. 261. 21); C II. 22; Tschoppe u. Stenzel CIII. Görlitz 1303 (446); CLX Reugersdorf 1348 (562).

Ab man eynen scheppin[1] uff der bang beclagen mag ungeladen.

Ab scheppin zcu rechte siczen in eyme echten[2] burger dinge, ab eyn ander burger der eynen[3] unvorbot mag beclagen.

Hiruff sprechen wir scheppin zcu Magdeburg recht: Siczen scheppin in gehegetem dinge zcu rechte, sy[3a] sint vorbot von dem vroneboten adir nicht, sy mussen antwortten, ab sy beclaget werdin, ab[4] der richter[5] das mit rechten orteilen[6] irwirbet[7]. Abir der richter, der do zcu richten[7] siczet, her endarff nicht antworten in synes selbis gerichte, is en sy denne das der obirste[8] richter selbir[9] do czu keginwortig ist, der obir yn moge richten[9a], so mus her antworten, ab der cleger das mit orteil[10] gewynnet[11] unde irwirbet[12]. Von rechtis wegin.

Distinction 16.

B I. 88; Dr 71; Th 99; Dβ 1; P IV. 6. 15.

Vgl. M. St. II. 1—3; M. Br. 1261 § 23; M. Görl. 15; Weichb. 22 § 5; 50; Glosse 20 (v. Dan. 271. 25); Mühler 19; Glog. Rb. 12; C II. 4; Blume Ssp. (Hom. Richtst. 367 a. E.).

Was[1] dy scheppin von inwiszunge erbes unde gutis nemen sullen.

Was[2] scheppin von erbis inwisunge, von uffgobe, von ansproche adir bekentnisze adir welchir weyz das were, do dy

---

[Di. 14.] 5) *f. E.* 6) *RaLbC* ir r. 7) *W* gethu. 8) beschrebenen. 9) *C* sache. 10) *C* der. 11) *Z* yr.

[Di. 15.] 1) *E* eynen man der do sch. ist. 2) *E* rechten. 3) d. e.] *Lb* e. scheppen; *W* der sch. e. 3a) *C* sy synt tzu r. vorbotet. 4) ab — irw.] *f. Lb.* 5) *ERaC* cleger. 6) *Z* artikeln. 7) *Lb* gerichte. 8) *f. C; P* der burggraffe. 9) *f. Z.* 9a) *C fh.* und sal. 10) *C* rechtem orteyl; *P* rechten urtheiln. 11) gew. u.] *f. RaCP.* 12) *C* erfordirt; *P* erwirkt; *E fh.* also r. ist.

[Di. 16.] 1) In *Dβ lautet die Ueberschr.* Wovon die scheppen orkunde nemen und heischen mögenn und mit rechte und annders sollenn noch mögenn sie nicht scheppenn schilling heischen mitt rechte wen von diesen sachen. Wil jemandt seine sachen nicht bewahren, das steht zu im, man ist ime umb sunst nicht pflichtig zu gedencken von rechte. 2) *E* ab; *Dr* was sch. v. eynw. erbe uffgeben anespr. ad. andir bek. die man von uns haben wil zcu bedechtnisse und zcu bekentnisz adir welcher unser das were (!) do von die sch. v. r.; *Th* Vortmehe was sch. von ynw. e. ader von offgebunge e. ader von anspr. ader um bek. das man von en h. w. ader begert czu eynem gedechtnis und czu bek. ader in welchirley weise das were dovon d. sch.; *in Dβ lautet die ganze Fr.:* Von anspr., v. bek. ad. v. e. einw. was die sch. von rechte oder wie viel sie nemen sullen.

scheppin von rechte[3] geld von[4] nemen, wy vil sy dez nemen sullen von rechte, wenne[4a] zcu Magdeburg[5] eyne sulche muncze ist, das[4a] XVI[6] vor eynen groschen gehen[6a] cleyner[7] pfenninge[8], unde wy vil man der nemen sulle vor[9] eyne iczliche sache, unde von welchir sachen sy nemen sullen unde *nicht*[10] nemen.

Hiruff sprechen wir scheppin zcu Magdeburg recht: Von inwisunge erbis, uffgegebin[11] adir umb ander sachen[12], der man in gehegetem dinge von rechtis[13] halben gedechtenisze adir bekentnisze gereit[14], do von sal man den scheppin eynen schilling pfenninge[15] geben sulcher muncze, als yn dem gerichte[16] genge unde gebe ist, do man mit tegelich pflegit zcu kouffen[17]. Von rechtis wegin.

Distinction 17.

B. I. 12; Dr 162; Th 152, 153; S 135. 5, 136. 1; P IV. 15. 14, 15. — [Beil. II.]
Vgl. I. 15. 1; Glog. Rb. 566; C V. 64 (Schwsp. 140).

Ab scheppin bekentnisz crafft[1] *hat undir der stat ingesegil in der stat selbis sache.*

Ab sich eyn man vormisset, bewiszunge czu brengen usz gehegetem dinge, unde dy bewyszunge undir eyner stat ingesegil, dó sy wonen, unde[2] nicht *undir*[3] der scheppin ingesegil[2] brengit in der[4] wisze, ab dy sache dy stat selbir antrete, ab dy stat undir irem ingesegel iris selbis sache czugen mogen unde mit dem geczugnisz volvaren, wan dy scheppin der stat[5] von alders her keyn ingesegil gehat habin unde[6] noch keins haben unde alle sachen, dy vor in in gehegetem dinge geschen, mit dem richter vor dem rat czugen[7], unde dy sache des bekentnisz der rat[7a] undir syme ingesegil beczugit, *ab*[8] das crafft unde macht habe[9].

Hiruff sprechen wir scheppin zcu Magdeburg recht: Der scheppin bekentnisze undir der stat ingesegil in sachen, dy dy selbe stat antrit, ist nicht mechtig, unde mochten dy radmanne mit irre bewiszunge nicht volfarn. Sullen abir dy scheppin eyner stat der selbin stat sachen, dy vor[10] yn geschen syn in gehege-

---

[Di. 16.] 3) *Z* richte. 4) *EBDaRb* umb. 4a) wenne — das] *f. Rb*, *dafür* do. 5) *DrTh* uns. 6) *EB fh.* pfennige; *W fh.* hellir. 6a) *Rb* gelden. 7) *f. Z*; cl. pf.] *f. B.* 8) *E* moncze. 9) *WBDar* von eyner. 10) *f. LabRa.* 11) *ZEWKLb* uffgeben; uffgebunge (*K fh.* ader reichen); *f. BDaRb.* 12) *K fh.* unde gescheffte. 13) *Rb* von rechte wil haben ged. u. bek. wenne her der begert. 14) *Z* geredt; *Lb* gereth; *RaWBDaRbDr* geryt, gerit, gert, begerit; *ETh* habin wil. 15) *f. E.* 16) *E* lande; *P* lande oder ger. 17) *BDr fh.* unde vorkouffen.

[Di. 17.] 1) *Lb fh.* und macht. 2) unde — inges.] *f. E.* 3) *LaZ* wider. 4) *B fh.* stat. 5) d. st.] *f. W.* 6) u. n. k. h.] *f. Lb.* 7) *Lb* zcu gehin. 7a) *Rb fh.* irkente und. 8) *LaZ* als. 9) *Lb fh.* ader was recht sie. 10) v. yn] *BDaRb* dorynne.

tem dinge beczugen, do sullen sy des richters ingesegil[11] zcu geczugnisze habin adir[12] selbir eyn[13] ingesegil mit[14] dem richter dorczu[14] machen lossen ader[15] mit des nehesten[16] richters ingesegil, in des gerichte sy kommen mogen, do sullen sy[15] ir[17] bekentnisze[18] thun unde[19] undir der[20] ingesegil[17] ir bekentnisze[18] vort geczugen in das gerichte, als sich dy lute han vormessen, ab sy selbir dar nicht kommen wellen. Geschit das geczugnis, do mete mogen[21] dy lute volvarn an[22] irre bewiszunge Von rechtis wegin.

Distinction 18.

B II. 69; Dr 135; Th 209; Dβ 28; P IV. 6. 23.

Von wedirsproche[1] eynis scheppin brives.

Ab[1a] eyne frauwe wedir eynen[2] brieff spreche, der usz gehegetem dinge komen[3] were adir gegeben, unde eylff[4] scheppin mit namen in dem brive geschrebin stunden, der sessen abir nicht mer denne vier uff der bang, dy[5] sprechen also, sy gedechten der wort nicht eygintlich, adir sy wusten wol, das sy den brifl vorsegilt hetten, sy unde[6] ander ire brudere, dy mit yn zcu der czit uff der bang gesessen hetten, unde hetten den briff der frauwen man lassen antworten, dem das erbe were uff gegebin, der kunde lesen unde hette das wol vernomen, derselbe[7] hette den briff gehalden[8] iar und tag, e das her storbe, unde hette den nye wedir sprochen, ab nu der zcu der czit[9] richter was adir dy iczunt nicht[10] scheppin syn, den briff gebrechen mogen, adir was dy dorumme lyden sullen, dy wedir den briff sprechin, den der tote man by syme lebene nye wedirsprochen hat, adir was recht sy.

Hiruff sprechen wir scheppin zcu Magdeburg recht: Den briff mag nymand brechen, wenne dy[11] scheppin, dy noch siczen, unde der richter unde dy scheppen[12], dy do sossen mit[13] yn

---

[Di. 17.] 11) *W* gecz. zcu h. u. ing.; *Lb* ing. u. gecz. zcu h. 12) *Lb fh.* die scheppin sullin. 13) *RabBDaP fh.* eigen. 14) mit — dorczu] *f. Lb.* 15) ad. — sullen sie] *f. Lb. dafür* und. 16) *E* hogesten. 17) ir — ing.] *f. Z.* 18) ir bek.] *Ra W* irkentnisze. 19) *Lb* ir bek. th. undir irem ing. wes sich d. lute vormessen ab . . . 20) *E* dem; *Rb* yn der. 21) *Lb fh.* sie und. 22) *Rb* erer bew.

[Di. 18.] 1) *Z* widersprechen. 1a) *DrTh* Fruntlichen grus zcuvor liebin frunde. Ir habit uns gefroget alsus: Alz wir euch haben yn eynem andern brieffe geschrebin wie die frawe mit eren frunden und mit ere vorsprechen wedir den briff redet dorumb zo wisset das der helffte (*Th* die XI) scheppin die yn dem briff geschrebin synt, der syczen yczund nicht wenn vier uff der scheppen b . . . 2) *Lb* der scheppin. 3) k. w. a. g.] *ERa* gegebin w. 4) *E* XII. 5) *von hier bis zu Ende der Frage f.* Rb. 6) *Lb* ader. 7) d. h. d. br.] *Lb* und. 8) *Z* behalden. 9) *W fh.* nicht. 10) *f. E; Lb fh.* richter noch. 11) *DrTh fh.* vir. 12) *f. Ra.* 13) m. yn] *f. E.*

unde noch leben[14]. Wellen dy in gehegetem dinge sprechen und sweren uff den heiligen, das der briff an ire wissenschafft[15] unde volbort gegebin unde besegilt[16] sey, so brechen sy den briff unde andirs nicht. Abir[17] das sy sprechen, das sy iczlicher wort nicht gedencken, do kunnen sy des brives[18] nicht mete gebrechen, wen dorumb[19] gibit man yn[20] brive, das man dinges[21] in den briven und[22] mit den briven[22] dencken[23] unde bewisen[24] *moge unde*[25] also halden, als dy beschriben[26] seyn. Von rechtis wegen.

Distinction 19.

B II. 71; Th 206; Db 86; Dβ 30. — [Beil. II.]
Vgl. Wasserschl. IV. 100.

Von wedirsproche eynis scheppin briffes.

In[1] eyn gehegit ding ist[2] komen adir[3] eyn briff worde[4] geleget, der von worten zcu worten also spreche[5]: Sub anno domini M⁰CCC⁰LXXXV⁰[6] in crastino *festi*[7] sancti Andree apostoli judicium fuit bannitum per advocatum[8] P. de G. et scabinos submissos scilicet A., B., C. Coram judicio N. de Pe. presentialiter constitutus domum suam lapideam in platea fratrum[9] domum P. de G.[10] contiguam[11] fundamentaliter situatam cum omnibus et singulis eisdem[12] juris modis, limitibus, quibus eandem *hattenus*[13] habuit, possedit et tenuit, Jo. E. libere resignavit per eundem[14] *ejus* heredes *legitimosque*[15] successores tenendam, habendam, fruendam, jure quoque[16] hereditario perpetuo pacifice possidendam nec non in usus suos *quos*vis[17] beneplacitos convertendam. Et promisit dictus[18] resignans *pro*[19] omni jure[20] et impeticione secundum jus civitatis et legem. In

---

[Di. 18] 14) *Rb* bleyben. 15) *K fh.* unde willen; — w. u. v.] *B* ane ere wilkore. 16) vorsigelt; gesegilt. 17) *Z* ab denn; *von hier bis zu Ende f. Rb.* 18) den brieff. 19) *E* worumb. 20) *f. ZRaB.* 21) *E* der dinge; *Lb* eyn ding. 22) u. — br.] *f. ERa.* 23) *ZEWLbB* gedencken. 24) *Dr* gewissen; *Th* beweisunge thun. 25) *so ERaBDrTh; LabZWK schalten ein* adir was dy dorumme lyden sullen; *WK fahren fort* dy wedir sprechen etc. Dy sullen is also h. nochdeme alz dy brieffe geschr. sint (*K* ist das eyn recht das sie is also h. sullen alsz der brieff lawtet und nochd. alsz her geschr. ist das sullen sie glewben). 26) *Dr* brieffe.

[Di. 19.] 1) *In Rb lautet die ganze Frage:* Ap yn eyn geheget ding eyn briff geleget wurde der awsz eyme andern gehegeten dinge seynen awsgank hette, was recht dorumme sey. 2) ist — ad.] *f. ERa.* 3) *f. Lb.* 4) *Lb* und vorgelegit. 5) lute. 6) *Lb* M⁰CCCC⁰XLVIII; *E* M⁰LXXXV; *B* millesimo quadringentesimo LXXXV. 7) *La und andere* festo. 8) *Lbc* uocatum. 9) *E* sua; *W fh.* circa. 10) *W* P de C; *K* R de ff. 11) *Lb* continguam; *f. E; B* condigna. 12) *Raβ* eidem; *K* ejusdem. 13) *La* bettenus. 14) *LabZRaWB fh.* ejusdem. 15) *La* ltmnes; *ZW* legitimos; *B* ltiosq. 16) *ZE* jureque; *WB* juris quoque. 17) *LabE* quevis. 18) *W fh.* P ac. 19) *La* per. 20) j. et] *W* juris.

cujus rei testimonium[21] etc.[22] Do der brieff gelesen wart also, do sprach her durch synen vorsprechen: sint demmol das desser briff spricht Jo. E.[23] unde synen erben, und her nu[24] nirgen eynen nehern erbin hat denne myn wip, ab man dy nu nicht in das erbe wisen sulle noch des briffes lut von rechtis wegen. Do wedir spreche des toten mannes wip durch iren vorsprechen: her[25] richter, ich czihe mich des an den uffreicher des erbis und an den richter[26], der czu[27] der czit richter gewest ist, und an eczliche scheppin, also vil also ich ir[28] dorczu bedarff, alz[29] eczliche wort nicht geret[30] woren, als dy in dem briffe geschriben sten, und benamen[31] dy wort per eundem ejus heredem[32]. Do wedir spreche her[33]: wenne man scheppin brive zeu gedechtenisze uff[34] lange tage *gibt*[35], unde deser briff nu mit der scheppin ingesegel besegelt[36] ist, ab nu ymand do wedir reden moge, adir ab der briff nicht[37] bund[38] unde crafft sulde habin, adir was recht sey[39]; ab man nu den briff gebrechen moge mit rechte. Ouch sprach des toten mannes wip: her richter unde[40] scheppin, ich dirmane uch des, das ich vormols eynen andirn briff in gehegetem dinge habe gehat, do mete ich redelich[41] bewiset habe, das mir myn man alle syn gut bewegelich unde unbewegelich, das her hatte unde[42] haben worde, noch syme tode dy helfte vor gehegetem dinge gegebin hat zeu thunde unde zeu loszene. Do wedir spreche her:[33] sint dem male, das mynes wibis *frund dy*[43] gobe, dy her synem wibe getan[44] hath, ym do ynne[45] dy herschafft hatte behalden, domete[46] her bewiset hat das erbe, das her dornoch gekoufft hatte, daz her ym unde synen erbin ouch dar uff nam[47], ab nu myn wip nicht billicher by deme erbe bliben sulle, adir ab sy do von ymand getriben mochte[48], adir was eyn recht sey. Do wedir spreche des toden

---

[Di. 19.] 21) *W* testimonio. 22) *In Dβ lautet der erste Theil der Urkunde:* Sub a. d. M°CCCC°XXV° in cr. omnium sanctorum j. f. b. p. a. Jo. de Medaw et sc. subm. sc. A. B. C. Cor. j. nostro N de Gedanczk pr. c. d. s. l. in pl. fr domum Pe. de Cuering condignam f. s. c. o. et s. eidem juris modo l. qu. c. h. h. p. et t. Jo. de Grunaw l. r. p. c. cujusdem cj. h. l. s. t. h. fr. juris qu. h. (*das übrige wie im Text*). 23) *Dβ* Johan. 24) nu — erbin] *Dβ* keinen nehern frundt. 25) *Lb* herre er r. 26) *f. E.* 27) czu d. cz.] *f. E.* 28) i. i.] *Th* der rychtir. 29) *E* das. 30) *B* gerurt. 31) *E* bey n.; *B* mit n. 32) *Th* heredes; *BDβTh fh.* ut supra. 33) *W* N; *Th* Cleppil. 34) *f. Lb.* 35) *f. LabZWDβ. Th* nympt czu g. off l. czeyt. 36) *B* vorsegelt. 37) *f. E.* 38) *E* kr. u. macht. 39) *Th fh.* dorumme bete wir ewch uns underweysen. 40) *EW fh.* ir; *K fh.* liben. 41) *E* redeliche bewisunge habe gethon. 42) *Lb* ader ymmer. 43) *LaZW* frunde gobe; *Ra* frund gobe; *Th* frunt yn der g. 44) *E* gegebin. 45) *f. Z.* 46) domete — nam] *Th* und dy herschaft domete beweysit hat, das her das erbe vorkawffte das her hatte und dys erbe dornoch gekawfft hat und das em u. s. e. genomen hat. 47) *E* das h. im u. ouch s. e. uffnam; *W* ouch macht dor uff nam (*K* dor an nam u. behilde). 48) *Z fh.* ader moge; *B* ab sie dovon getreben moge werden.

mannes wip: als ich vormols geantwortet habe, wy mir yn dem kouffe des erbis dy helffte redelich benumet wart unde[49] mir dy uffgobe unwissentlich[50] ist vorswegen, und[51] mir dy vorswygunge ouch unwissentlich gewest ist, ab mir nu nicht dy helffte des erbis volgen und[52] bliben sulle, adir was recht sey[53].

Hiruff sprechen wir scheppin zcu Magdeburg recht: Bekennet der richter unde dy scheppin, das der[53a] briff mit irem wissen volfurt[54] sey usz gehegetem dinge obir dy reichunge[55] des husses gegebin unde besegilt[56] sey[57], so en mag den briff nymand brechen noch wedir sprechen, me[57a] man sal das husz teylen noch uszwisunge des brives, unde dy frauwe mag do wedir nicht komen[58] mit[59] irem vordern brive, dorumme das ym ir erste man herschafft dorynne[60] behalden hatte. Von rechtis wegen.

Viertes Kapitel.

In dissem articulo wolle wir sagen dese[1] vrogen von ortel vinden, unde wy man ortel sal schelden[2], manchirhande stucke.

Distinction 1.

B I. 33; Dr 98b; Th 16; Dβ 40
Vgl. Ssp. II. 12 § 11, 13; III. 69 § 3; M. Görl. 86; Weichb. (Zob.) 74; Glog. Rb. 456, 457; C V. 66 (Schwsp. 97); P IV. 7. 2, 3.

Wy unde in was wortten man ortel schelden mag.

Mit welchen wortten man ortel schelden mag.

Hiruff sprechen wir scheppin zcu Magdeburg recht: Wer ortel schelden wil, der sal stende sprechen alsus: das ortel, das mir[1] gefunden ist, das schelde ich, unde ist unrecht, und wil eyn

---

[Di. 19.] 49) u. — unw.] *Th* u. yn der offg. des erbis myr unw. meyn vorsw. ist. 50) *E* unredelich. 51) u. m. d. v.] *f. Lb.* 52) u. bl.] *f. B.* 53) *Th fh.* hyrumme bete wyr uns underweysen worczu ydermann recht habe. 53a) *Die Antw. lautet in Rb* B. d. r. u. d. sch. d. d. br. m. erem w. u. v. is sey yn gehegetem dinge adir dy richtunge des dinges adir was das sey gegeben u. vorsegelt sey so en mag den br. nymant brechen. 54) volf.] *LbTh* u. volbort. 55) *B* richtunge; *Th* rechenunge. 56) vorsigelt, gesegilt. 57) sey — me] *f. Z.* 57a) *von hier bis zu Ende f. Rb.* 58) *f. E.* 59) *Th* myt erem wedir briffe u. gabe, do em yr elich man dy hersch. ynne beh. hat. 60) *f. E.*

1) d. vr.] *f. E.* 2) *E fh.* in.

[Di. 1.] 1) *E* im.

rechters [2] vinden. Unde [3] bitte der bang, eyn besser orteil zcu vinden unde bitte den scheppin, uff zcu stehin, des [4] orteil her schildet. So sal der richter den scheppin heissen uff sten und deme stroffer dirlouben [5], zcu [6] siczen in dy bangk, denne sal her ander orteil vinden unde czihe sich mit dem orteil [7], do her sich des [8] von rechte hyn czihen sal, das ist an [9] dy höer banck [10], und sal deme richter wissenheit [11] thun, das her mit syme orteil volfare adir [12] daz mit rechte lasze [13], ab her fellig [14] wirt. Von rechtis wegen.

Distinction 2.

B I. 34; Dr 99; Th 17; Dβ 40.

Vgl. Ssp. II. 12 § 5; M. Goldb. Ia § 17; M. Br. 1261 § 32, 33; M. Görl. 52: Weichb. 15 § 4, 5; dass. (Zob.) 73, dazu Glosse (v. Dan. 394. 6); Mühler 35; C II. 7.

Was der [1] bestanden ist, der orteil unrecht [2] stroffet ader schildet.

Ab [3] eyn man eyn [4] orteil noch rechte [5] in sulchen wortten nicht schulde [6], was her dorumb vorfallen [7] sulle syn von rechtis wegen.

Hiruff sprechen wir scheppin zcu Magdeburg recht: Schildet ymand orteil nicht noch rechte, ehir dy volge dorczu gegebin wirt, und wirt fellig, der sal deme scheppin, *des* [8] ortel her geschulden [9] hat, zcu busze gebin driszig schillinge unde deme richter syn [10] gewette, das sint VIII schillinge. Schildet abir eyner ortel noch der folge und wirt fellig, so sal her das den scheppin, dy zcu der czyt uff der bangk sossen, allen [11] vorbussen unde sal eyme iczlichen der scheppin driszig schillinge czu busze geben unde deme richter also manch gewette [12] also manche busze.

Distinction 3.

B I. 35; Dr 99; Th 18; P IV. 7. 4.

Vgl. Ssp. II 12 § 4; Richtst. 49 § 4—6.

Wer bescholden ortel bekostigen sal [1].

Abir [2] vortmer unde [3] wenne [4] das orteil gescholden wirt in [4a] das hogerichte [5], ab [6] is daran genug ist, das dye scheppin

[Di. 1.] 2) *K* gerechters. 3) u. — vinden] *f. Lb.* 4) d. o. h. sch.] *E* der das teilte. 5) *K* lawbe geben. 6) *B* die b. zcu s. 7) *W fh.* dohyn. 8) *f. EW.* 9) *E* in die. 10) *Lb* stat. 11) *E* wissintschaft; *BDaRb* wissen. 12) ad. — lasze] *f. Lb.* 13) *B* lose. 14) f. w.] *Da* vellet.

[Di. 2.] 1) *W fh.* schuldig ader. 2) *E* czu unr. 3) *die Frage f. Dβ.* 4) *E* e. unrecht o. vunde unde in s. w... 5) *f. Lb.* 6) *E fh.* also recht were. 7) *ELb* bestanden. 8) *LaZ* das. 9) *Z* schuldigen. 10) *E* so manch. 11) *f. Lb.* 12) *Rb* a. m. busse a. m. gewette.

[Di. 3.] 1) *W fh.* adir volgen. 2) a. v. u.] *f. E.* 3) *f. WLbB.* 4) *W* wen das geschuldene o. w. brocht. 4a) an. 5) *ZW* hoche ger.; *RabBDa* hoeste ger. 6) *E* ab denne d. sch.

clage unde antwort lossen[7] beschriben unde[8] gebin undir iren ingesegil, also dy geschen ist von deme cleger und deme antwertter, adir ab dy scheppin selbir folgen sulle von[9] rechtis wegen.

Hiruff sprechen wir scheppin zcu Magdeburg recht: Der richter mit wissen unde bekentnisz der scheppin sal clage unde antwortte unde dy geteilten orteil, dy gestrofet unde gescholden sint, beschriben losse[10] unde senden dy an das hogeste[11] gerichte, do[12] man sich hin czihen sal unde[12] das recht[13] pflegit zcu *holen*[14], und umme das ortel, das[15] so bescholden wirt, dorffin dy scheppin selbir[16] nicht hin[17] volgen. Von rechtis wegen.

Distinction 4.

B I. 76; Dr 45; Th 83; Dβ 78.
Vgl. Ssp. III. 26 § 1; III 52 § 2; III 60 § 2; Glosse Weichb. 13 (v. Dan. 241).

Ab eyn man des koniges ortel geschelden[1] moge und wo her sich hin czihen sal[2].

Ab eyn man des[3] koniges orteil geschelden moge unde wo her sich hin[4] czyn sulle, ab her das gethun moge adir[5] nicht.

Hiruff sprechen wir scheppin zcu Magdeburg recht: Siczet der konig gerichte in eyner stat, do wigbilde recht ist, so mag man do vor[6] ym[7] ortel[8] schelden unde czyhen sich des[9] an das öbirste wicbilde recht, do dy stat ir recht pflegit zcu holin. Von rechtis wegin.

Distinction 5.

B II. 55; Th 205; Db 28. — [Beil. II.]
Vgl. Sspl I. 62 § 8; Richtst. 16 § 3; M. Br. 1261 § 62; M. Görl. 105; Glog. Rb. 464; P IV. 7. 7.

Von eyme gescholden orteil, unde wy dy sache geteidinget[1] ist.

Ab eyn man clagete von synes wibes weyn czu eyner frauwen umme eyn erbe, das sy anirstorben ist von irem rechten eömen[2], das hette sy sich undirwunden und sesse dorynne mit rechter[3] gewalt, unde bette[4] also gerichtis unde gerte der antwort. Doruff spreche dye frauwe[5] also durch iren vorsprechen, das ir in[6] dem kouffe des huses von irem manne redelich benümet und[7] be-

---

[Di. 3.] 7) *f. ERabBDar.* 8) *f. ebendas.* 9) *E* adir was r. ist. 10) *E* geben. 11) *f. E; Dr* hoer; *Th* hochste recht. 12) do — und] *f. Dr.* 13) *f. BDaRb.* 14) *LabZW* halden; *BDa* haben. 15) d. so b. w.] *f. Dr.* 16) *f. RaW.* 17) *E fh.* czien noch.

[Di. 4.] 1) *E* bescheldin. 2) *Lb fh.* und ap er das gethun mag. 3) *f. BDaRb.* 4) *f. B.* 5) ad n] *f. Lb.* 6) *E* von. 7) *BDaRb* eyn. 8) *Lb fh.* finden und. 9) *f. ZBDa; E* das.

[Di. 5.] 1) *Z* beteydinget. 2) ee omen; ee ohmen; ehe omen; ehemen. 3) *Rb* gantzer; — r. g.] *f. Z.* 4) *Z* büthe; *EDb* bethe. 5) *W* wytwe. 6) i. d. k.] *B* der kouff. 7) u. ben.] *f. Lb.*

nant sey worden, also daz ir das huz noch syme tode folgen und bliben sulle, und das wil sy czugen[8] mit dem manne, der das erbe vorkouffte und mit andern erbarn[9] luten, dy do bey gewest syn, und ir[10] sy unwissentlich gewest, so das ir[11] in der entphounge des huses vor gerichte vorswegen ist worden, so[12] lot eyn recht[13] werden[12], sint demmole das sy von ym yn dem kouffe des huszes benumpt ist worden und[14] ir ere vorswygunge in[15] der entphaunge des huszes unwissentlich gewest ist, ab[16] sy des nicht nehir nemen unde behalden sulle, adir was eyn recht sey. Der cleger spreche: lat mir eyn recht werden, ab sy geantwort habe. Ym worde geteilet, sy hette geantwort. Der cleger spreche: lat mir eyn recht[17] werden, ab sy icht dy bewisunge[18] sulle legen[19]. So spreche der frouwen vorspreche: dy antwort ist unse bewiszunge. So spreche denne der cleger: lot mir eyn recht werdin, wenne wir[20] umb erbe geclagt haben[20], ab sy icht ire bewiszunge usz gehegetem dinge legen sulle. Der antwortter spreche: lat mir eyn recht werdin, wenne her dy clage vor geweret[21] hat, ab her sy nu gehohen moge. Do wedir sprechen richter unde scheppin: wir horen nicht, das her icht[22] syne clage hohe, sundern das[23] mit clage[24] noch bewiszunge yaget[25]. Unde[26] sprechen: habit ir bewiszunge, dy legit[27]. Do legeten sy czwene brive, do[28] dy geleszen worden, so spreche denne der cleger: sy hat noch eynen briff obir das husz, domete das huz uff uffgegebin ist, und begere, das sy den lege. Do spreche der frouwen vorspreche: gewynnet her ir daz huz an, sy wil ym den briff dorczu geben. So spreche denne der cleger: lot mir eyn recht werden, wenne wir umme erbe geclaget habin unde sy czwene brive geleget hat, ab sy nu nicht ouch den dritten legen sulle, do mete ir das erbe[29] uff gegebin ist, adir was recht sey. So spreche denne abir der[30] frauwen vorspreche: sintdemmol das uns geteilt ist usz gehegetem dinge, das wir geantwort haben, unde[31] wir ortel dornoch[32] gefrogit haben, ab man uns dy nicht vorsprechen[33] sulle, e wir keynen briff legen

---

[Di. 5.] 8) beczugen. 9) *W* erben. 10) *Th* ist ir. 11) ir — entph.] *Rb* ir der phendunge; *Th* ir man pfennyge. 12) so — werden] *f. ELbDb*. 13) *Z* richter. 14) *Rb* u. ire vorsw. des hawses u. phendunge. 15) in d. e.] *f. Th*. 16) *Lb* ab sy n. n. und mit merem rechte das husz n. u. beh. sulle. 17) *E* orteil. 18) *Ra* wissunge. 19) *Db fh.* ader thun. 20) *Lb* ich u. e. g. habe. 21) *ELbRbDb* vorwert; *B* vor gewert; *W* vor geworit. 22) *f. EWLb*. 23) *Lb* das nach mit cl. u. bew. 24) *Th* froge. 25) *EDb* manet; *f. Lb*. 26) *Lb* do sageten die sch.; *Th* wir sprechen. 27) *Lb fh.* vor. 28) *W* dy do. 29) *EDb* hus. 30) *E* der vorspr. der bei der fr. ist. 31) *B fh.* ab. 32) *B* o. gefr. h. dorumme. 33) *EDb* ab m. die n. vor us spr.

sullen, adir was recht sey. Do spreche[34] der scheppe[34a] syn[35] ortel mit folge andir[36] scheppin, dy do sossin, in sulchen worten: sint demmole das der cleger umb das erbe geclagit[37] unde[38] dy frouwe noch[39] irre antwort czwene brive gelegit hath, unde der cleger des dritten brives begerende was, ouch[40] dor czu legende, do mete das erbe uff gegeben was, so sal dy frauwe den dritten briff ouch legen, also ferre alz sy den hat. Von rechtis wegen. — Das ortel schalt der frouwen vorspreche und quam mit ortel uff dy bangk unde sprach eyn[41] ortel: noch dem mole das der cleger gesprochen hat, her habe czu der frauwen nicht me czu clagene, unde dorobir dy gewere getan hat unde slecht zcu der frauwen geclagit hat unde yn syner anclage[42] keynen briff genant[43] hat, unde dy frauwe czu syner clage antwort[44] getan hat, unde dorch[45] orteil geleitet ist von den scheppin, das uff dy clage geantwort were, unde sy der ortel wartende waz, so spreche ich daz vor eyn orteil[46], das dy ortel e sullen uszgesprochen[47] werden, dy do e gefroget[48] syn, e denne sy keynen briff me legen *sulle*[49], wenne sy sich vorpflichtit[50] hat[51].

Hiruff sprechen wir scheppin zcu Magdeburg recht: Das ortel, das der scheppe funden hat, ist recht[52] unde dy stroffunge ist machtelosz. Von rechtis wegin.

Distinction 6.

B II. 54; Dr 127; Th 204; Db 29.
Vgl. Ssp. II. 12 § 4; Weichb. 12 § 3—5.

Wy man dy koste ynfordern[1] sal, wer vellig wirt an deme orteil.

Ab eyn orteil gescholden worde, unde der schelder worde[2] vorburget, syn ortel zcu volfurende[3], der[4] burge wurde gemanet umme das orteil gelt[5] und umme dy koste, dy doruff gehen[6] mochten, das hatte der schelder und syn[7] burge das vorczogen obir der[8] scheppin wille, so das sy ir gelt nicht geleget hatten, wy lange der schelder unde syn burge[9] nu das vorczihen[10] mogen, und ab sy is nicht bynnen der czit volfurten[11] adir in-

---

[Di. 5.] 34) *Lb fh.* der frauwen vorspreche. 34a) *Rb* vorspreche. 35) *E* eyn. 36) *Rb* an dy. 37) *Ra* beclagit hat dy fr. u. d. fr. 38) *B* uff d. fr. und. 39) *f. W*; *K* uff ere. 40) o. — leg.] *f. B*; *Rb* doreczu czu geben. 41) *E* sin. 42) *EDb* clage. 43) *Lb* berurt; *Db* gemanet. 44) a. g.] *Lb* geantwert. 45) *E* das. 46) *ERab* recht. 47) *Z* gesprochen. 48) *K* gebrocht. 49) *LaZW* sullen. 50) *W* vorpflichtig. 51) *E fh.* was nu hirumb recht sey; *Th fh.* czwyschen welchen orteyln bete wyr uns underweysen was r. sey. 52) *Th* gerecht.

[Di. 6.] 1) *Dr* irfordirn. 2) *Dr* hat. 3) *K* vorfuren. 4) *DrTh* d. b. (*Th* den burgen) habe wir genomen (*Th* gemanyt). 5) *f. W*. 6) g. m.] *W* gethon was; *Rb* louffen m. 7) *ELb* sine borgen. 8) d. sch.] *Dr* unsern. 9) *Lb fh.* sie. 10) vorczegen. 11) vorfurten; vorfuren.

brechten, ab der cleger syne sache nu irfolget habe, adir was yene dorumme vorvallen syn, adir was recht sy hirumb[12].

Hiruff sprechen wir scheppin zcu Magdeburg recht: Wem von rechtis weyn geboten wirt, syn[13] gelt zcu legene dorczu, das man gescholdene[14] orteile hole, dem sal der richter bescheiden eynen benanten[15] tag bynnen[16] den nehisten virczen tagen[16]. Vorczuhet her den tag, das her dem richter syn gelt zcu des ortels holunge nicht enleget[17], so ist her fellig worden unde syn kegener[18] hat dy sache gewunnen. Von rechtis wegen[19].

Distinction 7.

B II. 62; Dr 173; Th 188; Dβ 79.

Von der scheppen bussze[1] umme eyn gescholden orteil.

Ab eyn jude clagete obir eynen cristen, das[2] her yn eynen hornson hette geheissen, das bekente der cristene[2], so das ym der jude lisse eyn recht werden, ab her dorumme ym nicht[3] sulde buszen, das worde ym geteilet: sintdemmole das her is bekente vor gehegetem dinge, so sal her ym buszen. Das orteil schulde der cristene und queme mit orteil[4] uff dy bangk und spreche syn orteil also: sintdemmole das alle lute dy juden hornsone heissen, so habe ich ym recht getan[5] und bedarf ym nicht[6] buszen unde[7] habe nicht unrechtis getan[7]. Unde czoge[8] sich des uff des koniges hoff ouch in eyn gehegit ding in[9] Meydeburgischem rechte, des volgete ym der jude unde dy scheppin santen mit dem richter clage unde antwort unde das gescholdene orteil, do[10] weren wartende dy scheppin drye virczen tage unde manten den schelder unde synen burgen, das her syn ortel volfurte[11], des tete her nicht. Dornoch obir eyn virtel jar wolden dy scheppin ire busze habin von deme schelder, dorumme daz her syn ortel nicht hette volendet[12], unde machten en dingpflichtig unde synen[13] burgen, so das sy gelobten, brechte her syn ortel nicht[14] *in*[15] dem nehisten dinge, her welde dy busze geben, und das gelobeten sie ouch vor den radmannen. Dennoch[16]

[Di. 6.] 12) *K* hyrynne. 13) *E* das 14) *BRb* bescholden. 15) *EDb* genanten: *Rb* benumeten. 16) bynnen — tagen] *f. Z; W* ynwendig. 17) *Z* einleget; *W* inleget. 18) *W fh.* ader widdersache; *B* kegenman; *Db* kegener sachewalde. 19) *Dr fh.* das dis recht sey des habe wir unser ingesegil lassen drucken uff diszen kegenwertigen briff

[Di. 7.] 1) *W* briffe. 2) das — cristene] *f. W.* 3) *E* icht. 4) *Dβ* orteilen. 5) *W fh.* unde nicht unrecht 6) *Lb fh.* antwerten noch. 7) u. — get.] *f. ERa W; Rb* u. ist n. u. 8) *E* czic mich. 9) *E* un 10) *ERa* dorhyn des orteils w. w.; *Rb* dohin das orteil w. voreczyende. 11) *K* vorfurete. 12) vorendit: volfurt 13) *E* seyne. 14) *La fh.* der jude. 15) *E* bynnen; *Lb* in czu; *B* in in. 16) *W* dornoch.

brochte her syn ortel nicht[17], so nemen dy scheppin ire busze von dem[18] burgen. Dor noch obir eyn jar spreche der schelder: dy scheppin haben mir myn gelt czu unrechte genomen, sy muszen mir is wedir gebin. Ab dy scheppin das gelt der busze von[19] dem burgen[20] mit rechte behalden mogen, adir was eyn recht sey.

Hiruff sprechen wir scheppin zcu Magdeburg recht: Dy busze, dy dy scheppin irwerbin[21] unde genomen haben, als das do obene geschriben ist, dy mogen sy mit rechte wol behalden unde dorffen der[22] nicht wedir geben. Von rechtis wegin.

Distinction 8.

B II. 66; Th 200; Dβ 25. — [Beil. II.]
Vgl. S 100. 2; C III. 125; P V. 6. 9.

Von[1] *eyme gescholden ortel, in was worten dy sache geteidinget ist.*

Vor uns in gehegit ding ist komen vrouwe E.[1a] unde hat geclaget dorch iren vormunden zcu[2] N.[3] P. irem eydem in sulchen worten, wy das der selbe N. ir erbe, das sy anirstorben[4] were von irer rechten etochter, dy do gewest ist dez selben N. P. huszfrouwe, vorsaczt hette vor IIC[5] marg eygener schult, dy her schuldig was, unde her[6] der bekant hat vor eynem siczenden rate unde ouch hat gelobet[7], zcu geldene[8] dem selbigen, dem her sy[9] schuldig was, erblich[10] und unvorczogenlich, wen her[11] sy haben wolde, und[12] begerte do wedir syner antwort. Do wedir so antwerte N.[13] unde vrogetė rechtis[14], ab dy frouwe dy erbe[15] icht sulle benennen[16], dy her sulde haben vorsaczt. Das[17] wart ym gefunden von rechte[17]. Do benante dy frauwe dy[18] nemelich[19], wo sy 'gelegin weren. Dornoch czoge[20] N. *eynen*[21] scheppin briff[22], der von eyner[23] entschichtunge muter unde tochter also lute: Noverint universi quod judicium fuit bannitum; coram quo judicio domina E. parte ex una et Henselinus[24] parte ex altera *presencialiter*[25] constituti amicabilis et

---

[Di. 7.] 17) *Dβ fh.* ein. 18) den. 19) v. d. b.] *f. Ra.* 20) *W fh.* genomen. 21) *E* irworbin. 22) *E* dar; *K* den.

[Di. 8.] 1) *diese Di. f. Rb.* 1a) *Dβ* Elisabeth 2) *f. W*; *K* obir. 3) *Dβ* Nicolaus Petern. 4) *B* angestorben. 5) *Dβ* II. 6) h. d.] *f. Lb*; *K* h. d. vor eynen scheppen b. h. und v. e. s. r. 7) *f. W.* 8) *E* beczalne; *B* gebende. 9) *f. LbE.* 10) *Z fh.* erlich; *LbTh* erlich. 11) *Dβ* sie es. 12) *K fh.* die frawe. 13) *Th fh.* der egenanten frawen durch seynen vorsprechen yn sulchen worten. 14) *B* recht; *Th* yn eynem rechten. 15) *Lb* erben. 16) *B* bekennen; *Dβ* benomen. 17) das — recht] *Th* do w. em f. vor eyn r. ap her is nicht emperen mochte ader wolde sye sulde sye benennen. 18) *f. E*; *Th fh.* erben. 19) nem. — weren] *f. Z*; *Dβ* benemelich; *Th* uewlich. 20) *E* czoch sich N. an; *Ra* czegete; *B* czeigete. 21) *La* eyn. 22) *W fh* hervor. 23) *E* beider. 24) *Lb* Johannes. 25) *LaZ* principaliter.

irretractabilis concordie unionem super divisione bonorum predicta[26] inter se mediantibus amicis et propinquis factam promulgando efficaciter confirmaverunt. Ita quod predicta E. de bonis ipsius C mrc. etc. — Do der briff vorhort was, do vroyte N. P.[27] rechtes[14]: sintdemmole das dy muter noch des brives lut mit iren C margken hatte czu thunde unde czu lossene, unde dy tochter ouch ir erbe[28] unde ir gut in glichem rechte hette, unde dy tochter ir erbe selbir hat vorsaczt, unde das erbe zcu varnder[29] habe worden ist unde yn meyner gewere kommen ist unde dorynne irstorben ist,[30] ab mir das gelt nu icht[31] bliben unde dy[32] frouwe E. das erbe sulle lossen[33] selbir, adir was recht sey. Do wedir spricht dy frouwe durch iren vorsprechen[34]: vormals wart eyn briff geweist[35] vor gehegetem dinge, do stunt ynne, wy dy vorsaczunge geschen ist, des hatte ich dy scheppin gebeten, das sy[36] den briff liszen yn ir register schriben[37], unde czihe mich[38] an das selbe register unde bitte, das man[39] desselbin brives uszschrifft lese. Do wart dy usschrifft gelesen also[40]: Nos consules ciuitatis etc. recognoscimus presentibus: coram nobis famosus[41] vir N. P. presencialiter constitutus aperte et efficaciter[42] confitendo, se valido viro militi domino S.[43] in ducentas marcas denariorum heri[44] mutuati deb*iti*[45] debitorie obligari, promittens ibidem idem N. cum speciali amminencia[46] virtuose domine Katherine uxoris ipsius ibidem eciam personaliter[47] existente[48] sub ligacione[49] hereditatum ipsorum omnium, puta domus lapidee unius medie camere pannorum unius instite etc. eidem domino S., ut dum[50] ipse pecunias suas rehibere[51] voluerit, solvere[51a] sibi velle absque dilacione perhoneste[52]. In cujus rei testimonium[40] etc. — Dornoch so vrogete dy frauwe[53]: sint das in dem briffe stunde geschrebin, das ir eydem N. das erbe habe vorsaczt vor syne eygene schult unde gelobt habe, das gelt zcu geldene[54], ab her das erbe[55] icht lassen[56] sulle, ader

[Di. 8.] 26) *Lb* prediete: *ERa* predictam. 27) *Dβ* Nicolaus Peter; *Th fh.* durch seynen vormunden. 28) *Z* erbe; *E* gerichte. 29) *B* vremeder. 30) *Th fh.* so zeyt gefroget. 31) *W fh.* billichen. 32) *Z* der frawen. 33) *LbZ* lassen; *B* lozen. 34) *Th* vormunden. 35) *Lb* gewest; *E* uff geweist; *W* beweisit. 36) *B fh.* mir. 37) *Th* awsschreyben. 38) *Z fh* des. 39) *E fh.* mir. 40) also — testimonium] *f. Lb.* 41) *B* famosis. 42) *E* efficialiter. 43) *Dβ* Stanislao u. s. w. 44) *E* viro: *f. W; RaDβ* veri. 45) *LaZ* debite. 46) *so LaZ*; *Ra* amincia (?); *W* amicicia; *E* causa speciali eminencia virtuoso domino K. uxoris; *B* amonencia. 47) *E* specialiter. 48) *Z* existenti; *K* existentis. 49) *K* sub obligacione. 50) d. i.] *W* cum ipso. 51) *E* exhibere. 51a) *f. Ra.* 52) *W* perhonesti. 53) *Th fh.* durch eren vormunden yn dem rechten. 54) *E* geben. 55) *BDβ* geld. 56) lossen. losen.

was eyn recht sey. Do[57] wedir sprach N., sintdemmole das dy[58] frauwe E. noch des briffens lut mit[59] iren C marcken hatte zcu thunde unde zcu lossene, als[60] das hy obene geschriben steyt[57].

Hiruff sprechen wir scheppin zcu Magdeburg recht: Nochdemmole das dy tochter ires erbis unde gutis mechtig was noch lute des briffes irer entschichtunge[61] unde N. mit irer volbort und sy *keynwortig*[62] sich mit ym vorpfendet unde vorlobt[63] habin bey alle irem[64] erbe unde bey dem[65] steyn husze, by eyner halbin gewand cammere unde by eyme crome, so en ist N. synes wibes muter dorumb nicht pflichtig zcu antwertten. Von rechtis wegen.

Distinction 9.

B II. 99; C V. 12; Db 30. — [Beil. II.]
Vgl. Richtst. 49 § 6 is de clage borgerlik so scalme se dagen.

Von gescholdenem orteil eyner gefristen[1] clage von den scheppin.

Euwir vroge zcu uns umb recht stet also: Eyn gast[1a] quam unde clagete eynen burger an umb gut, der bot[2] unschult do vor, czu dem andern mole beclagete her yn[3] umme ander gut, do bot her unschult vor mit synes[4] eyns hant. Dy recht worden geborget[5] uff eynen vornemelichen[6] tag zcu thun. Do der tag quam, der gast quam[7] unde sprach: ich warte lantrechtis[8] mit czuge[9] unde mit eynis hant, alz mir ist entscheiden[10 11]. Do teilten dy scheppin:[11a] dy weile ding werit. Do sprach der antwortter, her wolle sich dirwegin[12] synes vryen[13] geldis unde wolle sich czihen, do her sich zcu[14] czihen sulde, und lisz vrogen, man solde ym czögis[15] folgen[16]. Do sprach der gast: vroget[17] umme recht, volfert[18] her nicht noch scheppin ortel, dy wile daz ding weret, her habe das gut uff yn irfordert[19] mit

[Di. 8.] 57) do wedir — geschr. st.] *Th* Dornoch underjagete Niclos Polczer dy erste tedinge: sintdemmol d. d. fr. E. n. d. br. l. m. i. C m. h. z. th. u. z. l. etc. ut supra Des czoch sych dy frawe an den bryff, wy sich dy vorsaczunge ist also hy vorgeschreben steet (!) 58) *K* seine fr. K. 59) mit — marken] *Lb* C marken domit hatte; *K* mit erem gelde. 60) als — steyt] *f. K*; *dafür fh.* unde dor bey gewest ist u. methe globit hot u geguldcn alsz mit dem eren, hoffe her, sie habe is billich geton u. frawe Elizabet habe keyn recht mehr dorczu ader was r. sey. 61) *Z* entschultunge; *B* schichtunge; *Dβ* entscheidunge; *K fh.* ader sunderunge. 62) *aus Ra; LabEW* keyn wort; *Z* keyn wert; *BTh* kegenwertig; — u. s. k.] *f. K.* 63) *E* volbort; *B* gelobet. 64) *f. Lb.* 65) d. st.] *K* seyme.

[Di. 9.] 1) *W* gestifften. 1a) *Rb* man. 2) *Lb fh.* sien. 3) *Z* ym a. gut. 4) *f. B.* 5) vorburgit; *E* gelegit. 6) *EDb* nemlichen. 7) qu. u.] *f. B.* 8) *W* landrecht. 9) geczuge; geczugen. 10) *Lb* bescheiden. 11) *EDb fh.* und vrage wie lange ich des betin sulle. 11a) *K fh.* czu harren adir beyten. 12) *E* dir — weren. 13) frigin. 14) *ERa fh.* rechte; *BRb* von r. hyn. 15) E geczogis; *K* ab man em icht s. cz. f. 16) *Dβ* gefelligk sein. 17) *Lb* ich frage nach recht. 18) *Z* vorfert. 19) *E* vulfurdirt; *B* gefordert.

merem rechte, wenne ym keyn geczog folgen moge. Dy ortel fristen dy scheppin beyde[20] bisz zcu dem nehisten dinge. Ab[21] nu der gast billicher habe das gut gewunnen[21], sint der burger nicht vorfaren[22] ist mit synen geczugen[23].

Hiruff sprechen wir scheppin zcu Magdeburg recht: Noch dem mole das dy scheppin dy vorgeschrebene ortel ane des clegers rechte widersproche[24] gefristet habin bisz zcu dem nehisten dinge, sullen cleger unde antwortter desselbin dinges unde der ortel wartten uff ir recht also vor. Wenne dy wile dy usfristen[25] recht unde ortel nicht[26] ingebrocht werden, so hat gast noch burger syn recht nicht vorsumet. Von rechtis wegen.

Distinction 10.

Rw 33; Rβ 19; Db 31; P IV. 7. 1. — [Beil. II.]
Vgl. Ssp. II. 12 § 3, 15; Glog. Rb. 468.

Wer orteil scheldin unde nicht scheldin mag.

Ab eyn man beclaget worde in eynem andern gerichte, der do keyn erbe hot, *ab*[1] *der do* ortel schelden mag uff syn recht, unde wer nicht ortel geschelden mag.

Hiruff sprechen wir scheppin zcu Magdeburg recht: Eyn yderman, der gescheffte hat zcu clagen in eyme andern gerichte adir beclagit wirt, her habe do erbe adir eygen in deme gerichte adir nicht, der mag orteil schelden unde czin[2] des zcu rechter czucht[3] uff syn recht, welch[4] ortel ym do funden wirt[5], doch[6] der do nicht eygen ist[7] noch unelich[8] geborn noch in deme gerichte vorvestent[9] ist und nicht zcu banne ist, noch den manne an[10] syme rechte nicht mag beschelden[11]. Abir her mus dem richter vorwissen mit eyns andern erbe adir eygen adir mit burgen[12] adir mit gereytem gelde, ab her fellig worde der sachen, das her gnug *tete*[13] vor wette unde busze und vor dy sache do das ortel umme gescholden ist. Von rechtis wegin.

[Di. 9.] 20) *f. W.* 21) ab — gew.] *B* welcher nu d. g. gew. habe 22) *ERa* vulfaren. 23) *EDb* seyme geczuge; *K* seynem geczewge noch geczoge: *E fh.* adir was r. ist. 24) *Lb fh.* gefurdert und. 25) *Z* ausfristen; *ERab* gefristen; *W* ewssirsten; *Lb* ussirsten. 26) *Rb fh.* eynkomen noch.

[Di. 10.] 1) ab d. do.] *f. in den Hdss. ausser K.* 2) *Lb* sich dar cz. czu r. cz. 3) *P* zeit. 4) *K* unde leyden u. nemen das o. 5) *E fh.* das halde man von rechte. 6) *K* ader auszgenomen. 7) *K fh.* sicut epticii (empticii?) 8) *Db* unechtig; *K* noch u. sicut spurii die u. g. seyn. 9) *K* v. ader yn der ochte und dy in dem b. seyn sunder dy man an erem r. nicht besch. m. 10) *E* in seynis rechte. 11) *E fh.* die mogin nicht orteil schelden. 12) *Z* burgern. 13) *f. LaZRa WLb.*

Fünftes Kapitel.

In dessen vrogen wolle wir sagen von der vorsprechen ammechte, wer vorspreche gesyn unde nicht gesyn mag.

Distinction 1.

Rw. 31; Rβ 17; Dβ 80. — [Beil. II.]
Vgl. Ssp. I. 61 § 4; II. 63 § 2; P IV. 13, 3, 4; Wasserschl. V. 1.

Wer vorspreche mag gesyn unde nicht gesyn.

Euwir vroge stet [1] umme recht, wer vorspreche mag gesyn unde nicht gesyn mag, unde umme was sachen man ym [2] vorspreche mag geweygern [3].

Hiruff sprechen wir scheppin zcu Magdeburg recht: Eyn iczlich man, der kein gewiet pfaffe ist noch geistlich man nicht en ist, der mag in eyme iczlichen wertlichen gerichte, do her nicht ynne vorfestent ist, vorspreche wesen, unde den man nicht beschelden [4] mag an syme rechte, den [5] sal der richter von rechte [5] zcu vorspreche [6] gebin, wer umme yn bittet, vor yn czu reden, her en were [7] is sich denne mit rechte. Der borggreve noch der richter noch dy wedirsachen mogen keynem manne geweigern [8], vorspreche zcu syn dorumme, ab her usz [9] eyme andern lande ist adir in [10] eyner andern herschafft [11] gesessen ist adir das her keyn erbe do hat in deme gerichte. Von rechtis wegen. Zcu [12] orkunde habe wir unser insigel an dessen briff gehangen [12].

Distinction 2.

B I. 4; Dr 159; Th 149; S 132. 4, 5; P IV. 13. 15.
Vgl. C V. 61 § 1; P IV. 13. 14 (Schwsp. 72); Mühler Sch. 9.

Von der vorsprechen lon, unde was rechtis sy haben, so sy nymme vorspreche wollen syn.

Ab eyn erber [1] man an syme rechte unbeschulden sich undirwindet, vor gerichte der lüthe wort zcu sprechen, unde dorumme lon adir gelt nympt, das her sachen zcu rechten [2] teidingen [3] fure slecht adir mit geczuge, was lones der dorumme nemen sal, unde

---

[Di. 1.] 1) ist. 2) *E* eym eyns. 3) *Lb* gewynnen; *Ra fh.* czu sin; *K fh.* ader geweren und vorwerffen. 4) *Lb* geschelden. 5) den — rechte] *f. K.* 6) *Z* sprechen. 7) *ZLb* erwere. 8) *ZLb* geweren. 9) *E* in. 10) *Lb* usz. 11) *E fh.* sitczit adir; — ges. i.] *f. Lb.* 12) czu — geh.] *f. Lb.*

[Di. 2.] 1) erbar. 2) *Z* richten. 3) *K* thedunge.

ab her der luthe wort korcze adir lange czit gesprochen hat unde[3a] vort mer nicht vorspreche wil syn, ab der noch[4] volkommen recht gehabin moge und syne kindere.

Hiruff sprechen wir scheppin zcu Magdeburg recht: Undirwindet sich eyn bedirman[5] vorspreche zcu syn in[6] sachen umme benant[7] lon[8], das ist man ym[9] pflichtig zcu gebin. Thut her is uff[10] genade sunder benant[7] lon[11], so stet is an deme, des dy sache ist, also[12] das her deme vorspreche syner arbeit lone. Wil abir der vorspreche vortme in andirn sachen nicht me vorspreche syn, so blibet her doch unde syne kinder[13] an irem rechte volkomen, ab[14] sy[15] sich anders an missetat nicht vorwircken. Von rechtis wegen.

Distinction 3.

B I. 5; Dr 160; Th 150; P IV. 13. 20.

Ab der vronebote der lute wort moge sprechen glich andern[1] luthen.

Ab der vronebote vor gerichte der lute wort gesprechen[2] moge gelich andern vorsprechen, adir ab sy ir ammecht icht doran irret[3], wenne sy dy lute vor recht laden sullen adir gut vorbiten[3a] unde der lute wort furen[4] sullen und deme[5] alle nicht genug thun mogen unde vorsumenisze do von geschen mochte.

Hiruff sprechen wir scheppin zcu Magdeburg recht: Der vronebote mag wol vorspreche syn, also das her sich beware, das her der dinge[6] keyns vorsume, dy zcu syme ammechte gehoren, do her czu gesworn hat unde ouch dy lute nicht vorsume an den sachen, der her sich undirwindet mit rechte uszczustehende[7]. Von rechtis wegen.

Distinction 4.

B I. 16; Dr 167; Th 179; S 137. 5, 138. 1; Db 32.
Vgl. Ssp. I. 8 § 2.

Von[1] missehandelunge des vroneboten[2], was dy[3] busze sey.

Eyn vorspreche hat sich mit eyme vroneboten entret[4] uff der gassen unde sprach, her[5] were nicht also vrom also her,

---

[Di. 2.] 3a) *S* und nw nicht meher sprechin wil. 4) *f. Lb*; *S* vorspreche 5) *W* bederbe man; *DaRb fh.* der lute. 6) *E* umb s.; *B* eyner s. 7) *ZEBDaRb* genant. 8) *f. E; Rb fh.* czu reden. 9) *E fh.* schuldig und. 10) *P* aus. 11) *W fh.* unde gedinge. 12) *DrS* wie her d. v. s. a. lonen wil. 13) *S* erbin. 14) *Dr* ab sie sich andirs yn erem rechten mit m. nicht vorsumet haben ader vorseumen. 15) *E* her . . . vorwircket.

[Di. 3.] 1) *E fh.* fromen. 2) *Lb* reden u. spr. 3) *W fh.* adir hyndert. 3a) *Rb* vorhyndern. 4) *B* vulvuren; *Rb* warten. 5) d. a u. g | *Dr* alle gleich nicht. 6) *EDr* des dingis. 7) *Z* ausz zcu schebende; *Dr* vorczustende.

Di. 4.] 1) *diese Di. f. WK; in Ra steht sie als* I. 2. 29. 2) *Ra* boten. 3) *E* seyne. 4) *E* geczweyt; *Rb* enteczweet 5) *DrS* sye weren.

man gebe ym gotis lichnam unde ym nicht, ouch torsten vroneboten keynis bedirmannes[6] wort redin vor deme lantdinge. Das clageten dy vroneboten gemeynlich uff yn, des bekante[7] der vorspreche. Was her nu keyn eyme iczlichen vorbussen sulle.

Hiruff sprechen wir scheppin zcu Magdeburg recht: Welchir vronebote den vorsprechen umb dy wort beschuldiget, das her ym dy czu smaheit getan[8] habe unde[9] gesprochen, bekennet[10] her ym denne, das den her missehandelt hat, so sal her ym czwefeldige[11] busze gebin, das sint LX[12] schillinge, hie[13] XXX schillinge, sintdemmole daz der vronebote zcu deme gerichte[14] gekorn ist unde dorczu gesworn hat. Von rechtis wegen.

Distinction 5.

B II. 34; Dr 192; Th 157; S 148. 4; P IV. 13. 11. — [Beil. II. zu I. 2. 5.]
Vgl. Mühler Sch. 9.

Ab[1] eyn vorspreche eynis mannis sache vormutwillet unde vorsumet durch gobe ader durch geldis wille.

Ab eyn vorspreche beschuldiget worde, das her synes houptmannes sache von[2] mutwillen vorsumet hette und gelt[3] dorumme genomen hette und das bekente, was syne busze ist.

Hiruff sprechen wir scheppin zcu Magdeburg recht: Nochdemmole das der vorspreche bekant hat in gehegeter bangk, das her dy sache von[4] mutwillen habe ungefordert gelaszen, do her mit rechte ankomen was unde do her vor gelt genomen hat, so sal her dem sachen forderer[5] syne busze geben unde deme richter syn gewette unde[5a] ist ouch anruchtig[6] unde[7] rechtelosz unde her mag nymandis vorspreche me[8] gesyn. Von rechtis wegen.

[Di. 4] 6) *E* mannes. 7) *Z fh.* ym. 8) gesprochen; gesaget. 9) u. g.] *f. LbDar.* 10) *DrS* bek. her ym denne des (*S* u. b. h. des) den hat her missch. u. sal ym. 11) *Lb* zcweyfache. 12) LX sch. hie] *f. Db.* 13) hie XXX sch.] *f. DrThS.* 14) *B* rechte; *S* zu richtir geborn ist und zu deme ger. gesw. hot.

[Di. 5.] 1) *diese Di. f. ebenfalls WK.* 2) v. m.] *f. BDaRb*; *E* mutwillens *u. s. w.* 3) gobe. 4) *SP* mit willen. 5) *E* sachvorder; *Ra* rechte v.; *BDaRb* sachewalde; *Dr* der schaden v. 5a) *S* und ist des amechtis ler u. mag nymmer ymandis v. me ges. 6) *Ra* unrechtigk. 7) u. r.] *f. Dr.* 8) *f. BDa.*

Sechstes Kapitel.

In dessen vrogen wolle wir sagen von erbe unde gutes ansproche, wy[1] das dar kumpt.

Distinction 1.

B I. 49; Dr 187; Th 38, 39; Db 33; P IV. 6. 24.

Vgl. M. Br. 1261 § 17; M. Görl. 23; Weichb. 46; Mühler 26; Glog. Rb. 6; C II. 11; P IV 15. 9; Dr 238; Wasserschl. IV, 100-102.

Von ansproche erbe unde gutis, unde deme antwortter weren syne hantvesten vorbrant, unde spreche, das gut were ym gegebin, wy man das bewisen sal.[1]

Eyne[2] frouwe czog sich mit irem eyde[3] zcu eyme erbe, das sy anirstorben were von irem[4] frunde, unde benumpte syne[5] sippeczal, daz sy des toden nehiste[6] were, unde wart mit gerichte in das erbe gewiset unde saczte burgen deme[7] gerichte, ab ymand nehers queme, der[8] sich dorczu bewiste unde czoge mit rechte, das sy deme daz volgen lisse. Dornoch in dem nehesten dinge quam des toden mannes wip unde wedirsproch[9] dy inwiszunge und sproch, das erbe were ir und[10] umme ir gelt gekoufft, das sy czu irem manne brocht hette, unde[11] bot ire bewiszunge dor czu noch[12] rechte, das is ir vorreichet were[11], unde ire brive weren ir dorobir[13] vorbrant, dy[14] dy scheppin besigilt hetten, ab sy icht[15] nehir das zcu bewisen were, den sy ymand[17] do von gedringen mochte. Dy[16] andere sproch: dy inwiszunge hat sy vorswegin, sy sulle ouch vorbaz swygen.[16]

Hiruff sprechen wir scheppin zcu Magdeburg recht: Hat des mannis wip brive[18] gehat von[19] richter, scheppin unde[20] ge-

---

1) wy — kumpt] *f. Lb.*

[Di. 1.] 1) *E fh.* mit rechte. 2) *Dr* E. fr. quam yn gehegit ding und sprach ir frund het eyn erbe gelossen noch seynem tode und benumpte ir zyppeczal und beweyst das sie des t. n. w. mit erem eyde. Doruff wart sie yn d e. geweist wenne daz nymant wedir sprach und saczte burgen, ab ym. qu. der s. nehir bew. das sie dem d. e. v. l. 3) *EDb* rechte; *W* eydem. 4) *EBDaRb* iren frundin. 5) *ERaLbBDab* ire. 6) *ERaW* neestin. 7) *E* vor das. 8) *W* unde; *K* des gesippes ader mogenschafft unde das b. unde sich dorczu cz. 9) *BDa* undersprach. 10) *EDb fh.* hette is. 11) u — were] *Dr* und welde das beweysen mit nockewern und mit zo vil leuten alz sie bedarffte zcu irem rechten und weir ir vorreicht. 12) *W* mit 13) *f. Dr.* 14) dy — hetten] *f. Dr, dafür:* und frogete. 15) *EW* nicht. 16) dy — swygen] *f. W; DrTh* Do wedir sprach die yn geweiste frawe: sintdemmale (*Th fh.* das sy dy ynweisunge vorswegen hat und) ich yn das erbe geweist byn; ab sie nu icht vorbas swygen sulle adir was hirumb r. sey. 17) *E* eyn andir. 18) *Lb* eynen brieff. 19) *W* vor 20) u. g. d] *f. Dr.*

hegetem dinge, das ir das erbe uff gegeben[21] was, unde sint[22] ir dy briffe vorbrant, das sal sy czu den heiligen sweren[23], und sint denne richter unde scheppin, vor den das erbe uff gegeben[24] was, vorstorben, so mag sy selbsebinde mit vromen[25] luten geczugen[26], das daz selbe erbe ir vorreicht[27] sey vor[28] gerichte. Also[29] hricht sy der andern frouwen ire inwiszunge bynnen rechtir czit, sint sy[30] in gehegetem dinge hat wedirsprochen.

Distinction 2.

B II. 37; Dr 200; Th 160; S 149. 3, 4; P II. 1. 19. — [Beil. II.]

Von ansprache eyner muwer, dy eyn man jar[1] *und tag hat beseszen*[2].

Ab eyn man in eyner stat gerichte spreche deme andern eyne halbe muwer an, des stunde der ander, dy halbe muwer zcu vorantwertten, so spreche der ansprecher[3]: dy muwer ist halb myn, das wil ich bewisen. Der antwertter denne spreche, wy hers bewisen wołde. Der ansprecher[4] spreche also[5], her welde is bewisen mit firtels[6] luten, dy dy stat dorczu gesaczt hette, unde dy ouch dorczu gesaczt[7] weren unde gesworen hetten. Yener spreche:[8] lot mir eyn recht[9] unde ortel werden, sint demmole das dy muwer erbe[10] ist, wy her nu bewiszen sulle, das sy halb syn sey. Do[11] wart ym funden vor eyn recht, her sulde das bewisen, als erbis recht were. Do frogete her vort, wenne her is thun solde. Do spreche der ansprecher, her welde is thun mit firtels luten[12] bis morgen. Dez andern tages queme her mit firtels[13] luten, dy bekenten, wy das sy gesehen hetten des ansprechers keller treme[14] in der muwer legin unde dorobir syn gewelbe dorynne gewelbet unde dorobir abir syne treme dorynne fuszen, sunder dy sparren synes daches[15] fussen nicht uff dy muwere. Noch dem bekentnisze sprach der antwortter: her richter, vroget yn[16] eyme rechte, ab her nu dy bewisunge getan habe, alz erbis recht ist, adir ab her andir bewiszunge thun sulde. Ab[17] nu der ansprecher mit der firtels luten bekentnisse unde der treme in der muwer und gewelbe an rechte wedirsproche

---

[Di. 1.] 21) *ERaBDab* uff gereichit. 22) *Lb* ist ir der brieff. 23) *Rb* geweren. 24) *Lb* uffgelassen. 25) *E* fromer lute. 26) czewgin; beczugen. 27) *Z* vorrecht; *Db* gerciche t. 28) v. g.] *f. Lb; Dr* yn ger. 29) *Dr* also br. s. der fr. ynweis. nochdemmole und sie die ynw. b. r. cz. bynnen g. d. wed. hat. 30) *E fh.* is; *Ra fh.* dy.

[Di. 2.] 1) *Ra* tag und nacht. 2) *E fh.* ane widdersproche. 3) *B* antwerter. 4) *E* ander sprecher. 5) *Z* also welde hersz bew. 6) *LbS* orteils; *Da* virleye. 7) g. w. u.] *f. ERabBDaS.* 8) *ERabBDaS fh.* her richter. 9) r. u.] *f. ERaLbBDa.* 10) *f. B.* 11) *W* das. 12) mannen; *S hat auch hier und weiterhin* orteils l. 13) *Da* mit vir furteils mannen. 14) *E fh.* wie die. 15) *Lb* huses. 16) *W* en eynis rechten. 17) *S* bethe wir uns zcu undirweysen ab.

jar unde tag unde[18] langer besiczende[19] domete genug bewiset habe, zcu behalden[20] dy halbe[20a] muwer, adir ab her andir[21] erbis bewisunge thun sulde[22], adir was recht sey.

Hiruff sprechen wir scheppin zcu Magdeburg recht: Sint dy firtels lute von der stat doreczu gesaczt syn unde gekorn, das sy erbe unde[23] eygen in der stat teilen unde entscheiden *sullen*[24], *so sal is dor bey bleyben, wo*[25] *sie die mure teylen*[24] und wo[26] der man syn gewelbe[27] unde treme in der muwer jar unde tag sunder rechte wedirsproche besessen hot, so sal her das behalden, is en sy denne, das man ym syne gewere mit[28] rechte breche. Von rechtis wegen.

Distinction 3.

B II. 64; S 156. 1, 2; Dβ 23; P II. 1. 15.
Vgl. Glog. Rb. 210, 211.

Ab eyner jar unde tag vorsumet erbe unde gut may angesprechen und zcu keyinwortig ist.

Ab nu der man gesichert worde von dem[1] herren, syne wonunge czu haben in der stat, adir[2] das her abe unde zcu czihen mochte unde spreche syn erbe unde gut nicht an bynnen iar unde tag, lengir adir korczer czit, das[3] er vorechte[4] synes herren ungenade[5] ab nu dy, dy syn erbe besessin[6] adir besessin hetten, das yn doch von ym nicht[7] vorkoufft ist unde[8] nye vorreicht[9] hat, do das crafft unde macht gehaben mochte, ab dy nu mit irre besiczunge unde gewere das behalden sullen, adir ab der man, wenne ym das fuglich[10] ist, czu syme erbe sich wedir[11] czihen und[12] halden mochte, adir was recht sey.

Hiruff sprechen wir scheppin zcu Magdeburg recht: Wil sich der man zcu syme erbe adir gute czihen, das mus[13] her irfordern[14] unde irteidingen bynen jore und tage, als her gesichert worde, yn dy stat zcu kommen, und thet her des nicht bynnen der czyt, so mochte her das[15] nicht wedir teidingen.[16] Von rechtis wegen.

[Di. 2.] 18) *E* in; *RaBDaS fh.* vil. 19) *ERaWLbBDa* besiczunge. 20) *Z* halden; *E* besitzczinde. 20a) *f. S.* 21) *W* eyne ander b. des e. 22) *RabBDa fh.* und wy her das (die) thun sulle. 23) u. e.] *f. S.* 24) sullen — teilen] *f. LabZW.* 25) *Rb* wy. 26) *W* so. 27) *BDa* gebuwe; *Rb* s. gebuwete treme. 28) m. r.] *f. Rb.*

[Di. 3.] 1) *E* leen; *B* syme. 2) *f. LbB*; ader — mochte] *E* ane das erbe 3) das er] *E* von; *K* ader das von. 4) vor echte; von echte; von rechte. 5) *K fh.* nicht angesprechen kende. 6) *Z* besitzen. 7) *E* nye gekoufft ist. 8) *K* noch offgegeben hot an der stad do. 9) *Z* vorrecht; *Dβ* vor gerichte. 10) *K fh.* und bequeme. 11) *E fh.* czu. 12) u. h.] *f. Z.* 13) *S* das sal her thun. 14) *E* vordirn u. teydingen. 15) *E fh.* bynnen d. czeit; *RaS* do noch. 16) *Dβ* verteidingen.

Distinction 4.

B II. 88; Db 34; P II. 1. 17.
Vgl. I. 7. 23; Ssp. I. 28, 29; Richtst. 23 § 7; 27 § 2; M. Br. 1261 § 41; M. Görl. 67; Weichb. 76 § 3, 4; 96; Glosse Weichb. 58 (v. Dan. 381. 42 fgg.); Mühler 75; Glog. Rb. 4, 13; Dr 106, 210; Wasserschl. IV. 68, 107; V. 85.

Ab sich eyn man adir frauwe obir iar unde tag an erbe unde an varnder habe vorsumen moge, das sy anirstorben ist[1].

Ab eyn man adir frouwe[2] an varnder habe unde an erbe unde an gute, das sy anirstorben[3] were, bynnen iar unde tage vorsumen[3a] moge unde[4] vorswygen moge adir nicht.

Hiruff sprechen wir scheppin zcu Magdeburg recht: Hat der man adir vrouwe ir[5] angestorben erbe unde gut bynnen iar unde tage nicht gefurdert, daz ist en unschedelichen, is en sey denne stehende eygen und legende grunt, das vorgeben were, und dy gobe bobin iar unde tag gestanden were adir[6] hette sunder rechte wedirsproche. Von rechtis wegen.

Distinction 5.

B II 67; Dr 206; Th 211; S 156. 3; 157. 1; Dβ 26.
Vgl. I. 15. 7.

Von clage umb erbe unde gut, das eyn man in[1] *geweren hat.*

Ab eyn man were kommen in[2] gehegit ding unde clagete zcu eyme andern manne umb gut unde varnde habe, dy im anirstorben were von synem rechten[3] eefrunde, czu demselbin manne clagete ouch eyne ander[4] vrouwe in demselbin dinge umme XXXVII[5] marg, dy ir der tote man gelobet hette zcu beczalen als syn eygene schult[6], do antwertte der beclagete man unde[7] sprach: als mich myn geselle Petir[8] vormals zcu syme gute mit offinbaren schrifften und[9] instrumenten offinbar bestetigit[10] hatte by syme gesunden leibe, dornoch an syme sichbette vor erbaren luthen alle syn gut unde[11] erbe unde gerethe[12] gegeben hat, also das ich domete thun unde loszen mochte[13], unde das synen frunden entwant hat, als dy[14] herren A, B, C[15] bekant haben

---

[Di. 4.] 1) *E fh.* ader nicht; *Lb fh.* ader was dorumb recht sie. 2) *BRb fh.* zich. 3) angestorben. 3a) *Rb* vorsewmet vorswegen m. werden. 4) u. v. m.] *f. ZW.* 5) *f. Z.* 6) were ad.] *f. EBRb;* — ad. h.] *K* ader also gelossen hette steen.

[Di. 5.] 1) *so E; LabZW* eynen. 2) *RaBDr* vor. 3) *Rb* echten frunde. 4) *f. ERaBDr.* 5) *Lb* XXX; *Rb* XXXVIII; *Dr* XL; *Th* XXXIIII; *S* dreysig. 6) *hier endet die Frage in Rb.* 7) u. spr.] *f. Dr; dafür* her richtir. 8) *ELb* P; *DrTh* Peter Deuczbrot; *S* Dewczbrode. 9) *Dr* m. off. schr. instrumento. 10) *Lb* betedinget. 11) u. e.] *f. ERaS.* 12) *Z* gerechte. 13) *E fh.* was ich wolde. 14) *DrThS* alz das her schossil merckilsdorff (*Th* gosil merkildorff; *S* alzo der hirre gossel mertin bilsdorff) und nicolaus freyberg (freyburg). 15) *K fh.* F, H unde peter.

vor unsern berichtluten[16], dy wir dorczu gebeten[17] hatten, so lat[18] eyn recht werden, nochdemmole das syn gut do[19] myn was, unde alle syn gerete do[20] yn[21] myner gewere unde gewalt irstorben[22] ist, unde her selbir spricht, das is by mir ist, ab mir das[23] icht nehir bliben sulle, wenne mirs ymand entwenden moge. Noch der clage unde antwort wart ym geteilet, torste her das bewisen, als recht ist, das her das gut in syne gewere[24] entpfangen hette, zcu thun unde zcu loszen, by des toten mannis lebin, is solde ym ouch vort bliben. Der bewiszunge[25] dirbot sich der man unde wolde dy getan haben, der eide irlisz en der cleger, dez[26] toten mannis frund, und globte ym der sache, also das her frey unde ledig[27] geteilt wart der[28] sache. Do sprach dy frauwe: sintdemmole[29] das dy schult adir das gelobde ee ist geschen wenne dy gobe[29a], unde[30] ich das bewisen wil mit erbaren lüten, als vil als ich ir dorczu bedarff, ab man nu nicht e dy schuld sulle gelden[31], und ich daz nicht[32] e sulle[31] bewisen, wenne sy[33] dez ymand obirwinden mag[34], adir was recht sey. Der antwortter[35]: wenne mir vormals hie vor gehegetem dinge geteilet[36] ist, ab ich das gut behilde von myns gesellen P.[37] weyn, als recht were, so sulde ich umme das gut keyne not me[38] leyden, unde ich myn recht dorczu thun wolde vor gehegetem dinge, unde mich der sachwalde ledig geloszen hat als eynen gerechten man und myn recht nicht nemen torste[39] noch en wolde, so lat mir eyn recht werden, wenne[40] ich derselbin sachen recht worden bin, des ich mich czihe zcu[41] gehegetem dinge, ab *ich*[42] nu vorbas umb daz selbe gut unde gelt keyne not me liden sulle, adir waz eyn recht sey.

Hiruff sprechen wir scheppin zcu Magdeburg recht: Nochdemmole[42a] das P.[43] der vrouwen gelobit hatte unde schuldig was, so mus der man, der[44] syn gut undir ym hat[45], bewisen[46] uff den heiligen, das P.[47] ym daz gut, dy wile das her lebete, yn syne gewere gab unde[48] geantwort hat zcu habene an alle

[Di. 5.] 16) *Lb* vor uns berichten l; *B* luten. 17) *W* gegeben. 18) *Lb fh.* mir. 19) do m. w.] *f. E.* 20) *DrS* und. 21) *E* an; *B fh.* alle. 22) *Dr* gestorben was. 23) *Ra fh.* recht. 24) *E* gewalt. 25) *Lb* erwyssunge. 26) *E* und d. t. m. frunde gelobeten. 27) *Dr fh.* von dem manne. 28) d. s.] *f. Dr.* 29) sintd. — gobe] *f. Dr.* 29a) *RaS* uffgobe. 30) *DrS* daz sie das (*u. s. w. in indirekter Rede*). 31) gelden — sulle] *f. Lb.* 32) *W* icht. 33) *W* mich. 34) *W fh.* unde das awsgesloen kan. 35) *E fh.* sprach; *Dr* do antworte her. 36) *B* geteydinget ist geteilet. 37) *B* Peters; *Dr* petir deuczbrod; *f. S.* 38) *E* vortmeir; *f. B.* 39) t. n.] *f. B.* 40) *Dr* w. ds. s. recht w. ist. 41) *Lb* an. 42) *f. LaZERa.* 42a) n. das] *f. S.* 43) *Rb* Niclos; *Dr* deuczbrod; *S* Petrus Dewczbrode. 44) *B* das gut das her. 45) *S* der sich seynis gutis undirwundin hot. 46) *Ra* gewisin. 47) *Rb* N.; *DrS* deuczbrot, dewczbroda. 48) u. g. h.] *f. S.*

undirscheit, unde her kan sich domete nicht behelffen, das yn[49] dy erben vorlassin habin. Von rechtis wegen.

Distinction 6.

B II. 76; Dr 131; Th 215, 216; Db 35; P V. 14. 7.
Vgl. Ssp. III. 5 § 5; M. Görl. 88; Glog. Rb. 142, 155; Wasserschl. IV. 36; V. 94.

Ab eyner eyn erbe vorkoufft unde[1] das vorbrente, ehir is yeme gereicht worde, wes der schade ist.

Eyner[2] hette deme andirn eyn husz uff gelt tage vorkoufft und hat ym des husszes wirdeschafft[3] eyn[4] iar uszgedinget[5]. Das husz vorbrente. So spreche her[6] denne, das ym yener das husz solde gelden, wenne her ym das[7] redelich hette vorkoufft unde nu dy gelde tage weg syn unde an syne vorwarloszunge vorbrant sey. So spricht der kouffer, das her ym daz husz antwertte, als her is kouffte, wenne her ym das nicht vor der[8] brunst vor gehegetem dinge vorreicht habe[9] unde yn syner wirdeschafft vorbrant sey.

Ouch so hette ym[10] yener von[11] dez richters gebote eyn pfant gesaczt vor syne bekante schult und deszer kumpt by rechter cziet, dy ym geboten ist, und wil syn pfant losen[12]. So spricht yener, das[13] pfant sey ouch vorbrant adir vorloren: woromme gibist du mir nicht myn gelt[14], vorwar ich sal des nicht schaden han. So spricht der ander: dorumb das ich gereiten geldis nicht enhatte und ouch von dir lenger[15] tag nicht habin en mochte, muste ich dir myn pfant seczen, unde wil das nu losen, als mir geboten ist, unde ich sal des nicht schaden enhaben[16]. Welchir nu undir deszin[17] den schaden des vorbranten huszes unde dez[18] vorsaczten[19] pfandes haben unde liden sulle von rechtis wegen.

Hiruff sprechen wir scheppin zcu Magdeburg recht: Nochdemmole das der man, der dem kouffer das husz vorkoufft hatte, das do vorbrant ist, dem kouffer nicht uff gereicht[20] hat in gehegetem dinge, so sal her den schadin habin, unde nicht der kouffer. Von rechtis wegen.

[Di. 5.] 49) *E* im die erbe irlaszin h.

[Di. 6.] 1) *E fh.* im. 2) *La hat hier am Rande mit rother (späterer) Schrift die Bemerkung:* Nota hic bonum. 3) *EDb* wirdigkeit. 4) e. j.] *f. BRb; Dr* e. halb j. 5) *E* uffgedinget. 6) *E* der eyne. 7) *B fh.* hus; *Da fh.* recht unde. 8) *W* dem brande. 9) *K fh* noch uffgeloszen. 10) *f. Lb.* 11) *Dr* vor d. r. bote. 12) *Lb* lossen; *Dr fh* alz im geboten ist. 13) *W* sein. 14) *K fh.* ader hettest das pf. yn czeytten gelosst. 15) *E* keynen lengern. 16) *W* haben noch nemen; *E fh.* so spricht der ander: her richtir laszit uns nu entrichten. 17) *E* uns. 18) *W* der v. habe ader pf. 19) *Rb* vorbranten. 20) *E* gereichet; *Rb* vorreichet.

Uff das[21]: ouch so hette ym yenir von des richters gebote eyn[22] pfand gesaczt etc., sal man wissen: Tar der man, dem das pfant gesaczt ist, uff den heiligen sweren, das das pfant ane syne vorwarloszunge vorbrant adir vorlorn sey, so sal der schade irre beyder schade syn, also das her syn[23] gelt doran vorloren hette unde yenir dy besserunge des pfandes. Von rechtis wegen.

Distinction 7.

B II. 77; Dr 132; Th 217; Dβ 32; P V. 14. 8.
Vgl. M. Görl. 21, 83; Weichb. 62 § 1; Mühler 23.

Ab eyn man eyn erbe kouffte, das ym, syme wibe unde kindern namhafftig vorreicht[1] ist, ab der man das erbe vorkouffen moge an der ingeschriben[2] personen wille.

Ab eyner vor[3] gehegetem dinge dem andirn eyn erbe vorreicht, ym[4] unde synen kindern[5] unde synen elichen nochkomelingen fry und erblich[6] czu besiczene, adir der entphaer das[7] erbe uff nympt ym, synem wibe[8] und elichen nochkomelingen und das also bestetiget unde besegilt wirt, unde do noch der entphaer das erbe wedir vorkouffen wil, unde dy denne, dy in der entphounge des erbes vor gerichte genant[9] und bestetigit sint, des nicht so[10] bestaten[11] wellin, dorumme[12] das sy redelichen dorczu mete benant und bestetiget syn, ab der man nu syn gekoufft erbe wedir vorkouffen mag sunder *der*[13] gelob[14] unde wille, dy do mete in gehegetem dinge in dez erbis entphaunge benand[15] und bestetigit syn, adir nicht vorkouffen moge sundir iren willen, adir was do[16] recht sey.

Hiruff sprechen wir scheppin zcu Magdeburg recht: Der man mag syn recht[17] gekoufft erbe nicht wedir vorkouffen sunder der wille, dy do[18] in gehegetem dinge benant unde bestetiget sint. Von rechtis wegen.

Distinction 8.

B I. 80; Dr 51; Th 90; Db 36.

[Di. 6.] 21) Uff — gesaczt etc.] *f. E, dafür nur* ouch; *Dr* ouch hat yener v. d. r. g. Hiruff sal m. w. 22) e. pf. g.] *f. WRa.* 23) s. g.] *E* das seine.

[Di. 7.] 1) *ERa* gereichet; *Z* vorrecht. 2) *W* vorgeschreben. 3) v. g. d.] *f. Z.* 4) *f. E*; ym u.] *f. Dr.* 5) *Dr fh.* erben. 6) *Ra* erlich 7) *Lb* des erbes das. 8) *Dr* w. kindern erben adir el. n. 9) *Rb fh.* und benumet; *Dβ* bekanndt. 10) *LbDr* zcu. 11) *Z* bestetigen; *EWLbBDr* gestaten 12) *E* dorch irer redelichen benumunge und bestetigunge willin. 13) *f. LaZ*; *Dr* den. 14) gelowbe; lawbe. 15) *Z* genant. 16) *Lb* dorumb. 17) *Z* gericht kaufft; *B* vorkoufte. 18) *Ra* domete.

Von vorsacztem[1] *erbe, wer dy gewere doran habe.*

Eyn man[2] verseczt eyme andern seyn erbe vor gehegetem dinge, unde[3] das wirt[4] vorsegilt[5] mit der scheppin brive[6] vorschrebin, welchir des selbin erbis besser gewere hette, der deme is vorsaczt[7] unde vorbriffet ist, adir *yener*[8] der is seczte, ab her nu wol blebe in deme erbe. Und ab desir syner besaczunge[9] obir recht gehalden hat und *denne*[10] is vorkouffen wolle unde[11] man yn von rechtes halbin doryn[12] gewisen möge, unde[13] sich der ander werit und doch nicht loszen[14] wil, waz do czwuschen[15] recht[16] sey.

Hiruff sprechen wir scheppin zcu Magdeburg recht: Wirt eyme eyn erbe vor gerichte gesaczt, der hat eyne rechte[17] gewere doran, unde man sal yn von rechtis weyn doryn wiszen, is[18] en sey denne das der ander dy inwisunge[19] mit rechte entreden[20] moge. Von rechtis weyn.

Distinction 9.

S 100. 5; 108. 3; C IV. 94; Db 37; P II. 1. 21; V. 14. 4.
Vgl. II. 2. 14; ferner M. Br. 1261 § 25; M. Görl. 64; Weichb. 74 § 1—3; Mühler 30; C III, 71; Glog. Rb. 75, 76, 496, 497.

Ab eyn man eyn erbe vorkoufft unde yn der kouff berewte, wy man yn twingen mag zcu halden[1].

Ab eyn man adir[2] geswistirde eyn erbe vorkoufte, unde hindennach sy der kouff berewte und den nicht halden[3] adir mit rechte gehindert worden[4], das sy nicht den kouff volfuren[5] mochten, wy das faren[6] sal uff[7] eyn recht.

Hiruff sprechen wir scheppin zcu Magdeburg recht: Vorkoufft[8] eyn man erbe adir geswistere, werden sy mit rechte gehindert, das sy nicht den kouff volfuren mogen, adir beruwit is sy, do mogen sy nicht ledig mete gesyn, sunder[9] bekennen sy des kouffes, sy müszen den halden, ader[10] sy[11] *mussen*[12] is mit

---

[Di. 8.] 1) *E* vorsatczunge. 2) *W fh.* setczet adir. 3) *Dr Th* und ym das vorbriffte (*Th* vorbriffit wirt) mit d. sch. b. u. yngesegil. 4) *ERaBDab fh.* im. 5) *Rb* vor seyn gelt. 6) *Einige fh.* und. 7) *E fh.* und. 8) *LaZ* yeme. 9) saczunge. 10) *LaZWB* deme. 11) *Dr* ab. 12) *E* doran. 13 *W fh.* is. 14) *Z* lassen; *W fh.* noch begeben. 15) *E fh.* cyn; *W fh.* en. 16) *Lb fh.* umb. 17) *Z* gerechte. 18) *von hier f. Th.* 19) *Rb* beweisunge; *Dr* entweyssunge. 20) *Rb* vortreten; *K fh.* ader gehyndern.

[Di. 9.] 1) *E fh.* mit rechte. 2) *E fh.* cyn. 3) *EWDb fh.* woldin. 4) *Lb* wirt. 5) *ZE* vorfuren; *Db* verfahrenn. 6) *W* wy sich das ergeen mag. 7) u. e. r.] *f. Lb.* 8) *S* vorluest ein gesw. anirstorbin e. adir vork. ein man sin e. adir sines frundes e.; *C* vorkoufen geswystrede ir anirst. e. adir vork. e m. ouch synes selbis adir sines vrundes e. 9) wenne. 10) *EDb fh.* ab. 11) *Z* sey; *f. W.* 12) *vorhanden in SCP; f. in den anderen.*

gunste des kouffmannis behalden[13] adir[14] machen, das *her*[15] sy ledig losse[16], adir muszen irwerbin volge und volbort an den erbnamen von rechte. Wer is[17] aber, daz dy[17a] geswistere adir eyn man nicht gunst an dem kouffmanne irwerbin mochte, das her sy des kouffes ledig lisze, noch volge noch volbort an den erbin nicht gehaben mochten, unde werden sy dorumme beclagit, so sal yn der richter gebiten, das sy den kouf halden, das[17b] sy bekant habin, ader machin mit[18] dez kouffmannes gunste, das ym genugen wolle. Adir mogen sy das nicht gethun, man claget von dinge *czu dinge*[19] uff sy als umme ander schult, als das der richter gebiten sal, das sy halden by XIIII tagen, dornoch by dryen tagen, dornoch ytages[20]. Thun sy denne des[20a] nicht, man *vronit*[21] ir gewere, adir man antwerttet sy selbir mit[22] der hant deme cleger, ab sy keginwortig sint, adir man thu sy in eynen meteban[23], also recht ist.

Distinction 10.

S 121. 4; C II. 67; Dβ 81; Gaupp Schl. 229. 1.
Vgl. Glog. Rb. 613.

Wy der obirste herre syne undirsessene lute may beclagen[1].

Ab eyne stat gemeynlich adir irre burger eyner breche[2] in sachen, dy dem borggreven ammecht angehoren[3], unde der obirste herre des borggreven unde der stat dy stat adir den burger dorumme anspreche, ab der herre das mit rechte sal usgehen[4] adir mit gewalt richten, wy das sal varen[5].

Hiruff sprechen wir scheppin zcu Magdeburg recht: Hat[6] eyn herczog[6a] adir sust eyn herre cyner stat zcu[7] der stat adir eyme irre burger icht zcu sachin[8] adir zcu thun umme sachen.

[Di. 9] 13) *WLb* halden; b. a.] *f. S.* 14) a. m.] *f. W.* 15) *f. LaZ.* 16) *Z* lossen. 17) *S* mochten se gunit ander kouffnamen und volwort an den erbnamen nicht irwerbin noch gehabin, dach sullin die den kawff halden und volfuren das se bekant habin, und mogen se adir wellen des nicht thuen, so clage man czu in von dinge czu dinge als umb ander schult als lange das man ere gewere vront und eygent adir das man se thun in einen nyderban als r. ist adir das man se selbir antworte dem clegir umb die sache v. r. w. 17a) *W* eyn. 17b) *ERaWC* des. 18) *Lb* mit dem k; *K* mit dem k. eyne eynunge unde em eynen willen der em genuget das her sie des kawffes ledig lossze. Konnen sie das ader nicht gethuen noch czu wege brengen das her sie des kawffes welde uberheben unde wil gehalden haben so claget man uber sie als u. a. sch. 19) *so nur in SCP;* czu d.] *f. LaZRaW;* von d.] *f. EDb; W* vor dem d. 20) *W* eynis tagis; *Lb* bey lichtes nacht (?) 20a) *C fh.* ytages. 21) *LaW* vroyt; *Z* frayt. 22) *E* bey. 23) mytte ban; *AZo* bann; *S* nyderban.

[Di. 10.] 1) *E fh.* mit rechte. 2) gebreche. 3) *E fh.* czu richten. 4) *Z* uszgeben. 5) *W* wy d. s. geschcen werden u. geton. 6) *C* hat der h. tzu keyme icht tzu sprechene umme sachen. 6a) *Dβ fh.* oder furste. 7) mit; kegen. 8) *Z* suchen.

dy do gehoren zcu dem gerichte des burggreven amechte, unde[9] wil her yn do[10] beschuldigen, das sal her thun vor[11] der stat scholtis[12] adir erbvoyte unde[11] vor dem gerichte, das in dez borggreven ammecht[13] gehoret. Wil abir der herre keynen beschuldigen umb andir sachen als umb lehen gut[14] adir des glich, das zcu des borggreven ammecht unde[15] gerichte[16] *nicht* en gehort, so sal der[17] herre sulche sache bescheiden vor sich unde vor syne man unde in syner manne[18] recht gestaten. Das ist Magdeburgisch recht[19].

Siebentes Kapitel.

In desen nachfolgenden frogen wolle wir sagen von angefelle[1] unde von anirstorbenem gute, wy[2] dy wisze ist, das man sich dorczu czihen sal mit rechte.

Distinction 1.

B I. 57; Dr 31b; Th 66, 67; P I. 8. 7. — [Beil. II.]

Vgl. I. 7. 9; I. 12 3; Ssp. I. 17 § 1; Halle Neum. 27; Neum. Opp. 12; M. Br. 1261 § 48; M. Görl. 85; Glog. Rb. 18, 19, 80, 565; S 95. 6, 7; 96. 6; 124. 3; 127. 2; 128. 4; C IV. 8, 12, 71, 79; P I. 8. 1, 2; Wasserschl. IV. 185; ders. Succ. a. III. 4; b. III. 1, 2, 5, 8; b. IV. 6; Neumann 37.

Wy eyn kint gut[1] erbit uff dy muter unde nicht uff dy geswistere.

Eyn man stirbet unde lesset unvorgeben[2] erbe unde gut und kinder, dy ym ebinbortig sint, dy[3] kinder habin ire mutter, der kinder stirbet eyns, ab des ekindes teil an erbe unde an gute stürbe uff syne muter adir vor[4] sich uff syne geswistere[5].

Hiruff sprechen wir scheppin zcu Magdeburg recht: Stirbet der kinder eyns adir alle[6], so erben[7] sy ir gut allis[8] vort uff dy muter. Stirbet dornoch dy muter, so erbit[9] sy ir gut allis vort uff ere nehisten erbin, dy ir[10] geboren sint[11], is sey von

---

[Di. 10.] 9) *f. SC.* 10) *S* dorumb. 11) vor — unde] *f. C.* 12) *E* voytige ader schultissie; *S* vor ewirn erbfoyte. 13) *C* das tzu dem b. a. nicht gehoret, deme sal (!) 14) *Dβ* liegende g. 15) *S* dem b. a. gerichte. 16) *La fh.* unde; *W* ger. u. nicht die stad angeh. 17) *SC* ewir. 18) *W* schuldmann. 19) *f. Dβ.*

1) *E fh.* der sippin. 2) *E* wie sich das irfolgit mit r. von geborth czu geborth.

[Di. 1.] 1) *f. Lb.* 2) *Lb* unvorgebene erben. 3) *K* die k. hot die m. bey yr 4) v. s.] *f. Lb* 5) *Rb* seyner swestern eyne. 6) *E* czwey. 7) *Rb* so erbet das g. alle u. ire m. 8) a. v.] *f. ERaBDa* 9) *Rb* so erbe d. g. a. vor sich. 10) *ERb* ire (erer) gebort 11) *K fh.* eben.

vater adir von muter. Ouch mag dy muter mit sulchem anirstorben gute an varnder habe thun unde lossen[12]. Abir anirstorbin leginde[13] grunt unde erbe unde eygen mag sy an ire nestin erbin gelob[14] unde[15] willen nicht vorgebin[16]. Von rechtis wegen.

Distinction 2.

B I. 93; Dr 71; Th 104; C IV. 85; Dß 3 und 82. – [Beil. II.]
Vgl. die Allegate zu I. 7. 1; C IV. 109.

Wy man sich zcu anirstorbenem erbe czihen sal unde wy lange sich eyner mag vorswyggen.

Ab eynis toten[1] mannes frunt sich synes gutes undirwunde, unde ander syne frunt quemen unde sprechen desen an umb das gut, desser spreche: ich weyz eynen[2] andern, der do nehir ist wenne dese[2], der ist bussen[3] in fremden landen. Nu vrogen dese, wy unde by[4] welchir frist her das bewisen sulle, by eyme iare adir lenger und wy man das lengir by[5] nemelicher frist sal vornemen.

Hiruff sprechen wir scheppin zcu Magdeburg recht: Sint dy uswendigen lute dem toten[6] mit uwirn burgern glich ebinbortig, so sal man das erbe unde gut zcu glicher teilunge brengen[7] unde antwortten. Adir werden sy doruff geezogen[8] von dem richter adir von dem, der yn das gut antworttet[9], sy muszen vorgewiszen[10] das gut, ab ymand, der bussen[11] landis[12] ist, bynnen iare unde tage queme unde bewiset, das her nehir sey deme gute, das sy ym daz gut unde erbe folgen lossen. Und geschege das, das eyner ussen[13] in fromden landen were[14] und queme her wol noch iare unde tage unde bewiste, das her so verre uszwendig landis gewest were, und czoge sich zcu deme erbe, unde bewiste syne neher[15] mogenschafft, sy müsten ym[16] abetreten unde antwortten[17] und ym das gut unde erbe loszen volgen. Von rechtis wegen.

[Di. 1.] 12) *Rb fh.* was sie wil. 13) l. g. u.] *Dr* stand. 14) glouben; gelowbin. 15) u. w.] *f. E.* 16) *Rb* vorkouffen.

[Di. 2.] 1) *f. W.* 2) andern — dese] *Lb nur:* nehir. 3) b. — landen] *E* in b. landin u. in fr.; *W* awszen awszwendig des l.; *LbB* b. landis (*B fh.* in vr. l.) 4) *E* in w. weise. 5) *E* und bey n. eziet vristen sal. 6) *Rb* des toden frunde. 7) br. u.] *f. ERaBDarC.* 8) *Th* geczewgen; *C* vortzogen. 9) *C* sal antworten. 10) vorburgen. 11) b. l.] *K* auslendisch. 12) *Dr* lange; *C fh.* noch. 13) *W* awsz dem lande. 14) *W fh.* daz her nicht hette mocht komen adir von echte noth wegen. 15) *Dr* neste. 16) *C* noch. 17) *E* entwichin: *S* antw. im d. g. und laessen im d. e. v.

Distinction 3.

B I. 92; Dr 73; Th 223; S 145. 2; 61. 3 (V); C IV. 6; P I. 13. 9.
Vgl. I. 7. 10; S 120 4; C IV. 75; Glog. Rb. 17; Wasserschl. Succ. b. IV. 20.

Von[1] *vorwissunge*[2] *anirstorben erbis.*

Von[3] teilunge gutis undir geswisterde.

Hiruff sprechen wir scheppin zcu Magdeburg recht: Dy kinder mogen ir gut wol[4] teilen, adir ir keyns mag syn teil gutes, das ym von erbe an komen ist, vorgebin ader vorkouffen ane des[5] andern wille. Von rechtis wegen.

Distinction 4.

B I. 94; Dr 75; Th 105; S 91. 3 und 129. 3; C IV. 86; P II. 4. 2.
Vgl. I. 7. 2, 5; ferner Dr 139; Glog. Rb. 9; Wasserschl. Succ. b. III. 25; c. IV. 39, 40.

Von bewiszunge anirstorben erbis.

Ab[1] man bewisen sal anirstorben erbe.

Hiruff sprechen wir scheppin zcu Magdeburg recht: Dorczu bedarff[2] man keyner geczūge, sunder wem erbe anstirbit, der sal komen in gehegit ding unde sal benūmen den, der das erbe hat gelossen[3], unde wy[4] nohe her ym gesippet[5] sey, unde sal dy mogenschafft, dy her benūmet hat, bewisen unde behalden[6] mit synis eynis[7] hant uff den heiligen, also sal her sich zcu dem erbe czihen unde sal das erbe vorgewissen[8] mit stendem eygen[9], ab ymand komme bynnen iare unde tage, der dem toten nehir sey gemoget[10] und geborn, daz her den dar[11] kommen[12] lissze. Queme ouch ymand by lengir czit[13], der nehir were, den echte[14] not geirret[15] hette, der sulde in gehegetem dinge echte not benumen[16] und bewisen uff den heiligen unde syne mogenschafft, und deme sulde hers denne lossen volgen.

Distinction 5.

B I. 95; Dr 75; Th 105; S 91. 3; C IV. 87; Dβ 83.
Vgl. die Allegate zur vor. Di.

[Di. 3.] 1) *diese Di. f. E; Ra* wy sich kinder teilen mogen mit irem gute. 2) *ZLb* vorweyssunge. 3) *In DrThS f. die Frage; die Antwort schliesst sich in Dr unmittelbar an die unserer Di. II. 2. 10. entsprechende No. 73 an.* 4) *E* vorteilen. 5) *Z* der.

[Di. 4.] 1) *S (129)* Wie vil und (!) ein man geczug haben sal czu beweisene an. e. der nicht briefe czu seiner beweisunge hot; *C* Tzu bewysen an. e. darf keyn man keyn gecz. 2) *Lb* darff. 3) *Rb fh.* noch dem tode. 4) wy n.] *S* dornoch das. 5) *Da* beziwet; *S* (129) besippet. 6) *Rb* halden. 7) *P* eigen. 8) *Z* gewissen; *C* vorwesen. 9) *Rb fh.* unde legenden grunden. 10) *B* gefrundet; *C* gesippet. 11) *E* denne das; *WB* den doreyn (dorin); *Lb* dorczu; *Rb* das her das volgen l. 12) *f. B.* 13) *Rb fh.* wenne bey jore und tage. 14) *B* ehafte. 15) *ERb* gehindert. 16) ben. u.] *f. LbS* (129); *W* der sulde sine e. n. in g. d. bew. uf d. h. unde benumen s. m.; *C* s. e. n. ben. u. bew. unde s. m. uf d. h.

Wy man anirstorben erbe sal vorwisszen.

Ab[1] sich ymand anczūit[2] anirstorbins[3] erbis, der sal vorgewissen das erbe mit stendem eygen in dem gerichte. Kumpt denne dornoch eyn andir sprechende, her sy neher, der sal ouch in[4] gehegetem dinge syne mogenschafft bewisen unde benumen und sweren[5] uff den heiligen, daz her deme toten also nohe[6] sey, als her benumet. So sullen dy scheppin eyn[7] orteil vinden[7a], welchir nehir sey, und dem denne das erbe[8] czu teilen, und der ander sal abetreten. Sint sie abir glich gesippet dem toten, so nemen sy daz erbe glich, unde wer sich czu deme erbe czūet, is sey der erste adir der ander, der sal das erbe in dem gerichte vorgewissen mit stendem eygene, ab ymand queme bynnen iare unde tage, der neher mog[9] gesippet sey, das her den zcu dem erbe lossze komen. Were[10] ouch das, daz der[11] neheste were bussen landis, das ym unwissende were von desem anirstorbenen erbe, ab der in lenger cziet queme wenne iar unde tag, unde bewiste syne mogeschafft, das her der nehiste were, so sullen dy ander alle abetreten unde deme nehisten[12] daz erbe[13] loszen volgen, unde[14] der sal is denne vorgewissen, also vorgeschriben stet[14]. Von rechtis wegen.

Distinction 6.

B II. 60; Dr 211; Th 214; Dβ 84; P. II. 4. 3.

Wy lange man der erbelinge mit irem anirstorbenen erbe und gute sal byten[1], dy buszen landis sint.

Wy[2] lange unde wy vil[3] sal man wissen[4]: Mogin[5] dy erbin nicht irfaren, wo dy usgelouffene kynder syn und sy nu mundig syn, so sullen sich ire[6] erbin ires gutes undirwinden unde be-

---

[Di. 5.] 1) *SC* Ist das sich ymant czubet czu anirstorbenem erbe also vor geschrebin ist (steet) der sal daz erbe vorgewissen mit stendem eigene in dem gerichte, kompt (und qweme) dornoch e. a. 2) *Lb* anczugit; *EBDrSC* czihet czu. 3) *B* angestorbenem. 4) in g. d] *f. Lb.* 5) *E* besweren. 6) *CDβ fh.* gesippet. 7) *Rb* ym; *Dr* undir en; *C* undir sich. 7a) e. o.] *f. S*; *dafür* merken und finden; *Ra fh.* Hiruff spreche wir scheppin czu Magd vor eyn recht. 8) *Z* orteil. 9) *f. ZS*; *Lb* neher were; *DaβC* mag (moge) ges. seyn; *Dr* ges. mog seyn. 10) *S* wene abir der nehste so ferre us dem lande were von dem anirst. e. wenne her denne qu. in l. cz. 11) *Lb fh.* erbe ader der. 12) *f. W.* 13) *Lb fh.* und gut; *Rb fh.* geben adir. 14) unde — stet] *f. S.*

[Di. 6.] 1) beiten. 2) *E* Wie lange und wie vil jore man der erbelinge warten sal mit anirstorbenem erbe. Hiruff spreche wir scheppin von Meydeborg vor eyn recht; *RaB* uff das wy; wy — wissen] *f. DrTh; die Antwort gehört daselbst zu den unserer Di. I. 8. 11 entsprechenden Dr 211 und Th 213.* 3) *E fh.* jore; *Dβ fh.* czeitt. 4) *E* man sal w.; *Lb* vorwissen; *W* wy l. u. wy v. jore man vorwissen moge die e. noch irf. 5) *Dr* Ouch konnen die e. 6) *Dr* ires erbis u. g.

waren das erbe unde gut, so daz is nicht geirret[7] werde, also lange wenne sy heym[8] kommen, adir also lange wenne sy von naturen nicht lenger geleben mogen, unde ist daz erbe[9] stehende eygen, daz mogen sy nicht vorlossen[10] ane erben gelobe. Von rechtis wegen.

Distinction 7.

B II. 80; Dr 140; Th 220; Db 38; Dβ 33.

* *Wy eyn kint erbeteil nympt an syner muter stad.*

Eyn man ist komen in gehegit ding unde hot sich geczogen czu eyme erbe, das ym[1] anirstorben were von synem rechten efründe, unde benante syne[2] sippeczal unde behilt dy mit syme eyde, also daz her in daz erbe wart geweist. Dornoch brochte her czwe geswisterde, dy sich ouch zcu dem erbe czogen, als recht ist, unde brochte[3] ouch dornoch syner swestir son unde sprach, daz dez selbin *kindes*[4] muter gestorben were noch *dem*[5] manne, der das erbe gelossen hette, unde furderte deme kinde syner[6] muter teil an des[7] mannes erbe, ab nu dasselbe kint moge erbe teil gevordern unde nemen noch syner muter[8], wenne sy gestorben ist, e denne sy sich mit[9] rechte czum erbe geczogen hatte[10].

Hiruff sprechen wir scheppin zcu Magdeburg recht: Was dy frauwe dem toden manne so noe gesippet, der das erbe gelossen hat, als[11] dy, dy sich zcu dem erbe geczogen habin, unde sy noch dem manne gestorben *ist*[12] der daz erbe gelossen hat[11], so sal der toten vrouwen kint erbe nemen an der muter stat. Von rechtis wegen.

Distinction 8.

B II. 91.

Vgl. I. 7. 11, 20; ferner Glosse Ssp. I. 3; C IV. 95; P I. 7. 4; I. 8. 11, 14; Wasserschl. IV. 39b, 86, 117; ders. Succ. a. VI. 3; b. III. 13; b. IV. 9, 26; c. I. 2; c. IV. (161. cap. 33.); d. (164. 4; 165. 3; 166. 1, 2).

[Di. 6.] 7) *RaB* geergert; *E* sich nicht ergere. 8) *Dr* zcu lande. 9) *f. B*; *Dr* u. i. eygen stant erbe.. 10) *B* vorkouffen.

[Di. 7.] *) *Ra stellt hier I. 8. 11 voran.* 1) *Lb fh.* erst. 2) *Z fh.* rechte. 3) *Dr* brochten eyner sw. zon. 4) *LabZW* bruders; *ERabBDrbβ wie oben.* 5) *LaZERabBDβ* irem; *Lb W* dem; *Dr* des mannes tode. 6) *B* sein. 7) *ERabB fh.* toden. 8) *Dbr fh.* tode. 9) m. r.] *f. BDr.* 10) *E fh.* was nu hirumb r. sey. 11) als dy — gel. hat] *f. Dr.* 12) *f. LaZ.*

Eyn kint stirbet unde lesszet synen halbin bruder und syner[1] *swestir son, wer*[2] *der neste ist.*

Eyn man ist gestorben unde hat gelossen eynen halben bruder unde eyner[3] ganczen[4] swestir son, wer der neste sey zcu des toden mannes gute.

Hiruff sprechen wir scheppin zcu Magdeburg recht: Des[5] toten mannes halbe[6] bruder halbir gebort hat recht zcu des toden mannis gute unde des todin mannis swestir son voller[7] gebort kan dorczu nicht kommen. Von rechtis wegen.

Distinction 9.

B II. 85; Dβ 34; P I. 8. 21.
Vgl. I. 7. 1; ferner Wasserschl. IV. 185; ders. Succ. c. (160. cap. 24).

Wy eyns stummen gut erbet unde uff wen.

Wir[1] scheppin der stad zcu Magdeburg bekennen in dissem[2] offin brive, das uns[3] Jo.[4] recht gefroget hat in[5] dissen wortten: Meyner[6] frouwen ist eyn kint gestorben, das was stum unde horte ouch nicht, das selbe kint hilt myn wip in hute unde in pflegin XVI iar bisz an synen tot, und das selbe kint hat gelaszen erbe[7] unde gut, nu haben des kindes swestern[8] sich synes gutes undirwunden, des bete ich um eyn Magdeburgisch[9] recht, *ab*[10] das erbe und gut, das daz kint gelossen hot, icht mit[11] merem rechte uff des kindes muter gestorben sey wenne uff syne swestirn, adir[12] was recht dorumb sey.

Hiruff sprechen wir scheppin zcu Magdeburg recht: Was das kint erbis adir gutis *gelassen*[13] hat, daz ist mit merem rechte uff dy muter gestorben wenne uff dy swestere.

Distinction 10.

B I. 64; Dr 35; Th 54, 55; Db 39; P I. 13. 8.
Vgl. I. 7. 3.

[Di. 8.] 1) *Lb fh.* ganczen. 2) wer — ist] *f. E.* 3) *LbZW* eynen. 4) *f. W.* 5) *In Lbc lautet die Antw.* des toden mannes halbe bruder und seyner gantzen swester son sien gliche nahe das erbe zcu nemen nach lantrechte, ader nach Magdeburgischem rechte nympt der halbe bruder erbe vor volle swester kint v. r. w. 6) *f. B.* 7) *W fh.* adir ganczer.

[Di. 9.] 1) *Lb* Wir sch. sint gefraget in d. w. 2) *E* unserm. 3) *E* ir uns umb r. gefr. habit. 4) *W* Johan; *B* N. 5) *RaB* noch. 6) *E* eyner. 7) *E fh.* und eygin. 8) *LbE* geswister *u. s. w.* 9) *f. Lb.* 10) *aus E; LaZ* uff; *W* uff ab; *Ra* ist; *LbRb* uff d. e. u. g. . . . ab das icht. 11) *Dβ* mit Medeburgischem r. billicher. 12) ader — sey] *f. W.* 13) *f. LaZW.*

Wy eyner den andern zcu teilunge mag brengin [1].

Ab czwene man adir me eyn erbe mittenander habin [2], ab eyner den andern getwingen [3] möge, syn teil [4] zcu vorkouffen adir zcu teilen, adir [5] was eyn recht sey.

Hiruff sprechen wir scheppin zcu Magdeburg recht: Wo czwene adir me eyn erbe [6] zcu sampne haben, so mag eyner den andern zcu teilunge [7] brengen. Von rechtis wegen.

Distinction 11.

B II. 92; Dr 189; Th 41; Dß 85.
Vgl. I. 7. 8.

Halb [1] *brudir unde swestirson, welchir erbin gelob ist.*

[1a] Eyn man hat eynen halben bruder unde [2] eynen [3] ganczen swestir son, welchir undir den *by* [4] des mannis leben [5] erben gelob [6] sey, unde syn erbe und syn gut genemen moge, wenne [7] her stirbet.

Hiruff sprechen wir scheppin zcu Magdeburg recht: Des [8] mannes halbe bruder ist syn erbe gelob und sal syn erbe unde gut nemen, ab der [9] stirbet ane [10] kinder. Von rechtis wegen.

Distinction 12.

B II. 92; Dr 101; Th 24; Dß 86. — [Beil. II.]
Vgl. P I. 7. 7. Wasserschl. Succ. a. V; b. IV. 10; e (169. 1, 2).

Halb brudir son unde swestir son, welchir der nehiste ist.

Eyn [1] man ist gestorben unde hot gelossen eynen [2] ganczen swestir son [3] vollir gebort und eynen halben bruder son [3] halbir gebort, wer undir den dez toden erbe unde gut nemen sulle.

Hiruff sprechen wir scheppin zcu Magdeburg recht: Des toten mannes swestir son voller [4] gebort von vater unde muter nympt syn erbe unde nicht des bruder son halbir gebort. Von rechtis wegen.

[Di. 10.] 1) *E* twingen. 2) *Dr Th fh.* alz eyn gewandkammer adir eyn andir erbe. 3) *Th* betwyngen. 4) *EDb* erbe; — s. t.] *f. Th.* 5) ader — sey] *f. Lb.* 6) *Dr fh.* adir gewandkammer. 7) *B* teilen *Rb fh.* twingen und.

[Di. 11.] 1) *E* Ab halbir br. ader eyner ganczen sw. s. wer der neeste ist. 1a) *E schickt voran* Ein man hat einen h. br. und eyner g. sw. s. wer der neeste ist. 2) *Dr* und eyn rechtis und ganczes yn der syppe sw. kind. 3) *E* eyner. 4) *f. LabZEB.* 5) *f. EB; Lb* lehen; *Rb* lieben. 6) *E* erbelob. 7) *Lb* noch seyme tode. 8) *In Lbc lautet die Ant.:* der halbe br. und der gantze sw. s. (*Lc fh.* seyn) gliche nahe als vorgesprochen ist nach lantrechte. 9) *BRb fh.* bruder; *W fh.* man. 10) a. k.] *f. EDß.*

[Di. 12.] 1) *die Frage f. Z.* 2) eyner. 3) *B fh.* von. 4) *Dr* von beyder gebort.

Distinction 13.

B II. 94; Dr 37; Th 59; S 144. 1; P I. 8. 16.

Vgl. I. 7. 15; Ssp. I. 5 § 1; Weichb. 28 § 8; Glog. Rb. 3, 164—166, 612; Dr 188; Wasserschl. Succ. a. III. 3; b. III. 9, 10; b. IV. 23; c. IV. 17—19 (159); Gaupp Schl. 144 cap. 9; Walch 18; Sch. U. bei Zob. Weichb. CXXXI: Neumann 37; Homeyer Extr. 1.

Wy kindes kint erbe nympt in des eldir vatir[1] *gute.*

Ab tochter kint, is sey man adir wip, glich teil[2] *nemen*[3] an erbe unde an gute in ires eldir vatir gute adir eldir muter mit des selbin eldir vatir ader eldir muter *sones*[4] kint[5].

Hiruff sprechen wir scheppin zcu Magdeburg recht: Hat der son eyn wip genomen by des vatirs leben unde stirbet ee[6] sin vatir ungesundert von syme erbe, so nympt[7] des selbin sones kint ires eldir vatir gut unde nicht der tochter kinder. Hat abir der eldir vater synen son von ym geteilet unde[8] gesundert, so sint des sones[9] kinder[10] gliche nohe zcu des eldir vatir gute[11] adir erbe. Adir[12] zcu der eldir muter erbe unde gut sint sy[13] gliche.

Distinction 14.

B II. 95; Dr 41; Th 77; Dβ 87; P I. 8. 10. — [Beil. II.]

Vgl. Glog. Rb. 163, 572; S (V) 61. 5; C IV. 77; P I. 7. 13; Neumann 40 (108); Wasserschl. IV. 178; ders. Succ. a. III. 5; b. II. 9; b. III. 11, 21; b. IV. 31; b. V. (152): d (166. 6, 167. 4); e (174. 2; 175. 3); und die das. S. 69 angef. Stellen.

Eyn kint stirbet unde lesset synen eldirvater unde synes vatir bruder, welchir der neheste ist[1].

Eyn kint stirbet unde lesset synen eldirvatir unde synes vatir brudir adir syner muter[2] swester, wer der neheste ist zcu des toden kindes gute.

Hiruff sprechen wir scheppin zcu Magdeburg recht: Stirbet eyn kint unde lesset eldirvater unde[3] eldirmuter unde synes vater adir[4] muter bruder adir swester, alle[5] dy vorgenanten personen sint *gliche*[6] *nahe*, dez kindes gut zcu teilen noch personen czal[7]. Von rechtis wegen.

[Di. 13.] 1) *Z* muter. 2) *Lb* gl. nahe sien. 3) *f. in den Hdss. ausser EDrTh.* 4) *die Hdss. ausser DrTh* kindez. 5) *W fh.* nympt; *BRb fh.* nemen moge. 6) *ZW fh.* denne; *f. S.* 7) *Dr* nemen ds. s. kinder. 8) u. ges] *f. Dr.* 9) *BRbS fh.* unde tochter. 10) *Z schaltet über dem Text ein* nicht. 11) g. a.] *f. Ra; Rb* zcu des e. v. adir e. mutter g u. e. 12) adir — gliche] *f. BRb.* 13) *DrS* sones kinder und tochter kinder.

[Di. 14.] 1) *E fh.* von rechte 2) *Lb fh.* bruder ader syner muter. 3) *W* adir. 4) ad. m.] *f. E.* 5) *Rb* alle den vg. p. ist. 6) *LaZ* nahe gliche; *W* nohen unde gleich. 7) *Lb fh.* nach magd. rechte unde nicht nach lantrechte nympt es der eldervater

Distinction 15.

B II. 96; S 126. 1; C IV. 78; P I. 8. 8.
Vgl. I. 7. 13; Ssp. I. 5 § 1; Glog. Rb. 116, 164, 574, 612; P I. 8. 9; Wasserschl. IV. 20, 53; V. 82; ders. Succ. a. III. 2, 3; a. VI. 2, 9; b. II. 10; b. III. 9, 10, 15, 22; b. IV. 4, 12; b. V (152. 2); c. IV. 34—36 (161.); e (170. 3).

Eyn man lesset synes sones kint unde eynen bruder, wer der neheste ist[1].

Eyn man stirbet unde lesset synes sones kint und synen ganczen bruder[2] voller gebort, wer recht habe zcu syme gute.

Hiruff sprechen wir scheppin zcu Magdeburg recht: Stirbet[3] eyn man unde lesset eyn kint *des sones*[4], den[5] her von ym nicht hat gesundert, also recht ist, unde[6] eynen ganczen bruder vollir gebort, so hat das kint besser recht zcu des eldirvatir[6a] gute wenne dez eldir vatir bruder[7], dorumme[8] stirbet der ungesunderte son[9], syn kint nympt erbe an syner stat an dez eldir vatir gute. Stirbit abir eyn man unde lesset synes sones[10] kint, den her abe gesundert hat, adir syner tochter kint, so hat des eldirvatir bruder[11] besser recht, zcu nemen des toden mannis gut, wenne dez kindes kint[12].

Distinction 16.

B II. 97; S 125. 2; C IV. 80; P I. 8. 11.
Vgl. Glog. Rb. 119, 555; Wasserschl. Succ. b. IV. 13; c. I. 9; c. IV. 13, 31.

Eyn kint lesset synes vatir halbe bruder unde synes vatir gancze bruder, wer[1] *der neheste ist.*

Eyn kint stirbet unde lesset czwene vettern, den[2] eynen eynenthalbin synes vater bruder, den andern synes vater bruder von vatir unde von muter, wer zcu des kindes gut recht habe.

Hiruff sprechen wir scheppin zcu Magdeburg recht: Czu des toden kindes gute hat recht[3] syn vetter, der synes vater bruder waz[4] von vattir unde von muter, und des kindes vetter, der synes vater bruder was eynenthalben geborn[5], mag dorczu[6] nicht komen. Von rechtis wegen.

[Di. 15.] 1) *Lb fh.* des todin erbe zcu nemen. 2) *Lb fh.* und. 3) *S* st. e. m. und l. nicht kindir sundir einis sones adir einer tochter kind die her v. im n. h. g. a. r. i. und lest auch einen brudir adir swester des ungesundirten sones adir tochtir kint, hot bessir recht. 4) d. s.] *aus W; f. LabZERabB; Ra* u. lesset eynis k.; *C* eynes sones k.; *P* seines s. k. 5) *E* das. 6) *C* und ouch eynen brudir hat. 6a) *C* vatir. 7) *S fh.* adir swestir. 8) *SC* wenne; *K* unde das ist dor. wenne; *E* dor. das her von dem eldir vatir ungesundirt was st. abir. 9) *S* son adir tochtir, ir kindere kint nemen e. an ir st 10) *S* s. s. adir siner tochtir k. die her von im ges. hatte. 11) *S fh.* ader swester. 12) *Lb* gut; *S* des gesundirten sonis ader tochter.

[Di. 16.] 1) wer — ist] *f. Ra; E* wer czu dem gutte recht hoth. . 2) d. e. e.] *E* eyn halben. 3) *Ra* nicht. 4) *C fh.* beydenthalben. 5) *S* gebort. 6) *Lb* zcu dem gute.

Distinction 17.

B II. 98; S 125. 1; C IV. 81; P I. 8. 12.

Vgl. Glog. Rb. 564; Wasserschl. IV. 56, 57, 99, 110; V, 45; ders. Succ. b. III. 12; b. IV. 32; c. I. 16; d (167. 7; 168. 5); e (175. 4; 176. 2).

Eyn kint lesset eynis[1] *vater halbe bruder und synes vater gantcze bruder kint, welchir*[2] *der nehiste ist.*

Eyn kint stirbet unde lesset synes vatir bruder eynenthalben und synes vatir bruder kint, der syn ganczer bruder was voller gebort, wer recht habe zcu des toden kindis gute.

Hiruff sprechen wir scheppin zcu Magdeburg recht: Des kindes gut sal fallen uff[3] dez kindez vettir, der eynenthalben synes vater bruder waz *und*[4] *nicht uff synes vettern kindt, der synes vater bruder was*[4] ungeczweit[5]. Von rechtis wegen.

Distinction 18.

C II. 41; P I. 8. 13; Dβ 88.

Vgl. I. 2. 10; ferner Wasserschl. Succ. b. IV. 15.

Eyn kint lesset synes vater bruder unde syner swestir son, wer[1] *der nehiste ist.*

Eyn man stirbet unde lesset eyn erbgerichte, doran her den dritten pfening hat, unde lessit lebinde synes vatir bruder vollir gebort unde eyner swester son ouch vollir gebort, welchir[2] der nehiste ist.

Hiruff sprechen wir scheppin zcu Magdeburg recht: Erbgerichte adir der dritte pfening eynis erbgerichtis, unde was zcu deme gerichte gehorit, irstirbit[3] is, is vellit[3] uff den nehesten swertmog, das ist uff mannis geslechte. Ist ouch zcu deme gerichte eygen gut[4] adir erbe adir czins gelegin, das sal[5] bliben unde gehoren zcu dem gerichte[6]. Von rechtis wegen.

Distinction 19.

C IV. 83, 84; P I. 10. 20. — [Beil. II.]

Vgl. Ssp. I. 10, 13; Glog. Rb. 3; Wasserschl. IV. 5; V. 3; ders. Succ. b. III. 21; b. IV. 1; c. IV. 36; e. (173); Walch 18.

[Di. 17.] 1) *EW* synes. 2) welchir — ist] *f. E; Ra* wer recht dorczu habe. 3) *ERabBC* uff seynes vaters bruder eynethalben. 4) und — was] *f. La.* 5) *In Lbc lautet die Antw.* des kindes gut sal fallen zcu glicher teylunge nach lantrechte, ader nach Magdeb. rechte vellit (*Lc fh.* es) uff des vater bruder kint.

[Di. 18.] 1) wer — ist] *f. E.* 2) *ELb* wer (welchir) recht dorczu hat. 3) irst. — vellit] *E* stirbet; *C* stirbet und gevellit. 4) *f. E; K* irgen g; *C* eynyg g. do erbe adir tz. uf gel. ist (eyn g. a. e. a. tz. gel.) 5) *Lb* das volgen sal (*Lc* s. v.) u. bl. dem ger. 6) *C fh.* were abir icht tzynses geldis adir nutz adir ab icht tzu gewette kummen were adir busse von dem gerichte gevallen were adir betedynget adir gelobit were das der richter noch nicht hat uf gehaben wenne her stirbet das gehoret synen nesten erbnamen an mannen adir an vrouwen.

Von inbrengunge[1] gutis in schichtunge[2].

Eyn man sente synen son ken Flandir[3] mit czen[4] stucken[5] wachs in kouffmanschafft[6], der an syme brote ist unde von ym ungesundert, der kumpt wedir mit behaldener[7] habe unde vindet synen vater tot. Nu sullen dy geswistere[8] mit ym teilen das gut, das ir vater hat gelaszen. Der bruder spricht, syn vater habe ym dy czen stucken wachsz gegeben zcu[9] vor, abir das ist nicht geschen vor gehegetem dinge. Ab der son dy czen stucken wachz mit sulchen wortten[10] behalden zcu vorusz moge mit synes eynis hant, ader was[11] do recht sy.

Hiruff sprechen wir scheppin zcu Magdeburg recht: Sint des todis mannis kinder ouch ungesundert[12] bestorbin[13] in dez vater gewere, so sal der son alle das gut, das ir[14] vatir gelossen hat, mit yn teilen[15] noch rechte, unde das der son spricht, syn vater habe ym das gut[16] zcu vor[17] geben, das hilffet yn[18] nicht, noch dem mole das das gut[19] in des vater gewere ist bestorben[20], unde der vater ym das gut[19] noch syme tode zcu vorusz czu habin an syme gute vor gehegetem dinge nicht hot gegebin.

Distinction 20.

C IV. 92; Db 40.
Vgl. I. 7. 8, 11; ferner Wasserschl. Succ. b. III. 13; b. IV. 24.

Eyn kint hot gelosszen eynen halbin bruder unde eyner gantczen swestir kint, wer[1] der nehiste ist.

Eyn kint ist gestorben unde hot gelosen eyne swestir eynenthalben unde syner ganczen swestir kint, wer nu der[2] neste ist zcu[3] des toden kindes gute.

Hiruff sprechen wir scheppin zcu Magdeburg recht[4]: Wir scheppin zcu Magdeburg antwortten noch den wortten[5], dy wir in uwern brive[6] gehort haben, dy ir uns geschriben habet, dy wir[7] sunderlichen gehort[8] unde fliszlich gepruvet habin, so gebe wir[9] hiruff eyn orteil unde sprechen vor eyn recht, das dy[10]

[Di. 19.] 1) *Lb* inweyssunge. 2) *E fh.* noch todir hanth. 3) *Lb* Nuremberg. 4) *E* sechs. 5) *W* sthocken; *K fh.* ader scheyben. 6) kouffmanschatz; kouffinschacz; *K fh.* ader czu kawfslagen. 7) *P fh.* reisse und. 8) *Z* swestern. 9) zcu vor] *f. Z.* 10) *ERa* redin. 11) *Lb* wie das. 12) *Lb* unbesundirt; *Ra* usgesundirt. 13) *LbWP* gesturbit, gestorben. 14) *C* syn. 15) *C* glich t. 16) *C* dy vyrtzig mark tzu vor geg. synes gutis. 17) *RaLb* vorusz; *W* vor an. 18) *C* ym allis. 19) *K fh.* ader wachs; *C (an der zweiten Stelle)* dy vyrtzig mark. 20) *E* gestorbin.

[Di. 20.] 1) wer — ist] *f. E.* 2) d. n. i.] *EDb* recht habe. 3) *f. Lb.* 4) recht — Magd.] *f. W;* wir — Magd] *f. Ra.* 5) *C fh.* und teydingen. 6) brieffin. 7) *C* und dy wir alle. 8) g. u. f.] *E* wislich; *f. W.* 9) *E fh.* von uns; *C* wir uch e. o. 10) *C* dy vrouwe Osanne.

halbe swester nehir hant[11] erbe ist zcu dem gute unde czu *dem*[12] *erbe*, das bestorben ist von[13] deme kinde, also uwir briff[14] lutet, unde des toten kindes swester[15] kint ganczer gebort kan dorczu nicht komen[13]. Das daz recht ist, das beczuge wir mit unserm ingesegil, das wir hinden an dessen briff han geleget[16].

Distinction 21.

Rw 51; Rß 42; Db 41. — [Beil. II.]
Vgl. M. St. II. 2; Weichb. 92.

Ab[1] *schichtunge macht hat, dy vor den frunden geschit.*

Eyn man stirbet unde lesset kinder, dy kinder kommen vor ire frunde unde sundern sich an varnder habe, erbe unde gute, daz yn alle genuget, und lutbaren dy schichtunge nicht vor[2] gehegetem dinge, dorumb das icht[3] schalbar[4] worde, was ir vater hat gelaszen. Das eyne gedeyet[5], das andir vortirbet; das nu vortorben ist, spricht das erbe und gut an von nuwens, das syn vater hat gelassen. Ab dy teilunge vor den frunden geschen, craft[6] habe.

Hiruff sprechen wir scheppin zcu Magdeburg recht: Vorsachit eyn kint schichtunge ader teilunge, dy vor den frunden geschen ist, so mogen dy andern kinder selbdritte vor gerichte bewiszen, das sy sunderunge unde teilunge gethan haben an varnder habe unde gereitschafft[6a]. Abir spricht das kint an steende eygen unde erbe, das muszen dy[7] andern kinder mit gerichte geczugen, das *is*[8] sich vorczegin adir dirlassen[9] *habe*[10], adir muszen ym syn teil volgen lossen. Von rechtis wegen[11].

Distinction 22.

Rw 64; Rß 55; Db 42; P I. 8. 15.
Vgl. P I. 7. 6; Wasserschl. IV. 40; ders. Succ. a. VI. 7: b. II. 4; b. III. 14; b. IV. 16. c. I. 4, 5, 12; e (174. 3).

[Di. 20.] 11) *RaZWC fh.* und. 12) *LaZRa* dem (den) erbin. 13) von — komen] *dafür C* von den kynden elizabeten dy do was der vrouwen Osannen ee swestir von vatir halben alse uwir bryve luten wenne her mentzil. 14) *Db fh.* uns gesandt. 15) sw. — geb.] *RaDb* gancze sw. k. 16) *EC* gehangen; *Ra fh* gegebin nach gotes gebort MCCCXXI jar des nehesten frytages noch sinte Margarethen tage; *C datirt aus dems. Jahr* d. n. vr n. s. mathys tage des apostiln; *Lbc haben statt der ganzen Antw. nur:* Hiruff spr. w. vor recht als (*Lc fh.* hie) vorgeschreben stet.

[Di. 21.] 1) *Ra hat diese Di. nach der folgenden.* 2) *ERaDb* an (vor) gerichte. 3) *Lb* nicht; *E* is nicht. 4) *K* schawer. 5) *W fh.* mit dem gute. 6) *E fh.* ader macht. 6a) *Rw* reitschafft. 7) *Lb fh.* kinder den. 8) *LabZ* das ist das sich; *W* das sy sich; *Rw* das ir das; *P* das ist das es sich. 9) *Lb* vorlassen. 10) *LaE* habin. 11) *Db fh.* die vom Colmen sprechenn also: die theilunge die vor denn freunden geschehen ist, mogen die anderen kinder vor gerichte selbdritte das beweisenn, das die sunderunge und teilunge getan habenn an farender habe unnd an gereidtschafft, so mus im das kindt genugen lassenn v. r. w.

Eyn[1] *kint hat gelassen eyner halben swestir kint und syner muter bruder kint, welches das nehiste*[2] *ist.*

Eyn man elich geborn storbe unde lisse syner halben swestir kint[3] von vater halben unde syner muter bruder kint von vater und muter, iczliches czuet sich zcu des mannes gute, der nehiste zcu syn. Ab nu der halbin swestir kint nehir sey deme erbe adir der muter bruder kint.

Hiruff sprechen wir scheppin zcu Magdeburg recht: Des toten mannis halbe[4] swestir kint hath recht zcu deme erbe unde gute unde dez[5] toden muter bruder kint kan dorczu nicht komen. Von rechtis wegen[6].

Distinction 23.

Dr 1; S 92. 1, 2; C III. 44, 45; Db 43. — [Beil. II.]
Vgl. I. 6. 4; Wasserschl. IV. 6, 7, 8 (V. 14), 98a, 106a; ders. Succ. b. IV. 1; e (171); Walch 18.

Von gutes inbrengunge unde sunderunge unde erbeteils ansproche.

Eyn man stirbet unde lesset czwu töchter, dy eldeste staten[1] dy frunde und gebin sy eyme manne unde gebin ir ör vater erbe mete, das besiczet sy mit irem manne dry[2] iar und lenger. Dornoch spricht dy iungeste swester, sy sulle das erbe in dy schichtunge brengen, sint sy ungesundert sint[3], unde ir das erbe ny uffreichit noch gegebin ist an der stat, do is crafft unde macht hot. Dy genante[4] swester spricht, sy habe is ane ansproche so lange gehat unde besessin unde zcu wegin unde stegen[5] mit ir gegangen hat unde das bobin jar unde tag vorswegen[6], sy endorffte is mit ir nicht teilen.

Hiruff sprechen wir scheppin zcu Magdeburg recht: Ist das erbliche gut der eldesten swester mit gegeben vor dem richter, scheppin unde gehegetem dinge, unde hat sy daz iar und tag besessen ane rechte ansproche[7], so sal dy gobe macht[8] habin, unde dy jungeste swester kan dorczu nicht kommen. Unde ist is der eldisten swester mit irem manne nicht gegeben vor gerichte unde gehegetem dinge, so kumpt dy jüngeste swester mit der[9], irris vatir erbe glich zcu teilen. Unde das dy eldeste swester mit irem manne in der were unde in dem erbe gesessin[10]

[Di. 22.] 1) *Vgl. die vor. Di. Anm. 1.* 2) *Lb* dorczu. 3) *Lb* son. 4) *f. Lb.* 5) *W* der. 6) *Rβ fh.* etc. LXXXIII.

[Di. 23.] 1) *ERaLb* bestaten; *K fh.* und richten abe. 2) d. j. u. l.] *f. E.* 3) *E* ist. 4) *RaW* gemante. 5) *W* steten. 6) *W* vorsw. sey so endorffen sie; *Db* vorsw. sey unnd sie mit ihr so lange umegegangen hat so endörffen sie. 7) *W* widdersproche. 8) *E* craft. 9) *EDb fh.* eldisten. 10) *E* besessen.

habin so lange czit, das dy jungeste das nicht gefordert hat, das[11] sal ir nicht schaden an irem rechte[11], wenne das eyn man syn anirstorben gut bynnen iar unde tag nicht enfordert, das ist ym unschedelich an[12] syme rechte, is en sey denne legende grunt unde steende eigen, das vorgeben were, unde dy gobe iar unde tag gestanden hette sundir rechte wedirsproche. Von rechtis wegen.

Achtes Kapitel.

Hy wolle wir sagen von vormundeschafft unmundiger kinder, wy sy dy vormunde[1] vorstehen sullen.

Distinction 1.

B I. 1; Dr 153; Th 141, 142; S 131. 2, 3; P I. 14. 9. [Boil. II.]
Vgl. II. 2. 12; Glog. Rb. 102; Dr 171.

Wy[1] vormunde vorstehen sullen unmundige[2] kinder an irem gute.

Ab[3] eyn vormunde eyde thun und nemen mag an scholt vor unmündige kinder.

Hiruff sprechen wir scheppin zcu Magdeburg recht: Wen eyn vormunde noch rechte sich undirwindet vormundeschafft[4] unmundiger[5] kinder so hat her volle[6] macht, scholt zcu fordern unde beczalen in aller wisze, als dy kinder thun mochten, ab sy mundig weren. Dorumb mag her scholt gelden, dy her weyz, von[7] der kinder gute, dy her abir nicht weyz, der mag her sich lossen ynren[8] noch[9] rechte, unde mag do vor eyde thun unde[10] nemen[9]. Ist ouch deme vormunde wissentlich, das der kinder vater schuldig blebin ist, unde dorumme gemanet wirt, dy[11] schold mus her gelden, also verre als[12] dy varnde habe unde erbe unde gut wendet. Von rechtis wegen.

[Di. 23.] 11) das — rechte] *f. Lb.* 12) an s. r.] *f. E.*
1) *E* vormundeschafft.
[Di. 1.] 1) wy — gute] *E* was macht eyn vormunde haben sal v. r. w. 2) *Lb* unmundiger k. gute. 3) *die Frage f. BDaRb.* 4) *f. DrS.* 5) *K* unvormundiger. 6) *Z* wol; *f. S.* 7) *Rb* die v. d. k. g. ist. 8) l. y.] *E* weren. 9) noch — nemen] *f. Th, dafür nur* also dy kindir selbir noch rechtem rechte. 10) u. n.] *f. DrS.* 11) dy — wendet] *DrS* die sch. m. h. g. vor der morgengobe (*S fh.* und her mus ouch der frawen ire morgingobe geldin) von dem varnden gute ab is zo vil ist noch dem male das ym wissentlich is das sie (*S fh.* vor) ir man doran begabit hatte. 12) *E* also der fründe e. u. g. wendet.

Distinction 2.

B I. 1; Dr 154; Th 143; S 131. 4, 132. 1; P I. 14. 10. — [Beil. II.]
Vgl. I. 8. 4; II. 2. 6, 12; Sap. I. 23 § 2; Glog. Rb. 14; Dr 171; Glosse Weichb. 26 (v. Dan. 306. 24).

Ab eyn vormunde der kinder gut[1] *unde erbe mag vorkouffen unde iris vater scholt beczalen.*

Ab eyn vormunde erbe[2] unde eygen in vormundeschafft vorkouffen[3] moge.

Hiruff sprechen wir scheppin zcu Magdeburg recht: Der vormunde mag der kinder steende erbe vorkouffen unde der[4] kinder vater redeliche schult beczalen, dy her schuldig blebin ist noch syme tode, also verre ab der vormunde der kinder neheste erbname ist. Sint abir *do*[5] nehir erbnamen unde erbe gelob, so mag her an der[6] willen der kinder leginde grunt unde steende erbe nicht vorkouffen.

Distinction 3.

B. I. 6; Dr 161; Th 151; Db 44. — [Beil. II.]
Vgl. die Allegate zu I. 8. 5.

Wy dy vormunde der kinder gut ierlich[1] *berechen sullen.*

Eyn man lesset eyn erbe unde gut noch syme tode unde eyne unmundige tochter, der undirwindet sich[2] ir rechtir[3] vormunde mit irem gute, und thut do von nicht jerlich rechenschafft[4] noch[5] doruff[6] geczogen, der vorstet das kint unde syn gut, so lange das das kint manbar wirt, unde gibit sy eynem manne zcu[7] der ee mit irem willen, und antwort dem manne ir veterlich gut gantcz unde gar ane ir yowort[8]. Dornoch starb der man, dy frauwe nam eynen andern man. Ab der vormunde macht[9] hatte, ir gut deme manne an ir wissen[10] zcu antwortten[11], adir ab her der frouwen das gut berechen[12] unde beczalen sulle[13].

Hiruff sprechen wir scheppin zcu Magdeburg recht: Hat der vormunde der tochter noch[14] irem erbnamen nicht rechinschafft[15] getan, so sal her ir noch[16] rechenschafft[15] thun, unde waz her ires gutes deme manne zcu der e[17] gab, das sal[18] in dy rechin-

---

[Di. 2.] 1) g. u.] *f.* *ERa.* 2) *Rb fh.* gut. 3) *ERa* vorkowffte unde der kindere vater redeliche schult methe (*f. Ra*; *fh.* czu) beczalin. 4) *Lb* des vaters. r. sch. 5) *LaZ* dy. 6) *EWLbB* ane willen d. k. (ane d. k. w. ir).

[Di. 3.] 1) *Lb* redelich; *f. W; Ra* alle jor. 2) *E fh.* ir neester swertmog und. 3) *Lb* neestir. 4) *Lb* rechenunge. 5) n. d. g.] *f. EWDb; Lb* und czuhit doruff; *Rb* noch der czins geczogen. 6) *B* dorus. 7) zcu d. ee] *f. BDaRb.* 8) *Ra* volwort. 9) *Z* icht. 10) *Db fh.* und willen. 11) *Z* geantwortt. 12) *Rb* bereiten. 13) *ELb fh.* ader was r. sey. 14) *Rb* noch iren frunden adir den e. 15) rechenunge. 16) *Dr* noch rechen. 17) *Lb fh.* gabe; *W fh.* gibt ader, 18) *Db fh.* im zcu hulffe.

schafft komen unde bliben, sintdemmole daz sy den man mit willen[19] zcu der e hat genomen. Von rechtis wegen.

Distinction 4.

B I. 23; Dr 143; Th 4; P I. 14. 11.
Vgl. I. 8. 2; ferner S 105. 4, 125. 6; C IV. 16.

Wy dy vormunde kind[1] anirstorben gut vorkouffen moge.

Ab man adir wip, dy kinder habin, umme das das der vater[2] siner unmundigen[3] kinder vormunde ist, adir wer sulchir kinder vormunde were, ir[4] anirstorben erbe vorkouffen moge adir vorgeben mit iren vormunden[5], ehir dy kinder mundig werden, adir ab man daz weren moge, unde wer das weren moge unde wy[6].

Hiruff sprechen wir scheppin zcu Magdeburg recht: Wer recht vormunde ist, der ouch syner[7] mundelin erbname ist, der mag der kinder anirstorben erbe vorkouffen unde uff gebin an ymandes[8] wedirsproche[9]. Abir were der vormunde der kinder erbname nicht, der mag der kinder leginde grunt unde erbe sunder irer erbnamen gelob[10] nicht vorkouffen. Von rechtis wegin.

Distinction 5.

B I. 87; Dr 70; Th 98; P I. 14. 12, 13.
Vgl. I. 8. 3, 8; ferner Ssp. I. 23 § 2; M. Br. 1261 § 49; M. Görl. 37, 134; Weichb. 77; Glosse 26 (v. Dan. 305. 13); Mühler 52; ders. Sch. 35; Glog. Rb. 99. 100, 112. 113; S 118. 2; C IV. 100, 103; P I. 14. 20; Wasserschl. V. 31; ders. Succ. b. IV. 22.

Von[1] berechenunge[2] unmundiger kinder gut.

Eyn man stirbet unde lesset kinder, eyns adir me, bynnen irem suge adir[3] noch yrem suge[3], e sy zcu iren iaren komen. Ab der kinder[4] swertmog, dy[5] muter habe eynen man genomen adir nicht, dy kinder und das gut[6] nemen moge ane willen der muter adir dy kinder ane das gut adir das gut ane dy kinder, was hiromme recht sey.

Hiruff sprechen wir scheppin zcu Magdeburg recht: Der kinder nehiste swertmog mag sich der kinder unde ires gutis undirwinden unde sy vorstan ane der muter wille. Mer[7] her

---

[Di. 3.] 19) *K fh.* unde sie en.

[Di. 4.] 1) *ELbW* der kinder. 2) *W* vetter. 3) *Z* vormündiger. 4) *E* ir anirstorbenem gute adir e. adir ab man is vork. m. 5) *E* erbnomen willen. 6) *Lb fh.* ader was recht sie. 7) s. m.] *E* der kindere. 8) *Lb* ydermannes. 9) *Da* ansproche. 10) loube; willen.

[Di. 5.] 1) *E hat die Ueberschr:* Wer vormunde sein sal und wie der vorm. sich halden sal. 2) *W* berechtunge. 3) ad — suge] *f. Lb.* 4) *Dr fh.* neste. 5) *Ra* dy m. sy h.; *BDaRb* der m. sie. 6) *K fh.* czu em. 7) *B* sunder; *Rb* mer h. s. d. d. m u. o. d. k. das vorgewissen das ir gut d. do v. h. i. mit st. e. nicht czu unnutze vorthon wirt.

sal das der muter unde ouch den kindern ir gut, das do varnde habe ist, vorgewissen mit stehendem eygen[8], unde her sal ouch der muter von iare zcu iare[9] das gut berechen[10], dy wile dy kinder unmundig unde bynnen iren iaren[11] syn, daz sy wissen mogen, wy her das gut unde dy kinder vorstee. Abir stehende eygen[12] bedarff her nicht vorgewissen, wen das vorwissit sich selber wol.

Distinction 6.

B II. 8; Dr 82; Th 138; P I. 14. 6.
Vgl. I. 8. 10.

Wy sich eyn man weygern moge, vormunde zcu syn.

Ab der vormunde, *der umb*[1] dy vormundeschafft ist[1a], uffgegeben[2] adir[3] sich vorczihen[4] mag, adir was eyn recht sey.

Hiruff sprechen wir scheppin zcu Magdeburg recht: Eyn vormunde sal syne vormundeschafft wol uffgebin, so das her sich des[5] abeneme[6] vor gerichte, das her das nymande zcu schaden thu, unde das her das nicht kunne noch en moge umb redeliche sachen vorsten, ab her von deme cleger doruff geczogen wirt. Von[7] rechtis wegen.

Distinction 7.

B II. 10; Dr 82; Th 140 und 230; P I. 14. 14, 21; V. 4. 10.
Vgl. I. 8. 10.

Ab man unmundiger kinder gut besiczen[1] *moge.*

Ab unmundige[2] kinder, dy nicht vormunde haben mochten[2a], gut vorsperret adir vorboten worde, ab das selbe gut in deme selbin vorbiten[3] bliben musze unde besten[3a], bisz das sy zcu iren iaren quemen, adir was do recht sey.

Hiruff sprechen wir scheppin zcu Magdeburg recht: Wirt deme richter unde den scheppin vorkundiget, das dy kinder, den ir gut also vorsperret wirt, unmundig syn, unde das sy nicht vormunde[4] gehaben mogen, so sal das gut bliben in der vorsperrunge unde vorbote[5], do is denne ynne ist, so lange das dy

---

[Di. 5.] 8) *E fh.* u. gute. 9) *B fh.* das gelt geben ader. 10) *E* czurechin; *B* berichten; *Dr* bereychyn; *E fh.* bewile. 11) *BDa* erer jarczit; *Rb* jorczal; *W fh.* nicht. 12) *E fh.* und leginde grunt; *P fh.* oder erbe.

[Di. 6.] 1) *so*RaB; LabZERbDarTh* dorumb; *W* deme d. v. gegeben ist, die widdir offgeg. moge ad. s. d. v. m; *Rb* dorumme der v. sich vorczegen ader uffgeben m. 1a) *f. DrTh.* 2) *E* uffgebin besweren sulle ader worumb und umb was sache her sich v. m. 3) *f. Lb.* 4) *Dr* vorsiczen. 5) *WLb* der; *f. E* 6) *W* beneme; *Rb* anneme. 7) *E* also recht ist.

[Di. 7.] 1) *E* besetczen. 2) *Da* vormundiger. 2a) *f. W.* 3) vorboten; vorbote; vorgebote. 3a) *Dr* vesten. 4) *E fh.* habin ader. 5) *EW* vorbietunge.

kinder zcu yren iaren komen, das sy do vor geantworten mogen, bekennen, vorsachen adir ynnerunge[6] nemen. Unde hetten dy kinder andirs keyn gut, wenne das vorsperret were, so solde doch der richter irlouben[7], das man den kinden von dem selbin gute redeliche leipnare[8] gebe. Von rechtis wegen.

Distinction 8.

B II. 38; Dr 201; Th 161—163; S 150. 1, 2 (119. 6; 139. 1); C IV. 104; P I. 14. 4. — [Beil. II.] Vgl. I. 8. 3, 5; ferner Glog. Rb. 114, 115; Glosse Weichb. 26 (v. Dan. 302. 3, 309 21).

Ab eyn man synen kindern by lebindem leibe vormunde kyszen moge.

Ab eyn man vormunde kuset frunde adir fromde von bete wegen synen kindern, unde en[1] der vormundeschafft getruwet unde gibit den[2] macht, ander vormunde zcu kisen, vor an[3] ab sy abe gehen, unde das vor gerichte bestetigit wirt von gutem willen unde *willekore*[4] von beiden teilen, unde der man dornoch in eyme andern gerichte den vormunden[5] unwissentlich erbe unde gut koufft[6] unde stirbit, ab dy vormunde schuldig syn, der vrouwen und den kindern ire schult yn czu fordern unde yr varnde gut yn truwen zcu haldene[7] uff gewyn unde vorlust, ader was sy domete thun sullen, unde ab sy ouch des gutes vormundeschafft vorsten muszen, das an iren wissen andirswo *ge*koufft[8] ist, unde wenne sy das gut bynnen adir buessen landis ebintuirn, ab sy denne umme ire erbeit unde mühe von des gutis wynnunge[9] icht nemen sullen, unde ab sy ouch das varnde gut mit[10] stehendem eygen vorgewissen müssen, wenne sy von bete dorczu komen syn.

Hiruff sprechen wir scheppin zcu Magdeburg recht: Is en mag keyn man synen kindern[11] vormunde kyszen[12], sunder wenne her stirbet, so sal syn nehister swertmog der unmundigen kinder vormunde syn, unde ist der selbe[13] neheste erbname der kindere, so endarff her der kinder gut nicht vorwissen[14]. Habin abir dy kinder nehir erbnamen, so mus der denne[14a] der kindere gut vorgewissen unde berechenen. Hetten ouch unmundige kinder keynen swertmog, so sal der richter mit rote der kinder frunde unde mit volbort[15] den kinden seczen unde geben eynen pfleger[15a],

[Di. 7.] 6) *Dr* irynnerunge; *P* verinnerung. 7) *Rb* irgeleichen. 8) leipnarunge; narunge.

[Di. 8.] 1) *ELb* im; *K* em ader en. 2) *E fh.* an der vormundeschaft kraft und. 3) *ELbBDa* vortan. 4) *f. LabZW.* 5) *W* d. v. e. u. g. en unw. vorkewfet. 6) *Rb* leth. 7) *ERa* handiln. 8) *LabZW* vorkoufft. 9) *Z* wenunge; *W fh.* adir erkrigunge. 10) *E* in irem. 11) *S* brudir. 12) *Th fh.* und schicken. 13) *Lb* u. i. d. neste vormunde erbn. d. k.; *S* u. i. d. n. e. der bruder. 14) *Rb fh.* und berechen. 14a) *S* deme. 15) *Th* yowort; *P* des rates. 15a) *S* vormunden phl. unde vorstendig.

der dy kinder mit irem gute[15b] vorsthe unde besorge[16], unde wy denne der richter und der kinder frunde mit dem[17] pfleger eyns werdin, das her dy kinder vorsthe[18] unde vorwese, ir gut yn[19] czu fordirn adir czu ebintûren, is sey umme genyz adir umb erbeites lon, also sal her das behalden. Von rechtis wegen.

Distinction 9.

B II. 9; Dr 82; Th 139; P I. 14. 15; V. 4. 8.
Vgl. M. Mr. 1295 § 21; M. Görl. 60; Glog. Rb 106, 110.

Ab[1] man unmundige kinder[2] zcu der antwort getwingen[3] moge.

Ab eyn kint so enelende were, das is nicht vormunde hette, wy man ym doch vater scholt[4] mag angewynnen, unde ab das kint nicht antwortten sulle bisz zcu synen iaren, wy vil der iare sullen syn, das is recht sey.

Hiruff sprechen wir scheppin zcu Magdeburg recht: Enelende kint, dy nicht vormunde haben mogen[5], *mag*[6] *man* zcu antwort twingen nicht e, wen[7] so sy zcu iren iaren komen syn, das ist XII iar alt. Von rechtis weyn.

Distinction 10.

S 101. 5, 118. 1; C IV. 105, 101, 102; P I. 14. 7; V. 4. 9.
Vgl. I. 8. 6, 7; Glog. Rb. 101, 106—109.

Wy[1] man eynen czu der vormundeschafft twingen unde nicht twingen mag.

Eyn man stirbet unde lessit gut und erbe und bleibit den luten schuldig und leszet unmundige kinder, dy wol rechte[2] vormunde habin und sich nicht der vormundeschafft wellin undirwinden, umme das das sy dy lute wellin vorczihen mit der scholt.[3]

Hiruff sprechen wir scheppin zcu Magdeburg recht: Geschit das also[4], so sullen dy lute, den man schuldig ist, unde mogen, den rechten swertmogen dorumme beclagen vor gerichte, das sy dorumme der vormundeschafft sich nicht wellen undirwinden, uff das sy ire scholt gestoret[5] werden und irre gan. Bekennet der swertmoge daz, her mus antwortten von der kinder weyn umb

---

[Di. 8.] 15b) *B* erbgute. 16) *Rb* beschirme; *P* versorge. 17) *P* der pflicht. 18) *S* besorge u. vorstehe. 19) *Rb* yn czu fromen adir yn trewen.

[Di. 9.] 1) *Ra hat diese Di. nach der folgenden.* 2) *E fh.* die nicht vormunde habin. 3) *W* betwingen. 4) *E* teil. 5) *f. WBDa.* 6) mag man] *LabZ* unde. 7) wen — alt] *Dr* denne sie czwelff i. a. werdin; *P* (I. 14. 15) 16 jar.

[Di. 10.] 1) *vgl. die vor. Di. Anm. 1.* 2) *f. W; E* reythe vorhabin. 3) *K fh.* was hyrynne czu thun ist mit rechte. 4) *K fh.* unde umb des willen das die lewte vorczogen werden. 5) gesturet; gestûret.

dy scholt. Nympt sich abir der swertmoge der vormundeschafft abe uff den heiligen, das her is dorumb nicht lossze, so endarff her dorumb nicht antwortten. Wellen abir dy lute, den man schuldig ist, sie mogen der kinder gut, das der man gelossen hat, bekummern unde beseczen von rechtis[6] weyn[7] vor ire scholt, so mag des nymand gebruchen, also lange bisz das dy kinder eynen vormunden haben, ader bisz das sy zcu iren iaren kommen, das sy is selbir vorantwortten[8]. Von rechtis wegen. — Man mag yn ouch czu keyner teilunge[9] brengen, dy wile sy iren rechten vormunden nicht enhaben, sy kommen denne erst zcu oren iaren. Sy mogen ouch bynnen des keyne scholt ynfordern, wil abir keyn man[10] scholt von iren wegen infordern, der mus ouch wedir von irre wegen vor ire scholt antwertten. Von rechtis wegen.

Distinction 11.

B II. 74; Dr 211; Th 213; Db 45.

Von[1] czweiunge umme vormundeschafft, wer der neheste ist[2].

Eyn man were gestorben unde hette gelossen gut unde erbe unde unmundige kindere unde syner swestir son, der were ouch unmundig, unde syn elich wip, dy neme eynen andern man, mit dem hette sy eyn[3] kint. Do undirwinde sich dez *toden*[4] *nehister* swertmog[5]; der do czu tochte, der ersten kinder erbe unde gut, unde dy kinder liffen usz in fromde lant. Nu were des toten mannis swesterson mundig[6] worden unde czoge sich zcu der uszgelouffen[7] kinder erbe unde gute czu vormundeschafft, dorumme das er nu mundig worden were unde der kinder neheste[8] swertmoge were, unde spreche also, her welde das vorburgen unde vorwissen, als[9] daz in syner vormundeschafft recht were. So spreche des halbin bruders vater: wenne myn kint der usgelouffenen kindere rechte[10] erbneme ist unde noch unmundig ist, unde sy[11] nu mundig worden syn, sy syn wo sy syn, ab sy noch lebin, unde dich[12] ny zcu vormunde gekoren habin unde ichs[13] ouch vorburgen unde vorgewissen wil, ab is[14] recht sey, von mynis kyndis weyn, so byn ich ouch der vormundeschafft

---

[Di. 10.] 6) *EC* gerichtis. 7) *C fh* vor yr gelt u. 8) *E fh.* mogin. 9) *Ra* teydinge; *C* rechten teydingen. 10) *Lb* schuldigunge ader sch.

[Di. 11.] 1) *Ra lässt diese Di. nach I. 7. 6. folgen unter der Ueberschr.* v. v. czw. 2) *E fh.* mit rechte. 3) *EDb fh.* ander; *Dr* ouch kinder. 4) *LabZW* nehisten toden. 5) *E* swestermog. 6) *B* unmundig geworden mundig. 7) *W* weggelouffener. 8) *f. Lb.* 9) *Dr* alz vorm. recht sey. 10) *E* neeste. 11) *W* dy kinder dy auszen seyn. 12) *W* deszen. 13) *B* is. 14) *E* ab ichs r. werde.

nehir, noch dem mole das myn kind der uszgelouffen kinder halbe bruder ist. So spreche abir yenir: sy habin uch ouch nicht obir ir erbe unde gut zcu vormunde gekorn als wenig als mich, unde ich weys wol, das sy mundig syn,[15] wo sy ouch syn, ab sy noch leben, unde[16] ich ir rechter swertmog byn, so bin ich dorczu nehir, wenne ir seyt. Ab[17] nu der neheste swertmog adir des halben brudirs vatir von synes kindes weyn vormunde gesyn moge, unde wy lange unde wy vil iar der erbneme der uszgelouffen[18] kinder sal beyten[19], das her sich iris erbis und gutes undirwinden mag mit rechte, wenne man nicht weyz, ab dy kinder lebin adir tot syn.

Hiruff sprechen wir scheppin zcu Magdeburg recht: Ist der usgelouffen kinder vormunde der kinder recht[20] swertmog von vatir halben unde hat her der kinder gut den[21] erben vorgewisset als recht ist, so gehort[22] ym dy vormundeschafft unde nicht des halben brudirs vater von synes kindes weyn, unde syner swestir son mogen czu der vormundeschafft nicht komen. Von rechtis wegen[23].

Neuntes Kapitel.

Hy wölle wir sagen von der kinder alder unde wy man das bewisen sal unde suszt ander artikel, dy kinder antreten.

Distinction 1.

B I. 58; Dr 32; Th 68, 69; P I. 15. 1.
Vgl. M. St. I.; Ssp. I. 42 § 1; M. Br. 1261 § 49; Glog. Rb. 104, 110, 111; C IV. 106; P I. 15. 2.

Wy alt eyn kint syn sal, das man obir is moge richten.

Wy alt eyn kint syn sal, das man obir is moge richten umb hanthaffte tat, ab is dorumme[1] beruffen wirt, adir ab is syn gut unde erbe vorgeben mag ane vormundeschafft adir ab is syn

---

[Di. 11.] 15) *Efh.* sie sint ouch. 16) *Dr fh.* wenne ich nu. 17) *Dr* Nu bitte wir uns zcu undirweiszin noch diszer obirschreybunge was recht sey und wie lange der erbneme d. uszg. k. 18) *Dr fh.* adir auslendischen. 19) *E* wartin. 20) *E* neeste. 21) d. e.] *f. B.* 22) *Lb* geboret. 23) *DrThB schliessen hier unmittelbar I. 7. 6 an.*

[Di. 1.] 1) *WDr* dorinne begriffen.

erbin gelob[2] gehindern mogen[3] adir nicht, adir ab man is zcu antwortte getwingen moge, e is zcu sulchin[4] iaren[5] kommen ist, umb scholt ader umb ander sache, was dorumme recht sey.

Hiruff sprechen wir scheppin zcu Magdeburg recht: Wenne eyn kint czwelff iar alt wirt, so ist is mundig unde man mag obir is richten[6]. Ouch mag is syn gut ane vormunde vorgeben, sunder anirstorben erbe unde steende eygen sal is mit erbin gelob gebin[7]. Ouch mag man das kint zcu antwortte twingen Von rechtis wegen.

Distinction 2.

B II. 51; Dr 204; Th 201; S 153. 2, 3; Dβ 19; P I. 15. 8.
Vgl. Ssp. I. 42; Glog. Rb. 105; P I. 15. 7; Glosse Weichb. 26 (v. Dan. 312. 33).

Wy eyn kint bewiszen sal, das is zcu synen iaren komen ist.

Ab[1] eyn man synen kinden by lebindem leibe hette[1a] vormunde gekorn unde stürbe[1], nu spreche das kint, is were wol czu synen iaren komen, das is czu vormunde habin wolde, wen is geluste, do wedirspreche der vormunde, is were nicht so alt, das is daz gethun moge. Wer das bewiszen[2] sulle von rechtis wegen.

Hiruff sprechen wir scheppin zcu Magdeburg recht: Das kint ist neher zcu bewisen[3] syne iarezal mit siner muter geczügnisse, ab is dy hat, adir mit synen vettern[4] adir mit czwen andern vromen[5] lüten, den dez kindes alder wissentlich ist, wenne[6] der vormunde. Von rechtis wegen.

Distinction 3.

B I. 89; Dr 72; Th 100; S 145. 1.
Vgl. Ssp. I. 33; M. Görl. 85; Sch. U. bei Zobel Weichb. (CXXXVII).

Wy man eynis kindis lebin beczugen moge noch[1] synes vater tode[1].

Ab[2] eyn kint noch des vater tode worde geborn, das dy muter spricht mit andern erbarn frauwen, wy das sy des geczügen wellen, daz daz kint gelebit habe also lange, bisz das das kint getoufft sey von den frouwen unde yn der stunde und in dem gemache, do das kint geborn ist. Do wedir spreche des

---

[Di. 1.] 2) *Lb* erbloube. 3) m. ad. n.] *Dr* wellen wie is das moge undirstehn mit rechte das is habe zcu thun und zcu lassen. 4) *B* seinen. 5) *BDaRa* tagen. 6) *P fh.* ob es ungericht thut. 7) *E* vorgeben.

[Di. 2.] 1) Ab — stürbe] *S* Eyn m. hot eyn kind gelossin und her ist tot. 1a) *W* h. gegeben eynen vormunden. 2) *Dr* nehir sey zcu bew. und wie her das bew. sal. 3) *B* behalden. 4) *DrP* paten; *Th* gefattern. 5) *B* erbaren. 6) *P* wenn das ist sein vorm. oder jemandes anders die es uberzeugen mögen.

[Di. 3.] 1) noch — tode] *dafür E* mit rechte. 2) *Dr* Eyne frawe hat e. k. geb. noch yres mannes t.

toten mannis bruder, das her das nicht gelouben enwolde, das das kint gelebit habe, unde frogit, ab nicht man do by sulle syn[3], adir ab dy selbin frauwen geczugen mogen ane man, adir ab sy man dorczu haben musszen, unde wy vil der[4] syn müssen von rechtis wegen.

Hiruff sprechen wir scheppin zcu Magdeburg recht: Mag dy frauwe[5] czwu[6] ander erbar frauwen gehaben, dy ir helffen czugen[7], das das kint gelebit habe, so bedarff sy wedir manne noch keyner geczügnisze me. Von rechtis wegen.

Distinction 4.

B II. 84; P I. 19. 2.
Vgl. Ssp. I. 36; Wasserschl. IV. 172; V. 8, 58; ders. Succ. b. IV. 35.

Ab man eyn kint beschelden mag, das[1] in sechs unde driszig wochen geboren ist.

Eyn man echt unde elich geborn nympt eyn wip zcu der ee, dy ouch echt und elich ist geborn[2] glicher gebort, unde siczt mit ir yn der e in das vierde iar unde wonet mit der frauwen in eyner stat, dy Magdeburgisch recht hat. Dy frauwe brengit eyne lebinde frucht zcu der werlde in dem ersten iare von der czit an czu hebin, also der man in ir bette schreit, in der XXXVII[3] wochen. Der man starb unde liez eyne eswester, dy spricht dy frauwe an, das das kint zcu fru geboren sulle syn unde moge nicht erbin[4] noch erbteil nemen in des vater gute, unde das gut sey an sy gestorben, unde spricht, dy frucht sulle vor[5] der czit, ee sy den man[6] nam, geczelit[7] syn. Dy frouwe spricht, is sey ir rechte ekint[8], unde welle sich unde ir kint vorantwortten der ansproche noch rechte, unde welle ir gut mit irem kinde[9] behalden unde wisse von nymande zcu sagen, unde spricht[10] von anewiszunge wiszer luthe daz, das eyne by sulcher cziet unde ioch[11] in korczer czit eyne[12] frucht lebinde zcu der werlde moge brengen. Ouch ist dy frouwe vor unde noch von keynen[13] dingen[14] beruchtiget, unde der man hat daz kint vor syn rechte ekint gehalden bisz an synen tot. Nu wil dy swester

---

[Di. 3.] 3) *WK fh.* gewest; *K fh.* die is gesehn hetten unde das bekenten. 4) d. s. m.] *f. Lb.* 5) *K fh.* dy das kind gehabet hot. 6) *Lb fh.* ader. 7) *W* bekennen.

[Di. 4.] 1) *E* das XXXVI w. alt ist. 2) *f. EB.* 3) *ZERaLb* XXXVI. 4) *ZELbW* erbe. 5) *W* von. 6) *K fh.* eren bruder. 7) geczylet. 8) *K fh.* das yr were worden von erem bruder. 9) *Lb fh.* vorantworten und. 10) *K fh.* das sie gehort habe. 11) doch; ouch; ouch noch; yo. 12) *W* e. eliche unde l. fr.; lebinde] *f. Lb.* 13) *B* keyme manne. 14) *Lb fh.* beclaget noch.

erbeling syn zcu ires toden bruders gute. Ab nu dy swester mit rechte das kint an syner gebort bescheldin moge unde ir das gut mit sulchin loszen[15] worten zcu geczin moge adir nicht, wan dy frouwe dy czit der e unde *gebort*[16] wol mag bewiszen[17].

Hiruff sprechen wir scheppin zcu Magdeburg recht: Was des kindes vater erbis unde gutis gelosen hat, das hat er geerbet uff das kint, nochdemmole das her das kint vor syn[18] ekint hatte, dy wile her lebete, unde *das*[19] das kint geborn ist by XXXVII[20] wochen, das sal ym unschedelichin syn an syme rechte.

Distinction 5.

B II. 22; Dr 151; Th 49, 50; S 146. 1; Dh 46.
Vgl. Ssp. III. 27; M. Görl. 121; Wasserschl. Succ. a. III. 7.

Von kindern, dy in gefattirschafft sint geborn.

Ab[1] eynis mannis[1a] vrouwe eyner andern vrouwe unde der selben manne eyn kint usz der touffe hubc, und dy frouwe, dy das kint gehaben hette, storbe unde ouch der frouwen[2] man, der das kint was, das sichs also fugete, das der frouwen man, dy gestorben were, neme dy frouwe zcu der e, der syne[3] vrouwe eyn kint usz der touffe gehaben hette, unde e sy sich nemen sulden, sy begehen alle recht ken der kirchen geistlich unde gewonlich[4] ken der werlde, als das zete unde gewonheit in[5] dem lande were. Der man gebe unde benante der frouwen ire morgengobe recht unde redelich, als das gewonlich were. Dy selbin czwe sessin an der e in das czende iar, lenger[6] wile adir korczer, in ganteczen truwen, so[6] das sy[7] keyn hindernisze wusten czwuschen on unde sy ouch ny angesprochen worden, dy wile das sy lebeten umb keynerleye schelunge[8], dy czwuschen on solde syn gewest. Dornoch storbe der man unde lisze eyn kint, das her mit derselbin frouwen gebert[9] hatte, unde hette ouch gelosszen[10] kinder, dy er mit der ersten frouwen gehat hette. Von denselbin kindern fordirte nu dy frouwe ire morgengabe und irem kinde erbeteil in synis vatir gute[11]. Nu sprechen dy ersten

---

[Di. 4.] 15) *f. Lb; Z* lögen; *W* boszen. 16) *so ERaB: die meisten* gut 17) *K fh.* ader kan yr icht dy swester mit sulchen lozen worten schaden an dem gutte unde dem kynde unde alzo an sich brengen ader was eyn recht ist. 18) *B fh.* rechte. 19) *f. LabZ.* 20) *EWB* XXXVI; *Z* sechs und zwenteczig.

[Di. 5.] 1) *S* Eynis bedirm. fr. hot e. a. vr. mit irem m. e. k. aws d. t. gehobin u. d. fr. m. der d. k. was starb do fugete is sich das d. fr. m. dy g. w. nam dy fr. zcu d. ehe dy seynir irstin frawen ir k. geh. h. ausz d. t. und ee sich dy tczwe nemen begingen sy alle r. yn der k. 1a) *Dr* bedirmannes. 2) *Lb* der man des. 3) *ZWLb* seyner. 4) *Dr* gewonhyt. 5) *E fh.* der werlde were adir. 6) lenger — so] *f. S.* 7) *Dr* wir. 8) *EDaBS fh.* noch hindernisze. 9) *K fh.* ader gehabet. 10) *f. Lb.* 11) *S* erbe.

des mannes kindere, ire rechte muter hette ir stiffmuter eyn kint usz der touffe gehabin, unde sy mochte nicht rechte[12] ee besiczen mit irem vater, und ir kint sey nicht elich geborn, dorumb enwolden sy ir nicht morgengabe geben unde yrem kinde keyn teil an ires vater gute. Was hirumb recht sey, bethe[13] ich[14] mich zcu undirwysen.

Hiruff sprechen wir scheppin zcu Magdeburg recht: Dy kinder sullen der frouwen ire morgengabe, dy ir or vater vor gerichte[15] gegeben[16] hat, gebin[16a] unde volgen laszen, unde noch dem mole das der man[17] mit der selbin syner leczten frouwen offinbar in der ee gesessen hat ungescheiden noch[18] gerichtis orteil bisz an seynen tot, so sal das leczte kint an synes vater erbe unde gute teil haben glich den ersten. Von rechtis wegen.

Distinction 6.

B I. 17; Dr 165; Th 177; Db 47.
Vgl. I. 15. 2; ferner Ssp. II. 17 § 2; M. Goldb. 1188 § 2; M. Br. 1261 § 75; M. Br. 1295 § 10; M. Görl. 49, 75, 133; Weichb. 53; dass. (Zob) 92; Mühler 10, 38; Glog. Rb. 405—411; S 109. 1; C III. 94; P IX. 7. 1, 2.

Wy der[1] vater synen son mag usgeczihen umb ungerichte[2].

Eyn man worde beclaget[3] umb eynen totslag adir umb kampfirwunden adir umb der glich unde sulde dorumb sweren selbsebinde adir selbdritte, unde der man brechte sulchen geczug, synen evater[4] unde andir syne möge[5] unde dorczu lute, dy by den sachen nicht gewest weren, do sy geschen sint. Ab her nu dy bewiszunge thun moge mit synem vater unde mit synen mogen[6] unde mit sulchen luthen, dy by den sachen nicht gewest syn.

Hiruff sprechen wir scheppin zcu Magdeburg recht: Eyn vater, der eyn unvorsprochen[7] bedirman ist, mag synen ungesunderten son, der umb ungerichte beclagit ist, wol eyns uszNemen[8] unde en des ungerichtes entschuldigen. Ist abir der son vormols[9] umb ungerichte beclagit, adir sulde ymand mit geczügnisse sweren, den mag syn vater noch bruder, gemytte lute noch syne brotgesinde nicht helffen sweren[10]. Were abir, das ymand

---

[Di. 5.] 12) *f. EDb.* 13) bethe — undirw] *f. Lb.* 14) *EDb* wir euch uns 15) *Dr* morgengabe. 16) *B* gelobet; *S* gemorgingobit. 16a) g. u.] *f. S.* 17) *Dr* bedirman. 18) *Dr* von g. orteilen.

[Di. 6.] 1) *Lb* eyne frauwe ader der man. 2) *Z* unrechte. 3) *Dr fh.* umb gelt adir. 4) *Dr* naturlichin vater. 5) *Lb* frunde, frunden. 6) *E fh.* sulle ader. 7) *f. W; Db fh.* man also. 8) *E* usczien und nemen. 9) *Dr* vor me. 10) *f. Dr.*

syne[11] **gebort adir syn**[12] **echt geczugen sulde, deme** *mag*[13] **eyn iczlicher syner moge unde ouch andir bedirlute**[14] **wol helffen**[15]**. Von rechtis wegen.**

Zehntes Kapitel.

Hie wolle wir sagen von monchen unde geistlichen luten, ab dy[1] erbe teil nemen mogen[2].

Distinction 1.

B I. 46; Dr 184; Th 35; P I. 22. 4.

Vgl. Ssp. I. 25; M. Br. 1261 § 60, 61; Glog. Rb. 579; C IV. 67, 68; P I. 22. 2, 3, 5; Wasserschl. IV. 31; V. 76; ders. Succ. b. IV. 27; Mühler Sch. 15.

Ab monche unde begebene[1] *luthe allir ordene erbeteil genemen mogen.*

Ab monche[2]**, dy gehorsam getan haben adir**[3] **nicht, in welchen orden sy syn, also velt monche adir beteler orden**[4] **also prediger**[5]**, barfuszer, augustiner adir dergliche orden, dy begeben sint, mit andirn iren geswisteren**[6]**, dy**[7] **noch lebinde sint unde wertlich, ader mit andern frunden, dy in**[8] **gesippet sint, erbe teil genemen mogen in irre eldir ader in irre nehesten frunde gute, adir ab eyn man nymandes nehers lisze wenne eynen geordenten monch adir nunne, ab dy dez toden mannis erbe unde gut, is sey varnde adir unfarnde, nemen mogen vor andern des toden mannis mogen**[9]**, dy wertlich syn, in welchir wisze sy is nemen adir nicht nemen mogen von rechtis wegen.**

Hiruff sprechen wir scheppin zcu Magdeburg recht: Monche[10]**, dy czu iren iaren kommen sint und gehorsam getan haben, dy sint der werlde tot und sullen nymandis erbe nemen. Wirt abir eyn man monch unde veret**[11] **by iare unde tage wedir usz**[12] **unde nicht gehorsam getan hat, der mag dornoch erbe nemen unde irwerben**[13]**. Von rechtis wegen.**

[Di. 6.] 11) *WK* seynir gebort (*K fh.* bekenner) adir seyn echte (*K* seyner e. not) geczewg sulde sein, d. m. c. i. swertmoghe. 12) *f.* Dr; — s. e.] *Th* anders icht. 13) *f. LabZ.* 14) bederbe l.; vrome l.; *Db fh.* man ader weib. 15) *K fh.* beczewgen und bekennen.

1) *W fh.* ir. 2) *E fh.* mit rechte.

[Di. 1.] 1) *Z* vergebene. 2) *E fh.* adir. 3) ad. n.] *f. W.* 4) *K* b. o. dy man nennet dy barfussen brudere auch francisci ader dy aug. ader benedicti ader der gl. eyn sulcher begebene man mag her mit anderen gesw. 5) *f. W.* 6) *BDa* swestern. 7) *RaDr* die n. w. s. 8) *Dr* gleich ges. 9) *K fh.* ader frunden. 10) *Lb hat hier am Rand mit späterer Schrift.* Diess sal Inhalts der recht für todt untüchtig und machtlosz angesehin und gehalden werden. 11) *W* lewftit. 12) *W fh.* dem closter und orden unde tut nicht geh. 13) *Dr* irvordern; *P* geben.

Distinction 1a.

Ab[1] *dy Johanniten adir Prussche herren erbeteil mogin nemen.*

Wir scheppin czu Magdeburg bekennen in desem offin brive, das wer rechtis gevrogit sin noch desen worten: Eyn wertlich man yn eyner stat gesessin, dy Magdeburgisch recht hat, stirbet und losset noch sime tode einen lebinden bruder, der do ist ein begebin prister und in dem orden der herin von Prossen, der vordert, was sin brudir an gute und erbe noch sime tode hot gelossin, und wil der neheste erbeling sin. Der tode man hat ander erbelinge gelossen wertliche lute also brudir und swestir kinder, dy sprechen, das das gut noch Magdeburgischem rechte, domete dy stat von deme orden ist usgesaczt, uff sy ist dirstorbin unde nicht uff des toden mannis bruder, der eyn geordent begebin man ist, dorumme das begebene prister keyn gut an nymandes erbin denne an sinen orden, der solde[2] *ouch mogelich keyn erbeteil nemen etc. Der prister bruder ist nu gestorbin, nu vordert der orden das gut von den wertlichin erbin also von ires begebin gestorbin bruders wegin. Ab dy heren des ordens nemen mogin erbeteil glich wertlichin lutin sundir czyt das sy noch irem tode an nymandis keyn gut erbin noch erbeteil von in gebin, was recht sey.*

Hiruff sprechin wer scheppin czu Magdeburg vor eyn recht: Do der wertliche man starp, do erbete her seyn gut uff sinen nehestin wertlichin erbin und nicht uff sinen bruder, der ein geordent und begebin man ist gewest, noch Magdeburgischem rechte. — Prius habitum est R 18 a. supra.

Elftes Kapitel.

Hy[1] wolle wir sagen von morgengabe manchirley stucke[2].

Distinction 1.

B II. 23; Dr 152; Th 51; S 146. 3; Dβ 13; P IX. 11. 17.

Vgl. Ssp. I. 20 § 6; Halle Neum. § 26; M. Br. 1261 § 14; M. Görl. 20; Weichb. 48 § 3; Mühler 20, 75; Glog. Rb. 121; 402; C IV. 36, 42; Wasserschl. IV. 2, 154; V. 7, 43.

[Di. 1a.] 1) *diese Di. findet sich nur in Ra.* 2) *Nach Einschaltungen, welche sich in der Hds. über der Linie finden, würde zu lesen sein* d. s. im o. m. sein k. e. czu n.

1) *dies Rubrum f. Ra.* 2) *E fh.* und artickel.

Von[1] *morgengabe bewisunge.*

Ab[2] eyner frouwen morgengobe vor gerichte nicht gegeben worde, sal[3] man wissen, das man zcu Magdeburg nicht pflegit[4] morgengobe vor gerichte zcu geben, sundir is zete ist unde gewonheit do selbist[5], wenne sich czwe nemen zcu der ee, so gehin[6] der selbin czweir lute frunde von mannen zcu sampne unde thun das gelobde offinbar, unde wenne des mannes frunde das gelobde entpfangen haben, do sprechen der frouwen frunde also: ab got icht an uch thut, das ir ee sterbit denne unser frundynne, womete wellit ir unser frundynne belossen[7]? So spricht her: mit L[8], LX ader mit C marken. Das helt man vor eyne morgengobe, das gibit man der frouwen noch syme tode.

Ab[9] nu des mannis kinder also sprechende sind, sy enwusten nicht von der morgengobe, ab ir icht gemorgengobit sey adir nicht adir wy vil dez sey, unde der lute ouch eyn teils tot syn unde eyn teil noch leben, dy by der[10] gobe sint gewest: dy noch lebin, gedencken wol, das man der frouwen gemorgingobit hat, sy dencken abir nicht, wy vil,[11] wy nu dy frouwe ire morgengobe bewiszen[12] sülle czu haben[13], unde ab sy dy irkriget, ab sy domete gar[14] thun unde lossen sulle adir moge, sint is eyne[15] gobe ist an varndem gute.

Hiruff sprechen wir scheppin zcu Magdeburg recht: Noch demmole daz dy frouwe gerichtis bewisung nicht enhat uff ire morgengabe, so sint des mannis kindere mit irem eide[16] do neher vorczukomen[17], swerende mit eynis hant, das ir vatir dy frouwe nicht bemorgingobit habe[18], wenne sy dy morgengabe[19] bewiszen[19a] unde behalden[20] *moge*[21]. Wellen abir dy kinder nicht sweren unde wellen der frouwen ire morgengobe[22] zcu staten[23], so sal sy dy morgengabe benumen unde sweren mit

---

[Di. 1.] 1) *E* wie man m. beweisen sal. 2) *E* Ab der man die m. nicht vor gehegetem dinge gebe seiner fr.; *Ra* Ab abir der fr. die m.; *Dr* Vortmeir ewir froge ist noch eyme rechte das wir euch vormals geschrebin habin zo habit ir nu gefrogit alzo: wisset das man hie nicht phlegit. 3) *E* man sal; *B* so sal man; *K* hie s m. 4) *B* phlag. 5) do s.] *f. Dr.* 6) *Dβ* gebin. 7) *E* begoben; *Lb* lassen begaben; *Dr* lassen. 8) L — C] *Lb* X; *Dβ* mit L huben oder mit zehen hundert m. 9) *Dr* des bitte ich mich zcu undirweiszen, wenne d. m. k. sprechen, sy wissen nicht ader wellen nicht w. 10) *B* deme gelobde. 11) *W fh.* froge wir. 12) *B* gewissen; *Dr fh.* ader behalden. 13) *Dr* halden. 14) *f. E.* 15) eyne — gute] *Lb* eyn gast ist; *Dr* ir gegebin ist an v. g. 16) *EBDa* iren eyden. 17) *P* davon zu k. 18) *S* der fr. nicht gem. h.; *W fährt demnächst so fort:* beweiszen sy aber die m. und wellen dy beh., adir ab d. k. nicht wellen sw.. unde bestaten unde geben der fr. yre m. zcu so sal sy. 19) *E fh.* nicht abgenomen noch widersprochin hat, der man ist tot, ab nu die fr. die irste m. 19a) bew. u.] *f. S.* 20) *Lb* erhalden. 21) *f. LaZEWDr*; *vorhanden in LbBDaS.* 22) *RaBDarSP* bewisunge. 23) *P* gestatten.

iris eynis hant uff[24] den heiligen, das ir so vil gemorgengobit sey, als sy benumet hat, unde bewiszet sy das also, so mag sy mit der morgengobe thun unde losen, wy[25] sy wil. Von rechtis wegen.

Distinction 2.

B II. 48; Dβ 17.
Vgl. M. St. XI. 2, XIa; Ssp. I. 20 § 6, 9; M. Br. 1261 § 14; M. Görl. 20; Weichb. 23 § 1, 2; dazu Glosse (v. Dan. 278. 47 fgg.); Mühler 20, 75; P IX. 11. 13.

Von frouwen morgengabe.

Eyn man hat syme elichen[1] weibe gemorgengobit LXXX[2] marg an syme varenden gute sunder gerichte. Dornoch hat her derselbin frouwen vor gehegetem dinge dy helffte alle synes gutes gegeben, wy man das mit namen[3] genennen mag, czu thune unde czu lossene, was sy do mete thun wil, unde her hat der ersten morgengabe nicht abegenomen noch wedirsprochen. Der man ist tot. Ab nu dy frouwe dy erste morgengabe czuvor[4] behalden unde[5] nemen moge unde dorczu dy gobe, dy ir der man sedirmols gegebin hat vor gehegetem dinge noch ires brives[6] lout bestetigit hat, adir ap sy der ersten gobe durch der *andern*[7] emperen sulle, ader was recht sey.

Hiruff sprechen wir scheppin zcu Magdeburg recht: Was[8] is gewonlich in den gecziten in der stat, do der man syne frouwe bemorgengobete, das man der[9] frauwen morgengobe[10] gab bussen[11] gerichte, so sal dy frauwe dy[12] LXXX mark behalden unde nemen czuvor, nochdemmole das sy der nicht vorlossen hot[13]. Dorczu sal sy ouch habin, das ir der man vor gehegetem dinge gegeben hat. Von rechtis wegen.

Distinction 3.

B II. 68; Dr 141; Dβ 27.
Vgl. M. Görl. 21, 83; Weichb. 62; Mühler 23.

Von morgengabe[1].

Eyn man hette eyne juncfrouwe zcu der e genomen unde morgengobit[2] ir LXXX[3] mark. Dornoch gewunne her mit ir czwe kindere[4], so daz her ginge[5] vor gehegit ding ane der

[Di. 1.] 24) zcu. 25) *E* was; — wy sy w.] *f. LbS.*

[Di. 2.] 1) *E* seynem w. elich wesens. 2) *Lb* czehn *u. s. w.* 3) *Z fh.* alles; *E fh.* genumen und. 4) *Dβ* czum ersten. 5) u. n. m.] *Lb* sulle. 6) *B fh.* uswisunge unde. 7) *so Lb; La* ersten; *ERaB* leczten; *W* d. d. a. ader dy ander durch der irsten. 8) *E* is was. 9) den; dy. 10) *Z* gobe. 11) *W* awszwendig ader ane. 12) *B fh.* morgengabe der. 13) *K fh.* unde sich der vorczeen.

[Di. 3.] 1) *E fh.* die czwefeldig ist gescheen. 2) *Z* vermorgengabt; *E* bemorgingabete. 3) *Lb* czehn *u. s. w.* 4) *Z* sone. 5) *ELb fh.* mit ir.

frauwen willen unde[6] wissen, unde hette sy dorumb ouch ny gevroget, unde frogete rechtis, ab her mit syme[7] irer*beyten*[8] gute thun unde lossen mochte, wy her welde. Das worde ym geteilet[9]. Do gebe her der genanten[10] frouwen vor dy genante LXXX mark unde vor allis, das ir noch syme tode volgen sulde, driszig[11] mark, unde dy frauwe were nicht keynwortig. Dornoch hette her abir kinder mit der frauwen und starb, und dy frouwe fordirte ir erste morgengobe LXXX marg. So sprechen des toten mannis frund, sy solde nicht me haben, wenne dy leczte gobe, driszig marg, dorumb das ir *ir*[12] man vor gehegetem dinge nicht mer hette gegeben, do her das mechtig was unde sy[13] dy leczte gobe wol gewuszt hette, unde dy iar unde tag und wol[14] lenger czit vorswigen hette. So spreche dy frouwe do wedir: her hot mir dy erste gobe gegebin an alle undirscheit unde an allis[15] usnemen keyner macht, und ich bin ouch do nicht keynwortig gewest vor gehegetem dinge unde habe yn der ersten gobe ny ledig[16] gelosszen, unde[17] mir dy leczte gobe hat gegebin, das ich kindere mit ym gehat habe, zcu den LXXX marg, do vor hab ich sy[18] gehalden unde wil sy noch do vor haben, ab ich dy von[19] rechte gehaben moge. Unde wenne is denne nu gut unde gelt antrift unde nicht antrift erbe, so mochte ich mich nicht doran vorswigen. Ouch so hette ich nicht getorst vor[20] vorchte mynes mannis vor gerichte do wedir nicht sprechen[21]. Ab nu der frouwen ir erste morgengobe volgen und bliben sulle, adir umb was sache *sy*[22] der emperen sulle adir[23] dy leczten XXX marg nemen musze, adir[24] was eyn recht sey.

Hiruff sprechen wir scheppin zcu Magdeburg recht: Hat der tote man der frouwen dy achczig marg zcu morgengabe gegebin sundir undirscheit, unde her ym doran keyne gewalt behalden hat in gehegetem dinge, so sullen ir dy LXXX mark volgen und bliben unde ouch dy XXX mark, dy her ir dornoch gab. Von rechtis wegen.

Distinction 4.

B II. 72; Dr 205; Th 207; Db 48; Dj 31; P IX. 11. 10.

Vgl. II. 2. 6, 7; M. Görl. 123; S 99. 1, 101. 4, 132. 1; C IV. 40–42; P IX. 11. 9; Wasserschl. IV. 149.

[Di. 3.] 6) u. w.] *f. E.* 7) *W fh.* wol. 8) *so mit mundartlichen Abweichungen die meisten, nur Lab* irerbetem. 9) *W* czugeteylet. 10) *W* bemorgenthe. 11) *Lb V u. s. w.* 12) *f. LaZ; W* der. 13) *E* u. ir d. l. geweist h. 14) *B* vil. 15) *B* alle usnemunge. 16) *Dr* vorlossen. 17) *K* u. ich weis nicht anders. hot her mir d. l. g. g., so hot her myr sie dorumb geg. 18) *ERa* dy gobe gehat. 19) v. r.] *f. Lb.* 20) *EW* von. 21) *Dr* Dorumb bitte wir ewir undirweiszunge noch diszer obirschrybunge. 22) *f. LaZ.* 23) *W fh.* ab sy vort. 24) ad. — sey] *f. E.*

Von morgengabe beczalunge.

Eyne[1] frouwe hette irem manne alle[2] ire varnde habe gegebin vor gehegetem dinge in sulchen[3] undirscheiden, ab der man e storbe[4] wenne sy, das das selbe gut wedir an sy vallen[5] sulle, das hatte der man der frouwen vorhangen[6] unde sturbe. Dornoch hette dy frouwe vor gerichte behalden mit irem eyde hundert marg adir[7] vierczig marg, das[8] sy dy czu ym[9] gebrocht hette, unde bekente vor gerichte, daz der man hette gelossen an gewiszer unde an ungewiser schult unde an varndem gute czwe hundert[10] marg. So spreche her[11]: sint der czit das dy frouwe dy schult *selbir*[12] gemacht hat, ab sy nu icht dye egenanten hundert marg unde XL marg an der selben schult[13] unde an der varnden habe nemen sulle, adir was recht sy. Do wedir so spreche dy[14] frouwe: eyn teil schulde hat myn man gemacht, eyn teil habe ich ir gemacht in synem nomen;[15] ab *ich* nu[16] ouch das gelt, das ich mit myme eyde behalden habe vor gehegetem dinge, uff dem erbe adir an den schulden adir an der varnden habe nemen sulle, adir was eyn recht sey. Ouch so hette dy[14] frouwe gesprochen vor gehegetem dinge, ir man habe ir gegeben unde morgengobit achczig[17] marg ane undirscheit nicht uszgesundert erbe noch varnde habe, und hette das behalden mit irem eyde vor[18] gerichte. Ab nu nicht also vil varnde habe ist, ab man nu das erbe umb der frouwen morgengobe[19] vorkouffen sulle adir ab dy vrouwe ire[20] morgengobe, uff dem erbe adir an[21] der gewissen schult adir ungewissen nemen sulle, adir was recht sy.

Hiruff sprechen wir scheppin zcu Magdeburg recht: Ist der tote man ymande schuldig blebin, das sal man vor[22] beczalen. Dornoch sal man dy frouwe beczalen XL[23] marg unde C, dy sye vor gerichte bewisset hat, unde dornoch achczig[24] marg, ire morgengabe, als sy bewisset hat, und dy beczalunge sal man thun von all des mannis gute, von erbe von varnder habe unde von schulde unde von al dem, das her geloszen hat, als verre als das

---

[Di. 4.] 1) *DrTh* Vortmeir habit ir gefrogit alzo: frawe Englyschynne hat erem elichen manne. 2) *B* alle gut erer varenden h. 3) *W* sulcher underscheid. 4) *ZRaWLb* abestorbe. 5) *Dr* sterbin. 6) *EDb* gelobit. 7) *Dr* unde; ad. v.] *f. Lb u. s. w.*; *B* sechczig. 8) *EDb* dy (das) sie ym do brocht h. 9) *f. W.* 10) *Dr fh.* u. XL. 11) *W* des mannis erbneme; *Dr* Kleppil; *Th* Ceppil. 12) *so EDrTh. die anderen* swere, swer, swerer. 13) *Lb fh.* sulle. 14) *Dr* fr. Englischynne. 15) *Dr* Nu bitte wir liben frunde uns zcu underweiszen ab die fr. das gelt das sie beh. hat. 16) *f. La.* 17) *Ra* XL; *Lb* C; *B* sechczig. 18) v. g.] *f. Dr; dafür fh.* bitte wir uns zcu undirweiszin. 19) *B* gabe; *Lb fh.* wille. 20) *Lb fh.* not. 21) *E* uff. 22) *B fh.* erbe. 23) *B* sechczig. 24) *Lb* LX.

geweren[25] mag, unde wellen denne dy erbnamen dy frouwe mit willen nicht so aberichten so mag dy frauwe ires mannis gut do vor vorsprechen[26] unde irclagen[27], wo sy das weyz[28]. Von rechtis wegen.

Zwölftes Kapitel.

Hy wolle wir sagen unde seczen von gabe, was man vorgebin unde nicht vorgebin mag.

Distinction 1.

B I. 43; Dr 181; Th 31; P II. 2. 4
Vgl. die Allegate zu I. 12. 3.

Ab[1] eyn man syn erbe unde gut vorgeben mag.

Ab[1a] eyn man mag gegeben noch syme tode syn gut unde erbe eyner personen, dornoch der andern, deme dritten unde noch irre aller tode an kirchen unde an selgerethe wenden[2], was[3] recht sey.

Hiruff sprechen wir scheppin zcu Magdeburg recht: Eyn man mag syn gegebin[4] stehende erbe, gewunnen[5] erbe unde gut unde varnde habe vor gerichte wol vorgeben, wy manchen personen her wil, von deme eynen uff den andern zcu kommende, ader zcu kirchen[6] adir czu selgerethe[7], wy her wil. Von rechtis wegen.

Distinction 2.

B I. 50; Dr 190; Th 42; P II. 2. 6.
Vgl. I. 12. 1, 3, 4; I. 16. 7; M. St. XX. 1; ferner Ssp. I. 52 § 2; M. Br. 1261 § 18; M. Görl. 24; Weichb. 81 § 3; Glosse 20 (v. Dan. 269. 50), 64 (v. Dan. 387. 17); Mühler 25; Giog. Rb. 524, 525; P II. 2. 5. 7. 8; Wasserschl. IV. 141, 142.

Was guttes in sichbette man vorgeben[1] mag.

Ab eyn man syn direrbeit gut, varnde[2] adir unvarnde, beschide wertlichen luten adir[3] geistlichen luten adir[3a] kirchen in[4]

[Di. 4.] 25) *W fh.* unde gereichen; — g. m.] *Dr* gut wert. 26) *Dr* vorsperren. 27) *B* beclagen. 28) *Dr* irfert.

[Di. 1.] 1) *ERaW* wie. 1a) *DrTh* Vorbas meir hatte wir euch vorschrebin, wie das eyn man zeyn gewonnen stant erbe und varnde habe moge vorgebin an seyner erben wedirsproche, nu habit ir uns vorbas meir gefrogit, ab. 2) *W* czu w. 3) w. r. s.] *f. Lb.* 4) *f. Ra; Dr* E. m. m. giftig stand gewonnen e. u. g. u. v. h. 5) g. e.] *f. E; P* u. e. das er erarbeit hat. 6) *P fh.* zu wegen zu stegen. 7) *E fh.* wendin.

[Di. 2.] 1) *Lb fh.* und nicht v. 2) v. ad. unv.] *Dr* adir v. habe. 3) ad. g. l.] *f. Lb.* 3a) ad. k.] *f. Ra.* 4) *E* an s. l. e. synis sichbettis.

syme sichbette adir an syme lecztcn ende, ab dy gobe[5] crafft unde macht *habe*[6], adir syne erben wedirsprechen mogen, adir was eyn recht sey.

Hiruff sprechen wir scheppin zcu Magdeburg recht: Gereit[7] gelt unde varnde habe mag eyn man wol vorgebin in syme sichbette, also daz[8] her also stark sey[8], das her is mit synis selbis hant sunder hulfe von ym reiche ader usz syme[9] geweren losse brengen. Ader bescheidet her was gutes adir erbe ymandes noch syme tode zcu gebin, des dorffen dy erben nicht *halden*[10], wenne man heldit is vor tot, so[11] is eyn man hingeben[12] wil, so her is selber nicht mehir gebruchen mag[11], is en sy denne, das is dy erbin voryoworten[13], so[14] hat is crafft unde macht. Von rechtis wegen.

Distinction 3.

B I. 99; Dr 69; Th 97; S 145. 4; Db 49; P II. 2. 2.

Vgl. I. 7. 1, 3; I. 12. 1; M. St. XXI; Ssp. I. 52; M. Br. 1261 § 15; M. Görl. 20, 34, 83; Weichb. 28 § 1, 2; 62 § 3; Mühler 20, 24, 47; Glog. Rb. 18, 127; S 96. 6, 7; 110. 1; 128. 4; 139. 2, 3; C IV. 4, 5, 8, 36; P II. 2. 1, 3, 7; Wasserschl. IV. 98, 186; Neumann 4, 13, 19.

Was[1] *gutes eyn man vorgeben mag bey seyme lebinden leibe*[2].

Ab eyn man queme in gehegit ding mit syme wibe unde gebe do der selbin syn stehende[2a] erbe adir andir syn varnde habe adir gut adir eynem andern fromden adir frunden, weme her is gan, noch syme tode erblich zcu thunde unde zcu lossende, unde doch der gobe eyn herre wolde syn, dy wile her lebete, also unschedelich der selbin gobe, ab nu dy selbin luthe dy gobe behalden mochten noch syme tode mit merem rechte, wenne syne[3] erben in keynerleye wyz dy gobe vorsweygen[4] mochten, adir wy sy sy vorsweigen mogen vor syme tode adir dornoch.

Hiruff sprechen wir scheppin zcu Magdeburg recht: Stehende erbe[5], daz eyme manne vor gerichte gegobet[6] ist und dorczu andir syn gut das her selber gewunnen unde irerbeit[7] hat, *unde*[8] *varnde* habe mag der man geben[9] syme wibe, frunde adir fromden, wy[10] her wil, ane der erben ansproche[11]. Vorgebe abir eyn man syn anirstorben steende[12] eigen, daz mochten syne

---

[Di. 2.] 5) *W fh.* unde beschedunge. 6) *LaZRa* haben. 7) bereit. 8) daz — sey] *f. RaDr.* 9) *ELbBDa* seinen. 10) *so LbBDr; f. LaZRa; E* das mogin d. e. widdern; *W* geben. 11) so — mag] *f. Dr.* 12) *Lb* hyngebit. 13) *Dr* gevolwort haben. 14) so — macht] *f. Dr.*

[Di. 3.] 1) *E* wie vil 2) *E fh.* das is krafft hot. 2a) *E fh.* eygin und. 3) *die meisten fh.* rechte. 4) *W* vorsweren. 5) *E* eygin und legende grunt. 6) *ELbDbS* gegebin; *B* gelobet; K gegeben wyrt unde do methe begobet ist. 7) *ZLbDa* ererbet; *B* erbeytet; *S* irworbin. 8) *LaZW fh* ir; *Lb fh.* seyne. 9) *Db* vorgeben. 10) *E* wenne; *Db* weme. 11) *DaS* wedersproche. 12) *B fh.* erbe ader.

erben wedir sprechen bynnen iare und tage, wenne is en wissentlich worde, dornoch als dy gobe were geschen, is en were denne, das den erben echte not beneme[13] unde sy denne dy echte not bewiszen, als[14] recht ist, dornoch[15] mochten dy erben dy[16] unrechte gobe wedir reden. Von rechtis wegen.

Distinction 4.

B II. 18; Db 50; Dβ 10.

Vgl. I. 12. 2; I. 15. 7; C IV. 13, 22; S (V) 61. 8; Glog. Rb. 24; Wasserschl. IV. 99b: Glosse Weichb. 64 (v. Dan. 388. 39).

Von gobe noch eynis mannis tode.

Ab eyn man[1] bey gesundem leibe syn gut weg gebe vor gehegetem dinge, das her zcu gebin hat, unde doch der[2] selbin gobe ym dy herschafft behilde zcu syme leibe[3], stirbet der geber unde dy gobe blibet unwedirrufen, so hat dy gabe crafft unde macht. Stirbit aber der begobete man, is erbit uff synen nehesten. Von rechtis wegen.

Distinction 5.

B II. 49; S 151. 4, 5; Db 51.

Von frouwen gobe vor gerichte.

Ab eyne frouwe mit irem elichen manne vor[1] gehegit ding queme unde hette den selbin ir[2] do[3] zcu vormunde genomen unde hette do mit wol bedochtem mute unde willen alle[4] ir gut unde huszgerethe, das sy zcu deme manne brocht hatte, dem selbin irem manne noch[5] irem tode frey unde erblich uff gegeben, usnemende ab her e storbe, das das selbe ir gut und husgerethe wedir an sy erbin[6] unde komen sulle. Der man storbe, nu sprechin des toten mannes frunt, *die gobe*[7] unde usnemunge habe nicht macht noch crafft und moge nicht besten, dorumb das dy frouwe das gelt und *husgerethe*[8] *zcu* irem frunde brocht hette, das her ouch yn synen geweren manch iar gehat hat, und ouch dorumb, das sy in iren[9] scheppin briven nicht[10] beschreben[11] hat, das ir unser frund das gut und husgerethe vor

---

[Di. 3.] 13) *Z* benome; *E* hinderte; *Lb* gehindert hette; *S* beweysin. 14) a. r. i.] *f. S.* 15) *S* dennoch. 16) *E* unrecht gut; *S* dy ungerechte g.

[Di. 4.] 1) *E* ab e. m. queme b g. l. und s. g. 2) *Db* dieselbe g. im zu einer h. 3) *DabB fh.* hieruff spr. w. sch. v. M.

[Di. 5.] 1) *Z* an. 2) ir do czu] *B* in. 3) *f. ELb.* 4) a. ir] *Db* erbe oder. 5) n. ir t.] *f. Lb.* 6) e. u.] *f. S.* 7) d. g.] *f. LaZ*; — g. u.] *f. Lb*; — u. u.] *f. S*; — *W* daz sulche auszn. 8) *alle Hdss. mit Ausn. von S fh.* dy sy; *S* czu erem manne brocht hatte und her das gut und hawszgerethe yn seynir gewere manch yor gehabit habe. 9) *W* iris. 10) *Z* auch. 11) *ES* geschr.

gehegetem dinge wedir uffgegeben hatte. So spreche dy frouwe: sintdemmole das myn man vor gehegetem dinge keynwortig myn vormunde was unde mir do myner gobe unde usnemunge mynes gutis unde huszgeretes noch myner brive lute an alle rechte [12] wedir sprechunge bisz noch syme tode zcu gestandit [13] hat, so sal myne gobe unde benemunge [14] macht haben unde besten. Was [15] nu hirumb recht sey.

Hiruff sprechen wir scheppin zcu Magdeburg recht: Nochdemmole das der man dy gobe von der frouwen also entphangen hat unde angenamet [16], so *sal* [17] *der* ir gut bliben in der wisze [18]. also als sy das vor gerichte gegeben hat unde uszgenomen. Von rechtis wegen.

Distinction 6.

C IV. 32, 33; Db 52.

Von frouwen gobe mit undirschit.

Eyn man gibet syme wibe alle syn gut noch syme tode, zcu thun unde zcu loszen in sulcher wisze [1] adir masze, ab sy ane man blebe, so solde ir dy gift [2] volgen, neme sy abir eynen andern man, so solde ir eyn benant gelt volgen. Dor noch des mannes tode vorgebe adir vorkoufte dy frouwe des gutes eyn teil, das ir gegeben was mit ires vormundes wille, e denne sy eynen andern man neme, unde neme dornoch eynen andern man. Ab nu dye gift [3] adir kouff, den dy frouwe getan hat, crafft unde macht gehaben moge, adir was dorumb recht sey.

Hiruff sprechen wir scheppin zcu Magdeburg recht: Nochdemmole das dy frouwe eynen andern man genomen hat, so sal ir bliben das benante gelt, das her ir [4] gegeben hatte. Hette sy nu des gutes eyn teil vorkoufft adir vorgeben, das mus sy wedir thun [5] und deme das folgen lossen, der do recht zcu hot. Von rechtis wegen.

[Di. 5.] 12) *f. ZLbB.* 13) zcugestandit; czugestadet; czugestanden; *W fh.* unde gewillet. 14) *EWS* usnemunge; *B* benumunge. 15) *W* Bethe wir ewir undirweysunge noch desir obirschreybunge ab der frawen gobe unde awsznemunge bestehin moge unde ir das gut und hawszgerethe folgin sulle bleybin adir nicht adir w. r. s. 16) *Db* genamet; *S* geannemethe. 17) *LaZ fh.* dy. 18) *W* crafft; *Db fh.* das behalden.

[Di. 6.] 1) *W* crafft; — w. ad.] *f. C;* — w. a. m.] *Db* underscheidt. 2) *K fh.* ader goben; — *E fh.* bliben und. 3) *K fh.* unde gobe. 4) *RaC fh.* in der gifft. 5) *C* geben.

Distinction 7.

B II. 89; Dβ 36.

Von[1] *frouwen gobe an gelde.*

Wir scheppin der[2] stat zcu Magdeburg bekennen[3] in dissem offin brive, daz wir recht gefroget syn in sulchen worten: Ab man eyner witwen[4] gebe gelt und hulffe ir, das sy zcu manne queme, unde ir dornoch das gelt nicht anneme were unde globte das gelt wedir zcu gebene, *ab*[5] *ir man*, den sy dornoch nam[6], mochte[7] hindern adir weren, das sy des gelobdes[8] nicht enhalde noch[9] Magdeburgischem rechte.

Hiruff sprechen wir scheppin zcu Magdeburg recht: Was dy frouwe geldis gelobet hatte[10], das sy bekennet[11], das ist sy pflichtig zcu leisten sundir iris mannis hindernisz. Von rechtis wegen.

Distinction 8.

S 101. 3; C IV. 88—90; Dβ 36; P II. 3. 1—3.

Vgl. I. 12. 3; II. 2. 6; M. St. III. 9; ferner Glog. Rb. 20, 153; Wasserschl. IV. 20; Mühler N. 2, 9; ders. Sch. 13; Glosse Weichb. 26 (v. Dan. 300. 29).

Von gute zcu bekummern.

Eyn[1] man spricht, her sey benotiget, und wil syn anirstorben erbe[1a] unde gut vorkummern unde vorseczen, nu wil syn nehister erbeling des nicht gestaten. Wy[2] das varen sal uff eyn recht.

Hiruff sprechen wir scheppin zcu Magdeburg recht: Nymand mag syn anirstorben erbe[2a] vorkummern noch vorseczen ane syner erben[3] wille. Doch[3a] wirt eyn man vor gerichte behafftet umb schult[4], der mag her sich[4a] wol burgen by syme erbe[5] in deme gerichte, do das erbe ynne ist[5a] unde leit, unde vorantworttet her sich denne nicht, unde czuyt her das anirstorben[6] erbe usz[7] der clage nicht, unde wirt[8] uff das erbe ge-

---

[Di. 7.] 1) *E* v. fr. hulffe czu thun das sie cynen man neme. 2) *E* czu M. in der st. 3) bek. — syn] *Lb* sint gefr. umb r. 4) *W* frawen. 5) *so B; LabZERaW* uff iren man; *Dβ* ab sie nu der man vorandtwortte und lösen möchte das sie ia das geldt nicht dorffte geben das sie vor hatte geloubett wieder zu geben ehe denne sie sein ehlich weib wardt. 6) *E fh.* ap is ir man. 7) *W fh.* her das 8) g n. e.] *E* geldis nicht geldin unde widdergebin dorfte. 9) n. M. r.] *f. ELb; B fh.* rechtem; *K* ader was M. recht sey. 10) *K fh.* zcu geben unde widerkeren. 11) *LaZ* benennet.

[Di. 8.] 1) *C* Nu kummet e. m. deme erbe anirsturben ist unde sprichet her sy benotiget und meynet erbe tzu vorkummern und tzu vorsetzen. Nu tryt der dar der syn nestir ist und wyl das weren myt rechte. 1a) e. u.] *f. Z.* 2) wy — recht] *K* kan her das gethun ader nicht mit rechte. 2a) *C* gut ader e. 3) *E* neestin; *Ra* nehesten e. 3a) *SC* Alleine das nymand anirstorbin erbe an erb gelob vorkawffen noch vorgebin mag, doch wirt. 4) *E* erbe. 4a) *f. S.* 5) *E* eyde. 5a) i. u.] *f. SC.* 6) *f. S.* 7) *E* vor. 8) *S fh.* die schult

wunnen, man claget ym das erbe abe. Were[9] her ouch so kummerhafftig unde benotiget unde das uff den heiligen bewiste, so mag her is vorkummern durch[10] leibes not, adir dy erbelinge muszen ym syne notdorfft gebin noch achtunge des erbis. Von rechtis wegen.

Dreizehntes Kapitel.

Hy wolle wir sagen von anefange[1].

Distinction 1.

B II. 39; Dr 117; Th 164; P V. 12. 12.

Vgl. Ssp. II. 36; M. Goldb. Ia § 8; M. Br. 1261 § 44; M. Br. 1295 § 6, 7; M. Görl. 47; Weichb. 101, 102; dass. (Zob.) 131; S 107. 3, 120. 8, 124. 2; C III. 127—133; P V. 12. 1—11; Glog. Rb. 416—426, 638; Wasserschl. V. 78; Tschoppe u. Stenzel CXVIII. Br. Weisth. für Glogau 1315 § 7 (497).

Von anefange eynes pferdis, wy man[1] deme volgen sulle unde wy ferre.

Ab[2] eyn burger eyme andirn burger adir eyn gast[3] eyme andirn[4] gaste[3] eyn pferd anspreche adir andir[5] varnde habe unde spreche also, das ym dy[6] varnde habe adir das pferd abe geroubet adir gestolen were adir sust vorlorn hette. Unde der antwertter spreche: ich[7] habe das pferd adir daz ding gekoufft unde mag mynen geweren[8] wol gehaben. Unde benumpte synen geweren[8], unde wo her gesessen were, in[9] welchir yenote[10] adir dorffe, do wigbilde recht ist, by wilen do nicht wigbilde recht ist noch en were, unde wy ferre her wil. Ab nu der cleger deme antwerter volgen musze[11], unde wenne denne der benumpte des antwerters gewere[12] abe gewesen ist, ab denne der cleger abir vort volgen musze zcu synem geweren, wo her den[13] abir benumpt, unde also[13a] vort von eyme geweren uff[14] den andern volgen musze unde wy verre, und[15] ab her ouch do hin volgen musze[15], do nicht wigbilde recht ist, adir ab der

---

[Di. 8.] 9) *Von hier bis zu Ende f. SC.* 10) *Dβ* umme l. notdorfft.

1) anefange; angefange; *Lb fh.* eyns pferdis.

[Di. 1] 1) *Lb fh.* das anfangen und wie man. 2) *Dr* Dornoch schrebe wir: Ab eyn burger *(folgt die Frage)*. Dokegen schryben sie uns: Vorbas meir habit ir uns gefroget ab eyn abe geraubt phert adir andir ding und varnde habe angefangen wirt wie man domete thun sulle. Hiruff *u. s. w.; Th hat nur das letzte:* Vortmehe habit ir. 3) *Z* cristen. 4) *Dr fh.* burger ader. 5) *Dr fh.* ding alz. 6) *Dr* das ph. ad. d. ding. 7) *E* her hette. 8) *Dr* gewerman; werman. 9) in w.] *Dr* byweyle yn eyner. 10) jegenoth; gegenot. 11) *Dr fh.* czu seynem geweren und wie verre her volgen musse. 12) g. a. g. i.] *K* g. man do nicht kegenwertig were noch ynheymisch. 13) *E* wo her denne obir kumpt; *K* wo man den fynden mochte. 13a) *Ra fh.* lange. 14) *ERa* czu dem. 15) und — musse] *f. ZELb.*

antwortter synen benumpten geweren gestellen[16] musze,[17] und welchir denne dy kost unde czerunge gelden sulle, unde wer dy wile das pferd adir das ding in der gewere halden sulle[18].

Hiruff sprechen wir scheppin zcu Magdeburg recht: Wirt eyn pferd vor *roub*[19] ader vor dube angefanget[20], so sal der, der das pferd in geweren hat, ab her sich an eynen geweren czuht, den sal her benumen unde sweren, das her deme das pfert abegekoufft habe, und sal sich do hyn czihen czu rechtir czucht[21]. So sal ym der cleger volgen von geweren zcu geweren bis czu leczt an den, der das pfert yn syme stalle[22] ersten irczogen hat, doch nicht *obir*[23] dy[24] zehe. Unde das sal der cleger unde der antwortter dem gerichte[25] vorgewissen[26], das sy volczihen[27], unde welchir denne vellig wirt, der sal deme andern redeliche koste gelden unde busze geben unde deme richter syn gewette von rechte.

Abir umme alle andir ding unde[28] varnde habe, als hie[29] vor gefrogit ist, dy syn so manchfald, das man[30] doruff[31] keyn gemeyne recht geschreiben enmag. Me[32] kommet ymand umb dessir dinge keyns vor czu orteilen[33] unde her is nicht entrichten kan, begert her denne des von uns zcu wissende, so wolle wir ym das gerne ussschichtunge[34] thun, noch deme alz her uns dy sache schribit.

Vierzehntes Kapitel.

Hy wolle wir sagen von manchirhande unelicher gebort, wy dy nicht mag erbin noch rechte.

Distinction 1.

B II. 6; B* 3; Dr 81; Th 126; Rw 54; Rβ 45; Dβ 7; P IV. 14. 16.

Vgl. I. 17. 1, 2; M. St. III. 7; Ssp. I. 38, I. 50 § 2; M. Br. 1261 § 71; S 125. 5; C II. 78. V. 73; Glog. Rb. 207, 325; Glosse Weichb. 4 (v. Dan. 198. 19); Wasserschl. V. 1.

[Di. 1.] 16) *Lb* bestellen. 17) *Dr fh.* yn welcher czeit her en gestellen musse. 18) *E fh.* adir was r. sey. 19) *LaZRa* vorroubet; *Lb* geroubit; *W* w. e. pf. gerowbit ad. gestolen u. wirt is mit rechte angef.; *Dr* von r. ader von d. 20) *B* anghesprochen. 21) *Dr* czeit. 22) *P fh.* und miste. 23) *f. La; Z* doch dich die zele. 24) *E fh.* wilde. 25) *B* richter. 26) *Lb* vorborgen. 27) *ZE* vorczyhen. 28) *E* in farender h. 29) *Dr* alz ir froget. 30) *Dr* wir euch. 31) *Lb* das uff. 32) *Von hier bis zu Ende f. Lb; Dr* meir kumpt euch um der ding keyns vor zcu orteilende und is nicht entrichten kunnet, begert irs denne das von uns zcu wissene, zo welle wir euch des gerne eyne entrichtunge thun, noch d. a. ir uns d. s. denne vorschrybet. 33) *Z* vor o. 34) *Z* an schichtunge; *E* entsch.; *WB* awszrichtunge.

Ab eyn unelich ader rechteloz man erbe unde gut mag vorkouffen ane dy herschafft.

Ab eyn unelich man unde [1] syne kinder adir eyn [2] rechtelosz man syn erbe adir gut [3] vorkouffen mag ane [4] wedirsproche syner herschafft.

Hiruff sprechen wir scheppin zcu Magdeburg recht: Eyn unelich man unde syne kinder mögen ir gut wol geben adir [5] vorkouffen. Adir [6] rechteloz das ist manchirley. Eczliche [7] lute dy heissen rechtelosz, das ist anrechtig [8], also das ir recht nicht also volkomen ist als ander luthe unde sy mogen keynem manne behulffen syn zcu syme rechte, also spelluthe [9] und lotterer [10] adir dy unelich geborn syn adir dy dube adir roup vor gerichte vorsunet haben [11] adir der glich vorwunden [12] werden, desse mogen ir gut wol vorgeben. Andere lute heissen ouch rechteloz, das ist fredeloz, als der yn [13] eyme [14] gerichte vorvestent ist, der ist do rechteloz, der [15] mochte doch syn gut in [13] eyme andern gerichte wol vorgebin eym andern *ader* [15a] in [16] dem selbin gerichte, ab der cleger und [17] richter ym frylicheit [18] gebin dorczu zcu komende. Etczliche lute sint rechtelosz, das ist fredeloz unde erloz unde gutlosz [19a], also das man sy alwege [19] angriffen mag [20], also dy dy mit rechte yn des riches [21] ban komen [22] syn ader [23] echte [24] werden brocht, dessze mogen keyn gut vorgebin [25]. Von rechtis wegen.

Distinction 2.

B* 8; Dr 83; Th 120; S 133. 3, 4; Rw 59; Rβ 50; Db 53; P I. 17. 13.
Vgl. I. 11. 1, 2.

Was rechtis eyn elich wip an ires unelichin mannis gute hat.

Ab eyn man, der unelich geborn ist unde [1] hette eyne frouwe, dy elich geborn were unde mitenander sessen an der e unde

---

[Di. 1.] 1) u. s. k.] *f. E.* 2) *B* fh.* ander. 3) *RwB* fh.* vorgeben ader. 4) ane — hersch.] *Dr* adir ir h.; *RawThB** an dy h. 5) ad. v.] *f. DrRwB**. 6) *K fh.* mercket das r. i. m. 7) *Von hier bis zn Ende f. Dβ. dafür nur:* als es in deme einen anderen buche wol beschrieben ist. 8) *Lb* ane rechte; *andere Hdss.* anruchtig. 9) *BDa* spelende; *K fh.* gerende l. 10) lutterer; lottir; lotern; *K fh.* spiler, handregeler, uneliche, pfaffenkyndere. 11) *K* vorsmeht h. mit gelde unde obirwunden seyn, dasz sie den halsz vorworcht hetten ader dem gleyche desze. 12) obirwunden; *E* gefunden. 13) *B** an. 14) *B fh.* anderen. 15) *ThRwB** der mag auch wol s. g. yn e. a. g. vorg. das her do hette (*RwB* fh.* oder) yn ds. ger. 15a) *f. in den meisten.* 16) in ds. g.] *f. W.* 17) *E* ader. 18) *LbRwB** veligkeit; *E* freyheit; *W* sicherheit (*K fh.* ader geleyte) *Dr* frede. 19) *E* alle tage; *K fh.* und zcu aller czeit. 19a) *RwB* fh.* uberall. 20) *K fh.* unde hyndern. 21) *BTh* gerichtes; *Rw* in das gerichte ader achte; *Rβ* yn des richters ochte. 22) k. s.] *f. DrTh.* 23) *W* das ist in des reiches. 24) achte, ochte. 25) *K fh.* unde sullen nicht frede habin.

[Di. 2.] 1) *f. ELbB*Rβ.*

haben erbe unde gut mitenander lange czit adir korcze, das sye beide irarbeit[2] han, ader[3] ab der frauwen icht anirstorben were, ab der uneliche man storbe, ab dy frouwe recht habe an erbe unde an gute adir nicht, adir was rechtis dy frouwe dorczu hette.

Hiruff sprechen wir scheppin zcu Magdeburg recht: Hat der man mit syner frouwen gut unde erbe direrbeit[4] unde ist der frouwen was doran[5] gegeben vor gerichte, das sal sy haben[6]. Hat ir ouch der man was benantes[7] gutis gegeben an syme erbe und an varnder habe vor[8] gerichte, das sal sy ouch behalden, andirs hat sy an ires mannis gute nicht. Wer ouch der vrouwen was stehendes erbes[9] unde eygins anirstorben von[10] iren eldern, das behelt sy von rechte.

Distinction 3.

B* 10; Dr 84; Th 122; S 134. 1, 2; Rw 61; Rß 52; P I. 17. 12.
Vgl. Ssp. I. 37; Weichb. 8 § 3; Wasserschl. IV. 108; Neumann 71.

Von kindern busszen der ee geboren.

Ab eyn man wip adir mayt beslefft, dy sache wirt offinbar, der selbe dy dornoch nympt zcu der ee unde kinder mitenander gewynnen, der man und dy vrouwe sterbin, ab dy kinder ir erbe unde gut sullen nemen adir nicht[1].

Hiruff sprechen wir scheppin zcu Magdeburg recht: Besleffit[1a] eyn man wip adir mayt, dy do ledig ist, mit irem willen unde nympt sy dornoch zcu der e, gewynnen sy kinder in[2] der e mittenander[3], dy kinder nemen irer beider erbe[4] noch irem tode. Haben sy abir kinder mittenander vor der e gehat, dy mogen ires erbis nicht genemen. Von rechtis wegen.

Distinction 3a.

Dr 84; Th 121; S 133. 6.
Vgl. M. St. III. 6; IX. 1; Weichb. 8; Wasserschl. IV. 172 (V. 58); ders. Succ. b. IV (142)

Von kindern bussen der ee geborn.

Ab eyn man in alden cziten in unse lant komen were unde lunemunt uff yn ginge, also das her unelich geborn were, und her sich des[1] lunemundes nicht entrichtit hette, dy wile her lebete, adir*

[Di. 2.] 2) *Z* von yr arbeit; *S* irerbet. 3) ad. — were] *f. Z.* 4) *Lb* ererbit; *S* erbit. 5) dorczu; dornach. 6) *ELbDrS* behalden. 7) *Dr* genantis; *E fh.* geldis ader. 8) an; — v. g] *f. Rw.* 9) *B* fh.* unde guttis; *Rw fh.* u. eigens. 10) v. i. e.] *f. Lb.*

[Di. 3.] 1) *W fh.* adir was rechte die frawe dorczu hette. 1a) *S* leseth (?). 2) *B*S* an. 3) *f. Lb.* 4) *S fh* und gut.

[Di. 3a.] *) *Diese Di. hat Ra statt der vorigen.* 1) *S* des n. entredit h.

ymand von siner wegin, der selbe man hette erbe adir[2] *gut unde storbe, wir*[3] *nemen sin gut, sine frunde sprechin, her sey elich geborn und*[4] *wir sprechin, her sy unelich*[4], *ab wer das beczugin sullin adir*[5] *ab sine vrunde, die*[6] *sin gut nemen wellin, das beczugin sullin und wy sy is beczugin sullin, das her elich geborn sey, adir nicht.*

Hiruff spreche wer scheppin czu Magdeburg vor eyn recht: Ist eyn man komen in uwer lant und[7] *ny vor gerichte unelicher gebort wart*[8] *obirwunden, dy wile her lebete, beschildet*[9] *ymand sine gebort noch sime tode, so mogen sine erbin sinen elichin*[10] *gebort salbsebinde unversprochinder lute bewisen uff den heiligen, ab sy wellin, unde*[11] *sin erbe und gut behaldin von rechte.*

Distinction 4.

B* 2; Dr 87; Th 125; Rw 53; Rß 44; Db 55.

Vgl. M. St. III. 5; X. 2; XVI; Ssp. I. 51. § 2, 3; M. Görl. 136; Weichb. 8 § 4; Glosse 58 (v. Dan. 382. 17); Wasserschl. Succ. b. IV (142).

Ab[1] *eyn elich wip eynen unelichen man nympt, ab dy kinder ir gut mogen nemen*[2].

Were das eyn unelich man geborn[3] eyne eliche frouwe[4] zcu der e neme unde kinder hetten unde[5] dy kinder vort kinder hetten, ab dy kinder das gut adir erbe von rechte nemen sullen adir nicht, unde wy sich das irfolgen sal uff eyn ende.

Hiruff sprechen wir scheppin zcu Magdeburg recht: Dy kinder mogen ires vater[6] gut nicht entphaen von rechtis[7] weyn, unde das sal[8] nicht[9] volgen von kinde zcu kinde,[10] die wile man dy uneliche gebort bewissen[11] unde beschelden mag. Von rechtis wegen.

Distinction 5.

B 1*; Dr 86; Th 124; Rw 52; Rß 43; Db 54.

Vgl. die Allegate zur vor. Di.

Ab[1] *elich man mit eyme unelichen wibe bekindet, was rechtis dy an*[2] *syme gute haben.*

Were das sache, das eyn elich[3] man geborn[4] eyne[5] uneliche frouwe geborn[6] zcu der e neme unde kinder[7] gewunnen, ab dy

---

[Di. 3a.] 2) und. 3) *Dr* wer neme s. g.; *S* wer s. erbe n. sal. 4) und — un.] *f. S.* 5) *Dr* unde wy wir is becz. das her . .; *S* unde wy adir ap s. fr. 6) *Ra* das sint. 7) *Dr* unde v. g. unde ny unel. g. o. 8) *Ra* wirt. 9) *S* beschuldith. 10) *f. DrS.* 11) *S* ap sy w. s. e. nemen.

[Di. 4.] 1) *Ra hat diese Di. nach der folgenden.* 2) *Lb fh.* ader nicht. 3) *Lb fh.* wirt und; *f. ERw; K* der gebort. 4) *W fh.* der gebort. 5) und — hetten] *f. Lb.* 6) *E fh.* erbe und. 7) *B** erbes. 8) s. n.] *f. DrThRw.* 9) *f. B**. 10) *K fh.* die sullens auch nicht nemen. 11) bew. u.] *f. LbB**.

[Di. 5.] 1) *vgl. die vor. Di. (1).* 2) *Lb* in. 3) *DrTh* unelich. 4) *f. LbB*Dr.* 5) *Lb* mit eyme unelichen wibe geborn in der ee zessen. 6) *f. B*DrThRw.* 7) *Lb fh.* mittenander; *B** mit ir gewonne.

kinder zcu irem[8] gute recht haben[9] adir[10] wer do recht zcu habe.

Hiruff sprechen wir scheppin zcu Magdeburg recht, das des[11] vaters gut uff dy kinder nicht erben mag, sunder do habin syne nehesten mogen[12] recht zcu adir der richter, ab her keynen mog[13] hat. Von rechtis wegen.

Distinction 6.

B* 5; Dr 87; Th 128; S 134. 4, 5; Rw 56; Rß 47; P I. 17. 1.
Vgl. Ssp. I. 37.

Ab[1] eyn elich man eyne[2] besliffe by synes ewibes lebin, und noch synes wibes tode dy amye[3] neme, unde sich mit ir bekindet, ab dy ir gut mogen nemen.

Were das eyn elich man mit syner elichen[4] frouwen an der e sessen[5], unde der man bussen der e sliffe by eyner andern frouwen, also das dye sache offinbar worde adir[6] der man eyne offinbare busse dorumme entpfinge, syn elich wip storbe unde der man neme dy andir amye[7] und gewunnen kinder, ab dye kinder syn[8] gut unde erbe nemen, adir wer do recht zcu hat.

Hiruff sprechen wir scheppin zcu Magdeburg recht: Hat der man syne amye[9] zcu der e genomen ane rechte widersproche, so sint dy kinder, dy sy dornoch by ym hot, eliche kinder[10] unde mogen wol erbe[11] nemen. Von rechtis wegen.

Distinction 7.

B* 6; Dr 87; Th 129; S 134. 6, 7; Rw 57; Rß 48; Dß 90; P IV. 12. 16.
Vgl. C V. 73; P IV. 12. 15.

Ab unelich man und syne kinder irhal[1] und wandil sullen haben glich elichen luten.

Ab eyn unelich man unde syne kinder hol unde wandil[2] sullen haben glich den, dy do elich syn geboren.

Hiruff sprechen wir scheppin zcu Magdeburg recht: Unelich man unde syne kinder, dy unelich sint, sullen[3] hol[4] unde wandel

---

[Di 5.] 8) *B*Rw* syme. 9) *W fh.* ader nicht. 10) ad. — habe] *f. B*Dr.* 11) *Raw* der vater sin gut; *Dr* der v. (*Th* eyn sulcher man adir v.) uff sulche seyne k. seyn gut nicht geerben m. (*Th* mag her s. g. h. g.) 12) *Lb* erben. 13) *Lb fh.* noch frundt.

[Di. 6.] 1) *E hat als Ueberschr.* Ab e. m. e. syne amye neme czu der e nach sines wibes tode. 2) *Lb* eyn ander weib. 3) *W* beyslefferin n. czu der ehe. 4) *B*Rw fh.* vromen 5) *Lb* besesse. 6) ad. d.] *E* und ein. 7) *f. Lb; W* die beschloffne frawe; *DrSRw hier und später* amme; *Th* frawe dy her bey aussen der ee besliff. 8) *B** ere; *f. Rw.* 9) *W* das ist seyn zcu weib; *K* seyne beyschlefferinne ador kobisweyp; *Th* d. i. dy frawe dy her besloffen hot. 10) *S* eliche eek. 11) *E* erbeteil; *Dr* gut u. e.; *S* seyn e. u. g.; *Rw* e. u. g.

[Di. 7.] 1) irholung, erholung, hol, holle, holung. 2) *Lb* wandelung. 3) *ZRawßDrThSP fh* nicht. 4) P erhalt.

haben glich dem, der elich geborn ist. Nympt[4a] abir eyn *unelich*[5] man elich[6] wip unde gewynnen eliche kinder, dy kinder haben hol unde wandil glich andern, dy elich geborn syn. Von rechtis wegen.

Distinction 8.

C IV. 96; Dβ 91; P II. 5. 7.
Vgl. Ssp. I. 28; III. 80; M. Br. 1261 § 41; M. Görl. 67, 136; Weichb. 76 § 3, 4; 96; Glog. Rb. 4; C IV. 70; P I. 17. 10.

Uff wen kebiskinder gut[1] *irstirbet.*

Uff wen unelicher kinder gut, das sy dirarbeit[2] haben, vallen sal noch irem tode unde erben[3].

Hiruff sprechen wir scheppin zcu Magdeburg recht: Welchir kebiszkinder gut, is sey erbe[4] ader varnde habe, das sy dirarbeit[5] haben adir vorkoufft[6] vor gehegetem dinge nicht vorreicht[7] noch vorgeben were[8] noch habin, unde nicht elicher kinder recht haben[9], das stirbet[9a] unde fellet an dy konigliche gewalt noch irem tode, das ist in[10] das gerichte, dorynne is bestirbet unde ist gelegin[11], dorumb[11a] das sy den nucz[12] der ee nicht enhaben an[13] erem gute zcu erben, das ist das sy[14] nicht erben[15] mögen. Von rechtis wegen.

Distinction 9.

C IV. 97; Dβ 92.
Vgl. Glosse Weichb. 7 (v. Dan. 206. 21, 209. 5); Wasserschl. Succ. b. IV. 21, 34.

Ab geete[1] *kinder von deme babeste mit den elichen erbeteil nemen mogen.*

Eyn[1a] man bekindet sich mit syner amyen[2], die nicht syn elich wip ist, unde lesset sy ym dornoch truwen[3] unde gewynnet ouch mit ir kinder, dy ersten kindere[4] werden elich gemacht von dem babiste adir keiszer; der man stirbet. Ab dye ersten mit den leczten teil sulle nemen.

[Di. 7.] 4a) Nympt — wegen] *f. ERw.* 5) *La W* elich. 6) *W* unelich.

[Di. 8.] 1) *Lb fh.* erbit und. 2) *Z* dererbet; *Lb* ererbit. 3) *W fh.* ader komen. 4) *C fh.* adir gut. 5) *Lb* irerbit. 6) *ERaLbC* gekoufft; — *die Hdss. ausser LabZ fh.* und; *C* und nicht vorr. noch vorg. ist in g. d. und nicht el. k. r. enh. 7) *W* offgereichet; *Lb* vorrecht. 8) w. n.] *f. EW;* — n. h.] *f. Lb.* 9) *W fh.* gewonnen. 9a) *E* stirbit das zo felt is; *C* das st. u. v. noch irme t. an das ger. dor is ynne stirbet und gel. ist. 10) *Lb* an. 11) *f. Lb.* 11a) *von hier bis zu Ende f. C.* 12) *K* die redelichkeit und erbarkeit der ee nicht en h. so sullen sie den nucz an erem gute nicht h zcu erben u. erbe nemen. 13) an — ist] *f. Lb, dafür* dorumb. 14) *Lc fh.* mit erbenn. 15) *ERaWLb fh.* und erbe nemen (und auch nicht erb genemen).

[Di. 9.] 1) *E* vergeete. 1a) *C* E. m. sitze myt eynir vrouwen dy nicht syn e. w. i. und gewynne k. myt yr und lisse ym dyselbe vr. tr. und gewynne o. k. m. yr. 2) *W* huren adir kebiszweibe; *K* seyme czuweibe. 3) *Z* vortrůwen. 4) *K fh.* die auswendig der ee seyn her kommen.

Hiruff sprechen wir scheppin zcu Magdeburg recht: Dy ersten kinder sullen mit den leczten[5] teil nemen. Von rechtis wegen.

Funfzehntes Kapitel.

Hy wolle wir sagen von geczugnisz unde geczugen, wy unde wer geczugen mag[1].

Distinction 1.

Gleichlautend mit I. 3. 17.

Distinction 2.

B I. 66; Dr 36; Th 58; P IV. 15. 6.
Vgl. I. 9. 6; M. St. VI. 1; M. Görl. 9; Weichb. 88; Mühler 10; Glog. Bb. 43; Homeyer Extr. 43.

Von gemyten luthen[1] umb gelt, ab man dy vorwerffen moge[2].

Ab eyn man mit gemitten luthen umb pfenninge vor totslag, wunden, *vor gelt*[3] adir umme ander sachen gesweren[4] mag, adir ab dy selbin mittelinge vor gerichte an[5] irem geczugnisze unde eyde in sulchen sachen zcu vorwerffen[6] syn.

Hiruff sprechen wir scheppin zcu Magdeburg recht: Gemytte luthe[7] mogen in keyner sache geczugen, wenne man mag sy vorwerffen. Von rechtis wegen.

Distinction 3.

B I. 84; Dr 55; Th 94; P IV. 15. 19. — [Beil. II.]
Vgl. P IX. 17. 15.

Ab man eynen getwingen mag zcu geczugen[1].

Ab eyn man geczugen sal[2], is sey umb was sachen,[3] mit luten, den syne sache wissentlich ist, ab sy sich des weren wolden[4], wy man dy von rechtis weyn dorczu getwingen moge.

Hiruff sprechen wir scheppin zcu Magdeburg recht: Man sal nymandis zcu geczuge twingen, das her mit willen nicht geczugen wil.

[Di. 9.] 5) *K fh.* gleich; *C fh.* nicht.
1) *E fh.* mit rechte.
[Di. 2.] 1) *f. W.* 2) *Lb fh.* ader nicht. 3) v. g.] *LabW* wergelt; *f. E.* 4) *W fh.* ader geczewgen. 5) an — eyde] *DrTh* an (*Th* ane) gecz. yn eren eyden. 6) *Da* vorwisen. 7) *Dr* keyne mytelinge.
[Di. 3.] 1) *Lb fh.* ader nicht. 2) *W fh.* unde geczewg furen. 3) *W fh.* unde sal das thun. 4) *W fh.* unde nicht geczewgen.

Distinction 4.

B II. 21; Dr 49; Th 88; Dβ 12; P IV. 15. 18.
Vgl. Glog. Rb. 282.

Ab keyn geczugnisz bobin gehegit ding mag gesyn[1].

Ab[2] eyn gehegit ding eyne sache czuget[3], ab obir das geczugnisz keyn ander geczugnisze geschen mochte, domete des gehegeten dinges geczugnisze vorleget[4] mochte werdin.

Hiruff sprechen wir scheppin zcu Magdeburg recht: Was eyn[5] geheget ding geczuget, do gehet keyn geczugnisze bobin. Von rechtis weyn.

Distinction 5.

B II. 52; Dr 125; Th 202; S 153. 4, 5; Db 56.
Vgl. II. 2. 9; III. 8. 1—3; M. St. VI. 1; X. 1; Ssp. III. 88 § 3; Richtst. 35 § 6; M. Goldb. Ia. § 16; M. Görl. 102; Weichb. (Zob.) 105, 106; Glosse 95 (v. Dan. 411. 31 fgg.); Mühler 59; S 120. 3; C III. 64; Glog. Rb. 46, 241, 334; Wasserschl. IV. 1 (a. E.), 167; Neumann 33.

Ab der richter geczuge[1] *iczlichen besundern vorhoren mege, ehir sy czugen.*

Ab[2] eyn man geczugnisze thun mag[2a] selbsebinde adir selbdritte, wy ym das geteilet wirt, ab der richter unde dy scheppin dy geczuge sundern[2b] mogen und iczlichen sunderlich vrogen mogen, was ym von den sachen[3] wissentlich sey, unde an yn dirfaren, ab dy geczugnisze, dy sy furen sullen, rechtfertig syn.

Hiruff sprechen wir scheppin zcu Magdeburg recht: Etzliche[4] sachen sint, do man dy czuge vorbrengen[5] mag unde sy vrogen, woruff[6] en dy sache wissentlich sey, als umb vorgoldene scholt adir des glich. So sint ouch sachen, do man dy geczuge[7] nicht[8] vrogen bedarff, als do der cleger[9] uff[10] synen vorvesten man, wenne dy vorvestunge irczuget[11], so[12] sweret her, das her der sache[13] schuldig[14] sey, so sullen syne geczuge sweren das seyn eyd sy reyne unde *nicht*[15] unreyne; in sulchen worten[16] adir sachen unde der glich sal man dy geczuge nicht[17] vrogen. Von rechtis weyn.

[Di. 4.] 1) m. ges.] *Lb* moge gehin ader was recht sie. 2) *Dr* Vortmeir was eyn geh. d. cz. 3) *K fh.* unde bekennet. 4) *W fh.* das ist nedirgeslagen. 5) *E* in gehegetem dinge gecz. wirt.

[Di. 5.] 1) *W* eynen icz. czewg. 2) *DrS* Auch habit ir uns gefragit wenne (*S* alzo w.). 2a) sal. 2b) *S* mit enandir frogin m. ad. iczl. s. was. 3) *DrS fh.* die sy czeugin sullen. 4) *Lb fh.* sagen das. 5) *DrS* vorhoren. 6) *Lb* worvon; *E* czuvor ap; *Dr* voir ab; *S* vor uff. 7) *W fh.* besundern. 8) *E fh.* vorbrengit noch; *B fh.* umme; *S* nicht brengin darff alzo. 9) *W fh.* clagit. 10) *f. EDb.* 11) *E* gecz. wirth; *S* geczewgit ist 12) *Dr* swerit das. 13) *Dr* tat; *S* der schuld reyne sey u. unmeyneyde. 14) *ZB* unschuldig. 15) *f. La*; *B* unmeyne; *Dr* umb meyneyde; *S* unmeyneyde; *Th* benûmende sulche sachen u. d. gl. 16) w. ad.] *f. EBS.* 17) *S fh.* vorhoren adir.

Distinction 6.

S 104. 5; C III. 99; P IV. 15. 16.
Vgl. III. 8. 1; I. 4. 3; Ssp. III. 82 § 1; Richtst. 34 § 11; Weichb. 65 § 5

Wy gehegit ding ungerichte sal geczugen.

Wy man eynen man umb ungerichte in eyme andern gerichte obirczugen sal mit gehegetem dinge adir mit briven.

Hiruff sprechen wir scheppin zcu Magdeburg recht: Sal man eynen man in eyme andern gerichte obirwinden ungerichtes, das in ůwirm gerichte volclagit [1] ist, das mussze *uwir* [2] scheppin unde richter selbir geczugen in das ander gerichte. Alle ander sachen, dy in gerichte geschen, dy mogen uwer [3] richter unde scheppin mit iren briven adir selbin geczugen und ouch usz [4] gerichten, dy üwerem [5] gerichte glich sint, sulch geczugnisz nemen. Von rechtis wegen.

Distinction 7.

B I. 20, Dr 245; S 140. 5, 141. 1; Db 57. – [Beil. II]
Vgl. I. 6. 5; Ssp II. 30, Glog. Rb. 10, 604 606; Dr 178.

Ab [1] offinbar schriffte macht haben in wertlichem gerichte.

Ab instrumente, also offinbare schriffte craft unde macht habin in wertlichem gerichte in der wisze: czwene schuler vorbunden sich [2], welchir undir yn e storbe, das der ander des toden gut unde gerete habin sulle, der eyne starb, der ander vordert nu das gut von des toden frunde [3]: dy frunde sprechen, dy vorbyndunge der [4] offinbaren schrifftc habe nicht macht, dorumb das dy gobe vor gerichte nicht geschen ist.

Hiruff sprechen wir scheppin zcu Magdeburg recht: Was der tode by syme lebinden [4a] leibe synes gutes syme gesellen in syne gewere geantwort hat, das mag her behalden. Hat abir der tode leginde [5] grunt unde erbe gelossen unde varnde habe, dy in synes selbis geweren bestorben [6] ist unvorgeben vor gerichte [7], das gehort synen nehisten erben [8]. Von rechtis weyn.

[Di. 6.] 1) *Z* wol clage; *EC* vorgeclait; vorclaget; *S* des her vor ewrn ger. vor beclagit ist. 2) *LaZW* wir; *Lb* ir; *E* der r. unde die sch.; *S* in der r u. d sch. 3) *f. E; S* die. 4) *E* ufrichten; *K* auszrichten auch ewern unde den dy ewern ger. gl. s.; *SC fh.* andirn. 5) *S* irbern gerichten.

[Di. 7.] 1) *W fh.* offinbare brieff ader. 2) *W fh.* unde vorpflichtigen sich under enander. 3) *W fh.* mit eyme instrumenth daz sy dorobir hatten lossen machen. 4) *Da* unde. 4a) l. 1] *Dr* lebin. 5) leg. – erbe] *DrS* icht stant eygins. 6) *Z* gestorben; *E* gekomen ist und vorstorbin und unv. 7) *Dr* gehegtem dinge: *S* gehegter banck. 8) erbnemen; *W* frunden; *Lb* frunden u. e.

Sechszehntes Kapitel.

Hy wolle wir sagen von meyneide unde von eyden zcu sweren, wy man das eynen obirwinden sal.

Distinction 1.

B I. 68; Dr 39; Th 61; S 144. 4, 5; P IV. 12. 8.

Vgl. M. Br, 1261 § 45; M. Br. 1295 § 20; M Görl. 59; 103; Weichb. (Zob.) 96; dazu Glosse (v. Dan. 410); Mühler Sch. 34. 9; Glog. Rb. 226, 227, 323, 324; S 98. 2; (V) 60. 1, 61. 6; C II. 46, 52; Wasserschl. IV. 52, 90; Neumann 46; Tschoppe u. Stenzel IV. Löwenberg 1217 Si sullen ouch umme allerhande slechte clage keine eidepfenninge gebin (277); CXXXV Schweidnitz 1328 § 64 (527); CL Münsterberg 1337 vv. Praeterea pro simplici incusatione (547).

Ab[1] man eyde dirlassen mag durch got ane den[2] richter.

Ab eyn man beclaget wirt umme eynen totslag, wunden[3], blutrunst, umme missehandelunge[4], umb gelt adir was sache das sy, dorumb eide vorheisszen[5] werden vor gerichte zcu thun[6], unde der cleger den beclageten man durch got adir[7] umb bethe wille guter lute ledig lissze der eyde[8], ab das gesyn moge an willen des richters.

Hiruff sprechen wir scheppin zcu Magdeburg recht: Wil eyn cleger eyde durch got adir durch bethe wille erbar[9] luthe dirloszen[10], so geczemet dem richter wol, das her synen willen dorczu gebe. Wil[10a] her abir synen willen dorczu nicht gebin[10a] so musz der cleger dy eide nemen, adir her wirt kegen deme richter wettehaft[11] VIII[12] schillinge unde nicht mer. Von rechtis wegin.

Distinction 2.

B I. 69; Dr 39; Th 62; Dß 35; P IV. 12. 12.

Vgl. Ssp. I. 61 § 3; Glog. Rb. 240, 345.

Wy dicke sich eyn man irholen[1] mag, ab her gehindert worde an eyden[2].

Ab eyn man sweren sal vor gerichte unde wirt fellig an deme eyde[3] mit stammerde rede[4] adir mit andirm hindernisz,

---

[Di. 1.] 1) *Diese Di. f Ra, statt derselben steht hier III. 8. 1.* 2) *E* orloup des. 3) *Dr* kamphirwunde. 4) *DrS* obilhandel. 5) *W* vorheyschen; *DrS* globit. 6) *K fh.* unde zcu leysten. 7) ad. — lute] *Dr* unde g. l. willen; *S* durch l. b. w. 8) *Dr* der e. unde der sache ab nu der cleger uff das clagit, was her dem richter abelegen sulle mit rechte; *S* der e. dovor her swerin sulle, ab nw der clager adir der beclagte was deme richtir wettin sulle. 9) *Lb* fromer; *S* durch d. l. b. w. 10) *DrS* vorlossen; *K* eynen dirl. der do sweren wil. 10a) wil — gebin] *f. S.* 11) *Dr* vellig; *S* her musz d. r. dy wette gebin. 12) VIII — wegin] *dafür P* und der richter wird selber meyneydig dorumb das er jenen zwinget die eyde zu nemen.

[Di. 2.] 1) *Ra* irbeldin. 2) *Lb fh.* zcu volfuren. 3) *K fh.* ader strawchilt mit worten an dem noch sprechen. 4) *Dr* mit stammyln; *Th* mit stammelunge.

das her nicht volkumpt[5], ab her sich des dirholen[5a] moge unde[6] wy dicke.

Hiruff sprechen wir scheppin zcu Magdeburg recht: Wirt eyn stammerder man adir eyn ander man selber ader syn geczug gehindert, das her den eyd nicht rechte nochspricht, so mag der sich wol dirholen, wy dicke her an dem eyde gehindert wirt, unde sal das bliben ane schadin. Von rechtis wegin.

Distinction 3.

B II. 81.
Vgl. I. 14. 1.

Wy[1] *man eynen meyneidis sal obirwinden*[2].

Eyn man ist vorspreche gewest unde hat sich an dem ammechte[3] vorwarlost, das her rechtelosz ist geteilt vor gerichte, der hot eyn elich wip, dornoch ist der man begriffen by eyme andern elichen[4] wibe[5], unde des wibes man spricht, das her yn uff deme wibe an der tat[6] begriffen habe unde habe czetir geschregen, doch das her czu der czit entgangen sey. Dornoch noch des mannes clage ist der egenante vorspreche in gefengnissze mit dem wibe brocht, unde als man yn[7] zcum gefengnissze furte, do sprach der stat dyner, wy das her gesprochen hette: ab ich mit ir czu schaffen habe gehat, das habe ich vor mynen husz czins getan. Dornoch hot *das*[8] egenan*te* gefangen[9] wib vor dem rote bekant, wy das sy geslagen unde gewundet were voń irem elichen manne unde also in erem bette gelegen were, undir desz sy kommen der egenante rechtelosze man czu ir, unde habe mit ir zcu schaffene gehat, unde sy wente, is were ir elich man unde wolde sich mit ir vorsunen, also alz her sy geslagen hatte, unde yn der wisze habe sy is lossen dar gan, *als*[10] sy spricht. [11] Abir der vorgenante rechtelosze man[12] loykent slechtlichin[13] unde butet sich zcum[14] rechte. Sintdemmole denne das her vor rechtelosz geteilt ist worden, ab her nu czu syme rechte wedir moge kommen, adir wy man dy sache richten sulle von beiden teilen, unde ouch ab eyn[15] sulchis geschege an eynem

[Di. 2.] 5) *Dr fh.* an dem eyde alz eyn recht ist. 5a) *Th* entholen. 6) u. wy d.] *DrTh dafür:* selber mit eynem andirn eyde adir mit eynem andern manne unde wy uffte her das gethun moge adir nicht adir ab eyner seyner geczewge vellig wirt an dem (eynem) eyde, was hirumme zu thune sey.

[Di. 3.] 1) *Diese Di. f. ERa.* 2) *W* obirheben. 3) *Lb* worte. 4) *f. B.* 5) *W* werke. 6) *Dβ* stadt; *Z fh.* funden habe ader. 7) yn — furte] *W* zcu em yn das gef warthe. 8) *LabZW* des egenanten. 9) *f. W.* 10) *f. LaZW.* 11) *Lb fh.* so spricht. 12) *Lb fh.* und. 13) *Z fh.* frechlich. 14) *W* zcu rechten 15) *Lb* ym.

manne, der nicht rechteloz were, wy man das richten sulle von rechtis wegen.

Hiruff sprechen wir scheppin zcu Magdeburg recht: Wisszet das man nicht irkennen mag, wy sich der man hat vorwarlost, das her rechtelosz worden ist, wenne rechteloz ist manchirleye. Wenn man weys, wy her rechteloz worden sey, dornoch mag man die sache richten [16].

Distinction 3a.

B II. 90; Db 58; P VI. 18. 4.
Vgl. I. 18. 1; M. Görl. 79; P VI. 19. 2, 3.

Von [1] eyden us der hant gegebin und die nicht berichtet mogin werdin.

Is was so verre komen, das mir meyns bruders wip eynen eyd thun sulde von meynes bruders gute wegin vor gerichte. Des [2] bleip die sache durch bete willin erbarer lute ungeendit [2] unde gobin das erbaren luten czu entrichten; des kunden die [3] berichtis lute der sachen nicht entrichten noch entscheiden. Ap sie [4] sich widder mochte brengin vor gerichte, das sie mir den eyd noch tete, also sie mir dovor gethon sulde habin, adir was recht dorumb sey.

Hiruff spreche wir scheppin von Meideborg vor recht: Wellen die lute [5] die sache nicht entscheiden noch mogin entrichten, so mogit ir nach die sache [6] widder die frawe vordirn, also ir vor mochtit. Von rechtis wegin.

Distinction 4.

B I. 56; Dr 31; Th 65; S 143. 4; P IV. 12. 5.
Vgl. I. 16. 6; Homeyer Extr. 46.

Wy man eynen meyneyden [1] sal obirwinden [2].

Wy man eynen meyneydir synis meyneidis obirwinden moge, unde was her dorumme lyden sulle.

Hiruff sprechen wir scheppin zcu Magdeburg recht: Wil man eynen meyneidis [3] bereden, das musz man vor gerichte thun, also das man ym dy sache benenne, dorumb her meyneidig sey. Bekennet her is, adir [4] mag man das gut undir ym bewyszen,

---

[Di. 3.] 16) *W fh.* nnd alzo welle wir sihe an den zcawen hangen; *Dβ fh.* sunder ume einen andern man der nicht rechtlos ist, do gehe es ume als ein recht. Das mus man mit volkomen rechte und mit gezeuge oder mit beweisunge also forderen also das ein recht ist.

[Di. 3a.] 1) *Diese Di. haben von den Hdss. der M. Fr. nur ERa.* 2) des — ung.] *Ra* des bl. ich der s. d. b. w. mit ir bey entscheide luten; *Db* des bl. ich d. s. d. gutter l. b. w. unnd sust erbarer l. mit ir geendet. 3) *Db* die l. der berichtunge. 4) *Db* ich sie. 5) *Ra* dy entscheide l. 6) Ra uwir recht.

[Di. 4.] 1) *Lb* meyneide; *W* meyneyder. 2) *E fh.* mit rechte. 3) *EBDarS* meynedig. 4) *Lb* aber so.

do vor her wissentlich hat gesworen, so ist der meyneidis[5] obirwunden unde ist rechteloz unde hat syn burmal[6] vorloren. Von rechtis weyn.

Distinction 5.

B II. 25; Dr 94; Th 117; P IV. 8, 8.
Vgl. III. 3. 2; II. 5. 1; Ssp. II. 10 § 3, 6; Richtst. 46 § 2; Tschoppe u. Stenzel CXXV Brieg u. Grottkau 1324 § 35 (509).

Von eyden in gebunden tagen.

Ab geste adir luthe, dy nicht burgen enhaben adir nicht beyten enwellen zcu offen tagen, in gebunden tagen sweren[1] mogen adir nicht, adir ab is der richter vorschiben moge ane iren willen.

Hiruff sprechen wir scheppin zcu Magdeburg recht: Wegefertige[2] geste, dy nicht dingpflichtig syn, adir luthe, dy sich vor gerichte[3] haben zcu czihende so verre, das sy zcu dinge nicht mogen komen, dy mogen kommen[4] unde sweren in gebunden tagen, der[5] eyde mag der richter nicht vorschiben wedir iren willen. Adir luthe, die nahe gesessen syn, das sy gehegetes dingis warten[6] muszen, der eide mag der richter wol vorschiben[7]. Haben sy abir keynen burgen, so sal sy dy fronegewalt behalden zcu offin tagin unde czu gehegetem dinge, daz sy dy eyde leisten. Von rechtis wegen.

Distinction 6.

Dr 3; S 93. 1, 2; C III. 48. — [Beil. II.]
Vgl. I. 16. 4.

Ab eyner meyneide swert und das bekennet, was syne busze ist.

Ab eyn man wissentlich meyneide[1] gesworen hat unde dorumb beschuldigit wirt, wy[2] das sal noch-rechte varen.

Hiruff sprechen wir scheppin zcu Magdeburg recht: Bekennet her des, so ist her rechteloz unde hat syn burmal[3] vorlorn, vorsachit her abir, so mag her des unschuldig werden uff den heiligen, als recht ist.

[Di. 4.] 5) *DarS* meineidig. 6) *E* borgerrecht; *K fh.* ader burggerichte.
[Di. 5.] 1) *E fh.* wollin ab sie das thun. 2) *Lb fh.* lute ader; *Dr* w. g. adir dy. 3) *Dr* vor bereit h.; *Th* weg gereytit h. 4) k. u.] *f. ERaBDa; K* k. u. wellen sie sweren ader eyde nemen. 5) *E* den eyd. 6) *W* gewarten mogen unde dorzcu komen unde is gereichen. 7) *E* nicht wol vorschiben.
[Di. 6.] 1) *E* meynedig. 2) *W* wy man hy sal n. r. faren; *K* was her bestanden wyrt ader seyne busze sey. 3) *EW* burgirrecht.

Siebzehntes Kapitel.

Hy wolle wir sagen von rechtelozen luten.

Distinction 1.

B II. 43; Dr 118; Th 222; Db 59.
Vgl. Mühler Sch. 46.

Ab[1] *eyn man syn wip irsluge in czorne, wy der syn recht mag wedir irkrigen*[2], *unde*[3] *wer rechtelosz ist, hastu hy vor in dem ersten artikel von*[4] *den unelichen.*

Ab[4a] eyn man in czorne syn elich[5] wip irsluge, ab der selbe[6] syn recht wedir gewynnen[7] moge, wenne derselbe von den gnoden gotis[8] des heiligen stules czu Rome ledigunge[8a] irworben[9] hat unde dy konigynne unde der konig[9] czu gnoden genommen haben, unde ym syn gut unde alle syn recht[10] wedir gegeben haben, unde ouch mit der frouwen frunde all vorsunet[11], ist noch uszwissunge syner briffe, dy her von dem obirsten hat, ab nu der man al so begnod moge[12] weder kommen zcu syme rechte, adir waz her rechtis suszt habe.

Hiruff sprechen wir scheppin zcu Magdeburg recht: Nochdemmole das der man von dem heiligen stule zcu Rome des totslagis geledigit[13] ist, unde dy sache mit der frouwen frunde vorsunet[11] ist, unde dy irluchte[14] konigynne unde der konig von irre maiestat[15] en begnod habin in[16] alle syn recht, so[17] *sal her alle syn recht* unde wirdigkeit wedir habin noch syner briffe[18] uszwiszunge, dy ym dorobir gegebin sin, in allen stetin unde yn mag keyn man vorsprechen noch vorwiszen von syme rechte. Von rechtis wegen.

Distinction 2.

B I. 75; Dr 45; Th 82; Db. 60, — [Beil. II.]
Vgl. I. 14. 1; Ssp. I. 38 § 1; I. 65 § 2; M. Br. 1261 § 71; S 125. 5; C II. 78.

[Di. 1.] 1) *die Ueberschr. f. Z.* 2) *E fh* ader nichtis. 3) unde — unel.] *f. EW.* 4) v. d. u | *f. Lb.* 4a) *Dr* Lieben frund, alz ir uns hat gefroget umb den bedirman der s. e. w. yn cz. zcu tode geslagen hat. 5) *f. ZLb.* 6) *Lb fh.* rechtlosz sie und. 7) *Lb* erkrygen. 8) *f. EDb.* 8a) *Dr* losunge. 9) irw. — konig] *W* unde vorgebunge mit em geton haben uff eine genedige busze und so hot en der k. u. die k. 10) *K* seyne habe. 11) *E* vorsewmit. 12) *Lb fh.* werden und. 13) *B* ledig. 14) *K* allerdurchlauchste. 15) *Dr* v. i. m. gnaden ym alle s. r. und gut wedir gegebin h. 16) *Db* mit. 17) so — recht] *f. LaERa.* 18) *E fh.* lute und.

Ab eyn vorteilt man ledig worde gelaszen, was rechtis der haben sal.

Ab eyn man von ungerichtis wegin[1] zcu deme galgen vorteilet[2] worde unde von[3] koniglicher gewalt adir durch andir lute bete wille ledig worde geloszen, wy man den man vorbasz[4] halden sulle.

Hiruff sprechen wir scheppin zcu Magdeburg recht: Wirt eyn missetetiger man vorteilet vor gerichte unde loz geloszen[5] unde gebeten[6] doch[7] mit des *clegers*[8] wille, den sal man rechteloz vort ıne halden. Von rechtis wegen.

Achtzehntes Kapitel.

Hy wolle wir sagen von berichtunge unde sachen, dy usz der hant gegeben werdin.

Distinction 1.

S (V) 60. 2; C II. 86; Dβ 93; P VI. 19. 1.
Vgl. I. 16. 3a; Glog. Rb. 515, 516.

Wy lange berichtes lute eyne sache undir[1] habin sullen zcu[2] berichten.

Ab czwene man eyne sache vor gerichte usz der hanth gebin erbaren luthen zcu berichten, unde ab sy der sachen nicht eyns kunnen werden, wy man sy dorczu twingen[3] und brengen moge, unde wy lange sy[4] dy sache sullen under[5] halden und habin zcu berichten von rechte.

Hiruff sprechen wir scheppin zcu Magdeburg recht: Nemen korlute[6] eyne sache zcu handen vor gerichte unde geloben, das sy dy sache wellen entscheiden, also daz dy sachwalden nicht mer vor gerichte komen[7] sullen, so mag man dy korlute dorczu twingen mit gerichte, das sy is thun muszen bynnen[7a] sechs wochen, unde lenger sullen sy nicht dy sache undir[8] habin unde halden[7a]. Habin abir dy korlute der sachen sich nicht vor

[Di. 2.] 1) *K fh.* alszo dewbe ader rawb. 2) *E* geteilt; *B* vororteylt. 3) *W* durch dy konigliche genode; *Db* mit willen der herschafft von bete wegen ander erbarer leutte. 4) *E* dorumb. 5) gel. u.] *f. Dr.* 6) *W* gegeben. 7) doch — wille] *f. Dr.* 8) *f. LaZ.*

[Di 1.] 1) *Lb fh* on. 2) zcu ber.] *f. E.* 3) tw. u.] *f. Lb.* 4) *K* dy korlewthe ader sunlewthe. 5) *LbEW fh.* on (en). 6) *K* szun lewthe ad. korlewthe e. s. v. g. dy czu handen unde czu entscheiden unde globen sy wollen sie mit fleysse vorsuchen ab sie die s. mogen entrichten alszo. 7) k. s.] *E* dorffin geen; *W* wellen komen noch sullen. 7a) binnen -- halden] *f. SC.* 8) *Lb fh.* on.

gerichte [9] angenomen noch gelobit zcu entscheiden, unde sprechen, sy enkunnen noch enmogen dy sache nicht entrichten [10], so wiszen [11] sy dy sachwalden [11a] wedir vor gerichte zcu [12] komen und sich mit [12a] rechte do lossen entscheiden. Das [12b] das recht sey, so habe wir scheppin vor geschriben [13] unser ingesegil an [14] gehangen.

Neunzehntes Kapitel.

Hy wolle wir sagen von heymlicheit[1] unde von troffen.

Distinction 1.

B I. 82; Dr 53; Th 92; Db 61; P II. 10. 6.
Vgl. Ssp. II. 51; M. Görl. 139; Weichb. 110; Glog. Rb. 469; P II. 10. 1—5; Mühler Sch. 22, 26.

Von schechten [1] *und heymlicheit* [2] *zcu* [3] *sencken, wy ferre dy von deme reyne sal* [4] *sten, wo man anhebin sal, ab czwene eyne muwer habin* [3].

Ab czwene man eyne muwer czwuschen in haben czu eyner scheidewant [5], unde dy [6] muwer iczliches halb were, ab der eyner eynen schacht [7] by der muwer graben adir sencken wolde, ab her dry schue von der helfte syner muwer an heben sulle zcu messen *und* [8] zcu sencken *ader* [9] dry schue von der andern helffte der muwer, dy synes nakeburs ist, was recht sy.

Hiruff sprechen wir scheppin zcu Magdeburg recht: An der helffte synes nackeburs muwer [10] mag eyn man anhebin zcu messen [11] dry schue, ab eyner by der muwer eynen schacht machen unde sencken *wil* [12]. Von rechtis wegen.

[Di. 1.] 9) *EC fh.* undirwunden noch (adir). 10) *Ra* berichten; *SC* entscheyden. 11) *W* so muszen d. s. w. v. g. k. 11a) *S fh.* mit der sachin. 12) *S* so mogin die sachwaldegin wedir vor ger. komen. 12a) *C* tzu r. 12b) das — angeh.] *f. LbSC.* 13) *f. E.* 14) *E fh.* unsern brieff.

1) *E* schechten; *W fh.* adir heymelichen gemachen dy man ouch nennet priveten ader sch. . . hawsir.

[Di. 1.] 1) schachten. 2) heymlichkeyten. 3) zcu — habin] *E* wie man die setczin sal. 4) *W* sullen. 5) *Lb* entscheidunge. 6) *E fh.* die schedewant und. 7) *Da* schacz *u. s. w.* 8) *f. LabZW.* 9) *f. ausser in DrTh.* 10) *f. EDb.* 11) *Lb* graben. 12) *f. LabZ; P erläutert:* das wer 1½ Fusz mit der mawer und 1½ F. ausser der m. zu rechen.

Distinction 2.

B I. 83; Dr 54; Th 93; P II. 10. 7.

Vgl. Glog. Rb. 130; S 101. 1; 125. 4; C V. 8, 9; P II. 10. 8—10; Mühler Sch. 20; Neumann 11.

Von trouffen unde wasszer sege[1] *ansproche.*

Ab eyn man synes nackeburs troffe unde reynewasser huses und hoves durch syn husz flissen hette addir durch synen hoff[2], unde das iar unde tag unde mer denne[3] iar unde tag unde[3] also lange, bisz das her gestirbet, an alle widersproche[4], und dornoch syne kinder adir andir syne nochkomelinge wolden das weren und wedir sprechen mit sulchir wedirsproche, das ir vater adir[5] andir ir vorfaren des ym gegunnen hetten unde[6] sy is nicht gunnen wolden; ab sy is geweren mogen adir ab is yener mit der besiczunge[7] iar unde tag unde[8] vil mer besiczen unde behalden moge.

Hiruff sprechen wir scheppin zcu Magdeburg recht: Der man, der synes nackeburs troffe unde wasser dorch synen hoff adir husz flisszen hette iar unde tag ane rechte wedirsproche, so musz der[9] vort das also liden, is en were denne, das der bewiszen mochte, als recht ist, mit schrifft adir mit gerichte, das her das nicht lengir liden noch[10] engunnen sulle. Von rechtis wegen.

Zwanzigstes Kapitel.

Hy wolle wir sagen eyn artickel von spelrechte[1].

Distinction 1.

B I. 81; Dr 52; Th 91; P VI. 25. 4.

Vgl. M. Br. 1261 § 51; M. Görl. 107; Weichb. 97; Glog. Rb. 488—490; C III. 77—79; P VI. 25. 5, 6; Wasserschl. IV. 83; Gaupp Schl. 267; Tschoppe u. Stenzel CXXXV Schweidnitz 1328 § 23, 21 (522).

Ab eyn man von spels wegen eyme andern das syne genemen[1] *moge und yn dorumb spannen unde binden.*

Ab eyn man dem andern syn gewand[2] adir gut[3] nympt von spelis wegin adir bindet, unde yener claget[4] dy sache uff

---

[Di. 2.] 1) *E* wasserfenge. 2) *E fh.* uffhilde. 3) denne — unde] *f. Lb.* 4) *E fh.* behaldin hatte. 5) ad. a.] *Z* und. 6) *Lb* ap. 7) *BDar fh.* obir. 8) u. v. m.] *Th* vorbas mehe. 9) *E fh.* wirt. 10) n. e.] *f. B.*

1) spelrechten; spelerrechte; *Lb* spele, ap eyner dem andern sien gut angewonne ader neme von speles wegen.

[Di. 1.] 1) gen. — binden] *E* neme. 2) *W* seyne cleder. 3) *E* andirs etczwas des seinen. 4) *B* yeme beclaget.

yenen, der[5] bekennet des, wy man das richten sulle, ab man[6] das louken wolde, ab yn das yenre obirczugen[7] moge[8].

Hiruff sprechen wir scheppin zcu Magdeburg recht: Von spelis wegin sal keyn man dem andern das syne nemen noch in binden. Wenne geschit das unde bekennet das ymand vor gerichte adir wirt her des noch rechte obirwunden, so musz der dorumb lyden, was recht ist, unde das sal richten der belehente richter[9]. Loukent abir eyn man des, und mag man das undir ym[10] *nicht*[11] bewiszen, so mag her des[12] unschuldig werdin in sulchir wisze als man yn anclaget, mit geczuge adir ane geczug. Von rechtis weyn.

Einundzwanzigstes Kapitel.

Hy wolle wir sagen von czolle unde geleite.

Distinction 1.

B II. 100; C V. 20, 10, 11; P II. 8. 4, 5—8.
Vgl. Ssp. II. 27; Schwsp. 166.

Von vorfarnem czolle[1], *was*[2] *des bussze ist.*

Wir[3] sint gefroget rechtis zcu Magdeburg wir scheppin umb recht in sulchen worten: Ersamen liben frunde, entscheidet uns in uwern briven, wy man is halden sulle mit allirleye czolle, ab den ymand vorfert, was syne busze ist, adir ab her daz gut vorlorn hat, und wer czol frey ist, wy sich das sal irfolgen[4].

Hiruff sprechen wir scheppin zcu Magdeburg recht: Wer bröck[5] czol adir wasszer czol[6] entpfüret mit wisszen, der sal yn vierfach beczalen, *ab*[7] ymand do ist[8]. Der kouffman sal ruffen noch dem czolnere dry stunt, so her aller luteste kan adir mag, unde ist do nymant, der kouffman sal is gote dirgeben unde[9] faren, unde kumpt her abir hin wedir, unde fordirt der czolner synen czol an ym, her sal yn ym geben, unde beschuldiget her yn[10], her sal zcu den heiligen sweren,

---

[Di. 1.] 5) *Dr* der her bek. wer das u. wie man. 6) *BDar* unde ab her (iener). 7) *Dr* geczeugin. 8) *Dr fh.* adir wie adir ab her das enken moge adir wie. 9) *Th* der leen r. 10) off en; wedir en; obir en. 11) *f. LabWBDaRab.* 12) *LbW fh.* nicht.

[Di. 1.] 1) *Lb fh.* und geleyte; *E* gute. 2) was — ist] *f. E.* 3) *E* w. s. g. umb recht w. sch von M. in s. w.; *W* w. sch. zcu M. s. g. rechtis in s. w.; rechtis — worten] *f. Lb*; *dafür nur* umb r. 4) *Ra fh.* uff eyn recht. 5) *Z* borgk. 6) *K fh.* vorferit ader. 7) *LaZ* unde; *W* so; *Lb* u. ist nymant do. 8) *W fh.* der en mag nemen dorumme so sal d. k.; *RaBCP fh.* der in heyschet unde ist do nymand (*BP fh.* der in heischet). 9) *C fh.* sal is lossen. 10) *W fh.* her sey em vor do methe entfaren des sal em deszir zcu d. h. sw.

das her drystunt riff, her sal ym nicht czuge dorumb leisten[10a], wenne man nympt an mancher stad czol, do nicht lute sint gesesszen[11]. Wer markt czol vorferet, der sal XXX *schillinge*[12] gebin. Thut her abir, alz hy vor stet geschreben, her[13] ist ouch ledig. Wo wasszer czolle sint, do geben vier[14] fueszgenger eynen pfenning, der rytende man eynen halben pfenning, der geladene *wagen*[15] vire und[16] her wider, her ist geladen ader nicht. Alle pfaffen unde ritter unde ir gesinde und ir gut sal alles czol fry syn. Eyn yderman sal czolles fry syn, wo her nicht bedarff brocken unde schiffe, wer yn dor obir czollit[17], der thut wider got[18]. Kumpt ouch eyn man an eynen czol uff dem lande adir dorffir[19] unde vorczollit synes gutes eyn teil unde vorloyckent dez eyn teil, was her is vorczollit, das ist fry, abir was her vorloyckent hot, do sal her dem czolner umb gebin driszig schillinge umb dy unworheyt, dy her ym gesayt hat, unde sal ym das vorloyckente gut vorczollen, als recht ist, dorumb ist her dem czolner nicht me vorvallen. Geschit is abir an eynem wasszer czolle, so sal her vierfachen czol geben unde ist ledig, als vor stet geschriben.

Distinction 2.

C V. 21; Db 62; P II. 8. 9.
Vgl. Ssp. II. 27 § 2; Schwsp. 167.

Von geleite, ab eyn herre eynen geleitet[1], *ab her yn schadelosz sulle halden.*

Ab geleite recht ist, unde ab eyn herre eynen geleitet, ab her yn schadelosz sulle halden, wy[2] man das sal halden.

Hiruff sprechen wir scheppin zcu Magdeburg recht: Keyn geleite ist recht, unde eyn iczlich man ist geleite fry[3] mit[4] syme gute, ab her wil. Ist aber unfrede in den[4a] landen, unde mutet[5] eyn kouffman geleitis, das mag ym eyn herre wol geben[6]. Man gebe dem herren gut adir nicht,[7] man sal dem kouffman synen schaden abelegen, der ym geschit[8], unde den sal ym gelden der, der yn hat geleitet.

[Di. 1.] 10a) *C* leyten. 11) *f. E.* 12) *La hat hier eine Lücke; W* phennige; *C fh.* deme tzolner. 13) *Lb* er bleibet des ane schaden. 14) *E* III. 15) *LaZ* man. 16) *E* u. vier her; *RabC* u. h. w. nicht. 17) *K fh.* unde icht von em nympt. 18) *RaB fh.* unde wedir recht. 19) *E* in dorffirn; *C* in den steten ad. uff d. l.

[Di. 2.] 1) *E* geleiten mag. 2) wy — halden] *W* ader nicht. 3) *Z* zolfrey. 4) *C* ab her sich synes gutes i.wegen wil. 4a) *LbC* dem lande. 5) *EW* mittet; *K fh.* unde begert. 6) *E* gonnen. 7) *K fh.* geleitet man den kauffm 8) *K fh.* yn dem geleitte.

ZWEITES BUCH.

Hy in desszem andern buche unde stucke wolle wir sagen von scholt unde besaczunge[1] unde von andern stucken, dy sich in[2] recht scholt[3] czihen, also von czinsze.

Erstes Kapitel.

Distinction 1.

B I. 100; Dr 76; Th 131; S 145. 5, 6; Db 63; P II. 7. 16. — [Beil. II.]
Vgl. Dr 4; S 93. 3, 4; C III. 49, V. 74; Glog. Rb. 327; Wasserschl. V. 71.

Ab man czen[1] *marg mag usz gethun zcu*[2] *czinsze ierlich umb eyne.*

Ab man von czen marg gelegens geldis uff eyn eygen addir uff eyn ander pfant adir ane pfant unde[3] bekant[4] in gehegetem dinge adir vor eyme rate unde vorbrivet mit rechte umb eyne mark czinszes, so lange das dy czen marg unschedelich dem genomen czinsze vorgolden werden, was dorumb recht sey.

Hiruff sprechen wir scheppin zcu Magdeburg recht: Man mag wol eygen adir[5] andir gut vor gerichte zcu pfande seczen vor benand *gelt*[6] czu losszene uff eyne cziet, adir man mag uff das pfant noch[7] gelt *noch*[8] nichtis ufslagis[9] noch czinsse[10] adir wuchers nemen[11]. Von rechtis wegen.

---

1) *E* beschatczunge; *K fh.* vorhynderunge ader vorsperrunge. 2) *Z* zcu 3) r. sch.] *Ra* scholtrecht.

[Di. 1] 1) *Z* eyn. 2) zcu — eyne] *Lb* umb eynen zc. yerlich; *E* jerlich czu eyme czinse adir nicht. 3) *EDb* uslege und worde. 4) *BDa* bekente. 5) a. a. g.] *f. B.* 6) *f. LaZRaBDa*; *EDb* vorbenant umb g. 7) *W* wedir g. noch cz. noch w. noch nis nicht doruff sloen unde nichts dovon nemen noch hoffen. 8) *f. LabZRa.* 9) *Z* ufflegen; *B* usslages; *Da* uslanges; *S* anslegis! 10) n. cz.] *f. S*; cz. ad.] *Dr* andir. 11) *f. Z.*

Distinction 2.

B II. 1; Dr 77; Th 132; S 145. 7; Db 64; P II. 7. 17.
Vgl. die Allegate zur vor. Di.

Ab eyn kouff eynis eygins uff eynen wedirkouff geschen[1] moge.

Ab eyn kouff uff[2] eyns eygins uff eynen wedirkouff bestehen[3] möge mit rechte adir nicht, was hirumb[4] recht sy.

Hiruff sprechen wir scheppin zcu Magdeburg recht: Eygens vorkouffen uff eynen wedirkouff umb redelich gelt, noch dem adir do by alz das eygens[5] wert[6] ist, mag man[7] wol besten, so man doch keyne beswernisze[8] noch obirgelt[9] noch ander underscheide[10] uff den vorkouffer[11] seczet. Von rechtis wegen.

Distinction 2a.

Vortme) zo sint IIII vroge czu latin von czins kouffen uff eynen wederkouff in den artikelin.*

Ab man umme X mark eyne mark geldis kouffen mag, das wart czu Proge gefroget von meyster Mathie und von andirn doctoribus des studyums czu Prage.

Et est casus quod a viginti et pluribus retroactis annis pauperum orphanorum pecunie, quorum parentes discesserant, qui orphani vix quandoque aliquarum ebdomadarum, quandoque medii anni, quandoque majoris temporis etatis, per eorum tutores exponebantur per spem et condicionem talem ita quod recipiens pecunias promisit sub obligacione hereditatis sue in judicio et literarum scabinalium roboramine de X mr. unam dare mr. annis quibusque quibus easdem servaret apud se pecunias non tamen quod pecunia annuatim sublata deberet sorti ammirari sed dum dicti orphani ad eorum pervenirent annos discrecionis deberent suam sortem vel pecunias sic per eorum tutores expositas simpliciter reaccipere et de plano et forte fuit opinio tutorum premissorum ut de eisdem pecuniis dicti orphani praeter lesionem et minoracionem pecuniarum ipsorum possent enutriri. Responsum sic: voluimus esse debitores in tali justicia orphanis quod propter ipsos aliis nullo modo injuriam faciamus et ideo sorte contententur et usuras restituant.

Item accidit specialiter quod cujusdam boni hominis puer orphanus post suorum parentum obitum fuit etatis ½ anni et venit ad ejus

---

[Di. 2.] 1) *Lb* bestehn; *E* best. u. gesch. 2) *f. BDrTh.* 3) *EW* gesteyn; *Db* stehen. 4) h. r. s.] *BDa* hir umme eigenis vorkoufen uf einen wederkouf umme redelich gelt eyn r. s. 5) eygen. 6) wirdig; wart; gewert. 7) *f. E.* 8) *BDa* beswerunge. 9) *EDb* oberigk geldt 10) *E* ungefuge; *Da* wedirscheiden. 11) *DrS* vorkouff.

[Di. 2a.) *) *Diese Di. wird von Ra eingeschaltet. Ich gebe dieselbe nach der Hds., ohne Verbesserungen zu versuchen.*

tutores alter honestus noster concivis sic dicendo: dilecti, ego reduco ad memoriam plura beneficia et speciales amicicias quas michi exhibuit pater illius pueri et volo ad illud tendere diligenter quod ipsi puero merita patris sui, post que verba conclusum fuit per istas personas quod eidem homini XL mr. et eciam census anni prestante ratione quarum XL mr. et eciam census prescripti dicto puero de civis recipientis easdem pecunias fuit obligata et literis scabinalium contractus ille roborans, que causa jam duravit ad tredecim annos et fuit per eundem puerum jam fere LX mr. in dicto censu sublato; utrum jam adhuc ille debitor ad capitales pecunias vel quomodo sit faciendus virtute juris obstantius vel non obstantius promisit et paccionibus in principio census expressis. Responsum est idem sicut primum quia dependet a primo; simpliciter sorte sit contentus et usuras non exigat.

Item si contingeret personam propter pecuniarum carenciam que alteri obligaretur persone ratione debiti domum suam obligare vel hereditatem utrum stante obligacione creditor uti posse possit de jure et conscientia forma domo vel hereditate sibi obligata virtute exdosicionis et locacionis et censum abinde dirimando vel alio quocunque modo. Et post declarationem fuit responsum, quod census sublatus deberet in sorte defalcari.

Item vel stare possit illa condicio quod ignoratur factum sic pueris exinde magnum instaret dampnum quum (?) recipiens et habens illas pecunias capitales per spacium tanti temporis quantum ipse habuerit apud se eciam eidem per tantum temporis spacium tantas exponeret pecunias vice versa aut si aliquid cujuscunque remedii virtute juris possit in predictis casibus inveniri. Et responsum est ita per exemplum quod si pecunie ultra sortem sublate convertentur in liberacionem christianorum per exemplum captivorum de paganismo sic deberet admitti.

Item censum emere vel vendere sub condicione reemendi credimus tunc esse licitum quando habet istas condiciones, primo quod emitur sub re que potest aliquando esse de se communi usu tam utilis, sic census est bonus verbi gratia sicut super agro orto domo civitate vel villa, aliquando autem praesumiter de fraude vendentis et aliquando ementis; 2° per illam empcionem ementi acquiritur jus accipiendi talem censum 3° si pro tanto precio emitur, quantum communi estimatione vel usu hominum census hujusmodi valere presumitur 4° si emens in se suscipit periculum rei, sic videlicet quod habeat dampnum si minus inde pervenerit vel restauret si res destructa fuerit vel in toto vel totam 5° si hujus modi contractus bona fide factus fuerit et sine fraude vel dolo.

Distinction 3.

B II. 87; Dß 37; P II. 7. 15.
Vgl. Wasserschl. Succ. d. (165. 5.)

Von[1] leiprente[2] czweir leibe, dy von eyme uff das andir fellit, unde der nicht in schichtunge[3] darff brengen, und wy man dy sal vorschosszen[4].

Man unde wip echt unde elich[5] zcu sampne kommen, kouffen leiprenthe zcu irre beyder leibe X marg mynner ader me, der man stirbet; ab dy frauwe dy leiprenthe, dy zcu irer[6] beyder leibe gekoufft ist, adir dy wirde des geldis mit des toten mannis erbelinge teylen sal adir inbrengen, adir was recht sey.

Hiruff sprechen wir scheppin zcu Magdeburg recht: Dy frouwe bedarff dy leiprenthe noch dy wirde des *geldes*[7], dorumb sy[8] koufft ist, nicht teilen mit den erbelingen noch in dy schichtunge[9] brengen, sunder sy sal dy behalden unde habin, dy wile sy lebit, unvorwandelt also sy ir ist vorschriben[10]. Dorumme heisset is leiprenthe, das eyn man ym dy herlichkeit behelt zcu syme lebin[11] unde stet zcu unvorwandiln[12]. Von rechtis wegen. Der glich bedorffen dy eldern als man unde wip, welches undir yn stirbet, ir leiprenthe, ab sy dy gekoufft hetten zcu irer beider leibe, wenne eyns sturbe, das dy renthe das ander sulde halden zcu synem lebin[11], mit eren kindern ouch nicht schichten noch teilen. Von rechtis wegen. Ouch sal man leiprenthe nicht[13] vorschossen, wenne also vil also *do*von[14] der nucz gefellet[15] noch mark czal, unde nicht dy wirde, also sy gekoufft ist, ane argelist slechtis weg[16]. Von rechtis weyn.

Distinction 4.

Rw 46; Rß 36; Db 65; P II. 7. 14 — [Beil. II.]
Vgl. II. 1. 5.

Wy man erbe czinsz bewiszen sulle noch[1] rechte, eyner spricht, her sey abeczuloszen, der ander spricht, is sey erbeczins, unde beyde keyne bewiszunge haben[1].

Wy man czinsz bewiszen sal, eyner spricht, her sy abeczuloszen, der nemer spricht, is sey erbeczins, unde beide keyne bewiszunge haben, sunder der nemer dy were[2].

[Di. 3.] 1) *E* czweierleye leipr. do sie v. e. 2) *Ra fh.* czu. 3) *Z* geschichtunge. 4) *W* vorstoszin. 5) *Lb* e. u. e. geborn komen zcu s. und. 6) i. b.] *K* erem. 7) *f. LaZW.* 8) *Lb* der zeinsz. 9) *B* teilunge. 10) zcugeschreben; beschrieben. 11) *B* leybe. 12) zcu unv.] *E* unvorwandilt; *B* nicht zcu vorw. 13) *ERa fh.* hoer. 14) *LaZ* von; *f. W.* 15) *W* d. n. noch seynir anczal gef. alzo (*K* auch) noch m. cz. 16) *Lb fh.* eyn wenig

[Di. 4.] 1) noch — haben] *dafür E* dor eyne czwetracht umb ist. 2) *Lb* gewere hat.

Hiruff sprechen wir scheppin zcu Magdeburg recht: Mag man des czinses eygintlicheit noch[3] abeloszunge mit gerichte nicht geczugen, als recht ist, unde ist der czins forderer mit dem czinsze beerbit in habinder were, so musz der czinszman den czins geben adir selbsibinde dirweiszen[4], das der czins abeczuloszene gekoufft[5] sy. Wil der czinsforderer des nicht leiden, so mag her und ist nehir, syn erbe eygintlicher[6] were selbsebinde an dem czinsze zcu behalden. Von rechtis wegen.

Distinction 5.

Db 66; P II. 7. 13.
Vgl. II. 1. 4; Glog. Rb. 63, 68.

Item von deme selbin.

Eyn man ist benotigit unde bittet eynen andern, das her ym czen marg lyhe, her wil ym des iares eyne marg geben czinszes[1] abeczuloszen, unde vorbriven noch[2] vormachin das nicht[3]. Der czinsznemer stirbit, nu spricht der czinszgeber zcu dem erbelinge: hy sint czen marg, ich wil nicht lenger uwer czinszman syn. Dy erben sprechen, sy wissen von keyme czinse abeczuloszen, unde halden *den*[4] czins vor erbe czinsz, wy[5] das faren sal.

Hiruff sprechen wir scheppin zcu Magdeburg recht: Der czinszgeber[6] musz bewiszen in der scheppin buch adir anders sust, wo man sulchen czins uff erbe pflegit zcu beschriben[7], das der czins sey abeczuloszen ader[8] abeczukouffen, unde der ander, der den czinsz doran hat, bedarff des nicht bewiszen, nochdemmole das ym der czins angeerbit ist, unde dy were czu nemen sulchen czins an dem erbe hat. Von rechtis wegen.

Distinction 6.

Db 67; P II. 7. 10.
Vgl. Ssp. I. 54; Schwsp. 69; Glog. Rb. 64—67; Gaupp Schl. 185. cap. 358.

Wy man czins fordern sal[1].

Wer czins von erbe unde legindem grunde geben sal unde nicht von varndem gute, der sal yn gebin uff den tag unde czil[2], alz ym bescheiden wirt[3], so man ym das gut liet, und gibit her

---

[Di. 4.] 3) n. a.] *f. Lb.* 4) *Lb* derhalden; *EWRaw* beczugin; *ERa fh.* also recht ist. 5) *f. Lb; ERaw* vorkoufft. 6) eygintlichen; eygintlich; eygentlichener.

[Di. 5.] 1) *K fh.* die weder. 2) n. v.] *f. W.* 3) *W fh.* das icht ierethum (*K* yrtum) geschiet. 4) *f. LaZ; Lb* iren. 5) *K* wy sal man hyrynne thun. 6) *LbZ* zcinsman. 7) schriben; verschreiben. 8) ad. ab.] *f. Lb.*

[Di. 6.] 1) *Lb fh.* und wenne. 2) *E* cziet; *W* gerade. 3) *K fh.* noch dem alz her weis, das her en geben szal.

das[4] gut des tages nicht, her sal ym den czinsz gebin czwefach des nehisten tages dornoch unde dornoch alle tage also wol, dy wile her den czins[5] ynne hat, unde also des czinses also vil ist, also das gut wert[5a] ist, so sal sich der herre des gutis underwinden mit des richters boten.[6] Nu sollit ir horen, wy man czinsz heischen sal. Her sal yn adir syn bote[7] czu syme husze heischen[8] unde sal dy nackebur dorczu nemen, ab sy do sint. Sint sy do nicht, so neme her ander bederbe lute, das her domete geczugen[9] moge, das her yn gefordirt habe, als recht sey. Das sal her selbdritte thun. Unde ist syn husz czu ferre, man sal yn suchen uff deme gute, do man ym den czinsz von gebin sal. Wy her yn ag[10] heischet mit geczuge, so hat her recht[11] getan, abir mit gerichte czu fordirn, das ist das gewiste. Mag abir, der das gut in gewereu[12] hat, irczugen selbdritte, das her synen czins gegebin hat an deme czinstage, der ym bescheiden ist, so hat her dy czuge vorlegit und hat syn gut behalden, das ist dorumb, das her in der gewere ist.

Zweites Kapitel.

Hy wolle wir sagen von scholt und besaczunge unde dirforderunge[1] gutes.

Distinction I.

B II. 13; Dr 91; Th 113; P V. 1. 12.
Vgl. I. 2. 6; M. St. III. 2. XXII. 2; B. I. 90 (Dr 96. Th 108).

Von besaczunge vier personen uff eynis mannis gut, wer der erste[1] besessir bleibe.

Ab eyn man queme zcu deme richter unde spreche[2] uff eynis mannis gut unde benente also vil geldis, alz her ym schuldig were, unde bete dez eynen boten, des gut zcu[3] vorbiten, zcu deme is were, unde des hette der richter dy wile keynen boten by ym unde spreche zcu ym: ich gan dir des boten wol, wo du

---

[Di. 6.] 4) d. g.] *W* des zcinszis. 5) *Lb* das gut. 5a) *E* wirdig. 6) *Ra fh.* H. sp. w. sch. czu M. e. r. 7) *W* seynen bothen. 8) *Lb* heyssen. 9) beczewgen. 10) *f. LbZE; Ra* og. 11) *E* in r. geheischen. 12) *E* der were.

1) *E* dirfarunge.

[Di. 1.] 1) *Lb* neste. 2) *K fh.* ader hynderte. 3) *Lb fh.* vorboten ader zcu.

en gehaben magist. Dornoch queme eyn ander man unde spreche ouch uff das selbe gut unde bete den boten[4], und der bote czu der cziet keynwortig were unde worde ym gelegen von dem richter, unde der bote were ungesworen unde queme e czu dem gute wenne der erste unde vorbote das. Dornoch queme der dritte unde neme[5] eynen gesworen boten ane des richters wisszeen unde vorbote ouch das gut uff[6] eyn recht[7] umb also vil geldis, als man ym[8] schuldig were. Unde der vierde man queme in gehegit ding unde spreche ouch uff des mannis gut vor syne scholt. Welchis mannis undir den viren ansprechern[9] ansproche vor dem andern moge gesyn ader bund unde crafft gehabin moge.

Hiruff sprechen wir scheppin zcu Magdeburg recht: Des dritten mannis vorbiten mit dem geswornen boten sal crafft unde macht habin, wenne is sal keyn man des andirn gut vorsprechen noch vorbiten wen der richter adir syn vronebote, der zcu dem gerichte[10] gesworen hat. Von rechtis weyn.

Distinction 2.

B II. 14; Dr 92; Th 114; P V. 1. 8.
Vgl. die fg. Di.

Wy man eynen abetrunnigen man vorboten. sal, uff des gut gesprochen ist.

Ab eynis mannis gut vorsprochen were, derselbe entrunne, ab man den man vorladen sal adir nicht adir uff welchen tag, wy man den vorladen sal unde mit welcher clage unde vorderunge ym das gut mag abegewunnen[1] werdin von rechtis weyn.

Hiruff sprechen wir scheppin zcu Magdeburg recht: Wirt eyme manne syn gut mit gerichte vorsprochen[2] unde entrynnet der, den bedarff man nicht vorladen, mer der cleger sal das gut zcu[3] dren gehegeten dingen uffbiten. Kumpt denne yener nicht, so sal der richter deme cleger das gut vor syne schult geweldigen. Von rechtis wegen.

Distinction 3.

B II. 15; Dr 92; Th 115; Db 68.
Vgl. II. 2. 2; ferner M. Görl. 16, 73; S 122. 1, 2, 4; 140. 4; C III. 102, 103a, 103b, 111; Gaupp Schl. 198. cap. 363; B I. 90 (Dr 96; Th 108).

[Di. 1.] 4) *K fh.* em czu leyen. 5) *B* brechte. 6) *Dr* vor. 7) *W fh.* alz. 8) man ym] *Dr* ym yener. 9) *f. E; Dr* ansprochen. 10) *E* rechte.

[Di. 2.] 1) *WDr* angewonnen. 2) *W fh.* adir gehyndert adir vorkommert (*K fh.* das allis eyn ding bedewt). 3) zcu — dingen] *P* drey vierzehn tage.

Von besaczunge gutis eynis abeweszinden mannis, wy man das irclagen sal.

Ab eyme manne, der nicht inheymisch adir[1] dingpflichtig nicht were, vorsprochen worde syn gut, wy man das mit rechte gewynnen mochte, unde ab man den nicht vorladen sal.

Hiruff sprechen wir scheppin zcu Magdeburg recht: Man sal den man nicht vorboten von rechtis halben, worde abir ymand, der nicht inheymisch adir dingpflichtig were, syn gut vorsprochen unde irclaget[2] unde[3] ym dy vorsperrunge[4] unwissentlich were[3], der mag sich wedir dorczu czihen, also das her swere, das her usz dem lande also ferre gewest sey, das her nicht[5] mochte komen, syn[6] gut zcu vorantwortten, adir ab yn echte not gehindert hette[5], dy sal her ouch bewiszen, also recht ist. Volkumpt her denne also, dennoch musz her yeme antworten umb syne scholt von rechtis weyn, ab her dorczu kumpt bynnen iare unde tage, als ym dy clage uff syn gut ersten wissentlich worde[6].

Distinction 3a.

B II. 19; Dβ 11.

Vgl. M. Goldb. Ia § 7; M. Br. 1295 § 5; M. Görl. 16, 46, 73; Gaupp Schl. 199 cap. 364; S 118. 5; C III. 100. 110; Glog. Rb. 48, 136, 151, 496, 497, 504–506; B I. 90 (Dr 96; Th 108); Dr 209; Wasserschl. IV. 165 (313); Mühler Sch. 13.

Wy[1] man eynen man ynweissen sal umme irclagete schuld und wenne.

Ab eyn gast dem andirn in unsirm gerichte seyn gut vorspreche, is were erbe adir varnde habe, adir eyn burger dem andirn und dem das gut vorsprochin were, der were nicht keginwortik und der selbe ansprechir das gut czu dren dingen uff gebotten hette und irclagit[2] vor sine schult, ab man den[3] des gutis czu virden dingen geweldigen sulle uff[4] burgen adir ane burgin, und wy man das vorbas richten sulle[4] uff eyn ende.

Hiruff spreche wer scheppin czu Magdeburg vor eyn recht: Claget eyn gast adir eyn burger uff den andirn uff gut, steende erbe adir varnde habe czu dren dingen, dem sal der richter das gut in dem virden dinge eygenen und sundir burgen doran wisen und do methe is dy sache der clage geendit[5].

[Di. 3.] 1) ad. d. n.] *f. E.* 2) *W* beclaget. 3) unde — were] *f. WDr.* 4) *EBDab* vorsprechunge. 5) nicht — hette] *W* nicht kunde noch en mochte s. g. vorantw. das her doch gerne gethon hette adir ab en echte n. g. h. 6) syn — worde] *DrTh* ab der dorczu kumpt bynnen ior und tag dornoch alz ym die clage uff seyn gut irste wissentlich worden sey (*Th* ader dornoch wenne em dy zache das s. g. vorsprochen were czu dem irsten w. w.) adir das en eyn andir echte not (*Th* ader ap eyn ander rechte n.) gehindert hette, die her denne ouch beweiste alzo recht ist, dennoch muste der vor die schult antworten.

[Di. 3a.] 1) *von Ra eingeschaltet.* 2) *B* beclaget. 3) *B* denne das gut. 4) uff — sulle] *f. BDβ.* 5) *B* geschen.

Distinction 4.

B II. 20; Dr 115; Th 171; Db 69; P V. 1. 10. — [Beil. II.]

Von irclagetem gute ansproche.

Ab eyn ungewisz man, her were eyn gast ader eyn bürger, der nicht stehende erbe enhette noch so vil varnder habe, adir man sich ouch des vorsehe [1], daz eyner mit unrechter meynunge uff eynis andern mannis gut [2] clagete, der uszgeczogen were [3] unde von der clage uff syn gut nicht enwuste noch sich besorget hette [4], unde wenn her denne her wedir queme, so mochte her [5] nicht wissen, wo her denne den cleger mit deme gute suchen [6] sulde, das her sich mit rechte wedir dorczu czoge [7], ab nu [8] der cleger das gut adir das erbe in deme gerichte mit stehendem erbe adir gut vorgewissen müsze adir ab man das wedirn [9] mochte, unde [10] wy adir wer das wedern [9] mochte [10] von rechtis weyn.

Hiruff sprechen wir scheppin zcu Magdeburg recht: Besorgunge gehoret zcu der scheppin ammechte nicht [11], sy syn nicht pflichtig, wenne das sy orteil vinden sullen [12], noch deme sy der richter vroget noch clage unde noch antwort. Von rechtis wegen.

Distinction 5.

B I. 44; Dr 182; Th 32; Db 70.

Von [1] besaczunge erbe geldis.

Eyn man ist komen vor gehegit ding, der hat eyme andirn manne syn erbe uffgereicht [2], in deme selbin dinge ist eyn ander man kommen unde hat zcu deme, der das erbe entpfangen hat, das gelt [3] vorsprochen, das yener man schuldig ist gewest, der das erbe vorreichte, zcu der ansproche hat der man geswegin. Wy nu der ansprecher das gelt unde in welchir wile [4] unde cziet vorclagen [5] sulle.

Hiruff sprechen wir scheppin zcu Magdeburg recht: Ist der man, der das erbe entpfangen hat, deme uffreicher des erbis noch schuldig gelt [6] vor [7] das erbe, unde hat der vorsperrer das

---

[Di. 4.] 1) *Da* vorczege. 2) *K* schaden u. g. clagen welde. 3) *W fh.* in seyn gewerb adir geschefte. 4) *W fh.* das deszir ader imand sulde uff seyn gut clagen. 5) *W fh.* leichte. 6) *Lb* finden. 7) *EDb* czien mochte. 8) *W fh.* icht billich. 9) *EDbr* geweren; *W* weigern. 10) unde — mochte] *f. ELb.* 11) *W* nichtes seyn sy pfl. 12) *f. EDb.*

[Di. 5.] 1) *E fh.* irclayter. 2) *EBDar* vorreichit. 3) d. g.] *f. Lb; Dr* gelt. 4) *Lb* wise, wil u. cz.; *BDab* wise u. cz.; — wile u.] *f. WDr.* 5) *EW* irclagen. 6) *f. Lb.* 7) v. d. e.] *f. Dr.*

gelt[8] mit dem richter besaczt unde vorsprochen, so mag her das selbe gelt[8a] uff byten zcu dren gehegeten dingen vor[9] syne scholt, unde[10] wirt denne das gelt bynnen dren gehegeten dingen nicht vorantwort noch entredet, so sal man czu deme virden dinge den cleger an das gelt wiszen vor syne scholt. Von rechtis wegen.

Distinction 6.

B I. 59; Dr 32; Th 70; P IX. 8. 4.
Vgl. I. 8. 2; I. 11. 4; Ssp. I. 6 § 2; S 98. 6, 130. 4, 131. 1; C IV. 91; B I. 90 (Dr 96, Th 108); Gaupp Schl. 195 cap. 359; P V. 4. 11—13.

Ab man eynen erbeling getwingen mag, erbe zcu vorkouffen durch synes vaters schult wille.

Ab man eynen erbeling getwingen mag, erbe zcu vorkouffen dorch synes vatir[1] scholt wille, wenne her mit varnder habe dy scholt nicht mag[2] vorgelden, was dorumme recht sy.

Hiruff sprechen wir scheppin zcu Magdeburg recht: Bekennet eyn man der erbelinge schulde[3], dy syn vatir schuldig ist blebin, dy sal her beczalin, also verre als das erbe weret[4], das her nympt. Wil her dy schult nicht geldin adir wellen syne erbin des nicht gestaten[5], so mag man ym syne erbe[6] eigen mit gerichte besiczczen[7] unde irclagen[8] uff[9] dy scholt, andirs mag man yenen nicht twingen, syne erbe zcu vorkouffen. Von rechtis wegen.

Distinction 7.

B I. 60; Dr 32; Th 71; S 143. 5; Dβ 94.
Vgl. I. 11. 4; M. Görl. 123; Wasserschl. IV. 143, 144, 149, 151; Glosse Weichb. 22 (v. Dan. 275).

Ab man morgengabe adir vordinet lon e[1] solle gelden wenne[2] scholt.

Ab[3] man morgengabe adir vordinet lon e sulle gelden wenne scholt.

Hiruff sprechen wir scheppin zcu Magdeburg recht: Vordinet lon unde redeliche scholt sal man von eynis toden mannis gelde[4] czuvor[5] gelden[6] *vor* der morgengobe, ab[7] dy frouwe

---

[Di. 5.] 8) *E fh.* alse schult; *B fh.* alschuldig; *Dr* das schuldige g. 8a) *Dr fh.* mit dem richter. 9) v. s. sch.] *f. EDb.* 10) unde — dingen] *EDb* unde vorantwerth noch entredit sich iener (*Db* der aufrichter) nicht.

[Di. 6.] 1) *Th fh.* ader mutter. 2) *W* vormag zcu; *Dr* gehaben mag zcu. 3) *EB* bek. eyn erbeling (*B fh.* eynem manne) sch.; *W* bek. e. m. der eyn e. ist der sch.; *DrTh* b. eyn e. seynes vatirs (s. v. *f. Th*) sch. dy s. v. (*Th fh.* ader muttir). 4) *LbDr* wendet; *Db* wendet oder w. 5) *Da* staten; *f. B.* 6) *B fh.* eigenen unde. 7) *Dr* vorseczczen. 8) *W* clagen. 9) an; vor.

[Di. 7.] 1) *Lb* zcuvor. 2) w. sch.] *f. Lb.* 3) *Dr* auch ab man schult ir gelden salde wenne m. ad. v. l. 4) *BDarS* gute. 5) *W fh.* unde scum irsten. 6) *LaZ fh.* den; *W fh.* dennoch. 7) *Dr* ab der fr. die.

an dem gereiten [8] gute begobit ist. Adir ist ir dy morgengabe an stehindem eygen [9] adir erbe gegeben, so sal dy frouwe dy morgengabe doran behalden [10]. Von rechtis weyn.

Distinction 8.

B I. 63; Dr 35; Th 53; Db 72.
Gleichlautend II. 4. 1. — Vgl. II. 4. 2; II. 5; II. 2. 19; Gaupp Schl. 274. 2; P V. 1. 16.

Ab [1] eyn gast deme andirn mit der hant wirt geantwert, wo [2] her yn behalden [3] sulle.

Ab eyn gast deme andirn geantwort wirt mit der hant adir eyme andern, der [4] do nicht geerbit [5] ist bynnen deme gerichte, wy domete zcu thun sey, unde wy ferre der sal syn gesessen bussen dem gerichte, das her eyn gast gesyn moge.

Hiruff [6] sprechen wir scheppin zcu Magdeburg recht: Wirt eyn gast eyme gaste adir eyme andern manne, der in deme gerichte keyne eygene wonunge hat, umb schult geantwert, so sal im der richter den man behaldin loszin, so lange bisz her der [7] schulde gerecht werde und beczale, und ein gast heissit, der meir [8] denne XI milen buszin deme gerichte gesessin ist.

Distinction 9.

B I. 79; Dr 50; Th 89.
Vgl. I. 15. 5; II. 2. 11; Ssp. II. 6 § 2; Halle Neum. § 29; M. Br. 1261 § 78; M. Br. 1295 § 2; M. Görl. 43, 78; Weichb. 54 § 2; dass. (Zob.) 105, 106; Mühler 51; Glog. Rb. 334, 493; Dr 220; S 104. 4; 120. 3; C II. 23; III. 63, 64.

Von bewisunge vorgoldener schult.*

Ab [1] ein man brieffe hette von eyme gehegeten dinge obir schult uff [2] eynen man, und der man spreche, her hette die schult vorgulden unde jeme getruwit des brieffs, adir in welchir weysze der brieff so lange bey jeme blebin were, ap nu des brieffes lawt und geczugnis [2a] vorgang sulle habin, adir a p e r [3] geczugen moge, das her die schulde vorguldin habe.

Hiruff sprechen wir scheppin zcu Magdeburg recht: Mag der scholdener selbdritte bewiszen uff den heiligen, das her zedir

---

[Di. 7.] 8) *W* bereiten; *Dr* redesten. 9) *S* an stand erbe begobeth. 10) *Dr* so sal d. fr. sich doran halden.

[Di. 8.] 1) *Ra hat an Stelle dieser und der fg. Di. die hienächst als II. 2. 9a eingeschaltete.* 2) *E* wy h. yn b. s. und wo. 3) *Lb* halden. 4) *K* unde der also geantwort wyrt n. g. i. 5) beerbit. 6) *In LabZW schliesst sich gleich die Antw. der fg. Di. an; die hieher gehör. Antw. und die fg. Fr. fehlen; dies. sind hier aus E ergänzt.* 7) der — werde] *Db* die sch. vorgelde. 8) verrer.

[Di. 9.] *) *vgl. die vor. Di. Anm. 6.* 1) *Dr* Vortmeir ab eyne des gehegten dinges br. h. 2) *Dr* von eynem m. 2a) *Dr* bedewtnis u. lawt. 3) ap er] *E* wer.

der cziet, daz der brieff gegeben ist, dy schult vorgoldin *habe*[4], so lediget her sich unde der brieff ist machtelosz. Von rechtis weyn[5].

Distinction 9a.

B I. 62; Dr 34; Th 52; S 143. 6; P V. 3. 10.

Von[1] *pfandes rechte von bekanter scholt.*

Ab eyn gast deme andern gaste pfant seczte vor bekante scholt, is sy essende phand adir[2] *pfert*[3] *adir andir pfant welcherleye is sy, und der gast, deme das pfant gesaczt wirt, wegefertig ist, was mit dem pfande czu thunde sy, sintmole das der gast mit dem fande nicht lenger beiten wil, und ouch ab das geschee czwischin wirte und eyme gaste, was dorumme recht sy.*

Hiruff spreche wir scheppin czu Magdeburg vor eyn recht: Is darff keyn gast noch wirt pfand nemen von eynem gaste vor bekante scholt. Abir nympt her das pfant, so sal her pfandes[4] *recht mete begen und dirvolgin*[5] *in gerichte als eyn andir man, is en sy denne das her das pfant mit vorwortin*[6] *und mit undirscheide neme.*

Distinction 10.

B I. 96; Dr 78; Th 101; Db 87; Dβ 4.
Vgl. S 99. 4, 126. 2; C III. 120; Glog. Rb. 137, 388; P V. 5. 2.

Von gutes besatczunge umb schult[1].

Ab eyn man queme in gehegit ding, der eyme andirn manne umb syne scholt e syne tage[2] alle syn erbe[3] unde alle syne scholt[4] vorsprochen hette, dornoch *queme*[5] *yn* eyn andir gehegit ding *der*[6] scholdiger, deme syn gut also vorsprochen were e syne tage, unde spreche[7]: mir[8] ist zcu wisszen worden, das der man mir myn gut vorsprochen hat[8], unde thu uch kunt, das syn[9] tag noch nicht kommen ist, unde stehe alhy unde bekenne scholt eyme andirn manne, dy ich ym schuldig byn, deme selben secze ich do vor alle myn erbe unde gut, das her des ersten do von[10]

[Di. 9.] 4) *LaZW* ist adir h. (*W* irhaben); *Lb* ist. 5) *WK fh.* das vornempt alzo ab eyn gast eynen brifflich hot angesprochen (*K fh.* ist adir dy schuld off en erclaget unde her dy bekant hot, so sal her mit em thun alsz her noch gesaget wirt).

[Di. 9a.] 1) *diese Di. hat Ra statt der beiden vorigen.* 2) *Dr und andere* alz. 3) *Dr fh.* adir andir fye. 4) *DrS* das noch rechte irfordern (irwerben) und irvolgen; *Th* das irwerben mit r. und das pf. dirf. 5) volgen. 6) *Th* volwortin.

[Di. 10.] 1) *LabZW haben die Ueberschr.* von bewisunge vorgoldener (*W* geguldener) schult. 2) *W* e s. gelde t. weren komen. 3) *B* alle s. e. alle seyn gut umme syne sch. 4) *W* habe. 5) *LabZ fh.* her. 6) *LabZ* deme. 7) *W fh.* alzo: liben herren. 8) mir — hat] *Lb* mir i. m. g. vorspr. 9) *Lb fh.* gut noch; *W* s. t. der beczalunge alz ich den (*K* em denne) pflichtig byn. 10) *Z* do vor.

syne scholt hebin[11] unde nemen sulle vor allen andern, den ich schuldig byn. Noch deme queme der ansprecher, do nu syn tag[12] volkommen[13] were, in eyn gehegit ding und lisz ym eyn recht werden sprechende: sintdemmole das ich des mannis gut mit dem ersten vorsprochen[14] habe[15], umme das her siche lag, unde mir von ym keyne antwort werden mochte, wy ich mich nu meynis gutis irholen moge ader sulle, ab her storbe, und ouch nů myn tag[12] vorgangen ist[16] unde her dasselbe gut von mir nye gefryet unde ich yn[17] ouch ny frey gelosszen habe, ab nu derselbe man dasselbe gut keyme andirn manne vorsec*zen*[18] adir vorgeben moge, e her is von mir gefrye, und ab nu icht myne vorsproche[19] bund unde crafft sulle haben adir ab mich do von ymand getriben moge. Do wedir spreche der, deme das gut vorsaczt[20] were: sintdemmole das der man in gehegit ding komen ist gesund mit bedochtem[21] mute unde mir bekant hat myner scholt vor andern allen, den her schuldig were, unde mir do vor syn erbe unde alle syn gut gesaczt hat unde des ansprechers tag dennoch nicht komen was unde yn ouch ny vorgeladen hatte[22], ab nu nicht dy vorsaczunge *mer*[23] vorgang[24] bund und craft[25] habin sulle, adir ab mich do von ymand gedringen moge unde[26] ouch syne ansproche keyne macht adir crafft habin sulle, adir was recht sey.

Hiruff sprechen wir scheppin zcu Magdeburg recht: Lisz der schuldiger syn erbe unde gut nicht den richter entseczczen, do her in gehegit ding quam unde deme andern manne alle syn erbe und gut zcu eyme pfande saczte, unde hat derselbe syme pfande mit uffbitunge in gehegetem dinge[27] vor syne scholt nicht gefolget e des ersten beseczers, der das erbe unde gut vorsprochen hatte, e der schulde gelde tag komen was, so sal dy besaczunge unde vorsprechunge[28] vor der vorpfendunge vorgan[29] unde bund unde crafft[25] habin. Von rechtis wegin.

Distinction 11.

B I. 98; Dr 59; Th 103; S 145 3; P V. 2. 13.
Vgl. II. 2. 9, 22; II. 3. 3.

[Di. 10.] 11) habin. 12) *W* geldetag. 13) vorkomen; komen; ennkomen. 14) *E* besaczt. 15) *Db fh.* umme meine schuldt und. 16) *WK fh.* unde komen; *K fh.* unde ich das vorsprochen habe. 17) *Dβ* ym das. 18) *LaZ* vorseczet. 19) vorspreche; vorsprechen; vorsprechunge. 20) *Lb* vorspruchen. 21) *Da* gedochtem; *Db* wol bed. 22) *W fh.* noch em bekant hot vor gehegetem dinge alzo mir. 23) *LaZ* mir. 24) *Db* vordtgang. 25) *E* b. cr. u. macht. 26) *W fh.* ab auch icht. 27) *Lb* in gehegit ding. 28) *ZW fh.* und vorsperrunge. 29) *EW* vorgangk.

Wy eyne frouwe vorgoldene schult bewisen sulle unde mit weme[1].

Ab eyn wip vor vorgoldene schult adir vor[2] gut noch todir hant gesweren[3] sulle ader[4] moge mit ires eynis hant adir mit geczuge unde ab sy czuges bedarff, ab sy das mit wiben[5] geczugen sulle[6], ader was recht sey[4].

Hiruff sprechen wir scheppin zcu Magdeburg recht: Sal eyne frouwe vorgoldene schult bewiszen, das sal sy thun selbdritte[7] mit czwen mannen zcu sich[8]. Beschuldigit man sy abir noch todir hant, so entgehet sy mit ires eynis hant uff den heiligen. Von rechtis weyn.

Distinction 12.

B II. 7; Dr 82; Th 137; P V. 4. 7.
Vgl. I. 8. 1; II. 3. 1, 3.

Ab man eyn kint anspricht umb scholt noch synes vatir tode.

Ab eyn kint noch synes vatirs tode geboren worde adir so iung were, das is von synes vatir schult nicht enwuste noch wissen wolde, und ouch *syn frunt*[1], her were[2] ym geboren adir gekoren, ab *man is*[3] mit rechte synes vater[4] schult getwingen moge zcu gelden adir waz dorumb recht sey.

Hiruff sprechen wir scheppin zcu Magdeburg recht: Spricht man eyn kint an umme schult, dy syn vatir schuldig blebin ist, do das kint noch syne frunde nicht von wisszen, der schult sal man das kint ynren selbsebinde. Also twinget man das kint, zcu geldene synes vatir schult, is en sey denne, das das kint sich der schult selbsebinde ledigen[5] wolde. Von rechtis weyn.

Distinction 12a.

B II. 13; Dr 90; Th 110—112; Dβ 6.
Vgl. S 100. 2; C III. 125; Glog. Rb 384, 385; P V. 6. 9; Glosse Weichb. (v. Dan. 275. 35).

Von[1] *clage umb schult noch eynis mannis tode.*

Ab eyn man queme in gehegit ding mit syme weibe und hette ir uffgegebin eyne helffte sines stendis erbis, das her selbir irerbit hette, noch sime tode erblich czu thunde und czu lossene, doch der gobe[2] *unschedelich also das her*[3] *eyn herre welle seyn, dy wile her lebete,*

[Di. 11.] 1) u. m. w.] *f. E; Ra fh.* u. wenne. 2) *W fh.* gelt adir. 3) *Da* besweren. 4) ader — sey] *dafür W* ader wy sihe das beweiszen sulle ad. m. adir ab sie das mit geczewgen gethuen kan adir ab sie geczewg bedarff unde furen sal, mag sie das icht gethuen mit weibern das dy ir geczewgen mogen ad. w. r. s. 5) *Da* wissen. 6) *Lb fh.* ader wie. 7) *K* selbsebende. 8) zcu s.] *f. E.*

[Di. 12.] 1) *La und andere Hdss.* syne frunde; *B* seyn vormunde. 2) *W* sie weren. 3) man is] *LabZRa* der; *W* ab nu daz kint mit rechte getwungen mag werden. 4) *Lb fh.* gut ader. 5) *E* entledigen.

[Di. 12a.] 1) *von Ra eingeschaltet.* 2) *Dr fh.* ym. 3) *Dr fh.* des selbin.

czu thunde und czu lossende, des habin sy beyde man und wib das selbe erbe vorsaczt umb geld, das sy schuldig blebin sint. Ouch zo hat der man sunderlich geld ane dy frowe uff das erbe genomen uff[4] *czwu mark czinses adir nicht vor gehegittem dinge, domete her das huys do is vorbrand was, wedir buwete. Ouch ist der man geld schuldig blebin ane vorsaczunge sines erbis. Ouch so hot dy vrowe vor den man geloubit*[5] *vor geld yn burgeschafft namen. Nu ist der man tot und dy vrowe hat sich irre helffte, dy ir gegebin was, undirwunden und seyne erbin dy andirn helffte. Nu wellen dy erben*[6]*, das dy frowe alle benante schult mit helffe gelden. So spricht sy, sy welde keyne schult helfin geldin, is teile ir denne eyn recht. Des bete wir uns czu undirweisene, wy vil sy gelden sulle adir nicht adir welche schold sy*[7] *mete geldin sulle.*

Hiruff spreche wir scheppin czu Magdeburg vor eyn recht: Was dy vrouwe vor den man scholt geloubit hat, der sy bekennet, dy sal sy gelden und[8] *sich der schold glych andyrn luten mit gerichtes hulfe irholin kyn den erbin und dem gute, das her gelossin hatte, und hat ouch der man uff das steende erbe vor gehegittem dinge czinse uffgesaczt*[9]*, das mus dy vrowe ouch an yrem teile ledegin*[10]*, noch dem mole als her der gobe czu thunde unde czu lossene gewalt hatte ym behaldin, dy wile her lebete. Abir andire schold und besaczunge*[11] *des erbis nicht vor gehegittem dinge, der bedarf dy von irer helfte des stendin erbis nicht geldin. Von rechtis wegen.*

Distinction 13.

B II. 17; Dβ 9, 99.

Vgl. II. 3. 2; III. 4. 2; Ssp. I. 18 § 2; I. 62 § 6; Halle Neum. § 29, 30; M. Br. 1261 § 26, 78; M. Br. 1295 § 2; M. Görl. 25, 43, 127; Weichb. 50 § 2; 74 § 6; 84 § 3; dass. (Zob.) 67, 68; Mühler 30, 58; C III. 69; Dr 221.

Von clage umme schult noch[1] *eynis mannis tode.*

Ab eyn man mit geczuge claget unde der ander slecht[2] antwort, so[3] sal der cleger yenen obirczugen selbdritte uff den heiligen. Der geczuge hat her tag dry vierczentage sunder umb erbe[4] unde umb hanthaffte tat[5]. Von rechtis weyn.

Distinction 14.

B II. 29; Dr 116; Th 172; Dβ 14, 95; P V. 2. 6. — [Beil. II.]

Vgl. I. 6. 9; II. 5. 1; Ssp. II. 5 § 2; Halle Neum. 28; M. Br. 1261 § 24, 25; M. Görl. 7, 64; Weichb. 45 § 2; 74 § 1—3, 85; Glosse 90 (v. Dan. 406); Mühler 9, 30; Glog. Rb. 152, 496, 497, 508, 522; C III. 70, 71.

[Di. 12a.] 4) *f. Da.* 5) globit. 6) *Dr fh.* alle. 7) *Dr* sie s. helffin g. 8) *Dr* u. mag s. d. sch. gl. mit a. l. irholen mit rechte kegen des mannes erbe u. gut. 9) *Dr* vorsaczt. 10) *Dr* leiden. 11) *Dr* vorseczunge.

1) noch — tode] *Ra* mit geczuge. 2) *E* gleich. 3) *E* Hiruff spr. w. sch. v. M. v. e. r. Der cl. sal. 4) *Lb fh.* und gut. 5) *W fh.* do hot her nicht sulche frist.

Von bekanter scholt, wy lange man dy beyten[1] sulle.

Ab eyn gast deme andirn adir[2] eyn burger deme andirn[2] pfant seczte vor bekante scholt, is sey essinde pfant adir nicht, unde ym der schulde[3] vor gerichte bekennet, also das ym funden worde, das her dy bekante scholt noch XIIII tagen gelden sulde, ab her lengirn tag gehabin[4] moge unde wy vil lengir, unde ab der gast ouch von rechte bekanter scholt vor[5] gerichte XIIII tage beyten sulle adir wy lange her beyten sulle, adir ab der czwey keyner vor bekante scholt pfant nemen mussze unde das in dren echten dingen irfolgen unde irwerbin moge von[6] rechtis weyn.

Hiruff sprechen wir scheppin zcu Magdeburg recht: Deme gaste der so ferre gesessen ist, das her nicht dingpflichtig ist, dem sal man bekante scholt by[7] sonnenschein beczalen des selbin tages. Me beczalit eyn burger dem andirn nicht[8] bekantir scholt bynnen XIIII tagen, als ym geboten[9] ist von rechtis halben, so hat der richter syn gewette uff yn. Ab der cleger das vorbas clagit, so sal man denne vinden[10] by acht tagen unde dennoch by dren tagen, zcu leczte by tagis lichte. Wy dicke her des richters gebot vorsiczet, so dicke hat der richter[11] syn gewette. Von rechtis weyn.

Distinction 15.

B II. 59; Dr 128; Th 191, 192; S 154. 4, 155. 1; Db 73.
Vgl. Mühler 77; ders. Sch. 34, 14; S 96. 3, 128. 2; C I. 23.

Von bekanter scholt, dovor eyner syn erbe seczet.

Ab eyn man umme schult unvorczogentlich beclagit worde[1] unde her der scholt bekennet, der scheppe teilet[2], her sulle dy schult geldin unvorczogen, der schuldiger gibit sich in[3] dy beczalunge, der cleger spreche: ich begere, das her nicht von deme dinge gehe, her habe mich denne beczalt. So antwertte denne der schuldiger: ich gelobe[4] ym myn[5] erbe, das do besser ist wenne das gelt[6], das ich wil beczalen, als geteilet ist. Ab ym der cleger musze losen genugen[7].

[Di. 14.] 1) *W fh.* ader harren. 2) ad. — andirn] *f. E.* 3) *B* schaldiger. 4) geh. — lengir] *W* nicht gehaben mochte mag her denne lengern gehaben unde irkrigen das sey das. 5) v. g.] *Lb* von rechte lenger wenne XIIII t. 6) v. r. w.] *E* also r. were. 7) by — tages] *Dr* ytagis ir becz. 8) *f. Lb.* 9) *E* geteilit. 10) *Dr fh.* u. gebiten. 11) *W fh.* off em.

[Di. 15.] 1) *W* clagit off eynen man. 2) *Th* dy scheppen teilten. 3) *E* an. 4) *E* gebe; *Db* secze. 5) *BDrThS* by mynem. 6) *EDb fh.* czu pfande. 7) *E fh.* ader was recht sey; *W fh.* ader nicht ad. w. r. s.

Hiruff sprechen wir scheppin zcu Magdeburg recht: Ist das erbe also gut[8] unde wil her das vorpfenden, also das her beczalen wil uff dy cziet, dy ym von rechtishalben[9] geteilet ist unde geboten, doran musz ym der cleger loszen genugen. Von rechtis wegen.

Distinction 16.

B II. 60; Dr 128; Th 191, 192; S 155. 2, 3; P V. 5. 8.
Vgl. S 115. 5 C III. 118, 124; Glog. Rb. 505; P V 5. 1, 5.

Item von bekanter scholt.

Ab eyn man clagete zcu deme andern, das her ym unvorczogenlich gelobit hette[1] uff eynen tag, der hinweg were[2], des bekennet yener, das her ym so uff den vorgangenen[3] tag gelobit hatte unde spricht, her habe iczunt des[3a] gereiten geldis nicht, do wil her syn recht zcu thun unde wil dovor syn erbe vorpfenden[4] adir burgen seczen. So spreche denne der cleger: ich wil keyn pfant noch burgen nemen, wenne her mir unvorczogentlich hat[5] gelobit unde[5] bekant hat. Ab man *yn*[6] nu antwertten sulle mit der hant[7] deme cleger umb dy schulde adir ab her ym mussze losszen genugen an der vorpfendunge des erbis, unde wy lange her das erbe behalden[8] musze, das her is vorkouffen moge, adir was recht sy.

Hiruff sprechen wir scheppin zcu Magdeburg recht: Bekennet eyn gelder[9] vor gerichte, das her unvorczögentlich sulde habin beczalt uff eynen vorgangen[3], tag unde hat der keyn gereyt gelt, wil her deme cleger seczen erbe[10] unde eygen bynnen deme gerichte so gut, als das gelt ist, das musz der cleger nemen und halden so lange czit, als das mit orteilen vor gerichte getedinget[11] wirt ȧdir mit willen[12] gesaczt wirt. Wenne dy cziėt vorgangen ist, so mag her das erbe vorkouffen adir vorseczen vor syn gelt. Von rechtis weyn.

Distinction 17.

B II. 70; Dr 139; Th 210; Db 74; Dβ 29.

[Di. 15.] 8) *RaBDrS fh.* also die bekante (*S* benante) schult. 9) von rechte; vor gerichte.

[Di. 16.] 1) *E fh* czu beczalen. 2) *K fh.* unde vorgangen, her wolde en doruff beczalen und das were nicht gescheen. 3) *B* vorgenanten. 3a) *S* des g. n. gereyt. 4) *Dr* vorkeuffen; *f. S.* 5) hat — u.] *f. S;* unde — hat] *f. Lb.* 6) *LaZB* ym; *S* ym en. 7) *DrS fh.* zcu halden. 8) *ES* haldin. 9) *E* geldener; *DrTh* eyner geldis. 10) e. u.] *f. DrS.* 11) *S* geteylt. 12) m. w.] *f. Lb; Dr* wilkör.

Von pfant seczin von bekanter[1] scholt.

Von[2] pfant seczen. Dy undirscheit desis rechtis ist also: Manet[3] eyn man den andern buszen gerichtes, der[4] antwertter spreche[3] also[4]: ich habe nicht geldis[5], ich wil uch pfant seczen[6]; des pfandes bedarff yener nicht czu nemen[7], her welle is denne gerne thun; adir quemen sy vor gerichte unde spreche der schuldiger[8]: ich kan nicht beczalen uff dy czyt, als mir geteilet ist, ich wil pfand seczen; das pfant sal der richter vordirn, also das is vor[9] dy schult gut genug sey[10] unde bequeme[11] ouch dem cleger zcu vorseczen adir zcu vorkouffen uff sulche czit, als dy scheppen uns teilen[12] adir orteiln[12a], deme gaste noch syme rechte, deme[13] burger ouch noch syme rechte[13]. Also nympt der cleger syn pfant von des richters wegin[14] unde[15] von des rechtis wegin[15] Datum[16] Meydeburg.

Distinction 18.

B II. 73; Dr 136; Th 208; Dβ 96; P V. 5. 6.

Von bekanter scholt unvorczogen.

Eyn man hette den andirn beclagit umb gelt, das her ym gelobit hette zcu beczalen unvorczogentlich; des bekente ym der schuldiger[1], das her is ym gelobit hette unvorczogentlich zcu beczalen. So wurde yn geteilet, her sulde das unvorczogentlich[2] beczalen. Do spreche der schuldeger: ich habe keyn gereit gelt nicht, ich wil ym myn erbe seczen, das also gut ist als[3] dy scholt ader besser, noch der stat rechte[4]. Do wedir spreche der cleger also: ich wil daz erbe nemen in sulchir wisze[5] unde undirscheit, als mir myn gelt geteilet ist, unvorczogentlich.[6] Ab der cleger nu das erbe musse nemen[7] noch der stat rechte, adir ab is ym der scholdeger musze seczen also vor bekantē scholt, welches willekor vorgang musze haben[8].

[Di. 17.] 1) *Lb* umb bekante. 2) *DrTh* ouch alz sie uns habin gebeten (*Th* ir u. g. habit) die czwey recht zcu declarinde von den pfanden, die undersch. diser czweyer r. i. a. 3) manet — spreche] *K* ob e. m. clagete czu d. a. ader en manete umb seyne schuld, geschiet das awswendig des g. unde der man, der also gemanet w., spreche. 4) der — also] *Dr* der antwert. 5) *W* des g. itczund nicht; *Dr* nicht gereitis. 6) *E fh.* ab der cleger das pfant nemen sulle ader was recht sey. Hiruff spr. w. sch. von M. vor e. r. 7) czu n.] *EDb* behaldin, *Dβ* auffbieten. 8) *Lb* cleger. 9) v. d. sch.] *f. Dr.* 10) *Db fh. (mit rother Schrift)* Dy vom Colmen sprechen also. 11) *LbB* queme; *E* irlowbe. 12) u. t.] *E* usteilen; *Lb* usgeteilt. 12a) *Z* vorteilen; — u. t. ad.] *f. Dr.* 13) deme — rechte] *f. Dr.* 14) *B* von des gebotes wegin d. r.; *Dr* v. d. r. gebotis w. 15) unde — wegiu] *f. LbW.* 16) D. M.] *f. W.*

[Di. 18.] 1) d. sch.] *Lb* der der schult. 2) *W fh.* auch halden und. 3) *E fh.* das gelt ader. 4) *Lb* kore. 5) w. u.] *f. EBDr.* 6) *Dr* Nu bitte wir uns zcu undirweisen. 7) *B* haben; *Dr* halden. 8) *Dr fh.* des clegers adir des antworters adir was hirumb recht sey.

Hiruff sprechen wir scheppin zcu Magdeburg recht: Der schuldiger mus deme cleger das erbe seczen uff sulche czit, als ym dy beczalunge der schulde geteilet ist noch des schuldigers gelobde unde bekentnisze. Von rechtis wegen[9].

Distinction 19.

B II. 78; Dr 133; Th 218; Db 75.
Vgl. II. 2. 8; M. St. III. 8; Ssp. III. 39 § 1; M. Görl. 98; Weichb. 27 § 1; Mühler 77; Glog. Rb. 380; P V. 7. 1.

Wer gefangene luthe umme scholt bekostigen sulle[1].

Wenne eyn man den andern in dy vrone[2] adir in das gefengnissze brengit mit rechte umb syne bekante schult adir umme was sache daz sey unde der gefangene man adir wip nicht czerunge en hette, ab[3] her ym czu syner notdorfft czerunge gebin sal[4] unde[5] wy vil pfenninge her ym tegelich gebin sal, adir waz her ym pflichtig sey[6] adir ab nu der richter icht pflichtig sey[7] zcu gebin adir wer dem richter das wedir gebin sal adir[8] was unde wer desym gefangen pflichtig was sey zcu thunde.

Hiruff sprechen wir scheppin zcu Magdeburg recht: Wer eynen man umb syne bekante schult in dy vrone adir in gefengnisze brenget, der sal yn mit spisze unde mit koste[9] halden glich syme gesinde. Von rechtis wegen.

Distinction 20.

B II. 2; Dr 78; Th 133; S 145. 8; P V. 1. 4.
Vgl. Weichb. (Zob.) 34; Mühler Sch. 34. 9; Glog. Rb. 486; S 104. 3; C II. 55.

Wy man nymandes mag an gerichte uff gehalden umb schult.

Ab ymand synen schuldiger, der ym[1] entgehin wolde, moge begriffen, so her den richter noch synen botin nicht gehaben moge, unde mit gewalt uffgehalden moge adir vor gerichte brengen[2] adir was recht sey.

Hiruff sprechen wir scheppin zcu Magdeburg recht: Nymand mag mit gewalt[3] sunder den richter adir richters[4] boten synen[5] schuldiger uffgehalden. Von rechtis wegen.

[Di. 18.] 9) *Dr fh.* das dis recht sey das bezeuge wir mit unserm ingesegil.

[Di. 19.] 1) *Lb fh.* und wie man das thun sulle. 2) *Lb* fronegewalt. 3) *Dr* ab ym der, der en yn das gef. brocht hat, icht czerunge czu s. n. gebin sal. 4) *K fh.* der sy ynbrenget. 5) unde — sey] *K* ader w. v. pf. ader was her em geben szal unde pflichtig sey zcu thun ader nicht zcu thuen. 6) *ZW fh.* adir nicht pfl. sey 7) *K fh.* sulchen gefangen ader gespannen lewthen ichtes tegelich zcu g. 8) *hier endet K.* 9) *Db* tranke.

[Di. 20.] 1) *Lb fh.* entgeth ader. 2) *Z* brenget; *W fh.* geweldiclich. 3) m. g.] *Lb* gewalt mit dem andern thun; *W fh.* in eygener torst; *Dr* m. sulcher g.; *Th* m. selbis g. 4) *W fh.* knecht adir. 5) s. sch.] *dafür Lb* noch.

Distinction 21.

S 115. 2; C III. 76; Dß 97; P IV, 15 17.

Ab eyne frouwe eynen man anspricht umb gelt mit geczuge, wy her entgehin sulle.

Ab eyne vrouwe eynen man umme gelt anspreche, ab sy yn obirczugen mag adir ab her nehir sey zcu entgehende.

Hiruff sprechen wir scheppin zcu Magdeburg recht: Clagit [1] eyn wip eynen man an umb gelt, das ist der man [1a] nehir zcu entgehende, wenne das sy yn obirczugen mag [2]; wenn keyn wip mag eynen man umb gelt obirczugen, adir umb [3] ungerichte also umb kampfirwunden [4], lemden und totslagen mag sy iren fredebrecher in frischer [5] tat obirwinden, glich also eyn man thun mochte, selbsebinde [6] zcu ir mit sechs mannen [7]. Von rechtis weyn.

Distinction 22.

B II. 47; Dr 138; Tb 196; Dß 98; P V. 2. 14.
Vgl. II. 2. 11; Ssp. I. 46; Homeyer Extr. 37.

Eyne frouwe ist nehir zcu entgehende mit eynis [1], wenne das sy ymand mag obirczugen.

Ab man eyne frouwe mit geczuge beclagete umb scholt adir umb gelobde und sy welde mit iris eynis [2] hant entgehen, ab sy des nehir sey zcu entgehinde mit iris eynis hant adir der cleger mit erhaftigen [3] luthen *sie* [4] *obirwinden moge* [4], adir was hirumb recht sey.

Hiruff sprechen wir scheppin zcu Magdeburg recht: Beclaget man eyne frouwe mit [5] iris selbis scholt adir umb gelobde, des ist sy nehir zcu entgehende mit iris eynis hant, wenne [6] sy ymand obirczügen mag [6]. Von rechtis weyn.

Drittes Kapitel.

Hy wolle wir sagen von ynnerunge umb scholt, wy man dy thun sal noch toder hant.

[Di. 21.] 1) *Lb* cl. e. man ader e. w. uff e. m.; *S* beclagit auch e. w. e. m.; *C* spricht ouch e. w. e. m. an. 1a) *S fh.* dem wibe. 2) *S* mogen. 3) u. u. a.] *f. S.* 4) *S* campff w. und umb l.; — u. t.] *f. S.* 5) *E* sollicher. 6) selbs. zcu ir] *f. SC.* 7) *Ra fh.* czu geczuge; *SC fh.* geczuge; getzugen.

[Di. 22.] 1) *LbW* iris e. hant. 2) *B* zelbis. 3) *B* erbaren. 4) sie — moge] *f. LaZ; Dr* neir sey zcu obirczeugen. 5) umb. 6) wenne — mag] *Dr* und man mag sie nicht vorczeugen.

Distinction 1.

B II. 46; Dr 137; Th 195; S 151. 2, 3; Db 76; P V. 4. 5.

Vgl. II. 2. 12; Ssp. I. 6 § 2; M. Br. 1295 § 8; M. Görl. 25; Weichb. 74 § 4, 5; Glosse 67 (v. Dan. 390. 44); Mühler 27; ders. Sch. 21; Glog. Rb. 102, 492; C III. 66; Wasserschl. IV. 1, 173, 174; V. 10.

Innerunge [1] sal man thun noch toder hant selbsebinde, is sy frouwe adir man.

Ab eyne frouwe eyner andir frouwen adir eyme manne [2] sulle ynnerunge thun noch toder hant, ab sy dy mit iris eynis hant thun sulle adir mit geczuge adir wy [3].

Hiruff sprechen wir scheppin zcu Magdeburg recht: Is sey frouwe adir man, von den man ynnerunge heischet noch toder hant, so sullen sy dy ynnerunge thun selbsebinde [4]. Von rechtis weyn.

Distinction 2.

B I. 51; Dr 146; Th 48; S 142. 1, 2; Db 77. — [Beil. II.]

Vgl. II. 2. 13; II. 3. 3.

Wy der cleger umb scholt noch toder hant ynnerunge thun sal [1].

Eyn man beclaget [2] den andern noch toder hant, das ym syn vater also vil schuldig were [3], der ander begerte ynnerunge, dy wart ym geteilet selbsebinde zcu thun, dy wile das ding werte, mit erhaften [4] luten. Do sprach der cleger, her hette sich uff geczuge nicht gewarnet [5], ab her mochte gehen noch luten, dy ym ynnerunge hulffen [6] thun. Dy scheppen teilten: gan is dir [7] dyn wedirsache, wir günnen dir is ouch wol. Do sprach der beclagete man, her [8] günde is ym nicht [8]. Das orteil schalt der cleger unde ging vor czorne also von gerichte. Do sprach der beclagete man: nu her nicht hat ynnerunge [9] gethan unde dingfluchtig [10] ist geworden, ich sulle ledig unde losz syn [11].

Hiruff sprechen wir scheppin zcu Magdeburg recht: Der [12] scheppin orteil ist recht unde der cleger [13] mochte zcu hant [14], das ist bynnen deme selbin gehegeten dinge, syne geczug vorbot [15] habin, dorczu bedorffte her keynen orlob gebeten habin. Abir nu her in [15a] deme gehegeten dinge dy [16] ynnerunge nicht

---

[Di. 1.] *E* wie frawe ader man inr. thun sal n. t. h. 2) *E fh.* ader wem das ist. 3) *E fh.* man domete faren sal. 4) *Db fh.* oder wie sie die heischen.

[Di. 2.] 1) *Lb fh.* von rechte. 2) *Lb* claget d. a. an. 3) *W fh.* unde nenthe das geld. 4) erhafftigen, erbaren. 5) *EDb* gerichtet 6) *BDa* mochten. 7) *f. LbZ.* 8) her — nicht] *dafür W:* do zu dem cleger, dy scheppen gonnen mirs daz ich noch lewten gee, wiltu mirs auch gonnen. 9) ynn. geth.] *W* wolt der inn. harren. 10) dingpflichtig; dingflochtig; dingvluchtig. 11) *EDb fh.* der sachen. 12) *DrS* die o. die ir funden habit, die zint r. 13) *W* beclagete. 14) *B* czu handes. 15) *Dr fh.* adir selbir geholit. 15a) in — dinge] *dafür Dr* czu hand. 16) dy — hat] *W* der ynner. nicht beiten wolde unde schald daz orteil.

getan hat[16], so sal her[17] deme manne, uff den her claget noch toder hant, syne busze gebin unde deme richter syn gewette, ouch sal man den beclageten man[18] der ansproche vry unde ledig teilen. Von rechtis weyn.

Distinction 3.

B I. 91; Dr 60; Th 106, 107; Db 78; P V. 4. 6.
Vgl. II. 2. 11, 12; II. 3. 1, 2; ferner Ssp. I. 6 § 3; S 118. 4; C III. 65; Wasserschl. IV. 121, 128; V. 47.

Von[1] ynnerunge umme[2] alle[3] sachen noch toder hant, wy man dy thun sal[4].

Ab man eynen man czu ynnerunge twingen moge unde wy her denne dy thun sulle mit synis eynis hant adir[5] selbdritte adir selbsebinde noch todir hant umme gelt adir umb andir sachen, unde ab desir synir geczugen der ynnerunge wil abegehen unde beschuldiget yenen[6] umb syne wissentschaft[6], ab her musze bekennen unde gelden adir vorsachen unde do vor sweren mit synis eynis hant, also das her das gelt adir andir schulde ledig moge werden, adir ab her noch der selbin wisszenschafft *en*[7] umme das gelt andirweit[8] beclagen moge, ader was eyn recht sey.

Hiruff sprechen wir scheppin zcu Magdeburg recht: Zcu ynnerunge mag man nymande twingen[9] wenne in sulcher wisze, ab eyn cleger[10] vor gerichte clagete umb eyn gelt, das ym syn vatir adir eyn andir, des[11] erbe der genomen hat, schuldig blebin ist, unde denne tode hant yn der anclage[12] benumet, der musz yn ynnern der scholt selbsebinde uff den heiligen von stade[13] an in[14] deme selbin dinge[14], ab is yenre leyden wil. Enthut her des[15] nicht adir wirt her an syme czuge fellig, so vorlusszet her syne clage unde sal deme antworter syne busze gebin unde deme richter wetten[16]. Wil abir der antwortter[17] sulcher scholt loucken unde do vor unschuldig werden[18], das mag her thun selbsebinde unde[19] der geczuge gewynnet her tag zcu deme andirn unde zcu deme dritten dinge, ab[20] ouch in der

---

[Di. 2.] 17) *W* derselbe clagir. 18) *Db fh.* in.

[Di. 3.] 1) *E* Umb inr. allir s. 2) *W* und. 3) *Lb fh.* schult und 4) *Lb fh.* und eynen twingen magk. 5) ad. selbdr.] *f. Lb.* 6) yenen — wissensch.] *dafür Db* ist. 7) *f. ausser E.* 8) *B* anderwerbe. 9) *Dr* betwingen. 10) *Dr* ab e. cl. eynen schuldiger n. t. h. schuldiget vor ger. 11) *W* der das erbe. 12) *Lb* clage. 13) stod; statin; stunden. 14) in — dinge] *f. Dr.* 15) *E* der inrunge. 16) *LbE* seyn gewette; *Dr* seyne wette. 17) *Lb fh.* schlecht. 18) *P* unschuld bieten. 19) *Dr* u. gew. mit seynen geczeugen seyne tage dach zcu d. a. 20) ab — ist] *f. Dr.*

anclage dy tode hant zcuvor benûmet ist[20]. Beschuldigit[21] man man ouch ymand umb syne[22] wissenschafft, der mag her bekennen adir vorsachen[23] unde unschuldig werden mit synis eynis hant, denne mag man yn umb das gelt nicht andirweit beclagen, ab der[23a] von gerichtis halbin bekentnissze unde bewiszunge *hat*[24], das her der sache recht geworden sey. Von rechtis weyn.

Viertes Kapitel.

Hy wolle wir sagen von luten, dy mit der hant vor scholt[1] geantwort werden, wy man dy halden sal.

Distinction 1.

Gleichlautend mit II. 2. Di. 8.

Distinction 2.

B II. 4; Dr 79; Th 135; Db 79.
Vgl. Ssp. III. 39 § 2; M. Görl. 98; C III. 135; P V. 7. 3. — Fahrende Habe vgl. Ssp. II. 60; M. Görl. 113; Glog. Rb. 144.

Ab eyner eynen gehen lisze uff syne truwe, ab yn ouch bynnen des eyn ander anclagen mochte[1].

Ab eyn man vor syne scholt, der ouch andirn luthen schuldig were, ymand vor deme richter[2] geantwort worde[3] unde der lisze yn denne frey unde ledig wedir von ym gehen uff syn gelobde lange adir korcze cziet, bisz das her ym vorgolde, ab nu eyn ander man, dem her ouch schuldig were, so her yn also fry unde ledig syet gehen, ansprechen mag unde bekummern vor gerichte[4] umb syne scholt, adir ab yn der erste burger[5] do von brengen mag unde ledigen[5a] sprechende, her sey ymmer syn pfand, so lange bisz das her ym vorgolde, was dorumb recht sey.

[Di. 3.] 21) *Statt des Fg. hat P.* ist aber die t. h. nicht benant, beschüldiget man ihn schlechts, der mag bekennen und leugnen und unsch. w. mit seiner eigen h. sonst mus man ja erinnerung thun nach todesh. 22) *Lb fh.* sunder. 23) *Dr* vorsagen. 23a) *E* do. 24) *f. LabZ*; *E* geschit.

1) *W* schuldige.

[Di. 2.] 1) *Lb fh.* ader nicht. 2) *E* vor gerichte. 3) *E fh.* bey der hant 4) *Db fh.* wie domitte zu thun sey. 5) *W* dem her geantwort wart. 5a) *W* leydigen *u. s. w.*

Hiruff sprechen wir scheppin zcu Magdeburg recht: Lesszet eyner synen gefangen man vor scholt ledig[6] von ym gan uff[7] gelobde, den mag eyn ander mit gerichte anclagen[8] unde wirt denne der deme andirn geantwort, so mag der erste en nicht ledigen sprechende, daz her ym zcum ersten geantwort sey[9], noch deme mole alz her yn usz synen gewerén liez, do her yn hatte. Von rechtis weyn. — Also[10] ist is ouch zcu vornemen von allir varndir habe, ab dy eyn man usz syner gewere[11] lesszet mit willen adir in syner were nicht enhat[10].

Fünftes Kapitel.

Hy wolle wir sagen von gesten unde von gastrecht unde wer eyn gast mag gesyn.

Distinction 1.

B I. 3; Dr 156. 157; Th 145—147; P V. 1. 13. — [Beil. II.]

Vgl. M. Goldb. 1188 § 6—8; M. Br. 1261 § 31; M. Görl. 7. 65; Weichb. 45 § 2, 106; Mühler 9, 34; Glog. Rb. 520—522; P V. 1. 14. 15; Gaupp Schl. 274. 2; Neumann 43; Tschoppe u. Stenzel CXXV Brieg u. Grottkau 1324 § 35 (509).

Wegefertiger geste clage[1] ader burger, dy betefart[2] jaren.

Ab man gesten, dy nicht dingpflichtig sint adir wegefertig sint, adir meteburger kegen gesten eyn ding hegen sulle[3] bussen[4] rechtem usgelegetem dinge, daz ist von virczen tagen zcu[5] XIIII tagen, is sey in gebunden tagen adir nicht.

Hiruff sprechen wir scheppin zcu Magdeburg recht: Wegefertigen gesten, dy so ferre gesessen sint, das sy das echte[6] burger ding[7] nicht dirlangen mogen adir meteburger, dy sich bereit habin uszczuczihende in ire kouffmanschafft[8] adir betefart[9], den sal man[10] umme scholt und umb varnde habe, is sey in gebunden tagen adir busszen[11] gebunden tagen, ytagis[12]

[Di. 2.] 6) *W* frey; *Da fh.* und loes. 7) *W fh.* seyne trawe und. 8) *Dr* anlangen. 9) *Lb fh.* sprechende; *W fh.* adir ymmer in seynir schuld sey. 10) also — enhat] *f. DrTh.* 11) *Db* seynen gewerén.

[Di. 1.] 1) *Lb* Wegef. cl. die do geste sien. 2) *W fh.* daz ist zcu den heiligen faren adir yn pilgrimschafft geen und wandern. 3) *E fh.* und richten. 4) *E* us gehegetim d. 5) zcu XIV t.] *f. Lb.* 6) *W* rechte. 7) *Lb* echter burg ding. 8) kouffenschafft; kouffmanschatcz; *W* zcu kowffslagen. 9) ad. b.] *W* adir zcu den heiligen wandern wellen, das uff sachsisch bettefart heiszit. 10) *W fh.* eyn ding hegen zcu hand. 11) b. g. t.] *W* nicht und sal den. 12) *f. W.*

richten. Von rechtis weyn. Wolde abir eyn gast adir eyn meteburger clagen umb erbe unde umb leginde grunt adir erbe vorsprechen mit deme richter adir sust anirstorben erbe forderen wolde, der musz des uszgeleiten dinges beiten[13] unde deme richter rechtis pflegen. Claget abir eyn gast adir meteburger[14] wunden adir totslage, dy nicht hanthafftig sint, in frischer tat, dy sal man zcu rechtem uszgelegetem dinge clagen unde deme fredebrechir mit rechten orteilen volgen, uff das der beruchtigete man sich entschuldigen moge, ab her is unschuldig were. Von rechtis weyn.

Distinction 2.

P V. 1. 17.
Vgl. Ssp. III. 45 § 6; M. Görl. 7; Weichb. 45 § 2; Mühler 9; Glog. Rb. 520, 521; P V. 1. 16.

Wer eyn wilder gast gesyn ader nicht gesyn moge.

Euwir vroge ist also: Eyn artickel stet in deme rechte also lutende: der gast mus abir sweren, ab man yn is nicht dirlassen wil, das her eyn wilder gast sey unde also verre gesessin, das her des dinges eynes tagis[1] nicht gesuchen moge[2]. Was nu von rechtis wegin eyn wilder gast heissze ader eyn wilder gast gesyn moge.

Hiruff sprechen wir scheppin zcu Magdeburg recht: Wer tegelich von wochen zcu wochen unde von stetin zcu stetin, von lande zcu lande syne wandelunge hat unde in keyner stat iar unde tag wonhafftig ist, der heisszet unde ist[3] eyn wilder gast.

Distinction 3.

P V. 1. 17.

Welch gast in eyner stat wonhaftig ist, der[1] sal recht nemen unde gebin glich eyme ingesessin[2] burger.

Eyn man were[3] wezyns in eyner stat XXIIII iar mynner adir mer, der ginge unde stunde unde koufte unde vorkoufte unde hette andirwo keynen zcuhalt wenne in der selbin stat unde were do nicht meteburger. Der selbe man beclagete eynen besessen[4] burger unde geerbeten do selbist wonende unde benumpte gast recht in syner clage vor gehegetem dinge. Ab der selbe in der stat wezens were gewest als vil iar unde tag als vorgeschriben, mochte[5] eyn gast gesyn.

[Di. 1.] 13) *Z* warten ad. b.; *E* warten; *W* b. u. harren. 14) *B fh.* umme.
[Di. 2.] 1) *E* des dingtagis. 2) *W fh.* noch dirreichen. 3) u. ist] *f. Lb.*
[Di. 3.] 1) *E* wie der r. g. u. n. s. 2) *LbZ* besessen; *W* glich e. burger der ouch do wonet 3) *E* verre eyns. 4) *W* gesessen *u. s w.* 5) *W* m. her e. g. gesyn adir nicht.

Hiruff sprechen wir scheppin zcu Magdeburg recht: Wer in der stat bobin iar unde tag wonhaftig ist unde andirs in keyner stat besesszen, der sal recht haben, gebin unde nemen glich eynem andirn besessen burger[6] unde nicht noch gast rechte. Von rechtis wegen.

Sechstes Kapitel.

Hy wolle wir sagen, ab eyn man schaden gefordern moge von vorczihunge syner scholt.

Distinction 1.

C V. 13; Db 80; P IV. 6. 9.
Vgl. I. 3. 12.

Von antwort umb schaden von unvorczogener[1] scholt.

Euwir froge ist also in sulchen wortten: Scheppin usz eyner stat habin eynen man, der ir meteburger nicht en ist, in eyner andir stat vor recht brocht und habin[2] beschuldiget usz[3] gehegetem dinge, das der man habe gesprochen, dy vorgenanten scheppin habin ym uff[4] eynen tag eyn recht gesprochen unde[4] uff den andirn dingetag eyn unrecht, do vor sy nicht mynre wellen nemen wenne des mannis hals unde czunge, do her das mete hat gereth. Des hat der man also geantwort, her bekennet, das her das[5] habe geret unde synen frunden geclagit, doch hat her das nicht in der scheppin banck[6] vor irem gehegetem dinge geret, was nu der man umb das bekentnisze sal lyden von rechtis wegen.

Hiruff sprechen wir scheppin zcu[7] Magdeburg recht: Der man sal iczlichem der scheppin, dy yn umb dy wort beschuldiget haben, XXX schillinge pfenninge[8] zcu busze geben unde dem richter so manch[9] gewette, also[10] her den scheppin busze gibit[10], unde sal von der clage wegin unde von des bekentnisz wegin keyne not[11] lyden. Von rechtis wegin.

[Di. 3.] 6) *E* manne.

[Di. 1.] 1) *LbEW* vorczogener. 2) *EDbC fh.* en. 3) *C* vor. 4) uff — unde] *f. Lb.* 5) *Lb* die wort; *E fh.* also. 6) *C* stat. 7) *C* von deme Colmen. 8) *f. E.* 9) so m.] *E* sein. 10) also — gibit] *f. Lb.* 11) *E fh.* vort meir; *C* keynes me darumme.

Distinction 1a.

S 100. 3; C III. 60; Dβ 38.
Vgl. S 99. 4, 126. 2; C III. 120; Glog. Rb. 389; P V. 5. 2; Wasserschl. IV. 66, V. 47, 95 Neumann 3.

Ab[1] *eyner schadin claget, den her hat von seyme gelde, das her yn vorczogen hat, wy das varen sal nach rechte.*

Hiruff spreche wer scheppin czu Magdeburg vor eyn recht: Beclagit eyn man den andirn umb schadin, den her dovon hat, das her ym sin geld uff[2] *eynen benumpten tag globit und nicht beczalet hat, der antwortir darff ym nicht uff*[3] *den schaden antwortin, is en sy denne, das her is globit habe, ab her in vorczihe und*[4] *des vorczihens*[5] *schadin neme, das her im do vor gnuk*[6] *thun wolde und den schaden uff czu richten. Leuket*[7] *her des, zo wirt her unscholdig mit syme eyde uff den heiligen. Von rechtis wegen.*

Siebentes Kapitel.

Hy wolle wir sagen von gelde, das zcu getrauwer hant gegebin ist, wy man dorumb clagen sal.

Distinction 1.

B I. 36; Dr 102; Th 25; Db 81. — [Beil. II.]
Vgl. Ssp. III. 5 § 3; M. Görl. 88; Glog. Rb. 142; C V. 8; Dr 222; Wasserschl. IV. 112; Neumann 47; Walch 19.

Von[1] *clage umme gelt, das eyme zcu*[2] *behalden ist gegeben.*

Euwir froge ist: Eyn man beclagit eyne frouwe umme czen marg, dy her ir zcu behaldin hette gegeben. Antwort dy frouwe: ich bekenne, das her mir gelt hat zcu behalden gegeben besegelt, daz gelt ist vorlorn mit sampt myme. Unde butet ir recht dorczu unde vroget, ab sy keyne not dorumb sulle me lyden.

Hiruff sprechen wir scheppin zcu Magdeburg recht: Wil dy frouwe sweren mit irre eynis[3] hant uff den heiligen, das sy das gelt ane ire schult unde sundir ire vorwarloszunge vorloren habe

---

Di. 1a.] 1) *Diese Di. hat Ra statt der vorigen.* 2) *S* czu benumpten tagin n. b. h.; *C* uff synen ben. und gelobeten tag n. b. h. 3) *SC* umb. 4) *S* u. ap her das sch. n. das her im dorumb wol gen. th. w. u. d. sch. uffr. 5) *C* getzoges. 6) *C* vol tun welle abe tzu r. 7) *SC* Bekent der louber das, so sal her das geldin (*C* halden) v. r. w.

[Di. 1.] 1) *Dieser Art. f. E.* 2) *Lb fh.* getruwer hant und zcu. 3) *W* eynigis.

unde iren fleyz zcu des geldis hute getan habe, als sy beste kunde, so blibet sy des ane schaden, nu[4] das vorlorn ist[5]. Von rechtis wegen.

Achtes Kapitel.

Hy wolle wir sagen von[1] garer kost.

Distinction 1.

B I. 73; Dr 43; Th 80; Dß 99; P VI. 24. 8.
Vgl. II. 2. 14.

Wenne man gare kost beczalen sal.

Wenn man gare kost[1] unde spise gelt[2] gelden sal[3], das eyn man bekennet.

Hiruff sprechen wir scheppin zcu Magdeburg recht: Gare kost unde spisze gelt[2], das man vor gerichte bekennet, sal man by XIIII nachten[4] gelden. Von rechtis wegen.

Neuntes Kapitel.

Hy wolle wir sagen von clage umb ercz.

Distinction 1.

B II. 65; Th 165; Dß 24.
Vgl. S 114. 6; C IV. 25; Glog. Rb. 125; — oben I. 4. 2; I. 1. 18.

Ab[1] eyn man den andirn beclagit umme eyne schicht[2] ercz eyn gescholden orteil[1].

[3]Eyn man hat geclaget yn eyme burggreven dinge zcu eyme andern manne, das her ym abegekoufft habe eyne schicht in deme ercze genant zcum P.[4] umb C marg unde[5] umb VI marg[5]. Do sprach der antwertter: ich bekenne, das ich ym habe abe

---

[Di. 1.] 4) *W* umb das. 5) *Dr fh.* und des scheppin orteil sal alsus besteyn.
1) *Lb fh.* gereiter kost und.
[Di. 1.] 1) *E fh.* beczalin sal. 2) *f. Z.* 3) *B fh.* von rechte. 4) *LbEDrTh* tagen.
[Di. 1.] 1) Ab — ort.] *E* von clage u. e. sch. an dem ercze. 2) *W* eyn geschicht. 3) *Th* Unsern fruntlichen grus czuvor ewir froge steet also e. m. 4) *B* proge; *Th* czu dem stollenhawer. 5) unde — marg] *f. Lb.*

gekoufft das ercz mit undirscheide, so das ich fry gut gekoufft habe, unde do ich mich des gutes undirwinden sulde, do fant ich das gut nicht fry, do sprach ich wedir yn: sind der cziet das ich das gut nicht fry funden habe, so fryhet is[6] uch unde nicht mir unde wil des kouffes nicht halden. Do sprach der cleger: ich wil bewiszen, das das gut fry gewest sey; unde legete eynen besegelten[7] offin briff usz gehegetem dinge[8] der also lutet: Vor uns[9] scheppin unde subscheppin[10] zcu J.[11] in gehegit ding sint kommen vor gecziten dy erbare lute N. de F.[12] unde Jo. T.[13] burger zcu C. unde habin getedinget von[14] eynis kouffis wegin umb eyne schicht an deme ercze zcu P.[15], do sprach F.[16]: ich bekenne[17], das ich wedir Jo. T.[18] gekoufft habe eyne frye schicht an deme ercze; do trat Jo. T.[18] unde[19] vrogete F. dy teil an deme selbin dinge, do teilten ym dy scheppin, das dy teil fry unde ledig weren unde sprochen eyn orteil, *das*[20] N. F. Jo. T. den vorgenanten kouff sulde halden, sintdemmole das her des kouffes bekente; unde des sey wir bekennende unde geczugende in desim briffe[14 21]. — Dornoch als der briff geleszen wart, do vrogete der cleger umb orteil, sintdemmole[22] das is ym dort fry geteilet ist unde ouch der kouff[23] usz gehegetem dinge[24], das her ym den halden sulde, ab her icht nu ym syn gelt gebin sulle. Do sprach der antwertter: an den briff kere ich mich nicht, sunder ich czihe mich an eyn Magdeburgisch recht, sintdemmole das ich das gut fry gekoufft habe unde mit undirscheide unde das gut nicht fry gefunden habe unde ich mich des ny undirwunden habe[25], ab her is freyhe, das[26] her mirs nicht fryhe[26] sundir ym, nu loset mir eyn recht werdin[27], ab ich

---

[Di. 1.] 6) *W* so fr. euch das gut noch, sundir ich wil euch des k. n. h. 7) vorsegilten; gesegelten. 8) *Z* ausz vor geh. burg d.; *E* us gehegeter bang eyns berg dingis; *BDβTh* us geh. borg d. 9) *E fh.* richter und. 10) u. subsch.] *f. LbZEB*; *W* underscheppin; *in Th lautet der Eingang der Urk.* Vor uns zawpnyk und zawpscheppin zcu Ilkus in geh. d. seynt k. vor czeyten dy irbar lewte Niclos Fulmer und Hannus Tropper burger czu Crakaw u. h. g. v. e. k. w. u. e. sch. an d. e. czu dem stollenhawer also genant Des spr. Fulmer. 11) *Lb* Magd.; *B* uns; *Dβ* Proge. 12) *Dβ* Nicolaus von Prage. 13) *Dβ* Johannes und burger zu E. 14) von — briffe] *dafür Lb* etc. und die scheppen bekanten des kouffes das der vor on also geschen was und geczugeten das mit iren brieffen. 15) *Dβ* Prage. 16) *Dβ* Nicolaus. 17) ich b.] *f. E.* 18) *Dβ* Joh. Torn. 19) u. vr. F.] *Th* und freyete em Fulmern. 20) *so haben nur BTh, die anderen Hdss.* do; *Th* das Niclos Fulmer Johannes Troppir den vorgen. briff sulde halden. 21) *Th fh.* gesegilt under unserm zawpscheppin igsegil czu Ilkus. 22) *Th* syntdemm. das gut wart em frey get. und awch der briff geteylit ist aws. g. d. und das her em d. h. s. 23) *E fh.* dort. 24) *Lb fh.* geteilt; *E fh.* geczuget ist. 25) *B fh.* unde ouch in myne gewalt ny genomen habe unde im gezaget habe. 26) das — fryhe] *f. Lb; EBDβTh* das her is sich (im) freye und nicht mir. 27) *Lb fh.* sintemal das ich das gut nicht frye funde.

des[28] nicht billich[29] ledig[30] sulle syn adir waz eyn recht sey. Dorobir sprach der scheppe czwischen ir beider rede eyn orteil in sulchen worten: noch des briffes lout undir der scheppin ingezegil, als sy ym dort[31] zcu geteilet habin den kouff zcu haldene, also sal her yn ouch halden noch. Von rechtis wegen. Das orteil schalt der beclagte man[32] unde quam mit orteil uff dy bang unde sprach eyn sulch orteil: sintdemmol das ich yn myner antwort alcziet benumet[33] habe, das ich fry gut gekoufft habe mit undirscheiden und her do wedir nicht geret hat unde ich das gut unfry unde *in* vorbot[34] gefunden habe, als syn eygen briff spricht, unde das gut noch deme kouffe gefryet wart, so spreche ich das zcu eyme orteil, das ich des kouffes mit merem rechte ledig mag syn[35], wenne her das uff mich czugen moge. [35a]Welch ortel nu mit merem rechte besten[36] mag unde ouch sintdemmole das is in des burggreven dinge geschen ist, was busse unde gewette dorumb sey von rechtis wegin.

Hiruff sprechen wir scheppin zcu Magdeburg recht: Nochdemmole das Jo. T. dy vorkoufte schicht[37] des erczes gefryet hat unde dort dy scheppin in deme gehegiten burgdinge[38] frey geteilet han unde den kouff[39] zcu halden unde das geczuget[40] habin undir irem ingesegil, so sal uwirs scheppin orteil besten unde[41] F.[42] orteil mag nicht besten[41] und dorumme sal her den[43] scheppin, der orteil her geschulden hat, driszig schillinge zcu busze gebin unde deme burggreven syn gewette, das sint dry pfunt. Von rechtis wegen.

Zehntes Kapitel.

Hy wolle wir sagen, wy man eynen twingit mit rechte, das her neyn adir yo musz sprechen zcu eyner clage.

Distinction 1.

B II. 75; Dr 130; Th 214.
Vgl. Ssp. I. 6 § 5; II. 10 § 5; Neumann 41.

[Di. 1.] 28) *LbEDβ fh.* kowffis. 29) *Lb* mogelich. 30) losz; frey. 31) *Lb* dorczu. 32) b. m.] *Th* beclager. 33) *Lb* berurt. 34) *LabZW* und unvorbot; *f. ETh* 35) *Th* steen. 35a) *Th fh.* Hyroff bete wir uns underweysen. 36) *E* geschen. 37) *E* schult. 38) *EBTh* bergd. 39) *ETh* briff. 40) *Th* geczewg. 41) u. — besten] *f. Th.* 42) *Dβ* Nicolaus. 43) *ETh* dem sch. des.

Von clage umb missehandelunge, ab der antwertter do czu sagen[1] *sulle neyn adir yo.*

Is[2] geschit zcu stunden, das eyner den andern slet adir missehandelt en mit scheltwortten unde lesset[3] ym dorczu vor[3a] gerichte gebiten[4] rischlich[5], umb das her dennoch dy vorclage uff den[6] gehabin moge, ouch beclaget her yn umb scholt adir umme gelobde mit slechter clage. Der antwortter spricht: noch demmole das her slecht zcu mir geclagit hat sunder geczuge unde ich dy sache zcu ym lossen wil vrogende rechtis, ab her nu icht syne clage mit syme eyde bewaren[7] sulle adir mich mit busse[8] lossen sulle. So spricht der *cleger*[9]: ich gere antwort[10], ich vroge rechtis, ab her[11] uff myne clage icht yo adir neyn sprechen sulle unde sich mit syme eyde von mir entbrechen sulle. So ist eyne alde gewonheit zcu uns, das man ym teilet vor recht[12], her mussze deme cleger neyn adir yo sprechen uff syne clage unde des losz werdin zcu den heiligen mit czwen fingern, ab her torre.[13] Ab nu der cleger syne clage mit syme eyde beweren musze, noch demmole das sich yenir mit der sache zcu deme[14] rechte gelossin hat unde slecht geclagit ist, adir den mit bussze lassen moge, ader ab ym der antwertter uff dy clage yo adir neyn antwertten musze[15], adir was do recht sey.

Hiruff sprechen wir scheppin zcu Magdeburg recht: Slet eyner adir missehandilt den andirn mit scheltworten[16] unde lessit[17] ym rischlich zcu dinge gebiten[18] umme scholt[19] adir umb dy gelobde mit slechtir clage, do musz ym yenir zcu antwortten yo ader neyn uff den heiligen, als recht ist.

[Di. 1.] 1) do czu s.] *E* sprechin. 2) *DrTh* Vortmeir eyner zcu uns schilt (*Th* sleet offte) den andern und m. 3) *E* ledt. 3a) *f. B.* 4) *f. E; B* bieten. 5) *W fh.* unde endelich. 6) *W fh.* gewynne und. 7) *E* beweren. 8) *Th* fredon. 9) *LabZ* antwerter. 10) i. g. a.] *f. Lb.* 11) *B fh.* mir. 12) v. r.] *f. Lb.* 13) *Dr fh.* bitte wir ewir undirweysunge; *Th* nu bete wyr uns underweysen was recht sey (*das Fg. bis zu Ende der Fr. f. Th*). 14) *BDr* seyme. 15) *B* sprechen moge. 16) *LbE* slechten worten. 17) l. ym r.] *Lb* lestirlich. 18) zcu d. g.] *Th* vorgebitten. 19) *B* scheltworte.

DRITTES BUCH.

Hy hebit sich an das dritte buch unde stucke unde sagit von mancher hande ungerichte: also totslege, wunden, dube, wegeloge, hanthaffte tat, gebunden[1] tage, unde dy sich selbir dirhengen, unde von ebruch unde von echtern[1].

Erstes Kapitel.

Distinction 1.

B I. 21; Dr 108; Th 1; S 141. 4, 5; Dβ 44; P VI. 2. 4.

Vgl. I. 2. 15; ferner Ssp. I. 62 § 1; M. Br. 1261 § 46; M. Görl. 104; Mühler Sch. 34. 10; S 98. 2, 106. 5, 114. 1; C II. 45, 49; III. 8, 18; Glog. Rb. 220—222; 267, 268; P VI. 2. 2; Neumann 46.

Was sache man clagen unde nicht clagen musz umb ungerichte unde wen[1] der richter dor czu moge twingen.

Ab[2] eyner den andirn in der stat gerichte zcu tode sluge adir andir ungerichte tete unde des todin mannis frunde adir[3] an deme ungerichte[4] geschen were deme morder adir der ungerichte getan hette tag mogen gebin[5] ungeclagit[6], unde wolde[6a] den toden man adir andir ungerichte nicht fordern, ab das das gerichte lyden sulle unde dy stat, unde ab der morder adir der[7] ungerichte begangen hat[7] in der stat bliben moge adir was recht sey.

Hiruff sprechen wir scheppin zcu Magdeburg recht: Wirt

---

1) geb. — echtirn] *E* und andir ungerichte.

[Di. 1.] 1) *EW* wenne. 2) *DrS* Fruntlichen grus mit dinste czuvor. Ewer froge umb recht ist alsus (*S* frogin u. r. synt a.) Ab e. d. a. unger. tete u. des t. m. (*S wie im Text*). 3) *f. E.* 4) *E fh.* getan adir. 5) *Da* haben. 6) *E* umbeclait. 6a) *S fh.* vorbas. 7) der — hat] *Dr* ungerichtes volbrengir.

eyner tot geslagen unde wil syn swertmoge des nicht clagen, so mag das der richter clagen [8], uff das daz sulch ungerichte des totslages [9] ungerichtet nicht enblebe. Adir geschit ungerichte ymande an roube [10] adir an wunden adir des glichen, schryet denne [11] der syn [12] gerufte, so ist das gerufte eyn begyn der clage, so sal her der clage volgen unde enmag das ane des richters wille nicht vorswigen. Schryet abir yenre syn gerufte nicht, so mag her synen schaden swygen [13] unde der richter mag den zcu clage nicht twingen. Ouch hat dy stat [14] an sulchen sachen nicht, is en sy denne, das sundirliche [15] willekor [16] dor obir [17] gesaczt sey. Von rechtis wegen.

Distinction 2.

B I. 37; Dr 99; Th 22; Dβ 45; P VI. 2. 1.

Vgl. Ssp. I. 68 § 3; II. 16; M. Br. 1261 § 11, 39; M. Görl. 8, 66, 140; Weichb. 47 § 2, 86, 94; Mühler 10; Glog. Rb. 255—263; 276, 279, 280, 288; S 91. 1, 95. 1—3, 106. 4, 119. 7, 121. 2; 140. 2; C III. 7, 11, 12, 16, 21, 25, 28; Wasserschl. IV. 25b, 67; Neumann 43 (a. E.), 63.

Wy wunden blut unde blaw [1] kampwirdig werdin.

Euwir froge ist: Wy unde in [2] welchir wisze wunden unde bloslege kampwirdig mogen syn [3], wy sich dy unde totslege vornachten.

Hiruff sprechen wir scheppin zcu Magdeburg recht: Fleischwunden [4], dy nagils tiff sint unde gledis lang, unde wunden an deme houbte ouch gledes lang und bloslege, dy lempnisse [5] brengen, helt man kampwirdig. Worden dy ytagis [6] vor mitternacht nicht geclagit so sint sy vornachtig [7]. Von rechtis wegen.

Distinction 3.

B II. 24; Dr 93; Th 116; S 146. 4, 147. 1; Dβ 46; P VI. 3. 1.

Vgl. Ssp. I. 70 § 3; M. Görl. 140; S 115. 3; C II. 9; Glog. Rb. 235, 237, 249; Gaupp Schl. 197 cap. 360; Tschoppe u. Stenzel CII Br. Weisth. f. Glogau 1302 § 1 (444).

Von [1] clage uff eynen abewesinden [2] umb ungerichte, ap [3] man den czu hant sal echten [3].

Ab eyn man den andirn beclagit umb eynen totslag adir kampirwunden adir umb ander ungerichte, daz an leip adir an

---

[Di. 1.] 8) *Dβ fh.* von gerichtes wegen. 9) des t.] *f. E.* 10) *Lb fh.* ader an dube; *E fh.* ader der glich. 11) *Lb* aber. 12) das. 13) *Lb* dulden; *EW* vorswigen; *S* seynis sch. vorsweygin. 14) *Dβ fh.* an deme oder. 15) *BDa* sulche. 16) *EB fh.* von der stad wegin; *Dr fh.* und volwort v. d. st. w.; *S fh.* und vorboth. 17) *W fh.* gemacht unde.

[Di. 2.] 1) *Z* bloslege. 2) in w. w.] *Dr* wo. 3) *E* gewerdin. 4) *B* welche wunden t. ist. 5) *B* leemde. 6) *Lb* yetagis; *W* an dem tage. 7) *EWBDa* vornachtit.

[Di. 3.] 1) *La hat hier die zur fg. Di. gehör. Ueberschr.*; von — unger.] *E* ap ein man den andirn beclait in abewesindin umb ung. 2) *W fh.* das ist auff den der nicht keygenwertigk ist. 3) ap — echten] *f. Z.*

hant gehet, an[4] vrischer tat unvornachtig[5], ab man den czu hant vorfesten adir echten[6] sulle adir moge unvorczuget von deme cleger, ader ab yn der cleger vorczugen[7] musze selbsebinde, adir ab yn der cleger nicht vorczugen mochte, ab[8] man deme manne tag[9] wircken mochte dry vierczen nacht adir wy lange.

Hiruff sprechen wir scheppin zcu Magdeburg recht: Wirt eynir beclagit umme ungerichte totslagis, kamperwunden ader des glichen, das an leip adir an hant[9] gehet, an[10] frischer tat, der nicht keynwortig were, dem sal man tedingen obir dy twere nacht[11]. Dez morgens sal man eynen sulchen fredebrecher drystunt zcu burgen byten; is das keyn man yn burgen welle, so mag man yn zcuhant vorfesten unde der cleger bedarff denne den nicht obirczugen. Von rechtes wegen.

Distinction 4.

Dr 199; Th 159; Dβ 47; P VI. 1. 17, — [Beil. II.]

Vgl. III. 5. 1; Ssp. I. 67 § 2; M. Br. 1261 § 13; M. Görl. 12; Weichb. 34 § 1; 47 § 5; Mühler 12; S 106. 5; C III. 2, 8, 23, 31, 34; Glog. Rb. 250, 253, 278; P VI. 1. 16, 18; Neumann 43 (a. E.)

Wy[1] man obirnachtige clage umb totslag adir wunden richten sal.

Ab man eynen man beschuldigete umb[2] ungerichte totslagis, kamperwunden adir der glich unde dy sache obirnachtig were, ab man den vorboten sulle unde wohin, wen her undirwilen nicht eygener herberge hat, unde ab man den dornoch[3] vor gerichte heischen sulle sich zcu vorantwertten, ab man deme tag sulle tedingen[4] zcu den nehisten dryen echten[5] dingen zcu komene, adir wy lange her tag sulle haben, das man yn dornoch vorfesten moge, wenne en nymand burgen wil, von rechtis wegin.

Hiruff sprechen wir scheppin zcu Magdeburg recht: Wirt eyn man beclaget umb totslege adir umb ungerichte, das obirnachtig[6] ist, den sal man beclagen unde heischen[7] czu dren dingen usz[8] unde man bedarff syn nicht vorboten; kumpt her denne in der dryer dinge keyns sich zcu vorantwertene, so mag man yn vorboten[9] unde vorfesten. Von rechtis wegen.

[Di. 3.] 4) in; uff. 5) *EDβS* unvornachtit; *W* unde unvornachtit; *B* unvorruchtiget; *Da* unvorrechtit; *LabZ fh.* were; *Dβ fh.* geklaget were; *BDarS fh.* der nicht kegenwertig were. 6) *B* vorechten. 7) *W* vor obirzcewgen. 8) *Th* ap m. d. m. mag dreye fyrczeen tage dirwerbin frist; *S* mag man denne d. m. t. w. 9) *Da* hut. 10) *S* yn hanthaftir tat. 11) *P* uber zweyer n.; *S* obir dy n.; *Th* ob. drey tw. n.

[Di. 4.] 1) *La hat hier die zur vor. Di. gehör. Ueberschr.* 2) *Lb* umme totslag. 3) *E* do nicht. 4) *W fh.* adir werben zcu komen. 5) *f. Lb.* 6) *Dr* vornechtig. 7) *Dr* yn heyschin. 8) *f. EDr.* 9) vorb. u.] *f. W.*

Distinction 5.

B II. 44; Dr 207; Th 212; Db 82; Dβ 48; P VI. 3. 2. — [Beil. II.]
Vgl. Ssp. II. 9 § 3; Glog. Rb. 196, 235—237.

Von clage umb totslege unde wunden yn frischer tat.

Ab kampirwunden ader totslag uff frischer tat by tage vor mitternacht vor deme richter[1] geclaget werden, ab deme[2] der richter an geheget ding tag mag wircken obir dy twere nacht, also das man[3] den fredebrecher vor gehegetem dinge zcu borgen biten moge ader en echten[4] unde ab denne erbare lute des burgen werdin, ab dy burgen iren lengisten tag den beschuldigeten man zcu gestellene in daz ander adir in das dritte ding habin[5] mogin, ader wy man den lengesten tag halden sulle von rechtis wegen.

Hiruff sprechen wir scheppin zcu Magdeburg recht: Des morgens sal man eynen sulchen fredebrecher zcu burgen bitten[6] unde wirt her denne geborgit, so sullen dy burgen den man gestellen zcu dem nehesten dinge, ab sy von dem cleger mit des richters wille lenger frist nicht irwerbin noch gehabin mogen. Von rechtis wegen.

Distinction 6.

B I. 65; Dr 36; Th 56, 57; Dβ 49; P VI. 5. 4.

Bürgen vgl. III. 5. 1; III. 7. 1; Ssp. I. 65 § 3; III. 9 § 1; Halle Neum. 17, 18; Neum. Opp. 6; M. Br. 1261 § 72; M. Görl. 19, 90; Weichb. 35 § 1; dass. (Zob.) 116; Mühler Sch. 34. 6; C III. 114; Glog. Rb. 366; Wasserschl. IV. 84, 92; P V. 11. 6, 7. — Volleist vgl. M. Goldb. 1188 § 3; C III. 85; Glog. Rb. 254; P V. 11. 10; VI. 5. 1—3; Neumann 15.

Von clage umb volleist, ab eyner[1] bekente, wy man das richten sulle.

[2] Ab eyn man beclagit wirt umb[3] eyne volleist eynis totslagis adir kampirwunden unde der man vorburget wirt uff eyn recht vor czu kommen[4] unde kommet nicht vor, was der burge dorumme lyden sulle unde[5] wy vil *her*[6] deme scholtissze[7] gewette sulle[8] gebin unde *wy*[9] der volleister[10] der sachen sulle ledig werdin, ab her syne unschult do vor butet.

Hiruff sprechen wir scheppin zcu Magdeburg recht: Vorborgit[11] eyn man den andirn umb volleist eynis totslagis unde brengit den nicht[12], so sal der burge dem cleger eyn vol wer-

---

[Di. 5.] 1) *B* gerichte. 2) *Lb W* denne. 3) *EB fh.* des morgins. 4) *B* richten. 5) *E* haldin; *W* nicht gehaben. 6) *Lb W* biten.

[Di. 6] 1) *LbE fh.* der. 2) *Z wiederholt:* Von clage umb volleist. 3) vor. 4) v. zcu k] *f. E.* 5) *Dr* und wie vil her dem richter geben sulle der phennynge, der XVI zu uns vor eynen bemyschin grosschin gen. 6) *f. LabZW.* 7) *Lb* richter. 8) *Lb fh.* man. 9) *f. LaZEW.* 10) *Lb* vorleister; *E* volleist. 11) *Dr* burget. 12) *E* volbrengit das nicht; *W* br. des n. vor; *P* gestellet des n.

gelt gebin, das sint achczen pfunt, unde deme richter syn gewette, daz sint VIII[13] schillinge[14]. Ist is abir umb eyne kampwirdige wunde, so gibit der burge eyn halb wergelt, das sint IX pfunt, unde deme richter syn gewette, VIII schillinge sulche pfennige, also in dem gerichte genge unde gebe ist. Butet ouch eyner syne unscholt vor dy volleist, der mag[15] entgehen mit synis eynis hant adir selbdritte, ab her mit geczuge dorumme clagit[16]. Bekente[17] abir eyn man vor gerichte, das her in der volleist des totslagis sey gewest adir in volleist kampwirdiger wunden unde noch[18] den totslag unde noch die kampirwunde[19] nicht getan hat, der sal dy volleist des totslagis[20] vorbusszen mit vollem wergelde unde dy volleist der wunden mit eyme halbin wergelde deme cleger unde deme richter syn gewette[21].

Distinction 7.

B II. 58; Dr 175; Th 190; S 154. 3, 4; Dβ 21; P VI. 3. 4.
Vgl. III. 1. 10 und die Allegate das.

Von clage umb eynen totslag der in hanthafftiger tat nicht begriffen ist, unde der cleger slechtes clagit[1], wy der antwertter is[2] entgehen sulle[3].

Ab eyn man den andern in dy vrone[4] brechte unde usz der vrone brechte her en vor[5] gehegit ding; in dem genge schrey her drystunt czetir obir synen[6] morder, der synen[6] frunt von deme lebin zcu deme tode brocht hatte; dornoch vor gehegetem dinge clagete her also[7] in sulchen worten deme richter[8], wy daz her mit eyme messir synen frund mit unrechte zcu deme tode brocht hette. Der gefangene man antwertte alsus: was her mir schult gibit, das bin ich[9] unschuldig unde wil des unschuldig werden, wy mir das recht teilet das; wenne her nu slechtis zcu mir geclagit hat unde ich yn hanthafftiger tat nicht begriffen bin, ab ich nu icht nehir sey mit[10] eynis hant zcu entgehende. Do wedir spreche der cleger: wenne ich yn us der vrone mit gerufte brocht habe vor gerichte[11], ab her nu[12] mit[13] eynis hant dovor gerichten[14] moge adir waz eyn recht sey.

[Di. 6.] 13) *BDa* vier und vierczig; *Dβ* vier. 14) *Dr fh.* und ju eyn phund macht XX schillinge und ju der schilling macht XII heller sulcher phennynge 15) *Z fh.* her; *E fh.* is. 16) *Lb* ane geclagit wirt; *EBDaβ* beclait w. 17) *Von hier bis zu Ende f. DrTh.* 18) *LbE* doch. 19) *E* czewgbaren w. 20) *Lb fh.* noch kampfferwunden. 21) *Lb fh.* vorbussen.

[Di. 7.] 1) *Lb fh.* und wie der cleger clugit unde. 2) *Lb* der ouch. 3) *E fh.* mit rechte. 4) *Lb* fronegewalt. 5) *Dβ fh.* gerichte oder vor. 6) *DrS* meynen. 7) *B* obir in. 8) *DrS* voyte. 9) *S fh.* ym. 10) *ES fh.* meynes. 11) *B* geheget ding. 12) *B fh.* vor gerichte. 13) *E fh.* seynis. 14) *LbE* gesweren; *B* rechten; *Z* do vor gerichte entgehn.

Hiruff sprechen wir scheppin zcu Magdeburg recht: Nochdemmole das der beclayte man in hanthafftiger tat nicht gegriffen[15] ist unde vormols ouch umme dy sache nicht vorfestent ist unde mit slechtir clage sunder geczug ansprochen[16] ist, so mag her mit synis eynis hant unschuldig werdin. Von rechtis wegen.

Distinction 8.

S 95. 4, 5; C III. 26; Dβ 58; P VI. 5. 7.
Vgl. III. 1. 9, 10.

Von vorretnisz eynis totslagis, wy der unschuldig moge werden.

Ab[1] man eynen man beschuldiget umb vorretnisz eynis totslagis, wy der unschuldig mag werdin noch rechte.

Hiruff sprechen wir scheppin zcu Magdeburg recht: Wirt eyn man beschuldiget umb vorrethnisz eynis totslagis unde des vorsachit, beschuldiget man en mit eyner slechten clagen, so mag her unschuldig werden mit[1a] synis eynis hant uff den heiligen, als recht ist. Beschuldiget[2] man en mit geczuge, *so*[3] *mag her unschuldig werdin mit geczuge*[3], also recht ist. Unde kumpt her nicht vor gerichte unde sich[4] nicht entschuldiget, also recht ist, so wirt her vellig unde ist des obirwunden[5], das[6] man eyne[7] uff en gestellen[8] mag unde yn vorvestin, als eyn recht ist.

Distinction 9.

S 98. 1, 108. 5; C III. 27; Dβ 59; P VI. 5. 9.
Vgl. III. 1. 13; S 98. 4; C III. 141. — M. Görl. 31; Weichb. 69 § 2; Mühler 43.

Ab eyne vrouwe eynen man umme vorrethnisz beclagit[1].

Ab eyne frouwe eynen man beschuldiget umb vorrethnisz eynis totslagis, der an irem manne geschen ist, ab ir der man dorumme sulle antwerten adir nicht.

Hiruff sprechen wir scheppin zcu Magdeburg recht: Beschuldigit[1a] eyne vrouwe eynen man, der vor[1b] in der ochte ist

---

[Di. 7.] 15) begriffen. 16) *E* beclait.

[Di. 8.] 1) *S* Auch hot ir uns gevrogit, ap ein man beschuldiget wurde umb ein v. eines t. der do geschen were an sime mogen ein und der antworter des vorretenis vorsache wie her dovor richten sulle und ap her vellig wurde, wes her dorumb bestanden were. 1a) *P* eintzelich mit seinem eyde. 2) *W* beczewget. 3) so — geczuge] *f. in den Hdss.*; *SC* her mog is m. g. u. w. 4) *C fh.* der sachen. 5) vorwunden. 6) *C* und is das man dy clage uf yn g. m. so sal in. yn vorv. 7) *Lb* eyn ding; *E* eynen; *W* clagen; *SP* eine cl. 8) *Lb* bestellen.

[Di. 9.] 1) *Lb fh.* das an ir geschen ist. 1a) Beschuldigit — antw.] *S (108)* Die frawe die geclogit hot das ir ir man abegeslagin ist und umb vorretenis eres mannis totslagis uff den si geclagit hot der darff der fr. dor. n. a. 1b) *C* dor.

gewest und ist[2] umme wunden von eynis andirn mannis weyn umb eyn vorrethnisz eynis totslages[3], der geschen ist an irem manne, der endarff der vrouwen dorumme nicht antworten[1a]. Clagit abir des mannes neheste swertmoge uff den umme[3a] den totslag adir umb vorrethnisz des totslages unde begert her dor[4] czu kommen in das neheste gerichte, do her kommen mag, do sal der cleger von ym nemen das recht[5]. Von rechtis wegen[6].

Distinction 10.

S 90. 1, 108. 4; C III. 29; Dβ 60; P VI. 3. 14. — [Beil. II.]

Vgl. III. 1. 6–8; Halle Neum. § 15, 16; M. Br. 1261 § 27; M. Görl. 12, 17; Weichb. 47 § 4 dass. (Zob.) 39; Mühler 12, 55; Glog. Rb. 251, 252, 264, 278, 589—591; C III. 2, 30, 32; Wasserschl. IV. 17, 38, 166; V. 70.

Wy man unbesehen totslege richten sal[1].

Wy man totslege richten sal, an[2] deme dy scheppin noch wunden noch keyn ding[3] gesehen haben, dovon her tot sey, ab man eynen dorumme beschuldigit vor gerichte[4].

Hiruff sprechen wir scheppin zcu Magdeburg recht: Brengit man eynen toden man vor gerichte, an deme der scheppe wedir wunden noch totslege noch keynerhande czeichen gemercken kan, do von der man von deme leben zcu deme tode gebrocht were, unde wil denne des toden mannis mog eyner von[5] des toden mannis weyn noch[6] der scheppin bekentnisze eynen man, der eyn unbesprochen[7] man ist unde ouch in keyner hanthafften tat begriffen ist, beschuldigen unde ansprechen mit eyner slechten clage, so musz her unschuldig werden mit synis selbis hant. Beschuldiget man aber den mit geczuge[8], selbdritte[9]. Ist abir gerufte dor obir geschen unde[10] wirt der man beclaget mit gerufte[10], so mag her unschuldig werdin selbsebinde uff den heiligen, als recht ist. Von rechtes wegin.

Distinction 11.

Rw 38; Rβ 27 und 41; Dβ 61. — [Beil. II.]

Vgl. Ssp. III. 46 § 2; Halle Neum. § 16; M. Br. 1261 § 21; M. Görl. 14, 63; Weichb. 52; Mühler 15; Glog. Rb 238.

[Di. 9.] 2) gew. u. i.] *f. ES(98)C.* 3) *W fh.* beclagit. 3a) umme — ad.] *f. S (98); S (108) C* u. d. t. und umb das v. d. t. 4) *S (98)* vorczuk. umb sine unschult, so sal komen in des nehste ger. 5) *ZELbS fh.* ist. 6) *S (98) fh.* etceter.; *S (108) fh.* wenne ewir brieff sprach das her vorgeecht were umb eine wunde.

[Di. 10.] 1) *Lb fh.* do die scheppin nicht finden. 2) *Dβ* zcu. 3) *W fh.* noch zeichen. 4) *E fh.* wie man das richten sal. 5) *E* umb d. t. m. tot; *C* umme den toden 6) noch — bek.] *f. W; C* ane d. sch. b. 7) unvorsprochen. 8) *WC fh.* so mus (*C* mag) her unschuldig werden (*C fh.* myt getzuge). 9) *EDβ fh.* so mag (mus) man den obirkomen. 10) u. — ger.] *f. EDβ.*

Ab man czwene man umme eynen totslag[1] richten moge.

Ab eyn man irslagen wurde von me luten unde der fredebrecher czwene adir me begriffen wurden in hanthaffter tat, ab man dy alle richten mag adir ab man nicht me denne man umb man[2] vorterbin mag, was recht sey.

Hiruff sprechen wir scheppin zcu Magdeburg recht: Worde eyn man gemordet von czwen adir von dren adir von me luten unde der tode mortliche wunden so vil hette, do von[3] deme lebin her zcum tode brocht were, und wurden der fredebrecher czwene adir me begriffen uff fluchtigem fusze[4] unde vor gerichte brocht in hanthafftiger tat, obir dy sal der richter richten[5], doch das sy noch scheppin orteil werdin obirwunden mit rechte, unde dorumb sal wedir richter noch[6] scheppin noch sachwald noch dy sy uff gehalden habin, von nymande keyne not lyden. Von rechtis wegen.

Distinction 12.

S 91. 2; C III. 67; Dβ 62; P V. 4. 1.
Vgl. Glog. Rb. 586.

Was[1] tode hant ist unde heisset[1].

Was tode hant ist unde heisszet, das eyner gut unde gelt noch toder hant mag gefordern.

Hiruff sprechen wir scheppin zcu Magdeburg recht: Tode[1a] hant ist unde heisset das, daz eyme syn vater, muter, bruder adir swester adir[2] wer syn nehester[3] irstorbin was[2], des erbe her nemen mag, unde wen[4] her denne dorumme beschuldiget, der musz unschuldig werden selbsebinde[5].

Distinction 13.

C III. 38b, 38c; Dβ 63; P VI. 2. 11.
Vgl. I. 2. 14, 15; S 98. 4; C III. 141; P VI. 2. 7, 8; Wasserschl. Succ. b. IV. 23.

Von vorderunge[1] eynis totslagis, wer dy besserunge sal habin[2].

Eyn man ist irslagen[3] unde hat gelassen eyn[3a] swangir wip. Nu hot der *neheste*[4] swertmog des selbin mannis angehabin zcu

---

[Di. 11.] 1) *E* umb totslege. 2) m. u. m.] *EDβ* eynen. 3) *Lb* do v. her v. d. l. zu dem toden. 4) *EWDβ fh.* in frischer tat. 5) *W fh.* mit dem swerte obir eren leib. 6) *W* mit.

[Di. 12.] 1) Was — heisset] *f. Lb.* 1a) *SC* T. h. heiset (*C* bewyset) d. d. e. manne s. v. adir sin brudir adir sine mage, wer der sei, irst. ist, des erbe her n. m. 2) ad. — was] *dafür Lb nur* ersturben. 3) *W fh.* ist. 4) *S* wenne. 5) *SC fh.* dis spreche wir scheppin vor ein recht.

[Di. 13.] 1) *E fh.* erbis. 2) s. h.] *E* nympt. 3) *Lb* geslagen. 3a) *C* syne husvrowe sw. myt eyme kynde. 4) *Lab* des nehesten.

fordern den totslag. Dornoch ist dy vrouwe des kindes geneszin[5], das kint ist tot, e dy forderunge vorbrocht[6] ist. Ab das gelt der berichtunge von deme totslage *von*[7] deme kinde uff dy muter gestorben[7a] ist adir uff den[8] forderer des totslagis, adir[9] wer recht dorczu hat[9].

Hiruff sprechen wir scheppin zcu Magdeburg recht: Nochdemmole das das gelt der berichtunge umb den totslag noch des kindes tode tedinget[10] ist, so gehoret das gelt deme swertmogen zcu, der den[10a] totslag gefordert hat, unde[11] nicht eyn nehir do ist, unde nicht dez kindes muter. Von rechtis weyn.

Zweites Kapitel.

Hy wolle wir sagen von clage umb dube in hanthafftiger tat.

Distinction 1.

B II. 11; Dr 89; Th 109; Dβ 64; P VI. 7. 4.

Von clage umme dube, den[1] der richter nicht hat gesehen in hanthafftiger tat, unde der[2] claget, dy burde sey ym mit gewalt uffgebunden[3].

Ab[4] eyn man vor[5] gehegit ding worde brocht, deme eyne dube, welcherleye dy were, wurde uff den hals gebunden unde also der selbe man brocht vor gehegit ding, derselbe spreche unde clagete, dy dube were ym mit gewalt uffgebunden, e denne der cleger syne clage stellte[6]. Der richter vrogete, wer der man were, der desen in dy haffte[7] brocht hette, unde der cleger clagete in sulchen worten: ich clage[8] uff dessen rechten dip, das her ist kommen in myne vier pfele unde hot mir desse ding[9] gestolen[10], was das were, des habe ich ym noch gefolget von wegen zcu wegen, so lange das ich yn an quam in synes wirtes[11]

[Di. 13] 5) *W fh.* daz sihe geberit hot. 6) volbrocht. 7) *f. LaZ.* 7a) *C* gevallen sy. 8) *Lb fh.* fredebrecher ader. 9) ad. — hat] *f. Lb.* 10) *W* irfordert i. und irteydingt ist. 10a) d. t.] *C* is. 11) *C* ab.

[Di. 1] 1) *W* dy. 2) *LaZ fh.* dy; *Lb fh.* dip. 3) *E* uff den hals geb. 4) *W* Als; *DrTh* (*Th* Unsern fruntlichen grus czuvor.) Ir habit uns gefrogit alsus (*Th* um recht yn sulchen worten): Vor uns in g. d. ist brocht e. m., dem worn drey leder uff seynen h. geb. und als ds. m. vor g. d. quam do sprach her und clagitte wie das ym die leder m. g. uffgeb. w. 5) *Z fh.* gerichte ader. 6) *E* bestellete; *Dr* velte; *Th* fellete. 7) *Lb* hanthaffte. 8) *Da* habe. 9) *DrTh* die leder *u. s. w.* 10) *W fh.* und nenthe daz mit namen. 11) *Lb* vater

husze, do ich dy dube vant unde den man uff fluchtigem fusze, unde gryff yn an; nu lossit mir eyn recht werdin, sintdemmole das her dy dube uff deme halsze hat, ab her nu keyne wedirrede gehan moge adir was her bestanden sey. Antwertte der gefangen, her hette nymande gestolen, ym were dy dube mit gewalt uffgebunden[3] unde mit unrechte; das wil ich[12] bewiszen mit myme wirtte unde mit also vil luthen, als ich ir bedarff zcu myme rechte. Der cleger spreche also do wider: her[13] richter, ich wil syn wol czwene[14] man habin, dy[15] do gehort habin, das her sprach, man wolde ym umb dy dube[16] sechs bemische groschen[17] gegebin habin, ab ich en nu nicht nehir bin czu obirczugen, wenne her do von[18] kommen moge, adir was recht sey.[15 19]

Hiruff sprechen wir scheppin zcu Magdeburg recht: Nochdemmole das der cleger den man in hanthafftiger tat mit geruffte unde geczugnisze syner schreylute vor gerichte nicht brocht hat, so ist der beclagete man nehir zcu bewiszene mit synis eynis hant[20] uff den heiligen, das der cleger ym dy dube mit[21] gewalt unde wedir recht[21] uffgebunden habe; also sal her en denne mit busze unde mit gewette loszen. Von rechtis wegen.

Drittes Kapitel.

Hy wolle wir sagen, was man in gebunden tagen moge richten adir nicht richten.

Distinction 1.

B I. 54; Dr 149; Th 47; Dß 65; P IV. 8. 7.
Vgl. Ssp. II. 10 § 4, 5.

Ab man eynen fredebrecher in gebunden tagen[1] *echten moge.*

Ab in gebunden tagen totslege *adir*[2] kampirwunden geschen unde dy fredebrecher entgingen, also das sy nicht hanthaftig

---

[Di. 1.] 12) *Dr* das welde her bew. *u. s. w. (immer in der 3 Pers.)* 13) *Lb* herre er. 14) *Dr* X. 15) dy do — r. sey] *dafür Dr* und sprach, ab her en nicht weir neir zcu obircz. und sprach das man ym VI b. gr. umb die leder wolde geben; *Th* ap ich neber were en zcu obirwynden und sprach (*u. s. w. wie Dr*). 16) d. d.] *W* eyn ding das in der borden ist. 17) b. gr.] *Lb* schillinge. 18) do von] *Z* dortzu; *EWBDa fh.* in keynir weis. 19) ad. w. r. s.] *f. E.* 20) *P* seiner eigener h. 21) mit — recht] *f. Lb.*

[Di. 1.) 1) *Lb fh.* richten und. 2) *f. LabZW.*

begriffen[3] wurden, unde das vorclagit[4] *wirt*[5] unvornacht[6], ab man dy fredebrecher in gebunden tagen echten adir vorvesten[7] sulle, ader wy man das richten sulle in gebunden tagen von rechtis wegen.

Hiruff[8] sprechen wir scheppin zcu Magdeburg recht: Geschit[9] eyne hanthaffte tat totslagis[10] ader kampirwunden[11] unde wirt des unvornecht[12] geclagit, so mag man sulchen fredebrecher dez andern tagis, ab is in gebunden tagen wol[13] ist, mit rechtir clage volgen[14]. Von rechtis wegen.

Distinction 2.

B I. 61; Dr 33; Th 73, 74; Dβ 66; P IV. 8. 3.
Vgl. Ssp. II. 10 § 6; II. 11 § 4; Halle Neum. 2. 5; Dr 64.

Ab man gelobte eyde in gebunden tagen leisten musse und was gebundene tage heisszen.

Ab gelobte eyde kommen in gebunden tage[1], ab man dy eyde thun sulle in den selben gebunden tagen adir ab man sy vorschiben[2] moge zcu offin tagen, unde wy vil unde[3] wy offte in deme iare gebundene tage sint, und welcher ir eyner[4] das gehegete ding zcu sampne brengen sal, der cleger adir der dy eyde thun sal, was hirumme recht sey.

Hiruff sprechen wir scheppin zcu Magdeburg recht: Kommen gelobte eyde uff eynen gebunden tag, dy mag der richter wol vorschiben uff eynen andern tag[5] der bussen gebunden tage kumpt[6], *und*[7] *gebunden tage heiszen*[8] also cruczewoche[9] unde der advent vor wynachten unde ouch dy LXX tage vor ostern, dy[10] septuagesima genant sint[10]. In sulchen tagen sal man nicht dingen[11], abir in andern tagen, wenne[12] man dingen mag, sal der richter das ding zcu sampne brengin[13]. Von rechtis wegen.

[Di. 1.] 3) *BDar* gevangen. 4) geclaget; beclagit. 5) *f. in den Hdss.* 6) *E* unvorclagit blebe unde vornachtit; *W* unde dy beclagunge unvorn. were 7) ad. v.] *f. Da.* 8) *Die Antw. f. B.* 9) *P* gehet. 10) *Dr* eyn hanthafftig totslag. 11) *P* zugbar w. 12) *Dr* vor mitternacht; *P* uber nacht. 13) *f. Z.* 14) *Lb* erfolgen.

[Di. 2.] 1) *Z fh.* ader; *Dr* gebundene czeyt. 2) *Dr* schyben. 3) wy v. u.] *f. E.* 4) ir e.] *B* under in. 5) *BDa* dingtag. 6) *W fh.* dy offene tage seyn genant. 7) u. g. t. h.] *f. LabZ; W hat dafür:* adir dy gebundene tage seyn alz ist. 8) *BDar* u. g. t. sint alle zuntage und viertage (*Da* untage) unde betetaghe also. 9) *W fh.* adir bethe woche vor unszirs herren hymmelfard. 10) dy — sint] *f. Lb.* 11) *Dβ* tedingen. 12) w. m. d. m] *dafür W* ane dy sontage und feyertage der heiligen awszgenomen, so mag man in den andern wergk tagen dingen und denne so sal d. r. 13) *In W steht am Rande (von späterer Hand)* doch eyn por dingk unnd vor dingk mag man in gebundenen tagen hegen, awsgeslossenn heilige tage.

Distinction 3.

B II. 26; Dr 94; Th 118; Dβ 67; P IV. 8. 4.
Vgl. III. 3. 5; Sep. II. 10 § 1, 3—5; II. 11 § 4; Halle Neum. 2, 5; Neum. Opp. 1; M. Br. 1261 § 7, 9; M. Görl. 3. 6; Weichb. 42 § 9; 43 § 2; Mühler 5, 8.

Ab man umme ungerichte dingen moge in gebunden tagen.

Ab man umme ungerichte dingen moge unde ortel dorobir sprechen in gebunden tagen.

Hiruff sprechen wir scheppin zcu Magdeburg recht: In gebunden tagen sal man nicht [1] dingen umb ungerichte, das in offin tagen geschen ist. Tete abir ymand ungerichte in gebunden tagen, den beschirmen dy gebunden tage nicht, ab der in hanthafftiger tat gefangen [2] wurde. In sulchen sachen mag man orteil sprechen [3]. Von rechtis weyn.

Distinction 4.

B II. 27; Dr 95; Th 119; S 147. 2; Db 83; Dβ 67; P IV. 8. 5.
Vgl. Weichb. 22 § 2; Mühler Sch. 6; Neumann 43.

Ab man in gebunden tagen moge pfant uffbiten unde erbe uffreichen.

Ab man in gebunden tagen dingen [1] moge, pfant uffbiten, erbe uffreichen [2] unde orteil dorobir sprechen [3].

Hiruff sprechen wir scheppin zcu Magdeburg recht: Erbe [4] sal man [4a] uffgebin in gehegetem dinge unde zcu rechtir dingestat unde in offen tagen unde uffbiten, das vor mit gerichte besaczt [5] ist, unde andirs nicht. Also [6] sal man ouch uffbiten pfant unde dy beseczen unde [7] in gehegetem dinge irwerben [8]. Von rechtis wegen.

Distinction 5.

B I. 47; Dr 185; Th 36; Dβ 68; P IV. 8. 6. — [Beil. II.]
Vgl. die Allegate zu III. 3. 3.

Wen gebundene tage beschirmen unde nicht beschirmen mogen.

Ab ymand ungerichte [1] tete in gebunden tagen, ab yn dy beschirmen adir nicht, ab der in hanthafftiger tat begriffen wirt, wenne denne vil ungerichte geschit in gebunden tagen, dy do nicht in hanthafftiger tat begriffen werden, wy man denne das richten [2] sal in gebunden tagen [3].

[Di. 3.] 1) *E fh.* richten noch. 2) *EDβ* begriffen. 3) *P fh.* und uber sie richten das ist uber die friedbrecher als die von Magd. schreiben.

[Di. 4.] 1) *f. W.* 2) *EDbβTh* uffgebin; *BDa* uffbiten; *Dr* uffbiten ader uffgeben. 3) *W* zcu sprechen. 4) *Dr* gobe. 4a) *S fh.* uff bitten. 5) ausgesaczt; gesaczt. 6) *DrS* also s. m. o. phant beseczen, uffbiten und yn gehegtem dinge irwerben. 7) d. b. u.] *E* beseczunge; *P* die gesaczten. 8) *P* erfordern.

[Di. 5.] 1) *B* unrecht. 2) *B* entrichten. 3) *LbW fh.* v. r. w.; *Dβ fh.* nach rechtem rechte.

Hiruff sprechen wir scheppin zcu Magdeburg recht: Wirt eyn fredebrecher in gebunden tagen umme ungerichte hanthafftig[4] nicht begriffen noch beclagit[5], den mag man mit rechtir clage[6] zcu dren dingen volgen. Abir[7] dy gebundene tage beschirmen nymande, der in hanthaftiger tat begriffen wirt[7]. Von rechtis weyn.

Viertes Kapitel.

Hy wolle wir sagen von hanthafftiger tat was dy bedutet unde heisszet.

Distinction 1.

B I. 18; Dr 114; Th 176; S 138. 4; Dβ 69.

Vgl. Ssp. II. 35; Richtst. 40 § 4; M. Görl. 18, 82; Weichb. 40, 72 § 2—4; Glog. Rb. 197, 197b. 529—532: S 122. 7; Blume Ssp. (Homeyer Richtst. 374, 375).

Was hanthaffte tat ist in allen ungerichten.

Was hanthaffte tat sey unde wy man dy[1] irkennen[2] sulle in allen ungerichten.

Hiruff sprechen wir scheppin zcu Magdeburg recht: Dy hanthaffte tat[3] ist, wen eyner ungerichtis in der vrischen tat der stat[4] gefangen wirt, adir wenne *man*[5] dube adir roup in eynis mannis were[6] vindet, do her selbir den slussel zcu tret unde sulcher habe[6a] keynen[7] geweren[8] hat, is en sey denne also cleyne, das man is in eyn fenster gewerffen[9] mochte[10], do mag man[11] unscholt vor thun. Von rechtis wegen.

Distinction 2.

B I. 52; Dr 147; Th 45; S 142. 3, 4; Dβ 70. — [Beil. II.]

Vgl. II. 2. 13.

Wy man eynen fredebrecher richten sal[1].

Lüthe[2] werden gefangen vor gerichte brocht in hanthaffter tat umb totslege adir wunden, dy sint beclagit und gefordert[3]

[Di. 5.] 4) *EDβ* in hanthafftiger that; *B* hanthaftigh gemachet. 5) n. becl.] *f. Dr.* 6) *Lb* mit rechte erclagen 7) abir — wirt] *f. Dr*; *dafür* awsgelegit zcu rechten dingtagen.

[Di. 1.] 1) *Dr fh.* eygintlich. 2) *Dβ* bekennen. 3) *E fh.* heisit und. 4) *Dβ* auff der st.; *DrThS* adir yn der flucht der tat. 5) *f. LaZ.* 6) gewere; *Dβ* hausse oder were. 6a) *S* ware. 7) *E* keyne in 8) *Dr* keyner were; *Th* keyne gewere. 9) *Lb fh.* ader gestossen. 10) *Dr fh.* ader zcu brengen und zcu brechin; *S fh.* adir czu brechin. 11) *Dβ fh.* sich entschuldigen noch deme also das recht ausweiset unnd.

[Di. 2.] 1) *Lb fh.* umb ungerichte. 2) *W* werden l. alzo gefangen. 3) *Lab* ungefordert.

von dez toden frunde mit rechte, also das sy den fredebrechir selbsebinde sulden gewynnen, do begerten dy cleger iren lengisten tag zcu iren geczugen [4]. Ab sy den gehabin mogen adir den fredebrecher zcu hant sullen obirczugen [5].

Hiruff sprechen wir scheppin zcu Magdeburg recht: Dy forderer sulden dy hanthaffte tat zcu hant geczuget habin, do sy dy [5a] lute hanthafftig beclageten, wenne sy mochten der czuge [6] nicht lengirn tag gehabin. Dorumb sint nu dy forderer erer clage [7] vellig wurden unde sullen dy gefangene luthe mit wette unde mit bussze [8] lassen [9]. Von rechtis wegen.

Distinction 3.

B I. 53; Dr 148; Th 46; S 143. 1, 2; Dβ 48.

Vgl. III. 1. 10; Ssp. II. 64 § 2—4; M. Br. 1261 § 11; M. Görl. 8, 116; Weichb. 47 § 1; 90; Mühler 10; S 122. 7; 123. 2—4; 124. 1; C III. 1; Glog. Rb. 201, 275; Dr 216; Wasserschl. IV. 78.

Von eynlicziger clage in hanthaftiger tat.

Ab eyn man ungerichte tete an [1] totslegen, wunden adir des glich unde in hanthaftiger tat begriffen wurde unde mit gerufte vor gerichte [1a] brocht worde [2], der *cleger* [3] clagete zcu [3a] ym syne clage slecht ane geczug, ab nu der cleger yenen nehir sey alleyne [4] zcu obirczugen [5] adir yenir nehir zcu entgehende [6].

Hiruff sprechen wir scheppin zcu Magdeburg recht: Wirt [7] eyn gebunden man [8] umb ungerichte [8a] totslagis adir kampirwunden adir der glich mit gerufte vor gerichte brocht unde sal der unschuldig werden, das musz her thun selbsebinde. Wirt abir eyn sulcher man slecht ane geruffte [9] beclagit, so entgehet her is mit synis eynis hant [10] neher [11], denne in der cleger obirczugen [12] mag. Von rechtis wegen.

[Di. 2.] 4) *B* ereme geczuge. 5) *Dβ fh.* oder was recht sey. 5a) *S*, *fh.* gefangin. 6) den czog. 7) *E* irer clagen. 8) *E fh.* ledig. 9) *Dr* vorlossen.

[Di. 3.] 1) *S* alzo totslag adir kamphwirdige w. ad. d. gl. 1a) *f. B*; *S* czu ger. 2) *DrS fh.* und mit der hanthafftigen tat. 3) *f. LabZ.* 3a) czu — clage] *f. S.* 4) *f. EDβS.* 5) *DrS fh.* alzo alz her (*S* so her nowir) slecht geclagit hat. 6) *DrThS fh.* und ab (*ThS* wy) her entgeyn sulle. 7) *W* wirt e. m. umb totslagis wille geb. vor ger. br. adir umb ander unger. ader kampf w. mit gerufte. 8) *Dβ* gefangen m. gebunden. 8a) *S* gerichte. 9) a. ger.] *E* sunder geczug. 10) *E fh.* und ist is. 11) *Lb* billicher. 12) *Lb* uberwinden.

Fünftes Kapitel.

Hy[1] wolle wir sagen von wegeloge, wy man das sal richten.

Distinction 1.

B II. 16; Dr 107; Dβ 8, 50; P VI. 13. 12. — [Beil. II.]

Vgl. III. 1. 4, 6; Halle Neum. § 12 (c); M. Görl. 17; Weichb. 87; C III. 32; Glog. Rb. 297–299; 590–592.

Ab eyn man dem andirn loge thut[1] *mit*[2] *eyme swerte, wy man das sal richten*[3].

Ab eyn man deme andirn loge tete[1] mit eyme geczogenen swerte[4], mit deme her ungerichte an dem andern *meynit*[5] zcu thunde[6].

Hiruff sprechen wir scheppin zcu Magdeburg recht: Bekennet her des[7] vor gehegetem dinge, her busset[8] dorumb syne hant. Louckent her des, so sal her selbdritte do vor sweren[9]. Wirt her abir geborget zcu deme rechte[10] zcu stehende[11] unde bye dren usgelegeten dingen nicht gestunde, man sal yn vorfesten, unde dy burgen sullen halb wergelt gebin deme manne, an deme her ungerichte[12] thun wolde[13], und dem gerichte[14] syn gewette. Von rechtis wegen.

Sechstes Kapitel.

Hy[1] wolle wir sagen von den, dy sich selbir dirhengen adir toten, ab dy herschafft an irem gute icht habin.

Distinction 1.

B II. 42; Dr 243; S 150. 5, 6; Dβ 49; P II. 6. 6.

1) *E stellt das fg. Kap. voran.*

[Di. 1.] 1) *LbZ* wegeloge th.; *EW* wegelogit. 2) m. e. sw.] *f. Lb.* 3) *Lb fh.* von rechte. 4) *BDa* mit geczogenen wofen. 5) *La* nymet; *Z* nympt. 6) *W fh.* wy man is mit deme halden sal. 7) *EDβ fh.* vor gerichte und. 8) *B* vorluset. 9) *P* da verrichten. 10) *Dr* rechten. 11) *EDr* gesteende. 12) *Dr* loge richte. 13) *Dβ* begangen welde haben. 14) *EDr* richtere.

1) *vgl. das vor. Kap. Anm. 1.*

Von den, dy sich selbir hengen adir toten, wy man dy sal richten.

Is[1] ist geschen in eyner stat, das sich eyner selbir hat gehangen an eynen stranck, dez santen dy scheppin unde dy radmanne zcu deme official des geistlichen gerichtis[2] vrogende, wy unde ab man den begraben sulle unde wo, unde was man mit ym thun sulle.

Hiruff[3] *wart*[4] der official eyns mit den meistern des rechtes[5] unde santen[6] dese antwort alsus[7], das man yn nicht begraben sulde in keynem trugen noch in keynem herten[8] ertriche, sunder man sal yn werffen yn eynen sumpf adir bruchecht, unde wer anders wedir das[9] tete, der were in dem banne, umb das das her unrecht getan hette. Also volbrochte[10] man is ouch an ym und[11] warff en yn eyn brûchig[12].

Distinction 2.

Dβ 50; P II. 6. 5.
Vgl. Ssp. II. 31 § 1; M. Br. 1261 § 47; M. Görl. 135.

Ab eyner von gerichtis[1] halbin synen leip vorlust adir sich selbir totet, wer das gut sal haben[2].

Eyn man besessende habin[3] elich wip und kinder, der hinge sich in syme[4] husze unde das queme zcu wege[5] von czweyfel adir von rechter[6] torheit[7]. Dorczu so queme dez dirhangen dyner eyner unde hip in abe unde legete en nedir. Hirnoch so gingen des dirhangen frund zcu der koniglichen gewalt durch der mynsten[8] unlust wille[9] unde betrupnisz unde beten, das man den toden muste begraben, sy wolden[10] eyne genedige erunge thun von gutem willen, uff das sy den toden begraben mochten sundir irnûsse[11]. Das worde yn dirloubit unde gegunst, unde dor czu gehen *sie*[12] zcu deme pfarrer umme dy selbe sache[13]. Der pfarrer spreche czu den frunden: wolt ir das sweren in[14]

[Di. 1.] 1) *Dr* Vortmeir liben frunde an eynem fritage noch dem ostirtage do irhing sich c. s. an e. str.; *S* In der jorczal unsirs hirren geburt MIII^c LXXXV jore am freyt. n. d. o. *(wie Dr)*. 2) *E* rechtis. 3) *LabZWRaB schalten hier, offenbar irrthümlich, die üblichen Einleitungsworte zu der Antw. der Magd. Schöffen ein* (spr. w. sch. zcu M. r.); *in E sind diese Worte durchstrichen; in DβrS fehlen sie ganz.* 4) *W* sunder d. off. wart; *Ra* d. off. wart; *B* hiruff w. d. off. 5) d. r.] *f. W, dafür fh.* und doctoren. 6) *Dr* sante uns. 7) *W* alzo vor eyn recht. 8) *DrS* in keyne treuge adir herte erde. 9) w. d.] *DrS* mit ym. 10) *Dr* vorbrocht. 11) und — brûchig] *Dr* zundir bare brocht man en und warff en yn eynen zumph; *S* sundir man warff en yn eyn bruchecht. 12) *Dβ* wildes gebruch.

[Di. 2.] 1) *die Hdss. ausser LaZ lesen* ungerichtes. 2) *Lb fh.* und gebruchen; *W fh.* daz her lest. 3) *E und andere* besessin hat e. e. w.. 4) *E* eyme. 5) *f. Lb; W* qu. her und zcu w. 6) *f. Lb.* 7) *E* worheit. 8) *Z* meysten. 9) *W fh.* daz ist durch wenigister beschemunge willen. 10) *E fh.* im. 11) s. i.] *W* ane irer groszer missestehen unde beschemunge. 12) *f. LaZ.* 13) *Dβ fh.* und betten in des gleichen. 14) uff.

den heiligen, das sich der man nicht dirhangen hat in czwifel sundir in rechtir torheit, so sal man yn begraben by andir geloubigen cristen[15]. Uff sulche ding worde her begraben, dornoch sente dy konigliche gewalt noch des toden mannis frunde sprechende, wy sy den toden anlangen[16] wolden mit rechte, und hilde sich an keyn ding noch gelobdis mit allis[17] nichtis nicht[18], *den*[19] knecht, der yn abe gehouwen hette, zcu dringen[20] uff das hogeste unde[21] des toden gut anezugriffen uff das meiste unde[22] mit[23] all das huys, do her sich ynne irhing, welch[24] man nennet eynen galgen. Ab nu dy selbe konigliche gewalt zcu des irhangen mannis gute ykeyn recht habin mochte[22] unde czu deme husze, do der schade ynne ist geschen, unde ab daz selbe husz eyn galge mochte syn adir[25] heissen, unde was[26] der in abegehouwen hat, lyden sulle unde vorvallen sey kegin der koniglichen gewalt von rechtis wegen.

Hiruff sprechen wir scheppin zcu Magdeburg recht: Dy konigliche gewalt hat an dez toden mannis[27] gute mit alle nicht, der sich selbir dirhangen hat[27], noch an syme husze, sunder das gut unde husz gehort[28] synen erbin. Ouch en mag man das keynen galgen heissen, wenne eyn galgen heisszet daz, do man missetetige lute von gerichtis wegin anhengit. Ouch ist der knecht, der den man abegehouwen hatte, kegin der koniglichen gewalt nichtis nicht bestanden unde sal dorumb keyne not lyden. Von rechtis wegen. — Actum[29] die sancti Stephani martyris in crastino nativitatis Christi anno domini M°CCC°LXX[30] eosdem annos numerando a die nativititatis Christi et non circumcisionis[29].

Distinction 3.

C V. 22; Dβ 50.
Vgl. Ssp. II. 31 § 3; Schwsp. 308; Glog. Rb. 542.

Ab eyner eyns andirn gut[1] vorwircken moge[2].

Ab eyn man eyns andirn mannis gut vorwircken mag, das her in syner gewalt und geweren hat.

[Di. 2.] 15) gl. cr.] *E* cristen lewten; *W* cristen glewbigen. 16) *E* inlangin. 17) *f. Lb*; m. a.] *f. W.* 18) *E fh.* und drunge; *W fh.* und welde. 19) *LabZ* der. 20) zcu dr.] *f. E; W* uff das allir hochste dringen. 21) *W* unde welde d. t. g. angr. und nemen uff daz allirmeyste das her konde. 22) unde — mochte] *f. Lb.* 23) *W* mit allem das in deme hawsze were. 24) *E* das ein itczlich. 25) s. ad.] *f. E.* 26) *E fh.* der knecht. 27) mannis — hat] *dafür W* irhangen mannis obir all nichts an seyme gutte. 28) geburt. 29) Actum — circumc] *f. LbW; Dβ hat dafür:* Diese ding sindt erfraget im Colmen durch einwaldum; wurde es imandt suchen im Colmen her wurde do bey bleiben, also ein recht ist. 30) *E* MCCC; *Ra* MCCCLXXVIII.

[Di. 3.] 1) *W* dingk adir gut. 2) *Lb fh.* das er in seyner gewalt hat.

Hiruff sprechen wir scheppin zcu Magdeburg recht: Keyn[2a] man noch nymand mag des andern gut vorwircken[3] und thut eyn man wedir das gerichte icht unde kumpt her umb syn gut, unde hat derselbe man eynen kouff getan[3a] wedir eynen andirn man und hat her ym[4] nicht vorgolden unde[5] ist noch unvorwandilt, man sal ym syn gut wedir geben, das ist eyn[5a] gotis recht, her enhabe ym denne eczwaz do vor[6] getan[7] adir doran gegebin, das sal man ym wedir[8] keren. Von rechtis weyn.

Siebentes Kapitel.

Hy wolle wir sagen von ebruche, wy man das sal richten.

Distinction 1.

B I. 13; Dr 191; Th 154; S 136. 2, 3; Db 84.
Vgl. I. 1. 11; III. 1. 6; Neumann 9.

Von clage umb ebruch unde wer das sal richten.

Eyn wip beclaget iren elichen[1] man, das her sy gelosen hat, unde sesze mit eyme andirn wibe, das her zcu der e genomen hatte; der bekennet[1a] der sachen uff gnaden vor deme siczendem rate unde vor deme richter; der man wirt zcu burgen hant[2] gegebin uff eyne[3] benumpte cziet[4] zcu gestellen[5], *die*[6] *borgin mogin den man nicht gestellen*[6] vor gerichte, waz[7] sy dorumb syn bestanden.

Hiruff sprechen wir scheppin zcu Magdeburg recht: Sachen, dy sich zcu der e[8] des rechtis[8a] tretin[8b], sal man wiszen[9] vor den geistlichen richter, wenne der wertliche richter hat keyn gerichte[10] dor obir. Adir[10a] habin dy radmanne obir sulche sache pynliche willekor gemacht unde dy burgen den man nicht

[Di. 3.] 2a) *C* Nymant der mag eynes a. mannes gut v. 3) *E fh.* das her in seyner gewalt hat, abir seyns selbist gut u. seinen leip mag ein man wol vorwircken; *C fh.* der is in s. g. h. syn s. lyp u. g. m. her w. v. 3a) *C* gekouft. 4) *f. Lb.* 5) *C* u. der kouf i. dennoch unv. 5a) *f. C.* 6) *LbW* dovon; — dov. g. a.] *f. C.* 7) *Lb* vorthan. 8) *Lb fh.* gebin und; *C* d. s. her wedir g.

[Di. 1.] 1) *f. Z.* 1a) *S* der hat das bekant u. gn. 2) *f. DrS.* 3) *Z* seyne; *S* e. benante cz. 4) *W fh.* sich. 5) *B* bestellen. 6) die — gest.] *aus E; f. LabZW; DrS* die b. habin d. m. n. gestalt. 7) *W* was her hyrynne sey best.; *DrS* was sie nu (*S fh.* dorumme) vorvallen sint; *S fh.* v. r. w. 8) *Da* zcu der ee treten des rechtis. 8a) *S* echtens. 8b) *S fh.* eliche sachen. 9) *B* inwisen. 10) *W* recht dorobir noch ger. 10a) *S* Nu d. r. o. s. s. p. w. g. h.

gestellen mogen, so sullen sy das mit iren eyden bewisen, das der man ane ire wissenschafft entgangen sey[11], das sy yn nicht gestellen mogen, unde sullen sich denne noch redelichkeit mit deme rate umb ir gelobde vorrichten[12], von rechtis weyn, also[13] dy sache czusagit vorgeschriben[14].

Distinction 2.

B I. 70; Dr 40; Th 75, 76; S 144. 6; Dβ 51. — [Beil. II.]
Vgl. Ssp. II. 13 § 5; Glog. Rb. 590—592; C III. 33; P I. 20. 7.

Ab elich man adir wip in ebruche begriffen wirt, wy man das sal richten.

Ab eyn elich man adir wip in ebruche begriffen wurde, was dy dorumme lyden sullen adir wy man sy obirczugen sal.

Hiruff sprechen wir scheppin zcu Magdeburg recht: Wirt ymand, wip[1] adir man, elich adir unelich in ebruche[2] adir in obirhure in hanthafftiger tat begriffen, dy sal man mit gerufte vor gerichte brengen und sy der missetat selbsebinde oberwinden. Geschit das also, so sal man yn enthoupten. Bekennet[3] des ouch ymand mit[4] sulchen geczugen, obir den sal man ouch also richten[3]. Worde abir umme[5] sulche sache mit slechtir clage[5a] sunder gerufte[6] ymand beclaget vor wertlichem gerichte, des wirt her unschuldig[7] mit synis eynis hant. Ratmanne habin keyn[8] gerichte dor obir, ab[9] eyner der tat bekente vor eyme siczenden rate[9].

Distinction 3.

B II. 79; Dr 134; Th 219; Dβ 51.
Vgl. Weichb. 40 § 3.

Von clage umb ebruch, ab eyner by eyner[1] begriffen wirt[2].

Eyn elich man ist von unserm voyte unde von der stad dyneren, dy gesworen sint, funden in synem bette nacket mit eyme fryen wibe; dy worden beyde gefangen vor uns brocht unde sy bekante, das her ir dy nacht als her begriffen wart nicht[3] geton hette, sunder ander cziet[4] zcu schaffen hat gehat unde sy genotiget, und der man louckente. Wenne sy nu also

---

[Di. 1.] 11) e. s.] *DrS* und zundir eren willin entrunnen sey (*S* entwordin). 12) entrichten; berichten. 13) also — vorg.] *f. WLbBDrThS.* 14) *f. E.*

[Di. 2.] 1) *E fh.* ader mayt. 2) *S* ebrochunge und. 3) bek. — richten] *f. E.* 4) m. s. g] *f. BDaβrS; Th* selbir; *vielleicht ist zu ergänzen* adir worde des obirwunden m. s. gecz. als recht ist 5) u. s. s.] *f. B.* 5a) *S* slechtin clagin. 6) *E* geczug. 7) *S* her entgeet mit s. selbis h. 8) *f. BDa.* 9) ab — rate] *f. DrThS.*

[Di. 3.] 1) *E* eyme freyen weybe. 2) *Lb fh.* wie man das halden sal. 3) *E* nichtis nicht; *W* nichtes. 4) *EB fh.* uffte (gefachen) mit ir; *W fh.* mit ir; *Dr* an der cz. nichtes nicht.

nacket begriffin syn unde her ouch des bekennet, das her nacket by ir gelegen hat, sunder der tat[5] louckent her[6] und unser voyt und unser gesworne dynere des bekennen[7], was[8] her nu dorumme lyden sulle[9].

Hiruff sprechen wir scheppin zcu Magdeburg recht: Umb das daz der man unde dy frouwe nacket mitenander funden syn, do sint sy nichtes pflichtig umme czu thuende in wertlichem gerichte[10] unde dy vrouwe mag den man nicht schuldigen[11], so das sy spricht, das her sy vormals[12] genotiget habe. Von rechtis wegen.

Distinction 4.

Dr 6; S 93. 7, 8; C III. 52, 53; Dβ 52. — [Beil. II.]
Vgl. III. 4. 1; Ssp. II. 26; M. Görl. 82; Weichb. 71; Glog. Rb. 329, 529, 530.

Von falschen pfennyngen slan, ab eyner dorumme wirt beclagit unde bekennet adir louckent[1].

Eyn man wirt beschuldiget, das her valsche pfennynge in synen vier pfelin[2] hette, unde dy gefunden weren unde her hiez dy vortilgen, das wolde man yn nicht vorwissen[3], is were mit synem wisszen[4] geschen[5].

Hiruff sprechen wir scheppin zcu Magdeburg recht: Das[5a] valsche pfennynge in synen vier pfelin[6] funden sint, beschuldiget man yn dorumme, daz is ym wissentlich ist gewest[7], vorsachit her is, so mag her is unschuldig werden uff den heiligen. Bekennet her is, so sal her dorumme lyden, das eynis velschers[8] recht ist. Von rechtis weyn.

Achtes Kapitel.

Hy wolle wir sagen von echtern[1].

Distinction 1.

B I. 78; Dr 47; Th 85; Dβ 53.
Vgl. I. 15. 6; Ssp. III. 24 § 1; Weichb. 65 § 4, 5; Glog. Rb. 204—206; S 103. 3; C III. 142, 144; Neumann 26; Homeyer Extr. 48.

[Di. 3.] 5) d. t.] Dβ den tag. 6) Dr bekennet her. 7) Dr fh. bitte wir uns undirweiszen. 8) E waz nu dorumb recht ist. 9) Dr fh. adir w. r. sey. 10) B rechte. 11) EW beschuldigen. 12) Lb vor.

[Di. 4.] 1) ad. l.] f. ELb. 2) v. pf.) Lb geweren. 3) E vorwiesin. 4) Lb fh. und willen. 5) Dβ fh. wie man domitte thun u. fahren sollte nach rechte. 5a) DrSC Ist falschs (valsche) adir falsche phennynge yn seynen vorwergke yn (ader yn) s. v. ph. vunden beschuldiget m. en umb das. 6) Lb seyner gewere. 7) E fh so ist her pflichtig zcu entwerten. 8) e. v.] f. E.

1) Lb fh. unde von irem geslechte.

Ab[1] *man eynen echter in eyme andirn gerichte obirwinden mag.*

Ab[2] eyn vorvestent man adir eyn geechtit[3] man umb was sachen daz sey, in eyme andern gerichte obirwunden moge werdin adir wy[4] her des unschuldig moge werdin.

Hiruff sprechen wir scheppin zcu Magdeburg recht: Wirt eyn man vorvestent adir vorechtet in eyner stat, do wigbilde recht ist, unde kumpt in eyne andere stat, do ouch wigbilde recht ist, wil der cleger den man in deme gerichte fordern, so mus her yn ansprechen[5] mit deme richter unde mit den scheppin[6] der stat, in der gerichte der vorfestent *ist*[7], unde dy vorfestunge[8] mit ym in das gerichte czugen unde der cleger sal selbsebinde[9] uff den man sweren, das her der tat[10] schuldig sey, dorumme her yn dy[11] vorfestunge kommen ist; also mag eyner eynen[12] vorfesten[13] man[14] gewynnen. Von rechtis weyn.

Distinction 2.

B* 7; Dr 88; Th 130; S 134. 8; Rw 58; Rβ 49; Db 85; Dβ 54.

Vgl. III. 1. 10, 4; III. 8. 3; Ssp. I. 67 § 2; M. Br 1261 § 40; M. Görl. 17; Weichb. 87; dass (Zob.) 88, 109; Mühler 55, 56; ders. N 14; Glog. Rb. 203; S 110. 2, 120. 7; C III. 42.

Ab man eynen zcu hant echten sal umme totslage adir nicht.

Eyn man irsluge eynen andern man adir wunte yn, das worde[1] bewiset selbsebinde, das hers getan hette, ab man den man zcu hant vorfesten sulle ader nicht.

Hiruff sprechen wir scheppin zcu Magdeburg recht: Man sal uff nymande sweren noch bewiszunge[2] nemen, is en sey, das her begriffen worde in hanthafftiger tat adir in der vestunge. Clagit man uff ymande wunden ader totslege, den sal man vorladen[3] also recht ist zcu synen[4] rechten tedingen, das her sich vorantwortte, kumpt her denne nicht vor[5], so mag man yn dorumme vorvesten. Von rechtis weyn.

Distinction 3.

B II. 45; Dr 177; Th 194. 195; Dβ 16. 55; P VI. 3. 3. – (Beil. II.)

Vgl. I. 15. 5; Ssp. III. 88 § 3, 4; M. Görl. 102; Weichb. 65 § 3.

[Di. 1.] 1) *Ra hat die hieher gehör. Di. als I. 16 1.* 2) *Die Fr. f. Dr.* 3) *Da* vorrechtet. 4) *Th* wy her sych des unsch. gesagen moge. 5) *Lb* furdern. 6) *E fh.* in; *BDaβr fh.* von. 7) *f. LaZ.* 8) vestunge; vestenunge. 9) *B* sebinde; *Z fh.* uff den heiligen. 10) *Lb* stat; *Dβ* sachin. 11) *Lb* in die vestunge bracht habe. 12) *DrTh* seynen. 13) *Da* bevesten. 14) *Th fh.* obirwinden und.

[Di. 2.] 1) *Dβ fh.* geklaget nach rechte und. 2) *Lb* beswerunge. 3) *EDbβ* beclagen. 4) *f. Rw.* 5) *f. ERw; S fh.* obir tczwir nacht.

Ab eyn echter begriffen worde[1], *ab man in der tat zcu hant sal obirczugen*[2].

Ab man adir wip vorfestent worde umme totslag, umme kampirwunden, umme heymsuche adir umme wegeloge adir umb welcherley ungerichte das were adir in der vorvestunge[3] also begriffen wurde unde vor gerichte brocht, ab man dy persone der tat[4] zcu hant obirczugen mussze, adir ab man obir sy unvorczuget richten sulle[5] umb eyn iczlich ungerichte, do von sy in dy vorvestunge[3] kommen weren, unde[6] ab ouch den nymand vordern wil[6] unde ab her denne von rechtis weyn ledig moge syn, adir was eyn recht sey.

Hiruff sprechen wir scheppin zcu Magdeburg recht: Anfertiget der cleger synen vorfesten man adir wip umme ungerichte unde brenget den vor gerichte, als[7] recht ist, der sal czum ersten syne vorfestunge czugen. Dornoch[8] sal her czugen das ungerichte, das dy persone getan hette, andirs sal man obir den nicht richten, is en sey denne, das her das selbir bekente. Volkumpt ouch der cleger mit synen geczugen nicht adir wil her der clage nicht volfordirn[9] noch rechte, her mus dorumme busze unde gewette gebin. Von rechtis weyn.

Item[10] *von deme selbin.*

Wir scheppin zcu Magdeburg[11] sprechen, wenne dy ungerichte manchfeldig syn unde von manchirley wise zcu kommen, so kunnen dy[12] von Magdeburg[13] nicht vorrichten, wy adir wo man dy richten sulle, sunder wenne desze sachen uff stehen[14], der sich dorus nicht entrichten kan, begert her is von uns, das welle wir sy gerne vorrichten, wenn[15] *uns*[16] das clerlichen[17] zcu geschriben wirt.

[Di. 3.] 1) *Z fh.* in der that. 2) *Lb fh.* ader wie. 3) *Dr* festenunge. 4) *B* stat. 5) *Dr fh.* und wie man obir sie richten sulle. 6) unde — wil] *f. E.* 7) *B* also eyn gerichte ist in der stat. 8) dorn. s. h. cz.] *f. E.* 9) *Lb* volfuren; *Z* fordern; *Dr* volfaren. 10) It. v. ds.] *f. ERaB*; *W* wir scheppin: Von demselbin. 11) zcu M.] *f. Lb.* 12) *EWLb* wir. 13) von M.] *f. Lb*; *W* euch. 14) *W fh.* unde sich vorlawffen haben, noch deme alz sy sich wunderlichen vorlawffen, wer sich doraws n. e. k. 15) wenne — wirt] *W* unde em daz clerlichen schreiben off seyne froge unde begerunge. 16) *LaZB* yn. 17) *Z* clerlicher; *E* clegelichs; *Dβ* (16) kleger; *Dβ* (55) klegelich.

Neuntes Kapitel.

Hy wolle wir sagen von gefangen luthen, wy man dy pyniget.

Distinction 1.

B II. 5; Dr 80; Th 136; Dβ 56; P VI. 28. 1.
Vgl. Blume Ssp. (Homeyer Richtst. 377).

Ab man gefangene lute pynigen moge umme missetat zcu bekennen.

Ab man *mit*[1] keynerley pynunge[2] eynen gefangen man pynigen moge unde twingen mit rechte uff me bekentnisse syner missetat adir ungerichtis, das her vormols begangen hette, adir[3] was dorumme recht sey.

Hiruff sprechen wir scheppin zcu Magdeburg recht: Man sal von rechtis halben nymandis pynigen umme ungerichte noch umb missetat, e denne her des vor gerichte vorwunden[4] worde. Von rechtis weyn.

Distinction 2.

B II. 56; Dr 169; Th 182; Dβ 57.
Vgl. III. 8. 2; Dr 62.

Von gefengnisz eynis mannis dorch vorwandelunge syner rede.

Ab[1] eyn man gestewyz queme in eyne stat, den hette der borggreve in gefengnisz brocht umb vorwandelunge syner rede, dez vormas[2] sich der man in deme gefengnisze[3] brive unde bewisunge[4] zcu brengene[5] von der stat Fryberg[6] unde[7] man brochte ym bekenntnissze. Deme[8] bekentnisse adir brive der borggreve nicht geloubte unde sante den briff unde ingesegel wedir ken Fryberg[9], ab sy den briff usz gegeben hetten, so daz der rad wedir schreib in irem briffe undir[10] irem ingesegil, daz sy von deme brive nicht enwusten unde were ouch ir ingesegil

[Di. 1.] 1) *f. Lab; Z* umb. 2) *B* pfennigen; *Dr* phemunge; k. p.] *W* quolpeyn adir martir. 3) ad. — sey] *f. Dr.* 4) *W* obirwunden.

[Di. 2.] 1) *DrTh (Th* Fruntlichen grus czuvor) Ewir froge steet alzo: Eyn m. ist g. komen in e. st. 2) *LbDr* vormals; *Th* furmasse. 3) *Th* in d. geczewknisse der br. 4) *DrTh* bekentnisz. 5) legen. 6) Freiberg; Freiburg; Fryburg; *Lb* ff.; *Th* Freybort *(später hat Th auch:* Fredeborg *oder* Freydeburg). 7) *Dr* unde brocht eyn sulch bekentnisze und briff yn zo gethanen worten (*Th* u. br. e. slecht bek. u. eyn sulchen yn zulchen w.): Amicabili complacencia (*Th fh.* premissa) prudentes viri (*Th* domini) etc., die underschrift: magister civium, consul (*Th* consules) et jurati civitatis Freyburg (*Th* Fredeburg) vestri in omnibus. 8) deme — brive] *EDβ* brieffe und bewisunge; *Dr* dem br. u. ingesegil. 9) *W fh.* frogende. 10) *W* und ingesegil.

nicht. Des so gestelte[11] der borggreve den gefangen man vor gehegit ding unde spreche mit[12] syme vorsprechin: her voyt unde ir getruwen scheppin, wenne deser man bosze unde falsche briffe gefurt hat unde brocht von der stat Friberg, als her sich[13] williglich[14] willekort[15] hat, nu vorschouwet[16] in uwerem rechte, ab her dorumme icht lyden sulle adir was her dorumme vorfallen sey. Do wedir so antwerte der man, der gefangen were, dorch synen vorsprechen: wenne ich gefengnisze geleden habe von unschult[17] unde ich der brive nicht gefuret habe obir grenicze, sundir ich dornoch gesant habe unde ich stehe hy als eyn schoner[18] man, der ny obirwunden ist mit keynen boszen dingen, nu vorschouwet in uwerem rechte, ab ich nehir sey zcu irwerene mynen hals, myne ere und gut, wenne mich dez ymand abegeczugen[19] moge, adir was recht sey.

Hiruff sprechen wir scheppin zcu Magdeburg recht: Umme wandelrede[20] sal man nymande vohen noch an synen lip[21] sprechen. Nochdemmole denne das der gast mit keyner hanthafftigen tat, dy do[22] missetetig were, ist begriffen unde her den briff nicht selbir geholet[23] hat noch obir grenicze gefuret, so ist her synes leibes, gutes unde ere nehir zcu werende[24], wenne man yn abegeczugen[25] moge. Von rechtis wegen.

Distinction 3.

B II. 63; Dr 129; S 155. 4; Dβ 71; P VI. 29. 1.
Vgl. Ssp. III. 41 § 2; Glog. Rb. 393; P VI. 29. 2.

Von gelobde in gefengnisz getan.

Ab[1] eyn man sesze in eyner stat, der worde beschuldiget[2] ken syme erbherren umb eczliche ungeschichte, des worde her angesprochen von des[2a] herren anewalden. Umb dy beschuldigunge bot sich der man zcu komene vor der stat recht[3] adir vor alle dy recht, dy in des herren lande gesyn mogen, vor den welde her sich vorantwertten. Des mochte en allis[3a] nicht gehelffen; der man worde gefangen von dez[3b] herren geheisze unde worde in syner stat gefengnisze geantwert[4]. In deme gefengnisse

---

[Di. 2.] 11) stelte; stalte. 12) *E* durch. 13) *f. ZDr.* 14) *f. W.* 15) *Lb* vorkort; *EWDr* vorwillekort. 16) *W* irkennet *u. s. w. Dr* vorsuchit *u. s. w.* 17) *W* v. u. wegen ader unschuldiclichen. 18) *W* unberuchtiger; *B* unschuldigh. 19) *LbEDr* uberczugen. 20) *Dβ* wandelunge der rede. 21) *E* hals. 22) dy do m. w.] *f. DrTh.* 23) *Z* gehat; *W* n. s. obir strossen, wegen noch gr. gef. hot. 24) *W fh.* unde beschotczen. 25) *LbEW* uberzcugen.

[Di. 3.] 1) *DrS* Fruntlichen grus mit dinste (*S* fr. gr. czuvor). E. m. sas in e. st. 2) *E* beclait. 2a) *f. S.* 3) *DrS fh.* adir vor des landis recht. 3a) *f. S.* 3b) *S* der. 4) *E* gefurt.

worde getedinget[5], wolde der man czwu[6] marg gebin, her sulde uszkomen, tete her des nicht, is mochte ym an den hals[7] gehen. Wenne nu der man synis herren ungenade vorchte unde vorterbnisz[8] synis leibes unde spreche also: besser ist mir, das ich gelt globe[8a], wenne das mynis hern czorn obir mich irginge, das ich doch ny vorschuldiget habe. Des worde der man uszgeloszen, das globte her das gelt zcu gebin des[8b] herren anewalden[9] vor deme rate in der stat durch synes leibes frist[10] unde hoffte sich domete irnerende[10a]. Des globdes der man nicht louckente[11] in der wysze, alz hy vor[12] geschriben stet. Das hulffe ym got von des herren gewalt[13] usz deme lande. Nu hette ym der herre lossen nemen erbe unde gut in der stat gerichte unde hette das andirn luten vorkoufft unde gegeben ane des mannis wille. [14] Ab nu der man dy gelobde, dy her in gefengnissze[15] globit hat, schuldig sey zcu haldene adir nicht[16], ader waz[17] recht sey.

Hiruff[17a] sprechen wir scheppin zcu Magdeburg recht: Dy globde, dy der man[18] in gefengnisz adir[19] in getwange globit hat, dy sullen durch recht nicht stete syn unde[20] her bedarff das gelt nicht gebin[21]. Von rechtis weyn.

Zehntes Kapitel.

Nu[1] wir desze Magdeburgische recht[2] unde vrogen zcu ende habin brocht, so wolle wir zcu eyner beslyszunge dysz buchis sagen, was man vor eyn orteil unde vroge pflegit zcu gebin den scheppin[1] zcu Magdeburg.

Distinction 1.

B II. 86; Db 89.
Vgl. 8 122. 3; C II. 5.

[Di. 3.] 5) *Dr* beteidinget. 6) *WLb* IIC; *E* X: *S* tczwe towsind. 7) *EDrS* leip. 8) *B* die vorterbunge. 8a) *S* gebe. 8b) *S* der. 9) *Lb* gewaldigen. 10) *Lb* not. 10a) *LbDr* zcu erweren; *W* irweren unde sich lieber mit seyme gelde generen; *S* czu nerin. 11) n. l.] *Dr* bekente. 12) *Lb* hirnach. 13) *E fh.* und her czoge. 14) *DrS fh.* nu bitte wir uns underweiszin. 15) *B fh.* ader in getwange. 16) ad. n] *f. E.* 17) *Lb fh.* hirumb. 17a) *Die Antwort f. S.* 18) *B fh.* gethan haet. 19) ad. in g.] *f. EW.* 20) *Dr* und her darf der czwey hundirt marck nicht geben. 21) *P* leisten noch beczalen.

1) *Am Ende von Lb steht mit rother Schrift* Nu — scheppin; *darauf ohne Absatz* als ir uns geschrebin habet, so wisset das uns von dem spruche XVIII groschen geboren, domit ist alle ding abegeleget. 2) r. u.] *f. ERa.*

Was eyn orteil kost adir vroge zcu Magdeburg, eyne gancze rechinschafft.

Als ir uns geschriben habit, wisszet umb desze[1] vrogen unde recht geboren uns XII schilling Magdeburgischer[2] pfenninge, deme schriber eynen schilling, unserm knechte, der uns pfleget zcu vorboten, sechs pfennynge. Des hot uns uwer bote czwene guldynn geantwort[3], do von habe wir ym funff groschen wedir gekart[4] unde geantwort. Domete hat her alle[5] abgerechent, das ym geborit zcu gebin, als XIIII[6] schillinge. Den gulden rechen wir vor acht schillinge unszer pfennynge.

Distinction 2.

B II. 86; Db 90.

Was man gibit vor eyne offene vroge adir geslossene froge, das man sich dornoch richten moge, wer do hat[1] zcu schaffen.

Wisszet, das uns uwer bote X gulden[2] gegeben hat vor fumff offen orteil, uns geboret wol me wenne X gulden, doch umme uwer libe willen losse wir uns nu genugen; uns geborte wol V marg, nu gilt der gulden mit uns nicht me wenne XXVIII[3] groschen, und unsze marg ist eyn schog groschen ane czwen groschen[4], das mogit ir nu obir rechen[4].

[Di. 1.] 1) *f. B.* 2) *f. W.* 3) *B* geben. 4) gek. u. g.] *B* geben. 5) *Db* uberall. 6) *B* vierczende halben.

[Di. 2.] 1) *W fh.* zcu Magdeburg. 2) *Db* mark. 3) *Z* XXIII; *EDb* XVIII. 4) gr. — rechen] *f. Z.*

BEILAGE I.

Proben der lateinischen Uebersetzung der Magdeburger Fragen aus der Hds. der Danziger Stadtbibliothek C fol. 8 (Homeyer 140).

Primae partis Capituli primi quo de Consulum agitur officio Distinctio prima.

Antiquitus in civitatibus constitui coeperunt consules annui et judices perpetui (quos Scabinos appellari placuit); consules quotannis cum recens in ordinem leguntur jusjurandum praestant pro civitatis jure honore et commodo conservandis uti optime maximeque poterint ac valeant cum hominum utique consilio prudentiorum. Si aliud alibi moris sit non quidem contradicimus. Verius tamen est consuetudinem diuturnis moribus receptam juri publico maxime convenire atque adeo per temporis diuturnitatem jus publicum efficere. Quoties igitur consules eligendorum judicum ultra quam homines meminerint non contradicente superiori domino potestatem usurpaverunt exinde iisdem judicibus pro tribunali considendi ac judicia exercendi jus fasque est.

I. 1. 18. Si quis Consulum qui in consilium publicum juratus est arcani concrediti quidpiam divulgaverit, jusjurandum violasse judicatur. Si vulgaris civis tale quid deliquerit et secretum suae fidei commissum prodiderit, in plebisciti mulctam communiter constitutam incidit.

I. 3. 19. Literas judicis et cognitorum scitu suffragioque ex jure constituto pro cuiusvis rei testimonio vel recognitione publice editas nullius privati contradictione reprobari vel everti posse, jampridem responsum est.

I. 6. 6. Cum aedes venduntur et incendio pereunt priusquam in jure traditae sint venditoris damno periisse censentur. Aliud est in pignore quod penes creditorem interit vel amittitur. Nam si creditor jurejurando contestetur non sua culpa pignus amissum, res utriusque damno erit sic ut creditor pecuniam, debitor tantum quanti pignus debitum excedebat amisisse intelliguntur.

I. 7. 8. Defuncti frater uterinus vel consanguineus tantum et germanae sororis utrinque conjunctae filius jure provinciali Saxonico paribus portionibus haereditatem capiunt. Jure vero Magdeburgensi frater ex altero saltem parente natus germanae sororis filio praefertur.

I. 14. 7. Spurius et ejus filii non sunt cum legitimis ejusdem conditionis ut facti vel dicti corrigendi mutandi vel revocandi jus habere possint. Aliud dicemus si vir legitimus spuriam duxerit. Horum enim liberi pari cum caeteris jure censentur.

II. 9. Emit quis rem ea conditione, quatenus libera sit et non nexa, si venditor eam quae libera non esset traditionis tempore liberam praestiterit, emptor contractum amplius retractare non potest. Et quia sententiam cognitorum in judicio Burggrabiali retractavit nec causam obtinuit, eo nomine cognitoribus triginta solidorum et Burggrabio trium librarum mulctam committit.

III. 7. 1. Caussae matrimoniales ad forum ecclesiasticum remittendae sunt. Nec enim civilis judex in iis ullam habet cognitionem nisi de adulterio rectores civitatis aliud plebiscito constituissent. Eo itaque casu si maritus quispiam adulterii postuletur et factum coram senatoribus vel judice gratiae consequendae caussa confessus fuerit et fidejussores de juri sistendo constituerit, ni se sistat fidejussores juramentis suis conprobabunt illum ipsis insciis evasisse, quominus eum sistere possint, et bonorum virorum arbitrio sponsionem suam luant ac redimant.

III. 9. 3. Quod quis in vinculis per vim metumve mortis aut majoris mali egit vel spopondit jure non subsistit nec ullius est momenti quod in carcere conventum est, adeo ut nec subditus domino pecuniam vel aliquid aliud in vinculis extorquenti sponsionem praestare jure teneatur.

BEILAGE II.

Abweichende Redactionen der Sammlungen Dr, Th, S, C, Rw, Rβ.

I. 1. 1.

Dr 196 [*Th 166*]. Vortmeir[1] ir habt uns geschrebin umb recht irfaren alzo: Is ist geschen, das eyn scheppe von der banck tot ist, des quome wir vor unser radmanne und beweisten vor en mit gesegilter schrifft, daz wir an des toden stat eynen andern scheppen kysen zullen von rechtis wegen und nicht dy ratmanne. Do antworten sie uns: ir wisset wol, das wir die scheppen kor[2] gehabit habin von aldir gewonheit und von vorhengnis des konigis und[3] arm und reich, dorumb dorffit ir eyns scheppin, zo welle wir euch eynen gebin, mogen ir aber seyn emperen, zo welle wir mit musse doruff gedencken, das wir euch eynen gebin. Do bote wir sie, das sie uns beyde[4] recht liszen; do sprochin sie, sie welden ouch der stat recht nicht vorgebin; do bote wir sie abir, das sie uns ere beweysunge liszen sehyn, weir sie besser und rechter wenne Magdeburgisch recht beweiszunge, wir welden uns gerne lassen genugin; des toten sie uns keyne beweiszunge, wenne[5] das von aldir gewonheit gestandin hat, umb das sie das von gewonheit gehaldin hatten. Do sproche wir: liebin hern, zo turre wir lengir uff der scheppen banck nicht zyczen, wenne eir uns des rechten nicht vorhengen wellet, is en sey denne, das wir mit rechte undirweyszet werdin, das wir das thun zullen. Nu bitte wir uns zcu undirweiszen, ab wir vort zullen zyczczen zcu[6] dingen und das leiden, das das recht nicht vorganck hat, adir nicht zyczczen sullen[6] also lange, bis das sie uns das recht volgen lassen, adir was recht hierumb sey noch Magdeburgisschym rechte. Hiruff spreche wir eyn recht: Alz wir euch vormols geschrebin haben, das scheppen zullen scheppen kysen, das[7] gedenckit uns wol und ist recht noch Magdeburgischym rechte; do[8]. alzo besteyn gute aldin gewonheit bey den rechten wol und machin eyn recht yn alder czeyt. Haben denne nu die ratmanne von langen czeyten, das man andirs nicht gedencken mag, von gunsten adir vorhengnisze des irleuchten ewirs hern des koniges scheppin irwelit und euch

---

[*I. 1. 1.*] 1) *Th* Fruntlichin grus myt dinste czuvor. 2) *Th* gekoren habin. 3) *Th* dorumme bedorffen arm und reych eyns sch. und ir awch seyn emp. nicht en mögit zo wolde wir und mussen doruff ged. 4) *Th* bey. 5) *Th* das sye das v. a. g. geh. hetten. 6) zcu — sullen] *f. Th.* 7) *Th* das dirgeet sych und behagit uns wol. 8) *Th* doch besteet.

leichte ouch selbis irwelit und zcu scheppen irkoren, zo moget ir uff der banck zyczczen zcu dingen und orteil zcu vinden. Von rechtis wegen.

I. 1. 6.

Rw 36 [*Rβ 22*]. Wir scheppenn der stadt Magdeburg bekennenn, das unns die rathmanne [1] habenn rechtes gefraget noch diesenn worten: Ab ein burger frevennlichen mit worten sich setzte wider einenn rath einer stadt, die Magdeburgisch recht hat, unnd die sache hals noch hanndt nicht antrete, unnd wolde irem gebote nicht unnderlegenn noch gehorsam sein gleich einem anndernn mitburger, ab die rathmanne die gewalt habenn vonn rechte, den freveler selber zu zuchtigenn und inn irer stadt torme einzusetzenn sonder wissenn unnd zuthuenn ires hernn des burggravenn ader nicht vonn rechts wegenn. Hirauff sprechen wir scheppenn zu Magdeburg ein recht: Setzet sich ein burger wider einen rath, die Magdeburgisch recht habenn, den mag man dorumb vorbotenn und vorbiten im bey einer pfennig varen [2], das her den frevel lasse mit eim worte [3], unnd soll in gehorsam sein gleich anndernn mitburgern, wil her es bovenn das nicht lassenn, so mögenn in die rathmanne aus irer stadt weisenn ane wissenn unnd zuthun ires burggravenn. Von rechts wegenn. Zu urkunde, das dis recht ist, so habe wir unnser inngesiegel hanngenn lassenn an diesenn brief.

I. 1. 7.

Rw 20 [*Rβ 7*]. Wir [1] scheppenn der stadt Magdeburg bekennen mit diesem offenem brieffe, das die burgermeister und rathmanne zu Thornn unns rechtis gefraget habenn nach diesen wortenn: Ersamen herren besundernn lieben freunde, als wir eur erbarkeit viel unnd offte geschriebenn haben, wie das unnsere stadt Thornn ausgesatzt unnd bewedemet unnd ausgegebenn ist zu Magdeburgischem rechte, das wir bisher gebraucht unnd nach gebrauchenn, unnd habenn allerhannde speisekauff gesatzt nach der zeit itzlichs besunndernn mit unnser witzigstenn unnd eldistenn rathe jerlichenn unnd wilköre gesatzt dorauff noch bequemlickeit unnsernn gemeinen arm unnd reich unnser burger, noch dem wir aller bequemest erkennenn mogenn, in der weise unnder viel anndernn wilkorenn, das wir jerlichen umb sannt Mertens tag den kretzmern gemeinlich setzenn ir bier nach der zeit, darnach das getreide gilt unnd wolfeile ist, ein thonne bier junges umb ein firdung, VII sc., VIII, IX sc. etc.; eine thonne aldes biers umb X sc., XI sc., XII sc., XIII sc., XIIII sc., darnach es die zeit heischet, das jar zu gebenn unnd nicht annders bey XXXVI sch., wer das bricht etc. So geburt sich, das wir das bier nu auff sanndt Mertens tagk, der vorgangenn ist, nach alder gewonheit woldenn setzenn unnd gebieten eine thonne jung bier vor ein firdung zu gebenn und ein thonne aldes bier auch noch seinenn wirdenn und legtenn das unnserm herrnn dem compthur vor als unnserm burggravenn, das wir zu rathe wordenn warenn mit unnsernn eldisten, das mann die thonne biers setzenn unnd geben wolde umb einenn firdunng, do wolde unnser herre der compthur, das wir die thonne biers eines scotes theurer setzenn das ist auff VII sc.; sproche wir: herr das getreidig ist vonn den gnadenn gottes zu wolfeil auff diese

---

[*I. 1. 6.*] 1) *Rβ fh.* Thorn. 2) *Rβ* bussc. 3) *Rβ* den worten. — [*I. 1. 7.*] 1) *In Rβ lautet die Frage:* Ap der roth bier unde ander speisekouff moge setczen sunder czu thun unde wissen des burggreffen.

zeit, wir erkennen das bey unnserm eyde, das es die cretschmer darumb wol gezeugenn mögenn, wen wir ansehenn einenn gemeinenn nutz, das dem armut unnd der ganntzen gemeine doran gleich unnd recht geschiet. Antwort unnser her compthur: habet ir es zu setzenn vonn rechte, so setzet es; habet ir es nicht zu setzenn, so lasset es sein. Sprochen wir: herr, wir wissenn annders nicht, wenn das wir es zu setzenn habenn vonn rechte unnd unnser vorfaren habenn es von ansetzunge der stadt ann unns so gebracht unnd haben der satzunge gebraucht bisher sunder alle widersproche, unnd wissen annders nicht, welche stadt Magdeburgisch recht hat, das die allerhannde speisekauff zu setzenn hat noch bequemickeit der burger gemeinnlich mit der witzigstenn rathe bey pfennig busse unnd die wilkör dorauff gesatzt mogenn wanndelenn, mynnernn unnd merenn, darnach sie es nutzlich erkennenn bey irenn eydenn, sonnder zuthun unnd wissenn des burggravenn, von rechts wegenn. Erbarnn herrenn nach denn vorgeschriebenenn wortenn bittenn wir euch dinnstlich, ab wir das bier zu setzenn habenn unnd anndernn speisekauff nach rechte ader nicht, was recht sey. Hirauff sprechenn wir scheppenn zu Magdeburg ein recht: Nachdemmole die stadt Thornn bestetiget ist mit Magdeburgischem rechte, so mugenn die rathmanne das bier unnd anndern speisekauff mit der witzigstenn rathe wol setzenn sunnder zuthun unnd wissen des burggravenn, als sie sinnt her noch alder gewonnheit gethan habenn. Vonn rechts wegenn. Zu [2] orkunnde, das dis recht ist, des habenn wir unnser inngesiegel gehanngenn lassenn an diesenn brieff.

I. 1. 11.

Rw 37 [*Rβ 23—26*]. Wir scheppenn der stadt zu Magdeburg bekennen offenntlich inn diesem brieve vor allenn leuten, das die vorsichtigenn, clugenn manne, die rathmanne der stadt vonn Thornn unns haben gefroget umb recht in irem brive auff diese nachgeschriebene artickel. Erst ab die rathmanne vonn Thornn einige wilkör setzenn mogenn sunder volwort des burggravenn ires herren, ader ab die borgerinne, frauenn unnd jungfrauenn, knechte ader meide obrige hoffart treibenn woldenn ann schleierenn [1] ader ann andernn gebende, ab sie dorauff zu nutz unnd zu bequemikeit der stadt unnd der burger wilkör setzenn mögenn ader bey was busse sonnder volwort des burggravenn, ader ab ein man dem anndernn anspreche ein erbe, das der annder ane ansproche besessen [2] hette jar unnd tag, ader ab einer mehr ehliche weiber hette denn eine, ader ab ein mann eine fraue ader eine junckfraue ader ab eine junckfraue ader fraue einenn im geistlichenn rechte fordernn wolde unnd nicht volbringenn mochte, als das recht saget, ader ab annder dinng in der oberwachsenn wolde, die Magdeburgisch recht ader geistlich recht antrettenn, ab sie dor auff wilkör setzenn mogenn zu nutz irer stadt bey busse, die leib oder geliet zu vorliesenn angehet, ader bey was busse sonnder volwort des burggravenn; auch ab geste kauffleute iren kauffmannschatz zu vil hanntirenn wollenn zu schadenn der stadt und der börger ader ob ymandt mit falscher kauffmannschafft umbginge ader mit anndern falschenn, ab sie dorauff wilkör setzen mogenn bey busse, die leib unnd geliet angehet, ader bey was busse sonnder volwort ires burggravenn; auch was unnd wie

[*I. 1. 7.*] 2) zu — brieff] *f. Rβ*. — [*I. 1. 11.*] 1) *Rβ* floreren. 2) *Rβ* czu besitzen.

gethane wilkör unnd was unnd wo her busse[3] die rathmanne vonn Thorn setzen mogenn zu nutz irer stadt und irer borger sunder volwort ires hernn des burggravenn. Zu dem erstenn unnd letzten artickel mit einannder sprechen wir scheppenn zu Magdeburg ein recht: Nachdemmole die stadt Thornn mit Magdeburgischem rechte besatzt ist, so mogenn die rathmanne vonn Thornn mit irer witzigstenn borgere rathe wol wilkör setzenn sonnder volwort ires burggravenn, das die wilkör dem burggravenn nicht schedelich sey ann seime rechte unnd das geschriebene recht nicht krenncke, also das sie mogenn setzenn zu irer stadt nutz unnd frommen bey busse, wer darwider thut ader das gebot ubertrete, das der kein burger sein sol ader weichenn solle aus der stadt ein jar oder zwei oder zehenn, minner oder mehr, ader[4] X mark gebenn, minner ader mehr, ader dergleichenn auch mogenn sein[5] darnach mit irer witzigstenn rathe die wilkör abelegenn[6] ader wanndelenn noch irer bequemheit sunder volwort ires burggravenn. Von rechts wegenn. Zu dem anndernn artickel sprechenn wir scheppen zu Magdeburg ein recht: Das die rathmanne vonn Thornn uberig hoffart irer burgerinne, mann unnd fraue, knecht unnd meide wol straffenn mogenn unnd mogenn dorauff wol wilkör setzenn mit der witzigstenn rathe irer burger bei pfennig busse ader annderem bedrannknus[7] dergleichenn, die an leip unnd ann geliet nicht geenn, sonnder ires burggravenn volwort. Vonn rechts wegenn. Zu dem drittenn artickel sprechenn wir scheppenn zu Magdeburg ein recht: Das die rathmanne vonn Thornn nicht mogen setzenn wilkör, die leib unnd lebenn[8] angehet, aber sie mogenn woll uber die vorgeschriebene stucke unnd uber annder dinng, die Magdeburgisch recht anntretenn, die inn irer stadt uberwachsenn sinndt, setzenn wilkör unnd busse bey gelde ader bey ausweichen aus der stadt ader dergleich sonnder volwort ires burggravenn, aber die ding, die geistlich recht antretenn unnd weltlich recht nicht anrurenn[9], dorauff mogenn sie keine wilkör nicht setzenn. Vonn rechts wegenn. Zu dem virdenn artickel sprechenn wir scheppenn zu Magdeburg ein recht: Das die rathmanne vonn Thornn wol mogenn vorbitten den kauffleuthenn, die geste seint, das sie in irer stadt kauffmannschatz zu der stadt burger schadenn zu viel nicht hannthierenn, unnd mogenn auch falsche kanffmannschafft wol vorbitten unnd dorauff setzenn busse als weichenn aus der stadt oder gebenn soviel geldes X mark, minner ader mer, ader dergleich, aber kein busse mogenn sie setzenn dorauff, die an gliedt ader ann leib gehenn, annders denn als das beschriebenne recht ausweiset, das mann felscher richtenn soll. Vonn rechts wegenn. Das dis recht sey nach Magdeburgischem rechte, das zeugenn wir scheppenn derselbigenn stadt mit unserm ingesiegel, das wir ann diesem briff habenn henngenn lassenn nach gottes geburt MIIIC unnd inn dem LXIII. jare des mitwochs nach unnsers hern himmelfart.

I. 1. 16.

Dr 30 [*Th 63*]. Wir scheppen der stad zcu Magdeburg bekennen yn diszem brieve, das wir umb recht gefroget seyn yn dissen nochgeschreben worten: Eyn man, der do sweret uff den heyligen vor den radmannen, das her recht geschost habe von seynem gute. alz zcu uns gewanheit ist,

---

[*I. 1. 11.*] 3) *Rβ* adir welchirley wilkor unde wy hoge busse. 4) ader -- mehr] *f. Rβ* 5) *Rβ* sy. 6) *Rβ* den w. uff legen. 7) *Rβ* andern gedrangen. 8) *Rβ* ledt. 9) *Rβ* en ruren.

und der man stirbit und[1] mer gutis vunden wirt, wenne her vorschosset hatte mit seym eyde meir wen eyns yn seyner gewer, die her lys noch seynem tode, ab das selbe vorlewckente und vorsworne gut die radmanne nemen sullen adir des selben toden mannes erbeling, seyn gemante tachter, wen der selbe seyner tachter man vor sich und seyn weip des gutis offinberlich czwir vorleuckente[2] vor den radmannen das selbe vorleuckente gut mynner[3] zcu vordern umb das sie ym von dem selben gelde, das vorleuckynt was, hulfen gelden und aberichten vorschoste schult, die ym nicht vorgulden mochte werden, was hyrumme eyn recht sey. H. sp. w. sch. zcu M. e. r. Nympt[4] der radmann eynes mannes eyd, das her seyn gut nach der stad gewonheit und wilkor vorschosset habe und wirt denne noch seynem tode meir gutis gefunden, wenne her vorschossit hat, des gutis sullen die ratmanne nicht nemen, meir das sullen seyne erbe behalden; hat abir der tachter man mit des selben seynes weibes willen vor gerichte adir vor eynem siczenden rathe des vorleuckenten geldis sich ab[5] gethan, zo mus daz alzo[6] bleyben den radmannen zcu der stad nucz, alzo das vorwillekort ist. Von rechtis wegen.

I. 1. 22.

Rw 30 [*Rβ 16*]. Vortme habenn unns die vonn Thornn gefraget ab unnsere burger gemeine arm unnd reich geschuldiget[1] baussenn der stadt inn auswendigenn gerichtenn ader inwenndig der stadt vor unsernn richternn, ab ein itzlich man zu anntwort solle kommenn vor sich selbenn und sich enntredenn ader ab die rathmanne alle oder ir ein teil vor die gemeinenn burger anntwortenn mogenn unnd die meinhait entredenn, ader was dorinn recht umb sey. Hirauff sprechenn wir scheppenn zu Magdeburg ein recht: Beschuldiget mann eine stadt gemeine arm unnd reich inn einem auswendigenn gerichte ader inwendigenn gerichte vor eurenn richtern, so magk der stadtmeister einenn ader zwene zu sich nemenn aus dem rathe, die[2] des jares rathern sein, und mag noch Magdeburgischem rechte anntworten vor die gemeinenn börgere auff gewin unnd auff verlust, des sollenn in die anndern rathmanne unnd die gemeinenn borgere macht gebenn, so dörffenn sie alle beysunndern nicht zu anntwort kommenn. Von rechtes wegenn.

I. 1. 23.

Rw 34 [*Rβ 20*]. Auch habenn unns dieselbenn rathmanne von Thornn[1] fragenn lassenn, ab der compthur von Nessau ader ein annder mann die bürger aus der stadt gemeine lude ader itzlichenn besundernn aus weichbilde rechte inn ein ander gerichte zu unnrechte unnd sie zu schaden brechte, ab der herre oder wer das thut den schaden icht solle widerlegen unnd ab man in darumb beclagenn moge ader nicht. Hirauff sprechenn wir scheppenn zu Magdeburg ein recht: Sitzenn zwene manne inn eim gerichte, ledet einer den anndernn inn ein auswenndig gerichte unnd brinnget in inn die stadt, der sall dem richter sein gewette gebenn unnd ieme, den her inn den schadenn bracht hat, seine busse unnd sall in aus den schadenn brinngenn; ist aber das ein mann sitzet inn auswenndigem gerichte, ledet der einenn mann aus weichbilde rechte inn ein

---

[*I. 1. 16.*] 1) *Th fh.* noch seynem tode. 2) *Th* vorlobte. 3) *Th* nymmer. 4) *Th* nemen dy radmanne. 5) *Th* abeczewt getan ader macht. 6) *Th* gelt. — [*I. 1. 22*] 1) *Rβ* beschuldiget wurden. 2) *Rβ* der das jor ist. — [*I. 1. 23.*] 1) *Rβ fh.* geschrieben und.

annder gerichte unnd brinnget in zu unrechte [2] inn schadenn, dor mag her in wider inn weichbilde rechte ader wo her en zu rechte habenn mag umb beclagenn unnd was im denne in dem gerichte, do her in wider beclaget, gefunndenn wirt vor ein recht, dar mus her im an genugenn lassenn. Ist aber das der compthur vonn Nessaw ader ein annder geistlich mann die burger aus der stadt ledet zu unnrechte inn ein annder gerichte, sint her ein geistlich mann ist, so mag mann in dorumb beschuldigenn vor seim obirstenn geistlichenn herrenn ader richter unnd was do gefunndenn wirt, das her dorumb leidenn soll, do mus sich die stadt an genugen lassenn noch dem rechte, do es gefundenn wirt. Vonn rechtes wegenn.

I. 1. 25.

Dr 2 [*S 92. 3, 4; C III. 46, 47; M. Br. Schr. III. 2. 9, 10*]. Vortmeir habit ir uns geschreben yn ewerem briffe yn alsogetonen worten [1]. Die radmanne, die vor uns yn yeme rathe gesessen haben [2], die han eynen unser burgere beschuldiget und vor gerichte bekundit umb eyne sache [3], das her vor eynen vollen rathe bekante, do her seynes herren koniges vor Cracaw anewelde wer gewest, do hatte her gemacht drey [4] sparbuchsen, die völte her und behilt ym selbir die czwu, die dritte gab her seynem herren dem konige. Hiruff spreche wir vor eyn recht: Do der burger vor dem vollen rathe, der vor euch was, bekante, das her hette behalden czwu gefülte buchsen vnd die dritte dem konige gegebin, do was is dewbe vnd mochtet obir [5] en habin gerichtit. Schuldiget en nu der alde rad adir der newe [6], bekente her das, das her vor dem vollen rathe bekant hette, das geyt ym an seynen leip, vorsachit her is, so wirt her des vnschuldig uff den heiligen alz recht ist vnd der alde rad mag nu nicht uff en geczewgen [7], wenne sie nu yn dem rathe nichten sind. Von rechtis wegen.

I. 1. 26.

Dr 5 [*S 93. 5, 6; C III. 50, 51; M. Br. Schr. III, 2. 13, 14*]. Vorbas habit ir uns geschrebin alsus die virde sache: Hew ward genomen uff eyner wezen, do beschuldigte man en und seynen hoveman, umb das vorbant her sich vor dem rathe, bekenten seyne knechte und seyn hoveman, das her sie das hew hette heyszen nemen, her welde seynes houptes seyn bestanden und seynes liebes, des bekante der hoveman und die knechte vor dem rathe, das her sie das hew hette heyszen nemen, dornoch umb das hew unsem [1] probiste von dem thüme, alzo das her dy dewbe besirte deme probiste wissentlich. Hir. spr. w. v. e. r.: Do der burger sich des vorwilkorte uff seynen hoveman und uff seyne knechte, ab [2] sie des bekenten, das her sie das hew hette heyszen nemen, zo welde her seynes houptes bestanden seyn und seynes leybes und do sie das bekanten vor dem vollen rathe, do was her vorwunden und mochtit [3] en gerichtit han, die wyle das sie yn den rathe worn; nu ab [4] her von en komen ist und sie yn dem rathe nicht eyn seyn, wil der alde rad ader der newe en nu dorumb schuldigen, vorsacht her is, so mag her unschuldig werden uff den heiligen, bekennet her is, so geyt is ym an den leyp und moget [5] obir en richten. V. r. w.

[*I. 1. 23.*] 2) *R3* unrechtern sch. — [*I. 1. 25.*] 1) *SC fh.* Ex parte consulum civitatis Glegoviae majoris consulibus et scabinis civitatis wratislaviae salute amicabili premissa (salutem amicabilem). 2) *SC fh.* und uns dis jar gekorn han 3) *SC fh.* das ist die erste. 4) *S* die. 5) *S* dorobir. 6) *SC fh.* vor gerichte. 7) *SC* beezugen. — [*I. 1. 26.*] 1) *SC* bannete und bin in unser probest. 2) *C* do. 3) mochten; mochte 4) her abir. 5) *S* mag.

I. 1. 27.

A, Dr 7 [*S 94. 1, 2; C III. 54, 55; M. Br. Schr. III. 2. 17, 18*]. Hir obir had ir uns geschrebin alsus: Der vorsprochen sachen had her sich yn eyme siczenden rate dem[1] rate und der stad yn ir gnade gegeben; nu bitte wir euch, das ir uns eyn recht herwedir schrybit, was her umb die sache bestanden sey adir wie wir richten sullen mit eym[2] adir wie die gnade seyn sulle. Hiruff spreche wir eyn recht: Alle die vorgerurten[3] stucke moget ir richten so, alz sie by vorgeschrebin stehn und bekennet her des, das her sich dem rathe und der[4] stad zcu gnaden habe gegeben, die gnade stheyt an euch und ir moget sie mynnern adir meren[5], bekennet her is nicht und ist her von euch komen, so mag her is unschuldig werden[6] uff den heiligen. Von rechtis wegen.

B, Dr 8 [*S 127. 1; C III. 56, 57; M. Br. Schr. III. 2. 19, 20*]. Vorbas habit ir uns geschrebin yn also gethonen worten:[7] Wir bitten euch noch umb eyn recht uff das erste: Unser[8] herre der herczog und unsers herren des konigis hoverichter troten vor gerichte und haben ouch die vordirsten sachen, die yn dem andern brieve geschrebin sint, zcu demselben manne unsern burger gefordirt und haben eyn recht[9] heyszen teylen alzo, als sich der selbe man yn[10] des rathis und yn der stad gnade habe gegeben der sachen, wenne nymant denne got und die hy[11] gnade thun mogen und die sachin leybe gelede[12] und gut und ere antreten, wes her kegen dem herren bestanden sey. Hir. spr. w. e. r.: Schuldiget der[13] rad eren burger umb broch, den her gethan had kegen der stad und gebit sich dorumme yn ere gnade und nemen sie yn zcu gnaden, sie mogen wol gnade thun; gevellet ich dorabe, do hat der herczoge adir des konigis hoverichter nicht an und her ist dem herren nicht dorume bestandin[14], das her sich yn der stad gnaden[15] had gegeben. Ouch wil der herczoge adir der hoverichter den man ewern burger ichtis beschuldigen vor gerichte, do sal her ym umb antworten und sie sullen von ym nemen, das recht ist Von rechtis wegen. Und wiszet, das manch man gnade thun mag an die heren. Das dis recht ist, daz gezewge wir mit unsrim ingesegel.

I. 1. 28.

Rw 45 [*Rβ 35*]. Ein herre, welcher handelunge her wore, gebe seinenn unndersessenn leutenn hantfestenn unnd brive, uber was sachenn das were; darnach enntstunnde zvivil in den brieffenn auszulegenn zwischenn dem herrenn unnd den leutenn; nu wolde der herre selber ader seine juristenn die brive unnd hanndfestenn auslegenn und die leuthe besorgenn sich, das des herrenn juristenn die brieffe auslegenn mochtenn dem herrenn zu fronienn, und dem her die brieffe gebenn, zu schadenn, ab nu der[1] selber ader seine juristenn ader legistenn die brive auslegenn sollenn unnd den zweiffel zu enntschliessenn, ader wer das thun solle vonn rechts wegenn.

[*I. 1. 27.*] 1) d. r.] *f. C.* 2) *S* rechte; m. e.] *f. C.* 3) vorgeruckten; vorgefurten. 4) *SC* in der stad gnode geg. h. 5) *SC fh.* und des habit ir macht. 6) *C fh.* also r. ist. 7) *C fh.* Ex parte consulum civitatis Glogovie consulibus et scabinis civitatis Wrat salute premissa. 8) *S* unser h. d. h. und des k. h. sint getreten vor recht und eyner unsir burger der sich in unsir gnade und in der stad gn. gegebin hat und haben en e. r. h. t. 9) *C fh* urteil. 10) *S* czu gnoden geg. hat der sachen; *C* czu gn. und in des r. und in der st. gn. geg. hatte der sachin 11) *SC* hirren. 12) *f. S; C* und leyde. 13) d. r.] *S* her. 14) vorfallen. 15) *E fh.* und in des ratis gn. — [*I. 1. 28.*] 1) *Rβ fh.* herre.

I. 2. 1.

A, Dr 115b. Wie vil der scheppen mogen seyn, do mete der richter moge eyn ding gehegin zcu dem mynsten. H. sp. w. e. r. Der scheppen sullen czum mynsten *u. s. w.* — 115c. Vort meir froget ir uns, welche czeit und wie lange czeit die scheppen siczczen sullen. H. sp. w. e. r. Die scheppen sullen zyczen zcu rechte von der czeyt alz das ding an gehegit ist und der richter richtet bey des tagis lichte. Von rechtis wegin [*Gleichlautend Dr 198*]. — *194.* Vort meir ir habit uns gefrogit, wie und yn welchen worten man ding hegen zulle zcu Magdeburgischem rechte. H. sp. w. e. r. Wenne der *u. s. w.*

B, Th 168. Fruntlichen grus czuvor. Lyben fründe, ir habit uns gefrogit, wy und yn welchen worten man ding hegin sülde czu Meydeburgischem rechte. H. sp. w. sch. zcu M. e. r. Wenne der dingtag *u. s. w.* *169.* Vort mehe frogit ir uns, wy vil gesworne scheppin dorczu seyn süllen czu dem mynsten, das der rychtir iczliche sache richten moge. H. sp. w. sch. zcu M. e. r. Der scheppen sullen czu dem mynsten *u. s. w.* — *170.* Vort mehe frogit ir uns, welche czeyt und wy lange sye siczczen süllen. H. sp. w. sch. czu M. e. r. Die scheppen zullen zyczczen von der czeyt czu rychten an also das ding gehegit und der rychtir rychtit bey des tagis lichte. Von rechtis wegen.

I. 2. 5. und I. 5. 5.

Dr 192 [*Th 155—157; S 148. 2—4*]. Vort meir ir habit uns gefroget rechtis noch diszen worten: Eyn enelendir man wart kamphertig wunt yn der stat, do [1] vordirte der richter mit seynen vorsprechin durch enelendis wille und bewarte do selbist yn der vorderunge, ab sich die smercze hoete, das sich auch die clage salde hoen und dem beschuldigtem manne wart tag geworcht [2] obir twer nacht. Des andern morgens quam der beschuldigte man vor. Des beclagte yn der richter durch seynen vorsprechen yn seyn antwort. [3] Des bot der beclagte man slecht zeyne unschult. Do wart ym geteylit, mit czweyn fingern uff den heyligen. Do her sweren sulde, do begerte her tag kegen dem richter, der wolde ym keynen tag gebin und hysch en zcu dem rechte zcu dem ersten, zcu dem andern, zcu dem dritten, czu dem virden mole. Do her des rechten nicht thun wolde, do stunden die scheppen uff, wenne sie der richter vorbas umb keyn orteil frogte. Des saczte en der richter yn dy frone [4] und thet keyn gerichte zcu ym. Dornoch starp der gewunte man und do des selbin toden vorspreche den beclagten vordirn zulde, do hat her gelt genomen von dem wedir teyle und entweich von der vorderunge, alzo her selbir bekant hat yn der frone vor dem richter und czweyn scheppen. Dornoch machte en der richter dingphlichtig vor gehegter banck und beschuldigte en dorumb. Des bekante her abir, das her das gelt genomen hatte und sprach, her hette yn der bichte vorlobit, das her keynem manne noch seynem halse teydingen welde, und gap sich dem richter [5] yn gnade umb die sache. Nu bitte wir, ab der richter dorumb icht bestanden sey, das her nicht zcu hant gerichtet hat und ouch der vorspreche umb das gelt, das her genomen hat, und der sache nicht [6] vor-

---

[*I. 2. 5.*] 1) *ThS* den. 2) *S* geworbin. 3) *S fh.* slecht. 4) *S fh.* gewalt. 5) *S* gerichte. 6) *S* recht.

vordirt hat, wenne dornoch der morder von koniglicher[7] gewalt und bete ledig wart. Hiruff spreche wir eyn recht: Wirt keyn gesworner richter vor syme obir richter *u. s. w.* — Vort meir umb den vorsprechin spreche wir eyn recht: Noch dem male der vorspreche bekant hat *u. s. w.* (*I. 5. 5.*)

I. 2. 7.

Dr 180 [*Th 26*]. Vort meir liben frund, ir habit uns gefrogit umb recht noch diszen worten: Ab eyn man eyne voyteye hette yn eyner stat bynnen wigbilde[1] adir[2] halb adir gancz erblich[3] zeyn were, der her gnosse an molen, an czinse zundir der auswenig[4] eyn andir gnosse, der das gerichte von seyner wegin sesse, und her doch selbir die voyteye vordynthe[5]; der selbe erb voyt wolde leyden mit der gemeyne an geschosse und an andirn dingen gleich andern burgern, ab der selbe voyt moge schencken adir gewant snyden adir andir ebentewir phlegin yn der stat adir ab ym das die stat und die gemeyne weren mochte yn sulchir weis, das sie keyn schos von ym nicht nemen welden, andirs keynir weis weren mogen, wie sich das uff eyn ende irvolgen mochte. Hiruff spreche wir eyn recht: Eyn burger der yn der stat hat gerichte und voyteye erlich[5a], dem mag man gewant sneyden, sencken[6] noch andir narunge dorumb nicht weren, das her das gerichte hat, mer her mag so getaner handelunge und narunge gebruchin gleich andern burgern ab her recht und phlege dovon thut, alzo do recht und gewonheyt ist. Von rechtis wegen.

I. 2. 16.

A, *Rw 16* [*Rβ 3*]. Fortmehr sein wir gefraget, umb was sachenn der burggrave einenn geschwornenn scheppen inn der stadt vorweisenn[1] mit rechte aus der banck. Hierauff sprechenn wir scheppenn zu Magdeburg ein recht: Der burggrave mag keinenn scheppenn vorweisenn[2] aus der banck, es sey denne, das der unthat begangen habe, davon ehr rechtlos oder schalbar worde, als diebe, raube, meineidt adir desgleich unnd des vor gerichte uberwunden wurde mit rechte, so solde man den aus der banck weisen. Vonn rechts wegenn.

B, *Rw 18* [*Rβ 5*]. Aber fortmehr habenn sie unns gefraget, ab der comptur als der burggrave den gekornenn schultissenn dis jar vonn der stadt, den her bestettiget[3] hat und der seinenn eyd gethan hat darzu, moge absetzenn unnd umb was sache her im das gerichte moge nemen. Hierauff sprechenn wir scheppenn zu Magdeburg ein recht: Der burggrave mag den schultes nicht abesetzenn noch seim willen; mehr wil her denn schultes schuldigen, das sal her thuen in seines selbs burggravenn dinnge, do soll im der schultes antworten; mag mann denne sulcher missethat vorwinnenn noch scheppen ortel, do von her schalbar oder rechtlos sey, so sal man in absetzenn. Von rechts wegenn.

I. 2. 17.

A, *Rw 14* [*Rβ 1*]. Wir scheppenn der stadt zu Magdeburg bekennen, das die vorsichtigenn und erwirdigenn rathmanne zu Thornn unns gefraget habenn umb recht inn solchenn nachgeschriebenenn wortenn: Als wissenntlich ist, das wir unnd unnser stadt Thorn mit Magdeburgischenn rechte sinnt besatzt unnd belehnet, des hatte wir nach gewonnheit ge-

[*I. 2. 5.*] 7) *Th* von volkommelicher bet u. gebot; *S* von k. bethe u. g. — [*I. 2. 7.*] 1) *Th fh.* recht. 2) *Th* dy. 3) *f. Th.* 4) *Th* busse. 5) *Th* vordingete. 5a) *Th* erblich. 6) *Th* schencken — [*I. 2. 16.*] 1) *Rβ* vorwerffen moge. 2) *Rβ* vorwerffen. 3) *Rβ* geliebet.

korenn einenn erbarnn mann unsernn burger zu schultissenn das jar, den unnser her der comptur also burggrave belehnet unnd der that seinenn eydt in kegennwertigkeit des compthurs als recht ist. Des begab sich ein geschicht, das derselbe schultes zu teidinngenn hatte mit eime unnsernn burger inn der stadt umb gelt; zu der teidinnge satzt der schultes einenn anndern richter inn des burggravenn kegennwertickeit; vor dem richter erforderte her sein geldt unnd volenndet alle seine teidinnge noch scheppenn ortel ann rechter dingestadt. Darnach sprach der compthur den schultissenn an umb sache, die ehr zu im hette zu sachenn, und nahm im das gerichte; des zogenn des schultissenn freundt an unnsernn herrenn den hoemeister den obirstenn hernn des lanndes unnd batenn seine genade, das der schultheis bey rechte unnd bey gnadenn bleibenn mochte. Do sprach der oberste herre inn der compthurs kegenwertickeit unnd der freunde: her compthur, ir durfft darumb inn die stadt nicht gehenn, lasset euch ein dinng hegenn auf der burg, wes ir zu schultis zu sachenn habt. Das widersprochenn seine freunde nicht, sonnderenn sie dannckten unnserm herrenn, das ire freunde bey rechte sollenn bleibenn, des wil der compthur den schultis aus der stadt gezihenn auff die burg mit im zu teidingenn unnd spricht, das der stadt gerichte kein gerichte unnderthan sein solle unnd zu seim willenn stehenn solde das gerichte zu legenn, wo her wolde, unnd nehme nu zu hulffe diesen artickel beschrieben inn unnsers lanndes hanntfesten: „Item statuimus ut quilibet homo hereditatem a nostra domo habens fratribus solvat exinde unum nummum Colmensem vel pro eo quinque Culnenses et pondus duarum librarum cerae in recognicionem dominii et in signum quod eadem bona sua habet a domo nostra et nostrae debeat jurisdictioni subesse." Auch wil der compthur etliche freundt des scholtissenn, die ann seynenn teydingen gewest sinnt, zihenn auff die burg, die doch nicht kegenwertig gewest sint, do unnser herre der hoemeister hies den compthur das dinng legen auff die burgk. Hirumb so bitte wir, das ir uns ausrichtunge wollet gebenn zu [1] dem erstenn ab der obirste herr unsers lanndes, unnser herre der hoemeister die gewalt moge habenn vonn rechts wegenn zu heissenn den compthur als einenn burggravenn, das her der stadt gerichte auff die burg ader anderswo, wo her wil, gelegenn möge ein ding im zu hegenn nach seinenn willenn unnser burger do zu beteidinngen aunders denn ann rechter dingestat umb sachen, die in der stat gescheenn sinndt, ader ab der compthur, unnser stat burggraffe vonn macht des burggravenn ampts vonn rechtis wegenn der stadt gerichte moge legenn auff die burg ader annderswo, wenn [2] der schultes unnd seine freunnde allewege zu recht sich erbittenn inn der stadt ann rechter dingestat, wennte wir inn unnser hanntfesten des lanndes zu bewerunge unnsers rechtes einenn artickel habenn in sulchen wortenn: „Hinc est quod eisdem civitatibus hanc indulsimus perpetuam libertatem ut earum cives eligant sibi in eisdem civitatibus singulos judices anuatim qui domui nostrae comunitati civitatum competant earundem." Was hirumb nu recht sey bittenn wir unns zu entrichten. [2] Hierauff sprechenn wir scheppenn zu Magdebnrg vor recht: Noch dem mole die stadt Thorn Magdeburgisch recht hat, so soll der stadt burggrave sich des nicht heissenn lassenn, das ehr umb sachenn, die inn der stadt gescheenn sinnt, baussen der stadt ding lege,

[*I. 2. 17.*] 1) *Hier beginnt Lβ* 2) wenn — entr.] *f. Rβ*

wenn der burggrave sal zu rechter zeit inn rechter dingestadt binnenn der stadt sein dinng hegenn unnd da richtenn als recht ist. Vonn rechts wegenn.

B, Rw 15 [*Rβ 2*]. Fortmehr sein wir gefraget, ab die scheppenn pflichtig seinnt in der stadt dem burggraven ortel zu fragenn [3] auswendig der stadt ader ab her annder scheppenn nemenn mochte noch seim willenn, was recht sey. Hir sprechen wir scheppenn zu Magdeburg ein recht: Das die scheppen der stadt Thornn sein dem burggravenn baussenn der stadt kein orteil pflichtig zu finden. Von rechtes wegenn.

I. 2. 18.

Rw 24. Auch habenn uns die rathmanne lassenn fragenn also: Wisset das herrenn in viel dorfferenn unnd städte, die zum Colmischenn rechte legenn, habenn den leuten gelegenn die cleinenn gerichte, das ist die cleinen broche, unnd ann den grossenn brochenn den drittenn pfennig, ab nu die vier schillinnge, die man dem richter zu wetten gibt, sollenn heisenn unnd sein grosse broche oder cleine. Hierauff sprechenn wir scheppenn ein recht, das der schultes, die in weichbilde rechte ein richter ist, der erwirbt nach Magdeburgischem rechte zweierley brochenn vonn gerichts halbenn; seine hochste broche, die her gewinnen mag in etzlichenn sachenn, ein wergelt, das ist achzehenn pfunndt pfennige; so gewinnt her inn etzlichenn sachenn gewette, ein gewette ist acht schillinge, so nimpt her denn vier schillinnge vor das gewette, das ist ein cleine broche unnd hort zu denn hogstenn brochenn nicht. Von rechts wegenn. Das alle diese ortel recht sein nach Magdeburgischem rechte, das bezeuge wir scheppenn derselbenn stadt mit unnserm inngesiegel, das wir henngent haben ann diesem brieff.

I. 2. 20.

Rw 40 [*Rβ 30*]. Unnsernn freundtlichenn grus mit diennste zuvor. Ir habt unns geschriebenn einenn artickel aus euer hanndtfestenn, von eur herschafft gnadenn gegebenn uber eur stadt freiheit, der lautet also: wir vorleihenn unnd gebenn von sunnderlichenn gnadenn ewiglichenn unnsernn liebenn getreuenn rathleutenn unnd burgernn der aldenn stadt Thornn durch ireun getreuenn dinnst, den sie unns dicke haben gethan unnd noch thun sollene, das gerichte gros und clein zu richten uber alle broche, die do gescheenn auff aller irer freiheit irer stadt in allenn stettenn binnenn der stadt grenntzen, doch also beschedennlich, welche leute aus derselbigenn stadt zihenn unnd wegefertig sein geritten oder zu fusse zu wanndernn wegreisenn aus der stadt grenntzenn, der leute broche unnd missethat sol richten [1] der lantrichter. Nu ist geschehenn das ein mann wonennde inn derselbigenn unser freiheit unnd gerichte, der ist geganngen aussenn unnser grenntze umb sein werb unnd ist herwider kommenn inn die stadt, do unnser herschafft das gerichte hat, unnd trannck do unnd ginng aus der stadt inn unnser gerichte unnd wolde gahnn zu hause inn dasselbig unnser gerichte unnd [2] er kam in seine wohnunnge, do wart der mann angefertiget unnd gewunndet vonn etlichenn seinenn nachparnn inn demselbenn gerichte gesessenn; des gerichts zeuht sich zu der lanndtrichter unnd spricht, sinntemol das der mann aussenn der stadt grenntze ist geganngenn inn sein werb unnd nicht wider ist gekommenn inn sein haus ader wohnunnge unnd sey erst gewest inn der stadt, so sey

---

[*I. 2. 17.*] 3) *Rβ* vinden. — [*I. 2. 20.*] 1) *Rβ* echten 2) *Rβ fh.* ehe.

her[3] wegefertig gewest unnd gebure im zu richtenn. So meine wir, sint der zeit das der mann wider ist kommenn inn unnser gerichte, do her inne wonet unnd das unngerichte do ann im gescheen ist, so sey her kein wegefertig mann nicht unnd gebure unns zu richtenn. Was hirumb recht sey. H. sp. w. sch. zu M. e. r. Alle unngerichte soll mann erst clagenn unnd richtenn inn dem gerichte, do das geschicht, ab mann des rechtes bekommen mag, dorumb mag der lanndtrichter der sache unnd unngerichte inn sein gerichte nicht zihenn, das inn euer stadt gerichte unnd grenntze gescheenn ist. Von rechts wegenn.

I. 2. 21.

A, *Rw 19* [*Rβ 6*]. Fortmehr habenn sie rechts gebetenn umb die obenngeschribenn artickel; auch will der compthur etzliche freunnde des schultissenn die mit im gewest sein ann seinenn teidingen zihenn auff die burg, ab das gesein moge vonn rechts wegenn. Hierauff sprechenn wir scheppenn zu Magdeburg ein recht: Wil der compthur der burggrave des schultissen freunnde ader einigenn burger zu Thornn umb sachenn, die inn der stadt geschenn sinnt, schuldigenn, das sal her thuen zu rechter dingstadt vor gehegtem dinnge binnen der stat und her sall sie darumb inn baussenwenndig gerichte nicht zihenn. Vonn rechts wegen. Auff[1] eine orkunnde des das dis recht sey, so habenn wir obenn benannte scheppenn zu Magdeburg unnser inngesiegel hanngen lassenn ann diesenn brieff. Noch unnsers hernn Christi geburt ann dem 8. tage unnser lieben frauwen sancte Marienn himmelfart, als mann schreib dreizehenn hundert jar und neun und siebenzigk jar.

B, *Rw 29* [*Rβ 15*]. Wir scheppenn der stadt Magdeburg bekennenn offenntlich allenn leuten in diesem brieffe, das die erbarnn leute rathmanne der stadt vonn Thornn unns habenn berichtet unnd fragenn lassenn inn diesenn nachgeschriebenenn wortenn: Sinnt die von Thornn Colmisch recht habenn unnd die von Colmenn Magdeburgisch recht habenn unnd die vonn Thornn habenn einen oberhern unnd einenn burggravenn und einenn richter, die gerichte pflegenn zu sitzen in der stadt, so bitte wir euch erbarnn scheppenn zu Magdeburg, das ir unns berichtet durch gott unnd durch des rechtenn willenn, ab nu ein baussennwenndig herre, der unnser herre noch unnser richter nicht ist, unnser burger vonn Thornn gemeine oder etzliche besonndernn moge ladenn aus unnser stadt inn sein gerichte ader inn ein annder baussennwenndig gerichte umb sachenn unnd geschichte, die inn der stadt ader inn der stadt freiheit gescheenn ist unnd dar gerichtet wirdt, sinndt wir[2] nihe rechtes gewegert habenn vor unnserm burggraffenn unnd unnserm schultissenn, die unnsere richter seinnt, unnd wir unns zu rechter anntwort vor unnsernn richternn erbotenn, ab mann vonn unns vor unnsern richternn[3] icht nemenn solle unnser anntwort ader was recht sey. Hirauff sprechenn wir scheppenn zu Magdeburg ein recht: Sinnt die stadt von Thornn Colmisch recht hat unnd die vonn Colmenn Magdeburgisch recht habenn unnd die von Thornn einenn oberherrenn unnd einenn burggravenn unnd richter habenn, vor den sie sich zu rechter anntwort boten unnd sich rechtes nicht wegernn[4], so mag der borger keinen ein auswendig herre, der ir herre noch richter nicht ist, ladenn

---

[*I. 2. 20*] 3) *Rβ fh.* noch — [*I. 2. 21.*] 1) Auff — jar] *f. Rβ.* 2) *Rβ fh.* yn. 3) *Rβ* rechten. 4) *Rβ* entwenden.

aus der stadt inn sein gerichte ader inn eins anndernn hern gerichte umb eine sache, die inn der stadt Thorn ader in der stadt freiheit gescheenn ist unnd dar gerichtet wirt, noch umb sachenn, die dem bauswendigenn herrenn nicht zu richtenn gebörenn; ist aber das börger erb oder eigenn habenn inn der bauswenndigenn herrenn gerichte, worde das erbe unnd [5] angesprochenn, do mag mann sie zu ladenn, so sollenn sie do anntworten vor ire eigenn unnd erbe noch Magdeburgischem rechte unnd annders nicht. Von rechts wegenn.

I. 2. 22.

Rw 21 [*Rβ 8*]. Wir [1] scheppenn zu Magdeburg bekennenn allenn leuten offenberlich in dieser schrifft, das die vorsichtigenn leute die rathmanne der stadt Thornn habenn geschribenn in irem brive unnd inn diesen worten: Wissenn solt ir, das die dorfere inn dem lande legenn zu Colmischen rechte unnd die vonn Colmenn habenn Magdeburgisch recht. Ab nu leute werenn, die do dorffer hetten zu Colmischem rechte mit allem nutze unnd mit allem rechte; in den dorffernn geschegenn ungerichte binnenn des dorffs zeunenn inn der strasse, vor den krugenn ader vor eim andern hause ader inn dem wege binnenn des dorffs grenntzenn, das es binnenn dem blocke, das zu des dorffs gerichte gehort, geschicht, ab das ungerichte des dorffs herre, der es mit allem rechte unnd mit allem nutze hat, icht billicher richtenn soll wenn der gemeine lantrichter ader was dar recht umb sey. Hierauff sprechenn wir scheppenn zu Magdeburg ein recht: Sinndt leuthe, die dorffer habenn im lannde mit allem rechte unnd nutze, die zu Colmischem rechte legenn, unnd weil dann die vonn Colmenn mit Magdeburgischem rechte besatzt sind, so sollen die dorffer auch Magdeburgisch recht habenn. Darumb geschicht ein ungerichte binnenn des dorffs zeunenn inn der strasse, vor dem kruge ader vor einem anderun hause ader inn dem wege binnenn des dorffs grentzenn binnenn dem blocke [2], der zu des dorffs gerichte gehort, das ungerichte sollenn richtenn die leute, die da dorffer habenn nach Magdeburgischem rechte mit allem rechte unnd mit allem nutze, unnd der gemeine lanntrichter sall das nicht richten noch Magdeburgischem rechte. Vonn rechtes wegenn.

I. 2. 24.

A, *Rw 44* [*Rβ 34*]. Vortmer als wir habenn zu richtenn alle broche gros unnd clein noch laute unnser hanntfestenn inn unnser freiheit unnd [1] der stadt grenntze, nu spricht unnser herschafft, wir habenn keine gnade nicht zu thun inn demselbenn unnserm gerichte ann keinerley bröche; so meine wir, sinnt der zeit das unns die herschafft das gerichte in unnser freiheit besiegelt unnd vorbrieffet hat unnd zu richtenn bestettigt uber alle broche gros unnd clein, so mögenn wir den leuten fort gnade thun an allenn brochenn, als wir vormals habenn gethann, ane wissenn unnd zuthun der herschafft von rechts wegenn. Hirauff sprechenn wir scheppenn zu Magdeburg ein recht: Nochdemmole das gerichte unnd broche vonn dem gerichte fallennde eur sinnt, so moget ir den leuten wol gnade thunn inn [2] den brochenn, ab das dem cleger ann seim rechte nicht schedlich

---

[*I. 2. 21.*] 5) *Rβ fh.* eygen. — [*I. 2. 22.*] 1) *In Rβ lautet die Fr.*: Ap leute dy do dorffer haben mit allem nutze und rechte mogen richten ungerichte yn den selben dorffern gescheen. 2) *Rβ* bocke das an das. — [*I. 2. 24.*] 1) *Rβ* under. 2) *Rβ* von.

sey, unnd bedurffet der herschafft volwort darzu nicht. Vonn rechts wegenn.

B. Rw 50 [*Rβ 40*]. Scheppenn zu Magdeburg. Freunndtlicher grus sey vor. Eur frage umb recht ist inn diesenn wortenn: Ein mann habe ein gerichte vonn seime oberstenn hern des lanndes inn dorffernn ader inn stedtenn unnd doruber habe eine hanntfeste vonn dem herrenn befestiget, das her zu richtennde habe uber alle broche gros unnd clein, die do gescheenn innwenndig des guts grenntzenn unnd blocke inn allenn enndenn: der obirste herre spricht, der mann hette keine gnade zu thun in dem gerichte ane der herschafft willenn, wen[3] keine gnade inn dem brieffe uber das gerichte im gegebenn nicht stunde, sunnder des gerichts bekennte er im zu richtennde uber alle broche. Der mann sprach: herre, mein vorfarenn unnd ich habe es vonn eurenn vorfarenn unnd vonn euch wol XLVIII jar besessenn unnd gehaldenn ann alle ansproche unnd hindernisse bis zu diesser zeit unnd habenn gnade gethan allenn leutenn ann allenn brochenn, doch mit der cleger willenn. Der herr anntwortet, der mann hette keine gnade zuthun. Der man spreche, die gnade inn dem ist mir nicht verbotenn, ir bekennet mir des gerichts gros unnd cleine zu richtenn uber alle broche, hab ich denne das gerichte, so hab ich auch gutlich zuthun allen leutenn ann den brochenn. Unnd spreche: herre, was sol die gnade sein, der ich nicht zu thun habe. Der herre spreche: du hast wol gehort, was ich sage. Ab nu der mann, der das gerichte hat, den leutenn gnade thun moge, als her gethann hat bisher, es sey ann todschlegenn, wunndenn, lembdenn, geschwulst[4], festunge, bezuckt[5], unnd ann allenn ungerichtenn, die do gescheenn mochtenn in dem gerichte nichts ausgenommenn, unnd was gnade sey, wer die hat zu thuen. Hirauff sprechenn wir scheppenn zu Magdeburg ein recht: Nochdemmole das gerichte unnd broche vonn dem gerichte zuvallende gros unnd cleine zu richtenn[6] sinndt, so moget ir ann den brochenn den leutenn wol gnade thun, also doch das dem cleger ann seim rechte nicht schedelich sey, und ir bedurffet der herschafft volwort darzu nicht, und gnade heisset, das ir nichts[7] von den leutenn nemet, wenn sie gebrochenn haben. Von rechts wegenn. Besiegelt mit unnserm ingesiegel.

I. 2. 27.

Rw 39 [*Rβ 29*]. Scheppenn der stadt zu Magdeburg. Euer vorsichtigkeit hat unns geschriebenn: Ein artickel stehet inn des lanndes hanntfeste zum Colmen: so dem also ist, das wir denselbenn stedtenn die freiheit ewiglichenn han gegeben, das ir burger kiesenn in denselbenn stedtenn sunnderliche richter iherlich, die unnsern hause unnd der gemeine der stedtenn wegenn[1], denselbenn richternn habenn wir ewiglich enntwichen vonn dem drittenn teile gerichts bussenn vor die groste schuld gerichtet, die busse der minndernn missethat, die teglich heist, XII pfennige, und darunnder habe wir in allennthalbenn gelihenn alles, was der richter der auf dem dinngstule vorlest vonn iiij schillingen und darunder, dasselbige sie auch vonn unnsernnt wegenn erlossenn, sonnder vonn den grostenn schuldenn als todtschlag, blutrunnst, dergleich sol der richter ane unnser bruder samgunnst nicht erlassenn. Ab nu derselbe gekorne, geschworne[2]

[*I. 2. 24.*] 3) *Rβ* und dy hirschafft nente k. gn. 4) *Rβ* folleist. 5) *Rβ* besucht. 6) *Rβ fh.* euwer. 7) *Rβ* wynniger. — [*I. 2. 27.*] 1) *Rβ* fugen. 2) *Rβ fh.* richter.

sulche ausgenhommene sache ane der bruder wissenn erlisse unnd richte, oder ab ein mann vor todtschlag, wunndenn, lembde ader dergleich eide vonn bete wegenn doch[3] mit des clegers willenn vorlisse durch keine mite noch gabe willen unnd meinte, das her es wol thun mochte, der burggrave spreche den richter an, das ehr inn sein gerichte unnd herlickeit gegriffenn habe, der richter beut sich zu rechte, was der burggrave noch rechte auff in brinngenn moge noch scheppenn orteil darumb zu leidenn, unnd beut seinenn eydt, das hers sunnder argelist gethann unnd gerichtet habe, da will sich der burggrave nicht an genugenn lassenn. Ab nu der burggrave den richter darumb absetzen moge ader beschatzenn, was die broche darumb sey, sinnt inn allenn brochenn unnd sachenn, gros unnd clein, wergelt, wette unnd busse gesatzt[4] ist. Hirauff sprechen wir scheppenn zu Magdeburg ein recht: Irret der schulteis *u. s. w.*

I. 3. 7.

Dr 186 [*Th 37*]. Vortmeir auch, alzo wir vor geschrebin haben, wie man keynen scheppen abe seczczin mag ane vorschulte[1] sache, des sey wir undir uns gar harte irschrocken, wenne ir ewir[2] narunge auswenig des landis zuchin musset und ettliche ynwenig der stat und habin des scheppin ammecht keynen nucz noch genys, ab sich nu eyn scheppe selbir abeseczczen moge durch vorsewmnisze seyner narunge adir was hirumb eyn recht sey.

I. 3. 17.

Dr 162 [*Th 152, 153; S 135. 5; 136. 1*]. Vortmeir ewir froge steyt alzo: Hans Tropper und Hans Wollewebir habin geclagit zcu Lange Kunel[1] und zcu Hans Schabekost[2], burgern zcu Troppaw, die sint[3] mit vorsperrunge[4] des gutis der stat Troppaw dingphflichtig gemacht habin umb C marck groschen, dy die stat erem vatir schuldig were. Doruff antworten sie sprechende, das die stat die selbin C[4a] marck dem selbin Hans Schabekost[5] von der selbin stat Troppaw wegin vorgoldin hette, der do kegenwertig stund und bekante, das her das gelt entphangen hatte. Do wedirsproch Johannes Tropper und Hans Wollewebir, sie weren ny gestanden an[6] der stat, do[6] sie den selbin Schabekost mechtig hetten gemacht, das gelt uff zcu hebin, do wedirsprechen Lange Kunel und Schabekost, sie welden das beweiszen aws gehegtem dinge zcu Troppaw, das Johannes Schabekost were mechtig gemacht vor gehegtem dinge zcu[7] hebin das gelt, und vormossen sich des beweysunge zcu brengen von Troppaw aws gehegtem dinge[7]. Auch clagitten sie[8] Johannes Tropper und Johannes Wollewebir zcu dem egenanten Langen Kunel unde Schabekost umb gnys[9] von czweyn hundirt marck wegen alle jar hundirt marck uff die bleiche zcu Troppaw zcu legen und do von frey zcu nemen. Do antworten die selbin zcu Troppaw, das en die czwey[10] hundirt marck und[11] gnys von der bleiche gancz und gar beczalt wern; das weldin sie beweiszin aws gehegtem dinge von Troppaw. Die beweiszunge von Troppaw wart en geteilit. Dornoch quomen sie und brochten ir beweiszunge under der stat Troppaw ingesegil der alzo be-

---

[*I. 2. 27.*] 3) *Rβ* durch got. 4) *Rβ* geschatzt. — [*I. 3. 7.*] 1) *Th* unforscholte. 2) *Th* wenne wir nar. bey aussen landen müssen holen u. suchen. — [*I. 3. 17.*] 1) *S* bangekumel. 2) *Th* sebenkost; *S* habekost. 3) *Th* sy; *S* dese. 4) *S* swerunge. 4a) *S* czen. 5) *Th* zabikost. 6) an — do] *S* das. 7) zcu — dinge] *f. S.* 8) *f. Th.* 9) *Th* u. genys geldis XII wegen alle jar XII marg off dy bl.; *S* u. geniesz von tzwelf marcken wegin alle jor hundirt m. 10) *ThS* dy XII marg. 11) u. g.] *Th* eygenis geldis.

gynnet[12]: Wir scheppen und voyt von Troppaw bekennen etc. Do sprochin die egenanten Johannes Tropper und Johannes Wollewebir: sintdemmal das sie sich habin vormessen beweyssunge zcu brengen aws gehegtem dinge und die beweysunge undir der stat Troppaw ingesegil[13] brocht habin und die stat die selbe sache antryt, ab die stat mit erem eygen ingesegil ir eygene sache geczeugen mag und mit dem geczeugnisz volfaren adir was recht sey. Do wedir sprochen die egenanten Tropper: sintdemmal das die scheppen von Troppaw von alders her keyn eygen ingesegil gehat han und noch keyns haben und alle sachin, dy vor en geschen seyn[14] und noch geschen[14], undir der stat ingesegil bestetigit[15] sint und werden, ab sie nicht mit erem ingesegil volfaren sullen und mogen adir was recht sey. Hiruff spreche wir eyn recht: Der scheppen geczeugknisz zcu Troppaw under der stat ingesegil yn sachen, die die stat antreten selbis, ist nicht bestetigit[16] und do mogen die egenanten Tropper nicht mit ir beweiszunge[17] volfaren. Mer zullen die scheppen zcu Troppaw der stat sachin, die vor en yn gehegtem dinge geschen seyn, czeugen, do zullen sie des richters ingesegil zcu geczeugnisze habin ader eygen ingesegil mit richtere[18] dorczu machen lassen adir mit des nesten richters ingesegil, yn des gerichte sie komen mogen, do sie ir bekentnisz vor thun, ab die scheppen von Troppaw in ewir gerichte zcu geczeugene zcu[19] Crokaw selbir nicht komen wolden. Geschyt das geczeugnisz alzo, dor mit mogen die leute volfaren an ir beweiszunge. Von rechtis wegen.

I. 3. 19.

Th 206. Fruntlichen grus czuvor. Liben fründe, ir habit uns gefrogit rechtis yn desen worten: Vor uns yn gehegit ding ist komen eyn briff, der von worten czu worten also steet: Sub anno domini M°CCCLXXXV in crastino festi sancti Andree Apostoli judicium fuit bannitum per advocatum Paulum Waltdorff et scabinos submissos scilicet Johannem Peczen, Jacobum Mordebir etc. Coram quo judicio Stano Pechbörner personaliter constitutus domum suam propriam in plathea fratrum minorum domum Petri Weyngarten contiguam immediate situatam cum omnibus et singulis juribus modis et limitibus quibus eandem hactenus habuit possedit et tenuit Johannem Engelusch libere resignavit per eundem ejus heredes legittimosque successores tenendam habendam nec non in usus suos quosvis beneplacitis convertendam. Et promisit idem dictus resignans juris impedicione secundum jus civitatis et legem. In cujus rei testimonium sigillum etc. Do der briff gelesen wart, do sprach Cleppil durch seynen vorsprechen *u. s. w.*

I. 4. 5.

Th 205. Fruntlichen grus czuvor. Liben fründe, ir habit uns ümme recht gefrogit yn sulchen worten. Eyn man clagit von seynes weybis wegen czu eyner frawen yn sulchen worten: her rychtir, ich clage czu der frawen ümme eyn erbe das meyn weyp andirsturben ist von erem rechten ohmen das sy sych des underwunden hot und dorynnne zyczczit myt rechtir gewalt und bete rechtis und begere antwort. Dy clage wart bewegit. Doroff antwerte dy frawe durch eren vorsprechen yn sulchen worten: dy frawe spricht und ich an erem worte, das sye yn dem kauffe des hawsis *u. s. w.*

[*I. 3. 17.*] 12) *Th* lawtit. 13) *ThS fh.* und nicht under der scheppen ingesegil. 14) seyn — gesch.] *f. S.* 15) *S* bestercket. 16) *S* bestendig. 17) *Th fh.* und geczewgnis. 18) *S* rechte. 19) *Th* kegen.

I. 4. 8.

Th 200. Fruntlichen grus czuvor, ersamen liben frunde. Vor uns yn gehegit ding ist komen frawe Elyzabeth und clagete durch eren vormunden czu Niclos Polczer erem eydem yn sulchen worten *u. s. w.* — Dornoch czeygete der egenante N. eynen scheppin bryff, der do sproch von worte czu worte, also hyrnoch geschreben steet: Noverint quibus expedit universi quod anno domini M° CCCLXVII feria sexta infra Octavas Epyphaniae domini judicium fuit bannitum per advocatum Jacussum Kmel et per septem scabinos submissos videlicet Nicolaum Stoczil, Nicolaum Rosen, Nicolaum Grocob, Johannem Luczmanni, Johannem Engelusch, Tyczkonem Crawtanefleisch et Hankonem Trang. Coram quo judicio virtuosa domina Elyzabeth Henczlini Gleybicz pye memorie relicta Nicolao scriptore sororio suo ibidem sibi pro tutore accepto parte ab una et discretus vir Johannes Smolko civis Bewtomiensis pater jam dicti Henslini vice et nomine Katherine pueri eorundem Hanszlini et domine Elyzabeth parte ab altera principaliter constituti alias principaliter concordie unionem super divisionem bonorum predicti Hanszlini Gleybecz inter se mediantibus amicis suis et propinquis factam promulgando efficaciter confirmaverunt. Ita quod predicta domina Elyzabeth de dictis bonis ipsius Hanszlini C marcas polonici pagamenti et suum suppellectile hereditarie tenebit, habebit et pacifice possidebit ac in usus voluntarios quoslibet convertere poterit libere pro libitu voluntatis, dictus vero puer domum lapideam dicti patris sui sitam in plathea sancte crucis et mediam pannorum cameram cum LX marcis parate pecunie jure hereditario perpetuo tenebitur possidere. Tali cum condicione, quod ipsa domina Elyzabeth easdem pueri hereditates perpetuo tenebitur possidere cum LX marcis esse predictis debet tenere et habere penes se et eisdem uti quousque idem puer suus scilicet Katherina maritum duxerit vel ad annos pervenerit pubertatis, in quantum tamen eadem domina in sua viduitate permanebit. Eadem pariter domina Elyzabeth cum suo tutore predicto specialiter promiserunt pro omni minucione dictarum sexaginta marcarum sub obligacione C marcarum sue pecunie supradicte. Sepedictus pariter puer si ante dictos annos pubertatis sue migraret abs luce hac, extunc omnia bona sua mobilia devolvi debebunt secundum jus et legem civitatis impedimento quolibet quiescente. In cujus rei testimonia etc. — *Die zweite Urkunde lautet:* Nos consules civitatis Cracoviensis puta Petrus Weynricus, Göcze Czeyn, Petrus Neorsz, Albertus Fochczagil, Clemens de Alta Ecclesia et Hermannus Huttir recognoscimus presentibus, quibus expedit universis, quod coram nobis famosus Nicolaus Polczer nostri consilii socius presencialiter constitutus aperte et efficaciter confitendo se valido potentique militi domino Przedborio Marschalko yn ducentis marcis Pragensium denariorum veri mutuati debiti racionabiliter et debitorie obligari promittens ibidem idem Nicolaus cum speciali amonencia virtuose domine Katherine uxoris sue ibidem eciam personaliter existentes sub obligacione hereditatum ipsorum omnium puta domus lapidea in plathea sancte crucis, unius medie camere pannorum et unius institite sive crami eidem domino Przedborio, ut cum ipse dictas suas pecunias rehabere voluerit, solvere absque dilacionibus pro honesta. In cujus rei testimonium.

I. 4. 9.

*C V. 12.** Uwir vroge tzu uns umme recht steet alsus. Eyn gast

*) *Laband* M. Br. Sch. r. S. 193.

quam in eyne stat und clagete eynen burgir an umme gelt, des vormas sich der burger tzu getzugen und bot unscholt vor das gelt. Ouch tzu deme andirn mole beclagete her yn umme andir gut, do bot her ym unschult vor myt synes eynes hant. Dy recht dy wurden geborgit uf eynen vornemelichen tag deme burger tzu tune und deme gaste tzu nemen. Do der tag qwam, do qwomen sy beyde vor recht. Der gast sprach: ich warte rechtes myt getzuge von deme burgir und ouch myt synes eynes hant, wenne myr her bescheyden ist; do teylten dy scheppen, her sulde syn warten, dy wile das dyng werete. Do sprach der burger, her welde sich irwegen synes vryen geldis unde welde sich tzyen, do her sich tzu rechte hin tzyen sulde und lys vrogen, ab man ym des getzoges solde volgen. Do sprach der gast: her voyt, vroget umme eyn recht; volveret her nicht noch der scheppen orteyl, dy wile das dyng weret, ich habe myn gut uf yn irvordirt myt merem rechte, wenne das ym keyn getzug gevolgen moge. Dy orteil vrysten dy scheppen beyde bes uf das neste dyng. Ab nu der gast das gut billycher gewunnen habe, synt der burger nicht volvaren ist myt synen getzugen adir nicht. Hiruf spreche wir scheppen tzu Meydeborg [1] vor eyn recht. Noch dem mole daz dy scheppen dy vorgeschrebene orteil ane des clegirs rechte wedirsproche gerichtet und gevristet haben went tzu deme nesten dynge, so sullen cleger und antworter desselben dynges und der orteyl warten uf ir recht also vor; wenne dy wile dy gevristeten orteyl nicht ingebrocht werden, so hot gast noch burger syn recht nicht vorsumet v. r. w.

I. 4. 10.

Rw 33 [*Rβ 19*]. Wir scheppen der stadt zu Magdeburg bekennenn [1] offenntlich in diesem brive vor allenn leuten, das die weisenn leuthe die rathmanne der stadt zu Thornn unns habenn geschriebenn unnd gefraget, ab ein itzlich mann, der gescheffte hat in eime gerichte, do Colmisch recht ist, ab her do claget ader beclaget wirdt umb sachen, ab her ortel, die im do gefunndenn werdenn, moge scheldenn ader scheldenn lassenn und zihe sich [2] dar zu [3] rechter zucht auff sein recht, ader ab im das hinndernn moge, das her inn dem gerichte kein erbe unnd eigenn hat, ader was dar ein Magdeburgisch recht umb sey. Hirauff sprechenn wir scheppenn zu Magdeburg ein recht: Wer eigenn ist unnd unnecht nicht geborenn ist unnd in dem gerichte nicht vorfestet ist, unnd nicht zu banne ist unnd kein weiser [4] mann in beschuldigenn kan ann seime rechte, den hinndert das nicht, das ehr kein eigenn noch erbe hat inn dem gerichte, dar her claget ader anntwortet; her mag noch Magdeburgischem rechte wol orteil, die do in funndenn werdenn, scheldenn und zihenn sich zu rechter zucht auff sein recht, her sall aber vorwissenn dem richter mit eines anndernn eigenn ader erbe ader mit burgen ader mit [5] gelde ader sal selber burge sein, ab [6] fellig werde, das her volthu [7] vor wette, vor busse und vor die sache, dar das urteil umb geschuldenn ist. Vonn rechtes wegenn.

I. 5. 1.

Rw 31 [*Rβ 17*]. Auch habenn unns die ehe genannten burgere gefraget, ab die gemeine stadt ader ein burger beysunndernn betenn einenn bidermann, der unnbeschuldenn were an seim rechte, zu einenn vorsprechenn, ab der richter ader ein herre ader sein widersache den vorsprechenn vor-

---

[*I. 4. 9.*] 1) *Einige Hdss. lesen* von Colmen. [*I. 4. 10.*] 1) *Rβ* irkennen. 2) *f. Rβ.* 3) *Rβ* mit. 4) *Rβ* keyner weis. 5) *Rβ fh.* gereytem. 6) *Rβ fh.* her. 7) *Rβ* wol thu.

werffen mochte unnd vorweisenn dorumb, das ehr aus einem anndernn lannde were ader inn einer anndernn herschafft wonnhaftig ader dorumb das her inn dem gerichte kein eigenn unnd[1] ehr wir unns enntscheiden. Hirauff sprechenn wir scheppenn zu Magdeburg ein recht: Ein itzlich mann, der kein geweiet pfaffe noch geistlich mann ist, der mag inn itzlichem weltlichem gerichte, do her inne nicht vorfestet ist, vorspreche sein, darumb bittet eine gemeine stadt ader ein burger einen bidermann, den mann nicht bescheldenn mag an seime rechte, der ein leie ist, zu vorsprechenn, den sall im der richter[2] gebenn unnd her soll durch recht der stadt oder des burgers wort sprechenn vor gerichte, es sey dann das der vorspreche sich mit rechte des werete, unnd den vorsprechenn mag der herre noch der richter noch sein widersache nicht vorwerffenn noch vorweisenn noch Magdeburgischem rechte darumb, das her aus eim anndernn lannde ist, ader dorumb das her inn einer anndernn herschafft ist, ader darumb das her kein eigen noch erbe hat inn dem gerichte. Vonn rechtes wegenn.

I. 6. 2.

Dr 200 [*Th 160*]. Vortmeir habt ir uns geschrebin, wie czwene ewir mitteburger krigen ummb eyne mawer und wie do virteils leute, die von der stat dorczu gesaczt zint, die mawern, keler, treme und gewelbe besehn habin. Hiruff spreche wir eyn recht: Sint die virteils leuthe *u. s. w.*

I. 7. 1.

Dr 31b [*Th 66, 67*]. Vortmeir stirbet eyn man und lessit unvorgeben erbe und gut seynen kinden, die ym ebenburtig seyn[1], und die kinder haben ere muter, der kinder stirbet eyns, ab des selben toden kindes teyl an erbe und an gute an die muter geerben moge zcu thun und zcu laszen mit ir erben lobe adir an ir erben lobe, und wer ir erbe gelob seyn moge zcu dem gute, ab sie en haben mus, und ab sie das vorburgen sulle, adir ab die kinder alle gar sterben, ab denne abir ir erbe und gut uff die muter gesterben moge zcu thun und zcu laszen mit ir erbe gelob adir an ir erbe gelob, ab sie en haben sal, sind dem mol das sie der kinder keyns meir enhat adir ab se die muter vorbas noch erem tode das solbe erbe und gut geerben moge uff yren nesten ebenburtigen, her sey man adir weyp, der ir von vater adir von mutter halp gesyppit sey, bitthe wir eyn recht. Hiruff spreche wir eyn recht: Sterben kinder noch dem vater eyns adir se alle, so erben sie ir gut uff die muter. Stirbet dornoch *u. s. w.*

I. 7. 2.

Dr 74 [*Th 104; C IV. 85; M. Br. Sch. r. IV. 2. 43.*] Eyn burger ist tot, der hatte gut und erbe gelassen, des hatte sich eyner unser burger underwunden, der recht dorczu haben wil, nu quomen awswenige[1] lewthe, die ebenburtig seynt mit dem selben, der das gut und erbe ynne hat, und sprochen das gut an; nu spricht unser burger her wisse eynen newendigen,[2] der do awszin ist yn fremden landen zcu Lamperten adir yn welchym lande is sey. Nu frogen die andern, wie und wenne[3] yn welchir frist her das beweysen sulle, bey eynem jare adir lenger und wie man das lenger bey nemelicher[4] frist vornemen sal. H. sp. w. e. r. Sint die awswenigen leuthe *u. s. w.*

[*I. 5. 1.*] 1) *Rβ* unde erbe hette ader yn Meydeburgischem rechte sey. 2) *Rβ fh.* durch recht. [*I. 7. 1.*] 1) *Th fh.* geboren ader elich geboren. [*I. 7. 2.*] 1) *Th* auslendige. 2) *Th* dorczu; *C* neirwendigen. 3) *f. ThC.* 4) *Th* welcher.

I. 7. 12.

Dr 101 [*Th 24*]. **Abir vortmeir: auch ist zcu uns tot eyn man und hat gelaszen eyner swestir son, die seyne swestir ist gewest von vater und von muter und eynes brudir son, der seyn bruder ist gewest zundir vatir abir [1] von der muter. Hirumb bitte wir uns zcu berichten, wer undir den czweyn des toden erbe czuvor nemen sulle von rechtis wegen.**

I. 7. 14.

Dr 41 [*Th 77*]. **Auch meir: ab eyn man stirbet adir weip und han elder vatir und eldir muter, is sey von vatir halben adir von muter halben, und hat ouch seynes vatir bruder und muter bruder, wer under den behalden moge des toden mannes erbe.** Hiruff spreche wir eyn recht: Des toden eldir vater adir elder muter, vater [1] bruder und muter bruder [2] nemen des toden mannes erbe gleich. Von rechtis wegen.

I. 7. 19.

C IV. 83 [*M. Br. Sch. r. IV. 2. 41*]. **Ein man sende mit syme gelde synyn zon, der an synym brote ist von ym ungesundirt, kein Venedigen adir kein Flandirn, der kome wedir mit behaldenir habe und vinde synyn vatir tot; dornoch kome des sonis geswisterede und muten teilunge des gutis, daz ir vatir gelozin hot. Der zon spricht, her habe em czu vor gegebin synis gutis L mark, und daz ist nicht in gehegtim dinge geschen, noch ouch wissintlichin ist. Ab nu der zon di (vunfzig) mark behaldin moge keyn synyn geswisteredyn mit synis eynis hant adir nicht.**

I. 7. 21.

Rw 51 [*Rβ 42*]. **Scheppen der stadt zu Magdeburg. Unns hat eur clugheit gefraget also: kinnder sunndernn und schichtenn sich unnder einannder umb gut unnd erbe [1] vonn irenn eldernn an sie kommenn ist unnd das geschicht vor der kinnder meistenn freunnde unnd itzlich besitzet seinenn teil jar unnd tag sonnder imanndes ansproche, aber die vorrichtung worde vor gehegtem dinnge nicht lautbar [2], darnach der kinnder ein wolde der schichtunnge unnd berichtunnge nicht stete haldenn, als ab es sein erbeteil unnutzlich [3] zugebracht, und beclagte die anndernn vor gerichte umb vater ader mutterteil, unnd zöge sich ann richter unnd scheppenn, die bekenntenn, in were unnwissenntlich umb die absunderunge, ab nu die berichtunnge vor den freundenn crafft habe unnd macht, ader ab das kinndt die anndernn zu uberteilunnge [4] brinngenn moge unnd annder gelt unnd gut abzwingenn, was recht sey dorumb.**

I. 7. 23.

Dr 1 [*S 92. 1, 2; C III. 44, 45; M. Br. Sch. r. III. 2. 7, 8*]. **Czwu swestern ebenburtig von vater und von muter sint komen vor recht und die iungiste hat die eldiste beclagit umb erblich gut, das sie anirstorben ist von erem rechten evater und [1] von irre rechten emuter [1], des sie ungesundirt seyn und sie sich is ny vorczegen had noch vorreichet an keyner stad, do is crafft adir macht hetthe, wissintlich altsessen und erbsessen und getrawen lawten alzo vil, alz sie ir zcu rechte habin sal. Nu vrogit, ab man icht billicher die altsessen manne [2] manen sulle, wenne sie mit keiner rede do vor gevallen moge, adir was eyn recht sey. Do vor antworte der eldiste**

[*I. 7. 12.*] 1) *Th* adir. [*I. 7. 14.*] 1) *f. Th.* 2) *Th* kynder. [*I. 7. 21*] 1) *Rβ fh.* das. 2) *Rβ* gelawtbart. 3) *Rβ fh.* hette. 4) *Rβ* neuwer teilunge. [*I. 7. 23.*] 1) u — emuter] *f. S.* 2) *SC* und erbsessen.

man und sprach: erbe und gut ist meynem weibe anirstorben von erem rechten evater und von irre rechten emuter, das ist ir [3] mit mir gegeben und worden, das habe ich mit meynem weibe besessen unde gehad yn der gewere jar und tag an ansproche unde sie hat mit uns zcu strosse gegangen yn der stad zcu wegin und zcu kirchen und hat das gut ny angesprochin an keyner stad, do is crafft adir macht [4]. Nu vrogit, ab wir das gut icht billicher behalden sullen yn der gewere mit unserm rechte [5], wenne uns ymant abgeczewgen möge mit altsessen adir mit erbsessen, adir was eyn recht sey. Do sprach die iungiste: wenne wir ebenburtig seyn von vater und von muter und sich is nicht czwischen swestern voriaren mag umb erblich gut, ab ich billicher altsessene [6] und getrawe lewte man manen sulle wenne ymant do vor getreten moge, ader was do recht sey. Die iungiste swestir, dy do [7] beschuldigte die eldiste umb erblich gut, das ir anirstorben ist von erem rechten evater und von erer rechten emuter, und das [8] geantword der eldisten swestir man und spricht, das nu ym das gut [9] erblich gegeben und worden sey und das mit ir had besessen jar [10] nnd tag. Hiruff spreche wir vor eyn recht: Ist das erblich gut der eldisten swestir man mit ir gegeben vor dem richter und vor den scheppin yn gehegtem dinge und haben sie das besessen iar und tag an ansproche, so sal dy gobe crafft haben und die iungiste swestir kan do zcu nicht komen und ist der eldisten swestir man gegebin [11] und nicht vor dem richter und vor den scheppin yn gehegtem dinge, so kommet die iungiste swestir mit der eldisten gleich an eres vater erbe und zcu ir muter erbe; das die eldiste swester unde ir man dy [12] besessen haben yn der gewere und die iungiste das nicht gefordirt had, das sal ir nicht schaden an erem rechte. Von rechtis wegin.

I. 8. 1.

Dr 153 [*Th 141; S 131. 2*]. Vortmeir liben frund, ir habit uns gefrogit umb recht noch diszen worten: Wenne eyn man nympt eyn elich weip und ir an seynem [1] gute morgengabit C [2] marck, mynner adir meir zundir gerichte und stirbit und lessit ouch schult noch ym, die her gemacht hat, und lessit noch ym seyn elich weip unde unmundige kinder und lessit eynen brudir adir swertmogen [3] adir gekorne [4] vormunde; des toden weip nympt eynen andern man, der man vordirt an der frawen stat von der kinder vormunde ir morgengabe, die ir der tode schuldig bleben ist; der vormunde spricht: mir ist wissintlich von der frawen morgengabe und auch von der schult, des bekenne ich vor gerichte adir wo ich sal, adir ich weis nicht, ab ich macht habe von rechte, die morgengobe zcu geben von der kinder gute, sint das sy vor gerichte nicht begabit [5] ist; und auch die kinder daz orteil [6] habin, das sie neir dor von [7] zcu komen synt, swerende mit ir eynes [8] hant, das ir vater ir muter nicht bemorgengabit habe, und die kinder nicht mundig synt irs vatir schult zcu bekennen adir vorsachin, ab nu der vormunde recht [9] habe und macht adir musse an der kinder stat die mor-

[*I. 7. 23.*] 3) *SC* mir mit er. 4) *SC fh.* hat (hette). 5) *SC fh.* und dovor getretin mogin mit rechte. 6) *SC fh.* und erbsessin. 7) *C fh.* beclayte u. 8) *S* das du g. host; *C* dortzu antworte. 9) *SC* das erbliche g. mit ir g. 10) *SC* in der were i. u. t. und i. u. t. und abir i. u. t. ane ansproche. 11) *S* und ir nicht g. vor d. r. 12) *f. SC.* [*I. 8. 1.*] 1) *ThS fh.* farendem. 2) *S* czen. 3) *S* swestirm. 4) *Th* geborne. 5) *S* gegebin. 6) *S* vorteil. 7) *ThS* vor. 8) *Th* eygener; *S* mit eydis h. 9) *Th* macht haben müsse; *S* m. habe und musse.

gengabe gebin und schulde geldin ane der kinder wedirsprache adir was hirumb recht sey.

I. 8. 2.

Dr 154 [*Th 143; S 131. 4.*] Vortmeir [1] habt ir gefrogit, ab die varade habe zo verre [2] nicht en werte [1], ab der vormunde der kinder erbe dorumb vorkouffen moge und morgengobe [3] adir andir schult do von gelden ane wedirsproche und wie der vormunde, die dem toden schuldig blebin sint, zcu antworte getwingen moge, die schult zcu gelden adir ab sie dem vormunden eyde thun [4] sullen an [5] der kinder stat [5] adir ab sich das allis [6] voiczyen moge, zo lange das die kinder mundig werdin. Hiruff spreche wir eyn recht: Durch der frawen morgengabe wille, die ir der man an seynem varnden gute gegeben hatte, darff der vormunde der kinder stant erbe nicht vorkeuffen. Ist abir der kinder vater andir redliche schult schuldig bleben, die der vormunde weis adir noch rechte dirynnert [7] wirt, dorumb mag her der kinder erbe vorkeuffen und gelden, ab her der kinder neste [8] erbneme ist. Zint abir do nehir erbnemen, zo mag her ane der kinder wille ir stant erbe nicht vorkeuffin, zo mochte sich die sache voiczyen. Von rechtis wegen.

I. 8. 3.

Dr 161 [*Th 151*]. Vortmeir eyn man hat seyn irerbit erbe unde varnde gut gehat und hat gelossen eyn unmundige tachter, der hat sich ir vormunde undirwundin und hat nicht rechenunge yerlich gethan noch vorwissenunge, wenne her doruff ny geczogen ist und vorstunt der tachter gut zo lange, das sie manbar wart, do gap her sie eynem manne, den sie mit willen zcu der ee nam und gap dem manne ir vetirlich erbe eyns teils adir gar an ir iowort und wissen. Do starp der man, die frawe nam eynen andirn man. Ap nu der vormunde mit rechte der frawen gut an ir wissen und iowort dem manne möchte gebin adir ab her der frawen ir gut bereichin [1], beczalen [2] und gebin sal [3] adir ichtes vorvallen sey.

I. 8. 8.

Dr 201 [*Th 161; S 150. 1*]. Vort meir habit ir uns gefrogit: ab eyn man vormunden, fründ adir fremde, dem [1] her getrawet, keuszit zeynen kindern [1], ab die vormunden schuldig zint der witwen und den kindern ir schulde zcu vordirn und ab sie das gut ebenteweren zullen umb wynnunge umb [2] ir erbeyt.

I. 15. 3.

Dr 55 [*Th 94*]. Vort meir ab eyn man geczeugen sal umb totslag adir umb schult adir umb andir sache mit leuten, den seyne sache wissintlich ist, wie her [1] von rechtis wegen moge, ab sich [2] die selben des geczeugis weger [3] wolden mit flucht adir mit keyner gewalt, was se dorumb vorvallen sint und ab dir seyne sache dorumb vorlysen mag, die weil her sie mit gerichte zcu geczeugen nicht getwingen mag adir was recht sey.

I. 15. 7.

Dr 245 [*S 140. 5*]. Vortmeir habit ir uns gefrogit yn zulchen worten: Czwene schuler habin mitenandir [1] gedynet und hat eyner den andern be-

---

[*I. 8. 2.*] 1) Vortm. — werte] *f. S.* 2) *Th* also vyl nichten were. 3) m. a. a] *f. S.* 4) *ThS* leysten. 5) an — stat] *f. S.* 6) *Th* also. 7) *Th* mit r. öbirwunden w. 8) *f. S* [*I. 8. 3*] 1) *Th* berechen. 2) *f. Th.* 3) *Th fh.* ader nicht. [*I. 8. 8.*] 1) dem — kindern] *S* von bethe wegin unde en der vormundeschafft getr. und kewst seynen bruder. 2) u. i. e.] *Th* erbiten. [*I. 15. 3.*] 1) *Th* wy h. dy v. r. w. getwingen m. 2) *f. Th.* 3) *Th* weychen. [*I. 15. 7.*] 1) *S fh.* zu howffe.

gobit mit wolbedochtem mute und willen und vorbunden und vorwillekort alzo, welchir undir en ir storbe, das der andir des toden gut und gerete nemen sulle an alle wedirsproche zeyner nesten frunde, und das salde ym bleybin und salde is habin; die gobe und vorbindunge czwischen en bestetiget wart mit offinbarn schrybern und eren instrumentin und mit geczeugen alzo zete ist und recht yn geistlichen rechten, das hat czwischen en gestanden vil iar. Der eyne nam eyn elich weip zcu Krocow, der andir wart sich. Do brochte do der andir geselle ratmanne und andir erbir leuthe, die her dor zcu bat zcu komen zcu des sichen bette, und frogte en do vor den leuten, ab her ym der gobe [2] vorbindunge noch bekente und bestunde [3], alzo obin geschrebin steyt. Do sprach der siche: yo, ich bekenne meyner gobe [4] vorbindunge mit dir alz obin steyt. Do nam abir der andir offenbare schrifft und instrument dor obir und die keygenwertige geczeugen doryn. Der siche der starb, do [5] vorsprochin des toden frunde die gobe und vorbindunge und sprochen: die gobe hat nicht macht und moge zcu [6] besteyn, dorumb das der gobe vorbindunge nicht geschen ist vor gehegtem dinge und do bestetigit, alz recht were, wenne der nu wertlichen were und eyn elich weip hette. So spricht der lebindige geselle: ich habe mich mit [7] ym vorynt und vorbunden alz oben steyt, dorumb sal unser gobe vorbindunge besteyn, wenne sie geschen ist mit wolbedochtem willen [8] unde bestetigit und mit rechte ny wedirsprochen ist noch vorwandilt bis an seynen tot. Nu bitte wir [9] ewir undirweisunge, ab der gobe [10] vorbindunge alzo bestetigit alz obin geschrebin steyt besteyn moge und dem gesellen des todin gut und gerete und [11] bezunder, das her in seyner gewere hatte, volgen und bleyben zulle adir nicht, adir was hirumb recht sey.

I. 16. 6.

Dr 3 [*S 93. 1, 2; C III. 48; M. Br. Schr. r. III. 2. 11.*]. Adir hat ir uns geschreben alsus: die ander sache beschuldigeten [1] en, das her wissintlich meyneyde gesworn hette. H. s. w. e. r. Ummb die meyneyde sal man en schuldigen vor gerichte vorsachit her is, so mag her des unschuldig werden uff den heiligen alzo recht ist; bekennet her is, zo ist her rechtlos. V. r. w.

I. 17. 2.

A, Dr 45. Abir meir ab eyn man von gerichtis halben zcu dem tode vorteylet wirt und von koniglicher bete adir gewalt ledig wirt gelassen, wie man den man vorbas halden sulle und ouch ab andir irbar lewthe den man abegebeten mochten dem gerichte und der stad.

B, Th 82. Item ap eyn vorteilit man von herren gewalt ader guttir lewte bete wegin ledig wurde gelossin, wy man den haldin sulle Hiroff spr. w. sch. czu Meydeburg eyn recht: Eyn sulch man zal seyn anruchtig und mag keynem bedirmanne vort mehe von rechte gut genug geseyn.

II. 1. 1.

A, Dr 76. Ab man von czehn marckin gelegen uff eyn eygen ader uff eyn andir phand adir ane phand und bekente yn gehegtem dinge adir vor dem rate eyne marg czinses ierlich gegeben adir genomen mogen mit rechte alz lange, bis das die czehn marg vorgulden wurden unschedlich dem genomen czins dovon.

[*I. 15. 7.*] 2) *S fh.* und der. 3) *S* beystunde. 4) *S fh.* und. 5) *S* Nu sprechen des sichen fr. der gobe vorb. habe n. m. 6) *S* nicht. 7) *S* ich h. m. vorgobit u. des vorb. mit ym. 8) *S* mute. 9) *S* bethe ich. 10) *S* ab dy vorb. 11) u. b.] *S* bevore. [*I. 16 6.*] 1) *SC fh.* sy.

B, Th 131. Fruntlichen grus czuvor. Wir seynt gefrogit von ewer wegen um recht yn desen nochgeschreben worten: Ap man v. cz. m. gelegenys geldis off e. e. ad. off e. a. ph. ad. a. pf. und bekant wirt yn eynem g. d. u. vorbryffit e. m. geendis czynsis geben ad. n. m. m. r. also l. das do dy X m. unsch. dem genomenen cz. vorg. wurde.

C, S 145. 5. Fr. gr. zuv. W. s. gefr. v. e. w. u. r. yn d. n. w. ab man v. cz. m. gel. g. uff e. e. ad. uf e. a. ph. ad. a. ph. und bekant yn g. d. adir vor dem rothe adir vorbrifet eyme mit rechte alzo l. das dy cz. m. unsch. d. g cz. vorg. werdin was dorumme recht sey.

II. 1. 4.

Rw 46 [*Rβ 36*]. Scheppenn der stadt zu Magdeburg. Freunndtschaft zuvornn, ir habet unns gefraget inn diesenn worttenn: ein mann fordert erbzinns auff erbe zu dem anndernn, der zinnsmann anntwortet, her wisse vonn keinne erbzinns nicht, sonnder vonn zinse abzulosennde eine mark vor zehn mark unnd beut jeme sein gelt, der forderer spricht, seine eldernn habenn den zinns vor erbzinns gehaldenn, der zinnsgeber spricht, das ers beweise, der forderer spricht: ich darff es nicht beweisenn, ich habe der were, ir solt beweisenn, ab [1] es abzulössenn sey. Nu ist der stadt wilkör also, das kein mann noch bürger innewenndig der stadt zinns auff sein frey erbe vorkauffen moge, das gebeut man alle jar, unnd ist vonn alder gehaldenn, auch vorreicht mann keinem noch vorschreibet keinem sulchenn zinns weder vor scheppenn noch vor dem rathe, das ist mit der witzigstenn rath wilkör gesatzt, so kumbt solch zinns in solcher weise darein [2], das ein mann benotturfftig bittet einenn anderne mann durch gott umb [3] zehn mark zu leihen auff sein erbe, er wil im iherlich dovor geben ein mark, der mann, der das hot gelihenn, stirbt, sein erbenn wollenns vor erbzinns habenn, aber was solchs kauffs geschicht, des dorffen sie vor scheppen noch rathe nicht bekant sein, auch wirdt ehr [4] nicht bestettigt als in anderenn stedtenn gewonlich ist; ab nu solch gefordert zinns vonn rechte solle erbzinns sein, ader [5] womit der abzulosen ader nicht abelosenn unnd wie beider seit beweisunnge ergehen solle.

II. 2. 4.

A, Dr 115.[*] Dis vorgeschreben capittil adir froge die sich alzo anhebit: ouch liben frunde wir haben euch geschrebin vormols ab eym manne, der nicht ynhemisch were adir dingphlichtig, vorsprochen worde seyn gut etc. [1], habe wir zcu dem dritten male keyn Magdeburg geschrebin von worten zcu worten, alz by oben steit bis uff das leczte, das do steit alzo: denn ist dy clage der sachen geendit von rechtis wegen. Dornoch schrebe wir alzo: nu bitte wir ewir gnade uns des entslissen, wenne wir besorgen uns des, das ouch mochte geschen, das eyn ungewis man, gast adir burger *u. s. w. bis* ad. wer das geweren m. *dann folgt*: Antwort: Fruntlichen grus zcuvor. Ir habit uns geschrebin eyn orteil, das wir euch vormols gesant haben, und schrybet, wie das ir euch besorget, das eyn ungewis man mochte clagen uff eyns gut, der aussen sey, und ym leichte nichtis nicht schuldig sey: Hiruff spreche wir eyn recht alz uff besorgunge gehort zcu ewirm rechte und ammechte, ir seit nicht meir pflichtig wenne das ir orteil vindet noch dem

---

[*II. 1. 4.*] 1) *Rβ* das. 2) *Rβ* dar. 3) *Rβ* ym. 4) *f. Rβ*. 5) *Rβ fh.* wy is mit der abelosunge ader nicht abelosunge ader beiderseit. [*II. 2. 4.*] 1) *Vgl* M. Fr. II. 2, 3, 3a.

euch der richter froget noch clage und noch antwort v. r. w. Dis wart brocht von Magdeburg mit den andern artikiln, die sich alzo anheben.

B, *Th 171.* Auch habit yr uns geschreben czwey orteyl, dy wyr euch vormolis gesant haben, und schreybit, wy das ir euch besorgit, das eyn ungewis man mochte clagen off eynis gut, der beyawssen sey und em leychte nicht en schuldig sey. Hiroff . . . Bes. geh. zcu ewerm amecht nicht, ir seyt nicht mehe phlichtig wenne das orteyl fynden noch deme auch der rychtir frogit noch clage und noch antworte von rechtis Meydeburgischis rechtis wegen.

II. 2. 14.

A, *Dr 116.* Ouch wart eyn orteyl hyn geschrebin von worten zcu worthen, das do vorn geschrebin steit, und hebit sich alzo an: Ab[1] eyn gast dem andern gast phant seczczyt vor bekante schult, is sey essende phant etc. Doruff schrebe wir: Nu bitte wir, ewir ersamkeit uns dis wollen undirweiszin, wenne eyn burger vor gerichte bekennet schult eyme andern mitteburger ader gaste und ym fundin wirt, die bekante schult noch virczen nachten zcu gelden, ab der noch den virczen nachten meir tage habin moge und wie vil meir, und ab der gast auch recht habe bekanter schult phand nemen musse und yn dreyen echten dingen irvolgen und irwerbin adir nicht. Ir frogit, ab eyn burger dem andern adir gaste schult bekennet, ab her lengir tag gehabin moge wenne XIIII nacht und ab man phand nemen musse vor bekante schult.

B, *Th 172.* Auch frogit ir, ap eyn burger den andern ader eyn gast der do schult bekennet, ap her lengir tag haben möge denne XIIII nacht und ap man pfant nemen musse vor bekante scholt.

II. 3. 2.

Dr 146 [*Th 43*;. *S 142. 1*]. Abir vort meir: Eyner claget zcu dem andern noch toder hant, wie das des mannes[1], den her beclagte, seyme vater gelt schuldig blebin were und clagte[2] umb die helffte und stalte[3] drey clagen ju[4] die clage noch todir hant. Die[5] gewere geschach; do antworte der beclagte man frogende: sintdemmal das her clagit noch toder hant, ab her mir icht ynnerunge thun sulle. Do wart ym geteylet, her salde en ynnern. Do frogte her, wie. Do wart geteilit: selbsebinde mit erhafftigen leuten. Do frogte der beclagte man abir vorbas: zintdemmal das die ynnerunge dem cleger geteilit were selbsebinde, wenne her ym die thun sulle. Do wart ym geteilit, her salde is thun von stadin an[6]. Do[7] frogte der cleger: ab her seynen lengisten tag dorczu[8] habin. Do wart ym geteilet: neyn, her salde is zcu hant von stadin an[6] thun[7]. Do frogte der cleger, ab her möchte geyn noch leuten, die ym die ynnerunge hulffen thun. Do sprochin die scheppen: gan is euch ewir wedirsache, wir gunnen is euch wol. Do sprach der beclagte man, her gande is ym nicht. Do schalt der cleger das orteil mit seynem vorsprechin, das ym geteilet was zcu hant zcu thun[9], abir her[10] schalt is nicht yn sulchin wortin alz is recht ist. Do frogte der beclagte man, ab der cleger das orteil zcu rechte geschuldin hette. Do wart geteylet, her hette is nicht recht[11] geschulden und sulde dem scheppen, des orteil her geschulden hat, bussen. Do sprach her mit

[*II. 2. 14.*] 1) *Vgl.* M. Fr. II. 2. 9a. — [*II. 3. 2.*] 1) *Th S fh.* vatir. 2) *S* becl. seynen son. 3) *Th* clagete. 4) *ThS* yo. 5) d. g. g.] *f. S.* 6) *Th* von stat off. 7) do — thun] *f. S.* 8) *Th fh.* möchte. 9) *Th fh.* ynnerunge. 10) *Th* abir h. sprach is ist nicht yn s. w. 11) n. r.] *S* czu unrechte.

seynem vorsprechin zcu dem andern male, das orteil were unrecht und czoch sich des yn unsirs hern des koniges hoff und ging yn czorne von gehegtem dinge. Do sprach der beclagte man: sintdemmal her en nicht irynnert hat und dingphlichtig [12] worden ist, ab ich nu icht frey und ledig sulle seyn adir was hirumb recht sey.

II. 5. 1.

Dr 156, 157 [*Th 145—147*]. Vortmeir ab man gesten die do wegefertig sint ader [1] nicht wegefertig adir mitteburger [1] kegen gesten adir leuten die nicht dingphlichtig synt, notding adir ban [2] hegen sulle auswenig echten dingen, is synt gebundene tage adir nicht. H. sp. w. e. r. Wegefertigen gesten, die do [3] verre besessen synt, das sie zcum gehegten dinge nicht komen konnen adir mitteburger, die sich yczund bereyt habin awszcuzcyhen, den sal man umb schult und umb varnde habe, is sey yn gebunden tagen adir awswenig gebunden tage, alle tage richten. V. r. w. — Vortmeir ab gast adir burger umb erbe clagit. H. sp. w. umb r.: Burgir adir gast, der erbe vorsperrit hot mit dem richter adir sust an irstorben erbe vordirn wil, der mus des ausgehegten [4] dinges warten und dem [5] richter rechtis phlegin. V. r. w. — Vortmeir ab mitteburger adir gast wunden adir totslag clagit. H. sp. w. e. r. Totslag adir wunden, die nicht banthafftig synt, sal man zcu rechten ausgehegten [6] dingen clagen und dem fredebrechir *u. s. w.*

II. 7. 1.

Dr 102 [*Th' 25*]. Vortmeir [1] ewer froge ist: Hans hat geclaget zcu frawen Annen umb XX marck groschin XX grosschin mynner und umb II gulden, die her ir zcu behalden gegeben hette, und gert antwort [2]. Do kegen Andreas [3] mit seynem vorsprechen yn vormundeschafft seyner hausfrawen und antworte: ich bekenne das der [4] Hans geld hatte gegebin myner hausfrawen zcu behalden under seynem ingesegil, wie vil des geldis ist, das weis her wol und sie nicht; das gelt ist ym [5] vorloren mit [6] erem gerete, nu lasset her richter mir eyn recht werdin, ab keyn not dorumb leyden sulle. Die antwort wart voriowort [7]. Do wedir sprach Hans: her richter, froget umb eyn orteil, syntdemmal Hans die frawe nicht vorwissen wil, das [8] gelt sey vorloren von ir vorwarlassunge, ab sie das icht beweysen sulle. Antworte Andres: wes sie Johannes nicht vorwissen wil, des wil sie ym gerecht werden. Her richter, her wil sie des nicht vorwissen, sie habe die slossil von ir gegebin, das von ir vorwarlassunge seyn gelt vorloren sey; nu lasset eyn recht werden, ab sie das icht beweisen sulle, das sie die slossil nicht habe von ir gegebin. Do frogitte der richter umb eyn orteil; do sprach der scheppe eyn orteil: thar die frawe das beweisen alz recht ist, das das gelt an ere vorwarlassunge vorloren sey, sie bleibit seyn ane schaden. Das orteil schalt Johannes durch seynen vorsprechin und der vorsprechc quam uff die banck mit orteiln und vand zcu eynem orteil: sintdemmal das der Johannes die frawe nicht vorwissen wil, das [9] gelt sey vorwarlost von des wegen, das sie die slossil von ir eynem andern gegebin

---

[*II. 3. 2.*] 12) *S* dingfluchtig. [*II. 5. 1.*] 1) ad.—mitteb] *f. Th.* 2) *Th* banding. 3) *Th* so f. ges. 4) *Th* awsgelegitis gehegetis. 5) *Th* und des gerichtis rechtis pfl. 6) *Th* czu awsgelegetem d. [*II. 7. 1.*] 1) *In Th lautet der Eingang:* Unsern fruntlichen grus czuvor. Ewir froge ist: Johannes Selige h. g. czu fr. A. um XX marg gr. XX gr. und umme IIe golden. 2) *Th fh.* die gewere wart geton. 3) *Th fh.* Werzing. 4) *Th* her. 5) *f. Th.* 6) *Th* mit sampt. 7) *Th* vorantwert. 8) *Th* das d. g. v. s. an ire vorwarlosunge. 9) *Th* das sy d. g. vorw. hot.

hette, zo spreche ich das vor eyn Magdeburgisch recht, das die frawe sal sprechin neyn adir io. Hirumb bitte wir uns undirweiszen, ab des vorsprechin orteil wedir unser orteil sey, und welch orteil mit merem[10] rechte gesteyn moge noch clage und antworte, adir[11] was dorumb recht sey.

III. 1. 4.

Dr 199 [*Th 159*], Auch ab eyner beschuldiget wirt umb totslag adir ungerichte, das vornechtit ist, ab man den vorboten sulle und yn heyschin und den nymant wil burgen, was tagis dir habin moge.

III. 1. 5.

Dr 207 [*Th 212*]. Vortmeir eyn man ist komen ir tagis vor mitternacht uff frischer tat zcu dem gerichte und hat ym geclagit: her richter, ich byn hartte wund und nante den man, der en gewund hatte; der richter hys en zcu dem arczte geyn und hys en, das her des morgens mit dem arczte zcu gerichte queme. Des morgens quam der cleger mit dem arczte vor gehegit ding und noch des arcztis bekentnisz worden dem cleger die wunden geteylit kamphertig; die wunden clagte der cleger zcu dem, den her dem richter genant hatte; der fredebrechir wart vorbot und wart yn geheyschzen drey stund und der fredebrecher gestund nicht. Nu bitte wir uns zcu undirweiszen, ab man den fredebrecher zcu hant vorburgen[1] mag unde echten, wenne der richter den clegir obir nacht hat heyszen zcu gerichte[2] komen adir ab man dem fredebrechir vort zullen frist teydingen obir die twere nacht adir was recht sey

III. 1. 10.

S 90. 1. [*S 108. 4*]. Wirt ein tot man brocht vor gerichte an dem die scheppin wedir wunden, slege noch worff[1] noch keiner hande czeichin, von den her von lebin czum tode komen sie, mogen gekisen noch gemerken und her tot sy, des konnen se nicht irkennen; dornoch des toten mannis mage beschuldigit einen man umb den totslag, der also geschen[2] were noch der scheppin bekentnisse, adir umb einen andirn toten man, der von den scheppin nicht gesehen[2] were, ist denne der angesprochene man umb den toten nicht begriffen in hanthaffter tat und beclagit man in mit einer slechten clage, so mag her des unschuldig werden mit sines eigens hand; beclagit man in aber mit geczuge, so mag her unschuldig werdin mit geczuge salbdritte; ist abir geruffte dorobir geteilet unde wirt der man beclagit mit dem geruffte, so mag her unschuldig werden salbsebinde uff den heiligin als recht ist. Von rechtis wegin.

III. 1. 11.

Rw 38 [*Rβ 27*]. Providis[1] et discretis dominis consulibus civitatis Thorn literae presententur[2] ex parte scabinorum civitatis Magdeburg. Unnser forderunnge unnd freunndtlichen grus zuvor. Wissen sol eur weisheit, das wir scheppenn zu Magdeburg pflegen recht auszugebenn anndernn stedtenn, die das vonn rechte unnd vonn alder zeit pflegenn unnd mussen zu unns suchenn, unnd nicht zu den rathmannenn zu Magdeburg, des habt ir euer brieff geschriebenn ann die rathmanne unnd burgermeister unnser stadt, unnd die habenn unns gebetenn eurenn brieff euch zu enntscheidenn mit rechte, unnd der briff lautet also: erbarnn hernn, euer ersamkeit der

---

[*II. 7. 1.*] 10) *Th* worem. 11) ad. — sey] *f. Th.* [*III.* 1. 5.] 1) *Th* czu burgen möge bitten. 2) *Th* rychten. [*III. 1. 10.*] 1) *S* (108) werfe. 2) *S* (108) besehin. [*III. 1. 11.*] 1) *Rβ fh.* viris. 2) *Rβ* litera presentetur.

wir alles guts zugetrauenn, bitte wir durch unnsers ewigenn dinnstes willen, das ir unns der sache, die hir unten geschribenn stehet, eine ausrichtunnge thun wollet unnd wider schreibenn unnder eurem inngesiegel bey diesem kegennwertigenn botenn, das wollenn wir kegenn euch, unnd alle die eurenn, hoff[3] wir durch eur ehre immer icht thun sollenn, ewiglich vordienenn. Ab es also gefele, das ein mann ermordt wurde inn einem gerichte vonn zweienn mannenn ader mehr, unnd der todte hette drei mördtliche wunndenn, des kemenn seine freunnde mit gerichte unnd folgeten den friedebrechernn nach unnd krigten der friedebrecher zwen auff fluchtigem fusse inn der frischenn tat unnd brachtenn die zum tode unnd beleitenn das mit dem gerichte unnd furtenn dieselbigenn zwene fredebrecher inn der hannthafftenn that mit gerüffte vor das gerichte, also das nach scheppenn orteil den zweienn fredebrechernn die heupt abgeschlagenn wurdenn umb den einenn todten, der drei mordtliche wunndenn hette, ab das mit rechte stehenn moge, das mann zwene umb einenn inn der weise, als her drei mördtliche wunndenn hat, mit rechte vorterbenn moge oder nicht. Hirauff sprechenn wir scheppenn zu Magdeburg vor ein recht: Gevil es also, das ein man ermordt wurde inn einem gerichte vonn zweienn mannenn ader mer unnd der tode hette drei mortliche wunndenn unnd der fredebrecher wurdenn zwene begrieffenn auff fluchtigem fusse inn frischer that, unnd wurdenn zu dem tode gebracht, unnd also in hanndthafftiger that mit geruffte vor gerichte gebracht, unnd uber die zwene fredebrecher worde gerichtet, als recht ist, nach scheppenn orteil, das den zweienn fredebrechernn die heubt abgeschlagenn wordenn umb den einenn todtenn, der drei mordtliche wunndenn hat, das were all recht, unnd den fredebrecherenn wer doran recht[4] gethan unnd gescheenn, und mag mit rechte wol bestan, das man mit eime todtenn, der drei mördtliche wunndenn hat, zwene mann vorterbet, so sie mit rechten orteilen uberwunndenn wordenn, als recht ist, vonn rechtes wegenn. Das dis recht sey, das bezuge wir mit unnserm inngesiegel.

III. 3. 5.

Dr 185 [*Th 36*]. Vort meir habit ir uns gefroget noch eynem rechten, das wir euch vormols geschrebin haben: in[1] gebunden tagen zal man nicht dingen umb ungerichte, das yn offen tagen geschen ist, thete aber ymant ungerichte yn gebunden tagen, den beschirmen die gebunden tage nicht, ap der yn banthafftiger that begriffen wirt; wenne denne *u. s. w.*

III. 4. 2.

Dr 147 [*Th 45; S 142. 3*]. Vortmeir ewir froge ist alzus: In gehegit ding synt leuthe brocht, die gefangen sint umb totslag und umb kamphertige wunden yn hanthafftiger tat und mit geruffte; den ist das woffin[1] yn die hende gebunden und die hanthafftige tat ist kegenwertig gewest und sint beclagit und gefordirt von des toden mannes frunden alzo verre, bis das sie die selbin gefangen leute obirczeugin sulden, das ist en geteylit selbsebinde; des begerten die egenanten vorderer zcu[2] eren geczeugen des lengisten tagis, ab sie den gehaben mochten. Nu bitte wir uns des zcu undirweiszen, ab die eren lengisten tag[3] gehabin mogen adir

---

[*III. 1. 11.*] 3) *R*β ap. 4) *R*β nicht. — [*III. 3. 5.*] 1) *Vgl.* M Fr. III. 3. 3. — [*III. 4. 2.*] 1) *Th* follen. 2) *Th* czu thun ap sy eren geczewgen des eynen l. tag. gehaben mochten. 3) *ThS fh.* czu eren geczewgen.

ab sie die zcu hant vorczeugen sullen, alzo alz hanthafftige tat do ist, und ab man eyn yczliche hanthafftige tat zcu hant geczeugen sulle, adir was hirumb recht sey.

III. 5. 1.

Dr 107. Vort meir ab eyn man des andern logert mit geczogenem gewere mit geczogenem woffen, do her en mitte meynt zcu leidigen, und des vor gehegtem dinge bekennet, was her dorumb leyden sulle und ab her des leukent, wie her des entgeyn sulle und ab her vorburget ist und vor gehegit ding zcu komen und nicht kommit, was die burgen hirumb bestandin seyn. H. spr. w. e. r.: Thut eyn man dem andern loge mit geczogenen woffin, mit dem her ungerichte an dem andern meynt zcu thun *u. s. w.*

III. 7. 2.

Dr 40 [*Th 75, 76*]. Auch [1] sey wir vort gefroget: Ab eyn elich man adir eyn elich weip begriffen worden an ebrechunge mit eynem andern elichen manne adir weybe, was die dorumme leyden sullen und wie man sie des obirczewgen sulle adir moge, ab sie des leucken welden adir wie sie des unschuldig mogen werden, adir ab ir eyns der tat bekennet vor gerichte adir vor dem siczczenden rathe, is sey mit vormunde adir ane vormunde. [2]

III. 7. 4.

Dr 6 [*S 93. 7, 8; C III. 52, 53; M. Br. Sch. r. III. 2. 15, 16*]. Abir habit ir uns geschreben und [1] gebeten alsus die funfte sache, das man falschs und falsche phennynge vor der stad yn seynen vorwerge yn seynen vyer phelen vand und [2] daz falschs hys man vortilgen, das wolde man en nicht vorwissen, is were mit seynem wissen [3] geschen.

III. 8. 3 (a. E.).

Th 195. Vort mehe [1] wenne dy ungerichte manchfelt seyn und manchirley weyse czukomen, dorumme kunnen wyr euch nicht berichten und underweysen, wy und wo man dy richten sulle. Mehe entsteet ader vorkumpt euch der keynes und wyssit ir des nicht, des wolde wyr euch gerne berichten, wenne yr das clarlich czu uns schreybit und das von uns begerit.

[*III. 7. 2*] 1) *Th* Fruntlichen grus mit dinste czuvor. Ewer schreyber hot uns gefrogit umme recht yn desen nochgeschrebenen worten. 2) *Th fh.* was hyroff eyn recht sey. — [*III. 7. 4*] 1) u. g.] *f SC.* 2) *S* den valsch hes her vortilgen; *C* den v. do his her is tylgen u. vort. 3) *S* willen. — [*III. 8. 3.*] 1) *dieser Zusatz f. Dr.*

BEILAGE III.

Schöffenurtheile aus Th, welche sich weder in Dr noch in den Magd. Fr. wiederfinden.

Th 21. Unsern fruntlichen grus czuvor. Ewer froge ist yn sulchen sachen und worten: Frawe Anna stunt yn gehegtem dinge mit erem vorsprechnn und antworte dem gaste also: alhy steet dy frawe Anna und ich an erem worte und bekennet, das der gast gelt brochte under seynem ingsegil; wy vyl des gewest ist, das weys her wol, sy ader nicht, und gab das irer tachter czu halden; das gelt wart vorloren ader gestolen myttenander mit anderm gerethe, und do der gast gelt weder wulde haben und gewar wart, das daz gerethe vorloren was, und rette dy frawe an hartlichen und ernstlichen, do dirschrag dy frawe gar sere und wart betrübit und yn dem betrupnysse und dirschrecknysse und leyden mit ungedachtikeit sprach dy frawe czu troste dem gaste: durch got habit gutten mut, is sal mir vorloren werden und nicht euch. Her rychter auch seyt gefrogit yn dem rechte: sint dem mole das dy frawe yn erem dirschrecknys und leyden das umbedacht getan hat, und nu ap das eyn recht sey. Do sprach des gastis vorspreche: her rychter und getrawen scheppen, das besecze ich mit euch, und lost mir eyn recht werden, synt dem mole das dy frawe das globde bekennit vor gehegtem dinge, ap sy das gelt nicht geben sulle adir was dorumme recht sey. Off welche vorgeschrebene rede und antwort spreche wyr scheppen czu Meydeburg eyn recht: Das globde, das sy bekennet, das sal sy halden. Das orteil schalt der frawen vorspreche und sprach, her welde eyn bessirs fynden, und qwame mit orteln off dy bank und fant eyn sulchis orteyl: synt dem mole das dy frawe yn erem betrupnisse und leyden und umbedocht dy rede geret hot, so sal sy dem gaste nicht halden noch keyne not dorumme leyden: das spreche ich vor eyn recht. Hyrumme bete wir uns underweysen, welch orteyl under den czween eyn recht orteyl sey und besteen möge. Hir off spreche wir scheppin von Meydeburg eyn recht: Der scheppen orteil ist recht, wenne dy frawe sal dem gaste halden, das sy em um globit hot und vor gerichte bekant hot. Von rechtis wegen.

Th 29. Auch spricht dy frawe, das sy gelt habe czu erem manne brocht, des glewbit ir der kynder vormunde nicht, ap nu dy frawe gelt mit eyden behalden sulle, ader was recht sey. Hir off spreche wir scheppen

czu Meydeburg eyn recht: Was dy frawe gereytis geldis czu erem manne brochte, das bedarff man ir nicht wedir geben, wenne das gelt was seyn, do her is in seyne gewere brochte und war man von rechtis Meydeburgischem rechte rechte wegen (*Vgl. S. 141. 6.*)

Th 33. Fruntlichen grus mit dinste czuvor. Ewer froge ist also: Johannes von Seligen eyn gast mit seynem vorsprechen sprach: her rychtir, heyssit frawen Annen czuhoren und sprach: is geschach das Johannes von Seligen gelt czu halden gab an dy stat, das is dy frawe hys hyn geben irer tochter Annen, do her getrawete, das is ym wedir sülle werden, und geldis was II^C golden und XIX mark groschen ane XX groschen, und do der gast das gelt weder wolde haben und hysse do, das das kunde em nicht weder werden, do sprach dy junge frawe Anne, das were vorloren. Do betrubete sych der gast und lysse em doran nicht genugen und wolde seyn gelt weder haben. Do qwam dy frawe dy eldiste ere mutter und sprach: her gast, nicht betrubit euch, habit eynen gutten mut, das gelt sal mir vorloren seyn und nicht euch, und tet em recht globde. Her rychter, nu losset Johannem eyn recht werden umme das globde, wenne sy eyne werbende frawe ist und bürgit und gildet, ap sy umme das gelt nicht antworten sulle. Do antworte der frawen vorspreche: her rychter, nu lossit der frawen eyn recht werden, synt dem mole, das em ere tachter gerecht vor ist wurden vor das genante gelt, ap nu dy frawe keyne not dorümme leyden sal ader keyne antwort dorumme thun sal ader was recht sey. Hir off spreche wir scheppin von Meydeburg eyn recht: Dy alde frawe Anne zal dem gaste Johanni umme das globde antworten. Bekennet sy em des globdis, so sal is sye halden. Vorsachet sy is, so mag des unscholdig werden. Von rechtis wegen.

Th 44. Unsern fruntlichen grus czuvor. Ewer froge umme recht ist also: In eynem gehegetem dinge hat eyn man seyn erbe und gut vorreychet und vorgeben noch seynem tode, und das vorbriffit und besegilt ist, welchir briff lawtit der vorreychunge von worte czu wortt also steet geschreben ym laten: Noverint quibus expedit universi, quod anno domini M°CCCLXXXII feria sexta proxima ante beate virginis Marie nativitatis festum judicium fuit bannitum per advocatum Jencz et per scabinos submissos scilicet Hankonem Krancz, Nicolaum Flencz, Nicolaum Fulmer etc. Coram quo judicio industriosus Johannes Czatirwang cum bona sue mentis deliberacione et sana corporis valitudine voluntarie presencialiter constitutus requisivit a prefatis scabinis in sentencia diffiniri, utrum cum bonis suis omnibus hereditariis et mobilibus, que suis acquisisset laboribus, facere posset sicud vellet et sentenciatum est sibi ibidem per prefatos scabinos, quod cum bonis suis predictis omnibus, que suis acquisivit, poterit facere pro suo beneplacito voluntatis. Quo facto predictus Johannes omnium bonorum suorum hereditariorum et mobilium ac puerorum post mortem suam virtuose domine Dorothee sue consorti legittime et Stenoni Mochow predicto cum ipsius Stenonis annuencia et voluntate tutelam quesivit deputavit et tradidit omnibus dicti Johannis amicis et proximis exclusis penitus, si et in quantum predicta domina Dorothea in viduitate perseveraret et si ipsa domina in viduitate permaneret tam diu quousque pueri ad eorum pervenerint discrecionis annos, quibus tunc a se separatis pueris sic quod prefata tutela ad plenum foret consummata, tunc prefati pueri eedem Dorothee II^C mrc. a se separare, per ipsam dominam eosdem II^C mrc. in

hereditatibus et loco earundem pecuniarum prefatas hereditates tenendas habendas utifruendas possidendas ad tempora dumtaxat sue vite et quod prefate hereditates post ipsius domine Dorothee obitum ad predicti Johannis proximioris devolvantur hereditarie, in quantum de pueris predicti Johannis nullus adhuc vitat in humanis; sed si prefata Dorothea domina ad matrimonii declinaret statum, tunc predictus Johannes assignat et resignat post ipsius mortem ipsi domine Dorothee ipsam sextam partem in omnia bona hereditaria et mobilia predicta, illo tamen notabiliter implicato quod si aliquis puerorum ipsius Johannis decederet tunc dicti pueri porcionem non ad matrem sed ad alios conterminos[1] ipsius Johannis pueros devolvantur; si vero ipsius Johannis pueri omnis decederent, domina Dorothea supervivente, tunc prefatus Johannes assignat et resignat in omnia bona sua hereditaria et mobilia predicta ipsi domine Dorothee unam terciam partem et residuas duas partes proximioribus suis innatis[1] amicis habendas et tenendas et jure hereditario possidendas domum vero prefatus Johannes assignat parentibus suis et patri et matri post suum obitum immediate LX mrc. et fratri suo XXX mrc. deputando et libere resignavit; premissis tamen hujusmodi omnibus et singulis minime obstantibus sepedictus Johannes Czettirwang omnium ipsius bonorum hereditariorum et mobilium coad vixerit velut prius volt fore et debet cum pleno posse dominus atque heres. In cujus rei testimonium sigillum scabinorum Cracoviensium est appensum. Nu betit dy egenante frawe, das man sy underweyse, ap ir juncker dy gobe, dy her seynen brüdern gegeben hot von eynem seynem kinde czu sterben an das ander und von den kyndern an seyne neeste frunt, also yn desem briffe steet geschreben, also daz der frawen möchte entwant werden das, daz ir möchte von eren kyndern von rechtis wegen andirsterben möchte, ap her das mit rechte möchte thuen ader nicht ader was dorumme recht sey. Do wedirspricht eyn man, der czu formünden ist gekorn den kyndern mit der frawen: sint dem mole das der tote man gestanden ist gesunt und orteyl gefrogit, ap her seyn direrbit gut mochte geben, weme her wil und wy her wolde, und eyn orteyl doröbir gesprochen ist, das her möchte, und dy frawe under der czeyt kegenwortig vor den scheppin gestanden ist, do der man seyne goben benante und benümete vor gehegtem dinge, beyde seynen kindern und dem weybe und seynen eldern, alleyne is eyn rechter dingetag do nicht was, und offenbar also von den scheppin geret was, das man dy goben offgeben sülde yn eynem rechten dingetage und der man kegenwortig was und des rechten dingetagis nicht gewarten mochte und dy offbyttunge bephul dem selbigen vormünde czu tuende yn dem neesten dinge, also is auch geschach und dy frawe nicht do wedir sprach und noch an dem andern notdinge noch an dem rechten dinge, sunder dy frawe noch seynem tode allir irste komen ist yn gehegt ding und sye czu formunde den kyndern mit dem manne gegeben ist unser stat hantfesten und alle andern goben lybet und behalden wyl und sunderlich dy vormundeschafft, ap nu dy goben, dy der man seynen kyndern gegeben hat und seynen frunden und von eynem kynde an das ander czu sterben und noch des todis ader totis mannes kyndere tode off seyne neesten II teyl und off dy frawe das dritte teyl, ap dy frawe nu synt seynem tode wedersprechen mögen

[*Th* 44.] 1) ? *Hds.* conte'mos. 2) *In der Hs. undeutlich.* *incitis?*

ader ap dy kynder bey eres vatir gobe bleyben sullen, ader was recht sey. Do wedir sprach dy egenante frawe: synt das ir juncker seyn gut, das an das erbe und an farende, yn eynem notdinge gegeben hat von eynem kynde czu sterben an das ander und das yn dem dinge ny voryowort haben noch gefrogit, dorumme beynne noch keyn orteyl gesprochen dorobir yn gehegtem dingtage ist, noch auch yn dem rechten dingtage, do dy offbittunge geschach des selbigen guttis, ny do kegenwortig gewest byn und ich mich meyner ader eres guttis nicht vorczegen habe und ich mich auch nicht doran vorswegen habe und czu rechtir czeyt das wedirsprochen habe, ap ich nu nicht selbir meyner kynder und erer güttir wartende sey von rechtis wegen, ader was recht sey. Hir off spreche wyr scheppin von Meydeburg eyn recht: Dy goben, dy der man seynen kyndern ym notdinge ader yn eynem gehegtem dinge gegeben hat und auch dornoch yn eynem rechtem gehegtim dinge ofgeboten und bestetigit ist, der mag seyne frawe nicht wedirsprechen noch machtlos machen. Von rechtis wegen.

Th 181. Fruntlichen grus czuvor. Dy froge: Peter hot geclagit czu Niclos seynem dyner, wy das her em seyn gelt hette gegeben czu füren und das her Niclos keyn eygen gelt gehabit hette und doch fumczehen marg wynnunge em czu seyner eygen personen hette gerechent. Dorobir antworte Niclos: ich bekenne, das ich keyn eygen gelt gehabit habe sunder eyn halb schok, und habe yn Flandern ofgehaben vor schawben XXI marg und von eynem andern manne III^C werkis eychhorner und I^C hesens, do mete ich dy egenanten XV marg gewunnen habe. Do sprach Petir, ap sych Niclos törste czyhen an Warschawe und an den andern man, der em das werk hette vorkawfft, her wolde sych awch an sye czyhen; des worden sye eyns und czogen sych beyde an der selben lewte bekentnysse. Do bekante Vorschaw, das Niclos hette seynis geldis genomen yn Flandern XXI marg und hette em genug dorumme geton und gebe em keyne schult. Das wolde Petir Warschaw nicht glewben, her behilde is denne mit seynem eyde. Do sprach Warschaw: ir habit euch beyde geczogen an meyn bekentnys, was myr wissentlich ist. Do sprach Niclos: synt dem mole das wyr uns beyderseyt slecht an Warschaw bekentnysse geczogen haben und dy sache Warschaw bekant hot, also ich mich vormessen habe, ap ich nu frey und ledig von Petirn solde seyn ader was recht sey. Do wedirsprach Petir: synt dem mole das Warschaw nicht gesworen hot, ap Niclos em der sache nicht forfallen sey. Off erer beyder froge wart en von den scheppen eyn recht gesprochen yn sulchen worten: synt dem mole sy sich beyderseyt slecht an Warschaw bekentnysse geczogen haben und das Warschaw nicht gesworen hot, das mag Niclosen nicht geschaden an seynem rechten. Das orteyl schalt Petir und quame off dy bank und sprach eyn orteyl yn sulchen worten: synt dem mole und her sych an Warschaw bekentenysse geczogen hot, bekant hat und nicht gesworen, so hot Niclos seyne zache vorloren. Welch orteyl under czween nu besteen möge, das bete wyr uns czu underweysen. Hir off spreche wyr scheppen czu Meydeburg eyn recht: Noch dem mole das Petir und Niclos slecht sych an Warschaw bekentnysse ane underscheyt umme dy egenanten XXI marg geczogen hatten, so ist der scheppen orteyl gerecht und sal an dem teyle XXI marg besteen. Von rechtis wegen. (*Vgl.* S 138. 2, 3.)

Th 225. Liben frūnde, ewer froge ist: Vor uns yn gehegit ding komen Hannus Wygand und clagete czu Hannus Rockenberg, wy das Johannes Rockenberg hette gesant eynen bryff kegen Kaschaw, yn deme her em befolen hette gelt czu heben von Hannus Kyrschner, das her dem selben Johannes Rockenberge bas getrawit wenne Hannus Kürschner, das gelt her entpfangen hatte von Johannes Kurschner, ap her das lewken wolde, das wolde her en obyrwynden mit dem selben Johannes Korschner, der do bekant hette vor eynem siczczenden rate czu dem Czanse, und des selben rates bryff legete Johannes Wygand yn gehegit ding, der also lawt: wyr ratmanne der stat czu dem Newen Czanse, also der alde Froling etc. bekennen offentlich yn desem briffe vor allen, den her gelesen wyrt ader gehorit, das vor uns ist komen yn eynen syczczenden rat Johannes Weygand, burger czu Crakaw, und Johannes Körschner, burger czu dem Newen Czansze, und bekante vor uns der egenante Johannes Körschner wy das em der vorgeschrebene Weygand seyne schult czu Kaschaw czu fordern befolen hatte und das hette der geton; nu getrawet Johannes Weygand bas Johannes Rokenberge wenne Johannes Korschner und sante eynen briff, das das gelt und gut, das her off hatte gehaben, dem vorgenanten Rokenberge antworten sulde yn seynem namen, des vorgeschreben Johanni Wygandis, nicht das her em schuldig were, sunder das her is em bas getrawete. Nu meynet, noch deme das sy uns beyde vorgoben, der selbe Johannes Rokenberg em das gut also dy LXIX golden, dy Johannes Korschner czu getrawer hant und von bephelunge wegen geantwort hette czu heben, czu behalden. Nu meynet Weygand, das her seyn gelt gegeben, habe her dorumme myt Hannus Körschner icht czu schaffen, do entschide her zych myt em. Ich bekenne das myr Johannes Weygand eynen briff sante kegen Kaschaw, ader ich em noch seynen boten keyn globde geton habe, seyne scholt czu fordern, sunder gelt hot myr Hannus Korschner gegeben, das ist meyn gewest; das habe ich entpfangen an burgeschafft, do ich denselben Johannes Korschner aws gepfencknys geburgit habe, und keyn ander gelt, und was her dorobir schult gibt, des byn ich unschuldig. Do wedirsprach Johannes Wygand: synt dem mole das der man gestanden hot vor eynem siczczendem rate und bekant hot, das her meyn gelt entpfangen hot: nu froge ich, ap ich icht neher myt dem selben rathmanne bryffe, von den Hannus Korschner bekant hot, das Johannes Rokenberg meyn gelt entpfangen hot von em, der selbe Hannus Rokenberg obirczewgen möge, wenne das her myr neyn dor vor sprechen möge, was recht sey. Do wedirsprach Rokenberg: synt dem mole das ich ny kegenwertig gestanden habe, do das bekentnys geschen ist, so mochte Johannes Korschner bekennen, was her wolde, abir ich spreche, das ich nymandes gelt entpfangen habe wenne meyn gelt, und wyl das czewgen, wy myr eyn recht teylet. Hir off sprechе wyr scheppin czu Meydeburg eyn recht: Dy golden, dy Hannus Rokenberg von seynes wegen entpfangen hat yn seyner gewer, ist her neher czu behalden, wenne en Weygand ader Korschner myt der bekentnys, dy sy vor dem rate getan haben, ader geczewgen mögen, noch dem mole Rokenberg bey dem bekentnysse nicht gewest ist und auch des nicht gefolbort hat. Von rechtis wegen.

Th 227. Unsern fruntlichen grus czuvor. Ersamen liben frūnde, vor uns yn gehegit ding ist komen Nicolaus Grobnik unser mytteburger

und hot geclagit czu Kunczen Körschner czu Bartwal fumff wammelen korschen, dy do gut weren also LXX golden, dy her myt em hette gegeben kegen Ungern, das her do mete thun sülde als myt dem seynem und gap em X golden domete, das her sy sulle vorczollen und furgelt rychten. Das bekante em der egenante Kuncze myt sulcher underscheyt: dy kurschen und das gelt hot myr Niclos Grobnyk gegeben czu getrewer hant und dy seynt mir genomen von gewaldiger hant vor ander lewte, das ich wol mag bewеysen myt der stat Bartwal. Do sprach Niclos: her rychtir froget en, wo em das gut genomen sey. Des frogete wyr en. Do sprach her: is was czu dem Crucze[1]. Do frogete N. ap her dy nicht benennen sulle, dy is em hetten genomen, und her bekante den howptman czu dem Crucze.[1] Do sprach Niclos: synt dem mole das her bekennet den howptman czu dem Crucze[1], ap her sych nicht billicher an den howptman czyhen sulle, do das gut ist genomen, wenne an dy stat Bartfal. Do wart em geteylit, her sulde sych billicher czyhen do hen, do das gut genomen were, wenne an dy stat Bartwal. Do frogete wyr en, ap her sych do hen czyhen torste. Do sprach Kuncze, her torste nicht. Do frogete wyr en abir, wer ir pherrer[2] do were gewest dy czeyt, do man en das gut nam. Do sprach Kuncze: der herczoge von Oppiln. Do wart dem selbin Kunczen geteylit: möchte her beweysunge brengen von dem herczogen von Oppeln, das em das gut ane seyne vorwarlosunge myt gewaldiger hant genomen were vor ander lewte gut, her blebe seyn ane schaden. Do brochte her des egenantis herczogen bryff, der also lawtit: Wir Wladislaus von gotis genoden etc. bekennen offentlich yn desem bryffe allen den, dy en sehen, hören ader lesen, das is ist XXII jar ader en wenyg mehe ader mynner, das wyr eynen burgraben hatten von dem hawse Krzischow, der hysse Heynrich von Burgenaw; in den selben czeyten furte eyner pelcze und kürschen und der selbe hysse Taschenaw und sprach, her sulde dy selben pelcze und kürschen brengen czu eyner erunge dem konyge und der konyginne kegen Ungern; myt der selben rede stal her sych do von dem czolle; do der selbe Taschenaw quame czu dem czolle czu dem Crewcze, do wart der burger gewar von Burgenaw, das dy selben pelcze und kürschen nicht sullen dem konyge und der konygynne und hatte sych myt logenhafftiger rede gestolen durch dy czölle, do hylt en der selbe burggrewe off myt den selben pelczen und körschen, dornoch dirfure wyr selber genczlich an unserm herren dem könige und awch an der konigynne, das en dy pelcze und dy kurschen nicht en sülden, sunder sy furten sy off kauffmanschafft off gewyn; dornoch gab sych der selbe czu genoden: do gobe wyr em dy pelcze und korschen eyn teyl weder, das ander wart behalden; das bekenne wyr ane arg und dünckit uns alzo seyn und wolden doch dorümme unfordocht bleyben, wenne is vor manchen czeyten geschen ist. In cujus rei testimonium etc. Do der briff gelesen wart, do sprach Nicolaus: synt deme mole das Kunczen geteylit seynt, briffe czu brengen von dem erbherren, der czu der czeyt erbherre gewest ist, das em das gut sey genomen myt gewaldiger hant, noch forwarlosunge wart nyrne gedocht yn dem briffe, sunder das sy sych dewplich durchgestolen haben durch dy czolle, ap myr nu

[*Th 227.*] 1) *Die Hds. hat hier* czucze. 2) *Schreibfehler für:* herre *oder* erbherre?

meyn gelt nicht billicher fulgen sulle ader was recht sey. Do wedir sprach Kuncze: synt dem mole das der furman Taschenaw benant ist und ich nicht und das gut myt meynem gutte ane meyne vorwarlosunge vorloren ist, dorczu ich meyn recht tuen wil, ap ich nu ane schaden nicht bleyben sal, ader was recht sey. Hir off spreche wyr scheppin czu Meydeburg eyn recht: Noch deme mole das Kuncze Korschner geteylit ist yn gehegtem dinge sunder wedirsproche, das her sych billicher czu dem Krewcze czyhen sülde wenne an dy stat Barthwal, so sal her dy beweysunge von dem howptman brengen, das em das gut von gewaldiger hant und ane seyne vorwarlosunge genomen sey; tut her des nicht, so ist her fellig worden und sal yenem seyn gut gelden. Von rechtis wegen.

Glossar.

A.

abeclagen durch Klage abgewinnen I. 12. 8.

abegehen zurücktreten I. 8. 8; verzichten *siner geczuge* II. 3. 3.

abegeczugen einen einer sache durch Zeugniss verlustig machen III. 9. 2; *Beil.* II *zu* I. 7. 23.

abelegen aufheben *willekore* I. 1. 11; erlegen *schaden* I. 21. 2; 16. 1. (8); = *abetreten* I. 1. 14 (6).

abeloszen ablösen; *abeloszunge* Ablösbarkeit (des Zinses) II. 1. 4. 5.

abenemen zurücknehmen der *morgengabe* I. 11. 2; *sich a.* sich eidlich von einem Anspruch befreien I. 8. 6, 10.

aberichten abfinden I. 11. 4; 7. 23 (1).

abeslagen erschlagen III. 1. 9 (1).

Absonderung Erbrecht der Kinder eines abgesonderten Sohnes I. 7. 13, 15. Wie muss die A. geschehn? I. 7. 19, 23. Durch die A. verliert der Vater das Recht, seinen Sohn wegen Ungerichts zu entschuldigen I. 9. 6. In *Beil.* II. *zu* I. 7. 21. steht *absunderung* für Erbtheilung.

abetreten zurücktreten, weichen I. 7. 2, 5; abtrünnig werden I. 1. 14.

abetrunnig einer der entlaufen ist (*trinnen*) II. 2. 2.

abthun, sich, sich entschlagen, verzichten *Beil.* II. *zu* I. 1. 16.

Abwesende können sich in Jahr und Tag (bei Verhinderung durch echte Noth auch später) zu angestorbenem Erbe ziehen I. 7. 2, 4, 5. Wie wird ihr Gut versperrt, erklagt, aus der Versperrung befreit? II. 2. 2, 3, 3a, 4. Ungerichtsklage in frischer That gegen A. III. 1. 3. s. *Verschollene.*

abeczewt thun Verzicht leisten *Beil.* II. *zu* I. 1. 16 (5).

abeczyen sich — *resignare* I. 3. 7 (25).

abintuyr s. *ebintuyr.*

acht (*achte, echte, ochte*) — Verfestung z. B. III. 1. 9. Verfestung durch das Reich I. 14. 1. Rechtlosigkeit der darin Befindlichen *ebd.*

achtung Schätzung, Werth I. 12. 8.

ader, adir a, oder; *b,* aber.

advocatus Vogt z. B. I. 3. 18.

alleyne, alleyne daz obgleich I. 1. 1; 2. 9.

altsessen lange sesshaft. *Beil.* II. *zu* I. 7. 23.

ammecht Amt z. B. I. 1. 2; 3. 4; 16. 3. Berufung auf den Amtseid I. 2. 12, 6. s. *Beweis, Eid.*

amye (*amme*) Beischläferin I. 14. 6, 9.

anclage, anclagen Klage, klagen z. B. II. 2. 21; 3. 3; I. 4. 9; 20. 1; II. 4. 2.

anerben im Erbgang an Jem. kommen II. 1. 5.

anewalde (*anewelde*) ein mit Gewalt versehner Vertreter, Bevollmächtigter, Geschäftsführer III. 9. 3; *Beil.* II. *zu* I. 1. 25.

anefang; *anfangen* I. 13. 1.

anfertigen anpacken, anhalten *synen vorfesten man* III. 8. 3. *Beil.* II. *zu* I. 2. 20.

angefelle Anfall der Erbschaften I. 7.

angewinnen abgewinnen I. 4. 5; 8. 9; II. 2. 2 (1).

angrifen festhalten III. 2. 1. Einen in der Reichsacht Befindlichen kann man überall a. I. 14. 1. — in Besitz nehmen III. 6. 2.

ankomen kommen, treffen auf Jem. I. 7. 3; III. 2. 1. — *eine sache a.* wird

von dem Vorsprecher gesagt, der die Führung einer Rechtssache übernimmt, sich dazu an oder eindingt I. 5. 5. (vgl. *Nietzsche prolocutores* c. VIII. *Hom. Ri.* S. 422).

anlangen belangen, beklagen III. 6. 2; II. 4. 2 (8).

anneme genehm I. 12. 7.

annemen sich, sich Etwas angelegen sein lassen I. 1. 1; übernehmen I. 3. 4, 7; 18. 1.

anreden zur Rede stellen I. 3. 12.

anruchtig (*anrechtig, unrechtig*). Wer ist a. I. 14. 1; 1. 9, 17; 2. 5 (6); 5. 5. Rechtlosigkeit der Anruchtigen I. 14. 1. Reception derselben in das Bürgerrecht und die Stadtgemeinde I. 1. 9.

ansetzung locatio urbis Beil. II. zu I. I. 7.

ansprechen in Anspruch nehmen, beklagen z. B. I. 6. 3, 10; 9. 4. 5; 13. 1; II. 2. 12; 4. 2; III. 1. 10; 8. 1. — *ansprache* (*ansproche*) Geltendmachung eines Anspruchs I. 2. 24; 3. 16; *rechte a.* I. 7. 23. Klage I. 6. 1, 2; 9. 4; 19. 2; II. 3. 2; Arrest II. 2. 1, 10; Einspruch I. 12. 3; 8. 4 (9). — *ansprecher* II. 2. 1. 5, 10.

ansterben (*anirsterben*) durch Erbgang auf Jem. kommen z. B. I. 2. 25; 4. 5. 8; 7. 1—8; II. 5. 1.

Anstiftung zum Diebstahl I. 1. 26.

antwort a. Gegenwart *Beil.* II. *zu* I. 2. 5; *b.* Auslassung des Beklagten auf die Klage z. B. I. 4. 5; 8. 9; II. 6. 1; 10. 1; *rechte a. Rw 29 (Beil.* II. *zu* I. 2. 21).

antworten a. ausantworten, überantworten z. B. I. 6. 5, 6; 7. 2; 8. 3; 15. 7; III. 9. 3; *einen mit (bey) der hant a.* I. 6. 9; II. 2. 8, 16; 4. 2 (3); *b.* sich auf die Klage auslassen z. B. I 1. 22; 2. 13; 4. 5, 8; 8. 7; II. 2. 13; 10. 1; III. 1. 7, 9.

antworter Beklagter. In II. 2. 17 heisst so der aussergerichtlich gemahnte Schuldner.

Anweisung Th 227 (*Beil. III.*)

anczal Rate, Antheil II. 1. 3 (15.)

anczien, sich sich zu einer Sache ziehen *anirstorbins erbis* I. 7. 5. (*vgl. czien.*)

arm — a. unde rich alle zu einer Stadtgemeinde gehörigen Einwohner I. 1. 22; 3. 1 (6); *Dr* 196; *Rw* 20. 30 (*Beil.* II. *zu* I. 1. 1, 7, 22).

artikel z. B. I. 3. 12; 3. 15 (6); II. 5. 2.

Arzt begutachtet die Beschaffenheit der Wunden *Beil.* II. *zu* III. 1. 5; I. 2. 2 (11)

augustiner I. 10. 1.

Die Zusammensetzungen mit *auf, aus* s. unter *uf, us.*

B.

babist Papst. Mit seiner Zustimmung wird das Erzbisthum und (?) der Schöffenstuhl zu Magdeburg gegründet I. 1. 1; legitimirt uneheliche Kinder I. 14. 9; absolvirt einen Todtschläger I. 17. 1.

ban a, des koniges b. königliche Gerichtsgewalt. Der damit Beliehene muss selbst richten und kann ihn nicht einem Andern übertragen I. 2. 8. — *b, des riches b.* Reichsacht I. 14. 1 *c,* geistlicher Bann I. 1. 26; III. 6. 1. Wer *czu banne* ist, kann nicht Urtheil schelten I. 4. 10. *d,* = *meteban* I. 6. 9 (23). *e, notding adir b. hegen Beil.* II. *zu* II. 5. 1.

bank Gerichtsbank. Auf derselben sitzen Richter u. Schöffen I. 2. 1. Die Sch. schwören zum Recht u. zur B. u. werden dazu bestätigt I. 3. 9; 1. 2; *uf der b. siczen* Sch. amt bekleiden I. 1. 1; 3. 12, 18; 4. 2; ähnlich *sch. von der b. seczen, vorwisen* I. 2. 16; *sich der b. enczagen* I. 3. 7. Wer ein Urtheil schelten will, muss der *b.* bitten, der Richter erlaubt ihm *in die b. zu siczen* I. 4. 1. Beides zusammen heisst *uf die b. komen* I. 4. 5. 7; II. 9. 1; *Th* 181 (*Beil.* III.) In einigen Verbindungen erhält B. den Sinn von Ding, Gericht: *geheyete b.* I. 5. 5; I. 15. 7 (7); II. 9. 1 (7); *höer b.* I. 4. 1.

bare Bahre III. 6. 1 (11). In I. 1. 19 (17) beruht die Lesart wohl auf Corruption.

barfusser I. 10. 1.

baussen, beaussen ausserhalb — *baussenwendig* auswärtig z. B. *Rw* 19. 29 (*Beil.* II. *zu* I. 2. 21).

bederbe (*bedirman, bedirlute*) unbescholten z. B I. 5. 2, 4; 9. 6; 17. 1 (4a); II. 1. 6.

bedocht besonnen, *mit bedochtem mute, rate* II. 2. 10; I. 1. 21 (3, 8).

bedranknus Drangsal *Beil.* II. *zu* I. 1. 11.

beduten ausdeuten, erklären I. 1. 28.

bedewtnis Inhalt II. 2. 9 (2a).

beerbit sein a, als Erbe im Besitz einer Sache sein, *mit dem czinse* II. 1. 4. *b,* mit einem Grundstück angesessen sein (*s. besessen*) z. B. I. 1. 6; II. 2. 8 (5).

begaben mit einer Morgengabe versehen I. 8. 1 (11); 11. 1 (7); II. 2. 7.

begeben der sich einem geistlichen Orden zugethan hat I. 10. 1, 1a.

begehen einhalten *alle recht* I. 9. 5; *pfandes r.* II. 2. 9a.

begrifen ergreifen, festhalten II. 2. 20; *an der tat, in hanthafter t., hanthaftig* I. 16. 3; III. 1. 7, 11; 3. 1; 4. 3 *in der vorvestunge* III. 8. 3.

behaften verhaften I. 12. 8.

behalden a, aufbewahren *zcu b. geben* deponiren II. 7. 1. *b,* einen gefangen halten I. 16. 5; II. 2. 8. *c,* behalten I. 7. 19; 11. 2; 12. 3; 14. 2; II. 2. 7, 17 (7). *d, obtinere,* im Process etwas behaupten oder erstreiten: ein Erbe *mit der besiczunge u. gewere* I. 6. 3; eine Prädialservität *mit der besiczunge iar u. tag* I. 19. 2. Besonders wenn der Sieg durch gelungne Beweisführung erlangt wird; erweisen *mit eynis hant, mit dem eyde, selbsebinde* I. 7. 4, 7; 11. 4; II. 1. 4; *Th* 181 (*Beil.* III). Auch ohne Angabe des Beweismittels I. 4. 5; 6. 5; 9. 4; 11. 1; 14. 3a; II. 1. 6. In I. 1. 24 heisst es von den Rathmannen, welche nicht Beweisführer sondern Zeugen sind, sie seien näher. *das gelobede zcu b.*

behelfen sich, sich schützen I. 6. 5. — *behulfen* behülflich I. 14. 1.

beynne innerhalb z. B. *Th* 44 (*Beil.* III).

beiten (beten, byten), warten *eynes* z. B. I. 2. 19; 8. 11; 16. 5; II. 2. 14; II. 5. 1.

beyczocht (beyczeicht, bezucht, bezuckt, besucht) Bezüchtigung, — auch *crimen* im Sinne von Verbrechen? I. 2. 24. und *Beil.* II. *das.*

bekennen, bekentnisz anerkennen, zugestehn *a.* im Process einen Anspruch oder eine Thatsache z. B. I. 1. 15; 2. 24; 12. 7; II. 3. 3; 6. 1; 9. 1; III. 9. 1; *der sachen uff gnaden* III. 7. 1. *b.* ohne dass ein Rechtsstreit stattfindet I. 4. 8; II. 1. 1; 2. 10. — *bekante schult* eine durch Anerkenntniss liquid gemachte, ohne Unterschied ob dasselbe in oder ausserhalb eines Processes erfolgt ist I. 6. 6; II. 2. 9a, 14—19. *c,* von Zeugen: bewahrheiten, beurkunden I. 9. 3 (7), 6 (15). Vorzugsweise scheinen so solche Depositionen bezeichnet zu sein, welche nicht durch einen körperlichen Eid bekräftigt wurden, sondern bei denen die einfache Aussage oder eine andre Bestätigungsform ausreichte (z. B. die Bezugnahme auf einen Amtseid oder die schriftliche Beurkundung unter öffentlichem Siegel) I. 1. 24; 2. 2, 6, 9; 3. 14, 16, 17; 4. 3; 6. 2, 5; II. 3. 3; 9. 1; III. 1. 10; 9. 2; *Beil.* II. *zu* III. 1. 5; *Th* 181, 225 (*Beil.* III).

bekinden sich, Kinder erzeugen I. 14. 5, 6, 9

beclagen einen in wigbilde rechte I. 1. 23; unnb gelt II. 2. 18; mit geczuge II. 2. 22; mit slechter clage II. 10; hanthaftig III. 4. 2; unvorczogentlich II. 2. 15; gut I. 11. 4 (27).

Beklagter (der beclagete man II. 3. 2; 9. 1; vgl. *antworter)* Wo muss der B. antworten? I. 2. 13, 20, 21; 3. 15; 6. 10; *Beil.* II. *zu* I. 2. 17 (vgl. *Gerichtsstand*) Unmündige, die keinen Vormund haben, brauchen nicht zu a. I. 8. 7, 9. Wer aber für sie Schuld einfordert, muss auch für sie a. I. 8. 10. Wann kann der Vater für seinen Sohn um Ungericht a.? I. 9. 6. Contumaz des Bekl. bei Klagen um Gut II. 2. 2, 3, 3a, 5. Pflicht des B. auf Ja oder Nein zu a. II. 10. 1; *Beil.* II. *zu* II. 7. 1. Fristen und Verbürgung des B. in Ungerichtssachen III. 1. 3, 4, 5, 6; 5. 1; 8. 2. Wann muss er auch in gebundnen Tagen antworten? III. 3. 1, 3, 5. — In ähnlicher Weise wie die Klage durch die Bestellung der Gewere fixirt wird, geschieht dies bei der Antwort durch die Verjawortung z. B. *Beil.* II. *zu* II. 7. 1, vgl. auch I. 4. 5. — s. *Contumaz, Klage.*

bekostigen Schuldgefangne II. 2. 19; *bescholden ortel* I. 4. 3. — I. 1. 1 (17).

becreftigen in die Gewalt bekommen, unterwerfen I. 1. 1 (17).

becristigen (becrestigen) zum Christenthum bekehren I. 1. 1.

bekummern in Beschlag nehmen I. 8. 10; verpfänden I. 12. 8; zum Personalarrest bringen II. 4. 2; *negotium alicui facessere* I. 2. 13.

bekunden kund machen *Beil.* II. *zu* I. 1. 25.

beleiten beläuten, *eyne sache mit gerichte* das Gericht durch Geläut zusammenrufen *Beil.* II. *zu* III. 1. 11. *Ha beläuten; Grimm R. A.* 840.

belehnen e. stadt mit Magd. recht — Rw 13 (*Beil.* II. *zu* I. 2. 17).

benamen namentlich I. 3. 19.

benedicti I. 10. 1 (4).

benemen a, hindern I. 12. 3; *b, sich b. = sich abenemen* I. 8. 6 (6).

benemung Ausnahme, Vorbehalt I. 12. 5.

benennen (benumen, benümen — zuweilen

steht *benennen* und *benumen* neben einander z. B. I. 4. 5; *Th* 44 (*Beil.* III.) namhaft machen, namentlich bezeichnen, ausdrücklich erwähnen I. 3. 18; 4. 5. 8; 6. 1, 7; 7. 4, 7; 9. 5; 11. 1; 13. 1; 16 4; II. 2. 1; 3. 3; 5. 3; 9 1; *Th* 44. 227 (*Beil.* III). *benant. benumpt certus, definitus. benanter tag I. 4. 6; II. 6. 1a*; *benumpte cziet III. 7. 1*; *b. gelt I. 12. 6; II. 1. 1; b. lon I. 5. 2; benante schult II. 2. 12a* (vorgedachte?) — *benumung I. 6. 7 (12); 12. 5 (14)*.

benotiget seyn in Noth sein I. 12. 8; II 1. 5.

benotturftig in Noth befindlich *Beil.* II. *zu* II. 1 4.

bequeme passlich I. 3. 6. *bequemekeit (bequemlikeit)* Angemessenheit, Bedürfniss I 1. 11; 3. 5; *Rw* 20 (*Beil.* II. *zu* I. 1. 7).

berechen (berechenen) der kinder gut Rechnung darüber legen I. 8. 3, 5. 8. *berechenung* I. 8. 5. s. *Vormund*.

bereden überführen *eynen meyneidis* I 16. 4.

bereychin wohl mundartlich für berechenen I. 8. 5 (10); *Beil.* II. *zu* I. 8. 3.

bereit = *gereit* II. 2. 7 (8).

bereiten bezahlen I. 8. 3 (12).

beren erzeugen I. 9. 5.

berewen (beruwen) gereuen I. 6. 9.

Berglding II. 9. 1 (8).

berichten ausgleichen, ordnen, schlichten I. 16. 3a; 18. 1; III. 7. 1 (12); Bericht erstatten, Auskunft ertheilen z. B. *Rw* 29; *Dr* 101 (*Beil.* II. *zu* I. 2. 21; 7. 12); = berechnen I. 8. 5 (10).

berichteslute (berichtl.) die eine Sache auszugleichen haben, Schiedsrichter I. 6 5; 16. 3a; 18. 1. — *berichtung* Ausgleichung III 1. 13; I. 16. 3a (3).

beruchtigen ins Gerücht bringen I. 1. 9 (2. 7); 9 4; *der beruchtigete man* II. 5. 1.

berufen mit Gerücht verklagen I 9. 1.

beschatzen mit Schatzung, Contribution belegen I. 2. 27 (17); *Beil.* II *das*.

bescheiden discretus, — *also beschedenlich* mit der Massgabe *Rw* 40 (*Beil.* II. *zu* 1. 2. 20).

bescheiden a. festsetzen II. 1. 6; I. 4. 6 *b.* zur Entscheidung bringen I. 6. 10. *c.* vermachen I. 12 2. *beschedung* Vermächtniss I. 12. 2 (5).

bescheidenheit die gebührliche Haltung vor Gericht I. 2. 1.

beschelten schelten *ortel* z. B. 1. 1. 3; 3. 12; 4. 3; einem Makel vorwerfen *eynen an syme rechte, an syner gebort* I. 4. 10; 5. 1. 2 (*unbeschulden an s. r.*); I. 9. 4; *die gebort b.* I. 14. 3a, 4.

beschemung Beschämung III. 6. 2 (9. 11).

beschirmen I. 8. 8 (16); III 3 3, 5

beschriben aufschreiben, zu Protokoll nehmen *Vorr.*; I. 3 12, 14; 4. 3; 12. 5. *beschrebenes recht, gemeynes b. r.* I. 1 10. 11; 3. 2. 3. s. *Recht*.

beschuldigen einen vor (an) gerichte I. 1. 19; usz gehegetem dinge II. 6 1; umb e. sache III 1. 8; umb syne wissenschaft II. 3. 3; noch todir hant II. 2. 11; mit geczuge, mit e. slechten clage III. 1. 8, 10; *der beschuldigete man III. 1. 5.*

besegiln besigeln z. B. I. 3. 3, 6, 18; 6. 1. 7; II. 7. 1. s. *Siegel*.

besehen Wunden, Verwundete I. 2. 2.

besessen angesessen, ein Grundstück besitzend z. B I. 1. 6; II. 5. 3.

beseczen (besaczen, besiczen) a, mit Arrest belegen (s. *vorsperren, vorsprechen)* I. 8. 7, 10; II. 2 5, 6, 10 (14); III. 3 4. In der letzten Stelle sind die Worte a. E. *unde dy beseczen* wohl zu tilgen. *b. mit den scheppin, mit richter u. sch.* durch Anrufung von R. und Sch. sich des künftigen Beweises einer gerichtlichen Handlung versichern I. 3. 14; *Th* 21 (*Beil.* III) *c. mit Magd recht besatzt* nach Magd. R. ausgesetzt *Rw* 37. 14 (*Beil.* II. *zu* I.1 11; 2. 17). *besaczung (beseczung) a.* Arrest II. 2. 1, 3. 5; 2 10. *b.* Verpfändung I. 6. 8; II. 2. 12a; III. 3. 4 (7). — *beseczir (besessir)* der den Arrest ausbringt II. 2. 1, 10.

besippet (beziwet?) verwandt z. B. I. 7. 4. (5).

besiczen a. worin sitzen *den rat* I 1. 13 (7), 14; *rechte ee* I. 9. 5. *b.* inne haben I. 2. 24; 6. 2, 3; 7. 23; den Besitz behalten I. 19. 2. *c.* = *beseczen* I. 8. 7; II. 2 6.

besiczung Besitz I. 6. 2 (19). 3; 19. 2.

besorgen Sorge wofür tragen, bes. als Vormund oder Kurator I. 8. 8; *sich b.* Vorsorge treffen II. 2. 4. *besorgung cura* II 2. 4 (*Kraut* Vormundschaft I. S. 8).

besseren Genugthuung wofür leisten I. 3. 8 (4); *dy dube* I. 1 26. — *besserung*. Genugthuung III. 1. 13. *b. des pfandes* Hyperocha I. 6 6.

bestanden einer Strafe verfallen I. 1. 13. 18; *synes halses* I. 1. 26; *kegin dem rate, k. der koniglichen gewalt* I. 1. 21; III. 6. 2.

bestaten a, gestatten I. 6. 7; 11. 1 (18); *b*, ausstatten I. 7. 23 (1).

bestehen a, verbleiben I. 8. 7; *ane rechte wedirsproche* I. 2. 25; Bestand haben z. B. I. 12. 5; II 1. 2. *b, vor gerichte b.* sich gestellen I. 2. 15. *c,* bestätigen (= *gestehen*) I. 1. 24 (20); *der gobe Beil.* II. *zu* I. 15. 7.

bestellen a, anstellen eine Klage III. 1. 8 (8); 2. 1 (6). *b,* gestellen III. 7. 1 (5); I. 13. 1 (16).

bestendig (*beystendig*) Zustimmung. · Folge gebend I. 3. 7. *Ha bestehen* (*col.* 151).

besterben ersterben I. 7. 19, 20; 14. 8; 15. 7; *die kinder sint bestorben in dez vater gewere* der Erbfall hat sich ereignet, da die Kinder noch in der väterlichen G. waren I. 7. 19.

bestetigen (*bestetigung*) *confirmare* I. 1. 1, 2, 24 (20); 3. 3; 6. 7; 8. 8; 11. 2; *Rw* 18; *Dr* 162, 245 (*Beil.* II. *zu* I. 2. 16; 3. 17; 15. 7); *Th* 44 (*Beil.* III); *e. stadt mit Magd. recht* I. 1. 7; *einen zcu syme gute* Jem. die Vergabung seines Gutes bekräftigen I. 6. 5.

besunders besundern beysundern besonders z. B. *Beil.* II. *zu* I. 1. 22.

beswernis (*beswerung*) beschwerende Abrede II. 1. 2.

beswerung eidliche Bekräftigung III. 8. 2 (2).

bete Bitte I. 8. 8; 16. 1, 3a; 17. 2.

betedingen (*beteidingen*) = *teidingen* I. 4. 5 (1); 6. 5 (10); 7. 18 (6); III. 9. 3 (5); *Rw* 14 (*Beil.* II. *zu* I. 2. 17).

beteler orden I. 10. 1.

betetage dies rogationum, die Tage der Betwoche. III. 3. 2 (8).

betefart Wallfahrt II. 5. 1.

betewoche = Kreuzwoche, die mit dem Sonntag *Rogate* anfangende W. III. 3. 2 (9). vgl *Ha. calend.* § XXXV.

Bett die Legitimität des Kindes wird nach der Zeit berechnet, da der Mann in das Bett der Frau geschritten ist. I. 9. 4.

betwang, betwingen Zwang, zwingen z. B. I. 1. 10 (21); 8. 9 (3); II. 3. 3 (9).

bevelen (*Praet bephul*) *bephelung* übertragen *das gericht* I. 2. 8; anbefehlen, beauftragen *Th* 44, 225 (*Beil.* III).

bevesten a, befestigen I. 1. 1. *b.* verfesten III. 8. 1 (13).

beware s. *byware.*

bewaren a, in Obacht nehmen I. 7. 6; vorbehalten *Dr* 192 (*Beil.* II. *zu* I. 2. 5); *sich b.* sich vorsehen I. 5. 3. — *b.* bewahrheiten II. 10. 1.

bewedemen bewidmen *e. stadt zu Magd. rechte Rw* 20 (*Beil.* II. *zu* I. 1. 7).

bewilen (*by w.*) bisweilen I. 3. 7 (10a); 13. 1.

Beweis I. Als Beweismittel kommen vor: *A,* leibliche Beweisung I. 1. 17 (vgl. I. 1. 16); 16. 4; 20. 1; III. 1. 10.

B, Gerichtszeugniss. *a,* Regelmässig: die Bezeugung desjenigen, was im gehegten Ding geschehn ist, durch Richter und Schöffen I. 2. 12. Einzelne Fälle der Anwendung I. 7. 21; 19. 2; II. 3. 3; III. 8. 1. Verhältniss zu andren Bew. mitteln I. 15. 4. Soll die Bezeugung einer ger. Handlung in einem fremden Gericht erfolgen, so ist, wo es sich um eine Ungerichtssache handelt, das persönliche Erscheinen des betr. Gerichts erforderlich; in allen andren Fällen kann der Bew. durch gerichtliche Urkunden (s. unter *D*) erbracht werden I. 15. 6; 4. 3; III. 8. 1. — *b,* Unregelmässige Arten des Ger. zeugnisses: Zeugn. eines ungehegten Dinges I. 2. 9; einzelner Ger.personen I. 2. 2, 6, 12; II 1. 6; III. 1. 10 (?); 7. 3. — Hieher gehören auch wohl die Fälle, in welchen einzelne Personen zur Constatirung gewisser Thatsachen besonders ermächtigt sind, so die gerichtlichen Wundärzte I. 2. 2; die Viertelsleute I. 6. 2.

C, der sitzende Rath bezeugt dasjenige, was vor ihm verhandelt ist, unter Berufung seiner Mitglieder auf ihren Amtseid I. 1. 11, 24. 25, 26; 3. 12. Bestätigung eines Zeugnisses der Alten durch den neuen Rath I. 1. 24.

D, Urkunden *a,* gerichtliche (s. unter *B*) sind die amtliche Aufzeichnung dessen, was vor Ger. geschehn ist; bekunden also Handlungen der freiwilligen Gerichtsbarkeit I. 3. 18, 19; 4. 5, 8; 6. 1, 7, 8; 11. 2; 12. 5; II. 1. 1, 5; 2. 9 — oder Ger.urtheile in streitigen Sachen I. 4. 3; II. 9. 1 (zweifelhaft I. 19. 2). Sie haben meist die Form von Briefen, d. h. unter Gerichtssiegel ertheilter Ausfertigungen. Ueber das Erforderniss der Besiegelung I. 3. 17. Offne Briefe I. 7. 9; 12. 7; II. 9. 1. Bew.kraft; Zulässigkeit und Art des Gegenbeweises gegen Ger.briefe I. 3. 18, 19; II. 2. 9. Editionspflicht I. 4. 5. Verlorne Urkunden I. 6. 1. — Neben den Briefen kommt auch die Berufung auf das Schöffenbuch II. 1. 5 und das Register der Schöffen vor; in letzteres ist das Transumpt (*usschrift*) einer vor dem Rath aufgenommenen Urkunde eingetragen I. 4. 8. — Ueber die Gebühren für die Beurkundung und über die Verpflichtung der Schöffen, niedergeschriebne Acte zu bezeugen I.

3. 6, 14, 16. *b*, An aussergerichtlichen Urkunden werden erwähnt: vom König oder einem andren Herren ausgestellte I. 1. 28; 2. 24. 27; 3. 3; *Th* 227 (*Beil.* III.); städtische I. 4. 8; III. 9. 2; *Th* 225 (*Beil.* III.); *offinbare schrifte* oder *instrumente* I. 6. 5; 15. 7; Privaturkunden II. 2. 9.

E, der Eineid. Er dient *a*, zur Abwehr von Beschuldigung wegen Ungerichts I. 1. 15, 25, 26, 27; 16. 6; III. 1. 6. 7. 8, 10; 2. 1; 4. 1, 3; 7. 2, 4; 9. 2; — *b*, zur Vertheidigung gegen Civilansprüche I. 2. 3a; 4. 9; 11. 1; 21. 1; II. 2. 11, 21. 22; 3. 3; 6. 1a; 10. 1. Hieher gehören auch die Fälle, in welchen die eidliche Reinigung von dem Vorwurf der bösen Absicht oder der Nachlässigkeit stattfindet I. 8. 6, 10; 6. 6; II. 7. 1; III. 7. 1. *c*, zur Bekräftigung eines eignen Anspruches I. 6. 5; 11. 1. 4; *d*, als Bescheinigungsmittel (vgl. *Hänel* Bew.system § 6) beim Ziehen auf den Geweren I. 13. 1; bei Angabe der Verwandtschaft mit dem, zu dessen Erbe man sich zieht I. 6. 1; 7. 4, 5, 7; bei Erhärtung eines Nothfalles I. 7. 4; 12. 8; II. 2. 3, 16; bei Verlust einer Urkunde I. 6. 1; der Eid des Gastes über die Erfordernisse des Gastrechts II. 5. 2; — der Eid vor dem Rath bei der Verschossung I. 1. 16, 17; der Eid vor dem Pfarrer in III. 6. 2. —

Erlass des Eides I. 2. 15, 27; 6. 5; 16. 1. Zurückschiebung I. 11. 1; II. 10. 1. Vertretung des Mündels durch den Vormund bei Leistung und Entgegennahme von Eiden I. 8. 1. Holung beim Eide I. 16. 2. Eide in gebundnen Tagen I. 16. 5; III. 3. 2.

F, der Eid mit Gezeugen. 1. der Eid selbdritt *a*. in Ungerichtsfällen sowohl Seitens des Angriffs wie Seitens der Vertheidigung III. 1. 6. 8, 10; 5. 1 (vgl. auch III. 2. 1; 7. 2) *b*. in bürgerlichen Sachen: Bew. der Schichtung an fahrender Habe I. 7. 21; des Lebens eines Kindes I. 9. 3; der Einforderung des fälligen Zinses II. 1. 6; der Zahlung II. 1. 6; 2. 9. 11. Wer mit Gezeugniss angeklagt wird und schlecht antwortet, wird selbdr. überwunden II. 2. 13. — 2. der Eid selbsiebend *a*, in Ungerichtssachen: zur Ueberwindung eines in handhafter That Ergriffenen II. 2. 21; III. 4. 2; 7. 2; eines Verfesteten III. 8. 1; zur Vertheidigung bei Klagen mit Geruft III. 1. 10; 4. 3. — *b*, in Civilsachen: bei der Innerung II. 2. 12; 3. 1, 2, 3; III. 1. 12; zum Bew. über die Aufreichung eines Erbes I. 6. 1; über die Natur eines Grundzinses II. 1. 4; der ehelichen Geburt des Erblassers I. 14. 3a. —

Unterschied des Gezeugnisses, je nachdem die Zeugen um ihr Wissen von der Sache befragt werden oder nur die Reinheit des Haupteides bekräftigen I. 15. 5. Fälle, in denen auf die besondre Wissenschaft der Gezeugen Rücksicht genommen wird I. 6. 5; 9. 2, 3; II. 1. 6. Zeugnissunfähig sind der Regel nach Frauen II. 2. 11, 21; Verwandte, Hausgesinde, Miethlinge I. 9. 6; 15. 2 — Ausnahmen I. 9. 2, 3, 6 — ferner bescholtene Personen, daher gefordert wird, dass das Gezeugniss mit *vromen, erhaften bederben luten* erbracht werde z. B. I. 9. 2, 3; II. 3. 2. Zeugnisszwang findet nicht statt I. 15. 3.

Die oben angeff. Stellen über Holung und über Eidesleistung in gebundnen Tagen beziehen sich auch auf den Zeugeneid. — Schlichtes Bekenntniss eines Zeugen ohne eidliche Bekräftigung *Th* 181 (*Beil.* III).

II. Beweisfrist II. 2. 13; 3. 2; III. 4. 2. Contumaz I. 4. 9. —

Nach I. 4. 5 und I. 6. 2 scheint — wenigstens in gewissen Fällen — die Verpflichtung vorhanden gewesen zu sein, die Bew.mittel sofort im ersten Verfahren zu benennen.

III. Beweisvorzug. Die Stärke der Vertheidigung muss der Stärke des Angriffs entsprechen, daher wer mit Gezeugen beschuldigt wird, auch nur in derselben Weise unschuldig werden kann II. 2. 13; I. 1. 20; 20. 1; III. 1. 6. 8. 10. Ausnahme: II. 2. 21. 22. Bei gleich starken Bew.mitteln hat die Vertheidigung den Vorzug, vgl. darüber ausser den eben angeff. Stellen III. 1. 7; 2. 1; 4. 3; 9. 2; ferner II. 2. 12; 3. 2. 3; I. 14. 3a. Besondrer Vorzug der Gewere II. 1. 4, 5; *Th* 225 (*Beil.* III): der Behauptung der Mündigkeit Seitens des Mündels gegenüber dem Vormund I. 9. 2.

beweren *a*. bewahrheiten II. 10. 1 (7) *b*, Klagengewer leisten I. 4. 5 (1a).

bewerung Schutz *unsers rechtes* *Rw* 14 (*Beil.* II *zu* I. 2. 17).

bewisen zunächst von der leiblichen Beweisung *undir ym* I. 16. 4; 20. 1; dann auch von den übrigen Beweismitteln z. B. *sich zcu dem erbe b.* I. 6. 1. — *bewisung* (*beweisung*) Beweis, Nachweisung *Magdeburgisch recht b.* *Beil.* II. *zu* I. 1. 1.

beczugen bezeugen z. B. I. 2. 2 (5); 3. 17; 14. *zu einer sache an einen* sich auf das Zeugniss von Jem. berufen I. 1. 24.
bezuckt (besucht) s. *beyczocht.*
bichte Beichte *Beil.* II *zu* I. 2. 5.
bidermann s. *bederbe.*
Bier Festsetzung der Bierpreise gehört zur Befugniss des Rathes I. 1. 7 u. *das. Beil.* II. Berechtigung in der Stadt B. zu schenken I. 2. 7, 8.
bylegen sich gesellen, gemeinschaftliche Sache machen I. 1. 14.
billich mit Recht, *billicher — potiori jure* z. B. I. 2. 22; 3. 19; II. 9. 1; *Th* 227. (*Beil.* III).
Binden darf man Niemanden wegen Spielschuld I. 20. 1. Der in handhafter That Ergriffne wird gebunden vor Gericht gebracht III. 4. 3; es wird ihm das Diebesgut auf den Hals geb. III. 2. 1. — *Gebundne Tage s. Tag.*
binnenwendig (inw.) in der Stadt befindlich z. B. *gericht* I. 1. 22.
Bischof als geistlicher Gerichtsherr I. 2. 13.
bischoppen Mitschöffen, Genossen im Schöffenamt? I. 1. 2 (7).
biten (byten, buten) bieten, anbieten, erbieten *unschult* III. 1. 6, *einen zcu burgen* III. 1. 3, 5; *sich zcu recht, vor r. zcu komen* I. 3. 8; 16. 3; III. 9. 3.
byware Andre Lesarten *beywort, bywort, beware, bare* I. 1. 19 u. *das.* Anm. 17, 18. M. E. ist das Wort zusammen zu bringen mit dem nd. *bewor, bewörde* Verweis, Bestrafung (vgl. Brem. Nieders. Wörterb. IV S. 288). Für *bewar* findet sich sonst die Bedeutung Schutz, *custodia* nachgewiesen (*Müller. Grimm*).
bliben verbleiben I. 4. 5; 6. 5; sich wobei behaupten z. B. *by dem erbe* I. 3. 19.
Bleiche zu Troppau als Zahlungsort? *Beil.* II. *zu* I. 3. 17.
block (*bock*) bezeichnet die Grenzen der Dorfschaft *Rw* 21, 50 (*Beil.* II *zu* I. 2. 22, 24).
bloslege trockne Schläge III. 1. 2.
blutrunst blutende Wunde I. 16. 1.
blut u. blaw beide Arten von Verletzungen III. 1. 2.
boben über, oberhalb. *b. das* trotz dessen I. 1. 6; gemäss *b. der stat willekor* I. 3. 3.
bosze schlecht, verbrecherisch III. 9. 2; I. 9. 4 (15).
Bote des Richters verkündet, dass das Ding gehegt sei I. 2. 1: mitwirkend bei der Beschlagnahme II. 1. 6; II. 2. 1; beim Aufhalten eines Menschen II. 2. 20. Ein Bote überbringt die Anfrage der Thorner Rathmänner an die Magdeburger *Beil.* II. *zu* III. 1. 11; bezahlt die Urtheilsgebühren III. 10. 1. — vgl. *vronebote.*
brechen (gebrechen) a, zu nicht machen *der stad recht* I. 1. 15. Bes. wenn im Process Rechte, Thatsachen od. Beweismittel durch entgegenstehende stärkere entkräftet werden z. B. *den brif* I. 3. 18, 19; *die inwisunge* I. 6. 1; *die gewere* I. 6. 2. — *b,* übertreten, sich vergehen I. 1. 11, 15, 24 (1); 3. 8; 6. 10. *c,* mangeln I. 3. 2.
bringen z. B. *zcu teilung* I. 7. 2, 10; *gut in die schichtung* I. 7. 23; II. 1. 3; einen vor Gericht gestellen II. 2. 20; 6. 1; III. 1. 6, 10; produciren *ortel* I. 4. 7; Beweismittel I. 3. 17; 9. 6; III. 9. 2; *e. sache czu einem, uff einen br.* Jem. überführen I. 1. 20; 2. 27; *v. e. sache* befreien I. 1. 23; II. 4. 2.
Briefe s. *Beweis* unter *D.*
brot Haushalt I. 7. 19. *brotgesinde* Hausgesinde, ist zeugnissunfähig I. 9. 6.
brothniss? I. 2. 6 (21).
bruch (broch, gebruch) a, Vergehen z. B. I. 1. 27; 2. 20. *b,* die daran geknüpfte Vermögensstrafe I. 2. 18, 23, 24. *c,* Bruch einer vertragsmässigen Verpflichtung I. 1. 24.
brüchig (bruchecht, gebruch) Bruch, sumpfige Niederung III. 6. 1.
bruder Ordensbrüder I. 2. 27 *und Beil.* II. *das.*
bund u. craft rechtsverbindliche Kraft z. B. I. 2. 6; II. 2. 10.
Burg (borg). Können Richter u. Schöffen zur Hegung des Dinges daselbst gezwungen werden? I. 2. 17. — *burgding* II. 9. 1. (Schreibfehler für *bergd.*?) — *burggericht für burmal?* I. 16. 4 (6). — *Burggraf (borggreve)* Gerichtsbarkeit I. 1. 22; 2. 3, 16, 17. 18, 27; 3. 15 (8); 5. 1; 6. 10; II. 9. 1. Gewette I. 1. 18; II. 9. 1. Verhältniss zum Rath I. 1. 6, 7, 10, 11. Der B. als Ankläger III. 9. 2. Oberster Herr des B. I. 6. 10. In den Gebieten des deutschen Ordens hat der Comptur die Stellung des B. *Rw* 20, 14, 29 (*Beil.* II. *zu* I. 1. 7; 2. 17, 21). B. des Herzogs von Oppeln *Th* 227 (*Beil.* III).
burgkor = *burgerkor* I. 1. 11 (40).
Bürge s. *Caution* — (*burgis haut* I. 1. 27; III. 7. 1; *einen zcu burgen biten* III. 1. 3. 5; *burgen, borgen, vorborgen* I. 4. 6; 7. 2 (10); 8. 11; III. 1. 3, 4, 6; 5. 1; *dy recht borgen* für die Eidesleistung Bürgen bestellen I. 4. 9. Auch von andern Sicherungsmitteln wird dieser Ausdruck gebraucht: *bur-*

gen by syme erbe I. 12. 8) — Einweisung wegen erklagter Schuld in ein Erbe oder Gut *sundir burgen* II. 2 3a. Verbürgung einer Frau für ihren Ehemann II. 2. 12a. Bürgschaft einer werbenden Frau *Th* 33 (*Beil.* III.) Ob in I. 6. 5 das Gelöbniss von 37 Mark als *syne eygene schult* eine Bürgschaft enthält, bleibt zweifelhaft.

Bürger a, Stadtbürger. Gewalt des Raths über dieselben I. 1. 6. 11. Wer darf B. nahrung treiben I. 2. 7, 8. Gerichtsstand I. 1. 21; 2. 20, 21; 6. 10 — vgl. I. 2. 13: II. 5. 3. B und Gäste I. 3. 11; 13. 1: II. 2. 3a, 14. 17; II. 5. 1 — vgl. auch I. 2. 9. Conkurrenz zwischen B. und Fremden bei Erbtheilungen I. 7. 2. *b*, die Mitglieder des Raths *dy borger mogen wol willekore seczen* I. 1. 10; *die ehe gen. b. Beil* II *zu* I. 5 1. vgl. *Ha col.* 197 *c*, Burgbewohner *Th* 227 (*Beil.* III).

burgerding (*buerd.*, *gebuerd.*) *a*, Bürgergericht *echtes b.* das ordentliche städtische Gericht des Schultheissen I. 3. 15 im Gegensatz zu den ausserordentlichen Gastgerichten II. 5. 1 *b*, Bürgerversammlung I. 1. 11 (45).

burgermeister der b. und eyn rad I. 1. 7; der B. mit einem oder zweien aus dem Rath vertritt die Stadtgemeinde in Processen I. 1. 22. B. u. Rath holen Recht *Rw* 20 (*Beil* II. *zu* I. 1. 7).

burgerrecht a, Inbegriff der einem Bürger zustehenden Rechte. Verlust derselben I. 1. 6. 9. 11, 15. 17; I. 16. 4. 6. Rehabilitation durch den Rath I. 1. 6, 9. *b*, bürgerliche Nahrung I. 2 8.

burkor (*bawerkor*, *burgkor*) *a*, städtische Willkühr *b*. die in einer solchen festgesetzte Strafe I. 1. 11.

burmal Bürgerrecht I. 1. 15, 17; 16. 4, 6.

Busse (*bussen*, *vorbussen*) *a*, Strafe überhaupt z. B. *was seyne b. ist* I. 2. 5; 16. 6 (2); 21. 1; *offinbare b.* I. 14. 6: *b. leibes ader gledis* I. 1. 11: *die hant bussen* III. 5. 1. *b*. besonders: Geldstrafe *pfennig b.* I. 1. 6, 10, 11; *der gemeynen stat kore b.* I. 1. 13 (9). 14 (14), 19; *genediye b.* I. 17. 1 (9). In diesem Sinn werden auch die Bussen zu den Gerichtseinkünften gerechnet I. 2. 7; I. 7. 18 (6). *c*, das dem Gegner zu entrichtende Strafgeld; — nur das Wergeld wird in der Regel nicht mit diesem Namen bezeichnet. — B. bei Beleidigungen I. 1. 19; 3. 12, 4. 7; 5. 4; II. 6. 1. Als eine Art Beleidigung gilt in dieser Beziehung auch das ungerechtfertigte Urtheilschelten I. 4. 2. 7, 10; II. 9. 1. B. bei Ladung vor ein unzuständiges Gericht I. 1. 23. Der Richter, der seine Competenz überschreitet; der Vorsprecher, der eine übernommene Sache ungefordert lässt, müssen der benachtheiligten Partei B. entrichten I. 2. 27: I. 5. 5. B. als Succumbenzgeld für Sach- oder Beweisfälligkeit I. 13. 1; II. 3. 2, 3. III. 2. 1: 4. 2; 8. 3. Die B. wird vor dem Gewette gezahlt I. 2. 27. Höhe der B. I. 1. 19; 3. 12; 4. 2: 5. 4; II. 9. 1.

buwin bauen *Vorr.*

C. (s. K.)

camera pannorum I. 4. 8.

Cautionen (*vorwissen*, *vorgewissen* I. 3. 11; 4. 10; 7. 2, 4. 5; 8. 5. 11; II. 2. 4; *vorwissenung Beil.* II. *zu* I. 8. 3 — *wissenheit*, *wissen*. *wissenschaft thun* I. 4. 1) *a*, dem mater. Recht gehören an: die C. des eingewiesenen Erben wegen Restitution der Erbschaft an den binnen Jahr und Tag sich meldenden näheren Prätendenten I. 6. 1: 7. 2, 4, 5; die C des Vormundes I. 8. 5, 8, 11. — *b*, Processcautionen: *judicio sisti* in Ungerichtssachen III. 1. 3, 4, 5, 6; 5. 1: 7. 1; I. 1. 27; *Th* 225 (*Beil.* III); *judicatum solvi* zur Abwendung der Personalexecution I. 6. 6; 12. 8: II. 2. 14—18; für eine Eidesleistung I. 4. 9; 16. 5; für das Vollziehen, wenn bei der Anfangsklage auf einen Geweren gezogen wird I. 13 1; die C. wegen der Kosten für Einholung eines Urtheils von ausserhalb I. 3. 11; beim Urtheilschelten I. 4. 1, 6. 7. 10. — Sicherungsmittel: *a*. baares Geld I. 4. 10 *b*, Pfandbestellung, meist an Immobilien (durch den Schuldner selbst oder durch einen Dritten) I. 4. 10; 6. 6; 7. 4. 5; 8. 5; II. 2. 4. 15—18. *c*. Bürgen I. 4. 6, 7. 9. 10; 16. 5; II. 2. 16; III. 1. 3—6; 5. 1; 7. 1; I. 1. 27; *Th* 225 (*Beil* III). Haftbarkeit der B. in Ungerichtssachen III. 1 3—6; 5. 1; 7. 1. *d*. Personalhaft I. 16. 5. *e*, blosse Verbalcaution? *ader sal selber burge sein Rw* 33 (*Beil.* II *zu* I. 4. 10) — Die Einforderung der C. gehört zu den richterlichen Ge-

schäften, nicht zum Schöffenamt II. 2. 4. Privatantrag dabei I. 7. 2. Empfänger ist der Richter oder das Gericht in I. 3. 11; 4. 1, 10; 6. 1; 7. 2, 5; 13. 1; der sicherzustellende Gläubiger I. 6. 6; II. 2. 15, 16, 17, 18; die Personen, deren Gut in vormundschaftliche Verwaltung genommen ist, oder deren Angehörige I. 8. 5, 8, 11.

Compromiss I. 16. 3a (I. 18. 1).

Comptur Rw 20. 34, 18, 14, 19, 29 (*Beil.* II. zu I. 1. 7, 23; 2. 16, 17, 21) s. *Burggraf.*

Conceptionszeit I. 9. 4.

Contumaz gegen ein Gebot des Raths I. 1. 19; der vom Richter vorgebotnen Schöffen I. 3. 9; des Urtheilschelters I. 4. 6, 7; in Erfüllung des Judicats I. 6. 9; II. 2. 14; bei Klagen auf Gut II. 2. 2, 3, 3a. 4, 6; bei der Innerung II. 3. 2, 3; in Ungerichtssachen III. 1. 3, 4, 5, 6, 8; 5. 1; 8. 2. — s. *dingfluchtig.*

cz s z.

D.

declarin erklären II. 2. 17 (2).

denken sich erinnern I. 3. 14, 18.

dicke oft *Beil.* II. zu I. 2. 20.

Diebstahl Veruntreuung des Verwalters ist D. I. 1. 25. Bekenntniss, Bestrafung, Begnadigung des D.'s I. 1. 25—27; 2. 26; Rechtlosigkeit derer, die des D.'s überführt sind oder ihn gesühnt haben I. 14. 1. Verwirkung des Richter- und Schöffenamtes als Folge des D.'s I. 2. 16. Anfangsklage beim D. I. 13. 1. Klage in handhafter That III. 2. 1. Was ist handh. Th. beim D.? III. 4. 1 — s. *dube.*

Diener der Stadt. Bestimmungen über ihre Anstellung gehören in das Gebiet der städt. Willkühren I. 3. 5.

dinst servitium: durch unsers ewigen dinstes willen Beil. II. zu III. 1. 11; — bes. Lehndienst I. 2. 10, 11, 26. — *dinstlich* zum Dienst ergeben, bereit *d. bitten Beil.* II. zu I. 1. 7.

ding a, Gerichtsversammlung *mit dem d. beiten, des d. beginnen, czu dinge siczen, von d. gehen* I. 2. 19; 3. 8; II. 2. 15. Hegung des D.'s I. 2. 1, 17. Ungehegtes D. I. 2. 9; *echtes d.* I. 3. 9; II. 2. 14; III. 1. 4; *echtes burgerd.* I. 3. 15; II. 5. 1; *rechtes d. rechtes gehegtes d. Th* 44 (*Beil. III*). *borggreven d.* I. 2. 16; II. 9. 1; *burgd., bergd.* II. 9. 1; *usgelegetes d.* I. 3. 9; II. 5. 1; III. 3. 5 (7); 5. 1. *b,* Ding *noch wunden noch keyn d.* III. 1. 10; *u. hilde sich an keyn d.* III. 6. 2. — s. *Gericht.*

dingen Gericht halten I. 2. 8, 9, 19.

dinghuz, gemeyne, das Haus, in welchem Gericht gehalten wird I. 2. 17. — *dingpflichtig* verpflichtet, das D. zu suchen I. 16. 5; II. 2. 3, 14; II. 5. 1 *u. dazu Beil.* II.; *einen d. machen* I. 2. 3a; 3. 12; 4. 7; *Beil.* II. *zu* I. 2. 5; 3. 17. — *dingfluchtig* wer sich als Contumax aus der Gerichtssitzung entfernt II. 3. 2. — *dingslissen* Zerreissen des Gerichts I. 2. 1 (18) (*Hom. Ssp.* I. *dingslete*). — *dingestat* Gerichtsstätte I. 3. 9 (2); *usgelegete* I. 2. 1; *rechte* I. 2. 17, 21; III. 3. 4; *hoer* I. 3. 2. — *dingetag* Gerichtstag I. 2. 1; II. 5. 2 (1); 6. 1; *rechte dingetage* I. 3. 9; III. 3. 5 (7); *rechter d., gehegter d. Th* 44 (*Beil.* III).

dir a, als Vorsatzsylbe s. unter *ir. b,* zuweilen mundartlich für *der.*

Dorf. Dörfer in Culmischem Recht belegen haben Magd. R. *Beil.* II. zu I. 2. 22. Welche Dörfer können das Recht in der Stadt holen? I. 1. 3, Gericht und Begnadigungsrecht der Dorfherren I. 2. 22, 23. s. *block.*

dorfen bedürfen *Beil.* II. *zu* I. 1. 1.

dringen (gedringen) in Drangsal bringen III. 6. 2; verdrängen z. B. I. 6. 1; II. 2. 10.

dube a, gestohlnes Gut I. 13. 1; III. 2. 1; 4. 1. *b,* Diebstahl I. 1. 25, 26, 27; 2. 16; 14. 1; III. 2. 1.

E.

e, er a, vor *b,* bevor.

Ebenbürtigkeit als Erforderniss der Ehe, I. 9. 4; der Erbfolge I. 7. 1, 2.

ebintuyr (abintuyr, ebentewir) Unternehmung I. 2. 8; *Beil.* II. *zu* I. 2. 7. — *ebintuirn (ebintüren)* auf Unternehmungen wagen I. 8. 8.

echt a, Adj. dem Gesetz gemäss, *legitimus* z. B. *echte ding; echte not;* mit besondrer Beziehung auf die Ehe *e. u. elich zcu sampne komen* II. 1. 3; *e. u. e. geborn* I. 9. 4. — *b, Subst.* eheliche Geburt I. 9. 6.

echte s. Acht. *echten,* verfesten III.

1. 3, 5; 3. 1; 8. 2. *echter* einer der sich in der Verfestung befindet III. 8. 1, 3.

Ehe (*e; ee; an, in d. e siczen* I. 9. 5; I. 14. 2, 6; *rechte ee besiczen* I. 9. 5) Geistliche Gerichtsbarkeit und städtisches Willkührrecht in E.sachen III. 7. 1; I. 1. 11. Begehung der E. nach geistlichem u. weltlichem Recht I. 9. 5. Trauung I. 14. 9. E.hinderniss der geistigen Verwandtschaft I. 9. 5; des E.bruchs I. 14. 6. E. mit der Concubine I. 14. 3, 9. Die Conceptionszeit der in der E. gebornen Kinder wird nach der Beschreitung des E.bettes berechnet I. 9. 4; — vgl. I. 14. 3. Verminderte Wirkung der E., in welcher nicht beide Gatten ehelicher Geburt sind I. 14. 2, 4, 5, 8. Der E.mann als Vormund der Frau I. 12. 5; *Beil.* II. *zu* II. 7. 1. Das Frauengut kommt in den Mitbesitz und die Verwaltung des Mannes I. 7. 23; 8. 3. Eingebrachtes Geld wird Eigenthum des Mannes, sobald es in seine Gewere kommt *Th* 29 (*Beil.* III). Verpfändung von Immobilien der Frau u. solidarische Mitverpflichtung ders. für eine Schuld des Mannes I. 4. 8. Verbürgung der Frau für den E.mann II. 2. 12a. Voreheliche Schuld der Frau I. 12. 7. Vergabungen unter E.leuten I. 3. 19; 9. 5; 11. 1—4; 12. 3, 5, 6; 14. 2; II. 2. 12a. Einspruch der Frau gegen eine Vergabung des Mannes von Todeswegen *Th* 44 (*Beil.* III). — vgl. *Morgengabe*, *Vergabung*.

Ehebruch I. 16. 3. Kein trennendes E.hinderniss I. 14. 6. Thatbestand u. Ueberführung III. 7. 2, 3. Strafe III. 7. 2. Geistliche Gerichtsbarkeit u. städtische Willkühr III. 7. 1.

Ehescheidung gehört zur geistl. Gerbark. I. 1. 11 (24); erfolgt durch Gerichtsurtheil I. 9. 5.

ekint I. 7. 1; 9. 4. *etochter* I. 4. 8. *evater* I. 9. 6. *eoem* I. 4. 5. *efrund* I. 6. 5; 7. 7 die auf ehelicher Abstammung beruhende Verwandtschaft in den betr. Graden.

Ehre Vorzug im Beweisrecht bei Vertheidigung der E. III. 9. 2. — *erbar* (*erber*), *erhaftig* von unbescholtner Ehre z. B. I. 5. 2; 6. 5; 16. 1, 3a; II. 2. 22. — *erbarkeit status honestus* I. 14. 8 (12). *eur e.* Anrede *Beil* II. *zu* I. 1. 7. — *Ehrlosigkeit* I. 14. 1 (s. *anruchtig*). — *Ehrverletzungen* I. 1. 19, 20; 3. 12; 4. 7; 5. 4; II. 6. 1; 10. 1. vgl. *Busse*.

Eid als Beweismittel s. *Beweis*. Daneben sind hier noch hervorzuheben die Stellen über den Amtseid der Rathmänner I. 1. 1. 14; 2. 12; 3. 7; *Beil.* II. *zu* I. 1. 7 (*nutzlich erkennen bey iren eyden*); des Richters I. 2. 5, 6, 12. 16; *Beil.* II. *zu* I. 2. 17 (vgl. I. 2. 9) der Schöffen I. 1. 2; 2. 12, 16; 3. 1, 2, 7. 10; des Boten I. 2. 12; 5. 3. 4; II. 2. 1; des Stadtdieners I. 2. 12; der Gerichtswundärzte I. 2. 2. Der Bruch der durch den Amtseid übernommenen Verpflichtungen wird als Meineid behandelt I. 1. 13 (7). 15; 3. 9.

eigen a. Adj. unfrei. Wer e. ist, kann kein Urtheil schelten I. 4. 10. *b. Subst* Grundstück s. *Immobilien*.

eygenen übereignen II. 2. 3a.

eygintlich eigenthümlich *eygintliche were* Eigenthumsgewere II. 1. 4. — *eygintlicheit* Eigenthumsqualität, bezeichnet beim Zins seine Eigenschaft als Erbzins II. 1. 4.

Eingebrachtes der Frau I. 6. 1; 11. 4; 12. 5; *Th* 29 (*Beil.* III); vgl. I. 7. 23; 8. 3.

eynliczig einfach. *simplex* III. 4. 3.

eyns einmal *Beil.* II. *zu* I. 1. 16.

Einweisung des Erben I. 6. 1; 7. 7; als Executionsmassregel I. 6. 8; II. 2. 2, 3a; in eine ausstehende Forderung II. 2. 5. Gebühren der Schöffen bei der E. I. 3. 16. — In I. 7. 19 (1) steht *inweyssung* für *inbrengung*.

eldiste die Aeltesten, mitwirkend bei der Festsetzung von Speisekauf *Beil.* II. *zu* I. 1. 7.

Ellenmass. Sachen, wobei es sich hierum handelt, gehören vor den Rath I. 1. 8. 9.

enelend (*elend*) *a, Adj.* fremd; verlassen. Klage wegen Ungerichts an Elenden I. 2. 14, 15; *Dr* 192 (*Beil.* II. *zu* I. 2. 5); *eyn kint so enel. das is nicht vormunde hette* I. 8. 9. *b. Subst. durch enelendis wille, Dr* 192.

ende zcu e. komen ganz erfahren I. 1. 5; *uff eyn e. finaliter* z. B. *Dr* 180 (*Beil.* II. *zu* I. 2. 7).

endelich eifrig, eilig II. 10. 1 (5).

entbrechen sich von einem gerichtlichen Anspruch losmachen z. B. II. 10. 1. — *entgehen* entwischen, flüchtig werden I. 16. 3; II. 2. 20; III. 3. 1; 7. 1; sich durch rechtliche Vertheidigung von einem Anspruch befreien z. B. *mit eynis hant, selbdritte, mit irem rechte* I. 1. 24; II. 2. 22; III. 1. 6. — *entgelden* bezahlen. In I. 2. 19 ist zu übersetzen: die anwesende Partei hat den Vortheil, die abwesende den Schaden (vgl. *Ha. geniessen, entgelden*). — *Enthauptung* III. 7. 2;

Beil. II. zu III. 1. 11. — *entholen* für *erholen* I. 16. 2 (5a). — *entreden* vertheidigen z. B. II. 2. 5; I. 14. 3a (1); abwehren I. 6. 8; *sich e.* durch Reden sich mit Jem. entzweien I. 5. 4. — *entrennen* flüchtig werden I. 2. 6; II. 2. 2. — *entrichten* entscheiden, auseinandersetzen I. 6. 6 (16); 13. 1; 16. 3a; 18. 1; III. 3. 5 (2); 7. 1 (12); 8. 3; *sich e.* sich vertheidigen I. 14. 3a. — *entrichtung* Entscheidung I. 13. 1 (32). — *entscheiden* I. 4. 9; *erbe u. eigen* I. 6. 2; *sich mit einem* sich mit Jem. auseinandersetzen *Th* 225 (*Beil.* III) *entscheide lute* Schiedsleute I. 16. 3a (2, 5). — *entschichtung* Auseinandersetzung I. 4. 8; Entscheidung I. 13. 1 (34). — *entschlichten* schlichten I. 1. 28 (12). — *entschuldigen* eidlich von einer Anschuldigung befreien *einen des ungerichtes* I. 9. 6; *sich* I. 1. 20; II. 5. 1; III. 1. 8. — *entseczen* von der Besatzung befreien II. 2. 10. — *entslisen* erschliessen, lösen I. 1. 28; *Beil* II. *zu* II. 2. 4. — *entfaren* I. 21. 1 (10). — *entweyssung?* I. 6. 8 (19). — *entwenden* entziehen z. B. I. 6. 5; *sich rechtes e. Beil.* II. *zu* I. 2. 21 (4). — *entwerden* entgehen III. 7. 1 (11). — *entweichen* zurücktreten *von der vorderung Dr* 192 (*Beil.* II. *zu* I. 2. 5); den Besitz räumen I. 7. 2 (17). — *entczagen* entsagen I. 3. 7.

er a, s. *e. b*, für *her: herre er richter* I. 3. 19 (25). c, die Zusammensetzungen mit *er* s. unter *ir*.

Erbe, das, a, eine durch Erbgang auf Jem. gekommene Sache z. B. I. 2. 25; 6. 1, 4; 7. 4, 5. 7; 8. 4; 12. 8. *b*, Erbschaft z. B. I. 7. 3, 15, 23; 10. 1; 14. 3; III. 1. 12. *c*, Erbeigen, dann Grundstück überhaupt (s. *Immobilien*).

Erbe, der; (*erbeling* I. 1. 16; 10. 1a; 12. 8; II. 1. 3; 2. 6; *erbname, erbneme* I. 6. 9; 8. 2, 3, 4, 8, 11; *erbe gelob* I. 7. 11; 8. 2 Der letzte Ausdruck bezeichnet die erbberechtigten Verwandten, insofern die Veräusserung von Erbeigen an ihren Consens gebunden ist; — auch der zweite wird, wenigstens in den angeff. Stellen, von den präsumtiven Erben eines Lebenden gebraucht). Einwilligung der E. in die Veräusserung von Erbeigen I. 6. 9; 7. 1. 3, 6; 8. 2, 4; 9. 1; 12. 3; in die Bekümmerung oder Verpfändung desselben I. 12. 8 (vgl. I. 4. 8; II. 2. 6); in die Vergabung von Todeswegen I. 12. 2. Caution u. Rechnungslegung des Vormunds an die E. des Mündels I. 8. 3, 8, 11. Haftung des E. für Schulden des Erblassers I. 8. 1; 11. 4; II. 2. 6. Meineid des Erblassers beim Verschossen I. 1. 16.

Erbrecht. Erbunfähigkeit der Mönche u. Ordensleute I. 10. 1, 1a; der Unehelichen I. 14. 3, 3a, 4, 5, 6, 8, 9. Erben eines Selbstmörders III. 6. 2.
Sich ziehen zum Erbe; Verfahren, Caution, Restitutionspflicht dabei I. 6. 1; 7. 2, 4, 5, 7. Verschweigung an angestorbnem E. I. 2. 25; 6. 4; 7. 23. Verschollene Erben I. 7. 6; 8. 10.

Erbfolgeordnung Sohneskind u. Tochterkind I. 7. 13. Sohnes- oder Tochterkind u. Bruder I. 7. 15. Mutter u. Geschwister I. 7. 1, 9. Grosseltern u. Geschwister der Eltern I. 7. 14. Halbgeschwister u. Vollgeschwisterkind I. 7. 8, 11, 20. Halb- u. Vollgeschwisterkind I. 7. 12. Halbgeschwisterkind u. Mutterbruderkind I. 7. 22. Halb- u. vollbürtiger Vaterbruder I. 7. 16. Halbbruder des Vaters u. vollbürtigen Vaterbruders Kind I. 7. 17. — In ein Gerichtslehen succedirt der nächste Schwertmage I. 7. 18; 2. 10. Ebenso in die Forderung wegen Sühnegeld für einen Todschlag III. 1. 13 (vgl. I. 2. 14, 15). — Eintrittsrecht I. 7. 7, 13, 15.

Erbloses Gut I. 2. 25; 14. 5, 8.

Erbtheilung. Kein Unterschied zwischen Fremden u. Einheimischen I. 7. 2. Zwang zur Theilung I. 7. 3, 10; 8. 10. Erbtheilung an fahrender Habe oder Immobilien I. 7. 21, 23. Voraus I. 7. 19. Leibrente, von Ehegatten zu ihrer beider Leben gekauft, kommt beim Nachlass des Erstversterbenden nicht mit zur Th. II. 1. 3. Folgen der Erbth. in Bezug auf das Widerspruchsrecht der Erben bei Dispositionen über Grundstücke I. 4. 8.

erbeit Arbeit z. B. I. 8. 8.

erben vererben I. 7. 1; 9. 4; 14. 8; vererbt werden I. 12. 4, 5.

erblich geloben I. 4. 8; *besiezen* I. 6. 7; *uffgeben* I. 12. 5; *thun u. lassen* I. 12. 3; II. 2. 12a — bedeutet, dass die Handlung oder das Rechtsverhältniss aktiv oder passiv auf die Erben wirken soll.

erbegeld Kaufgeld für Erbe II. 2. 5. — *Erbgericht* I. 2. 10, 11; 7. 18. — *Erbherr* I. 1, 3, 20, 21 (10); 2. 11; III. 9. 3; *Th* 227 (*Beil.* III). — *Erbrichter* I. 2. 5 (4), 7 (2). — *erbsessen* mit Erbe angesessen *Beil* II. *zu* I. 7. 23. — *Erbvogt* I. 2. 7, 8; 6. 10. — *erbeczins* unablösbarer Z. II. 1. 4, 5.

ergeren verschlechtern I. 7. 6 (7).
ergeste Superl. von *arg* I. 1. 15 (1).
erung Geschenk III 6. 2; *Th* 227 (*Beil.* III).
erwyssung Beweis I. 6. 5 (25).
ercz Metall, Metallbergwerk III. 9 2.
Erzbischof zu Magdeburg, Einsetzung desselben als oberster geistlicher Richter I. 1. 1.
essende pfant II. 2. 9a, 14.
Execution a, in eine Sache s. *Einweisung;* ferner I. 6. 9; 11. 4; II 1. 6. *b,* gegen die Person I. 6. 9; II. 2. 8. 19, 20; 4. 2.

F. (vgl. V.)

Falsch. Falscher Kauf, Willkühren, Gericht, Begnadigungsrecht des Rathes I. 1. 11, 7. 8, 27. Falsche Pfennige III. 7. 4. Falsche Briefe III. 9. 2.
Folter soll nicht angewendet werden III. 9. 1.
Frauen (Ehefrauen s. *Ehe*). Ausschliessung vom Richteramt u. von der Succession in Erbgericht I 2. 10; 7. 18; von der Forderung eines Todschlages I. 2. 15; III. 1. 9, 13. Geschlechtsvormundschaft I. 4. 5; 12. 5, 6; *Th* 200 (*Beil.* II *zu* I. 4. 8). Bürgschaft einer werbenden Fr. *Th* 33 (*Beil.* III). Ausnahmestellung beim Beweis II. 2. 21, 22 (vgl ausser den oben angeff. Stellen noch *M Görl.* 131). Innerung; Beweis der Zahlung durch eine Fr. II 3. 1; 2. 11. Frauenzeugniss I. 9. 2, 3.
Friede (fre e) II. 10. 1 (8). — Sicheres Geleit I. 14. 1 (18). Friedlosigkeit der Reichsächter *ebdas.* Unfriede I. 21. 2.
Frische That factum recens s. handhafte That II. 2 21; 5. 1; III. 1. 3, 5, 11 (4); 4 1.
Fürst I. 6. 10 (6a). Mitwirkung der Fürsten bei der kaiserlichen Verleihung an Magdeburg; Bewidmungen mit Magd. Recht durch F. I. 1. 1.

G.

gabe (gobe) Vergabung s. *das.*
Galgen III. 6. 2; als Strafe I. 17. 2; 2. 26.
gar a, gänzlich I. 1. 24. *b,* zubereitet *gare kost* II. 8. 1.
Gäste. Wer ist ein G., ein wilder G. II 2. 8; 5. 2, 3. Eid des Gastes über die hiezu gehör. Erfordernisse II. 5. 2. *g. recht benumen* Anspruch auf die Rechte eines Gastes erheben II 5. 3. In welchen Fällen hat der G. Anspruch auf ein G.gericht II 5. 1 (*notding* od. *ban Dr* 156 *Beil.* II *das.*); — vgl. I. 4. 9. Eid der G. in gebundnen Tagen I. 16. 5. Gerichtsstand bei der Wiederklage I. 2. 13 Zahlung bekannter Schuld an einen G. II 2. 14. Von einem G. braucht man für bek. Schuld kein Pfand zu nehmen II. 2. 9a. Einen mit der Hand geantworteten G. behält man in Haft bis zur Bezahlung seiner Schuld II. 2. 8. Städtische Willkühren über handeltreibende Gäste I. 1. 11. Bürger u. G. I. 3. 11; 13. 1; II 2. 3a, 4, 17; Wirth od. G. II. 2. 9a; *gestewyz in eine stat komen* III. 9. 2. — s. auch *Th* 21, 33 (*Beil.* III.)
ge Zusammensetzungen mit dieser Sylbe z. B. *gedringen, genemen, getreten* s. meist unter dem einfachen Wort.
geben z. B. *morgengabe* II. 2. 7; *einen brif* II. 2. 9; *recht g. u. nemen* als Kläger u. Bekl. vor Gericht stehen II. 5. 3; *sich g. an (in) e. sache* sich worein ergeben, wozu bereit finden I 1. 27; II. 2. 15.
gebende Kopfputz *Beil.* II *zu* I. 1. 11.
gebiten gebieten, bes. vorladen I. 1. 19; 2. 17; II. 2. 15; 10. 1. — *gebot* gemeines G der Rathmänner I. 1. 19. G. des Richters I. 6. 6; II. 2. 14. 17 (14).
gebort Geburt *volle, gancze, halbe g.* I. 7. 8. 12. 15. 18; *von g czu g.* von Geschlecht zu Geschlecht I. 7 (2); *eyn elich, unelich man geborn* I. 14. 4. 5. — Beweis der lebendigen G. eines Kindes I. 9. 3. Eheliche u. uneheliche G. s. *Kinder, Uneheliche;* — *gliche gebort* vgl. *Ebenbürtigkeit.*
gebrech werden brechen I. 1. 24.
gebruch s. *bruchig.*
gebuerding s. *burgerding.*
gedenken s. *denken* z. B I. 3. 18; 11. 1; *das gedenkit uns Beil.* II. *zu* I. 1. 1 Pflicht der Schöffen, der niedergeschriebnen Sachen zu gedenken I. 3. 14. — *gedechtnisz* I. 3. 16, 19.
gedrang Drangsal *Beil.* II. *zu* I. 1. 11 (7).
geerbit sein mit einem Erbe angesessen sein z. B. II. 2. 8; 5. 3.
gefallen verfallen I. 1. 27; 7. 18 (6).

Gefängniss I. 3. 8; 16. 3; II. 2. 19; III. 9. 3; *Th* 225 (*Beil.* III). Synon: *hafte*, eigentl. Fessel III. 2. 1 — *thurm* der Ort, wo die Stadt ihre Gefangnen aufbewahrt I. 1. 6; 3. 8 — *vrone* das der Gerichtsherrlichkeit untergebene G II. 2. 19; III. 1. 7; *Dr* 192 (Beil. II. *zu* I. 2. 5) — *fronegewalt* ursprüngl. *potestas judiciaria* I. 16. 5, dann = *vrone* II. 2. 19 (2); III. 1. 7 (4); *Dr* 192 (4) — *vangen, gefangen legen* I. 3. 8; *vohen* III. 9. 2. — *Gefangener, g. man, gefangene lute* bedeutet sowohl den im G. befindlichen I. 16. 3; II. 2. 19; III. 1. 7; 2. 1; 9. 1 — wie den nur festgehaltenen z. B. III. 4. 2.

Gef.haft kommt vor *a*, als Sicherungsmittel in bürgerlichen u. in Ungerichtssachen I. 16 3, 5; III. 7. 3; 2. 1; *Th* 225 (*Beil.* III). Unzulässig wegen Wandelrede III. 9. 2. Verbot der Tortur Gefangener III. 9. 1. *b*, als Executionsmittel in Schuldsachen. Beköstigung eines Schuldgefangenen II. 2. 19. Privatgefangenschaft I. 6. 9; II. 2. 8, 16. Entlassung aus derselben auf Treugelöbniss II. 4. 2. Gelöbniss im G. gethan III. 9. 3. Kann der Rath G.strafe verhängen? I. 1. 6; 3. 8.

gehaben haben, erhalten, erlangen z. B. I. 11. 3; II. 2. 1; 10. 1; III. 4. 2.

gehorsam thun Ordensgelübde ablegen I. 10. 1.

Geistlich Recht und Gerichtsbarkeit I. 1. 1, 11, 23, 26; 2. 13, 28; 9 5; 14 6, 9; 15. 7; 17. 1; III. 6. 1, 2; 7. 1—3. G. Erbherr I. 1 3. G. Leute I. 10. G. können in weltlichem Gericht nicht Vorsprecher sein I. 5. 1. Vergabung an G. I. 12. 2.

gelt a, Geldsumme z. B. *gereit gelt* I. 4. 10; 6. 6; II. 2. 16; *benant g.* I. 12. 6; 14. 2 (7); II. 1. 1; *vryes g.* I. 4. 9. *b*, Vergeltung, Bezahlung, Entschädigung I. 3. 10; III. 1. 13; *erbe g.* II. 2. 5; *orteil g.* I. 4. 6; *c*, Geldschuld I. 2. 4. 13; 16. 1; II. 2. 21; 3. 3.

gelden bezahlen, entgelten z. B. *schult* I. 8. 1; *lon* II. 2. 7; *schaden* I. 21. 2; *kost* I. 3. 10; 13. 1; *orteil* I 3. 10. — *gelder (geldener)* Schuldner II. 2. 16. — *gelttag* (*geldet.*) Zahlungstag I. 6. 6; II. 2. 10.

geleden vergangen I. 1. 24.

Geleit Kein Zwang zum G., Verpflichtung des Geleitenden I. 21. 2. G. eines Verfesteten I. 14. 1 (18).

gelob (geleub, lobe) Erlaubniss, Zustimmung I. 1. 10 (8); 6. 7; 7. 1, 6; 8. 4; 9. 1; *erbe gelub* s. *Erbe.*

gelobde (globde) a, Festsetzung I. 1. 11. *b*, Gelöbniss, Versprechen z. B. I. 2. 6; II. 4. 2; 10. 1; III. 6. 2; 9. 3. — *geloben* (*gelouben* II. 2. 12a) *a*, festsetzen I. 1. 11. *b*, geloben, versprechen z. B. I. 4. 7, 8; *unvorczogentlich g.* II. 2. 16, 18; *c*, verpfänden *ich gelobe ym myn erbe* II. 2. 15.

Gelöbniss bei dem höchsten Recht I. 1. 18; vor dem sitzenden Rath I. 1. 24; vor dem Richter ausserhalb gehegten Dinges I. 2. 6. G. im Gefängniss oder aus Zwang III. 9. 3. Entlassung eines Gefangnen auf Treug. II. 4. 2. G. der Morgengabe I. 11. 1. Voreheliches G. einer Frau I. 12. 7. Solidarisches G. von Eheleuten I. 4. 8. G. einer Frau als Bürgin ihres Mannes II. 2. 12a; ihrer Tochter *Th* 21, 33 (*Beil.* III). Klage gegen eine Frau um G. II. 2. 22. Ist der Gläubiger verpflichtet, für die Erfüllung eines Gelöbnisses auf unverzügliche Bezahlung Pfand zu nehmen? II. 2. 16, 18. G. der Bürgen für die Einbringung eines gescholtnen Urtheils I. 4. 7; für die Gestellung eines um Ungericht Bekl. III. 7. 1. G. der Korleute, eine übernommene Sache zu entscheiden I. 18. 1. Vorklage wegen eines Gelöbnisses II. 10. 1. Gelobte Eide III. 3. 2.

gemach Wohnung, Zimmer I 2. 6; 9. 3. *heymeliches g.* Abtritt I. 19 (1).

gemein a, gemeinsam, gemeinschaftlich *gemeine volbort* I. 1. 11; *gebot* I. 1. 19; *g. beschribene recht* im Gegensatz zu Willkühren I. 1. 10; 3 3. *b*, gewöhnlich *g. burger, man, stat kore* I. 1. 13, 14, 15. *c*, unparteiisch *richter* I. 1. 28. *d*, der Stadtgemeinde angehörig *dinghuz* I. 2. 17; *stad gelt* I. 3. 11; *gemeine stad* die Stadt insgemein, daher Stadtgemeinde *Beil.* II. *zu* I. 5. 1. — *g. rat* s. *Rath.*

gemeine (*gemeinde*) *a*, Stadtgemeinde I. 1. 7, 10; 2. 7; 3. 3. Vertretung derselben vor Gericht I. 1. 22. *b*, Mitgliedschaft in der Stadtgem. *g. adir burmal* I. 1. 9 (14), 15. Ebenso *gemeyndeschaft, gemeinschaft* I. 1. 9, 15 (21).

Genade a, Minderung oder gänzlicher Erlass der gesetzlichen Strafe und die Berechtigung hiezu I. 1. 27; 2. 24. G. kann eintreten, wenn bereits die Verurtheilung zur vollen Strafe erfolgt ist z. B. I. 2. 26; 17. 1, 2, aber auch ohne dass diese Verurtheilung ausgesprochen wird. Letzteres ist der Fall

bei dem sich Geben. Bekennen auf G. I. 1. 27; III. 7. 1; *Dr* 192 (*Beil.* II. *zu* I. 2. 5). Begn.recht der Landesherrschaft I. 17. 1, 2; *Dr* 192; des Gerichtsinhabers I. 2. 23, 24. 26; des städtischen Raths I. 1. 6, 9, 15, 27; III. 7. 1. Erforderniss der Zustimmung des Klägers I. 1. 27; 2. 24; 17. 1. 2. Einfluss auf die Rechtsfähigkeit I. 17. 1, 2; 14. 1. *b*, Erbarmen *g. gotis* I. 17. 1. *c*, Gunst *bey recht u. bey g. bleiben Beil.* II. *zu* I. 2. 17; *uf g.* (entgegengesetzt *umme benant lon*) I. 5. 2. *d*, Prädikat des Hochmeisters; Anrede an die Magd. Schöffen *Beil.* II. *zu* I. 2. 17; *zu* II. 2. 4. — *genedig* nach Gnade zu bestimmen *erung* III. 6. 3; *busse* I. 17. 1 (9).

genge u. gebe s. *Münzwesen.*

genumen benennen I. 11. 2 (3).

genisz (*gnyz*) Vortheil I. 3. 7; Frucht- oder Zinsgenuss I. 8. 8; *Beil.* II. *zu* I. 3. 17. — *genysen* s. *entgelden.*

gerecht rechtsbeständig *der scheppin orteil ist gerecht Th* 181 (*Beil.* III); einer der sich gerechtfertigt hat I. 6. 5; *g. werden* in einem Rechtsstreit obsiegen I. 1. 5; genug thun *der schulde* II. 2. 8; Recht thun im Sinne von schwören *des wil sie ym g. werden Beil.* II. *zu* II. 7. 1; *vor das gelt Th* 33 (*Beil.* III).

gereit bereit. *g. gut*, *gereitschaft*, *reitschaft* fahrende Habe II. 2. 7; I. 7. 21. *g. gelt* baares G. I. 4. 10; 6. 6; 12. 2; II. 2. 16, 18; *Th* 29 (*Beil.* III).

gereiten bereiten I. 16. 5 (3); 3. 16.

geren begehren I. 3. 16 (14); 4. 5; II. 10. 1. *gerende leute* Sänger und Spielleute (Lohn begehrende) I. 14. 1 (9).

gerete Geräthschaft I. 6. 5; 15. 7; *Beil.* II. *zu* II. 7. 1; *Th* 21 (*Beil.* III).

Gericht Ueber die Bedeutungen dieses Wortes und seinen Unterschied von *ding* vgl. *Hom. Ssp.* I. 428. Aus unseren Quellen möchte dazu Folgendes zu bemerken sein. G. im Sinne von *a*, Ger.gewalt *das g. vorlisen* I. 2. 5; *nemen Rw* 18, 14 (*Beil.* II. *zu* I. 2. 16, 17); *haben* I. 2. 7, 24, 26; *der stadt g.* soll kein G. unterthan sein *Rw* 14. *b*, Ger.bezirk *undir uwir g. gelegin* I. 1. 3; *ein man wonende in unser g. Beil.* II. *zu* I. 2. 20. — Auf den Bezirk des G.'s beziehen sich in der Regel auch die Ausdrücke *bussenwendig*, *binnenwendig g.*; *stat g.* ferner *lantding*, *lantrichter*, *lantvoyt*. *c*. Ger.urtheil *twingen mit g.* I. 18. 1. *d*, das G. als rechtgewährende Institution z. B. *gerichtes bitten* I. 2. 6; 4. 5; *g. zu einem thun Beil.* II. *zu* I. 2. 5; *czum g. gesworen*, *gekoren* I. 2. 12; 3. 1; 5. 4; II. 2. 1. In einigen Verbindungen: die für einen bestimmten Akt zuständigen G.personen z. B. *dem g. burgen seczen*, *vorwissen* I. 6. 1; 13. 1; *mit g. vorsprechen*, *besiczen* II. 2. 2. 6; *ane g. ufhalden* II. 2. 20. Bisweilen gradezu für gehegtes Ding z. B. *binnen g.* I. 2. 12; *vor*, *bussen g. geben* I. 2. 25; II. 1. 2; *mit g. geczugen* I. 7. 21: *gerichtes bewisung* I. 11. 1.

Gerichtsgewalt. Geistlich u. weltlich G. I. 1. 1. 11, 23; 2. 13, 28; 15. 7. Im Gebiet des weltlichen Rechts kommen als Ger.obrigkeiten vor: der König (oberster Herr), der Burggraf, der Schultheiss, der Vogt (Erbvogt, Landvogt), Dorf- oder Gutsherren, der Zaupnik, der städtische Rath, der Lehnsherr im Mannengericht. — s. die Belagstellen bei den betr. Worten. Von der königlichen G.gewalt geht durch Verleihung des Gerichtsbannes die Gewalt der übrigen Ger.obrigkeiten aus. (Eine Ausnahme scheint nur die Ger.barkeit des städtischen Rathes und des Lehnsherren zu bilden, welche nicht auf dem Ger.bann beruhen.) Deshalb wird auch königliche Gewalt und G. gleichbedeutend gebraucht I. 14. 8 und eben hierauf ist zurückzuführen, dass dem König, sobald er in das Weichbild kommt, das städtische G. ledig wird I. 4. 4.

Wer den Bann empfangen hat, muss selbst richten, die Delegation an einen Anderen ist unstatthaft I. 2. 8 (Unterrichter I. 2. 7). Erbliche Verleihung des G.'s (s. *Erbgericht*, *Erbvogt*) gehört in das Gebiet des Lehnrechts I. 2. 11. Frauen sind von der Succession in ein Ger.lehn ausgeschlossen I. 2. 10; 7. 18. Was gehört in diesem Fall zur Lehns-, was zur Allodialsuccession? I. 7. 18 und *das.* Anm. 6. — Anrecht der G.gewalt auf erblose Güter I. 2. 25; 14. 3a, 5, 8. — Verwirkung der G.gewalt I. 2. 5, 16.

Gerichtsstand (s. *dingpflichtig*). Es kommen vor *a*, der persönliche G. I. 1. 27 (*vor syme richter*); 2. 21; 6. 10. Besondrer G. des Richters I. 2. 5, 16. 27; 3. 15. *b*, der G. der belegenen Sache I. 2. 21. *c*. der G. der Widerklage I. 2. 13. *d*, der G. des Arrestes *die sie mit vorsperrunge des gutis . . . dingpflichtig gemacht habin Beil.* II. *zu* I. 3. 17. *e*, der G. des begangnen Verbrechens I. 2. 20, 22, 23. — La-

dung vor ein unzuständiges Gericht I. 1. 23.

Gerichtsbezirk. Bezeugung einer gerichtl. Handlung in einem anderen G. I. 15. 6; bes. der Verfestung III. 8 1.

Gerichtsarten. Echtes ding das auf allgem. rechtlicher Vorschrift beruhende, begreift im weiteren Sinn das zu bestimmten Zeiten des Jahres wiederkehrende (*e. d.* im engeren Sinn) wie das von 14 zu 14 Tagen anberaumte *usgelegete d.* Den Gegensatz bildet das *notding* (*ban*), das für einen bestimmten Nothfall abgehalten wird. Dahin gehört namentlich das Gastgericht. — s. *ding*, *burgerd.*, *notd.* Hegung, Zeit, Ort des G.'s I. 2. 1, 17, 19; III. 3. 2. Wie viel Schöffen gehören zum G. I. 2. 1; 3. 8. Wer kann im G. Urtheil schelten, Vorsprecher sein? I. 4. 10; 5. 1. G. ohne die Schöffen I. 2. 4. Ungehegtes G. I. 2. 9. Gerichtszeugniss, s. *Beweis.*

gerichten durch Eid beweisen III. 1. 7.

gerufte ist ein Beginn der Klage um Ungericht III. 1. 1. Einfluss des Klagens mit G. auf den Beweis III. 1. 7, 10; 2. 1; 4, 3.

geschicht das was geschieht, Zufall. Ereigniss I. 1. 14, 19; 2. 23 (10); *Rw* 14. 29 (*Beil.* II. *zu* I. 2. 17, 21).

geschoss s. *Schoss.*

geswister (*geswistere*, *geswisterde*) Geschwister, Schwestern I. 6. 9; 7. 1, 7, 9 (8); 10. 1.

geschworne des Rathes I. 2. 12.

geschwulst Verletzung, die eine G. zur Folge hat *Rw* 50 (*Beil.* II. *zu* I. 2. 24).

geselle Genosse, Freund I. 6 5; 15. 7.

Gesinde, Brodtges. ist unfähig für seine Herrschaft zu zeugen I. 9. 6. G. von Pfaffen u. Rittern ist zollfrei I. 21. 1. Einen Schuldgefangnen soll man mit Speise u. Kost wie sein G. halten II. 2. 19.

gesipppt s. *sippe.*

gestaten gestatten, zu Theil werden lassen I. 6. 7 (11). 10; 11. 1 (23); II. 2. 6.

gestellen judicio sistere I. 13. 1; III. 1. 5. 6 (12); 7. 1; 9. 2; *eine (clage) uff einen* III. 1. 8.

gesten a, sich vor Gericht stellen III. 5. 1; *Beil.* II. *zu* III. 1. 5. *b.* bewahrheiten. bestätigen I. 1. 24.

Gesundheit Vergabung bei gesundem Leibe I. 6. 5; *Th* 44 (*Beil.* III); *gesund mit bedochtem mute* II. 2. 10.

Getränke. Die Preisfestsetzung für G. steht dem Rath zu I. 1. 7 und *das. Beil.* II. Wer ist berechtigt, G. in der Stadt auszuschenken I. 2. 7, 8.

getruw, *getraw*, *getrew*, getreu, zuverlässig *getrawe leute Beil.* II. *zu* I. 7. 23; *getruwe scheppin* III 9. 2. *g. hant* s. *hant.* — *getruwen* s. *truwen.*

getwang Zwang III. 9. 3; Zwangsmittel I. 1. 10, 11. — *getwingen* s. *twingen.*

Gevattern als Zeugen für das Alter eines Kindes I. 9. 2 (4). Gevatterschaft als Ehehinderniss I. 9. 5.

Gewalt a, rechtmässige *rechte g.* I. 4. 5; *gut in g. u. geweren haben* III. 6. 3; I. 6 5; an einer Gabe G. behalten I. 11. 3; G. haben, zu thun u. zu lassen II. 2. 12a; königliche G. I. 2. 25; 14. 8; 17. 2; III. 6. 2; *Beil.* II. *zu* I. 2. 5; *vroneg* I. 16. 5; II. 2. 19 (2); III. 1. 7 (4). *b*, unrechtmässige I. 6. 10; II. 2. 20; III. 2. 1; 9. 3; auch in diesem Sinne königliche G. I. 1. 15; *gewaldige hant Th* 227 (*Beil.* III). — *geweldigen addicere* II. 2. 2; *einen des gutes* II. 2. 3a.

Gewand schneiden, ein bürgerliches Gewerbe. Berechtigung dazu I. 2. 7, 8. *Gewandkammer*, *camera pannorum* ein Laden im Rath- oder Gewandhause I. 4. 8; 7. 10 (2, 6).

gewerb Geschäft, Angelegenheit I. 1. 19.

gewere (*were*) 1, *Neutr.* Waffe I. 1. 19; *Beil.* II. *zu* III. 5. 1. 2, *Fem. a*, Gewähr. Klageng. I. 4. 5; *Beil.* II. *zu* II. 3. 2. *b*, Haus u. Hof *die g. vronen* I. 6. 9; Etwas finden in der G. III. 4. 1; 7. 4 (2, 6). So ist auch zu verstehn *kinder bestorbin in dez vater g.* I. 7. 19. *c*, Besitz (Detention) *in geweren haben* I. 12. 5; 13. 1; II. 1. 6; *in die g. komen, entpfangen, geben, antworten, bringen*, I. 4. 8; 6. 5; *Th* 29, 225 (*Beil.* III); *gut bestirbet* (*irstirbet*) *in der g.* I. 4 8; 6. 5; 7. 19; *in dem erbe u. der were siczen* I. 7. 23 *u. das. Beil.* II.; *usz den geweren (der g.) lossen* I. 12. 2; II. 4. 2; *besiczunge u. g.* I. 6 3; *g. u. gewalt* I. 6. 5; III. 6. 3. — Letztwillige Vergabungen von fahrender Habe werden durch die Uebertragung derselben in die G. des Empfängers perfect I. 6. 5; 7. 19; 12. 2; 15. 7. Freiwilliges Aufgeben der G. an Schuldgefangnen u. an fahrender Habe II. 4. 2. Wer mit einem Grundzins in habender Were beerbt ist, wird eher zum Beweise über die Unablösbarkeit desselben zugelassen als der Zinsmann zu dem über die Ablöslichkeit II. 1. 4. Begnadigungsrecht dessen, der ein Gut in lediglichen Weren hat I. 2. 26. — *d*, Besitzrecht *die g. mit recht brechen* I. 6. 2;

bessere G.; rechte G. des nicht im Besitz befindlichen Pfandgläubigers I. 6. 8. Eigentliche (Eigenthums) G. am Zins; Zinsgewere am Gut, Einfluss derselben auf den Beweis über die Ablösbarkeit II. 1. 4, 5.

gewere Masc. Gewährsmann, Auctor. Ziehen an denselben bei der Anfangsklage I. 13. 1. G. für eine in der Behausung Jemandes gefundene gestohlne oder geraubte Sache III. 4. 1.

geweren (*weren*) *a*, verwehren, hindern z. B. I. 2. 7; 19. 2; vertheidigen, schützen *synes leibes, gutes u. ere* III. 9. 2: *sich eine sache w.* Etwas von sich abwehren I. 5. 1. *b*, Gewähr leisten *die clage* I. 4. 5. *c*, erhärten *czu den heiligen* I. 6. 1 (23). *d*, hinreichen I. 11. 4; II. 2. 6; *Dr* 154 (*Beil.* II. *zu* I. 8. 2). *e*, währen, dauern I. 4. 9; II. 3. 2.

Gewette (*wette* z. B. I. 2. 3, 27; 4. 10; III. 4. 2 — *wetten* II. 3. 3 — *wettehaft sin, werden* I. 2. 3a; 16. 1) ein an den Richter zu zahlendes Strafgeld, beträgt für den Burggrafen 60 Schilling oder 3 Pfund I. 1. 18; II. 9. 1; für den Schultheiss 8 Schilling I. 1. 18; 2. 18; 3. 9; 4. 2; 16. 1; III. 1. 6. Ermässigung auf 4 Schilling I. 1. 18 (8); 3. 9 (10a); III. 1. 6 (13); *Rw* 24 (*Beil.* II. *zu* I. 2. 18). Das G. gehört zu den kleinen Gerichtsbrüchen (im Gegensatz zum Wergeld) I. 2. 18. Ein G. ist immer dann verfallen, wenn eine Busse zu zahlen ist I. 1. 23; 2. 27; 4. 2, 10; 5. 5; 13. 1; II. 3. 2, 3; 9. 1; III. 2. 1; 4. 2; 8. 3. Auch in I. 2. 5 wird der wegen Rechtsverschleppung beschuldigte Richter nicht nur G. sondern auch Busse zu zahlen haben. Sind mehrere Bussen zu zahlen, so vervielfältigt sich in gleichem Masse das G (*so manch g. also manche b*) I. 1. 19; 3. 12; 4. 2. Priorität der B. vor dem G I. 2. 27. Caution für B. u. G. I. 4. 10. G. neben dem Wergeld III. 1. 6; 5. 1. G. als Ungehorsamsstrafe, ohne dass dem Gegner ein Succumbenzgeld zu zahlen ist I. 16. 1; II. 2 14. G. wegen Nichterfüllung einer Verpflichtung bei dem höchsten Recht I. 1. 18. G ausserhalb gehegten Dinges verfallen I. 2. 3a. Folgen, wenn der Richter zu Unrecht G. nimmt I. 2. 3. (s. *Busse, Münzwesen, Rathmanne*).

Gewicht, unrichtiges, gehört zur Gerichtsbarkeit des Rathes I. 1. 8, 9.

gewyn uff g. und vorlust, in omnem eventum I. 1. 22; 8. 8. — *gewinnen* (*winnen*) *a*, erlangen *syn recht* I. 17. 1; besonders im gerichtlichen Verfahren z. B. *mit orteil* I. 3. 15; *tag* II. 3. 3; *gut* II. 2. 3; (*schult*) *uff das erbe* I. 12. 8. *b*, überführen *fredebrechir* III. 4. 2; *vorfesten man* III. 8. 1.

gewisz sicher, versichert *gewisze schult* I. 11. 4.

gewissen (*gewisen*) beweisen, bezeugen I. 3. 18 (24); 6. 5 (46); II. 1. (12).

Gewohnheit (*gewanheit, gewonlich*) bei Wahl der Schöffen I. 1. 1; beim Verschossen *Beil.* II. *zu* I. 1. 16; bei Satzung von Speisekauf *Beil.* II. *zu* I. 1. 7; bei Anstellung von Unterbeamten I. 3. 5 (7). 6; bei Ausübung bürgerlicher Gewerbe I. 2. 7 — bei der Eheschliessung I. 9. 5; bei Bestellung der Morgengabe I. 9. 5; II. 1. 2; — Gerichtsg. beim Dingen I. 2. 9; bei der Antwort auf die Klage II. 10. 1. — Alte G. I. 2. 9; 3. 5 (7); II. 10. 1. Gute G. I. I. 1; 3. 6. Alte gute G. macht Recht I. 1. 1.

getzog Verzug II. 6. 1a (5).

geczug geczeuge Zeuge, Zeugniss z. B. *mit geczuge ad. ane gecz.* I. 1. 20; 20. 1; *slecht ad. mit geczuge* I. 5. 2; *mit eynis hant ad. mit gecz.* II. 2. 11; *mit, sunder, ane gecz clagen, beclagen, ansprechen, beschuldigen, volkomen* II. 2. 13, 21, 22; III. 1. 6, 7, 8, 10; 4. 3; 8. 3; *mit gecz. heischen* II. 1. 6; *czu g. twingen* I. 15. 3; *dy gecz. sundern, vrogen* I. 15. 5; *vorboten* II. 3. 2; *der gecz. tag haben, gewinnen* II. 2. 13; 3. 3. *geczug trayen* I. 2. 2 (s. *Wunden*) — *geczugen a*, zeugen, bezeugen z. B. I. 1. 25; 2. 9, 12; 3. 17; 15. 2, 3, 6; II. 1. 4, 6; 9. 1. *b. gezeugen* erzeugen, hervorbringen *Beil.* II. *zu* I. 1. 7. — *geczugnis, geczügnis* Zeugniss z. B. *g. tun, furen, nemen* I. 2. 2; 15. 5. 6; *mit dem g. volfaren* I. 3. 17; *mit g. sweren* I. 9. 6; *g. vorlegen* I. 15. 4; *des briefes lawt und g.* II. 2. 9; *des geczeugis wegern Beil.* II. *zu* I. 15. 3. — s. *Beweis, czug.*

gift Gabe z. B. I 2. 25; 12. 6. — *giftig* durch Gabe erlangt I. 12. 1 (4).

gled geled, geliet Glied, Gliedmasse III. 1. 2; *busse leibes ad. gledis* I. 1. 11 s. *leip, Strafe.*

gleich und recht aequum et strictum jus Beil. II. *zu* I. 1. 7. vgl. *Ha; Schmeller Baier. Wörterb.* II. 424.

Gott Alles Recht ist eine von G. gesetzte Ordnung I. 1. 5 (3); ihm zu Ehren gebrauchen die Witzigsten ihre Kenntniss I. 1. 12. *gotis recht jus divinum* III. 6. 3; *wider g. thun* I. 21. 1; *durch g.* um Gottes willen I. 2. 14;

16. 1; *Rw* 29, 46 (*Beil.* II. *zu* I. 2. 21; II. 1. 4); *Th* 21 (*Beil.* III); *von den genoden gotis* I. 17. 1; *Beil.* II. *zu* I 1. 7; G. thut Gnade *Dr* 8 (*Beil.* II. *zu* I. 1. 27); *gote dirgeben* G. anheimstellen I. 21. 1; *gotis lichnam* I. 5. 4 — s. auch I. 11. 1; III. 9. 3.

grenicze Gränze I. 2. 20, 22, 23, 24, 26; III. 9. 2.

Groschen s. *Münzwesen.*

grunt s. *Immobilien.* — *gruntveste* Fundament *Vorr.*

gut, *Subst*, eine im Vermögen befindliche Sache, dann das Vermögen als Inbegriff. Unter die erste Bedeutung fallen sowohl bewegliche als unbewegliche Sachen, zuweilen ergiebt sich jedoch eine ausschliessliche Beziehung auf eine dieser beiden Arten. Bemerkenswerthe Verbindungen sind u. A. *leib hant ad. g.* I. 1. 21; *hals ere u. g.; leib g. u. ere* III. 9. 2; *g. u. recht* I. 17. 1; *anirstorben g* I. 8. 4; *erbe nemen in dem g.*, *recht haben*, *nahe sein*, *sich czien czu dem g.* I. 7. 13, 15, 16, 20, 22; *alle syn g. bewegelich u. unbewegelich* I. 3. 19; *g. varnde ad. unvarnde* I. 10. 1; 12. 2; *g. is sey erbe ad. v. habe* I. 14. 8; II. 2. 3a; *g. an das e. u. an farende Th* 44 (*Beil.* III) *varndes g.* I. 11. 1, 4; II. 1. 6; *g. an varnder h.* I. 7. 1; *g. u. v. h.* I. 6. 5; *gereit g.* II. 2. 7; *g. u. husgerethe* I. 12. 5; *g. u. gerete* I. 15. 7; *g. u. gelt u. nicht erbe* I. 11. 3; *varnde h. erbe u. g.* I. 6. 4; 7. 21; 8. 1; 12. 3; *erbe u. (ad.) g.* I. 6. 3, 5; 7. 11—13; 14. 3; *eigen ad. andir g.* II. 1. 1; *stende erbe ad. andir v. h. ad. g.* I. 12. 3; *eigen g.* I. 7. 18; *lehen g.* I. 6. 10.

gut Adj. ehrenwerth *gute lute* I. 16. 1; den Vermögenswerth einer Sache bezeichnend II. 2. 15—18.

H.

habe Vermögensstück III. 4. 1; *mit behaldener h.* I. 7. 19. s. *varend.*

hafte s. *Gefängniss.*

halden (halten) halten, behalten z. B. *den kouff, des kouffes* I. 6. 9; II. 9. 1; *gelobde* III. 9. 3; *gut yn truwen* I. 8. 8; *der besaczunge* I. 6. 8; *einen vor rechtelos* I. 17. 2; Gefangene gleich dem Gesinde II. 2. 19; *eine sache uff einen* etwas gegen Jemand im Process aufrecht halten I. 1. 11, 24; 3. 12; *sich h* z. B. *czu syme erbe* I. 6. 3; *an keyn ding noch gelobdis* III. 6. 2; *czu hove* sich an einen Herrenhof anschliessen I. 1. 15.

hals a, der Hals *dube uff dem halsze haben, uff den h. binden* III. 2. 1; *b*, das Leben *synes halses bestanden (vorfallen) syn*, *is get ym an den h.* I. 1. 26; III. 9. 3; *seynen h. vorwillekoren* I. 1. 26 (2); *h. unde (adir, noch) hant* I. 1. 10, 11, 21; 2. 23, 26; *h. ere u. gut* III. 9. 2; *h. u. czunge* II. 6. 1.

hant Verlust der H. als Strafe für Wegelagerung III. 5. 1; *hals u. h.*, *leip ad. h*, *leip h. ad. gut* s. *hals, leip, Strafe.* Besondere Bedeutungen: Die schwörende H. *mit eynis, eydis, synis selbis h.* z. B. I. 4. 9; II. 2. 11; III. 1. 10; *burgen, burgis h.* Bürgschaft I. 1. 27; III. 7. 1; *czu getruwer h.* in Anvertrauung II. 7. 1 (1); *Th* 225, 227 (*Beil* III); *gewaldige h.* Gewalt I. 1. 15; *Th* 227, *gewopinte h.* Waffen I. 1. 14; *nehir h.* näherstehend I. 7. 20; *tode h.* bezeichnet den Todten, gegen den eine Forderung entstanden ist III. 1. 12; *t. h. benumen; nach t. h. ynnerung thun, beschuldigen* II. 2. 11; 3. 1—3. *Mit, bey der h. antworten* in die Privathaft des Gläubigers übergeben s. *antworten*; — *eyde, sachen usz d. h. geben, czu handen nemen* schiedsrichterlichem Spruche anheimstellen, zu schiedsrichterlicher Entscheidung übernehmen I. 16. 3a; 18. 1; *czu h.* sogleich, in ders. Gerichtssitzung z. B. I. 2. 13; II. 3. 2; III. 4. 2.

Handel. Wer über Jahr u. Tag in einer Stadt H. treibt (kauft u. verkauft) muss daselbst wie ein Bürger Recht geben u. nehmen II. 5. 3. Ein Bürger, der auf H. ausziehen will, kann auf Gastrecht Anspruch machen II. 5. 1. Festsetzungen über H. treibende Gäste, über Verfälschung u. Betrug beim H. sowie das Gericht hierüber gebührt den Rathmannen I. 1. 8, 9, 11 s. *Kauf, Kaufmann.* — *handeln* ein Geschäft betreiben I. 2 7 (14); *gut* verwalten I. 8. 8 (7). — *handelung* Geschäft, Gewerbe I. 2. 7; Stand? *Beil.* II. *zu* I. 1. 28.

hanthafte Thal (*hanthaftige, hanthaftie t.* — *einen hanthaftig beclagen, begrifen* III 4. 2; 3. 1, 5; *wunden ad. totslage dy nicht h. sint* II. 5. 1). Begriff der h. Th. III. 4. 1. Wann kann man einem in h. Th. Ergriffenen mit rechter Klage folgen III. 3. 1. Die gebundnen Tage schirmen den in h. Th. Ergriffenen nicht III. 3. 1, 3, 5. Klage

eines Gastes oder Mitbürgers um Ungericht ausserhalb h. Th. II 5. 1. Ueberführung bei h. Th. II. 2. 21; III. 7. 2, vgl. III. 1. 7, 10; 2. 1; 4. 1. 2; 8. 2; 9. 2 (Beamtenzeugniss I. 2. 12). Einlitzige (schlichte) Klage in h. Th. III. 4. 3. Ueber einen in h. Th. Ergriffnen soll man nach Schöffenurtheil richten III. 1 11. Alter eines Kindes, über welches in h. Th. gerichtet werden soll I. 9. 1. — In *Beil.* II. *zu* III. 4. 2 *und die h t. ist kegenwertig gewest* steht *h. t.* für das *corpus delicti,* welches mit zur Ueberführung in h. Th. erforderlich ist; in III. 2. 1 (7) ist *hanthafte* = *hafte.*

hantiren negotiari Beil. II. *zu* I 1. 11. — *hantirung negotiatio* I. 2. 8 (13).

handregeler I. 14. 1 (10). Das Wort, welches ich sonst nicht nachgewiesen finde, bedeutet unzweifelhaft: Taschenspieler; die die Hände schnell bewegen.

hantfeste authentische Urkunde, I. 6. 1: bes. Erwerbs- oder Verleihungs Urkunde, Privileg I. 2. 26; *Rw* 50 (*Beil* II. *zu* I. 2 24); *des landes h.* die Kulmische I. 2. 27; *Rw* 14, 40 (*Beil.* II. *zu* I. 2. 17, 20); *der stat h.* Strafe dessen, der dazu mitwirkt, dass dieselbe gebrochen wird I. 1. 15. Wer soll bei einem Streit zwischen Herren u. Untersassen über die Auslegung einer H. entscheiden I. 1. 28.

harnisch I. 1. 19.

harte sehr *Beil.* II *zu* I. 3. 7; *zu* III. 1 5. — *hartlich* hart *Th* 21 (*Beil.* III).

hauw (haw, hoy, hew) Heu I. 1. 26.

heben erheben, einziehen *scholt* II. 2. 10; *gelt Beil.* II *zu* I. 3. 17; *Th* 225 (*Beil.* III).

hegen s. *ding, Gericht.*

heilig a, heilige keyser, babist I. 1 1 *b, heilige tage* s. *tag c. die heiligen* Reliquien der H. *czu den h. faren, wandern* Wallfahrt unternehmen II 5. 1; *czu d. h swerin, beswerin* I. 6. 1: 21. 1; *uff d. h. unschuldig werdin, obirczugen, ynnern, sich abenemen* I 1. 25: 8. 10; II. 2 13; 3. 3; *in den h sweren* III. 6. 2.

heymelich gemach I. 19 (1). — *heymlicheit heymlichkeit a.* Geheimniss I. 1. 13. *b.* heimliches Gemach I 19 1.

heymsuche Ueberführung eines wegen H. Verfesteten III. 8. 3.

heischen fordern, vorfordern z. B. I. 2 4 (7); 3. 4 8; *einen* III 1. 4; *zcu dem rechte Beil.* II. *zu* I. 2. 5; *czins* II. 1 6; *ynnerung* II. 3. 1. *helfen czugen, sweren, ynnerung thun* I 9. 3, 6; II 3. 2.

herberge Unterkommen, Wohnung III 1. 4.

hervart Kriegszug *dinst in herverten,* dem König von einem Schulzenlehn zu leisten I. 2. 10

herr a. Anrede z. B. *h. richter* I. 3 19; *h. voyt* III. 9. 2 (s. *er*) *b.* der die Dispositionsbefugniss über eine Sache hat *der gobe eyn h.* I. 12. 3; II. 2. 12a; ebenso *herschaft* Dispositionsbefugniss I. 3. 19; I. 12. 4 *c.* Zinsherr II. 1. 6 *d.* Dorfherr, richterliche Gewalt desselben I. 2. 22. Begnadigungsrecht I. 2. 23. 24, 26. *e, dominus terrae* [*obirste h.* I. 1. 10, 23; 2. 24. 26; 3. 3; 6 10; *Rw* 14 (*Beil.* II. *zu* I. 2. 17); *obirste* I. 17. 1; *oberherr Rw* 29 (*Beil.* II *zu* I. 2. 21); *erbherr* I. 1. 3, 20. 21 (10); 2. 11; III 9. 3 *Th* 227 (*Beil.* III); *hewptherr* I. 1. 21 (10); *herschaft, obirste h., oberh.* I 1. 1. 11, 27; 2 16, 23, 25; 14. 1; 17. 2 (3); *des herren land* III. 9. 3, *herrschaft, herr des landes* I. 2. 23; *Rw* 14 (*Beil.* II. *zu* I. 2. 17); in I. 5 1 steht *herschaft* für Territorium.] — Inhaber der landesherrl. Gewalt: Geistliche u. weltliche Herren I. 1. 3, 23. König I. 1. 21. 25; 2. 8, 11; 3 3; 17. 1; Fürsten I. 1. 1; Herzog I. 6 10; 1 11 (43); *Dr* 8 (*Beil.* II *zu* I. 1. 27); *Th* 227 (*Beil.* III); Hochmeister des deutschen Ordens *Rw* 14 (*Beil.* II *zu* I. 2 17). — Von dem H. gehen die Rechtsbewidmungen der Städte u Untersassen und die Anordnung des Rechtszuges aus I. 1. 1, 3. Er bestätigt städtische Willkühren I. 3. 3; obwohl zu ihrer Gültigkeit seine Mitwirkung nicht erforderlich ist I. 1. 10. 11. Bei der Forderung von *burkor* konkurrirt er nicht I. 1. 11. Streit zwischen H. u. Untersassen bei Auslegung von Handfesten I. 1. 28. Gerichtslehn vom Landesh. verliehen I. 2. 11. Kann man ein vom H. verliehenes G. weiter verdingen I. 2. 8. G. des H. über seine Untersassen I. 1. 21; des obersten geistlichen H. I. 1. 23. Wie weit steht dem Landesh. ein Begnadigungsrecht zu I. 2. 23. 24; 17. 1. 2 Richter u. Schöffen kann er nicht willkührlich absetzen I. 2. 16. Klage gegen Stadtbürger I 1. 27; 6 10; III. 9. 3; gegen Lehnsleute I. 6. 10. Wie verschweigt sich die Herrschaft an angestorbnem Gut I. 2 25. Kann sie den Veräusserungen Unehelicher oder Rechtloser widersprechen I. 14. 1. Herren-

geleit I. 21. 2. Ungenade des H. I. 6. 3; III. 9. 3. Auch wer in einer andren Herrschaft wohnt, kann Urtheil schelten I. 5. 1.

herlichkeit, *herlikeit* freie Benutzung II. 1. 3; Gerichtsherrlichkeit *gerichte und h. Beil.* II. *zu* I. 2. 27.

herschaft; *herczog* s. *Herr.*

hese Hase *Th* 181 (*Beil.* III).

hewptherr s. *Herr.*

hindern (*gehindern*) hindern, verhindern I. 6. 9; 9. 1; 12. 7; 16. 2; echte Noth hindert I. 3. 7, 9; 7. 4 (15); 12. 3 (13); II. 2. 3; *gut h.* mit Arrest belegen I. 2. 4 (7); II. 2. 1 (2), 2 (2). — *hindernisz* Behinderung I. 2. 24; 12. 7; 16. 2; Ehehinderniss I. 9. 5.

hinderrede üble Nachrede I. 3. 12.

hochvart (*hoffart*) Luxus, Aufwand. Städtische Willkühren dagegen I. 1. 11 (*dazu Rw* 37 *in Beil.* II).

hoemeister Hochmeister des deutschen Ordens, oberster Landesherr *Rw* 14 (*Beil.* II. *zu* I. 2. 17).

hof Gutshof I. 2. 23. Herrenhof *sich czu hove liben adir halden* I. 1. 15. *des koniges h.* königliches Hofgericht I. 4. 7. — *hoveman* ein in hofrechtlichem Verhältniss Stehender; Colone I. 1. 26. — *hoverichter* der Richter im königlichen Hofgericht *Dr* 8 (*Beil.* II. *zu* I. 1. 27).

hogericht (*hoche*, *hoeste g.*) *judicium altum*, *majus* I. 4. 3.

hohen (*gehohen*) erhöhen *dy clage* I. 4. 5.

hol (*holung*, *irhol*, *irholung*, *erhalt*) das Recht, eine verabsäumte oder in ihrem Erfolg nachtheilige Processhandlung nochmals vorzunehmen. Steht dasselbe auch Unehelichen zu? I. 14. 7. — Wie oft kann man sich am Eide erholen? I. 16. 2. —

holen (*holung*) *ortel*, *recht* bei dem Oberhof eine Rechtsmittheilung nachsuchen. Voraussetzungen der Zuständigkeeit I. 1. 3—5. Die Holung erfolgt *a*, ohne dass ein concreter Rechtsstreit vorliegt *dorch wissendis willen* I. 3. 11. *b*, wenn die Schöffen auf eine Urtheilsfrage das Recht nicht finden oder sich nicht darüber einigen können. Eid der Schöffen hierüber I. 3. 10. Zulässigkeit einer dreimaligen Vertagung des Urtheils vor der Holung I. 3. 13. Kosten I. 1. 5; 3. 10, 11. *c*, wenn das gefundne Urtheil gescholten wird. In den beiden letzten Fällen erfolgt die Holung durch den Richter I. 3. 10; 4. 3, 6. — vgl. *Urtheil.*

hornson Hurensohn, Schimpfwort I. 4. 7.

houptman (*hewptman*) *dominus litis* I. 5. 5; *capitaneus Th* 227 (*Beil.* III).

howfe czu h. zusammen *Beil.* II. *zu* I. 15. 7 (1).

Hure I. 1. 11 (21).

hus Haus I. 2. 22; 4. 5; 6. 6; 19. 2; III. 6, 2. *steyn h.* I. 4. 8. Zins soll man im Hause des Zinsmannes u. erst wenn dies zu entfernt ist, auf dem zinspflichtigen Gut einfordern II. 1. 6; I. 2. 6. — *husgerethe* I. 12. 5. — *huszfrouwe* I. 2. 6. — *huszczins* I. 16. 3.

hut Haut *an leip ad. h.* III. 1. 3 (9).

hute Obhut, *custodia* I. 7. 9; II. 7. 1.

I.

Ja die affirmative Antwort des Beklagten II. 10. 1; *Beil.* II. *zu* II. 7. 1 s. *yo.*

yagen wonach trachten *mit clage noch bewiszunge* I. 4. 5.

iar Jahr *zcu iaren* jährlich I. 1. 1. *zcu seynen iaren komen das ist* XII *i. alt* I. 8. 9, 5, 7, 10; 9. 1, 2; 10. 1. *bynnen iren iaren* I. 8. 5. s. *mundig.*

Jahr u. Tag Besitz von J. u. T. I. 6. 2; 19. 2. Wer J. u. T. in einer Stadt wohnhaft ist, muss daselbst wie ein Bürger Recht geben u. nehmen II. 5. 3, 2. In J. u. T. kann sich der Schwertmage eines Getödteten zu der vom Richter deswegen angestellten Klage ziehen I. 2. 15. Binnen J. u. T. kann man sein Gut aus der Versperrung ziehen II. 2. 3. Caution dessen, der sich zur Erbschaft gezogen hat, wegen Restitution an den binnen J. u. T. sich meldenden näher Berechtigten I. 7. 2, 4, 5. Verschweigung in J. u T. I. 2. 25; 6. 3, 4, 18; 7. 23; 11. 3; 12. 3; 19. 2. Binnen J. u. T. aus dem Kloster fahren I. 10. 1. (s. *Noth*, *Verschweigung.*)

iarczal Zahl der Jahre I. 9. 2. *binnen irer i.* = *binnen iren iaren* I. 8. 5 (11).

iarczit binnen irer i. in der oben angef. Bedeutung *ebdas.*

yenot (*jegenot*, *gegenot*) Gegend I. 13. 1.

ykein irgend ein z. B. III. 6. 2.

ymand Jemand.

ymmiscziet (*ymmeniscz.*, *imscz.*) Imbisszeit, Anfang der Gerichtssitzung I. 2. 1.

Immobilien [*gut; unbewegelich, unvarend g.; eigen; erbe; — stehende erbe, eigen* eigentlich die mit Gebäuden versehenen, dann J. überhaupt, z. B. I. 7. 4; 8. 5; 12. 1; *liegende grund* ist *area, ager.*] Ansprüche auf J. sind im ausgelegten Ding zu verfolgen II. 5. 1. Wann u. wo soll man J. aufgeben, aufbieten, besetzen III. 3. 4. Besitz von J. im Landgericht begründet den Gerichtsstand daselbst für Stadtbürger I. 2. 21; ist nicht erforderlich zum Urtheilschelten oder um Vorsprecher zu sein I. 4. 10; 5. 1. Beweisrecht bei Ansprüchen auf J. I. 4. 5; 6. 1, 2; 7. 21. Briefe über J. I. 3. 19; 4. 5. Cautionsbestellung mit J. I. 4. 10; 7. 4, 5; 8. 5; 12. 8; stehend Eigen *vorwissit sich selber* I. 8. 5. Erbtheilung I. 4. 8; 7. 21. Gebühren der Schöffen bei Gerichtsacten über J. I. 3. 16. Kauf von J. zu Gunsten Dritter I. 6. 7. Kauf auf Wiederkauf II. 1. 2. Morgengabe an J. II. 2. 7. Vergabung der Hälfte der stehenden Erbe II. 2. 12a. Die Ehefrau eines Unehelichen nimmt nach seinem Tode die ihr angestorbnen J. zurück I. 14. 2. Verpfändung von J. I. 6. 8; 12. 8; II. 1. 1; 2. 16, 18. Casueller Untergang eines verkauften (oder verpfändeten) stehenden Erbes I. 6. 6. Verschweigung an J. I. 2. 25; 6. 3, 4; 7. 23. Widerspruchsrecht der Erben gegen die Veräusserung von angestorbnen J. I. 6. 9; 7. 1, 3; 8. 2, 4; 9. 1; 12. 1, 3, 8. Dasselbe erlischt durch eine vollständige Erbauseinandersetzung, daher von ihr gesagt wird, dass durch sie das Erbe zu fahrender Habe werde I. 4. 8. — Zins an J. II. 1. 4, 5, 6.

inbrengen gut in die Theilungsmasse einwerfen II. 1. 3; *ortel* mit einem Urtheil in die Gerichtssitzung kommen, wird sowohl von den Schöffen gebraucht, welche ein vertagtes Urtheil publiciren, wie von dem Schelter, der das eingeholte Urtheil beizubringen hat I. 3. 13; 4. 6, 7, 9 (s. *bringen*). — *inbrengung gutes in schichtung* I. 7. 19, 23.

yndirt irgend I. 2. 15 (22).

ingedechtnis I. 1. 1.

ingesessen ansässig *burger* I. 2. 7; II. 5. 3.

ingesegil, ingesigel, insigel s. *Siegel.*

inheymisch zu Hause II. 2. 3.

inheischen vorfordern *Beil.* II *zu* III. 1. 5.

Injurien s. *Ehrverletzungen.*

ynnemen wieder aufnehmen. Ausgewiesene I. 1. 9.

ynren, ynnerung erinnern, bezeichnet den nach todter Hand selbsiebend zu erbringenden Beweis eines Anspruches gegen den Erblasser I. 8. 1. 7; II. 2. 12; 3. 1—3. Nicht ganz klar ist mir die Wendung *mit der gemeyne ynnerunge* in I. 3. 3. Am Wahrscheinlichsten bedeutet es wohl, dass die Willkühr in der Bürgersprache der Gemeinde vorgelesen und so erinnerlich gemacht ist. (Einen ähnlichen Sinn hat das latein. *recordari, recordatio* s. *Du Cange* bei diesen Worten).

inschriben in einer Urkunde vermerken I. 6. 7.

instita I. 4. 8.

instrument scheint besonders zur Bezeichnung aussergerichtlicher, öffentlicher Urkunden gebraucht zu werden I. 6. 5; 15. 7.

inforderm schuld, gut der Unmündigen, ist Pflicht des Vormundes I. 8. 8. Wer für die Kinder Schuld einfordert, muss auch für sie um Schuld antworten I. 8. 10.

inwendig s. *binnenwendig.*

yo (*ioch*), *a*, ja s. oben. *b*, verstärkende Partikel: doch, auch I. 2. 24; 9. 4 — *yowort* Zustimmung I. 1. 10 (16), 11 (6); 8. 3, 8 (15).

Johanniter I. 10. 1a.

irerbeiten dirarbeiten [das *Part.* zuweilen *direrbit* z. B. *Th* 44 (*Beil.* III)] Bei Vergabung von erarbeitetem Gut ist das Widerspruchsrecht der Erben ausgeschlossen I. 12. 1, 3; *Th* 44. An dem gemeinschaftlich erarbeiteten Gut u. Erbe kann auch der Ehefrau eines Unehelichen eine Gabe beschieden werden I. 14. 2. Uneheliche, welche über ihr erarbeitetes G. nicht verfügt haben, verlassen dasselbe der königlichen Gewalt I. 14. 8.

irholen sich einer sache sich für etwas entschädigen, bezahlt machen II. 2. 10, 12a; *sich am eyde* I. 16. 2 s. *hol.*

irclagen irclain klagend erstreiten, ausklagen *gut* I. 11. 4; II. 2. 3; *erbe eigen uf dy scholt* II. 2. 6; *schuld* II. 2. 3a; *gelt* II. 2. 5 (5); *irclayte besaczunge* II. 2. 5 (1).

irkrigen erlangen I. 11. 1; II. 2. 14 (4). *erkrigung* Ertrag I. 8. 8 (9).

dirlangen erreichen, *das echte burger ding* II. 5. 1.

dirlassen verzichten I. 7. 21; erlassen II. 5. 2; *eyde* I. 16. 1; *des galgens* I. 2. 26.

irlucht erlaucht, Prädikat des Königs und der Königin I. 17. 1.

dirmanen erinnern *einen einer sache* I. 3. 19.

irneren (neren, generen) retten, vor Verderben bewahren III. 9. 3.
irstehen erstreiten I. 2. 15.
irsterben durch den Tod auf einen kommen, sich vererben z. B. I. 6. 5; 7. 18; 14. 8.
irteydingen fordern, erstreiten I. 6. 3; III. 1. 13 (10).
irfaren z. B. I. 7. 6; vernehmen *an einem* I. 15. 5.
irvarung Erforschung I 1. 1 (*irwarung?* Anm. 30 das.)
irfolgen verfolgen II. 2. 9a. 14; erlangen *rechtis* I. 1. 5; erstreiten *syne sache* I. 4. 6 — *sich irf.* sich verlaufen, Verlauf nehmen I. 3. 8; I. 7 (2).
irforderen klageweise fordern I. 4. 9; 6. 3; II. 2. 9a (4); III. 1. 13 (10). *dirforderung* II. 2
dirfrogen befragen *sich rechtis* I. 3. 12.
dirwegen sich einer sache etwas wagen *synes vryen geldis; synes gutes* I. 4. 9; 21. 2 (4).
irwerben erlangen, erwirken, bewirken z. B. I. 1. 15; 6. 9; 10. 1; II. 2. 9a (4), 14; III. 3. 4.
irweren vertheidigen, schützen III. 9. 2, 3 (10a); I. 4. 9 (12).
erwyssung Beweis I. 6. 5 (25).
irczugen durch Zeugen erweisen *vorvestung* I. 15. 5; *selbdritte* II. 1. 6.
irre gan behindert, ungewiss sein I. 8. 10. — *irren* hindern, stören *der bruder sammenunge an ire rechtikeit und gerichte* I. 2. 27; *ir ammecht irret sy doran* I. 5. 3; *echte not irret einen* z. B. I. 3. 7 (19); 7. 4; *gut i.* in Verwirrung bringen, vernachlässigen I. 7. 6. — *irnuss* Hinderniss III. 6. 2.
ytages, yetagis desselben Tages I. 6. 9; II. 2. 14 (7); 5. 1; III. 1. 2.
ju je III. 1. 6 (14); *Beil.* II. *zu* II 3. 2.
Juden (joden). Sie sind dem *forum reconventionis* unterworfen I. 2. 13. Beschimpfung eines J. I. 4. 7.
iunker für Ehemann *Th* 44 (*Beil.* III).
Juristen sollen der Herren Handfesten nicht auslegen I. 1. 28 s. *Stobbe de jure Culm. Regim.* 1857 *p.* 11 *Not* 1.

K.

Kaiser. Der heilige K., er kommt an das Reich zu Rom I. 1. 1. Der K. legitimirt uneheliche Kinder I. 14. 9. Was ist unter Kaiserweichbildrecht zu verstehn? I. 2. 11 (10).
Kampf anbieten I. 1. 19. — *kampirwunden* s. *Wunden.*
Kauf und Verkauf [*kouf halden, volfuren* I. 6. 9; *einen kouf wedir einen thun* III. 6. 3.] Urtheil u. Recht soll man nicht verkaufen I. 1. 4, 5. Festsetzungen über Speisek., Gericht über unredlichen K. u. falschen Speisek., Rehabilitation der deswegen rechtlos Gewordenen gebührt den Rathmannen I. 1. 7, 8, 9. Kauf einer Schulthisei oder Vogtei I. 2. 10. 11. K. eines Erbes mit dem Eingebrachten der Frau I. 6. 1. Untergang eines gekauften Hauses vor der Uebergabe I. 6. 6. Der Käufer, der ein Grundstück für sich, seine Frau u. seine Kinder erwirbt, kann es ohne Zustimmung der im K. mitbenannten Personen nicht wieder veräussern I. 6. 7. (Aehnliche Fälle, in denen dritte Personen beim K. mit benannt werden, sind I. 3. 19: *das erbe daz her ym u. synen erbin uffnam;* I. 4. 5: *das ir in dem k. des huses von irem manne redelich benümet u. benant sey worden.*) Rücktritt vom K. ist nur mit Genehmigung des anderen Contrahenten zulässig I. 6. 9. Genehmigung der Erben zum Verk. von Erbeigen I. 6. 9; 8. 2, 4. Können Uneheliche u. Rechtlose ihr Gut verkaufen I. 14. 1, 8. K. auf Wiederk. II. 1. 2, 2a. K. einer Leibrente II. 1. 3; eines Grundzinses II. 1. 2a, 4, 5. Recht des Gläubigers zum Verk. eines verpfändeten Erbes I. 6. 8; II. 2. 16 K. einer freien Schicht Erz; Gewährleistung für Freiheit von Realansprüchen II. 9. 1.
koufman a, Kaufmann I. 21. 1, 2. *b,* Käufer I. 6. 9 — *koufmanschaft a,* Handel I. 7. 19; II. 5. 1; *Th* 227 (*Beil.* III). *b,* Handelsgut *falsche k. Rw* 37 (*Beil.* II. *zu* I. 1. 11). — *koufschacz; koufinschacz; koufmanschacz* dasselbe; nur ist hier die Bedeutung von Handelsgut die ursprüngliche I. 1. 11; 7. 19 (6); *Rw* 37. — *koufslagen* Handel treiben I. 3. 7 (11); 7. 19 (6); II. 5. 1 (8). — s. *Handel.*
kebiskinder Concubinenkinder I. 14. 8. *kobisweyp* Concubine I. 14. 6 (9), 9 (2).
keyn a, nullus b, aliquis z. B. I. 1. 3.
keynwortig gegenwärtig I. 4. 8; 11. 3; III. 1. 3. — *keginwortigkeit* Gegenwart I. 2. 14.
keren verwenden *an synen nucz* I. 2. 15; *wedir k.* zurückgeben III. 10. 1.
Kinder (*ekint* s. oben) Ein ausdrücklich für sich u. seine K. erworbnes Grund-

stück kann man ohne Einwilligung der Letzteren nicht veräussern I. 6. 7. Wann nimmt ein K. Erbe an der Mutter Statt I. 7. 7. Absonderung der K., Einfluss auf das Erbrecht der Kindesk. I 7. 13, 15. Voraus an ein nicht abgesondertes K. I. 7. 19. Erbtheilung der K. I. 7. 3. 19, 21, 23. Bei der Theilung mit den K. braucht der überlebende Ehegatte eine von von ihm u. dem vorverstorbnen gemeinschaftlich erworbne Leibrente nicht einzuwerfen II. 1. 3. Beerbung der K. durch die Mutter I. 7. 1. 9; durch andre Ascendenten I. 7. 14 (s. *Erbfolgeordnung*). Ausgelaufne K. 1. 7. 6; 8. 11. Haftung der K. für die Schulden ihres Vaters I 8. 1, 2; II. 2. 12. Bevormundung unmündiger K. I. 8. 1—11 (s. *Vormund*). K. *binnen, nach irem suge* I. 8. 5. Unmündige K., die keinen Vorm. haben, kann man nicht zur Klagebeantwortung zwingen; die Versperrung ihres Gutes ist zulässig. doch müssen ihnen aus demselben angemessne Alimente (*redeliche leypnare*) verabreicht werden I 8. 9. 7, 10. Zeitpunkt und Folgen der Mündigkeit I. 8. 9; 9. 1. Beweis eines Kindes, dass es zu seinen Jahren gekommen I. 9. 2. K. nach des Vaters Tod geboren I. 9. 3; II. 2. 12. Beweis des Lebens eines K. I. 9. 3. Eheliche Zeugung eines in der 37. Woche nach Begehung der Ehe gebornen K. I. 9. 4. Kinder in Gevatterschaft geboren I. 9. 5. Unehelich geborne K. sind weder activ noch passiv erbfähig; dahin gehören die ausser der Ehe erzeugten und die. von denen einer der Eltern unehelicher Geburt ist I. 14. 3. 4. 5. 8. In dieser Beziehung äussert die uneheliche Geburt ihre Wirkung *von kinde zcu kinde* I. 14. 4. Wie verhält sich dies bei dem Recht zur Holung I. 14. 7. Legitimation unehelicher K. I. 14. 9. Ehelich sind die mit der früheren Beischläferin in einer späteren Ehe erzeugten K. I. 14. 3, 6. — Recht des Kindes zur Forderung des an seinem Vater verübten Todtschlages III. 1. 13.

Kirche *zcu kirchen gehen Beil.* II. *zu* I. 7. 23 Diebstahl an K. gut, K.bann I 1. 26. Recht der K. bei der Eheschliessung I. 9. 5. Vergabung an Kirchen I. 12. 1.

kisen. gekisen (Part. gekoren) wählen z. B. I. 1. 1. 2; prüfen, erkennen *wunden* I. 2. 2; *Beil.* II. *zu* III. 1. 10.

clage bezeichnet die Processhandlung, nicht das Klagerecht *eine cl. stellen* III. 1. 8 (7); 2. 1; *Beil.* II. *zu* II. 3. 2: *dy sache der cl. ist geendit* II 2. 3a; *von der cl. wegen not lyden* II. 6 1; *slechte cl* I. 1. 18 (9); 2. 4; III. 1. 7. 8. 10; *eynliczige cl.* III. 4. 3; *obirnachtige cl.* III. 1. 4; *cl. in frischer tat* III. 1. 5: im Gegensatz zu der letzteren steht die *rechte cl.* die im gehegten Ding angestellte III. 3. 1, 5. — Kl. gegen eine Stadtgemeinde I. 1. 22. Gemeinschaftliche Kl. Mehrerer gegen einen I. 5. 4 vgl. I. 1. 19, 20; 3. 12; II. 6. 1. Kl. gegen Abwesende II. 2. 2—4. Kl. nach eines Mannes Tode II. 2. 12a, 13 (s. *hant, inren. Tod*). Kl. des Richters wegen Ungerichts an Elenden I. 2. 14. 15; III. 1. 1. Kl. nach Gastrecht II 5. 1—3; I. 4. 9. Klagengewere I. 4. 5; *Beil.* II. *zu* II. 3. 2. Vorbehalt wegen späterer Erhöhung der Kl. *Beil.* II. *zu* I. 2. 5. In Ungerichtssachen ist das Gerufte ein Beginn der Kl. Folgen hievon III 1. 1. Dreimalige Wiederholung der Kl. zur Erstehung der Contumaz *und stalte drey clagen Beil.* II. *zu* II. 3. 2; *von dinge zcu dinge* I. 6. 9; *zcu dren dingen* III. 3. 5. Besetzung der Kl. mit den Schöffen I. 3. 14, vgl. *Th* 21 (*Beil.* III). Schriftliche Aufzeichnung der Kl. u. Uebersendung an den Oberhof I. 4. 3, 7; 3. 12. Wer in einem Gericht zu klagen hat. kann daselbst auch Urtheil schelten I. 4. 10.

clagen dem richter III. 1. 7; 1. 2. 2; *uff einen* I. 5. 4; II. 2. 3a; III 1. 9; *zcu einem* II. 2 16; III. 4. 3; *obir einen* I. 4. 7; *not. ungericht, schaden. dy clage cl.* I. 2. 2, 14; II. 6. 1a; III. 4. 3; *umb e. sache* z. B. *umb erbe. schult. gelt. gelobde. ungericht* I. 4. 5; 6. 9; II. 3. 3; 10. 1; III. 1. 3; *uff gut* die Klage. mit welcher die gerichtliche Einweisung und Uebereignung einer Sache gefordert wird II. 2. 3a, 4; *in. uff frischer tat. unvornecht cl.* III. 1. 5; 3. 1; *slecht. slechtis cl.* I. 4. 5; III. 1. 7; 4. 3; *mit geczuge* II. 2. 13; III. 1. 6. — vgl. u. a. *abeclagen. anclagen. beclagen. irclagen. vorclagen.*

knecht I. 1. 26; III. 6. 2. Gerichtsdiener II. 2. 20 (4); III. 10. 1. Ritterbürtiger Kn. I. 2. 26.

komen (kommen) syn tag noch nicht k. ist II. 2. 10; wozu gelangen *rechtis* I. 1. 4. 5; *einen dar k. lassen* I. 7. 4, 5; — *in dy vorfestunge* III. 8. 1. 3; *eyde k. in gebunden tage* III. 3. 2; *uff einen vererben*. I. 2. 10; *umb syn gut* III. 6. 3;

uszk. loskommen III. 9. 3; *von einem. dovon k.* entgehen. besonders durch Vertheidigung im Process I. 1. 27; III. 2. 1; *vor der stat recht* III 9. 3; *do wedir k.* dagegen aufkommen I. 3. 19; *czu dem erbe* I. 7. 20; *czu iren iaren* I. 8. 9; *czu der vormundeschaft* I. 8. 11; *czu syme rechte wedir k.* I. 16. 3; 17. 1; *czu ende k.* s. *ende*.

kommern mit Arrest belegen I. 2. 4 (7).

König (*königliche gewalt* s. *Gewalt*) *des koniges schaffer, anewelde* I. 1. 25; *des k. hof, hoverichter* I. 4. 7; *Dr* 8 (*Beil.* II. *zu* I. 1. 27). Bestätigung von Willkühren, die vom gemeinen geschriebnen Recht abweichen I. 3. 3. Vertheilung von Leib, Hand oder Gut eines Untersassen I. 1 21. Begnadigungsrecht I. 17. 1, 2; *Beil.* II. *zu* I 2. 5. Recht am Gut unehelicher Kinder I. 14. 8; am Gut eines Selbstmörders III. 6. 2. Wie verschweigt sich das Gericht an Gut, das der königlichen Gewalt angestorben ist I. 2. 25. Wie schilt man des K.'s Urtheil I. 4. 4. Wer unter K.'s Bann dingt, kann sein Gericht weder vermiethen noch sonst einem Anderen befehlen I. 2. 8. Erbschultisei und Erbvögtei dem König zu Lehndienst verpflichtet I. 2. 10, 11. — *Königin* mitwirkend bei der Begnadigung eines Todtschlägers I. 17. 1.

kore a. Wahl *scheppin k.* I. 1. 1. *b*, Bestimmung, Willkühr I. 1. 6; II. 2. 18 (4); *gemeyne stat k.* die Busse, welche im Allgemeinen auf die Uebertretung einer städtischen Willkühr gesetzt ist I. 1. 13, 14, 18, 19.

koerfursten Kurfürsten I. 1. 1 (19).

korlute Schiedsleute I. 18. 1.

korschen Kleidungsstücke von Pelzwerk *Th* 227 (*Beil.* III).

kost (*koste, kust*) *a*, Beköstigung. B. eines Schuldgefangnen II. 2. 19. Wann muss man *gare k.* bezahlen, II. 8. 1. *b*, Kosten, Unkosten. Bei der Anfangsklage muss der Unterliegende dem Gegner *redeliche k.* erlegen I. 13. 1. Wer trägt die K. für ein eingeholtes Urtheil I. 1. 5; 3. 10, 11; 4. 6. Betrag der dem Oberhof zu entrichtenden Gerichtsk. III. 10, 1, 2.

kraft s. *bund, macht.*

kreczschem, cretschman Schenke, Krug I. 2. 22 (3). — *cretschmer, kretzmer* Krüger *Beil.* II. *zu* I. 1. 7.

krenken verletzen *das recht* I. 1. 11.

krigen streiten, processiren *Beil.* II. *zu* I. 6. 2.

crom Kaufbude. Kaufladen I. 4. 8.

cruczewoche s. *betewoche.*

kummerhaftig verschuldet I. 12. 8.

kundigen verkündigen, *willekor u. byware* I. 1. 19.

L.

laden, geladen vor Gericht laden. Ladung einer Stadtgemeinde I. 1. 22. L. vor ein ungehöriges Gericht I. 1. 23. L. um Geldschuld kann alle Tage erfolgen I. 2. 4 (7). L. eines Stadtbürgers durch den Landrichter I. 2. 20, 21. L. der Schöffen I. 3. 9, 15. L. gehört zum Amt des Vronboten I. 5. 3. Einen Abwesenden oder Abtrünnigen braucht man zur Klage auf sein Gut nicht vorzul. II. 2. 2, 3. Prävention der L. zur Erwerbung der Vorklage II. 10. 1. L. bei Ungerichtsklagen III. 1. 4; 8. 2 (s. *heischen. vorbiten: vorboten; vorladen*).

lant Bezirk, Territorium I. 5. 1 *bussen landis* I. 7. 2; *von lande zcu lande* II. 5. 2; *des herren lande; herr des landes: hantfeste des l.* s. *herr. hantfeste.*

lantding Landgericht I. 5. 4.

lantrecht a, das im Lande gültige Recht, *jus terrae commune. ich warte lantrechtis* ich bin gewärtig, das Recht dieses Landes zu nehmen I. 4. 9. *b*, die Satzungen des Landrechts im Gegensatz zu denen des Weichbild- und Lehnrechts. In wie weit sind dieselben bei einer Entscheidung im Magdeburgischen Recht anwendbar I 3. 2. Unterschied des Landrechts vom Weichbildrecht in der Erbfolgeordnung I. 7. 8 (5), 11 (8), 14 (7), 17 (5).

lantrichter. Ladung von Bürgern durch denselben I. 2. 20, 21. Ausschliessung seiner Gerichtsbarkeit durch den Dorfherrn I. 2. 22.

lantvoit Landvogt I. 1. 22.

lassen (*lossen. gelossen*) lassen. überlassen, hinterlassen, verlassen; *dy sache zcu einem* dem Eide Jemandes anheimstellen II. 10. 1; den Bekl. *mit busse, m. b. und gewette l.* muss der Klg., wenn er sachfällig wird u. dabei in die Succumbenzstrafe verfällt z. B. II. 10. 1; III. 2. 1; 4. 2. *thun u. l* s. *thun.* — In I. 4. 8 steht *lassen* u. *lossen* (*das erbe*) für *losen* (lösen. einlösen).

laten lateinisch *Th* 44 (*Beil.* III).

lawbe, loube Erlaubniss I. 2. 24 (23); I. 4. 1 (5); 6. 7 (14); 8. 4 (10). *erbloube* = *erbegelob* I. 9. 1 (2).

leben zcu syme l. ad dies vitae II. 1. 3. — Beweis des Lebens eines Kindes I. 9. 3

ledig frei von einer Verpflichtung I. 21. 1; von Evictionsansprüchen II. 9. 1; von einer Beschuldigung III. 8. 3. *l. werdin der sachin* III. 1. 6; *einen l. lassen* I. 17. 2; *des kouffes, der gobe. der eyde* I. 6. 9; 11. 3; 16. 1; *der ansproche vry u l. teilen* II. 3. 2. — *lediglich, ledelich, ledlich* — *in lediglichen weren, in synen weren lediglichen haben* I. 2. 26 s. *gewere*.

ledigen freimachen II. 4. 2; ein verschuldetes Erbe II. 2. 12a; *von dem schaden* I. 1. 23; *des totslagis* I. 17. 1. *sich l.* II. 2. 9; *der schult* II. 2. 12.

ledigung Lossprechung I. 17. 1.

legen z. B. *ingesegil an den brif* I. 7. 20; hinterlegen *gelt* I. 3. 10; 4. 6; produciren *bewisunge, brif* I. 3. 19; 4. 5; II. 19. 1; verlegen *ding auf die burg Rw* 14 (*Beil.* II. *zu* I. 2. 17).

legisten Doctoren des Römischen Rechts. Dieselben sollen Handfesten, welche Herren ihren Untersassen geben, nicht auslegen I. 1. 28.

Legitimation unehelicher Kinder durch Kaiser oder Papst I. 14. 9.

Lehn [*leen herr* I. 6. 3 (1); *belente man* I. 2. 26; *lehengut* I. 2. 11, 26; 6 10; *lehenrecht* I. 2. 11; 3. 2; *vorlehente. belehente. leen richter* I. 2. 8; 20 1; vgl. auch *Rw* 14, 24 (*Beil.* II. *zu* I 2 17. 18)] Gerichtslehn I. 2. 10, 11; 7. 18; *Rw* 24. Begnadigungsrecht des Vasallen auf dem Lehngut I. 2. 26. Anwendbarkeit der lehnrechtl. Vorschriften im Weichbildrecht I. 3. 2. Beschuldigung der Bürger um Lehngut vor dem Mannengericht I. 6. 10 (s. *lihen*)

leip (*lip*) Leib. Leben *by eynis mannis leibe u. leben* I. 1. 17; *by lebindem leibe* I. 8. 8; 9. 2; 12. 3; 15. 7; *bey gesundem leibe* I. 6 5; 12. 4; *vorterbnisz des leibes. leibes frist* III. 9. 3; *leiprente czweier leibe. czu irer beider l.* II 1. 3; *den l. vorlusen, vorwircken* III. 6. 2. 3 (3); *busse leibes ad. gledis* I. 1. 11; *einem an synen l. sprechen. synes leibes, gutes u. ere weren* III. 9. 2; *das gehet an den l.. an l. adir an hant* I. 1. 25; III. 1 3; *l. hand adir gut vorteilen* I. 1. 21; *l u. leben angehen*; *l. gelet gut u. ere antreten*; *Rw* 37, *Dr* 8 (*Beil.* II. *zu* I 1. 11, 27).

leipnare Alimente muss man den Unmündigen aus ihren Vermögen gewähren, auch wenn dasselbe versperrt ist I. 8. 7.

Leibrente von Eheleuten zu beider Leibe gekauft. braucht der überlebende Ehegatte nicht in die Erbschichtung zu bringen. — Wie ist dieselbe zu verschossen II. 1. 3

leichte vielleicht *Beil* II. *zu* I. 1. 1.

leidigen einen einem ein Leid anthun *Beil.* II. *zu* III. 5 1.

leye Laie I. 2. 13, 28; *Beil.* II. *zu* I. 5. 1.

lemde. lempniss Lähmung; eine Verletzung, die L. zur Folge hat I. 2. 23 (11). 24; II. 2 21; III. 1. 2 (s. *Wunden*).

liben belieben, genehm halten I. 1. 24 (9); *Beil.* II. *zu* I. 2. 16 (3); *sich l acceptum. gratum se reddere. zcu hove* I. 1. 15.

lyden (*leiden*) erdulden. über sich ergehen lassen z. B. I. 1. 23; II. 1. 4; III. 7. 2; *not* II. 6 1; III 1. 11; *gefenguisz* III. 9. 2; *was recht ist* I. 20 1.

lihen (*Part. gelegen*) ausleihen *gelegen geld* II 1. 1; überlassen; der Richter leiht dem Kläger einen Boten zur Anlegung des Arrestes II. 2. 1; als Lehn verleihen I 2. 11; I. 7 18; *Rw* 24 (*Beil.* II. *zu* I. 2. 18).

lobe s *gelob.*

loge Wegelagerung III. 5. 1 — *logeren* wegelagern *Beil.* II *das*

loge (*löge*) *a.* Lüge. Busse dessen, der den Rath Lügen straft I 1. 20; *b.* lügnerisch *mit lögen worten* I 9. 4 (15)

Lohn des Vorsprechers I. 5. 2. des Pflegers unmündiger Kinder I 8. 8. Verdientes Lohn ist aus dem Nachlass vor der Morgengabe zu bezahlen. wenn diese in fahrendem Gute besteht II. 2. 7.

losz a. lose. unwahrhaft *losze worte* I. 9. 4. *b.* frei z B *l. werdin einer sache* II. 10. 1; *l. u. ledig* II. 3. 2

losen (*loszen. lossen*) einlösen *pfant* I 6. 6; II. 1. 1; *das erbe* I. 4. 8

losung Lossprechung I. 17. 1 (8a)

lotterer (*lutterer. lottir. loter*). Possenreisser, Gaukler. Rechtlosigkeit derselben I 14. 1.

louber der gelobt hat II. 6 1a (7).

loucken läugnen, verneinend antworten z. B II. 3. 3

lunemunt Leumund I. 14. 3a.

lut. luten Laut, lauten z. B. I. 3. 19; I. 4. 8. — *lutbaren* verlautbaren I. 7. 21.

M.

macht rechtsverbindliche Kraft z. B. *m. ad. craft* II. 2. 10; Dispositionsbefugniss *die gobe geben an allis usnemen keyner macht* zu ganz freier Verfügung I. 11 3; *volle m.* (auch *m.* allein) Vollmacht. Befugniss I. 1. 22 *u. das. Beil.* II; I. 8. 1. — *machtelos* rechtlicher Wirkung entbehrend *der brief ist m.* II 2. 9. — *mechtig sein* Dispositionsbefugniss haben I. 11 3; *m machen* bevollmächtigen *Beil.* II. *zu* I 3. 17.

maiestat I. 17. 1.

czu male (czu mole) gänzlich, ganz u. gar I. 2. 26; 3. 12

man a, Mensch überhaupt *m. umb m. vorterbin* III. 1. 11. *b,* Mann im Gegensatz zur Frau z B I. 2 10; 9 3; *frunde von mannen* I. 11. 1. *c,* Ehemann z. B. I. 11. 2; 12. 5. *d,* Lehnsmann I 2. 26; Mannengericht I. 1. 21; 6. 10. — *mannen* einem Manne zur Ehe geben I. 7. 23 (4).

manen an eine Sache erinnern *die altsessen manne Beil.* II. *zu* I. 7. 23 (s. *dirmanen*); mahnen II. 2. 17; *umme schult. orteil gelt,* I 8. 1; 4. 6; *das her syn ortel volfurte* I. 4. 7; *mit clage noch bewiszunge* I. 4. 5 (25).

mark s. *Münzwesen.* — *mark czal* Verhältniss, *rata portio* II. 1. 3.

martir Marter, Folter III. 9. 1 (2).

Mass (mos) Sachen, die sich auf M und Gewicht beziehen, richtet der Rath I. 1. 8 Derselbe kann solchen, die wegen falschen Masses rechtlos geworden sind, das Bürgerrecht wieder geben I. 1. 9. — *moesz seczen* das M. bestimmen I. 1. 7 (3).

Mauer Streit um das Eigenthum an einer zwischen zwei Gebäuden belegenen M I. 6. 2 — Nothwendige Entfernung eines Schachtes von einer gemeinschaftlichen M. I. 19 1.

Meineid Einzelne Fälle, welche dahin gerechnet werden I 1 13 (7), 15. 17; 16 1 (12); s. auch I 2. 5; 3. 9. Strafen: Rechtlosigkeit oder Anrüchtigkeit u. damit verbundner Verlust des Bauermals I. 16. 4, 6; 1. 15, 17; 2. 5 (6), 16; 3. 9 Ausserdem: Verwirkung des Raths I. 1. 13 (7), 15; des Richteramtes I. 2 5; des Schöffenamtes I. 2. 16; 3. 9. Ueberführung eines Meineidigen I. 16. 3. 4, 6 Befugniss des Raths. einen M. zu richten u. zu begnadigen I. 1. 15, 27. — *meyneyder* ein Meineidiger I. 16. 4 (1).

meynen beabsichtigen I. 12. 8 (1); III. 5. 1. — *meynung* Absicht *mit unrechter m. malo consilio* II. 2. 4.

meinhait Stadtgemeinde *Beil.* II *zu* I. 1 22.

meister des Rechts III. 6 1.

melden kundmachen *den rad der vorswegin solde syn,* Strafe dafür I. 1. 13.

mer, me, meir a, mehr z. B. I. 2. 5; 19. 2. *b,* aber, sondern z. B. I. 1. 2; II. 2 14. — s. *mynner.*

meren vergrössern s. *ebdas.*

merken Notiz nehmen, Gebühr des Stadtschreibers, der eine Sache merkt I. 3. 6.

merkte Marktflecken, wann können dieselben in der Stadt Recht holen I. 1 3.

meteban I. 6. 9. vgl. *Ha* 1441; *Scherz* 1037.

meteburger, mitteb Bürger, Mitbürger I. 1 6, 13, 15; 2. 7, 8; II 5. 1, 3; 6. 1 Ein Unterschied zwischen Bürgern u. Mitb *(Ha)* lässt sich aus unseren Quellen nicht nachweisen.

mete morgens cziet die Zeit um die Mitte des Morgens, Beginn des Dinges I. 2. 1 (12) — s. *twer (mitter morgen* bei *Müller* II. 196.)

mynner, mynre weniger z. B. I 2. 24. *m. ader mer* wird einer bestimmten Zahl hinzugefügt, um zu bezeichnen. dass es nicht grade auf den angegebnen Betrag ankomme z. B. I. 1 6. 11; II. 1. 3. — *mynneren u. meren willkör Beil.* II. *zu* I. 1 7.

missehandeln, missehandelung übel behandeln, beleidigen, Beleidigung I. 1. 19; II. 10. 1.

missestehen Unannehmlichkeit III. 6. 2 (11).

missetat Vergehen, Ungericht I 2. 16; III 7. 2; 9. 1; *sich an m. vorwircken* I. 5. 2. — *missetetig missetetiger man* I. 17. 2; *missetetige lute* III. 6. 2; *hanthafftige tat dy do m. were* III. 9. 2.

mist Aufziehen eines Hausthieres in seinem M. I 13. 1 (22).

mite Lohn *Beil* II *zu* I. 2 27. — *myten (mitten)* um Lohn dingen I. 15. 2; 21. 2 (5) — *mitteling* Miethlinge sind zeugnissunfähig I 15. 2

Mobilien s. *varend gut.*

mog Verwandter I. 9. 6; III. 1. 10: *neher m. gesippet sein, gemoget s.* I. 7. 5. 4 — *mogenschaft* Verwandtschaft. Beweis derselben I. 7. 2, 4, 5.

moge Macht *Beil.* II. *zu* 1. 15. 7.

mogelich billiger Weise I. 2. 22 (5); 10. 1a; II 9. 1 (29); *m. sein* mögen I. 1. 3 (9).

molen Mühlen; Einkünfte von denselben zu den Gerichtsgefällen gehörig *Beil.* II. *zu* I. 2. 7.

Mönche. Erbunfähigkeit derselben I. 10. 1.

morden III. 1. 11 — *mortlich* todtbringend *wunden* III. 1. 11. — *morder* der Kläger schreit Zeter über seinen M., d. h. über den von ihm des Mordes Beschuldigten III 1. 7.

Morgengabe Bestellung I. 9. 5; 11. 1. 2. Beweis I. 11. 1, 4. Recht der M. am Nachlass I. 8. 1 (11); 11. 4; II. 2 7; *Beil.* II. *zu* I. 8 1. 2; Cumulation der M. mit einer anderen Gabe des Mannes an die Frau I. 11. 3. — *morgengoben, bemorgengoben* eine M. bestellen.

mundig I. 8. 1. Wann wird das Kind m. I. 9. 1. Vormundschaft über Mündige, die abwesend sind I. 8. 11; 7. 6. — *mundelin* Mündel I. 8. 4. — *anni discrecionis Th* 44 (*Beil.* III) s. *iar, Unmündige, Vormund.*

Münzwesen. 1. Ein Pfund hat 20 Schilling, der Schilling 12 Pfennig III. 1. 6 (14). — 2. Mark *a*, Wendische M. zu 12 Schilling I. 1. 13, 18, 19. *b*, M. zu 58 Groschen III. 10. 2. Dies ist die böhmische M. nach der in Magdeburg geltenden Rechnung (*Rathmann* Gesch. der St. Magd. II. 453 fgg.) *c. marca polonici pagamenti Beil.* II. *zu* I. 4. 8 ursprünglich zu 48 Groschen. Da dies die in Schlesien, Polen und Preussen übliche M. war, so ist an dieselbe immer zu denken, wo in unseren Quellen von Marken ohne besonderen Zusatz die Rede ist. *d.* Bruchtheile der M.: *firdung* und *scot.* ersterer der vierte. dieser der vierundzwanzigste Theil *Beil.* II. *zu* I. 1. 7. — 3. Ein Groschen hat 16 kleine Pfennige od. Heller I. 3. 16; III. 1. 6 (5). Ausdrücklich böhmische Gr. werden erwähnt III. 1. 6 (5); 2. 1. — 4. Dass die Schillinge im Bereich unserer Quellen nicht blosse Rechnungsmünze gewesen sind. scheint aus I. 1. 18 (8) hervorzugehen, da die Erwähnung von guten Schillingen auf wirklich geprägtes Geld hindeutet. — Nach III. 10. 1 gehen 8 Schillinge Magdeburger Münze auf einen Gulden. — 5. Der Gulden wird in III. 10. 1, 2 verschieden berechnet. In ersterer Stelle ist zunächst ein Fehler des Hds. zu verbessern, da statt XIIII offenbar zu lesen ist XIIIJ (*vierczende halben*). Nach dieser Stelle macht der Gulden 16 Groschen (8 Schilling zu 2 Groschen). während er in der zweiten zu 28 Groschen gerechnet wird. Der Grund der Verschiedenheit bleibt hierdahin gestellt. — 6. *nummi Culmenses* und *Culnenses* (Cölnische) kommen in der in *Ra* 14 (*Beil.* II. *zu* I. 2. 17) übergegangenen Stelle der Culmer Handfeste vor. Es wird aber nach unserer Lesart ebenso falsch wie in der von *Leman* gegebnen Uebersetzung ein Culmischer gleich 5 Cölnischen (statt umgekehrt) gesetzt.
Der allgemeine Ausdruck für geprägtes Geld ist *pfennige* (s. bei diesem Wort). — Wergeld, Busse, Gewette sowie sonstige Gerichtsbühren, ebenso die gewöhnliche städtische Geldstrafe (*gemeine stat kore*) sind überall mit solchen Münzen zu entrichten, welche an dem Orte der Fälligkeit *genge u. gebe* sind. d. h. mit denen man daselbst täglich zu kaufen pflegt z. B. I. 1. 19; 2. 18; 3 16; III. 1. 6.

mut. Sinn. *animus.* z. B. *mit bedochtem m.* I. 12. 5; II. 2. 10.

muten begehren *geleites* I. 21. 2.

mutwillen willkührliches Belieben I. 2. 5. 16; 3. 9; 5. 5.

muwer muer Mauer I. 2. 17; 6. 2; 19. 1.

N.

Nachbaren (*nackebur, nockewer*) Zeugniss der N. II. 1. 6; I. 6. 1 (11). Nachbarrecht I. 19. 1, 2; 6. 2.

Nacht. — Berechnung von Zeiträumen nach Nächten z. B. II. 8. 1; s. *obirnachtig, unvornachtet, twer.*

name Geschlecht. *mannes, frouwen n.* I. 2. 10. *erbname* s. *Erbe.* — *namhaftig* ausdrücklich. namentlich I. 6. 7.

narung Erwerb. Gewerbe I. 3. 7; *burger n.* I. 2. 7; Alimente I. 8. 7 (8).

naturliche vater rechte V. I. 9. 6 (4)

nederrellik sachfällig I. 3. 10 (6).

nehir näher. näher berechtigt *n. seyn dem erbe* I. 7. 22; *der vormundeschaft* I 8. 11; besonders vom Vorzug beim Beweise *n. seyn czu bewisen* I. 6 1; *czu behalden* I. 1. 24; II. 1. 4; *czu obirczugen* III. 2. 1; *vor czu komen* I. 11. 1; *czu werende* III. 9. 2; *czu entgehende* II. 2 21. Aehnliche Verbindungen: *n. entgehen* III. 4. 3; *n.*

nemen u. behalden I. 4. 5; *n. bliben* I. 6. 5. — *neheste* nächste z. B. I. 2. 14.
neyn die verneinende Auslassung des Beklagten II. 10. 1; *Beil.* II. *zu* II. 7. 1; *Th* 225 (*Beil* III).
nemelich mit Namen, ausdrücklich I. 4. 8; bestimmt *nemelicher tag* I. 1. 24; *nemeliche frist* I. 7. 2.
nemen nehmen, entgegennehmen z. B. *erbe* II. 2. 6, 18; 3. 3; *pfant* II. 2. 16, 17; *syne scholt* II. 2. 10; *recht* II. 5. 3; *eyde* I. 2. 15; *bewiszunge uff einen* III. 8. 2; *des mannis hals u. czwnge* II. 6. 1.
neren, *generen* s. *irneren*.
newendig (neirwendig) näher verwandt *Beil.* II. *zu* I. 7. 2.
nyderban I. 6. 9 (17, 23).
nymme nicht mehr I. 2. 19.
noch a, nach, nachher *b*, noch; *noch — noch* weder — noch III. 1. 10.
nochkomeling Nachfolger I. 19. 2.
not Noth *a*, Nothwendigkeit *wenne das n. ist* I. 3. 9. *b*, *echte*, *ehafte* [*rechte* I. 3. 7 (18); *erhafte*, *erhaftige* I. 3. 9 (15)] *n.* gesetzlicher Hinderungsgrund — sie *hindert*, *irrt*, *benimt;* muss benannt und auf den Heiligen bewiesen werden I. 7. 4. Dahin gehören Alter, Krankheit, Abwesenheit I. 3. 7; II. 2. 3. Entschuldigt wird durch sie: Niederlegung des Schöppenamtes I. 3. 7; Versäumniss des Dinges Seitens eines Schöffen I. 3. 9; verspätetes sich Ziehen zum Erbe I. 7. 4; zum Sühnegeld für einen erschlagenen Schwertmagen I. 2. 15; zu einem bekümmerten Gut II. 2. 3; verspäteter Widerspruch gegen Vergabung von Eigen I. 12. 3; — *c*, Bedrängniss, Mangel *durch n. willen* I. 3. 7; *durch leibes n.* I. 12. 8. *d*, nachtheilige Folge *n. lyden* I. 6. 5; II. 6. 1; 7. 1; III. 1. 11; 6. 2; *Th* 21 (*Beil.* III). *e*, Gewaltthat *dy n. clagen* I. 2. 2.
notding ein Ding, welches ausserhalb der rechten Dingtage gehegt wird. *Beil.* II. *zu* II. 5. 1; *Th* 44 (*Beil.* III). vgl. *Hom. Ri.* S. 427.
notdorft Bedürfniss, Nothwendigkeit, namentlich die nothwendigen Lebensbedürfnisse I. 3. 7; 12. 8; II. 2. 19.
notigen nothzüchtigen III. 7. 3.
nunne Nonne. Erbunfähigkeit ders. I. 10. 1.
nucz zcu (mit) allem n. u. recht haben die Nutzungsgewere an einem Gut h. I. 2. 22, 23.

O.

obilhandelung Schmähung, Beschimpfung I. 3. 12; 1. 21 (3); 16. 1 (4).
obirgelt Zahlung, welche den Betrag der Schuld übersteigt II. 1. 2.
obirhure Ehebruch III. 7. 2.
oberig überflüssig, *nimius*, *överige hochvart* I. 1. 11. *oberigk geldt* s. *obirgelt* II. 1. 2 (9).
obirkomen überführen III. 1. 10 (9); antreffen I. 13. 1 (13).
obirlast molestia, *o. dez dingis* wird bei der Hegung verboten I. 2. 1 vgl. *Hom. Ri* S. 438.
obirnachtig ungericht, *clage* wenn seit Verübung der Ungerichts bis zur Anstellung der Klage bereits eine Nacht verflossen ist III. 1. 4. — s. *tirer.*
obirschreibung Zuschrift I. 8. 11 (17); 11. 3 (21); 12. 5 (15).
obirste I. 17. 1; *o. herre* I. 1. 10; 2. 24. 26; 3. 3; 6. 10; *o. herschafft (obirhersch.)* I. 2. 23; *o. geistliche herre ader richter* I. 1. 23; *o. richter* I. 3. 1, 5.
oberwachsen (uberwachsen) überhand nehmen *Beil.* II. *zu* I. 1. 11.
obirwinden überführen. *einen einer sache* z. B. I. 1. 27; 2. 16; 6. 5; 16. 4; *mit boszen dingen* III. 9. 2.
obirczugen durch Zeugniss überführen z. B. I. 2. 12; 20. 1; II. 2. 21, 22; III. 4. 3; *einen einer sache* III. 8. 3; 9. 2 (19, 25); *umb ungerichte* I. 15. 6.
ochte s. Acht.
Official des geistlichen Gerichts, befindet über das Begräbniss eines Selbstmörders III. 6. 1.
offen brif z. B. I. 7. 9; 12. 7; II. 9. 1; *vroge*, *orteil* III. 10. 2 — Schriftstücke, welche der öffentlichen Kenntnissnahme anheimgegeben sind; in demselben Sinn *offentlich bekennen Rw* 37, 29, 33 (*Beil.* II. *zu* I. 1. 11; 2. 21; 4. 10); *Th* 225. 227 (*Beil.* III) s. auch *noverint universi*, *quibus expedit universi* I. 4. 8; *Th* 44 (*Beil.* III). Einen Gegensatz dazu bildet die *geslossene vroge* III. 10. 2 d. h. wohl eine solche, bei der die Antwort nicht in einem offenen, sondern in einem nur für den Anfragenden bestimmten Briefe zu ertheilen ist. — Offne Tage s. *tag.*
offinbar offinbare schrifte öffentliche Urkunden I. 6. 5; 15. 7; *o. schryber notarius publicus* (*Beil.* II. *das.*) *o. busse* I. 14. 6; *o. kundigen*, *thun*, *werden* I. 1. 19; 11. 1; 14. 6; *o. in der e siczen* I. 9. 5; *offinberlich vorleukenen Beil.* II. *zu* I. 1. 16.

Orden Erbunfähigkeit der Ordensleute I. 10. 1, 1a.
ordenen ordiniren, zum Priester weihen I. 1. 23; 10. 1a.
orkunde (urkunde) a. Zeugniss, Beurkundung *czu o., uf eyn o.* fügen die Magdeburger Schöffen dem von ihnen ertheilten Spruch ihr Siegel bei z. B. I 5. 1; *Beil.* II. *zu* I. 2. 21. *b.* das für die Beurkundung eines gerichtlichen Actes zu zahlende Geld I. 3 16 (1).
orlob (orloup) Urlaub, Erlaubniss I. 2. 23; 16. 1 (2); II. 3. 2.
overbrost ungehöriger Lärm, wird bei Hegung des Dinges verboten I. 2. 1 (20) *Hom. Ri.* S. 437.

P.

Papst s. *babist.*
paten Zeugniss der Pathen für das Alter eines Kindes I. 9. 2 (4).
Pfaffe. Ein geweihter Pf. kann im weltlichen Gericht nicht Vorsprecher sein I. 5. 1. Pfaffen mit ihrem Gesinde u. Gut sind zollfrei I. 21. 1. Rechtlosigkeit der Pf.kinder I. 14. 1 (10). Ansprechen von Pf.erbe I. 1. 11 (20).
pfal in synen vier pfelin, III. 7. 4 *(Osenbrüggen* Hausfriede S. 11).
Pfandrecht (pfand, vorpfenden, seczen, vorseczen), Gegenstände: Immobilien z. B. I 4. 8; 6. 8; II. 2. 15; Kleider I. 2. 6; essend Pf. II. 2 9a, 14; *alle syn erbe u. alle syne scholt (gut)* II. 2 10. Auch der dem Gläubiger zur Privathaft überantwortete Schuldner wird von jenem sein Pf. genannt II. 4. 2. Form der Bestellung: vor dem Richter allein I. 2. 6; vor Gericht II 1. 1; vor gehegtem Ding I. 6. 8; II. 2. 10, 12a, vor den Rathmannen I. 4. 8; II. 1. 1. Urkunden über die Bestellung I. 4 8; 6. 8. Dispositionsbefugniss des Verpfänders: Verpfändung von Frauengut durch beide Eheleute I. 4 8; von einer ehemännlichen Gabe an die Frau, woran sich der Mann die Herrschaft vorbehalten hat, durch diesen allein II. 2 12a. Widerspruchsrecht der nächsten Erben gegen die Verpfändung von Erbeigen I 12. 8 (I 4. 8). Die Bestellung geschieht *a,* durch freie Uebereinkunft z. B. I. 2. 6; 4. 8; II 1 1; 2. 16 *(mit willen);* Zulässigkeit von besonderen Abreden *(vorwortin u unterscheiden)* II. 2. 9a, nur dürfen durch dieselben die Zinsverbote nicht überschritten werden II. 1. 1. *b. von des richters gebot* zur Sicherheit für eine bekannte oder judicatmässige Schuld I. 6 6; II. 2. 15–18, vgl. II. 2. 9a, 14. Inhalt: Pf.recht mit Besitz, zufälliger Untergang des Pfandes I. 6 6. Pf.-recht ohne Besitz, rechte Gewere des Pf.gläubigers I. 6 8. Einweisung in das Pf., Besetzung (?), Aufbieten, Verkauf oder weitere Verpfändung desselben I. 6. 8; II. 2. 10, 16, 18; III. 3 4. Collision einer Verpfändung und einer Besetzung II 2. 10.
phendung Verpfändung I. 2. 6; 4. 5 (13). — Pfändungsrecht des Zinsherrn II. 1. 6.
Pfarrer, lässt die Verwandten eines Selbstmörders beschwören, dass sich ihr Freund in rechter Thorheit erhängt habe, und gestattet darauf dessen ehrliches Begräbniss III 6. 2.
pfenning (pfennig, phennig, penning) a. Pfennig, s. *Münzwesen. b,* Geld überhaupt, namentlich gemünztes I. 1. 5; 15. 2; II. 2. 19; *valsche pf.* III. 7 4; *ein schilling pf.* I. 3. 16; *acht schill. unser pf.* III. 10. 1; *acht schill. sulche pf. also in dem gerichte genge u gebe ist* III. 1. 6; *der dritte pf.* ein Drittel der Einkünfte I 2 18; 7. 18 — *pf. busze* Geldbusse I. 1. 6. 10. 11.
pflege a, Verpflegung *eyn kint in hute u. in pflegin halten* I. 7. 9; *b,* gebührende Leistung *richt u. pf. thun* I. 2. 7.
pflegen rechtes zu Recht stehn II. 5. 1. *ebintuyer* eine Unternehmung betreiben I. 2. 8 — *pfleger* Vormund I. 8. 8. — *pflicht* Vormundschaft I. 8 8 (17).
pflichtig verpflichtet, z. B II. 2. 19; III. 7. 3.
phemung Verurtheilung, Strafe? III. 9. 1 (2).
pherrer! Th 227 *(Beil.* III).
pynen peinigen (durch Folter oder Strafe); *pynung* Peinigung, — Unstatthaftigkeit derselben, um ein Bekenntniss zu erzwingen III 9. 1 *pynlich* peinlich, *pynliche willekor* eine W., die eine Strafandrohung enthält III. 7. 1.
pording kann auch in gebundenen Tagen gehalten werden III 3. 2 (13) *Hom Ri.* S. 363.

prediger Predigermönch I. 10. 1.
prister Priester. Ein begebener Pr. ist erbunfähig I. 10. 1a.
probist Propst *von dem thüme Beil.* II. *zu* I. 1. 26.
puer für *filia Th* 200 (*Beil.* III).

Q.

quolpein Folter III. 9. 1 (2).

R.

Rath a, städtische Obrigkeit. *siczender r.* der im laufenden Jahr das Regiment führt I. 1. 11, 13, 15, 18, 24, 27; 3. 12; 4. 8; III. 7. 1, 2; *Th* 225 (*Beil.* III). Gleichbedeutend *besiczender r.* I. 3. 12 (42a); *dy in dem keginwortigen iare siczen* I. 1. 24; *der r. der das iar gekorn ist* I. 1. 22; so heissen auch die zum sitzenden R. gehörigen R.männer *das iar czu dem r. gesworen u. gekoren* I. 1. 14. Der sitzende R. heisst ferner der *nuwe r.* im Gegensatz zu dem *alden r.*, *dy in dem geledenen iore, dyz iar vor uns gesessen habin* I. 1. 24—26; — *voller r.* I. 1. 25, 26 (15) bedeutet wohl nur den versammelten R.; *gemeyner r.* I. 1. 14 den R. der Stadtgemeinde. — Kann der R. die Schöffen ernennen, absetzen, zu städtischen Aemtern verwenden? I. 1. 1, 2. Zwist des R.'s u. der Schöffen I. 3. 8. Der R. soll kein Urtheil nach ausserhalb ausgeben I. 1. 4. Ungehorsam, Widersetzlichkeit gegen den R., gemeines Gebot des R.'s I. 1. 6, 14, 19. Meldung eines geheim zu haltenden R.schlusses I. 1. 13. Festsetzungen über Speisen u. Getränke durch den R. I. 1. 7. Verschossung vor dem R. I. 1. 16, 17. Höchstes Recht des R.'s I. 1. 18 vgl. I. 1. 13, 19; 3. 12. Lügenstrafen des R.'s I. 1. 20. Der R. concurrirt nicht, wenn der Herr seinem Untersassen Leib, Hand od. Gut vertheilt I. 1. 21. Vertretung der Stadt durch den Bürgermeister u. einen oder zwei aus dem R. I. 1. 22. Der R. wehrt Unberechtigten die Betreibung bürgerlicher Gewerbe I. 2. 7, 8. Mitwirkung bei Ernennung eines Vormunds I. 8. 8 (15). Der R. frägt beim Official an wegen des Begräbnisses eines Selbstmörders III. 6. 1. Der Rath von Thorn frägt um Recht *Beil.* II. *zu* I. 1. 6, 7, 11, 23; 2. 17, 21, 22; der Magdeburger Rath um Recht gefragt, giebt die Anfrage den dortigen Schöffen zur Beantwortung *Beil.* II. *zu* III. 1. 11. Befugniss des R.'s, Willkühren zu setzen I. 1. 6, 10, 11; 3. 3; III. 7. 1. Gerichtsbarkeit u. Begnadigungsrecht des R.'s I. 1. 6, 8, 9, 11, 27; III 7. 1, 2. Gelöbniss vor dem R. I. 1. 11, 18, 24, 26 (15); 4. 7, 8; III. 7. 1; 9. 3. Bekenntniss vor dem R. I. 1. 25—27; 3. 12; 16. 3; III. 7. 1, 2; *Th* 225 (*Beil.* III); Ueberführung durch den R. I. 1. 11, 24—26; 3. 12. Urkunden vom R. ausgestellt I. 4. 8; III. 9. 2; *Th* 225. Siegel des R.'s unter einem Schöffenbrief I. 3. 17. — *b*, Rathsbeschluss *den r. melden* I. 1. 13. — *c*, Rathmann z. B. *eyn r. das iar zcu deme rate gekorn* I. 1. 14. — Wahl, Eid der Rathmannen I. 1. 1; freiwilliger Rücktritt derselben vom Amt I. 3. 7; Verwirkung des Amts I. 1. 13—15. Busse bei Beleidigung der R. I. 1. 19, 20. Wann können die R. etwas bei ihrem Amtseid bezeugen? I. 1. 24; 2. 12. Zuziehung von Rathmannen bei Vergabungen auf dem Siechbett *Beil.* II. *zu* I. 15. 7. Neben den Rathmannen kommt noch vor *eyn meteburger der zcu deme rate gerufen wurde* I. 1. 13 *u. des rotes gesworner* I. 2. 12, letzterer wohl ein vereideter Unterbeamter des Raths (z. B. der Stadtdiener I. 3. 5).
rathus, Rathhaus I. 1. 14. Ein gemeines Gebot, dass Jedermann zum R. kommen soll, darf man nicht versitzen bei Strafe von 36 Schillingen I. 1. 19.
ratstul Rathsversammlung, *siczender r.* Sitzung des Rathes I. 1. 11, 20.
rechenis? I. 2. 6 (21).
rechenschaft, *rechenung* Rechnungslegung I. 8. 3; Berechnung III. 10. 1.
recht (*Subst.*) Im Allgemeinen darf auf die Nachweisungen bei *Homeyer Ssp.* I. 467 fg. Bezug genommen werden, welche sich zum grössten Theil auch aus unseren Quellen durch zahlreiche Beispiele belegen lassen. Daneben möchte noch Folgendes hervorzuheben sein. *a*, Rechtsnorm überhaupt: *obir r.* widerrechtlich I. 6. 6; alles R. ist eine von Gott gesetzte Ordnung I. 1. 5 (3). —

b, Bestimmte Rechtsnormen *gotis r.* *jus divinum* III. 6. 3; *geistlich*, *wertlich r.* I. 1. 11; *beschreben*, *geschreben r*; *gemeine beschr. r.* I. 1. 10, 11; 3. 2, 3; *stadtr.* z. B. I. 1. 1; II. 2. 18. — (vgl. *lantr.*, *lehenr.*, *Magdeburgisch r.*, *wichbilde r.*) Alte gute Gewohnheiten bestehen *by dem r.* I. 1. 1. Stadtwillkühren dürfen nicht wider das geschriebene R. sein I. 1. 10. 11. Nach welchen Rechtsnormen sollen die Sch. urtheilen? I. 3. 2, 3. — Hieran schliesst sich die Bedeutung von Rechtsaufzeichnung: *eyn artickel stet in deme r.* II. 5. 2; — ferner die von Rechtsgebiet: Orte, die *in Meydeburgesche r. legen* I. 1. 3; *einen in wigbilde r. beclagen* I. 1. 23. — c. Recht im einzelnen Fall *r. unde gnade thun* I. 2. 26; *r. nemen* I. 1. 27; *geben u. nemen* II. 5. 3; *uf syn r. czin* I. 4. 10. Daher auch gleichbedeutend mit Urtheil *r. holen*, *uszgeben*, *geben*, *vorkoufen* I. 1. 3—5; 4. 3; *lat mir ein r. werden* I. 4. 5; 6. 2; II. 9. 1; *rechtes*, *um r.*, *in einem r. vrogen* I. 4. 8, 9; 6. 2; *vorschouwet in uwerem rechte* III. 9. 2; *r. u. ortel inbrengen* I. 4. 9. — *d.* rechtliche Gebühr *r. u. pflege thun* I. 2. 7; *alle r. begehen* I. 9. 5; *den scheppen ir r. geben* I. 3. 14. Höchstes R. des Burggrafen, des sitzenden Rathes, des Schultheissen I. 1. 18. — *e*, rechtliche Macht, Befugniss *r. zcu dem erbe haben* I. 7. 22; *erbe u. gut in glichem r. h.* I. 4. 8; ein Dorf *mit (zcu) allem r. u. nucze haben* I. 2. 22, 23. Stadtwillkühren dürfen dem Burggrafen an seinem R. nicht schädlich sein I. 1. 11. — *f*, Rechtsfähigkeit *volkomen an irem r.* I. 5. 2; *ir r. ist nicht also v.* I. 14. 1; sein R. verlieren I. 1. 9; *einen an syme r. beschelden*, *unbeschulden an syme r.* I. 4. 10; 5. 1, 2; *unschedelich an syme r.* I. 9. 4; *syn r. wedir geben*, *irkrigen*; *in alle syn r. begnoden*; *vorsprechen*, *vorwisen von syme r* I. 17. 1. — *g*, Gericht *des burgers r.* I. 2. 21; *öbirste wichbilde r.* I. 4. 4; *manne r.* I. 6. 10; *der stadt r. u. alle r. in des herren lande* III. 9. 3; *zcum r. sweren* I. 2. 9; 3. 2, 9; *zcu r. siczen* I. 3. 15; *sich zcu r. biten* I. 3. 8; *czu dem r. stehen* III. 5. 1; *uff eyn r. vorkomen* III. 1. 6; *vor r. laden*, *bringen* I. 5. 3; II. 6. 1; *vorbiten uf eyn r.* II 2. 1. — *h*, *ordo judiciorum* z. B. *bewisung noch r.*, *als erbis r. were* I. 6. 1, 2; *yuren noch r.* I. 8. 1; *geczugen*, *vorladen also r. ist* II. 1. 4; III. 8 2. — *i*, Eid *entgehen mit irem r.* I. 1. 24; *dy r. worden geborget* I. 4. 9; *syn r. dorczu thun*. *nemen* I. 6 5; *sich zcum r. biten* I. 16. 3.

recht (*Adj.*. *Adv.*) *legitimus* z. B. *rechte gewalt* I 4. 5; *gewere* I. 6. 8; *wedirsproche* I. 2. 25; 6. 2, 4; *efründ* I. 7. 7; *ekint* I. 9. 4; *vormund*, *swertmog*, *erbneme* I. 8. 3. 4, 10, 11; *r. dip (qui jure fur censendus est)* III. 2. 1. Namentlich bedeutet es in vielen Verbindungen auch *secundum ordinem judiciorum* z. B. *r. ding* II. 5. 1; *r. teidinge* I. 5. 2; III. 8. 2; *r. dingstat* I. 2. 17, 21; III. 3. 4; *dingetag* I. 3. 9; *claye* III. 3. 1, 5; *czucht* I. 3. 2; 4. 10; 13. 1; *orteile* I 2. 13; 3. 15; *einer sache r. werden — causam obtinere* I. 6. 5; II. 3. 3 (s. *gerecht*).

rechten einen Eid thun III. 1. 7 (14).

rechtherr wird der Inhaber der höheren Gerichtsbarkeit genannt I. 2. 3 (5).

rechticheit Gerechtigkeit I. 2. 26, 27.

rechtfertig rechtsbeständig I. 15. 5.

Rechtlose. Verschiedene Arten von R. I. 14. 1; 16. 3. Einzelne Fälle I. 1. 9. 17; 2. 16; 3. 9; 5. 5; 16. 4. 6; 17. 2. R. verlieren das Bauermal oder Bürgerrecht I. 1. 17; 16. 4. 6; die Fähigkeit zum Richter-, Schöffen-, Vorsprecheramt I. 2. 16; 3. 9; 5. 1. 5; das Recht Urtheil zu schelten I. 4. 10. Ein begnadigter Missethäter bleibt r. I. 17. 2. Rehabilitation Rechtloser I. 17. 1. Wiederaufnahme Rechtloser in das Bürgerrecht u. die Stadtgemeinde I. 1. 9.

rede I. 3. 8; Versprechen *sich einer r. vorloben* I. 1. 24 (*IIa. reden*).

rede Adj. bereit *redestes gut* das bereiteste (bewegliche) Vermögen II. 2. 7 (8).

redelich ordentlich, ernstlich, rechtmässig I. 3. 19; 4. 5; 6. 6, 7; 8. 3 (1); *recht u. r.* I. 9. 5; *redeliche sache* I. 1. 2, 8. 6; *sune* I. 2. 15; *schult* I. 8. 2; II. 2. 7; *leipnare* I. 8. 7; *kost* I. 13. 1; *redelich gelt* II. 1. 2. — *redelicheit (redelichkeit)* Vernünftigkeit *noch syner r. synes besten synnes* I. 3. 2; Angemessenheit *noch r. sich vorrichten* III. 7. 1; Rechtmässigkeit *r. der ee* I. 14. 8 (12).

Regenwasser (reynewasser) Abfluss desselben durch das Grundstück des Nachbars I. 19. 2.

register der Schöffen, in dasselbe ist die Abschrift einer vor dem Rath aufgenommenen Urkunde eingetragen I. 4. 8.

Reich (rich) das Deutsche Reich. Der Kaiser kommt an das R. zu Rom I. 1. 1; *des riches ban* I. 14. 1.

reichen aufreichen ein Erbe I. 6. 6 (20), 7 (1). — *reichung* Aufreichung I. 3. 19.
reyn Subst. Grenze I, 19. 1.
reyn Adj die Eideshelfer schwören, dass der Hauptcid r. u. nicht unrein sei I. 15. 5.
richten (gerichten) sachen, ungericht z. B. I. 2. 27, 20, 22; *einem umme e. sache* II. 5. 1; *obir einen* I. 1. 25, 26, 9. 1; III. 7. 2; *obir hals u. hant* I. 2. 23, 26; *mit dem swerte obir iren leip* III. 1. 11 (5); *mit gewalt r.* I. 6. 10; Eid thun III. 1. 7, 8 (1); entrichten, bezahlen *furgelt Th* 227 (*Beil.* III); *sich r. uf e. sache* sich worauf einrichten II. 3. 2 (5).
Richter. Anrede der Parteien: *her r.* z. B. III. 2. 1. Er schwört zum Gericht; — ungeschworner R. I. 2. 9. Er bringt das Ding zusammen III 3. 2; ladet die Schöffen I. 3. 9, 8; hegt das Ding an rechter Dingstatt I. 2. 1, 17. Er braucht nicht auf die Parteien mit dem Dinge zu warten I. 2. 19. Was kann er ohne die Schöffen vornehmen? 1. 2. 4, 6. — Er fordert Ungericht, das an Elenden verübt ist I. 2. 14, 15; III. 1. 1; *Beil.* II. *zu* I. 2. 5. Zur Klage kann er Niemand zwingen, auch nicht wegen Ungerichts; ist aber das Ungericht beschrieen, so hängt die Einstellung der Klage von seiner Zustimmung ab III. 1. 1. In wie weit ist seine Einwilligung zum Erlass von Eiden erforderlich? I. 16. 1. — Ihm steht die gesammte Processleitung zu; er frägt die Schöffen um Urtheil II. 2. 4; u. richtet nach Sch.urtheil III. 1. 11; — er giebt den Parteien Vorsprecher I. 5. 1; erwirbt mit Urtheil, dass der Bekl. antworten muss I. 3. 15; gewährt Fristen, verschiebt Eide I. 16. 5; III. 1. 5; 3. 2; *Beil.* II. *zu* I. 2. 5; lässt den Schelter auf die Bank kommen I. 4. 1; ordnet den Kosten- u. Cautionspunkt beim Urtheilschelten I. 4. 6, 10; versendet unter Mitwirkung der Schöffen die gescholtenen Urtheile an den Oberhof I. 3. 12; 4. 3, 7; lässt Urtheile holen I. 3. 10; gebietet die Erfüllung der Judicate I. 6. 9; II. 2. 14; nimmt Pfand vom Schuldner als *cautio judicatum solvi* I. 6. 6; II. 2. 17; übereignet ausgeklagtes Gut II. 2. 3a; hält (selbst oder durch seinen Boten) den Schuldner auf II. 2. 20; überantwortet ihn dem Gläubiger zur Personalhaft II. 2. 8; 4. 2; legt Arrest an II. 2. 1, 5; 5. 1; I. 2. 6, 4 (7); entsetzt mit Beschlag belegtes Gut II. 2. 10. — Nichtprocessualische Geschäfte des R.'s: Er bestellt Unmündigen, die keine Schwertmagen haben, Vormünder I. 8. 9; lässt ihnen, wenn ihr Gut bis zu ihrer Mündigkeit mit Beschlag belegt ist, Alimente aus demselben verabreichen I. 8. 8. Erbeslegitimation wird vor ihm u. den Schöffen geführt I. 7. 2. Sonstige Akte freiwilliger Gerichtsbarkeit I. 2. 6. Namentlich: Vergabung vor R. und Sch.; Briefe darüber z. B. I. 3. 18; 7. 23. Ersatz, wenn die Briefe verloren, R. u. Sch. verstorben sind I. 6. 1. Siegel des R.'s I. 3. 17. Beweis mit dem R. s. *Beweis.* — Einkünfte des R.'s I. 1. 18; 2. 18; 7. 18 (6); *Beil.* II. *zu* I. 2. 7; Recht an erblosem Gut I. 2. 25; 14. 3a, 5. 8. Geistliche u. weltliche R. I. 1. 23; 2. 28; III. 7. 1. Wahl der R. I. 1. 1; gekorner R. I. 2. 27; belehnter R. I. 2. 8; 20. 1; *Rw* 14 (*Beil.* II. *zu* I. 2. 17); königlicher Hofrichter (*Dr* 8 *Beil.* II *zu* I. 1. 27; Uebertragung der Gerichtsbarkeit an einen Unterrichter I. 2. 7, 8. Frauen sollen nicht R. sein I. 2. 10; 7. 18. Welcher R. soll bei einem Streit zwischen Herren u. Untersassen über die Auslegung von Handfesten entscheiden? I. 2. 28. R. bei einem Streit zwischen dem Schultheissen u. einem Bürger *Rw* 14. Verschmähen seines R.'s I. 1. 23. Beschuldigung des R.'s vor dem Oberrichter wegen Rechtsverweigerung, Ueberschreitung der Competenz I. 2. 5, 27. Ist der R. verpflichtet, in seinem eignen Gericht zu antworten? I. 3. 15. Absetzung des R.'s I. 2. 5, 16, 27. Vgl. u. A. *Burggraf, Cautionen, Gericht, Gewette, König, Landrichter, Vogt, Schultheiss.*
richtstul Richterstuhl, Sitz des Gerichts I. 1. 1.
richtung, czu eyner r. um sich danach zu richten I. 1. 5 (3).
rischlich schnell II. 10. 1.
Ritter mit ihrem Gesinde und Gut sind zollfrei I. 21. 1. Ritterdienst I. 2. 26.
roup a, Raub. Gerücht schreien beim R. III. 1. 1. Rechtlosigkeit derer, die wegen Raubes verurtheilt sind oder sich verglichen haben I. 14. 1; 2. 16. — *b*, die geraubte Sache III. 4. 1; *eyn pferd vor roub anfangen* I. 13. 1.

S.

sache Angelegenheit. Rechtssache, z. B. *eynen ansprechen umb sache Rw* 14 (*Beil.* II. *zu* I. 2. 17); *sachen zcu rechten teidingen furen* I. 5. 2; *slechte s.* I. 1. 18; 2. 4; Ursache *redeliche s.* I. 1. 2; 8. 6.
sachen streiten, *litem movere, zcu eynem* I. 6. 10; *Rw* 14 (*Beil.* II. *zu* I. 2. 17).
sachenforderer die klagende Partei im Gegensatz zu ihrem Vorsprecher I. 5. 5.
sachwald (*sachewalt*) die streitende Partei I. 1. 5, 27; 5. 5 (5); 6. 5; 18. 1; III. 1. 11; *kegener s.* I. 4. 6 (18).
samgunst Versammlung, Convent *der bruder s. Beil.* II. *zu* I. 2. 27 (*Brem. Nieders. Wörterb.* II. 588 *sambtkunst*).
sammenung (*sampnung*) dasselbe I. 2. 27; Zusammenrottung I. 1. 14, 19.
saczen s. seczen — *saczung* Festsetzung *wilkore s.* I. 1. 10.
schacht Graben I. 19. 1.
schade a, Schaden, Beschädigung *schaden gelden* I. 3. 9; 21. 2; *abelegen* I. 21. 2; *haben, liden*, I. 6. 6; *clagin, uff den sch. antworten* II. 6. 1a, *synen sch. swygen* III. I. 1; *ane sch. bliben* I. 3. 9; 16. 2; II. 7. 1; *einem eine sache czu sch. thun, lassen* I. 8. 6; 3. 9; *einen zcu, in sch. bringen, von dem sch. ledigen u. bringen* I 1. 23. *b*, schadenbringendes Ereigniss (Selbstmord) III. 6. 2.
Schadenersatz: für die Ladung vor ein unzuständiges Gericht I. 1. 23; wenn ein Schöffe in der Absicht, Jem. zu schädigen, das Ding versäumt I. 3. 9; beim Untergang der verkauften od. verpfändeten Sache I. 6. 6; für die Beschädigung eines vergeleiteten Kaufmannes I. 21. 2; bei der *mora solvendi* II. 6. 1a; für den Verlust des anvertrauten Geldes II. 7. 1.
schaffen bewirken I. 1. 15.
schaffer Verwalter, *oeconomus* I. 1. 25.
schalbar (*schawar, schawer*) *a*, bekannt I. 7. 21. *b*, anrüchtig I. 2. 16.
schawbe langer Rock *Th* 181 (*Beil.* III) — Statt *vor schawben* ist jedoch a. a. O. offenbar zu lesen: *Vorschawen.*
schelden (*geschelden*), *schelder* schelten, der ein Urtheil schilt s. *Urtheil.*
scheltworte Schimpfworte, beleidigende Reden (s. *Ehrverletzungen*) I. 1. 19; II. 10. 1.
schelung Zwiespalt, Ehehinderniss I. 9. 5.
schenken zu trinken geben, Getränk feilhalten I. 2. 7, 8.
schicht 1, = *geschicht* I. 1. 14 (4); 2, Antheil am Bergwerk II. 9. 1 vgl. *Sternberg Umrisse e. Gesch. d. böhm. Bergw.* II. *S.* 102, 103.
schichtung Erbsonderung. In wie weit ist dieselbe gültig, wenn sie nur vor Verwandten, nicht vor Gericht geschehn ist I. 7. 21. Was muss dabei conferirt werden I. 7. 19, 23; II. 1. 3.
schicken zu Wege bringen I. 1. 15.
schickung das, wonach man sich schicken muss I. 1. 5 (3).
Schöffe (*scheppe*). Wahl der Sch. I. 1. 1, 2. Absetzung I. 1. 2; 2. 16. Rücktritt vom Amt I. 3. 7. Bekleidung andrer Aemter durch die Sch. I. 1. 2. Eid der Sch. I. 3. 1 vgl. I. 3. 2, 7, 10; 1. 2; 2. 12. Verpflichtung der Sch., zum Ding zu erscheinen I. 3. 9; sich daselbst auf Klagen einzulassen I. 3. 15; Urtheil zu finden I. 3. 1; II. 2. 4. Besorgung gehört nicht zum Amt der Sch. II. 2. 4. Wie lange sollen die Sch. zu Dinge sitzen? I. 2. 1, 19; vgl. auch *Beil.* II. *zu* I. 2. 5. Wo sollen sie Urtheil finden? I. 2. 17. Was kann der Richter ohne die Sch. richten? I. 2. 4, 6. Wie viel Sch. gehören mindestens zum U. finden? I. 2. 1; 3. 8. Nach welchen Rechten sollen die Sch. Urtheil finden? I. 3. 2; bes. wenn die städtischen Willkühren mit dem geschriebenen Recht nicht übereinstimmen I. 3. 3. Wie lange können die Sch. Urtheile fristen? I. 3. 13. Holung der Urtheile, welche die Sch. nicht finden können I. 3. 10, 11. Aufzeichnung u. Versendung der gescholtenen Urtheile und der ihnen zu Grunde liegenden Parteianführungen unter Mitwirkung der Sch. I. 3. 12; 4. 3, 7. Rechtsmittheilungen der Sch. nach ausserhalb I. 1. 3—5; *Beil.* II. *zu* III. 1. 11. Gebühr der Sch. bei ungerechtfertigtem U.schelten I. 4. 2, 7, 10; II. 9. 1; bei Beleidigungen I. 3. 12; II. 6. 1. Mitwirkung der Sch. bei Vergabungen, Einweisungen, Aufbietungen z. B. I. 3. 14; 4. 8; 6. 1; 7. 23; III. 3. 4. Wann sind die Sch. verpflichtet, solcher Verhandlungen eingedenk zu bleiben? I. 3. 14. Besichtigung Verwundeter u. Getödteter durch die Sch. I. 2. 2; III. 1. 10. Amtseidliches Zeugniss I. 2. 12; Bekenntniss der Sch. I. 2. 2; 3. 14, 16, 17; 4. 3; III. 1. 10. Sch.briefe I. 3.

18, 19; 4. 5, 8; 6. 1, 8; 12. 5; II. 9. 1. Wie sind dies. zu besiegeln? I. 3. 17. Beweis einer Vergabung, wenn die Briefe verbrannt und Richter u. Sch. verstorben sind? I. 6. 1. Register der Sch. I. 4. 8. Sch.buch, Eintragungen in dasselbe II. 1. 5. Zeugniss der Sch. in einem auswärtigen Gericht I. 15. 6, III. 8. 1. — Die Sch. u. Rathleute befragen den Official wegen des Begräbnisses eines Selbstmörders III. 6. 1. Die Sch. haben keine Vortheile auf Grund ihres Amtes I. 3. 4; doch beziehen sie Gebühren für Urtheilsmittheilungen I. 1. 4, 5; III. 10. 1, 2 sowie für Acte der freiwill. Gerichtsbarkeit I. 3. 16, 14. An den Schreibergebühren haben sie keinen Antheil I. 3. 6. — *subsch.*, *undersch.*, *zawpsch.* II. 9. 1 (10). — ***scheppin bank***, ***sch. stul*** der Sitz der Sch., daher Sch.gericht, Sch.amt z. B. I. 1. 2; 3. 1, 7; II. 6. 1. — ***scheppin meister*** der Vorsteher des Sch collegiums I. 3. 8. — ***sch.schilling*** I. 3. 16 (1) — s. *Urtheil.*

schon ehrenhaft, unbescholten III. 9. 2.

schoss, *geschoss* Steuer I. 3. 4 (1); *Beil.* II. *zu* I. 2. 7; besonders: die städtische Steuer, welche nach eidlicher Vermögensangabe der zu Besteuernden erhoben wird. Defraudation dabei I. 1. 16, 17. Verschossung einer Leibrente II. 1. 3.

Schreiber Anstellung I. 3. 5; Gebühren I. 3. 6; III. 10. 1; der Schr. frägt Namens seines Schöffenstuhls bei den Magdeburgern an z. B. *Beil.* II. *zu* III. 7. 2 (1); *offinbarer schr. notarius publicus Beil.* II. *zu* I. 15. 7.

schreylute die sich dem Gerufte angeschlossen haben; Bezeugung der handhaften That durch dieselben III. 2. 1.

schryen schreien *gerufte* III. 1. 1; *czetir* III. 1. 7.

schrift, schriftliche Aufzeichnung I. 3. 2. Urkunde *mit sch. bewisen* I. 19. 2; *offinbare schrifte* I. 6. 5; 15. 7.

schult (*scholt*, *schulde*) *a*, *sch. geben* beschuldigen III. 1. 7. *b*, *culpa*. Nichtvorhandensein ders. bei der Klage aus einem Depositum wird durch den Eid der Bekl. dargethan II. 7. 1. *c*, *debitum*, sowohl mit Beziehung auf den Schuldner wie auf den Gläubiger, welchem die Sch.forderung zusteht. So heisst es nicht nur *sch. beczalen*, *gelden*, *vorgelden* sondern auch *sch. fordern*, *infordern* I. 8. 1, 8, 10; *dem cleger gut vor syne sch. geweldigen* II. 2. 2; in dems. Sinn verstehe ich auch in I. 11. 4 *sch. machen* vom Ausleihen von Capitalien; — *eygene sch.*, die man selbst contrahirt hat I. 4. 8; 6. 5; *redeliche sch. debitum justum* I. 8. 2; II. 2. 7; *gewisze*, *ungewisze sch.* je nachdem sie mit Sicherheit versehen ist oder nicht I. 11. 4; *bekante sch.* s. *bekennen; unvorczogene*, *unvorczogentliche sch.* II. 2. 15, 16, 18. — Verpfändung von Frauengut für die Sch. des Ehemannes I. 4. 8. Uebernahme einer Sch. des Ehemannes durch die Frau II. 2. 12a. Wie weit haftet der Erbe für Nachlassschulden? I. 8. 1, 2; II. 2. 6. Priorität der Nachlassschulden vor der Morgengabe I. 11. 4; II. 2. 7; I. 8. 1 (11). Vertretung Unmündiger in Sch.sachen I. 8. 1, 2, 8, 10. Um Sch. kann der Richter alle Tage vor Gericht laden I. 2. 4 (7). Sch.klage nach Gastrecht II. 5. 1. Vorklage um Sch.; Antwort auf Ja oder Nein II. 10. 1. Beweis bei Sch klagen II. 2. 13, 22; nach todter Hand II. 2. 12; 3. 1—3. Briefe über Sch. z. B. I. 4. 8; II. 2. 9. Beweis der Zahlung (*vorgoldene sch.*) I. 15. 5; II. 2. 9, 11. Zahlungsfrist bei bekannter Sch. II. 2. 14. Pfand setzen für bekannte Sch. I. 6. 6; II. 2. 15—18. Personalhaft wegen Sch. II. 2. 8, 19; 4. 2. Man soll Niemand ohne Gericht um Sch. aufhalten II. 2. 20.

schuldigen beschuldigen III. 7. 3.

schuldiger, *scholdiger* Schuldner II. 2. 10, 15, 17, 18, 20. — ***schuldigung*** = *schuld* I. 8. 10 (10).

schuldman? I. 6. 10 (18).

Schultheiss (*scholtis*, *schultis*, *schultes*, *schulcze*, *schultheysse*). Der Sch. ist entweder gekorner Richter I. 2. 27 oder Erbrichter als Besitzer eines Schulzengutes I. 2. 10, 11. Die ihm zustehenden Gerichtsgefälle I. 2. 18; 1. 18; 7. 18; III. 1. 6; — an der Bauerkor hat er keinen Antheil I. 1. 11 (43). Er wird vom Comptur bestätigt, belehnt *Rw* 18, 14 (*Beil.* II. *zu* I. 2. 16, 17), vgl. *Rw* 19. 29 (*Beil.* II. *zu* I. 2. 21). Kann der Burggraf ihn absetzen? I. 2. 16. Er soll bei der Hegung des Burggr.dinges an rechter Dingstatt gegenwärtig sein I. 2. 17. Ueber die Gerichtsbarkeit des Sch. s. I. 1. 22; 2. 1 (16), 6, 18; 6. 10. Bei einem Streit zwischen dem Sch. und einem Bürger setzt Ersterer einen andren Richter in Gegenwart des Burggrafen *Rw* 14. Ueber falschen Kauf, Speisekauf u. dgl. richten die Rathleute, nicht der Sch. I. 1. 8 Competenzüberschreitung des Sch. I. 2. 27. — ***scholtisse***, *scholtissie*, *sch.*-

ammecht Scholtisei. — Vererbung einer im Magd. Recht belegnen Erbscholtisei, von welcher dem König Heeresdienst zu leisten ist I. 2. 10. Sch. von Herren geliehen, ist Lehngut u. gehört zu Lehnrecht I. 2. 11.

scot s. *Münzwesen.*

Schüler I. 2. 28; 15. 7.

sedirmols nachmals, seitdem z. B. I. 1. 1; 11. 2.

selbdritt, *selbsibend* s. *Beweis.*

Selbstmörder. Begräbniss derselben III. 6. 1. 2. Der Nachlass eines S.'s gehört seinen Erben III. 6. 2. Abschneiden eines S.'s, der sich erhängt hat, ist nicht strafbar *ebd.*

selgerethe Vermächtniss *ad pias causas* I. 12. 1.

senken graben *eynen schacht* I. 19. 1.

sete, *zete* Sitte I. 1. 5; 9. 5; 11. 1; *Beil.* II. *zu* I. 15. 7.

seczen, *saczen* festsetzen I. 1. 4, 5; *willekor* I. 1. 10, 11; 3. 3. III. 1. 1; *spisekouf u. getrencke* I. 1. 7; *busze woruf s.* I. 1. 6; *beswernisze, obirgelt. underscheide uf den vorkoufer* II. 1. 2; — bestellen *burgen* II. 2. 16; namentlich von der Pfandbestellung *pfant* I. 2. 6; 6. 6; II. 2. 17; *erbe u gut zcu eyme pfande* II. 2. 10; *erbe* II. 2. 15, 18; — einsetzen *eynen an syne stat* I. 2. 8; *erczbischof* I. 1. 1; *zcu ammecht* I. 1. 2; *firtels lute dorczu gesaczt* I. 6. 2; — *sich wedir den rat s.* sich auflehnen I. 1. 6. 14.

sich krank *s. ligen* II. 2. 10. – *sichbette* Krankenlager. Vergabung auf demselben I. 6. 5; 12. 2: *Beil.* II. *zu* I. 15. 7.

sicherheit das Versprechen, einen Verfesteten, der sich vor Gericht stellen will, nicht anzugreifen I. 14. 1 (18).

sichern, *einen*, Jemand sicher machen, ihm Sicherheit gewähren I. 6. 3.

Siegel (*ingesegil. ingesigel, insigel* s. *besegiln, vorsegiln*). Die Aufdrückung des S.'s ist erforderlich, um eine Urkunde (*brif*) beweiskräftig zu machen. S. des Königs od. der obersten Herren I. 3. 3; des Raths III. 9. 2 vgl. I. 3. 17. Am häufigsten wird die Besiegelung bei Schöffenbriefen erwähnt z. B. I. 3. 18, 19; 6. 1, 7, 8; II. 2. 18 (9); *besegelter offener br.* II. 9. 1. Ueber die Form vgl. I. 5. 1; 7. 20; 18. 1; *Rw* 36, 20, 37, 19, 50 (*Beil.* II. *zu* I. 1. 6, 7, 11; 2. 21, 24). Besiegelung durch den Schreiber I. 3. 6. Wessen Siegel sollen die Schöffen benutzen, wenn sie kein eignes haben? I. 3. 17. — Geld versiegelt in Verwahrung gegeben II. 7. 1; *Th* 21 (*Beil.* III).

sippe Blutsverwandtschaft z. B. I. 7. 11 (2). — *sippeczal* Verwandtschaftsgrad, *syne s. benennen* I. 6. 1; 7. 7. — *gesippet seyn* verwandt sein z. B. I. 7. 4, 5; 10. 1.

siczen a, *das gericht s.*, *czu richten s.* Gericht abhalten (vom Richter) I. 2. 7; 4. 4; 3. 15; *czu dinge, czu recht. uff der bang s.* von den Schöffen I. 3. 8, 15, 18, *b*, sich setzen *in dy bank* I. 4. 1. *c*, sich im Besitz befinden *in eynem erbe mit rechter gewalt* I. 4. 5; *in der were u. in dem erbe* I. 7. 23. *d*, Wohnsitz haben z. B. *in eyme gerichte*; ebenso *gesessen sein* I. 5. 1; 13. 1; 21. 1; II. 2. 8, 14; 5. 1, 2. *e*, ehelich zusammenleben I. 9. 4, 5; 14. 2, 5 (5), 9 (1a); III. 7. 1.

slecht, *slicht* schlicht, einfach *slechtis weg* schlechtweg II. 1. 3; *slechte sachen* I. 1. 18; 2. 4; — *slechte, slichte clage* I. 1. 18 (9); 2. 4; II. 10. 1; III. 1. 7, 8, 10; 7. 2; *slecht. slechtis clagen, beclagen* I. 4. 5; III. 1. 7; 4. 3; *beschuldigen* II. 3. 3 (21); *sachen zcu rechten teidingen furen* I. 5. 2; *antworten* II. 2. 13; *loykenen* I. 16. 3; II. 3. 3 (17); *seyne unschult biten Beil.* II. *zu* I. 2. 5; *bekentnisz* III. 9. 2 (7); *sich an eynes bek. czihen Th* 181 (*Beil.* III). — (*Behrend obss de act simpl Berol.* 1861.)

slussel, *slossil Beil.* II. *zu* II. 7. 1. Der Besitz des Schl.'s zu einem Raum, in welchem sich gestohlnes oder geraubtes Gut befindet, macht handhafte That III. 4. 1.

smaheit, *smoheit* Schmach, Schimpf — *einem eine sache in (zcu) sm. tun* I. 1. 19; 5. 4.

smercz Schmerz *Beil.* II. *zu* I. 2. 5.

Sohn s. *Absonderung, Erbfolgeordnung, Kinder.*

sollen bestimmt sein *dem konige Th* 227 (*Beil.* III).

sonnenschein by s. desselbin tages muss bekannte Schuld dem Gast bezahlt werden II. 2. 14.

spannen fesseln I. 20. 1; II. 2. 19 (7).

sparbuchsen I. 1. 25.

spel Spiel. Wegen Spielschulden darf man Niemandem sein Gut nehmen noch ihn binden I. 20. 1.

spelluthe Spielleute. Rechtlosigkeit derselben I. 14. 1.

spise gelt Bezahlung für Lebensmittel, wann muss dieselbe erfolgen II. 8. 1.

spisekouf Kauf von Lebensmitteln; *sp. seczen* polizeiliche Anordnungen hierüber treffen; gehört zur Competenz des städtischen Rathes, ebenso die

Gerichtsbarkeit über Zuwiderhandlungen (*falscher, unredelicher sp*) I. 1. 7, 8, 9.

sprechen gerichtlich einen Anspruch erheben, *uf ein gut* II. 2. 1, 2; *einem an synen lip* Jemand auf Leben und Tod anklagen III. 9. 2; — sich verläumderisch oder beleidigend worüber äussern I. 3. 12.

spurii I. 4. 10 (8).

stammern stammeln. Holung des Stammelnden, der am Nachsprechen des Eides gehindert wird I. 16. 2.

stad, stat Ort, Stelle z. B. *von stade an, der st.* auf der Stelle II. 3. 3; III. 4. 1.

Stadt (*stad, stat*) Städte *zcu Magd. rechte uszgesaczt; st. u. rat mit M. r. bestetigit; dy M. r. habin* I. 1. 1, 7, 11. St.herren s. *Herr*. Rathleute schwören zur St. I. 1. 24. Schöffen schwören, dass sie der St. recht Urtheil finden wollen I. 3. 1. Jährliche Wahl von Richtern u. Schöffen in einigen Städten I. 1. 1. Rechtszug der Städte I. 1. 3. Rathleute dürfen ausserhalb der St. kein Recht mittheilen I. 1. 4. Viertelsleute von der St. zur Entscheidung über Erbe u. Eigen eingesetzt I. 6. 2. Städtische Willkühren I 1. 10,. 11; III. 1. 1. Abweichung derselben vom geschriebnen Recht I. 3. 3. Nach der St. Willkühr verschossen die Bürger ihr Gut I. 1. 16. Uebertretung der Willkühren oder eines Gebotes der St. u. gemeingefährliche Handlungen gegen die St. werden in Ermangelung einer besonderen Strafsanction mit der *gemeinen stat kore (busse)* — 3 Wendische Mark oder 36 Schilling — geahndet I. 1. 13, 14, 19. Diese Busse ist das höchste Recht des sitzenden Rathes I. 1. 18. Die bes. Straffestsetzungen können in Geldbussen oder Verbannung (Weichen aus der St.) bestehen; Strafen an Leib u. Glied sind nur bei Fälschern zulässig I. 1. 6, 10, 11. Innerhalb dieser Competenz steht die Strafe an der St. Gnade I. 1. 15. Reception der aus der St. Verwiesenen I. 1. 6, 9. Der St. erwächst kein Anspruch, wenn ein König oder andrer Herr über seine Untersassen richtet I. 1. 21; ebenso wird ihr ein solcher abgesprochen bei der Klage wegen Todtschlages, ausser wenn sie bes. Willkühr hierüber gesetzt hat III. 1. 1 (vgl. III. 7. 1). Wer kann bürgerliche Nahrung in der St. betreiben? I. 2. 7, 8. Der König in der St. zu Gericht sitzend I. 4. 4. Sachen, die in der St. geschehn sind, sollen innerhalb der St.mauer gerichtet werden; ausserhalb ders. brauchen die Schöffen kein Urtheil zu finden I. 2. 17. Gerichtsstand der St.bürger I. 1. 23; 2. 21; 6. 10; der Umsassen in der St. I. 2. 13. Ein Gast ist, wer nicht Jahr u. Tag in einer St. wohnt II. 5. 2; wer über Jahr u. Tag das. wohnt, muss wie ein Bürger Recht geben u. nehmen II. 5. 3. Städtische Urkunden III. 9. 2; I. 4. 8. Stadtsiegel unter Schöffenurkunden I. 3. 17. — *Stadtdiener* I. 2. 12; 16. 3; III. 7. 3. — *St.geld* für das gemeine St.g. werden Urtheil geholt I. 3. 11. — *St.gericht* I. 1. 3; 2. 13; 6. 2. — *St.kore, St.mauer* s. oben. — *St.recht* *a*, Recht der St. I. 1. 13; II. 2. 18. *b*, St.gericht III. 9. 3. — *St.-schreiber* I. 3. 3 (24), 5. 6.

staten a, verstatten I. 11. 1; *b*, verheirathen I. 7. 23 (s. *bestaten*).

steg s. weg.

stehen vor Gericht st. *ich stehe alhy* II. 2. 10; III. 9. 2; — verbleiben *dy gobe hat (ist) gestanden sunder wedirsproche* I. 6. 4; 7. 23.

stellen anstellen, *clage* III. 2. 1; *Beil.* II. *zu* II. 3. 2 s. *gestellen.*

sterben an, uf einen sich auf einen vererben z. B. I. 2. 25; 7. 1, 9; 14. 8 (s. *irsterben*); für *besterben* I. 7. 19 (13, 20).

stete fest, gültig z. B. *st. halden* I. 1. 24; *Beil.* II. *zu* I. 7. 21; *syn* III. 9. 3; *bleiben* I. 1. 1 (7).

storen (sturen, stüren) stören, hindern *unee* I. 1. 11 (23) *der schult gestoret werden* I. 8. 10.

Strafen. *a*, Lebensstr. *an den leip, an den hals gehen* I. 1. 25, 26; Galgen I. 2. 26; 17. 2; Schwert, Enthauptung I. 2. 26; III. 1. 11 (5); 7. 2; *Beil.* II. *zu* III. 1. 11. *b*, Körperstr. Verlust der Hand III. 5. 1. — Gemeinschaftliche Bezeichnung für beide Strafarten: *an (bey) hals ad. hant, leip ad. hant* I. 1. 10, 11; III. 1. 3; *busse leibes ad. gledis* I. 1. 11. — In II. 6. 1 wird als eine Art Talion, (vgl. *Grimm R. A.* 709, *Schmeller Baier. Wörterb.* IV. 271) des Verläumders Hals u. Zunge gefordert, eine von den Magd. Schöffen nicht gebilligte Str. *c*, Verbannung: Weichen aus der Stadt I. 1. 6, 11. *d*, Geldstrafen (Pfennigbusse): Busse, Gewette, Wergeld s. *das*. Ausserdem I. 1. 6, 10, 11; gemeine Stadtkore I. 1. 13, 14, 18, 19. *e*, Aurüchtigkeit, Rechtlosigkeit I. 1. 9, 17; 2. 16; 3. 9; 5. 5; 14. 1; 16. 3, 4, 6; 17. 2. *f*, Ver-

lust des Bauermals I. 1. 15, 17; 16. 4. 6; der Rathswürde I. 1. 13 (7). 14, 15; des Richteramtes I. 2. 5, 16; des Schöffenamtes I. 2. 16; 3. 9; des Rechtes Vorsprecher zu sein I. 5. 5. *g*, kirchliche Strafen: Busse I. 14. 6; Bann I. 1. 26; Unehrliches Begräbniss III. 6. 1, 2. — Gefängniss (s *das.*) kommt als Str. nicht vor. — Strafen nach Gnade I. 1. 15, 27; III. 7. 1. s. *Gnade*.

strofen schelten (Urtheil) I. 3. 2. 12; 4. 2, 3. — *strofer* I. 4. 1. — *strofung* I. 4. 5.

strawchiln mit worten an dem nochsprechen einen Fehler beim Nachsprechen der Eidesworte begehen I. 16. 2 (3).

strosse Strasse *mit einem zcu strosse gehen Beil.* II. *zu* I. 7. 23. Wer richtet das auf einer Str. verübte Ungericht I. 2. 20, 22.

stul Sitz des Gerichts, Gericht I. 1. 1; 3. 2; — *der heilige st. czu Rome* I. 17. 1.

stunde zcu stunden bisweilen II. 10. 1; *drystunt* dreimal III. 1. 3, 7.

subscheppin II. 9. 1.

suchen (*gesuchen*) aufsuchen II. 2. 4; erreichen *des dinges* II. 5. 2; fordern I. 6. 10 (8).

sug Säugezeit, *bynnen irem suge adir noch irem s.* I. 8. 5.

Sühne (*sune, syme?*). Recht der Schwertmagen und des Richters, Sühne und S.geld für Todschlag zu fordern I. 2. 15; 17. 1; III. 1. 13. S. für Raub und Diebstahl hebt die Rechtlosigkeit nicht auf I. 14. 1 vgl. I. 17. 2. — *sunlewthe* Schiedsleute I. 18. 1 (4).

sundern sondern, trennen *dy geczuge* I. 15. 5; abschichten I. 7. 13, 15; *sich s.* I. 7. 21. — *sunderung* Schichtung I. 7. 21, 23. — *sunderlich* besonders I. 7. 20; 15. 5; *s. geld* II. 2. 12a; *sundirliche willekor* III. 1. 1.

sweren schwören z. B. *zcum recht* I. 2. 9; *uf einen* III. 8. 1, 2; *mit eynis hant* I. 11. 1; *mit geczügnisse* I. 9. 6.

swert Schwert (*obir eines leib mit dem sw. richten* III. 1. 11 (5); *einem das sw. geben* I. 2. 26). Hinrichtung durch das Sch. als Strafe der Mörder III. 1. 11 (5). Begnadigung vom Galgen zum Schw. I. 2. 26. Schwertzücken gegen die Rathmanne, Strafe dafür I. 1. 19. Wegelagerung mit gezogenem Schw. III. 5. 1.

swertmog Schwertmagen, männlicher Verwandter von Mannes Seite, *s. das ist mannis geslecht*; *nehester sw.*, *rechter sw.* I. 7. 18; 8. 3 (2), 5, 8, 10, 11; III. 1. 9. Er succedirt in ein zum Nachlass gehöriges Erbgericht I. 7. 18; hat das nächste Anrecht, Todtschlag u. sonstiges Ungericht an verstorbenen Verwandten verübt, zu verfolgen; binnen welcher Zeit kann er sich zu dem hiefür vom Richter eingeklagten Sühnegeld ziehen? I. 2. 14, 15; III. 1. 1, 9, 13. — Er ist rechter Vormund I. 8. 3, 8, 11. Pflicht zur Cautionsbestellung u. Rechnungslegung I. 8. 5, 8. Muss er, auch ohne sich der Vormundschaft unterwunden zu haben, für die Curanden antworten? I. 8. 10. Schwertmagen als Zeugen I. 9. 6 (11).

swigen schweigen, verschweigen z. B. I. 6. 1; III. 1. 1.

T.

tag. Tag *bey tages lichte* I. 2. 1; II. 2. 14. — Termin *nemlicher* I. 1. 24; *vornemlicher* I. 4. 9; *benanter* I. 4. 6; *benumpter* II. 6. 1a (s. *gelt*, *czinst*) — Frist, Zeitraum *t. haben* I. 6. 6; III. 1. 4; *gewinnen* II. 3. 3; *tedingen* III. 1. 4; *geben* III. 1. 1; *wirken* III. 1. 3, 5; *uf lange tage* I. 3. 19; *lengir t* II. 2. 14; III. 4. 2; *lengster t.* III. 1. 5; 4. 2. — Heilige T. (Sonn- und Feiert.) III. 3. 2 (13) Gebundne, offne Tage. Welches sind die gebundnen Tage III. 3. 2. In g. T. soll man nicht dingen, Erbe aufgeben od. Pfand aufbieten III. 3. 2, 3, 4. Gelobte Eide, die in g. T. fallen, sind auf einen offnen zu verschieben III. 3. 2; I. 16. 5. Zulässig ist ein Gericht in g. T. *a*, bei Klagen von Gästen u. Wegfertigen wegen Schuld od. fahrender Habe II. 5. 1; I. 16. 5. *b*. wegen handhafter That III. 3. 1, 3, 5. *c*, wenn gewohnheitsmässig ohne förmliche Hegung des Dinges verhandelt wird I. 2. 9. — *teglich* gewöhnlich I. 3. 16; *busse der mindern missetat die t. heist Beil.* II. *zu* I. 2. 27.

Taubstummer Beerbung eines taubstummen Kindes I. 7. 9.

Taufe I. 9. 3, 5.

teiding (*teding, thedung*) gerichtl. Termin *einen vorladen zcu synen rechten tedingen* III. 8. 2; gerichtl. Parteihandlung, Verhandlung I. 4. 8 (57); 8. 10 (9); *Rw* 14, 19 (*Beil.* II. *zu* I. 2. 17. 21); *sachen zcu rechten teidingen furen* I. 5. 2. — *teidingen* (*tedingen*) Termin, Frist setzen *tag*, *vrist*, *obir dy twere*

nacht III. 1. 3, 4 *Beil.* II. *zu* III. 1. 5; gerichtliche Parteihandlung vornehmen, gerichtl. verhandeln I. 4. 5, 8; II. 9. 1; *Rw* 14 (*Beil.* II. *zu* I. 2. 17); *eine sache t.* Anspruch erheben, einklagen I. 6. 3; III. 1. 13; *einem noch seinem hals t, Beil.* II. *zu* I. 2. 5; *mit orteilen t.* durch Urtheil erwirken II. 2. 16; übereinkommen, paciscīren I. 1. 11; III. 9. 3.

teil Antheil z. B. I. 7. 13; II. 9. 1. — *teilung* s. *Erbtheilung.*

teilen (deilen) theilen z. B. I. 7. 10; abschichten I. 7. 13; urtheilen, entscheiden z. B. I. 4. 5; 6. 5; *vor recht* II. 10. 1; *das recht teilet das* III. 1. 7; II. 2. 12a; *vry und ledig t.* I. 6. 5; II. 3. 2; durch Urtel feststellen *dy cziet* II. 2. 15; *beczalung* II. 2. 18; *wunden kamphertig Beil.* II. *zu* III. 1. 5; zusprechen *eyde, geczugnis* I. 2. 15; 15. 5; *erbe u. eygen* I. 6. 2; *das hus* I. 3. 19; verurtheilen *zcu deme galgen* I. 17. 2 (2); *einen rechtelos t.* I. 16. 3.

tochte taugte, von *tougen* I. 8. 11.

Tochter s. *Erbfolgeordnung, Kinder.*

Tod. Kind nach des Vaters T. geboren I. 9. 3; II. 2. 12. Schuld nach eines Mannes T. II. 2. 12a, 13; I. 8. 2. Erbe und Gut nach seinem T. lassen I. 8. 3. Vergabung von Todes wegen (nach seinem T.) I. 12. 1, 2, 3, 5, 6; *Th* 44 (*Beil.* III). — *tot* (*Adj.*) *der werlde tot sein* I. 10. 1; unkräftig *man heldit is vor t.* I. 12. 2; *tode hant* s. *hant; der tode, der t. man* z. B. I. 6. 5; III. 1. 11; 4. 2; 6. 2; *den t. man fordern* III. 1. 1. Bringen eines Todten vor Gericht III. 1. 10.

Todtschlag (totslag) T. im Affect I. 17. 1. Die Klage wegen T.'s steht dem nächsten Schwertmagen, in Ermangelung eines solchen dem Richter zu III. 1. 13, 9, 1; I. 2. 14, 15. Richterliche Genehmigung zum Erlass eines Eides bei der Klage wegen T.'s I. 16. 1. Vernachtung der Todtschläge III. 1. 2. Unvernachtete, übernächtige Klage wegen T.'s III. 1. 3—5. Verbürgung eines Todtschlägers, Haftung der Bürgen III. 1, 3, 5, 6. Klage wegen T.'s in gebundnen Tagen III. 3. 1. Ladung eines wegen T.'s Bekl. III. 8. 2. *Volleist totslagis* III. 1. 6; I. 2. 15; *vorretnis* eines T.'s III. 1. 8, 9. So viel *mortliche wunden* der Erschlagene hat, so viel Personen können in handhafter That um den T. beklagt werden III. 1. 11. Richterliche Besichtigung des Erschlagenen I. 2. 2; III. 1. 10. Ueberführungs- u. Vertheidigungsbeweis II. 2. 21; III. 1. 6—8, 10, 11, 13; 4. 2, 3. Ueberführung eines wegen T.'s Verfesteten III. 8. 3. Amtseidliches Zeugniss beim T. I. 2. 12. Welche Zeugen sind bei der Klage um T. nicht zuzulassen? I. 9. 6; 15. 2. Ausziehen des Sohnes durch den Vater I. 9. 6. Begnadigung wegen T.'s I. 2. 23, 24; 17. 1.

Todesstrafe s. *Strafe.*

thorm Thurm s. *Gefängniss.*

torheit Wahnsinn *rechte t.* III. 6. 2.

torren, turren sich getrauen, davon *thar, turre wir, torre, törste.* — *torst* Verwegenheit, Anmassung II. 2. 20 (3).

treme Balkon (*sing. tram*) I. 6. 2.

treten (*getreten*) *dovor* durch Eid vertheidigen *Beil.* II. *zu* I. 7. 23; *sich zcu einer s.* wozu gehören III. 7. 1.

triben (getriben) treiben, vertreiben z. B. I. 3. 3, 19; II. 2. 10.

trofe (troufe) Traufe I. 19. 2.

trugen (*treugen*) trocken III. 6. 1.

truwe Treue *in truwen* getreulich I. 8. 8; *in ganczen truwen* in gutem Glauben I. 9. 5; *uf syne tr.* auf sein Treuversprechen II. 4. 2. — *truwen* (*getruwen, getrawen*) trauen (Eheleute) I. 14. 9; vertrauen, anvertrauen *Th* 33, 225 (*Beil.* III); *einem einer sache* s. B. 1. 8. 8; II. 2. 9.

thum Dom *Beil.* II. *zu* I. 1. 26.

thun und lossen, mit einer sache. Formel für die unbeschränkte, namentlich nicht an die Zustimmung der Erben gebundne Dispositionsbefugniss über eine Sache I. 3. 19; 4. 8; 6. 5; 7. 1; 11. 1, 2; 12. 3, 6; II. 2. 12a.

twer queer, dazwischen liegend *obir dy twere nacht* III. 1. 3, 5; *Beil.* II. *zu* I. 2. 5 (*das ist des andir tages czu mittenmorgen S* 115. 3. vgl. *C* II. 9).

twingen (getwingen) zwingen z. B. I. 18. 1; II. 2. 6, 12; III. 1. 1.

U.

uberherschaft oberste Landesherrschaft I. 1. 1 (44) s. *Herr.*

uberteilung Theilung, durch welche der Andre übervortheilt wird *Beil.* II. *zu* I. 7. 21.

ufbiten, ufbitung. Versprochnes u. verpfändetes Gut soll man zu drei gehegten Dingen aufbieten II. 2. 2, 3a; III. 3. 4. Folgen der unterlassenen Aufbietung in Bezug auf frühere Realberechtigte II. 2.

10. Aufbietung soll in offnen Tagen geschehn III. 3. 4 vgl. *Th* 44 (*Beil.* III).
ufdingen ausbedingen I. 6. 6 (5).
ufgeben aufgeben *vormundeschaft* I. 8. 6. Besonders das Recht an einer Sache förmlich übertragen I. 3. 16; 4. 5; 6. 1; 8. 4; 12. 5; II. 2. 12a; III. 3. 4; *Th* 44 (*Beil.* III). — *ufgobe* z. B. I. 3. 19; 6. 5 (29a).
ufhaben erheben I. 7. 18 (6); *Th* 181, 225 (*Beil.* III).
ufhalden anhalten, festnehmen, flüchtige Verbrecher III. 1. 11. — Seinen Schuldner darf man ohne den Richter oder des Richters Boten nicht aufh. II. 2. 20.
uflassen auflassen = *ufgeben* z. B. I. 6. 1 (24), 6 (9).
ufnemen empfangen, *eyn vorreichtes erbe* I. 6. 7; 3. 19; leihweise aufnehmen *geld uf erbe* II. 2. 12a.
ufslag (*uffsloen*) Vermehrung, Erhöhung II. 1. 1 *Ha Aufschlag.*
ufstehen sich ereignen III. 8. 3.
ufrichten ersetzen *den schaden* II. 6. 1a.
ufreichen das Recht an einer Sache, namentlich einer unbeweglichen, förmlich übertragen (s. *ufgeben*) I. 3. 18; 6. 6; 7. 23; II. 2. 5; III. 3. 4.
ufseczen auflegen *czins uf erbe* II. 2. 12a.
umbeclait ohne dass geklagt ist III. 1. 1 (6).
umbsessen die Umgesessenen, Anwohner I. 1. 3 (2, 3). Dürfen die Rathmänner Urtheile an sie ausgeben I. 1. 4. Wann müssen sie vor dem Stadtgericht antworten I. 2. 13.
unbeschulden nicht bescholten *an syme rechte* z. B. I. 5. 2; nicht gestraft *orteil* I. 3. 10.
unbesessen, *ungesessen*, für *umbsessen?* I. 2. 13 (1, 1a, 8).
unbesprochen unbescholten III. 1. 10.
undir unter; in Jemandes Gewahrsam *gut u. ym haben* I. 6. 5; *u. einem bewisen* I. 16. 4; 20. 1.
underjagen widersprechen, wogegen streiten I. 4. 8 (57).
underlegen unterworfen *Beil.* II. *zu* I. 1. 6.
undirrichter I. 2. 7. Ist die Bestellung eines solchen zulässig I. 2. 8.
underscheit (*die*) *a*, Distinctio *dy u. desis rechtis* II. 2. 17. — In *E* werden die einzelnen Distinctionen der Magd. Fr. *die irste u.. die andere u.* u. s. w. überschrieben. — *b*, Vorbehalt, Vorbedingung *underscheide uf einen seczen* II. 1. 2; *ane*, *sundir u.* I. 6. 5; 11. 3, 4; *slecht ane u. Th.* 181 (*Beil.* III); *mit* (*in*) *u.* I. 12. 6; II. 2. 9a, 18; 9. 1; *Th* 227 (*Beil.* III); *in sulchen undirscheiden* I. 11. 4.
underscheppin II. 9. 1 (10).
undirsessen die unter einem geistlichen oder weltlichen Herrn sitzenden Unterthanen. Sie sind von Fürsten und Herren zu Magd. Recht ausgesetzt I. 1. 1. Stadtrecht und Urtheile des Stadtgerichts dürfen ihnen nur mit Erlaubniss ihrer Herren mitgetheilt werden I. 1. 3. Bei peinlicher Verurtheilung eines U. durch den Herrn hat die Stadt Nichts zu fordern I. 1. 21. Auslegung von Handfesten bei einem Streit zwischen Herrn u. U. über Auslegung von Handfesten I. 1. 28. Klage des Herrn gegen seine U. I. 6. 10.
undersprechen widersprechen I. 6. 1 (9).
undirstehn defendere I. 9. 1 (3).
undirwilen bisweilen III. 1. 4.
underwinden sich einer sache sich bemächtigen, Besitz ergreifen I. 6. 5 (45). Gekauften Gutes II. 9. 1. Angestorbnen Erbes u. Gutes I. 4. 5; 7. 2, 9; II. 2. 12a; der Vormundschaft, der unmündigen Kinder u. ihres Gutes I. 3. 12; 8. 1, 3, 5, 10 vgl. I. 7. 6; des zinspflichtigen Gutes für den verfallnen Zins II. 1. 6. Wann dürfen die Rathmanne sich des verheimlichten schosspflichtigen Gutes nicht u. I. 1. 16. Zusammenhängend hiemit ist die Bedeutung: sich unterziehn, freiwillig übernehmen I. 5. 2, 3; 18. 1 (9).
unee Concubinat I. 1. 11 (23).
Uneheliche. Rechtlosigkeit I. 14. 1. Rechte der Ehefrau eines U. I. 14. 2. Haben die Eltern nicht in der Ehe gelebt oder ist einer der Eltern unehelicher Geburt gewesen, so sind auch die Kinder unehelich und als solche erbunfähig I. 14. 3—6, 8 vgl. I. 9. 3. 4. In diesem Sinn heisst es, dass das Gut nicht *von kinde zcu kinde folyt*, so lange man die unehel. Geburt beweisen und beschelten kann I. 14. 4 und ebenso, dass U. *den nucz der ee nicht enhaben, an erem gut zcu erben* I. 14. 8. Vergabungen Unehelicher sind zulässig, ihr unvergebenes Gut ist erblos und fällt an das Gericht I. 14. 1, 3a, 5, 8. Beschuldigung der unehel. Geburt gegen einen Verstorbenen I. 14. 3a. Hol und Wandel Unehelicher I. 14. 7. Legitimation I. 14. 9. U. können nicht Urtheil schelten I. 4. 10.
ungeclaget s. *umbeclait* III. 1. 1.
ungedachtikeit Unbedachtsamkeit *Th* 21 (*Beil.* III).

ungefuge. Unfug, Ungebühr II. 1. 2 (10).

ungenade Ungenade, Ungunst I. 6. 3; III. 9. 3.

Ungericht u. daz an leip ad. an hant gehet III. 1. 3; *u. totslagis, kamperwunden* I. 2. 12; III. 1, 3, 4; *an dube, roube, totslegen* I. 1. 27; III. 1. 1; 4. 3; *von wunden, totslegen* I. 2. 23; *einen ungerichtes entschuldigen, obirwinden, umb u. obirw.* I. 9. 6; 15. 6; II. 2. 21; *ungerichtes gefangen werden* III. 4. 1. — Klage des Richters wegen U. I. 2. 14, 15; III. 1. 1. Das Gerufte ist ein Beginn der Klage um U. III. 1. 1. Unvernachtetes, übernächtiges U. III. 1. 3, 4. Klage um U. in gebundnen Tagen III. 3. 3, 5. Voraussetzungen der handhaften That beim U. III. 4. 1. Vertheidigung eines um U. gebunden vor Gericht Gebrachten III. 4. 3; 2. 1. Ueberführung eines Mannes durch eine Frau um U. II. 2. 21. Bezeugung eines in einem anderen Gericht wegen U.'s ergangenen Urtheils I. 15. 6. Amtseidliches Zeugniss in U.'ssachen I. 2. 12. Wie kann der Vater seinen Sohn um U. ausziehen? I. 9. 6. Unzulässigkeit des Verwandtenzeugnisses *ebdas.* Gerichtsstand bei Klagen um U. I. 2. 20, 22, 13. Begnadigung u. Richten nach Gnade wegen U.'s I. 2. 23, 24; 1. 27. Gerichtsbarkeit des Raths in U.'ssachen I. 1. 27; III. 1. 1; 7. 1, 2 (s. *Genade, Rath*). — Man soll Niemand um U. peinigen, bevor er überführt ist III. 9. 1. Zum Thatbestand der Wegelagerung gehört, dass ein U. beabsichtigt worden III. 5. 1.

ungescheiden nicht geschieden I. 9. 5.

ungeschicht unglückliches Ereigniss III. 9. 3.

ungesundert nicht abgeschichtet I. 7. 13, 19, 23; 9. 6.

ungeweyet der die Weihe nicht empfangen hat, *schuler, leye* I. 2. 28 (s. *wien*).

ungewisz unsicher, *man* II. 2. 4; *ungewise schult* I. 11. 4.

ungeczweit vollbürtig I. 7. 17.

uncristen I. 1. 1.

unlust Unruhe, Unbequemlichkeit III. 6. 2 (vgl. z. B. *Verm. Ssp.* I. 5. 10); Störung *u. des gerichtes* wird bei Hegung des Dinges verboten I. 2. 1. *Hom. Ri.* S. 436.

unmeine, unmeineide nicht meineidig I. 15. 5 (14, 15).

unmundig I. 8. 1, 3—5. Unmündige, die keinen Vormund haben, können weder als Kläger noch als Bekl. auftreten I. 8. 9, 10. Wer für sie Schuld einfordert, der muss auch für sie antworten I. 8. 10. Versperrung des Gutes solcher Unmündigen I. 8. 7 (s. *mundig, Vormund*).

unrecht a, Subst. mit u., czu u.; ungerechtes Urtheil II. 6. 1. — *b, Adj.* unrechtmässig *gobe* I. 12. 3; unrichtig *wogen* I. 1. 8.

unreyn vom falschen Eid I. 15. 5.

unschult a, Unschuld *von u. gefengnisze liden* III. 9. 2; *eyde der u.* I. 2. 15. *b,* der Unschuldseid des Beklagten I. 2. 3a; 3. 12; 4. 9; II. 3. 3 (18); III. 1. 6; 4 1. — *unschuldig* frei von Schuld, schuldlos z. B. II. 5. 1; III. 1. 7; — *u. werden* sich eidlich von einer Beschuldigung reinigen, besonders von dem alleinigen Eid des Beklagten gebraucht z. B. I. 1. 25, 26, 27; 3. 12; 16. 6; II. 6. 1a; III. 1. 8; 7. 2, 4; aber auch von dem Reinigungseid mit Gehülfen oder ganz indifferent z. B. I. 1. 20; 20. 1; II. 3. 3; III. 1. 8, 12; 4. 3. In derselben Bedeutung *sich u. gesagen* III. 8. 1 (4).

untag dies non labori consueto destinatus III. 3. 2 (8). *Scherz* 1853.

untat Missethat, Vergehen I. 2. 16.

unvarend unbeweglich *unv. gut* I. 10. 1; 12. 2.

unvorbot ungeladen I. 3. 9, 15 s. *vorboten, Ladung.*

unfordocht sine suspicione Th 227 (*Beil.* III).

unvorgeben erbe u. gut, worüber durch keine Vergabung verfügt ist I. 7. 1.

unvornacht (*unvornachtet, unvornecht, unvornachtig*) was nicht übernächtig geworden ist, d. h. ein Ungericht, welches man geklagt hat, bevor die nächste Mitternacht herangekommen ist III. 1. 3; 3. 1 (vgl. III. 1. 5).

unvorsprochen unbescholten I. 9. 6; 14. 3a; III. 1. 10 (7).

unvorwandilt unverändert II. 1. 3; III. 6. 3. *zcu unvorwandiln sten* unveränderlich sein, namentlich so, dass ein Uebergang in eine andere Hand unzulässig ist II. 1. 3.

unvorczogen, unvorczogentlich ohne Aufschub (lateinisch *absque dilacione* I. 4. 8) *u. beczalen, gelden, geloben* I. 4. 8; II. 2. 15, 16, 18; — *schult u.* bei der die sonst dem Schuldner zu Statten kommenden gesetzlichen Zahlungsfristen wegfallen II. 2. 15, 16, 18; II. 6. 1.

unvorczuget nicht durch Zeugen überführt III. 1. 3; 8. 3.

unfrede Unruhe, Unsicherheit I. 21. 2.

unfry gut nicht frei von Belastung II. 9. 1.

unwissentlich unbekannt, unbewusst z. B. II. 2. 3.

Urkunde s. *orkunde*, *Beweis*.

Urtheil. Zu einem U. gehört *a*, ein Schöffe, der es findet I. 2. 1. Die Findung erfolgt *czwischen ir beider rede* II. 9. 1 oder *noch clage u. antwort* auf Befragen des Richters II. 2. 4 Auf den Grundsatz, dass Urtheile in der Reihenfolge gefunden werden sollen, in der sie gefragt sind, wird eine — übrigens verworfene — Berufung gegründet I. 4. 5. Die Schöffen sind zur Findung der Urtheile vermöge ihres Eides verpflichtet; sie sollen U. finden auf ihren Eid od bei ihrem Eid sprechen, dass sie solches nicht f. können I. 3. 1, 2, 10. Nach welchem Recht sollen die Schöffen U. f., bes. wenn die städtischen Willkühren mit dem geschriebenen Recht nicht übereinstimmen I. 3. 2, 3. In welchen Sachen kann auch während der gebundnen Tage U. gefunden werden III. 3. 3, 4 *b*, Ausser dem Findenden sind mindestens zwei Schöffen erforderlich, die Folge geben I. 2. 1; daher: *do spreche der scheppe syn ortel mit folye andir scheppin* I. 4. 5 vgl. I. 3. 1, 2; 4. 2. Sogar Urlaub und Rücktritt vom Amt wird den Sch. nur unter der Voraussetzung zugestanden, dass die nöthige Urtheilsfolge vorhanden ist I. 3. 7. *c*, die Rechtskraft eines U.'s wird durch Strafen oder Schelten desselben gehemmt I. 3 2. Wer kann U. schelten? I. 4. 10. Wie u. in welchen Worten soll man U. schelten? I 4. 1. Kann man des Königs U. sch.? I. 4. 4. Wenn das U. gescholten ist, so werden durch den Richter unter Mitwirkung der Schöffen die Parteianführungen aufgezeichnet u an den Oberhof versendet I 3. 12; 4. 3, 7. Der Schelter ist bei Vermeidung der Sachfälligkeit verpflichtet, innerhalb richterlich zu bestimmender Frist die Kosten für die Urtheilsholung zu erlegen, ferner bis zu einem gewissen Termin darzuthun, dass das von ihm an Stelle des gescholtenen gefundene U. die Approbation des Oberhofes erlangt habe; für die letztere Verpflichtung sowie für Busse u. Gewette, muss er Caution bestellen I. 4. 1, 6, 7, 10. So lange das gescholtene U. gefristet ist, tritt keine Contumaz auf Grund desselben im I. 4. 9. Succumbenzstrafe bei formell od. materiell ungerechtfertigtem U.schelten I. 4. 2, 7, 10; II. 9. 1; *Beil.* II. *zu* II. 3. 2. — Ueber Friedebrecher kann nur gerichtet werden, wenn sie nach Schöffen U. überführt sind III. 1. 11. Dass sich jeder Rechtsstreit durch Urtheile fortbewegt, dafür bieten die Magd. Fr. zahlreiche Beispiele; so wird durch U. über die Pflicht zur Urkundenedition entschieden I. 4. 5; ebenso über die Verpflichtung des Bekl. auf die Klage zu antworten I. 2. 13: 3. 15; über die Annehmbarkeit eines vom Schuldner angebotenen Pfandes II. 2. 15—17. Aber auch ausserhalb eines Rechtsstreites kommen Urtheile vor, z. B. bei Hegung des Dinges I. 2. 1; bei Vergabungen, Aufreichungen, Aufbietungen I 11. 3; III. 3. 4. Urtheilsbrief II. 9. 1. Wirkung der *res judicata* I. 6. 5; 15. 6; II. 3. 3; 9. 1; III. 8. 1. — Sprachlich bemerkenswerthe Verbindungen sind u. A. *offen o.* (s. *offen*) III. 10. 2 *orteil vrogen*, *sprechen*, *vinden*, *vinden zcu o* z. B. I. 4. 5; III. 3. 3; I. 2. 1; *dorch o. teilen; dy geteilten o.* I. 4. 5, 3; *o. vristen*, *vorczihen* I. 3. 13; *o. holen*, *holen lassen*, *mete teilen*, *uszgeben*, *vorkoufen* I. 1. 3, 4; 3. 10, 13; *o. strofen*, *schelten*, *beschelten* z. B. I. 4. 1; 3. 12; *mit o. uf dy bang komen* I. 4. 5, 7; II. 9. 1; *Th* 181 (*Beil.* III); *das o. czihen* oder *mit dem o. sich cz.* I. 3 2; 4. 1; *o. bringen*, *inbrengen* I. 4. 7; 3. 13 (s. *inbrengen*); — *syn o. volfuren*, *volenden*, *mit dem o. volfaren* wird vom Schelter gesagt, der ein ihm günstiges U. des Oberhofes nachweist, den Gegensatz drückt aus: *das* (gescholtene U.) *mit rechte lassen* I. 4. 6, 7, 1; — *mit orteilen* hat häufig die Bedeutung: durch gerichtliches Verfahren, so *mit o. gewinnen*, *irwerben*, *tedingen* I. 2. 13; 3. 15; II. 2. 16; *orteil gelt* die Kosten für die Einholung des Urtheils I. 4. 6 — *orteilen* (*Ztw.*) urtheilen II. 2. 17. — (*Vgl. holen*, *Recht*, *teilen*).

uszdingen ausbedingen, vorbehalten I. 6. 6.

ausgang Ursprung I. 3. 19 (1).

uszgeben ausgeben, versenden *recht*, *ortel* I. 1 4; *Beil.* II. *zu* III. 1. 11; *den brif* III. 9. 2; *geld* I. 3. 11; *locare urbem Beil.* II. *zu* I. 1. 7.

ausgeheget ding Beil. II *zu* II. 5. 1.

usgehen ausgehn. In I. 6. 10 heisst *ob der herre daz mit rechte sal usg.* ob der Herr das im Rechtsweg zum Austrag bringen soll.

awsgesloen? I. 6. 5 (34).

uszgesundert ausgenommen I. 11. 4.

uslegen auslegen *hantfesten* I. 1. 28; festsetzen, anberaumen, *usgelegete dingstat*

I. 2. 1; *usgelegetes ding* das ausserhalb der drei echten Dinge von 14 zu 14 Tagen stattfindende Gericht des Schultheissen I. 3. 9; II. 5. 1; III. 5. 1; 3. 5 (7).
usloufen entlaufen, in die Fremde gehen I. 7. 6; 8. 11.
usnemen, usnemung a) ausnehmen, Ausnahme im Sinne von Vorbehalt I. 11. 3; 12. 5. — *b*) einen von der Anschuldigung wegen Ungerichts losmachen, dadurch dass man selbst den Unschuldseid für ihn leistet. Dies kann der Vater für seinen Sohn — unter welchen Voraussetzungen? I. 9. 6.
awsrichtung Entscheidung I. 13. 1 (34); *Rw* 14, 38 (*Beil.* II. *zu* I. 2. 17; III. 1. 11).
usschrift Transumpt, Abschrift I. 4. 8.
usseczen stete und undirsessene czu Magdeburgischem rechte I. 1. 1; 10. 1a; *Beil.* II. *zu* I. 1. 7; *pfant usseczerin* I. 2. 6.
usschichtung Entscheidung I. 13. 1.
ussprechen ortel I. 4. 5.
usstehen eine Streitsache bis zu Ende verfolgen I. 5. 3.
usfristen fristen I. 4. 9.
uswendig auswärtig, zu einem andern Gerichtsbezirk gehörig I. 1. 22, 23; 7. 2; ausserhalb I. 1. 4.
ausweichen aus d. stadt die Stadt räumen s. *wichen Beil.* II. *zu* I. 1. 11.
usczihen 1) fortziehen, seine Wohnung od. seinen Aufenthalt ändern I. 3. 7; II. 2. 4; *in koufmanschaft adir betefart* II. 5. 1. — 2) befreien losmachen *erbe us der clage* I. 12. 8; *synen son umb ungerichte* I. 9. 6 (s. *usnemen*).

V. (F.)

vallen (gefallen) causa cadere I. 4. 1 (14); verfallen *broche von dem gerichte fallende* I. 7. 18 (6); *Rw* 44 (*Beil.* II. *zu* I. 2. 24); *uf einen* z. B. I. 7 17; *do vor gev.* dafür einstehen, vertreten *Beil.* II. *zu* I. 7. 23.
vangen festhalten, ergreifen z. B. III. 4. 1; gefangen setzen s. *Gefängniss.*
vare Busse, Strafe *pfennig v. Beil.* II. *zu* I. 1. 6 vgl. *Mühler Sch.* 34. 6.
varen a, fahren, ziehen, *proficisci* I. 21. 1; *betefart v.* II. 5. 1; aus dem Orden I. 10 1. — *b*, verfahren, *procedere* — *wy das v. sal* z. B. I. 1. 23; 6. 9; *wy man f. sal* II. 3. 1 (3); I. 16. 6 (2).
varend gut, varende habe Mobilien (s. *bereit, gereit, redestes gut, gereitschaft, gerete*). — Gericht mit ungehegtem Ding über M. I. 2. 9. An M. verschweigt man sich nicht in Jahr u. Tag I. 6. 4. Dispositionsbefugniss des Erben über angestorbene M. I. 7. 1. Erbsonderung an M. I. 7. 21. Erbe wird zu fahrender Habe in Folge der Erbtheilung I. 4. 8 (s. *Immobilien*). Caution des Vormunds wegen der M. des Mündels I. 8. 5, 8. Morgengabe am beweglichen Vermögen I. 11. 1, 2, 4; 14. 2; II. 2. 7. Erblose M. I. 14. 8. Letztwillige Vergabung von M. I. 12. 1, 2, 3; 11. 4; 15. 7; 6. 5. Anfang I. 13. 1. Freiwilliges Aufgeben der Gewere an M. II. 4. 2 Aufbietung und Uebereignung von M. II. 2. 3a. Haftung der nachgelassenen M. für die Schulden des Erblassers II. 2. 6; I. 8. 1 (vgl. I. 11. 4; II. 2. 7). Gastrecht bei der Klage auf M. II. 5. 1.
Vater ist Vormund seiner unmündigen Kinder I. 8. 4; kann keinen Vormund für seine Kinder bestellen I. 8. 8. Recht des Vaters, seinen ungesonderten Sohn von einer Anschuldigung wegen Ungerichts zu befreien I. 9. 6.
velen fehl gehen I. 3. 12.
veligkeit Sicherheit, sicheres Geleit I. 14. 1 (18).
vellich (vellich) v. werden sachfällig werden, unterliegen I. 1. 5; 4. 1; 13. 1; III. 1. 8; *der sache, der clage* I. 3. 10, 11; III 4. 2; *an dem orteil* I. 4. 6; *an syme czuge* II. 3. 3.
velt monche Mönche eines Feldklosters I. 10. 1.
ver die Zusammensetzungen mit dieser Sylbe s. bei *vor.*
vestung, vestenung. Verfestung III. 8. 2; I. 2. 24.
vetter Vatersbruder I. 7. 16, 17; 9. 2.
vinden orteil, czu o. z. B. I. 2. 1; II. 2. 4; auch ohne Zusatz z. B. II. 2. 14.
finger zcu den heiligen mit czwen fingern II. 10. 1.
firdung s. *Münzwesen.*
firtels lute I. 6. 2.
fleyz Sorgfalt, *diligentia* II. 7. 1.
fleischwunden s. *Wunden.*
florere blumenartige Zierrathen *Beil.* II. *zu* I. 1. 11 (1).
flucht in der f. der tat III. 4. 1 (4).
fluchtig uf fluchtigem fusze III. 1. 11; 2. 1.

vohen gefangen setzen III. 9. 2.

voyt; voythie (*voyteie, voteye, voytige*) Vogt, Vogtei. Der Vogt als städtischer Richter I. 2. 6 (2); III. 1. 7 (8); 7. 3. Landvogt I. 1. 22. Der V. hat keinen Antheil an der Bauerkor I. 1. 11 (43) Weswegen kann die Herrschaft den geschwornen V. absetzen? I. 2. 16. Die Herrschaft soll die Bürger vor dem (Schultheiss oder) Erbv. beklagen I. 6. 10 vgl. III. 9. 2. Vogtei gehört zu Lehnrecht I. 2. 11. Kann der Erbv. Bürgernahrung treiben; kann er einen Unterrichter halten? I. 2. 7, 8.

volbort (*vulbort, volwort*) *a*, Zustimmung z. B. I. 1. 1 (26); 2. 24; 3. 17; III. 1. 1 (16); *b*, für *vorwort* II. 2. 9a (6). *volworten*, *volborten* Zustimmung geben I. 12. 2 (13); *Th* 225 (*Beil.* III).

volbringen durchführen III. 1. 6 (12); 6. 1; *dy forderung* III. 1. 13 (6).

volenden durchführen *seine teidinge Rw* 14 (*Beil.* II. *zu* I. 2. 17); *syn ortel*, von dem Scheltenden, der das von ihm an Stelle des gescholtenen gefundene Urtheil in der höheren Instanz siegreich behauptet I. 4. 7.

volge (*fulge, volgnis, folgung*) Zustimmung I. 6. 9; bes. zu einem gefundenen Urtheil I. 2. 1; 3. 1, 2, 7; 4. 2, 5.

volgen a, folgen dem Zug beim Urtheilsschelten I. 4. 3, 7, 9 (*geczog folget im* I. 4. 9); dem Zug auf den Geweren bei der Anfangsklage I. 13. 1; dem Diebe III. 2. 1; dem Friedebrecher mit rechter Klage, mit rechten Urtheilen III. 3. 1, 5; II. 5. 1; der Klage III. 1. 1; seinem Pfande mit Aufbietung II. 2. 10. *b*, zu Theil werden z. B. I. 3. 19; 11. 3; 12. 6; *einem e. sache v. lassen* I. 7. 2, 4, 5, 21; *das recht Beil.* II. *zu* I. 1. 1.

folge wort zustimmende Erklärung I. 1. 10 (16).

volk der Umstand bei Gericht. Demselben wird von des Richters Boten verkündet, dass das Ding gehegt sei und dass Jeder sein Recht fordern könne I. 2. 1.

volclagen mit Klage bis zum Endurtheil verfolgen I. 15. 6.

volkomen zu Stande kommen I. 16. 2; Beweis erbringen II. 2. 3; *mit synen geczugen* III. 8. 3; herankommen II. 2. 10.

volkomen (*Adj.*) *an irem rechte* von unverminderter Rechtsfähigkeit I. 5. 2.

volleist a, Zustimmung I. 2. 23. *b*, Beihülfe bei einem Verbrechen I. 2. 24; *v. des totslagis* I. 2. 15; III. 1. 6.

volle macht Vollmacht, Befugniss I. 1. 22; 8. 1.

vollust? I. 2. 1 (21).

volthun satisfacere Beil. II. *zu* I. 4. 10.

volvaren sich im gerichtlichen Verfahren behaupten *mit syme orteil* (s. *volenden*) I. 4. 1; bes. Beweis erbringen I. 4. 9; *mit dem geczugnisz; mit, an irre bewisunge* I. 3. 17.

volforderen klagend verfolgen, durchführen *dy sache* I. 2. 15; *das gut* I. 4. 9 (20); *syn recht* I. 2. 1 (22); *der clage* III. 8. 3.

volfuren zu Ende führen, durchführen, ausführen *clage* III. 8. 3 (9); *seyn wort* I. 2. 1 (22); *ein ortel* I. 4. 6, 7; *den kouf* I. 6. 9; *eyde* I. 16. 2 (2). In I. 3. 19 (bei Anm. 54) ist wohl zu lesen *und volbort*.

volczihen den Rechtszug auf den Geweren durchführen I. 13. 1.

verachten den rat I. 1. 14 (15), 15 (20).

vor vor, vorher, bevor.

vor an (*vort an*) vorher? I. 8. 4.

vorantworten (*vorantwerten*) vor Gericht vertheidigen, vertreten z. B. I. 1. 22; 6. 2; 8. 10; *sich v.* I. 2. 15; III. 1. 4; 8. 2.

vorbas weiter, weiterhin I. 6. 1; II. 2. 14.

vorbinden sich, sich verpflichten I. 1. 26; 15. 7. — *vorbindung* Verpflichtung I. 15. 7.

vorbiten gebieten I. 1. 6; *gut* in Beschlag nehmen I. 5. 3; 8. 7; II. 2. 1. — *vorbitung* (*vorbot, vorgebot*) Beschlagnahme, Arrest I. 2. 6; 8. 7.

vorboren verwirken *den rat* I. 1. 14 (15); *gewelle* I. 2. 3a.

vorboten (*vorbotten*) durch einen Boten vorladen, dann laden überhaupt I. 1. 6, 24; 3. 9, 15; II. 2. 2, 3; 3. 2; III. 1. 4; 10. 1; *Beil.* II. *zu* III. 1. 5. — *vorbotung* I. 3. 9 (4) s. *Ladung*.

vorbringen a, Beweismittel produciren, *czuge* I. 15. 5; *b*, vollbringen *dy forderung* III. 1. 13.

vorbriven urkundlich bestätigen z. B. II. 1. 1, 5; *Th* 44 (*Beil.* III).

vorburgen, *vorborgen* verbürgen, Bürgschaft wofür leisten I. 4. 6; 7. 2 (10); 8. 11; III. 1. 6.

vorbussen büssen z. B. I. 3. 9, 12; 4. 2; 5. 4; III. 1. 6.

vorclage querela prior II. 10. 1.

vorclagen beklagen, einklagen z. B. III. 3. 1; II. 2. 5.

vorder früher *vordere brif* I. 3. 19.

forderen (*geforderen, furderen*) *a*, fordern, einklagen z. B. *erbe u. gut* I. 6. 4; *scholt* I. 8. 1; *czins* II. 1. 6; *pfant* II. 2. 17; *ungericht, totslag* I. 2. 14, 15; III. 1. 1, 13; *einen f.* III. 4. 2;

8. 1, 3. *b*, fördern *des rechtis gefordert werden* I. 1. 5. — *forderer* Kläger III. 1. 13; 4. 2. — *forderung*, Rechtsanspruch, Klage I. 2, 14, 15; III. 1. 13

vordinen verdinen *das wollen wir kegen euch v. Beil.* II. *zu* III. 1. 11; *vordinet lon* II. 2. 7; Dienst von einem Lehn leisten *dy erbvoyteie v.* I. 2. 7 (6).

vording kann auch in gebundnen Tagen gehegt werden III. 3. 2 (13). — vgl. *Ha* 1989.

vorechten s. *echten* III. 1. 3 (6); 8. 1.

voreynen, *vorynen*, *sich einer sache* sich worüber vereinigen I. 1. 28; *Beil.* II. *zu* I. 15. 7.

vorenden = *volenden* I 4. 7 (12).

Vergabungen (vorgeben) unter Eheleuten s. *Ehe*, *Morgengabe*, von Todes wegen I. 12. 1—4; 6. 5; 15. 7; *Th* 44 (*Beil.* III). Widerspruchsrecht der Erben gegen V. I. 7. 1, 3, 6; 9. 1; 12. 2, 3 (s. *Erben*). Wie verschweigt man sich an einer V.? I. 2. 25; 6. 4; 7. 23. Mündigkeit als Erforderniss einer gültigen V. I. 9. 1. V. Rechtloser u. Unehelicher I. 14. 1, 2, 8. V. von Immobilien sollen in offnen Tagen vor gehegtem Ding geschehn III. 3. 4; I. 3. 19; 6. 1; 7. 23. Beweis der V. wenn Richter u. Schöffen verstorben sind I. 6. 1. Gebühr der Schöffen I. 3. 16. Schöffenbrief über eine V. z. B. I. 3. 19. V. vor dem Richter allein I. 2. 6; im Nothding *Th* 44 (*Beil.* III).

vorgan im Recht vorgehen z. B. II. 2. 10; *vorgang* Vorzug, stärkeres Recht II. 2. 9, 10 (29), 18; *Beil.* II. *zu* I. 1. 1.

vorgangen vergangen, herangekommen. *syn tag ist v.* II. 2. 10.

vorgelden bezahlen *schult* z. B. I. 15 5; II. 2. 6, 9, 11; 4. 2; III. 6. 3.

vorheiszen (*vorheyschen?*) versprechen, geloben *eyde zcu thun* I. 16. 1.

vorhengen einen, *einem* gestatten, zugestehen I. 2. 15, 24 (9); 11. 4; *des rechten Beil.* II. *zu* I. 1. 1. *vorhengnisz* Erlaubniss I. 1. 1.

vorhynderung Beschlagnahme II. (1).

vorhoren vernehmen *den brif* I. 4. 8; *geczuge* I. 15. 5.

voriaren sich verjähren *Beil.* II. *zu* I. 7. 23.

voryoworten Zustimmung geben, bestätigen I. 12. 2; *Beil.* II. *zu* II. 7. 1; *Th* 44 (*Beil* III).

vorkomen a, vorkommen, sich ereignen I. 13. 1; *b*, vor Gericht erscheinen III. 1. 6, 9 (4); 8. 2; handelnd vor Gericht auftreten, *mit den eyden* I. 11. 1; *c*, herankommen, *syn tag ist v.* II. 2. 10 (13).

vorkoren s. *vorwillekoren* III. 9. 2 (15).

vorkummern verpfänden I. 12. 8; mit Beschlag belegen II. 2. 2 (2).

vorkundigen kund thun I. 8. 7.

vorla'en z. B. II. 2. 2, 3, 10; III. 8. 2. s. *Ladung*.

vorlassen erlassen *eyde*, *sachen* I. 2. 27; 16. 1 (10); *einen einer s.* I. 6. 5; 11. 2, 3 (16); lassen III. 4. 2 (9); auflassen I. 7. 6.

vorlegen unkräftig machen, *czuge*, *geczugnis* I. 15. 4; II. 1. 6.

vorlehent belehnt *richter* I. 2. 8 s. *Lehn*, *Richter*.

vorleyen vorstrecken I. 3. 10 (4a).

vorliben *hauw vor dem rate vorlibet* in Betreff dessen man sich durch eine Zusage gebunden hat I. 1. 26. (Hier ist die Zusage gemeint, durch welche das eigne Bekenntniss von dem des Hofgesindes abhängig gemacht ist.)

vorliesen verlieren z. B. *leib od. geliet Rw* 37 (*Beil.* II. *zu* I. 1. 11).

vorloben, *sich v.* geloben, sich verbindlich machen *by dem erbe* I. 4. 8; *eynes gelobdes adir eyner rede* I. 1. 24; *in der bichte v. Beil.* II. *zu* I. 2. 5; *Beil.* II. *zu* I. 1. 16 (2).

vorloukenen (*vorloykenen*) verläugnen z. B. *gut* I. 1. 16.

vormachin feststellen II. 1. 5.

vormessen sich sich anheischig machen I. 3. 17; III. 9. 2.

Vormund, *Vormundschaft a*, über Unmündige. Rechter V. — I. 8. 3, 4 — ist der nächste Schwertmagen I 8. 5, 8, 11 (vom Vater); gekorner V. *Beil.* II. *zu* I. 8. 1; *Th* 44 (*Beil.* III), vgl. auch II. 2. 12. — Hiebei ist wohl immer eine richterliche Bestätigung hinzuzudenken, da in Ermangelung eines rechten V.'s nicht dem Vater sondern dem Richter die Ernennung zusteht I. 8. 8. Der Vater als V. seiner Kinder I. 8. 4; die Mutter als Vormünderin *Th* 44 (*Beil.* III). Vertretung des Kindes durch den V. I. 8. 1. Wann ist der V. befugt, Immobilien des Mündels zu veräussern? I. 8. 2, 4. Caution u. Rechnungslegung I. 8. 3, 5, 11. Belohnung des V.'s I. 8. 8. Können die zur Vormundschaft Berechtigten zur Vertretung der Unmündigen gezwungen werden? I. 8. 10. Unmündige ohne Vormund I. 8. 7, 9, 10. Beendigung der Vormundschaft durch Rücktritt des Vormunds I. 8. 6; durch den Eintritt der Mündigkeit I. 9. 1. Streit zwischen V. und Mündel über das Alter des Letzteren I. 9. 2. *b*,

Geschlechtsvormundschaft I. 4. 8; 12. 6; *Beil.* II. *zu* I. 4. 8. Ehemann als V. seiner Frau I. 12. 5; *Beil.* II. *zu* II. 7. 1. c, Vormundschaft über Abwesende I. 7. 6; 8. 11; vgl. II. 2. 4. *d*, In I. 3. 12 wird den Schöffen zur Last gelegt, dass sie sich *vormundeschaft dez andern teiles* unterwunden, d. h. der Partei bei Abgabe ihrer Erklärung zu Hülfe gekommen seien. — *vormundig* unmündig I. 8. 4 (3), 7 (2).

vormutwillen muthwillig zu Schaden bringen I. 5. 5.

vornachten übernächtig werden III. 3. 1 (6). — *vornachtig* (*vornachtet*, *vornechtet*) übernächtig III. 1. 2, 4 (6) s. *obirnachtig*, *unvornacht*, *twer*.

vornemen verstehen I. 7. 2; II. 4. 2. — *vornemelich* namentlich bestimmt *tag* I. 4. 9.

vorpflichten (*vorpflichtigen*) *sich einer sache* I 1. 18; 4. 5; 15. 7 (2).

vorreichen auflassen, das Recht an einer Sache übertragen I. 6. 1, 3, 6, 7; II. 2. 5; *Th* 44 (*Beil.* III). Mehrfach z. B. I. 6. 3 (9), 7 (1); 14. 8 (6) findet sich das *Part. vorrecht*. — *vorreichung*, *vorreichnis* Auflassung I. 2. 6; *Th* 44.

vorretnis Anstiftung III. 1. 8, 9.

vorrichten entscheiden III. 8. 3a; *sich v.* sich vergleichen I. 2. 15; III. 7. 1. *vorrichtung*, *vorrichmis* Vergleich I. 2. 15; *Beil.* II. *zu* I. 7. 21; = *vorreichung*, *vorreichnis* I. 2. 6 (9).

vorsachen läugnen, abläugnen, sich verneinend auf eine Beschuldigung auslassen z. B. I. 1. 15, 16; II. 3. 3; III. 1. 8; 7. 4.

vorschiben aufschieben *eide* I. 3. 13 (4); 16. 5; III. 3. 2.

Verschollene Bevormundung derselben I. 8. 11. Sorge für ihr Gut. Vermuthung des Todes I. 7. 6.

vorschossen e. sache den Schoss wovon erlegen I. 1. 16, 17; II. 1. 3.

vorschouwen zusehen III. 9. 2.

vorschriben aufschreiben, beurkunden z. B. I. 3. 12 (34); 6. 8.

vorschulden, *vorschuldigen* verschulden III. 9. 3. *vorschulte sache* I. 1. 21 (3); *Beil.* II. *zu* I. 3. 7.

vorsegiln besiegeln z. B. I. 3. 18 (16); 6. 8 s. *Siegel*.

vorsehen, *sich einer s.* etwas befürchten II. 2. 4.

vorseczen, *vorsaczung a*, verpfänden, Verpfändung z. B. I. 4. 8; 6. 6, 8; 12. 8; II. 2. 10, 12a, 16, 17.

vorsichtigkeit euer v. Anrede an die Thorner Rathmänner *Beil.* II. *zu* I. 2. 27.

vorsiczen vernachlässigen, unbefolgt lassen *eyn gebot* I. 1. 19; 3 9 (12); II. 2. 14. — *sich v.* hinausgeschoben werden I. 8. 6 (4).

vorsmehen verschmähen *sines selbis richter* I. 1. 23.

vorsperren unter Sperre legen. *vorsperrung* Gerichtssperre, Arrest. Sie kann durch den Richter allein angelegt werden I. 2. 4 (7), 6. Versperrung des Gutes Unmündiger I. 8. 7; von Nachlasssachen I. 11. 4 (26.) Wie kann man Gut aus der V. ziehen? II. 2. 3. V. u. Verpfändung II. 2. 10 (28) *einen mit v. dingpflichtig machen Beil.* II. *zu* I. 3. 17. — *vorsperrer* II. 2. 5. — s. *vorsprechen*.

vorspreche Vorsprecher I. 2. 19; 3. 19; 4 5; III. 9. 2. In I. 4. 8 (Klage einer Frau) wird *v.* und *vormund* gleichbedeutend gebraucht. — Wer kann V. sein? I. 5. 1. Kann ein Frohnbote V. sein? I. 5. 3, 4. Lohn des V., Aufgeben des Amtes durch den V. I. 5. 2. Vernachlässigung der Amtspflichten durch den V. I. 5. 5; 16. 3. Beleidigung der Schöffen durch den V. I. 3 12.

vorsprechen a, widersprechen *die gobe Beil.* II. *zu* I. 15. 7.· *b*, *interdicere* — *einen von syme rechte* I. 17. 1; bes. mit Arrest belegen: *gut* I. 11. 4; II. 2. 1, 2, 3; *gelt* II. 2. 5; *erbe* II 5. 1. — *vorsprechung*, *vorsproche* I. 2. 6 (20); II. 10. 1. — Collision des Verspruches Mehrerer II. 1. 1. Verspruch u. Verpfändung II. 2. 10. Aufbietung u. Uebereignung der mit V. belegten Sache II. 2. 2, 5. Befreiung einer Sache aus dem V. II. 2. 3. V. eines Grundstücks durch einen Gast II. 5. 1. V. der Frau auf das von ihrem Ehemann nachgelassene Gut I. 11. 4. V. ausserhalb gehegten Dinges I. 2. 6 (20). — s. *vorsperren*.

vorstehen scheppin stul, *ammecht* I. 3. 1, 4, 7; *vormundeschaft* I. 8. 8; *unmundige* I. 8. 1, 3, 5, 8; *sachen v.* von der Vertretung durch den Vorsprecher I. 5. 3 (7). — *vorstendig*, Vertreter I. 8. 8 (15a)?

vorsumen [*versynnen* I. 1. 2 (4)?] versäumen, vernachlässigen *eine s.* I. 5. 5; *scheppin ammecht* I. 1. 2; *syn recht* I. 4. 9; *einen*, *sich an einer s.* I. 1. 4, 5; 5. 2 (14), 3; sich verschweigen I. 6. 4; *vorsumet erbe u. gut* I. 6. 3. —

vorsumenis I. 1. 4, 5; 3. 7; 5. 3.

vorsunen sühnen *dube adir roup* I. 14. 1; *dy sache mit eynem* I. 17. 1; aussöhnen *sich v.* I. 16. 3.

vorsweren abschwören, *vorsworen gut* I. 1. 17; I. 12. 3 (4).
vorswigen verschweigen, verheimlichen I. 1. 17; 3. 19; 4. 5; wozu stillschweigen (*ungericht*) III. 1. 1; bes. wenn damit der Verlust eines Rechtes verbunden ist *inwisung* I. 6. 1; *gabe* I. 12. 3; 11. 3; 7. 23; ebenso *sich v. an einer sache* I. 2. 25; 7. 2; 11. 3; *Th* 44 (*Beil.* III). — *vorswigung* I. 3. 19; 4. 5 (s. *Jahr u. Tag*; *vrist*).
vort ferner z. B. I. 7. 1; 19. 2; *vort meir* II. 6. 1 (11).
vorteidingen vertheidigen; in I. 6. 3 (16) erfordern, ansprechen.
vorteilen durch Urtheil etwas absprechen *hals, leib, hand, gut* I. 1. 21; verurtheilen *zcu deme galgen* I. 2. 26; 17. 2.
vorterbin a, zu Schaden, bes. zum Tode bringen *man umb man* III. 1. 11. *b,* Schaden leiden I. 7. 21.
vorterbnis (*vorterbung*) Schädigung *des leibes* III. 9. 3.
vortreten verhindern I. 6. 8 (20).
vortrüwen antrauen I. 14. 9 (3).
vorusz voraus. Wie kann der Vater einem Kinde etwas *czu v.* bescheiden I. 7. 19
vorfallen sein buss- oder straffällig sein z. B. I. 1. 21; 3. 12; III. 6. 2; 9. 2.
vorfaren Vorgänger im Besitz I. 2. 24; 19. 2.
vorfaren a, verfahren, zu Stande kommen *mit synen geczugen* I. 4. 9; *b,* wegführen *czol v.* mit dem Zoll durchgehen I. 21. 1.
vorvesten, vorvestung Verfestung als Strafe der Contumaz in Ungerichtssachen III. 1. 8. V. bei frischer That III. 1. 3; auf übernächtige Klage III. 1. 4; eines Gebürgten III. 1. 5; 5. 1; in gebundnen Tagen III. 3. 1. Ueberführung eines Verfesteten III. 8. 3, vgl. III. 1. 7; 8. 2. Eid der Gehülfen I. 15. 5. Bezeugung der V. in einem anderen Gericht III. 8. 1; I. 15. 6. Kann der Richter Jem. bis zur V. verfolgen? I. 2. 14. Gnade an der V. I. 2. 24 (19). Rechtlosigkeit der Verfesteten I. 14. 1. Wer in einem Gericht verfestet ist, kann daselbst weder Urtheil schelten noch Vorsprecher sein I. 4. 10; 5. 1 (s. *echten, vestung*).
vorvordern = *volvordern* z. B. *Beil.* II. *zu* I. 2. 5.
vorfuren = *volfuren* z. B. I. 6. 9 (5).
vorwandelen verändern II. 1. 3 (11); *Beil.* II. *zu* I. 15. 7. *vorwandelung* Veränderung, *v. der rede* veränderte Auslassung III. 9. 2; s. *unvorwandilt, wandelrede.*
vorwar fürwahr I. 6. 6.
vorwarlosen vernachlässigen I. 3. 9 (11); *sich v. an dem ammechte* I. 16. 3; in Verfall gerathen I. 3. 7 (21). — *vorwarlosung* Vernachlässigung der gehör. Sorgfalt, Culpa. V. des Pfandgläubigers I. 6. 6; des Depositars od. Treuhänders II. 7. 1; *Th* 227 (*Beil.* III).
Verweisung aus der Stadt als Strafe I. 1. 6, 11. Wiederaufnahme Verwiesener in die Stadt u. die Bürgergemeinde I. 1. 9.
vorwerfen zurückweisen, verweigern I. 15. 2; 5. 1 (3); *Beil.* II. *zu* I. 2. 16 (1, 2).
vorwerg III. 7. 4 (5a).
vorwesen vertreten, Unmündige I. 8. 8.
vorwillekoren (*willekoren*, *vorwillen*) zusichern I. 1. 16; übereinkommen I. 1. 28 (8); hafthar machen *seynen hals* I. 1. 26 (2); *sich v.* sich verbindlich machen I. 1. 26; III. 9. 2; *uff einen* die Entscheidung von Jem. abhängig machen *Beil.* II. *zu* I. 1. 26.
vorwinnen, vorwinden überführen, *einen einer s.* z. B. I. 14. 1; III. 1. 8 (5); 9. 1.
vorwirken (*Part. vorworcht*) *den rat* I. 1. 14, 15. Fremdes Gut kann man nicht v. III. 6. 3; *sich v.* rechtlos werden, *an missetat* I. 5. 2.
vorwisen (*vorweisen*) verweisen, verbannen *vorweiste lute* I. 1. 9; zurückweisen I. 15. 2 (6); *Beil.* II. *zu* I. 5. 1; *einen von syme rechte* als rechtlos ansprechen I. 17. 1.
vorwissen (*vorgewissen*) *a,* Sicherheit bestellen (s. *Caution*). *b, einen einer sache* ihn für unschuldig halten III. 7. 4; *Beil.* II. *zu* II. 7. 1, s. *Müller* III. 710.
vorwissenung Sicherheit, Caution *Beil.* II. *zu* I. 8. 3.
vorwissung (*vorweiszung*) Veräusserung? I. 7. 3. *Ha. verweisen* (*col.* 1912).
vorwort Bevorwortung, Vorbedingung II. 2. 9a.
vorczihen, vorczeigen (*Part. vorczegen, vorczeen*). *v., sich v. einer s.* verzichten I. 1. 16; 3. 7 (2); 7. 21; 8. 6; 11. 2 (13); *Th* 44 (*Beil.* III).
vorczihen (*Part. vorczogen*) verzögern, hinziehen *orteil* I. 3. 12; *den tag* I. 4. 6; *lute mit der scholt* I. 8. 10; *vorczogene schult* II. 6. 1. — *vorczihung der schult* Mora. Verpflichtung zum Schadensersatz für *v.*? II. 6. 1a.
vorczugen durch Zeugen überführen z. B. III. 1. 3.

vorcht Furcht I. 11. 3. — *vorchten* (*vorechten*) fürchten I. 6. 3; III. 9. 3.

francisci Franziskaner I. 10. 1 (4).

frede s. *Friede* (unter *F*).

vredebrecher Friedebrecher. Verfolgung des Fr. in gebundnen Tagen III. 3. 1; wenn nicht handhafte That vorliegt II. 5. 1; III. 3. 5. Ueberführung des Fr. in handh. That III. 4. 2; durch eine Frau II. 2. 21; mit geschwornen Leuten I. 2. 12. Verbürgung des Fr. III. 1. 3, 5. Klage des Richters gegen einen Fr. I. 2. 14 (5), 15. Wie viel Fr. kann man wegen Todtschlages richten? III. 1. 11. — *vredebroch* I. 2. 15 (14).

frevel (*vrebel*, *vorebil*) Vergehen I. 1. 6; *mit fr.* frevelhaft I. 3. 9. — *freveler*. *frevenlich Rw* 36 (*Beil.* II. *zu* I. 1. 6).

vry (*fry*, *frei*) unbelastet I. 4. 9; II. 2. 10; 3. 2; 4. 2; 9. 1; *fryes wib* lediges Weib III. 7. 3. *fry u. erblich besiczen, uffgeben* I. 6. 7; 12. 5.

vrilich (*freilich*) frei, unbehindert *M. Fr. Vorr.* — *vrolich* froh *ebd.* (6).

frylicheit Sicherheit I. 14. 1 (18).

fryen (*gefryen*) ein Grundstück von Realansprüchen befreien, gegen Eviction Gewähr leisten II. 2. 10; 9. 1.

vryheit, *freiheit a*, Freiheit, namentlich die Immunität von dem Landgericht I. 2. 26; *b*, der Bezirk einer solchen Immunität *der stadt fr. Rw* 40, 29, 44 (*Beil.* II. *zu* I. 2. 20, 21, 24); *c*, Sicherheit I. 14. 1 (18).

fryung Befreiung, wohl überhaupt Vorrecht I. 3. 4.

frische tat — *uff f. t. vor mitternacht* III. 1. 5, vgl. II. 2. 21; 5. 1; III. 1. 3. 11 (4); 4. 1.

vrist I. 7. 2; III. 1. 5. Bewahrung *durch synes leibes fr.* III. 9. 3. — *vristen* (*Ztw.*) *orteil, clage* I. 3. 13; 4. 9. — Frist von Jahr u. Tag (s. *das.*). Zahlungsfr. II. 2. 14; 8. 1. Fr. für die Antwort auf Klagen nach Gastrecht II. 5. 1; für die Aufbietung und Uebereignung in Beschlag genommener Sachen II. 2. 2. 3a. In welcher Fr. vernachtet ein Ungericht III. 1. 2. Ladungsfr. in Unger.sachen III. 8. 2. Fr. für die Verfestung eines Abwesenden III. 1. 3, 4; für die Verbürgung eines wegen Unger. Bekl., Fr. der Bürgen den Bekl. zu gestellen III. 1. 3, 5; 5. 1. Beweisfr. II. 2. 13; 3. 2, 3; III. 4. 2. Fristung von Urtheilen I. 3. 13. Während der Fr. für die Einbringung eines gescholtenen Urtheils tritt keine Contumaz ein I. 4. 9.

vroge Urtheilsfrage *umme recht* z. B. I. 2. 16, 18; *Th* 44 (*Beil.* III). Offne, geschlossene Fragen. Gebühren der Magdeb. Schöffen dafür III. 10. 1, 2. Anfrage durch den Schreiber Beil. II zu III. 7. 21; einer Privatperson I. 7. 9; des Rathes von Thorn z. B. *Beil.* II. *zu* I. 1. 6, 7, 11; 4. 10; bei dem Official des geistlichen Gerichts III. 6. 1; bei dem Meister Mathias II. 1. 2a. — *vrogen*, *fragen* z. B. *ortel*, *rechtis*, *umb recht*, *in eyme rechte*, *noch eynem rechten* I. 4. 5. 8. 9; 6. 2; *Beil* II. *zu* III. 3. 5.

vrom fromm, ehrenhaft z. B. I. 5. 4; 6. 1; 9. 2. — *vrome* Vortheil. Frommen z. B. I. 1. 1, 2; 3. 4.

fromd fremd I. 8. 8; 12. 3.

vrone Gefängniss II. 2. 19; III. 1. 7; *Dr* 192 (*Beil.* II. *zu* I. 2. 5). *vronebote* der zum Gericht gekorne u. geschworne Bote I. 5. 4; II. 2. 1; lässt Verwundete von den Schöffen in Augenschein nehmen I. 2. 2; wann kann er eine amtseidliche Aussage abgeben I. 2, 12; ladet die Schöffen vor I. 3. 9, 15; kann er Vorsprecher sein I. 5. 3. Beleidigung, Busse der Fr. I. 5. 4. Arrestation von Personen, Beschlagnahme von Sachen durch den Fr. I. 16. 5; II. 2. 1 (s. *Bote*). — *fronegewalt* Gewalt des Frohnboten I. 16. 5, dann auch Gefängniss (s. *das.*). — *vronen* mit Beschlag belegen *dy gewere* I. 6. 9.

frund Freund, meist im Sinne von Verwandter z. B. I. 6 5; 7. 2. 21; 11. 1; III. 1. 1; 6. 2; *frunde adir fromde* I. 8. 8; 12. 3; *syn fr. her were ym geboren adir gekoren* II. 2. 12. *rechter eefrund* I. 6. 5; 7. 7; *frundynne* Freundin, Verwandte I. 11. 1.

furen führen, vorbringen z. B. *geczugnisse* I. 15. 5; *briffe* III. 9. 2; *gelt Th* 181 (*Beil.* III).

W.

Wachs als Handelsgegenstand I. 2. 7 (9); 7. 19.

Waffe (*wofen*). Waffenziehen gegen Rathmänner I. 1. 19. Wegelagerung mit gezogenen W. III. 5. 1 (4).

wammelen? Th 227 (*Beil.* III).

wandel, wandelung a, Wechsel, Aenderung II. 5. 2; bes. die Aenderung u Verbesserung einer Parteihandlung I. 14. 7. *b*, Geldbusse I. 3. 9 (19). — *wandelen* ändern *willekor* I. 1. 11; *wonunge* I. 3. 7. — *wandelrede* eine Auslassung, die sich nicht gleich bleibt III. 9. 2.

waren, sich, ordinirt werden? *Beil.* II. *zu* I 15. 7 (*einen bewaren* von heiligen Handlungen gebraucht s. bei *Müller* III. 508.)

warnen, sich uff eine s., sich worauf vorbereiten II. 3. 2.

warten, einer s., auf etwas w. *des uszgeleiten dinges* II. 5. 1 (13); *des dingetages Th* 44 (*Beil.* III); gewärtig sein *lantrechtis* I. 4. 9; *wartende sein* I. 4. 5, 7; Anwartschaft haben *Th* 44.

wasser sege, wasser fenge Veranstaltung zum Abfluss od. Abfang des Wassers I. 19. 2.

wedern (*widern*) wehren, weigern II. 2. 4; I. 12. 2 (10).

wederrede Einspruch, Entgegnung III. 2. 1; *wederreden* Einspruch thun, Widerspruch erheben *dy gobe* I. 12. 3 (s. *wedirsproche*).

wedirsache Widersacher I. 5. 1; II. 3. 2.

wedirsprechen widersprechen, Einspruch erheben I. 3. 19; 9. 2; 11. 3; *den brief* (*wedir den br. spr.*) I. 3. 18, 19; *die inwisunge* I. 6. 1; *die gabe* I. 12. 2. 3 — zurücknehmen I. 11. 2. — *wedirsproche* (*wedirsprechung* I. 12. 5) Widerspruch, Einspruch I. 3. 2; 8. 4; 12. 1 (1a); 14. 1; *rechte w.* I. 2. 25; 4 9; 6 2, 4; 7. 23; 12. 5; 14 6; 19. 2.

wedirteil Processgegner *Beil.* II. *zu* I. 2. 5.

weder thun rückgängig machen, in den vorigen Stand versetzen I. 2. 27; 12. 6.

weg einem voh wegen zu wegen folgen III 2. 1; *zcu wegen u. stegen* — *passim* I. 7. 23; 12. 1 (6).

wegeloge Wegelagerung III. 5. 1; 8. 3. *wegelogen einem* Jemand nachstellen III. 5. 1 (1) s. *loge*

wegefertig auf der Reise befindlich oder im Begriff, eine solche anzutreten I. 2. 9; II. 2. 9a; *Rw* 40 (*Beil.* II. *zu* I. 2. 20). Wegfertige können in gebundnen Tagen schwören I. 16. 5. Klagen Wegfertiger II. 5. 1. — *wegreise* Reise *Rw* 40.

weigern, geweigern verweigern z. B. I. 5. 1; die Beweisführung des Gegners ablehnen I. 1. 24; *rechtes w* I. 2. 5; *des geczeugis Beil.* II. *zu* I. 15. 3.

wenden a, verwenden, *gut an der stat nucz* I. 1. 16; *an kirchen u. an selgerethe* I. 12. 1. *b*, reichen *also verre als dy varnde habe u erbe u. gut wendet* I. 8. 1; II. 2. 6 (4).

wenne (*wendte*) wenn, z. B. III. 1. 4, 7; 4. 1; wann II. 8; da, denn III. 3. 5; 4. 2; 6. 2; 7. 3; bis dass I. 2. 6; *w. das* als dass III. 9. 3

werbe a, Geschäft, Angelegenheit I. 1. 4 (12); 1. 19 (5); *Rw* 40 (*Beil.* II. *zu* I. 2. 20). *b*, Mal *ander w.* zum zweiten Mal II. 3. 3 (8). — *werben* betreiben, erwirken *sachen* I. 2. 19; *der stat recht, ere u. vromen* I. 1. 1 (24); *der st. ergeste* I. 1. 15 (1); *tag* III. 1. 4 (4); versehen *ampt* I. 1. 2 (21).

were, weren s. *gewere, geweren.*

Wergeld ist der höchste Bruch, den ein Schultheiss gewinnen kann, Betrag desselben I. 2. 18. Haftung der Bürgen für das ganze oder halbe W. III. 1. 6; 5. 1.

werk a, Arbeit, Geschäft I. 1. 4, 5. *b*, verarbeiteter Stoff *Th* 181 (*Beil.* III).

werlde Welt *alle recht ken der w. begehen* I. 9. 5; *der w. tot sein* I. 10. 1. — *wertlich* weltlich *ein w. man* I. 10. 1a. Vergabung im Siechbett an *wertliche lute* I. 12. 2. *w. recht, richter, gericht:* Willkühren in Sachen des w. Rechts I. 1. 11. W. Gerichtsbarkeit I. 2. 13, 28; III. 7. 1—3. Magdeburg der höchste Richtstuhl in w. Gericht I. 1. 1. Geistliche können im w. Ger. nicht Vorsprecher sein I. 5. 1. Sind letztwillige Verfügungen in öffentlichen Urkunden vor dem w. Ger. rechtsbeständig? I. 15. 7 (s. *Geistlich*).

wette wetten s. Gewette.

wettehaft zur Zahlung des Gewette verpflichtet I. 2. 3a; 16. 1.

wezen Wesen, Hauswesen. *wezens seyn* sein Hauswesen wo haben II. 5. 3; *weib elich wesens* I. 11. 2 (1).

wichen weichen, *usz der stat* die Stadt räumen als Strafe für die Verletzung städtischer Willkühren I. 1. 6, 11 (s. *Verweisung*).

widerlegen erstatten *schaden Beil.* II. *zu* I. 1. 23.

Wiederkauf II. 1. 2. 2a

Wiederklage. Gerichtsstand ders. I. 2. 13 (vgl. I. 1. 23).

wien die Weihe ertheilen I. 5. 1.

wighilde recht wigh. r. a, das sächsische Weichbildrecht. Unter dieser Bezeichnung wird nicht nur das so genannte Rechtsbuch begriffen sondern überhaupt die zum Magd. Stadt-

recht gehörenden Satzungen. — Ausgeben von Urtheilen in Städten die zu W. R. sitzen I. 1. 4. Subsidiarische Anwendbarkeit anderer Rechtsquellen zur Ergänzung des W. R.'s I. 3. 2. Der König Gericht sitzend in einer Stadt, wo W. R. gilt I. 4. 4. Bei der Anfangsklage muss man dem Bekl. zu seinem Gewährsmann folgen, gleichviel ob da, wo dieser wohnt, W. R. gilt oder nicht I. 13. 1. Ziehen der Verfestung aus einer Stadt in eine andre, wenn in beiden W. R. gilt III. 8. 1. *b*, das Gericht oder der Gerichtsbezirk, in welchem W. R. gilt *einen in w. r. beclagen* I. 1. 23. Brüche eines Richters binnen *w. r.* I. 2. 18; des Königs Urtheil an das *öbirste w. r.* ziehen; ebenso *bynnen wigbilde Dr* 180 (*Beil.* II. *zu* I. 2. 7). — Was ist *kaiser w. r.?* I. 2 11 (10).

wile Zeit z. B. *lengir w. ad. korczer* I. 9. 5; *dy w.* während I. 1. 2.

wille Willen, *mit willen, williglich* freiwillig z. B. II. 2. 16; 4. 2; III 9. 2. *von gutem w.* III. 6. 2. Willkühr? I. 1. 19 (17). — *willen* (*Ztw.*) einräumen I. 12. 5 (13).

wilkor, willekor. a, freier Wille I. 1. 28; 2. 24 (8); 3. 5, 10; 8. 8; II. 2. 16 (12), 18. *b*, autonomisches Recht der Stadt I. 1. 6 (16), 10, 11, 16, 19; 3. 3; III. 1. 1; 7, 1; *Beil.* II. *zu* II. 1. 4). *c*, die in einer solchen Bestimmung angedrohte Strafe z. B. *w. mynnern u. meren Beil.* II. *zu* I. 1. 7. — *willekoren* ausbedingen I. 1. 1; übereinkommen I. 1. 28; *sich w.* sich verpflichten III. 9. 2.

wynnung Gewinn, Ertrag I. 8. 8 und *Dr* 201; *Th* 161 (*Beil.* II. *das.*); *Th* 181 (*Beil* III).

wip Weib, Ehefrau z. B. I. 6. 7; II. 1. 3; III. 7. 2. Gehört *fordern von wibe* zu geistlichem Recht? darf der Rath Willkührbestimmungen darüber treffen I. 1. 11 (s. *Ehe, Frauen*).

wirde Werth, Betrag II. 1. 3. — *wirdig* werth II. 1. 2 (6), 6 (5a). — *wirdigkeit a*, Würde I. 17. 1. *b*, Besitz I. 6. 6 (3). — *wirdeschaft* Besitz I. 6. 6.

wirt a, Hausherr III. 2. 1; *b*, angesessener Mann im Gegensatz zum Gast II. 2. 9a.

wis (*weise*) weise, verständig I. 9. 4; *Beil.* II. *zu* I. 4. 10; *w. kunst. Vorr.* — *wisheit weisheit* Kenntniss I. 3. 2 (9. 12); *ewer w. Beil.* II. *zu* III. 1. 11.

wisen (*gewisen*) einweisen z. B. *in das erbe* I. 6. 8; *an das gut, an d. gelt* II. 2. 3a, 5; verweisen *vor den richter* III. 7. 1; *aus der stadt Rw* 36 (*Beil.* II. *zu* I. 1. 6); vorweisen *den brief* I. 4. 8.

wissen, wissenheit, wissenschaft a, Kenntniss, Wissen I. 1. 10; 3. 2. 11. 12, 18; 21. 1; III. 7. 1. Beschuldigung um die Wissenschaft II. 3. 3. *b*, Caution I. 4. 1.

Wittwe I. 12. 7.

wiczigiste. Wer heisst so? I. 1. 12. Mitwirkung der W. beim Stadtregiment, bes. bei der Errichtung, Aufhebung, Abänderung von Willkühren I. 1. 1, 7, 10, 11, 19; *Rw* 46 (*Beil.* II. *zu* II. 1. 4).

wo wie z. B. II. 2. 8.

woge Wage. Ueber unrichtige Wagen richtet der Rath I. 1. 8.

Wohnung. Wer im Gericht keine eigene W. hat, wird in Bezug auf die Sicherheit einem Gast gleich geachtet II. 2. 8. Ein wilder Gast ist, wer in keiner Stadt Jahr und Tag wohnhaft ist II. 5. 2. Wer über Jahr und Tag in einer Stadt Wohnung hat, muss daselbst Recht nehmen und geben gleich einem eingesessenen Bürger II. 5. 3 (vgl. I 6. 3).

Wolle als Handelsgegenstand I. 2. 7 (9).

worf. werf Verletzung von einem Wurf herrührend *Beil.* II. *zu* III. 1. 10.

wort eines w. sprechen, reden, furen I. 3. 8; I. 5. 2, 4.

Wunden. In Bezug auf die Art der Verletzung werden unterschieden: *blutrunst* I. 16. 1; *blut u. blaw. blosleye, fleischw.* III. 2. 1; — in Bezug auf die Folgen: *mortliche w.* III 1. 11; *lemden* I. 2. 23 (11), 24; II. 2. 21; (*blosleye dy lempnisse bringen* III 1. 2); — in Bezug auf die rechtliche Behandlung: *kampfirw., kampirw., kampwirdige w.* d. h. diejenigen, wegen deren nach dem früheren Recht der Zweikampf statthaft war I. 2. 2, 12, 15, 28; 9. 6; II 2. 21; III. 1. 2—6; 4. 3; 8. 3 — *einen kamphertig wunden Dr* 192 (*Beil.* II. *zu* I. 2. 5); — sie heissen auch *czewybare w.*, wohl weil ihre Beschaffenheit amtlich in Augenschein genommen u bezeugt wird III. 1. 6 (19) vgl. I 2. 2: *ab is geczug trage.*

Welche W. sind kampfbar III. 1. 2. Besichtigung u. Bezeugung der W. I. 2. 2, 12; *Beil.* II. *zu* III. 1. 5. Gerichtsbarkeit bei Verwundung eines ungeweihten Schülers durch einen anderen I. 2. 28. Kein Zwang zur Klage III. 1. 1. Erlass eines Eides I. 2. 15. Klage des Richters I. 2. 15; *Dr* 192 (*Beil.* II. *zu* I. 2. 5). Eine Frau kann W. ihres verstorbnen Ehemannes nicht

einklagen III. 1. 9. Klage in frischer That, übernächtige Klage III 1 3, 4. 5. Klage eines Gastes wegen W., die nicht handhaft sind II. 5. 1. Vorladung eines wegen W. Bekl. III. 8. 2 Verhaftung der Bürgen für den nicht erscheinenden Bekl. III. 1. 6. Ueberführung u. Vertheidigung II. 2. 21; III. 4. 3; 8. 3. Ausziehen des Sohnes durch den Vater wegen W. I. 9. 6. Begnadigung I. 2. 23, 24. So viel tödtliche W., so viel Klagen wegen Todtschlages. III. 1. 11. Ueberführung wegen Todtschlages, wenn an dem Todten keine W. sichtbar sind III. 1. 10. — *Wundärzte* I. 2. 2 (s. *Arzt*)

Wucher darf man nicht nehmen II. 1. 1, 2, 2a; sich um W. in die Gnade des Rathes begeben I. 1. 27.

Z.

Zahlung Beweis I. 15. 5; II. 2. 9, 11; Zahlungsfristen I. 6. 9; II. 2. 14; 8. 1. Busse ist vor dem Gewette zu zahlen I. 2. 27; Morgengabe nach redlicher Schuld u. verdientem Lohn I. 8. 1 (11); 11. 4; II. 2. 7. Wie weit muss der Nachlass für die Z. der Schuld eines Verstorbenen aufkommen? I. 8. 1; 11. 4; II. 2. 6.

Zaun (czun) als Grenze der Dorfschaft I. 2. 22; *an den czawen hangen* I. 16. 3 (16) bedeutet wohl: für gleichgültig achten, unberücksichtigt lassen. Vgl. ähnliche Verbindungen bei *Schmeller Baier. Wörterb*, IV. 206.

zawpnik ein polnischer Richter in Bergsachen II. 9. 1 (10). — *zawpscheppen* die Schöffen im Gericht des Zaupnik *ebdas*.

zedir seit II. 2. 9.

zehe See, Meer. Ueber die See braucht man dem, der sich beim Anfang auf die Geweren zieht, nicht zu folgen I. 13. 1.

czelen (czylen) zeugen I. 9. 4.

czerung Beköstigung II. 2. 19.

zete Sitte, s. *sete*.

Zetergeschrei I. 16. 3; III. 1. 7.

zewmen versäumen I. 1. 2 (4).

czihen (czien, geczien. In I. 3. 11 steht *geczugit* wohl für *geczogen) abe u. czu cz.* I. 6. 3; vorbringen *einen scheppin brief* I. 4. 8; *cz., sich cz. an einen, czu einem* sich auf Jem. berufen, *an den hoemeister Rw* 14 (*Beil.* II *zu* 1. 2. 17); *an den geweren* I. 13. 1; auf ein Zeugniss I. 1. 24; 2. 6; 3. 19; 4. 8; 6. 5; *Th* 181, 227 (*Beil.* III); *orteil* oder *sich mit dem o. an (in) ein gericht cz.* I. 3. 2; 4. 1, 3, 4, 7, 9, 10; *sich an ein Magd. recht cz.* II 9. 1; *sich vor gericht cz.* das Ger. aufsuchen I. 16. 5; *sich czu einer s. cz.* sein Recht wozu geltend machen I. 2. 15; 6. 1; 7. 2, 4, 7, 22; 8. 11; ebenso *sich das gut zcu gecz.* I. 9. 4; *sich des gerichtes zu z.* sich anmassen *Beil.* II. *zu* I. 2. 20; *sich in schult cz.* dazu gehören II. Tit.; *erbe usz der clage cz.* davon befreien I. 12. 8; *geczogen werden uff e. sache* wozu provocirt, aufgefordert werden I. 7. 2; 8. 3, 6.

czil Termin II. 1. 6.

czins a, Zinsen *geender cz.* laufende Zinsen *Th* 131 (*Beil.* II. *zu* II. 1. 1). Verbot des Zinsennehmens II. 1. 1, 2, 2a. *b,* Grundzins I. 2. 6; *cz. czu dem gerichte gelegin* I. 7. 18. Streit über die Qualität des Zinses, ob er (Seitens des Verpflichteten) ablösbar oder unablösbar (*erbeczins*) ist II. 1. 4, 5. Einforderung des Zinses; Pfändung wegen verfallnen Z.; Beweis der Zahlung II. 1. 6. Städtische Willkühr den Verkauf von Erbzins verbietend *Beil.* II. *zu* II. 1. 4. *c,* Miethszins *husz czins* I. 16. 3. — Der Berechtigte heisst *cz. forderer, cz. nemer;* der Verpflichtete *cz. geber, cz. man.* — *cz. tag* der Fälligkeitstermin.

czit Zeit *lange gecziten* I. 1. 1; *nach der zeit — secundum tempora Beil.* II. *zu* I. 1. 7; *alcziet* stets II. 9. I. *sundir czyt?* I. 10. 1a.

czog der Zug des Urtheils *man solde ym czögis folgen* I. 4. 9

Zoll Defraudation, Tarif, Zollfreiheit I. 21. 1; *Th* 227 (Beil. III).

zcubringen durchbringen *Rw* 51 (*Beil.* II. *zu* I. 7. 21).

Zufall, zufälliger Untergang einer verkauften oder verpfändeten Sache I. 6. 6. Beweis des Z.'s *Dr* 102 (*Beil.* II. *zu* II. 7. 1).

czucht der Act des sich Ziehens, Zug; *rechte cz.* I. 3. 2; 4. 10; 13. 1. — *czuchtigen* strafen I. 1. 6. — *czuchtegung* Strafe I. 2. 24 (20). — *czuchtiglich* züchtig, soll jeder sein Recht fordern I. 2. 1.

czug Zeuge I. 2. 12; *der czuge tag haben* III. 4. 2; *czuge vorbrengen* I. 15. 5; *leisten* I. 21. 1; *vorlegen* II. 1. 6. Zeugniss *mit czuge* I. 4 9; *czuges bedurfen* II. 2. 11; *an syme czuge fellig werden* II. 3. 3. — *czugen* zeu

---

Register der Eigennamen.

(Die Namen, bei welchen keine Nachweisungen stehen, sind unter den betr. Hauptnamen zu vergl., z. B. *Albertus Fochczagil* s. *Fochczagil*.)

Zeit- u. Kalenderbestimmungen.

(Die Reduction der letzteren nach *Weidenbach Calend. hist. Christ. Regensb. 1855.*)

I. 1. 24 (13). 1322 *des andirn tagis noch Ste Nicolaws tage des heil. bischoffes* — 7. December.

I. 2. 26 (18). anno 1383.

I. 3. *19* (dazu Note 6, 22 und *Beil.* II). 1385 (Andere Lesarten 1448, 1485, 1425) *in crastino festi sancti Andree* — 1. December.

I. 7. 20 (16). 1321 *des nehesten frytages noch sinte Margarethen tage* — 17. Juli. Andere Lesart: *des nesten vrytages noch sente mathys tage des apostiln* — 27. Februar.

I. 7. 22 (6) LXXXIII — 1383.

III. 6. 1 (1) 1385 *am freytage noch dem ostirtage* — 7. April.

III. 6. 2. die sancti Stephani martyris in crastino nativitatis Christi a. d. MCCCLXX eosdem annos numerando a die nativitatis Christi et non circumcionis — 1369, 26. December.

Rw 20 (*Beil. II. zu I. 1. 7*). *sant Mertens tag* — 11. November.

Rw 37 (*Beil. II. zu I. 1. 11*). 1363 *des mitwochs nach unsers hern himmelfart* — 17. Mai.

Rw 19 (*Beil. II. zu I. 2. 21*). 1379 *an dem 8. tage unser liebeṅ frauwen sancte Marien himmelfart* — 22. August.

Th 200 (*Beil. II. zu I. 4. 8*). 1367 *feria sexta infra Octavas Epiphaniae* — 15. Januar.

Th 44 (*Beil. III*). 1382 *feria sexta proxima ante beate virginis Marie nativitatis festum* — 5. September.

Abkürzungen.

(Die Magdeb. Fr. selbst sind stets ohne besondere Bezeichnung citirt, die Anmerkungen durch Parenthesen angedeutet).

A — Augsburger Ausg der Magd. Fr, Einl. § 1. No. 17.

*B. B** — Berliner Hds, Einl. § 1. No. 1.

Berlin Rmitth. — Die im „Communalblatt der Haupt- u. Residenzstadt Berlin" 1861 No. 9 (S. 66) abgedruckte Rechtsmittheilung v. Berlin nach Frankfurt a. O. aus dem 13. Jahrh.

Berlin Stadtb. — Fidicin Beitr. z. Gesch. v Berlin Th. I S. 77 fgg.

C — der alte Kulm, Einl. § 1. No. 20.

Da, Db, Dβ — Danziger Hdss., Einl. § 1. No. 3. 4.

Dr — Dresdener Hds., Einl. § 1. No. 6.

E — Elbinger Hds., Einl. § 1. No. 7.

Gaupp Schl. — das Schlesische Landrecht Leipz. 1828 (nach Seitenzahlen).

Glog Rb — Glogauer Rechtsbuch bei Wasserschleben Samml. Deutsch. Rechtsqu. Bd I S. 1—79.

Ha — Haltaus Glossarium Germanicum medii aevi.

Halle Neum. — die Hallische Rechtsmittheilung für die Stadt Neumarkt von 1235. Citirt nach Tzschoppe u. Stenzel S. 294—299; vgl. Gaupp Magdeb. Recht S. 224—229 und Homeyer Extr. S. 259 fgg.

Helcel — Starodawne prawa Polskiego pomniki (Vetusta juris Polonici monumenta) w Warszawie 1856.

Homeyer Extr. — die Extravaganten des Sachsenspiegels. Aus den Abh. der K. Akad. der Wissensch. zu Berlin 1861 S 239—259.

Homeyer *D. Rb.* — die Deutschen Rechtsbücher des Mittelalters. Berlin 1856.

K — Berliner Hds, Einl. § 1. No. 2.

Labc — Leipziger Hdss., Einl. § 1. No. 12—14.

M. Goldb. 1188 — das nach Goldberg mitgetheilte Privileg des Erzbischofs Wichmann, Tzschoppe u. Stenzel S 266. M. Goldb. Ia — das undatirte Weisthum der Magdeburger für Herzog Heinrich, a. a. O. S. 270. M. Br. 1261 u 1295 die Magdeburg-Breslauer Rechtsmittheilungen a. a O. S. 351, 428. M. Görl die Magdeburg-Görlitzer Rechtsmitth., a. a. O. S. 248. vgl. Gaupp Magdeb. Recht S. 215 fgg.

M. Br. Sch.r. — das Magdeburg-Breslauer systematische Schöffenrecht herausgeg. v. Laband. Berlin 1863.

M. St. — die bis jetzt nur handschriftlich vorhandenen Magdeburg-Stendaler Urtheile, Homeyer Rb. No 29. Ich hoffe diese kleine, in mehrfacher Hinsicht bemerkenswerthe Sammlung demnächst veröffentlichen zu können.

Mühler — das Weichbild nach der Ausg. v. Mühler Deutsche Rechtshandschriften, Berlin 1838 S. 38—64. Mühler N. — die ebdas. S. 64—66 mitgetheilten Naumburger Statuten. Mühler Sch. — die Schöffenurtheile a. a O. S. 67—91.

Müller u. Zarncke — Mittelhochdeutsches Wörterbuch von Benecke. Leipzig 1854—1863.
Neumann — Magdeburger Weisthümer aus den Orig. des Görl. Rathsarch. Görlitz 1852.
Neum. Opp. — die von Stobbe in der Zts. f. Rgesch. Bd. I S. 406—408 veröffentlichte Neumarkt Oppelner Rechtsmittheilung.
P — die Pölmanschen Distinctionen Einl. § 1. No. 21.
Rabßw — Königsberger Hdss., Einl. § 1. No. 9—11.
Rzy et Mu — Rzyszczewski et Muczkowski Codex diplomaticus Poloniae. Varsaviae 1847—1858.
S — die Böhmesche Sammlung, Einl. § 1. No. 19.
Schwsp — das Landrecht des Schwabenspiegels herausgeg. v. Wackernagel. 1840.
Th — Thorner Hds., Einl. § 1. No. 15.
Tzschoppe u. Stenzel — Urkundensammlung z. Gesch. des Ursprungs der Städte in Schlesien und der Ober-Lausitz. Hamburg 1832.
W — Hds. im Besitz des Herrn Professor Wasserschleben. Einl. § 1. No. 8.
Walch — Magdeb. Schöffenurtheile in den „vermischten Beyträgen zu dem Deutschen Recht" Bd. 8 S. 257—306
Wasserschleben — Sammlung Deutscher Rechtsquellen. Erster Band. Giessen 1860.
Wasserschleben Succ. — das Princip der Successionsordnung. Gotha 1860. Citirt werden die Anhänge S. 125—186, hier mit den Buchstaben a—f.
Weichb. — Gewöhnlich wird nach der Ausg. von v. Daniels: „dat buk wichbelde recht" Berlin 1853 citirt; die Glosse in der Regel nach der Quartausg. von dems. „das Sächs. Weichb. recht. Jus municipale Saxonicum" Berlin o. J. Citate aus der Zobelschen Ausg. sind besonders bezeichnet.
Z — Zwickauer Hds. Einl. § 1. No. 16.
Zo — Zobelsche Ausg. der Magd. Fr. Einl. § 1. No. 18.

Berichtigungen und Nachträge.

Zu S. V der Einl. Zeile 3 v. u. lies 46 statt 47. — Die Thorner Hds. ist jetzt auch beschrieben von Steffenhagen in der Zts. f. Rgesch. Bd. IV S. 183 fg.

Zu S. XLV das Anm. 67. Die hier erwähnte Sentenz der Reformatoren ist nur eine schlechte Uebersetzung des ursprünglich lateinischen Textes, der bereits bei Bruckner Decis. jur. matr. controversi Ed 3 Goth. 1724 cap. 2 no. 15 dec. 1 (p. 139) abgedruckt ist. Ich verdanke diese Nachweisung Herrn Dr. E. Friedberg.

S. 25 zu M. Fr. I. 1. 7 ist Beil. II. zu vergleichen.
S. 37 zu M. Fr. I. 1. 27 vgl. *S* 94. 3, 4 statt *S* 94. 1, 2.
S. 53. M. Fr I. 2. 23 (9) lies *Rw* statt *Ra*.
S. 54 zu M. Fr. I. 2. 26 vgl. Ssp. II. 57.
S 64 Zeile 9 des Textes von unten lies *gestroffet* statt *getroffet*.
S 74 Zeile 10 des Textes von unten lies *das huz uffgegebin*.
S 75 Zeile 14 von oben lies *geteilet* statt *geleitet*.
S. 79 Zeile 2 von oben lies *briffes* statt *briffens*.
S. 96 zu M. Fr. I 7. 6 vgl. *B* II. 74 statt *B* II. 60.
S. 103. M. Fr. I. 7. 20 stimmt auch mit *S* 112. 4.
S. 111 zu M. Fr. I. 8. 9 lies M. Br statt M Mr.
S. 116 zu M. Fr. I. 9. 5 siehe *S* 146. 1, 2.

S. 132. M. Fr. I. 14. 3a vgl. *S* 133. 5, 6 (statt *S* 133. 6), ferner findet sich diese Stelle ausser in *Dr* und *Th* noch *B** 9; *Rw* 60; *Rβ* 51.

S. 168 zu M. Fr. II. 3. 22 vgl. noch M. Görl. 131.

S. 182. M. Fr. III. 1. 4 steht auch *B* II. 36.

S. 184 zu M. Fr. III. 1. 7 siehe *S* 154. 2, 3 (nicht *S* 154. 3, 4).

Zu S. 295. Den Namen *Krzischow* in *Th* 227 auf die angegebene Galicische Ortschaft zu beziehen, möchte ich bei näherer Ueberlegung doch Anstand nehmen; denn nach dem Inhalt von *Th* 227 soll der Ort unter der Botmässigkeit des Herzogs von Oppeln gestanden haben, und es soll daselbst ein Zoll gewesen sein. Dies stimmt aber wohl kaum zu dem Galicischen *Krzischow.* Herr Dr. Grünhagen in Breslau, der auf eine diesfällige Anfrage die Güte gehabt hat, sich über die Stelle zu äussern, denkt zunächst an *Kreuzendorf*, poln. *Krzyżowniki* oder *Krzyzowic*, „was wohl nur ein Diminutiv von *Krzyzow* ist, lateinisch 1270 *villa sive curia ad crucem* (Dom-Archiv *B* 1). Es liegt bei Namslau *NO* zu *O*, auf der graden Strasse von Oppeln nach Kalisch, unweit von der poln. Gränze, also zu einer Zollstätte wie auch für eine Burganlage, die allerdings urkundlich nicht mehr nachweisbar ist, sehr wohl geeignet." — Ist aber dieser Ort jemals im Besitz des Herzogs von Oppeln gewesen? Und passt die Reiseroute, die der Fuhrmann nach *Th* 227 genommen haben muss, zu der Lage des von Herrn Dr. Grünhagen supponirten Ortes? Ich hielt es für das Wahrscheinlichste, dass derselbe zwischen Krakau und Oppeln gesucht werden müsse. Unter dieser Voraussetzung entscheidet sich Herr Dr. Grünhagen für *Krzyzowice* (Kreuzdorf) bei Pless, W zu SW, 2¾ Meilen. „Von einer Burg allda ist Nichts bekannt. Zum Gebiet des Herzogs von Oppeln kann dasselbe insofern gehört haben, als etwa ums Jahr 1370 Pless und das dazu gehörende Gebiet von Johann von Troppau und Ratibor an Wladislaus von Oppeln verpfändet wurde und eine Zeit lang in dessen Besitz geblieben ist (Zimmermann Beitr. zur Beschreib. von Schlesien II. 51). In der Nähe der Gränze dieses Oppelnschen Pfandbesitzes kann nun *Krzyzowice* gelegen haben, an der Gränze Schlesiens überhaupt, bei der damaligen Ausdehnung des Landes schwerlich." Bei dem Mangel an specieller Ortskunde darf ich mir natürlich ein Urtheil in dieser Hinsicht nicht zutrauen; erwähnen möchte ich aber doch noch das Kreuzvorwerk *(Krzyzowski)* bei Czarnowanz, das seiner Lage nach wohl gemeint sein könnte. Herr Dr. Gr. schreibt, es sei von demselben nur bekannt, dass es trotz seiner Nähe nicht zum Kloster Czarnowanz gehört habe. — Der Burggraf zu dem Kreuze, Heinrich von Burgenau, ist urkundlich nicht aufzufinden.

Zu S. 296. *Merkildorff.* In den Auszügen aus den *libri colloquiorum*, die *Helcel prawa polsk. pomn.* mitgetheilt hat, kommt p. 240, 243 ein *Hermannus Markelsdorf de Cracovia* vor. Danach wird es allerdings zweifelhaft, ob das Urtheil bei Böhme 156. 3 nicht — entgegen der Annahme in der Einl. S. IX — nach Krakau gehört.

Verlag von I. Guttentag in Berlin.
(Guttentag & Vahlen.)

Druck von Eduard Weinberg in Berlin.

FSC
www.fsc.org
MIX
Papier | Fördert gute Waldnutzung
FSC® C083411

Kolibri 360 GmbH
Ferdinand-Jühlke-Straße 7
99095 Erfurt, Deutschland
produktsicherheit@kolibri360.de